21世纪公共管理类系列规划教材编委会

顾　问：朱立言　◉　全国MPA教育指导委员会原秘书长

中国人民大学教授　博士生导师

主　任：邓大松　◉　全国MPA教育指导委员会委员

武汉大学政治与公共管理学院教授　博士生导师

徐晓林　◉　全国MPA教育指导委员会委员

华中科技大学公共管理学院教授　博士生导师

赵　曼　◉　中南财经政法大学教授　博士生导师

编　委：（以姓氏笔画排序）

马培生 ◉	山西财经大学	李春根 ◉	江西财经大学
许晓东 ◉	华中科技大学	张立荣 ◉	华中师范大学
郑志龙 ◉	郑州大学	陶学荣 ◉	南昌大学
崔运武 ◉	云南大学	湛中乐 ◉	北京大学
楚明锟 ◉	河南大学	廖清成 ◉	中共江西省委党校

公共管理导论

21世纪公共管理类系列规划教材

主　编：楚明锟
副主编：唐秋伟　崔会敏　陈建华
编　者(按姓氏笔画排序)：
　　　　刘　平　乔晓雯　陈建华
　　　　李有学　李晓玉　宋朝丽
　　　　苏玉娥　周　军　唐秋伟
　　　　崔会敏　崔长勇　楚明锟
　　　　楚迤斐

华中科技大学出版社
http://www.hustp.com
中国·武汉

图书在版编目(CIP)数据

公共管理导论/楚明锟主编. —武汉:华中科技大学出版社,2011.9(2023.1重印)
ISBN 978-7-5609-7366-1

Ⅰ.①公… Ⅱ.①楚… Ⅲ.①公共管理-高等学校-教材 Ⅳ.①D035

中国版本图书馆 CIP 数据核字(2011)第 186544 号

公共管理导论
Gonggong Guanli Daolun

楚明锟　主编

策划编辑:	周小方
责任编辑:	章　红　刘　亭　殷　茵
封面设计:	潘　群
责任校对:	刘　竣
责任监印:	周治超
出版发行:	华中科技大学出版社(中国·武汉)　电话:(027)81321913
	武汉市东湖新技术开发区华工科技园　邮编:430223
录　　排:	华中科技大学惠友文印中心
印　　刷:	武汉邮科印务有限公司
开　　本:	787mm×1092mm　1/16
印　　张:	24.5　插页:2
字　　数:	628 千字
版　　次:	2023 年 1 月第 1 版第 6 次印刷
定　　价:	58.00 元

本书若有印装质量问题,请向出版社营销中心调换
全国免费服务热线:400-6679-118　竭诚为您服务
版权所有　侵权必究

内容提要
Abstract

　　公共管理学是以管理学、政治学、公共行政学、公共政策学、公共经济学、公共组织学等为基础知识的新兴一级学科。《公共管理导论》作为阐述这一学科基础性知识的教材,它研究以政府为核心的公共组织通过管理、法律、政治、政策等途径,有效提供公共物品和公共服务,以保障和增进公共利益的公共事务管理活动的本质和规律。在理论层面,它在吸收西方公共管理理论的前提下,结合中国公共管理的实际,概括公共管理领域的基本理论、基本知识和基本技能,并为其包含的二级学科深入研究专业性公共事务管理领域留足空间;在实践层面,它借鉴西方公共管理实践的经验,理论联系实际地服务于中国公共管理的实践活动。这就是本书所担负的使命。本书立足现实,论点鲜明,论证充分,结构严谨,资料丰富,语言流畅,突出创新性、科学性、工具性和应用性。它对于提高公共管理类专业的本科生、研究生,以及从事公共管理实务的人员的理论和管理能力,促进社会公共管理水平的提升,具有一定的理论研究和实践应用价值。同时,它对于有志于从事公共管理事业和学习公共管理科学的人们,也是具有启发、引导和培养兴趣作用的入门教材。

总序
Preface

《领导科学与艺术》、《社会保障概论》、《电子政务》、《行政法》、《公共部门人力资源管理》、《公共政策分析》、《公共管理学》、《政治学》、《公共经济学》、《定量分析方法》作为"21世纪公共管理类系列规划教材"第一批书目的出版,是在MPA专业教育取得长足发展和公共管理类学科获得进一步深入拓展的基础上应运而生的。

一、编写原则

"21世纪公共管理类系列规划教材"在编写上主要遵循以下原则。

第一,科学性与思想性相结合的原则。科学性是思想性的基础,思想性是科学性的灵魂。教材编写坚持以马克思列宁主义、毛泽东思想、邓小平理论、"三个代表"及科学发展观的重要思想为指导,贯彻科学发展观,以正确的观点、方法揭示事物的本质规律,建立科学的知识体系,形成正确的概念。

第二,理论联系实际的原则。教材编写注重联系学生的生活经验,已有的知识、能力、志趣、品德的实际,联系理论知识在实际工作和社会生活中的实际,联系本学科最新学术成果的实际,通过理论知识的学习和专题研究,培养学生独立分析问题和解决问题的能力。

第三,创新性原则。教材注意吸收国内外最新理论研究与实践成果,特别是我国公共管理教育的理论研究与实践的经验、教训,力求在编写上有所突破、有所发展、有所创新,形成特色。

二、特色定位

"21世纪公共管理类系列规划教材"的特色定位主要涵盖以下几个方面。

(1) 国际化与本土化的平衡,注重本土化。吸收和借鉴国际上比较成熟的理论、方法、概念、范式、案例,切忌照本宣科、拿来就用,脱离中国具体国情和社会现实,而应该与中国的国情和实际情况密切结合,体现本土化特色,在此基础上进行研究才能发现问题、解决问题,有所发展、有所创新。

(2) 全面加强案例分析。公共管理学科需要坚实的学术底蕴作为基础,但它更是实践性与应用性很强的学科。只有通过对大量典型的、成熟的案例进行分析、研讨、模拟训练,才能帮助学生拓展眼界、积累经验,培养学生独立分析问题、解决问题、动手操作的能力。

(3)寻求编写内容上的突破与创新。结合当前已经出版的公共管理系列教材存在的不足之处,结合当前学生在学习和实践中存在的困难、亟须解决的问题,积极寻求内容上的突破与创新。

"21世纪公共管理类系列规划教材"的读者对象定位在公共管理硕士研究生层次,同时可供公共管理类学科或专业高年级本科生阅读参考,也可供公务员培训、相关专业本科生使用。

"21世纪公共管理类系列规划教材"的出版除了得到主编及参编此套教材的重点院校及单位的大力支持与帮助外,以下院校及单位的领导、老师对我们的工作不仅给予了较大的支持与帮助,而且提出了中肯的建议与意见(以汉语拼音为序):

安徽大学管理学院

东北大学文法学院

贵州大学管理学院

国防科学技术大学人文与社会科学学院

合肥工业大学管理学院 MPA 中心

湖北大学政法与公共管理学院 MPA 教育中心

湖南大学政治与公共管理学院

湖南师范大学公共管理学院行政管理学系

华南理工大学政治与公共管理学院

暨南大学公共管理学院行政管理系

兰州大学管理学院

南京农业大学科研处、人文社会科学学院

内蒙古大学公共管理学院

清华大学公共管理学院

山西财经大学公共管理学院

山西大学政治与公共管理学院

四川大学公共管理学院行政管理系

苏州大学政治与公共管理学院
武汉理工大学经济学院
湘潭大学公共管理学院
新疆大学 MPA 教育中心
浙江理工大学法政学院公共管理系
浙江师范大学 MPA 教育中心
中国科学技术大学管理学院 MPA 中心
中国政法大学法学院行政法研究所
中南大学公共管理学院

谨向以上这些院校及单位的领导、老师表示最诚挚的谢意!

需要说明的是,伴随着社会的发展和进步,信息变化日新月异,MPA 专业教育和公共管理各学科专业知识点也将发生相应的变化,为保持"21 世纪公共管理类系列规划教材"更长久的生命力,希望广大高等院校的教师、学生和其他读者能关心和支持本套规划教材的发展,及时向每种教材的编写者提出使用本套教材过程中发现的问题和修改建议,以便我们及时修订、完善。

"21 世纪公共管理类系列规划教材"编委会
2018 年 2 月

目录

第一章 绪论/1
第一节 公共管理概述/1
第二节 从公共行政到公共管理/10
第三节 公共管理学的研究内容、途径与方法/20

第二章 公共管理的价值取向/24
第一节 公共管理研究的价值视角/24
第二节 公共管理价值取向及时代特性/31
第三节 实现服务价值的制度安排/39

第三章 公共管理主体/46
第一节 作为核心主体的政府/46
第二节 非政府公共组织/54
第三节 公共管理者/62

第四章 公共管理权力与责任/70
第一节 公共管理权力/70
第二节 公共管理责任/75
第三节 公共管理权力监控/87

第五章 公共管理职能/97
第一节 公共管理职能解析/97
第二节 公共管理职能的历史演变/106
第三节 当前中国公共管理的职能定位/111

第六章 公共管理决策/121
第一节 决策与公共管理决策/121
第二节 公共管理决策程序/130
第三节 公共管理决策方法/145

第七章 公共管理绩效/150
第一节 公共部门绩效管理/150
第二节 公共部门绩效评估/156

第三节 我国公共部门绩效评估及其改进/162

第八章 公共部门人力资源管理/169
  第一节 公共部门人力资源管理概述/169
  第二节 公共部门人力资源管理与开发的内容/177
  第三节 公共部门人力资源管理激励机制/186

第九章 公共财政管理/196
  第一节 公共财政管理概述/196
  第二节 公共预算管理/201
  第三节 公共收入管理/206
  第四节 公共支出管理/213

第十章 公共物品管理/219
  第一节 公共物品属性及分类/219
  第二节 公共物品的有效供给/225
  第三节 公共物品的需求显示/237

第十一章 公共信息资源管理/242
  第一节 公共信息资源管理概述/242
  第二节 电子政府建设/247
  第三节 政府信息公开制度/258

第十二章 公共危机管理/270
  第一节 公共危机与公共危机管理/270
  第二节 公共危机管理过程/276
  第三节 公共危机管理机制/284

第十三章 公共部门战略管理/295
  第一节 公共部门战略管理的兴起/295
  第二节 公共部门战略管理的过程/304
  第三节 公共部门战略管理的发展/315

第十四章 公共管理实现途径/321
  第一节 管理途径/321
  第二节 政策途径/328

第三节 政治途径/333
第四节 法律途径/338

第十五章 公共管理新发展/344

第一节 新公共管理/344
第二节 新公共服务/357
第三节 整体性治理/362

主要参考文献/373

第一章

绪　　论

――本章导言――

20世纪70年代末以后,随着科学技术的迅猛发展、社会的加速进步,人类社会的公共领域也在不断扩大,地位也在不断上升。在政府治理领域,"新公共管理"运动在世界范围内兴起,现代意义上的公共管理学突破了公共行政学的视野和学科典范,脱颖而出,引起了理论界和实务界的广泛关注,彰显出了独特的魅力。作为现代管理的一个重要组成部分,公共管理是以政府为核心的公共组织依法行使公共权力,有效提供公共物品和公共服务,以保障和增进公共利益的公共事务管理活动,其独特的"公共性"和"服务性"对人类社会的进步、现代国家的发展、广大公众的需求产生着直接的影响。公共管理学是研究以政府为核心的公共组织管理公共事务的过程及其规律的学科。尽管公共管理学从成为独立学科到现今不过几十年,无论是对其内涵的把握还是基本体系的构成都仍在探讨之中,但它依然在理论和实践方面取得了较大的发展。

第一节　公共管理概述

一、公共管理的内涵与特征

（一）公共管理的内涵

自20世纪70年代末以来,各种有关公共管理(public management)的研究著述纷纷问世。不同的学者因其所处的社会环境、学科背景不同,对于什么是公共管理也就有多种不同的理解。这种情况的出现既说明人们对什么是公共管理尚未达成共识,也反映出人们对公共管理及其改进的关注。

克里斯托弗·胡德认为,"公共管理即'国家的艺术',能够松散地被定义为如何设计和管理公共服务的问题,以及政府行政部门的细微工作"。[①] 夏书章在其《现代公共管理导论》中指出,公共管理有狭义和广义之分,狭义的公共管理是指政府对社会公共事务的管理(即狭义的行政管理),广义的行政管理包括政府、公共事业单位和所有非政府组织部门的公共事务管理。他认为公共管理指的应当是狭义的公共管理,即狭义的行政管理,因

---

① [英]克里斯托弗·胡德.国家的艺术:文化、修辞与公共管理[M].彭勃,邵春霞,译.上海:上海人民出版社,2004:3.

此,公共管理学同行政管理学是同一个东西。陈振明在其《公共管理学》一书中没有对公共管理的内涵作明确的界定。他认为公共管理是一种客观的社会活动及过程,它构成了公共管理学的研究对象。陈庆云则认为,所谓公共管理是指那些不以赢利为目的,旨在追求有效增进与公平分配社会公共利益的调控活动。

综上所述,公共管理就是以政府为核心的公共组织依法行使公共权力,有效提供公共物品和公共服务,以保障和增进公共利益的公共事务管理活动。据此,公共管理的内涵可以从以下几个方面来理解。

(1) 公共管理的主体是以政府为核心的公共组织,或者说,一切不以赢利为目的而围绕着社会事务开展活动的组织都属于公共管理主体的范畴。比如,非政府公共组织和广泛的社会自治力量都是公共管理主体的重要构成部分,它们与政府一道通过合作等方式去开展公共事务的管理工作,直接地以公共利益的实现为目的。当然,在公共事务的处理过程中,近些年来,出现了大量的把公共事务发包给私人组织去处理的现象,因而,有些学者也把这类私人组织看做是公共管理的主体,认为它们从事的是公共产品或准公共产品的生产。其实不然。这些私人组织是出于赢利的目的并通过合同契约的方式去进行生产活动的,它们在性质上并不能被视为公共管理的主体。

(2) 公共管理的客体是公共事务。公共事务指涉及社会公众整体的生活质量和共同利益的社会事务。具体而言,在一个社会中,公共事务是个人、家庭和企业所不愿做也做不了的,但对整个经济社会的发展有着深刻影响的,公民基本生活中必不可少的事务。公众社会生活的领域十分广泛,公共事务的内容亦十分广泛,它可以是有形的产品,如国防、道路、桥梁等公共设施;也可以是无形的产品,如法律、规章制度、政策、环境保护、天气预报以及意识形态,等等。由于公共事务是与每个公民的利益而非某个特殊利益集团的利益相关的事务,所以它表现出两个显著特征,即它是与公共利益直接相关的,其受益对象是社会公众。

(3) 公共管理的手段是依法行使公共权力。公共权力来自于民众的授权。公共权力的运行方式是多样的,概括地说,主要是由政治的、法律(政策)的和管理的三个方面构成。近代以来的社会治理过程由于专业化追求,往往把政治的、法律(政策)的和管理的手段隔离开来,由不同的部门突出运用其中某一手段。自公共管理兴起以来,社会环境的复杂性和不确定性迅速增长,几乎所有具有新的历史特征的公共事务都需要综合性地运用政治的、法律(政策)的和管理的手段来加以处理。所以,公共管理的手段可以定义为:在法治的基础上通过公众参与的途径高效地提供高质量公共服务的科学方法。也就是说,依法治理、民主行政和科学管理是公共权力行使手段的三个最为基本的方面。当然,在具体的公共管理过程中,公共管理的手段会呈现出多样化的特征,也要求公共管理者自觉地进行方式方法上的创新,但是,依法治理、民主行政和科学管理三个方面被作为一项统一性的原则是必须贯彻到一切具体的公共管理过程中的。[①]

(4) 公共管理的目的是保障和增进公共利益,具体表现则是提高社会治理活动的效率、促进社会发展和保证全社会共享社会发展的成果。公共管理的目标是一个具有多层次结构的目标体系,促进社会发展和增进公共利益是它的终极目标,为了实现这一目标,

---

① 张康之.公共管理学[M].北京:中国人民大学出版社,2010:11.

一切公共管理主体都需要在注重社会公平的前提下提高效率,不断地改善提供公共服务的能力,注重绩效和服务品质。对于政府而言,要把重心放在基本公共服务均等化供给上;对于非政府公共组织以及其他社会自治力量来说,在积极开展本区域和本领域的自我治理的情况下,还要及时地把存在于社会中的各种利益诉求传递给政府。无论是政府还是非政府公共组织以及其他社会自治力量,在公共管理过程中都需要以积极的态度去自觉地构建公共服务供给的合作关系。

(二)公共管理的特征

如果将我国学者与西方学者关于公共管理内涵及外在表现的论述进行系统分析,可以归纳出公共管理的如下特征。

(1)公共管理在不改变公共部门公共性的前提下,将私营部门的管理手段运用到公共部门管理上。公共管理在承认公共利益、公共意见、公共价值、公共服务等公共行政理论的基础上,主张学习与吸收私营部门的管理策略、方法及手段,改革政府管理,以实现公共部门所追求的效率、效果、公平与卓越的目标。

(2)公共管理注重运用市场机制,并不是将公共服务完全市场化。公共管理主张引进市场机制,将公共服务民营化,用加强竞争来降低预算与权力的极大化,因而称之为"市场取向的公共行政"或"市场驱动的公共管理"。"市场取向"或"市场驱动"的公共管理是指选择性地运用市场机制的方法与手段,并非实质上将政府予以"市场化"。

(3)公共管理重视与外部环境的关系,以强调最高管理者战略设计、政策设计为核心。传统的公共行政仅重视组织内部的环境因素,强调标准化作业程序。与官僚控制完成组织目标不同,公共管理兼顾内部与外部环境,重视与外部环境的关系,特别是内外部环境的整合。

(4)"公共管理"不完全等同于"政府管理",它是与私营部门、非营利部门或个人相互合作的一种全新的治理模式。传统的公共行政强调的是以政府部门为主体的管理,可以称之为政府管理。而公共管理的主体不仅有政府,也包括了私营部门、非营利部门,等等,政府与它们之间是相互合作的关系。

(5)公共管理强调价值调和与责任。公共管理强调价值调和,不仅重视 3E,即经济(economy)、效率(efficiency)、效能(effectiveness),同样也重视公平、正义与民主。公共管理在主张弹性、自主管理、授予权能的同时,强调责任的重要性,并认为只有形成客观有效的绩效测量标准,政府的责任才能落实。①

二、公共管理与私人管理的区别

自从有了人类,就有了个体通过一定的社会关系而结合起来的群体。个体与群体相互依存、相互联系,以个体而存在的个人同时又以群体中的成员而存在。作为个体的人,具有个体性需求,相应地,也就有与直接满足个体需求相关的事务、产品、部门和领域;作为社会的人或由个体构成的群体,又具有群体性需求,具有与群体需求相关的公共事务、公共产品、公共部门和公共领域。与此相对应,就有了私人管理(或称私营部门管理)和公共管理。

---

① 周文,尤光付.公共管理理论阐释与实证分析[M].北京:中国社会科学出版社,2007:4-5.

无论是公共管理还是私人管理,作为一般管理活动的具体类型,都遵从一般管理的规律,在许多方面都是相同或相似的。例如,都需要制定管理目标,实施具体方案,监控和评估执行进程;都要对人力资源、财政资源、组织资源、信息资源等内部资源进行整合以实现管理目标;都要处理与外部环境的关系;管理的方法和技术也是大同小异。事实上,一些公共管理的理论和实践更多的是借鉴企业管理的成功经验的。但是以政府为核心的公共管理与私人管理毕竟是两类不同的管理,两者在性质上存在着巨大的区别。具体来说,两类管理在性质上的区别集中表现在如下方面。

1. 管理目标不同:公共利益和私人利益

公共管理必须以公共利益为目标。从本质上讲,政府具有促进和实现公共利益的义务和责任,应将公共利益作为自己行动的立足点和出发点,否则公共管理者就变成了私利的谋取者,而非公益的信托者。当代公共管理的一个核心议题就是如何保证政府及其管理者能够代表并回应公众的利益。相反,私人管理的目标则可以定位于包括管理者在内的私人利益。这是公共管理与私人管理最重要的区别。在私域中活动的私人及其组织,如公司、企业等,往往追求其自身的私人利益最大化,利润作为他们活动的轴心,是其全部管理活动的出发点和归宿。[①]

这种管理目标的差异和对立,从总体上表明,不能也不应让私人及其组织承担与其利益无关、甚至损害其利益的社会事务。对于私人及其组织难以实现的公共利益,作为一种客观性的社会需要,只能纳入公共领域,通过公共管理活动来实现。换言之,公共管理的组织或部门是专为维护和增进公共利益而建立的。这就要求公共组织和公共管理者不应以自身利益最大化作为自己活动的目标,而应以实现与社会的存在和发展休戚相关、私人活动又难以增进的公共利益作为自己义不容辞的责任。否则,公共管理与私人管理就没有区别,公共管理也就没有存在的必要。

当然,公共利益和私人利益并不是完全对立的关系,二者也存在着共生共荣的一面。私人及其组织只要依法经营,不损害其他人的权益和利益,他们的活动便被认定为是正当的和积极的,是一种经济和社会的善。他们在追求和实现自身利益的过程中,客观上也增进了他人和整个社会的福利水平。

2. 管理权威不同:政治权威与经济权威

公共管理活动在本质上是国家的活动,不可避免地包括政治权威的作用(也存在着非权威的作用)。政治权威意味着从事公共管理的组织尤其是政府具有高于任何私营组织的权力。以政府为代表的公共组织作为某种范围内的唯一权威中心,需要运用强制力去规范私人利益,包括对私人利益进行某些必要的限制,并运用各种资源和手段,确保公共利益的实现。这使得公共组织通常具有垄断性,公共管理的过程通常具有强制性。政府不仅是公共服务的提供者,也是政治权威的执行者,所以许多公共管理活动本身就有强制性,当有违反法令的事情发生时,政府便可以在职权范围内依法予以处理,而其他组织不具有这种公权力。

在私营部门或组织的管理过程中,尽管也有权力和权威,但这种权力和权威不具有类似于公共权力的效力,而且它们只能运用于私营部门或组织的内部管理,可以称之为经济

---

① 黎民.公共管理学[M].北京:高等教育出版社,2003:3.

权威或市场权威。这种权威非法律授予,而是来自经济性的市场力量。因此其管理行为往往受制于市场力量。私人管理的权威很大程度上取决于其在市场上的竞争力,而非以国家强制力为后盾。

3. 管理理性不同:多元理性与经济理性

公共部门作为增进公共利益的立法者和执法者,处于各种社会资源配置的中心,事实上,公共管理承担了社会资源权威性分配的职责。当今社会是一个高度复杂、高度不确定以及急剧变革的多元发展社会,社会利益主体是多元的,社会的价值主体也是多元的,而且利益和价值之间往往存在各种矛盾和冲突,政府需要在多元的甚至冲突的利益和价值之间进行平衡和作出抉择。因此,公共管理尤其是政府治理需要考虑各种利益和价值的平衡,其管理理性往往是多元理性,如效率与公平、改革与稳定、增长与发展、眼前和长远、个人利益与公共利益、不同社会集团的利益偏好,等等。任何单一向度的考虑都会导致不良的社会后果。私人管理由于管理目标和管理职能所限定,加上私营组织的规模、管理的影响面都较小,其管理活动主要是围绕如何实现自身的生存和发展展开,其管理过程大多为工具的经济理性考虑,通常无需对分配和平衡社会价值承担责任,因而很少顾及甚至不顾及其他理性。

4. 权力制约不同:制衡性与自主性

由于维护和增进公共利益的需要,公共管理组织获得了合法的政治权威性,拥有合法的强制力,同时公共管理过程产生的影响也是全社会的,因此,公共管理主体在实施管理的过程中,受到较多的制衡。但在公共管理中,公共管理者作为个人的私人利益与其职责所代表的公共利益是两种不同的利益,如果缺乏有效的制约,公共权力将面临被滥用的巨大风险。这样,如何防止滥用公共权力便成为一个极为重要的问题。为防止滥用公共权力,人们建立了民主宪政的国家制度框架,并将公共管理置于民主宪政框架中运行。在民主宪政体制的设计中,公共管理的权威是割裂的。而且,政治越民主的国家越注意政治权威的分立和制衡。正是通过包括立法、司法、政党、利益集团在内的各种制衡机制,才使公共管理有可能较好地增进公共利益,而不是服务于少数人或少数集团的利益。在私人管理中,管理者作为公共权力和市场力量双重制约下的行动者,固然也受到各种权威以及政治环境的影响,但这种影响与公共管理不可比拟,他们的利益往往直接体现在管理目标上,不存在滥用公共权力的问题,因此,应尽可能少地对私营部门管理中的管理者进行限制,让他们享有充分的管理自主权,这样做无论是对他们自身还是对社会都不失为一种合理的选择。

5. 调控机制不同:政府机制与市场机制

政府与市场是现代社会的两个最重要的资源配置和控制体系。公共管理与私人管理的一个十分显著的区别在于:前者主要是通过政府机制来实现;后者则主要通过市场机制来完成。尽管不同的国家因其政治制度、经济水平以及文化传统等方面的不同而在公共管理过程中发挥政府机制和市场机制作用的比重不同,但这种不同只是程度上的,而不是基本性质上的。正是公共管理实现上的政府机制,决定了公共管理是在公共利益的导向下,以近乎垄断的方式提供公共物品和服务,而不是像私营部门那样,以利润为导向,以竞争的方式提供私人产品和服务。

尽管上述几方面并不能完全概括公共管理与私人管理的差异,但它已经表明,公共管理与私人管理是本质不同的两种管理,认识这些差异有助于我们更好地了解公共管理的性质,明确公共管理的责任和义务,了解公共管理的运行过程,以便更加有效地从事公共管理。

三、公共管理的公共性与服务性

(一)公共管理的公共性

在我国,《辞海》中把"公"解释为"公共;共同"。《礼记·礼运》所言"大道之行也,天下为公",即为此意。《汉语大辞典》中,"公共"意为"公有的,公用的,公众的,共同的"。因此,自古以来,"公共"的中文语义强调多数人共同或公用。

一般认为,在国外"公众"一词有两个起源。一是起源于古希腊词汇"pubes"或"maturity",指一个人在身体和心智上的发展成熟,能够了解私已和他人之间的息息相关或联结;强调个人能超出自身利益去理解并考虑他人的利益。二是源于古希腊词汇"Koinon",英语词汇"common"(共同)就起源于该词,意为人与人之间在工作、交往中相互照顾和关心的一种状态。在古希腊社会里,公共是一种所有成年男子都可以参加的政治共同体,其主要职责是建立一些永久的标准和规则,目的是为了获取最大之善。因此,从起源上看,"公共"更多地意指社会层面的非个体性,在古希腊政治社会里与早期民主相关联。随着时代发展,当代的"公共"概念已发生很大改变,公共逐渐成为政府和政治的同义词。

在哈贝马斯的理论中,公共性或公共领域不是指行使公共权力的公共部门,而是指一种建立在社会公私二元对立基础之上的独特概念,它诞生于成熟的资产阶级私人领域中,并具有独特批判功能。关于公共性的演变,哈贝马斯认为,自古希腊以来,社会有明确的公私划分,公代表国家,私代表家庭和市民社会。例如在古希腊、古罗马,公私分明,所谓的公共领域是公众发表意见或进行交往的场所,那时虽有公共交往但不足以形成真正的公共领域。在中世纪,公私不分,公吞没私,不允许私的存在,公共性等同于"所有权"。直到近代(17、18世纪)以来,在私人领域之中诞生了公共领域,才有了真正意义上的公共性。

受到国外对这一问题研究的启发,国内也有学者从社会领域分化的角度分析公共性的产生。他们认为,公共领域与私人领域、国家与市民社会、政治生活与经济活动具有对应的相关性。整个近代社会发展史的客观进程,都在于使公共领域与私人领域日益分化,这样一来,整个社会就成了公共领域与私人领域的整合体。在社会分化为公共领域与私人领域的过程中,国家的职能也开始了分化的历程,出现了国家职能的多样化趋势,其中统治职能与管理职能是最为基本的两大职能。由于国家统治职能是在统治集团和被统治集团的关系中实现的,所以,虽然它表现出一定的现代公共性的内容,但本质上是与公共性相悖的。而在管理职能中,公共性则是其最为根本的特性,甚至可以断言:管理职能的领域是一个纯粹的公共性的领域。因此,社会领域的分化引发国家职能的分解,从而导致公共性的彰显。

王乐夫等人认为,作为公共管理研究的基础与核心,随着公共管理作为一种新的公共部门管理范式在我国的研究渐趋深入,公共管理的"公共性"本质越来越受到重视。原因有两个:一是"公共性"的丧失,二是"公共性"的觉醒。首先,公共管理在本质上异于私营部门管理,它更多地体现"公共"的特性。然而目前主流的公共部门管理理论(新公共管理)有过分强调管理主义的取向,表现为"公共性"的丧失。其次,公民社会的日益成长,第三部门在公共管理中的作用越来越大,形成了强大的参与力量,这就要求公共部门在管理过程中更多地体现"公共性",从而表现为某种程度上"公共性"的觉醒。①

尽管在公共性问题上,不同研究者阐释的重点多有不同,但作为区别于其他管理的一个本质特征,公共管理的整个过程始终贯穿着公共性。公共性是公共管理合法性的首要基础,公共管理理论中所包含的各种学说和思想也都是围绕"公共"这个核心展开的。公共管理实践中所涵盖的公共部门的机构设置、职能安排、行为方式,以及公共部门与公众、市场、社会之间的关系,始终都以"公共"为核心。因而对于公共管理,基于它是一种为实现公共利益而进行的公共部门管理活动,公共管理的公共性体现为以政府为核心的公共部门执掌公共权力,谋求公共利益,管理公共事务,承担公共责任。公共管理的公共性表明:公共性致力于实现社会整体的公共利益,而不是单纯为某一个特定阶层或群体服务;公共管理不是一种统治方式,也不是一种政治控制的方式,而是以政府为核心的公共组织所实施的公共管理,必须秉持公共精神,恪守公共价值,推出高质量的公共服务,进而实现公共利益。据此,我们把公共管理的公共性内涵归纳为以下四个方面。

(1) 公共管理主体的公共性。国家、政府和社会公共组织共同构成了公共管理的主体(这里的国家、政府与社会都是从狭义上说的)。作为公共管理主体,这些组织具有不同于其他组织形式的根本特征,主要表现在组织的代表性、行为的公务性、宗旨的公益性、权力的法定性等方面。

(2) 公共管理价值观的公共性。与一般意义上的管理把经济地、富有效率地实现管理目标作为目标取向不同,公共管理的价值观更主要体现在平等、正义、公平、民主、伦理以及责任等方面。私人管理建立在个人本位主义和自利性本质之上,把追求个人效益或利益最大化作为目标取向。与其迥然不同的是,公共管理注重在民主政治理念上去实现公众的高度参与、社会公平以及承担为公众谋求福利的责任。

(3) 公共管理手段的公共性。权力是政治社会的基石,是理解一切政治现象的基础。正如霍布斯所说,契约,没有刀剑,就是一纸空文。恩格斯认为,国家本质上是同人民大众相分离的公共权力。公共管理是管理主体运用公共权力实现管理目标的社会活动,因此,公共权力是公共管理活动的后盾和基础,公共权力的公共性充分体现了公共管理手段的公共性。

(4) 公共管理对象及目标的公共性。公共管理的客体或对象是公共事务,即国家公共事务、政府公共事务和社会公共事务,无疑它们均具有鲜明的公共性。公共管理主体对公共事务的管理首先从公共问题入手,公共问题是公共管理的逻辑起点。同时,由于对公共事务的管理最终要达到的目标或宗旨是实现社会公众的公共利益,因此,公共事务、公共问题和公共利益的公共性正是公共管理公共性的题中应有之意。

(二) 公共管理的服务性

随着经济全球化、信息化与知识经济时代的到来,顾客需求层次逐渐提高,需求内容日益多样化,国际竞争不断加剧,传统公共行政的官僚制模式和管理理念已经越来越不适

---

① 王乐夫,陈干全.公共性:公共管理研究的基础与核心[J].社会科学,2003(4):67-68.

应时代发展的要求。西方发达国家引领潮流的政府再造运动,将"顾客满意"的理念和企业创新的精神注入官僚制行政的各个环节,提供了许多行政革新的具体方向并加以实行,推动"管理行政"迈向了"服务行政"的崭新领域。顾客社会的兴起意味着公共部门的成员"已从过去统治者一员,也就是单纯服膺上级指示、仰赖上级栽培的封闭型'制造业'员工,被迫转型成为对人民需求敏感的'服务业'员工"[①]。也就是说,公共管理者正在从"民之父母"角色转换为社会公众的服务者角色。

服务是一种理念,一种精神,一种目标,一种原则,一种行为模式,也是一种制度体系。"从根本上说,公共管理的'服务性'来自这样一种理念:以政府为核心的公共部门的公权力作为国家权力的重要组成部分,产生于公众直接或间接的授权,它是公民权利的一种特殊转化形式。既然政府是这样的社会契约的产物,那么以政府为核心的公共组织本质上就是一种为公众和社会共同利益服务的组织。因此,公权力本质上是公众意志的执行形式和公众意愿的实现手段。政府及其公共管理行为的存在和维系之根本目的及其合法性就在于为公众提供服务,满足公众的需要。如若在许多重要的方面公众的意志和意愿长期得不到合理的实现,政府及其公共管理便有可能丧失合法性基础,产生合法性危机。基于这样的理念,服务是政府管理的首要职能,服务是公共管理运行的中心,当是不争之论。"[②]

从生产者导向社会到顾客导向社会的转变过程,经历了从"少得可怜的种类"到"丰富多样的种类",从"相当不方便"到"强调便利",从"接受基本服务的限制性通道"到"真正畅通的服务通道",从"屈指可数的选择机会"到"无穷无尽的选择机会"。[③] 奥斯本和盖布勒指出,为应付这些巨大变化,有企业家精神的政府已经开始转变它们自己。它们通过顾客调查、重点群体调查和各种各样的其他方法,开始仔细听取顾客的意见。它们已开始向顾客提供选择,包括学校、娱乐设施,甚至治安服务。而且它们把各种资源直接交到顾客手里,让他们选择服务提供者,从而开始让顾客坐到驾驶员的座位上。公共管理的服务性,旨在强调公共部门的一切活动的目标和中心就是了解市场和顾客的需求,并有针对性地提供公共产品和服务。一切为了顾客,一切方便顾客,从部门本位转到顾客本位。

实际上,公共管理的服务性的核心价值就在于提供了一种观念:在现代市场经济体系中,公共管理不是管制,而是服务。服务是公共管理的内核和基础,公共管理的目的不是向社会、企业和公众提供价值,而是为他们追求和实现自身价值创造良好的条件。追求公共服务的高质量,是公共部门的合法性基础。公共管理的服务性,就是由公共部门来提供私人和社会无力或不愿提供的,却又与其公共利益相关的非排他性服务。公共部门由原来的控制者变为兴利者和服务者,从而意味着施政目标从由机关和专家决定转变为由民众希望和合法期待来决定;公共部门从以实施控制为要务转变为以传输服务为要务,管理目标从经济领域转移到公共服务领域。现代公共管理强调服务性,也就是在公民本位、权利本位、社会本位理念指导下,在民主的框架下,通过法定程序,按照公民意志组建,以为

[①] 黄荣护.公共管理[M].台北:商鼎文化出版社,2000:128.
[②] 黄健荣.论公共管理之本质特征、时代性及其他[J].公共管理学报,2005(3):24.
[③] [美]拉塞尔·M.林登.无缝隙政府:公共部门再造指南[M].汪大海,等,译.北京:中国人民大学出版社,2002:12.

公民服务为宗旨并承担着相应的服务责任。公共管理的服务性突出了公共部门更加注重与公众保持密切、直接的联系,为公众提供个性化选择和参与机会,因此,要大力增强公共管理机构的公共服务职能,发展和完善有关的公共设施,更好地满足社会公众更高层次的需要。公共管理的服务性原则主要表现在以下几个方面。

1. 回应性

"官僚体系与民间社会是不可分的,人民与政府之间良好的'偏好-回应'的互动关系,是民主政治的正当性基础。"从这个意义上说,"回应性"(responsiveness)的表述正是世界各国政府以及公共管理与公共行政学术界试图突破传统官僚制困境的一种努力。"回应"一词是指公共部门快速了解公众需求,不仅要求"回应"公众先前表达的需求,更应富有远见,主动研究问题、解决问题。"对于回应性,公共行政中有两种理解。一种观点认为,在最好的情况下,回应以牺牲专业效率为代价,不过是一种必要的邪恶;在最坏的情况下,如果不是明显的腐败,回应至少体现了政治权宜之计。……另外一种观点认为,民主价值要求行政人员对大众的意愿作出回应,如果不能实行直接民主制,至少也要通过立法机构或者政治家这些中介。"①一般来说,回应性的基本意义是公共管理人员和管理机构必须对公民的要求作出及时的和负责的反应,不得无故拖延或没有下文。在必要时还应当定期地、主动地向公民征询意见、解释政策和回答问题。

2. 公正透明

公共部门的行为必须坚持和维护公民的基本权利,体现公民的基本意愿,并超越公共部门本身的自利倾向,同时考虑公共利益。公共管理者必须奉公守法、公正廉明,公平地向社会公众提供优质服务。公共管理的服务性的一个重要特征是公平性,它为所有公民和社会成员提供服务。公共管理者也必须平等地对待一切服务对象,让所有公民都能享有同等权利和同等待遇。当然,实现公正的最好办法是透明,这是社会公众检验公共部门是否公正地提供服务的重要前提。公共部门要根据公民的需要提供公共信息,确保公民知情权。公共部门的透明程度直接关系到公共决策的科学化和民主化,关系到公民参与的广泛性与有效性,关系到公民对公共管理者的有效监督。

3. 高效便民

公共部门应该根据公民需求,优化办事流程,简化办事环节,改革陈旧的条条框框,为公民和社会提供更有弹性、更加灵活的服务,做到以公民为导向,为公民提供尽可能多、尽可能方便的服务,从而满足现代社会追求灵活、个性化、便利、弹性、多样性、广泛参与、人性化的发展需要。公共管理行为所产生的绩效应该是高效率和高效益的高度统一。公共管理高效率要求在单位时间内以尽可能少的投入来获得尽可能好的社会效果;公共管理高效益要求所获得的绩效必须符合社会公众的多样化需要,能给社会带来有益影响,带来尽可能多的福利。这必然对公共部门服务观念的更新、组织结构的变革、技术设备的完善以及人员素质的提高提出新要求。

4. 责任

服务意味着要对服务对象负责,公共管理的服务性同样强调对公众负责。首先,公

---

① 汪大海.公共管理学[M].北京:北京师范大学出版社,2009:49-50.

部门及公共管理者都必须主动自觉地履行宪法和法律明确规定的各项职责,只要接受了公共职位,行使了某项公共权力,同时也就意味着承担了相应的法定责任,否则就是违法;其次,公共部门及公共管理者必须主动、及时地回应公民的正当要求,承担回应责任,如果没有对公民的正当诉求在规定的期限内作出适当的回应,也是一种失职。为此,公共部门及公共管理者不仅要在公民对其提出直接的诉求时积极地有所作为,也要在公民没有直接诉求时主动地有所作为,创造性地履行对公民所承担的各种责任。

5. 以人为本

公共管理的服务性,必然强调以人为本,摆脱生产者导向型的管理模式,确立顾客导向型的管理模式。从本质上说,服务性是社会本位、人本位的。政府管什么、不管什么,只取决于社会和公民的需要,并以此作为公共管理职能定位的依据。从服务范围上看,服务性强调集中于公共领域,有所为有所不为;从服务手段上看,服务性的公共管理是一种引导式的,即使是管制也是有严格的法律限度的,而其服务则是一种无缝隙式的;从服务主体上看,服务由政府部门、非政府部门、私营部门以及社会公众一起来共同提供;从服务重心上看,服务坚持"顾客导向",致力于满足公民的多样化和个性化的需求;从服务评估上看,服务不再是内部取向的层级考核,而是一种外部取向的、结果导向的绩效评估方式;从服务文化上看,服务不再是管制文化,而是一切从公众需要出发的、追求"顾客满意"的公共服务文化。简言之,公共管理的服务性强调公共部门提供"以人为本"的服务。

第二节 从公共行政到公共管理

一、公共行政学的起源

(一) 公共行政学产生的背景

公共行政如同其他管理一样,具有十分悠久的历史,无论是在东方国家还是在西方世界,自古都不乏公共行政的思想。然而,这些早期的公共行政思想因缺乏系统化和理论化而未成为一种专门的学科。公共行政真正形成一个完整的体系,成为一门独立的学科,则是 19 世纪末 20 世纪初的事情。公共行政学像其他学科一样,其产生都不是偶然的,而是有着深刻的社会和历史背景。作为一门独立的学科,公共行政学是在以下几个方面的要素的推动下逐渐形成的。

第一,西方国家政府职能的扩张和行政权力的扩大,提出了专门研究公共行政的必要性。公共行政学是时代的产物。在奴隶社会和封建社会,社会生产力水平低下,社会生产和社会关系较为简单,与此相适应,国家事务也不复杂,公共行政还不可能形成一门独立的学科。即便是到了资本主义社会发展的初期,国家普遍奉行的是消极主义和放任主义政策,政府职能十分有限,其任务主要是消极地保护个人财产,维护社会秩序,保卫国家安全,公共行政作为一门独立学科也尚缺乏产生的必要条件。到了 19 世纪末,资本主义由自由竞争向垄断过渡,在这一时期,随着社会关系的日益复杂化,带来了一系列的社会问题,矛盾和冲突甚至成为一种普遍的社会现象。为了缓解和解决矛盾,维持社会的稳定和促进社会的发展,政府开始转变过去那种消极、被动的状态,积极干预社会生活。因此必须建立一个大政府来管理大行政的工作。在这种情况下,原有的公共行政方法已经不能适应时代发展的要求,迫切需要有一门理论来指导国家的公共行政活动,以使政府更好地履行其职能和完成其使命。于是,现代公共行政学便应运而生。

第二,科学管理运动的兴起推动了公共行政学的形成和发展。19世纪末,欧美主要国家早已完成产业革命,资本主义经济迅速发展,科学技术突飞猛进,新机器的发明,新的能源动力的采用和新的运输工具的使用,使得众多工人的集中劳动取代了少量劳动者的分散作业,社会化大生产取代了小规模的手工工场生产。工业的进一步迅速发展面临着一系列新的矛盾和问题:资本积累的惊人增长与管理利用巨量资金的陈旧方式不相适应;生产技术的进步和企业规模的扩大与传统的经验管理发生了尖锐的冲突;工人的"有意磨洋工"使劳动生产率低下;劳资之间的对立情绪和"不融洽关系"严重地影响着生产的扩大和利润的增长;缺乏严格的责任制度以及专门化的管理知识和管理人才,使专业化协作生产陷入混乱。这些矛盾和问题归结到一点,就是要建立适应社会化大生产迅速发展的管理制度和管理方法。一场影响美国乃至西欧工商企业管理的科学管理运动兴起,美国政府将科学管理运动提供的科学管理的原理和方法应用于政府的管理活动,精简政府,调整机构,促进了政府工作的改革,提高了行政效率。因此,现代公共行政学的出现与西方的科学管理运动密切相关,正是科学管理运动的兴起,才促成了公共行政学的形成和兴盛。

第三,与国家行政有关的理论和政府行政实践为公共行政学的产生奠定了基础。从学科发展的历史来看,公共行政学也是从政治学中分离出来而成为一门独立学科的。在公共行政学产生以前,其有关内容就包括在政治学之中。西方近代史上的政治学,君主制时代德、奥两国的官房学以及资产阶级革命以后形成的行政法学,是现代公共行政学的理论基础。公共行政学是在这几种理论的直接促进下形成并发展起来的。除了理论渊源之外,公共行政学的形成还得益于公共行政实践提供的有益经验。例如,18世纪初期普鲁士创立的任官制度和19世纪50年代英国建立的文官制度,为公共行政研究提供了素材,又为公共行政学的人事行政研究提供了主要的范畴和规范。因此,与公共行政学有关的理论和政府行政实践也是公共行政学形成的重要条件。

(二)公共行政学的理论溯源

1887年,美国著名学者托马斯·伍德罗·威尔逊在《政治学季刊》上发表的《行政之研究》一文,主张行政学应作为一门独立的学科从政治学中分离出来,标志着现代公共行政学的发端,被誉为公共行政学的"开山之作"。此后,在一百多年的公共行政学发展进程中,公共行政领域的研究随着社会环境的不断变化,从传统公共行政模式发展到新公共行政模式再到新公共管理模式,研究方法从单一研究转向跨学科研究,研究内容从静态研究转向动态研究,研究对象从内部研究转向外部研究,其研究框架和理论体系日渐成熟和完善。

不少学者认为,公共行政学的产生也不是偶然的。从理论渊源上看,它是在四种理论的基础上或直接促进下发展起来的。

其一,西方近代政治学说,尤其是国家学说,为公共行政学提供了有关国家权力(行政权)、民权民意、政府结构、政治过程等概念和范畴,提供了传统的理论和思辨的研究方法。

其二,君主制时代德、奥两国的官房学。官房学又译计臣学,主要研究如何有效地为国家(君主)管理财政、经济、行政等问题。当时政府将官房学作为候补官员的培训项目,并于1727年起设立了专门的讲座。官房学在改进行政制度、积累行政经验和人员培训等方面为后来的公共行政学提供了有益的启示。官房学以后逐步演变为公共财政学。

其三,普鲁士的任官制度和英国的文官制度。18世纪初期,普鲁士在西方首先创立了依据考试任用官吏的制度。1713年,普鲁士规定必须经过考试竞争才能任用法官,10年后进一步明确此规定适用于其他官吏。英国则在1805年设立了常任文官,1854年正式确立了常任文官制度。文官制度为公共行政学的人事行政研究提供了最主要的范畴和最早的规范,因而对公共行政学的形成具有直接的推动作用。

其四,西方资产阶级革命时代兴起的行政法学。行政法学与资产阶级革命几乎同期产生,其最初的宗旨是反对和制止封建君主对资产阶级的强权的、粗暴的甚至是肆无忌惮的干涉和掠夺,后来则演变为研究行政法律关系的学问。

二、公共行政学的演进

公共行政学的演进是指公共行政学演变与发展的过程,以及在不同发展阶段上的不同内容和特点。公共行政学在不同的历史阶段受不同理论的影响,侧重不同的研究方向,使用不同的研究方法,有着不同的代表人物和不同的代表论著。

(一)建构阶段

公共行政的起点是近代社会,是在行政的统治职能和管理职能的此消彼长中出现的。19世纪中后期,垄断资本主义造成"行政国家"的出现,即国家的行政部门迅速膨胀,行政权力迅速集中,政府活动的范围迅速扩大,对社会的直接管理活动迅速增加,对社会事务的介入越来越深。许多思想家出于政府制度设计的目的开始对政府机构的构成、行政组织的特征、行政权力的结构和运行机制以及人事行政等方面的问题进行研究。

1887年威尔逊发表的《行政之研究》,标志着公共行政学的产生。在《行政之研究》一文中,威尔逊通过回顾行政领域研究的历史,指出行政与政治的不同,认为有必要建立一门独立的行政科学,去研究政府能够做什么,以及如何以最高的效率和最低的成本去做这些事情。在威尔逊之后,古德诺于1900年出版了《政治与行政》一书,对威尔逊的这一思想作了进一步的阐发,从而使"政治与行政不同"的思想得到了广泛的传播。根据古德诺的看法,政治是国家意志的表达,行政则是这种意志的执行;政治主要与政策的制定相关联,而行政则是对政策的执行。

马克斯·韦伯通过他的官僚制理论的建构,解决了威尔逊思想付诸实施的一切技术性问题,也就是说,韦伯的官僚制理论已经把威尔逊的思想变成了可以实施的制度性方案。如果说威尔逊提出了建立公共行政学这门学科的话,那么韦伯则因他的贡献而被看做是把公共行政学作为一门学科建立起来的人。韦伯认为,理想的官僚制组织是建立在"合理—合法"权威基础上的,是从属于技术理性原则的,具有形式合理性,是层次分明、制度严格、权责明确的等级制组织模式。而公共行政学正是要根据这些精神来分析和研究政府,对政府在实际运行中的一切不合乎技术理念和技术标准的方面提出改进意见。

在公共行政学的形成和系统化的过程中,包含着来自管理学方面的影响。泰勒1911年发表的《科学管理原理》和法约尔1916年发表的《工业管理与一般管理》,对公共行政学的形成都发生过重大的影响。最早对公共行政学这门独立学科的内容进行系统研究和阐述的则是美国学者怀特和威洛比,他们分别于1926年和1927年出版了《行政学导论》和《公共行政原理》,行政学理论体系的形成正是以这两本大学教科书为标志的。

总的来看,这一时期的公共行政学研究者看到了公共行政学研究的重要性,精辟地论述了行政学的研究对象和内容以及应遵循的一般原则与基本方法,推动了行政学从政治学中分离出来而成为一个独立的研究领域。他们所提出的政府组织与管理、行政和政治的关系、行政效率等重要论题,为公共行政学的建立奠定了基础。

（二）行为主义阶段

20世纪20至30年代,随着行为科学理论被引入公共行政学研究并被人们逐步接受,公共行政学的发展进入了行为主义阶段。

1927年到1932年,美国哈佛大学教授梅奥等人进行了著名的"霍桑实验"。霍桑实验通过对组织中人的行为的实证性研究,开创了行为科学—人际关系学说的理论先河。早期的管理研究对人的假设是"经济人",忽略了"社会人"的一面。通过梅奥的霍桑实验,证实了人不是单纯追求经济利益的,生产效率主要取决于士气的高低。因此,管理部门应善待工作者,并应采用某种社会相互作用的形式。这样,霍桑实验用"社会人"的概念取代了"经济人"的概念,同时将非正式组织的概念引入管理学,认为在任何正式组织中都存在非正式组织,既要重视正式组织的作用,也不能忽视非正式组织的作用。对人格的尊重、参与、情绪发泄、社会平衡、士气、小团体及其制约、非正式组织等,是组织管理过程中决定性的因素,而法律、制度、规章、纪律、精密性等则是次要的。虽然在第二次世界大战前,霍桑实验在实际运用中没有产生较大的影响,但是它暴露出传统管理理论的不足之处,促进了对人际关系的更深刻的研究,奠定了行为科学的理论基础。

梅奥以后,行为科学—人际关系学说得到了迅速的发展,受其影响,管理理论领域相应形成了一系列的新的学说及理论观点,例如:马斯洛的需要层次论、赫茨伯格的激励—保健因素理论、麦格雷戈的X—Y理论等。这些理论和学说的提出,大大丰富了行为科学的学科内容,推动了行为科学的扩展。

行为科学—人际关系学说直接影响了公共行政研究的进程,许多公共行政学者开始使用行为主义的观点和方法研究行政现象,其中,以西蒙的行为主义行政学派影响较大。1947年西蒙在其出版的著作《行政行为:行政组织决策过程的研究》中认为,决策在行政中处于中心地位,管理就是决策。决策过程和决策行为存在于一切组织的行政管理过程之中。西蒙不同意传统的决策模式,认为在决策中的理性是有限的,因而主张按照"满意原则"挑选决策方案并进行决策。西蒙的行政学说在西方行政学界曾引起了一些重大的争论。反对者认为,纯粹的经验事实是不存在的,事实和价值也是不能截然分开的,西蒙把决策建立在事实的基础上,将决策中的事实和价值因素分开,认为价值不是科学分析的对象,这些看法都是不妥的。而在支持西蒙学说的行政学者中,他的基本理论成为指导原则,并因此而形成了一个新的行政学流派,即行为主义行政学派。

（三）公共政策阶段

20世纪60至70年代,随着政府管理社会事务的增多,政府所面临的已不再是个别的、单一的、简单的和基本稳定或一再重复出现的社会矛盾和问题,而是大量的相互关联、相互制约的愈来愈具复杂性、尖锐性、普遍性、专业性、变化性和发展性的各种社会矛盾和问题。不少的西方国家先后出现了诸如暴力犯罪增加、经济停滞、环境污染、能源短缺、失业扩大,以及住房、卫生、社会保障、公共交通等众多的社会问题,社会公众因此对政府提出了强烈的转变政策、摆脱困境、实现社会正义和社会公平的诉求。学者、科学家和政府官员也深切感受到：应当建立一种能够兼容相关学科优势，且能够解决各种现实公共政策问题的全新的学科。与此同时，包括社会科学和自然科学在内的诸多学科的不断发展为政策科学的形成提供了一定的理论基础和实用技术，现实压力和未来需要则为其提供了有力的发展动力，从而促使公共政策分析成为公共行政学研究的重要领域，公共行政学的发展也因此进入了公共政策阶段。

最初把政策与科学直接联系并赋之以现代意义的是美国政治学学者拉斯维尔。人们通常把他和伦纳于1951年合著的《政策科学：范围与方法的最近发展》一书作为现代政策科学发端的标志。拉斯维尔提倡政策科学的一个基本原因是他对当时社会科学零碎的专门化的不满和担忧。他认为，政策科学或社会科学中的政策方向可以超越社会科学的零碎的专门化，确立起一种全新的统一的社会科学。[①] 在该书中，拉斯维尔明确指出政策取向研究的重要性，并且认为社会科学家应从政策过程与政策内容两个方面来探讨问题。

在公共政策研究方面，哲学家卡普兰、政治学学者伊斯顿、政策论研究者戴伊、决策论研究者安德森、经济学家林德布洛姆都作出了重要贡献。20世纪60年代，美国率先吸收和采取了政策科学的研究成果，将其直接应用于联邦政府所面临的若干大型、复杂国策问题的研究和处理，成功地大规模集中和组织了专业力量和生产力量，解决了诸如国防、空间探索等领域里的一些问题，从而引起了各国政府的普遍重视。20世纪70年代，政策科学的理论和技术不但在许多国家得到了广泛应用，而且由于其潜力和普遍的适用性，同时也在私营部门得到了推广。

（四）新公共行政阶段

20世纪中后期，公共行政学以及政府的管理面临严峻的挑战。沃尔多注意到公共行政学处于一个"革命的时代"，于1968年在锡拉丘兹大学的明诺布鲁克会议中心召集了一个主要由青年学者参与的会议。会议的目的是要鉴别公共行政学应该研究的问题，提出公共行政学作为一门学科应该把重点放在如何迎接70年代的挑战上。会议的成果集中反映在马诺力主编的《迈向新公共行政：明诺布鲁克观点》、沃尔多的专著《处于动荡时期的公共行政学》以及弗雷德里克森的专著《七十年代的邻居控制》和《新公共行政学》上。

概括起来说，新公共行政理论主张在批判主流行政学的效率经济观的基础上提出价值考量，主张社会正义和社会公平，主张改革的、入世的、与实际过程相关的公共行政学，主张构建新型的政府组织形态，提出民主行政的理念。新公共行政不仅期待政府能够通过观念与行为转换解决社会存在的尖锐矛盾，更期待着公共行政发展进入到一个全新的领域。从现实的公共行政实践来看，新公共行政的理论追求有许多空想的成分，因而没有转化成一种制度性的设计。但是，在新公共行政理论中所突出强调的公共行政价值问题方面，由于把公平与效率结合起来考虑，包含着向近代启蒙精神复归的内涵，给公共行政的现实打上了深深的烙印，特别是它对社会公平的呼吁，对于促进社会项目平等地分配给那些需要者发挥了很大影响，在改革公共政策制定方式方面，也起到了一定的作用。

到了20世纪90年代中期，新公共行政的一些代表人物在认真地反思其理论的基础上，批判性地审查了新公共管理运动，重新阐发新公共行政的主张，并在理论方面取得很大进展。这个时期，登哈特夫妇的《新公共服务：服务而不是掌舵》和弗雷德里克森的《公

---

① 陈振明.政策科学——公共政策分析导论[M].2版.北京：中国人民大学出版社，2003：6.

共行政的精神》都是很有影响的著作,它们在许多方面使新公共行政的主张得到深化,而且包含着面向实践而进行行动方案设计的追求。

三、公共行政(学)的局限

在公共管理学产生之前,有关公共领域管理方面的知识集中体现在公共行政理论方面。尽管至今还有学者坚持认为公共管理属于公共行政学的范畴,是公共行政学的一个分支,但"从行政学到公共管理学是一种学科范式的转换"的看法逐渐成为主流的认识。依据这种主流认识,需要我们探讨的一个问题是:传统公共行政在处理公共领域的管理事务时,究竟存在什么局限,才催生出公共管理学的问世?[①]

(一) 理论框架局限

公共行政的理论基础主要是由政治学和管理学两者构成的,其中与政治学的关系渊源最深。在经历了一段相当长的重合期后,公共行政学才从政治学中分离出来,威尔逊在1887年发表的《行政之研究》是公共行政学学科独立的标志。威尔逊主张行政不应是政治的附庸,而应从政治中独立出来,成为专门的研究领域。但是,公共行政学既然以政府管理作为研究内容,就注定无法独立于政治学,因为"政府"本身就是一个政治学范畴。公共行政学在威尔逊以后一百多年的发展中,一直与政治学保持着时亲时疏、若即若离的关系,政治学所具有的规范取向是公共行政学始终无法回避的问题。另一方面,从我国使用"行政管理学"这一名称来看,人们在相当程度上把公共行政学作为管理学的一个分支学科来看待,将其视为一门特殊的管理学科,即行政的管理学。但是,将管理学原则贯彻到底,采取一般的工具取向,使公共行政类同于一般管理的研究,又会抹杀公共领域特有的政治文化价值。显然,如何在规范取向和一般工具取向中找到契合点,同时,冲出政治学和管理学的藩篱,将政策分析、社会学,尤其是当代经济学等学科纳入自己的理论基础和研究方法论体系中,是研究当代公共管理学科所需要解决的重要问题。

(二) 管理主体局限

公共行政学明确地将管理主体界定为政府或国家行政机构,有学者更是将公共行政学称为政府管理学。诚然,现代政府作为全体社会成员共同利益的代表,通过民主程序产生,其权力得到社会公众认同,具有合法性和强制性。在社会生活中,政府负有承担公共服务的主要责任,无疑是最重要的公共管理主体。但是,将公共管理的主体局限于政府,就难免失之褊狭。事实上,随着社会生活的复杂化和多样化,社会公共事务也日益呈现多样性的特点。为了有效地弥补政府功能的不足,保证社会生活的正常进行,人们在政府之外组建了各种非政府公共组织。这些非政府公共组织已逐渐成为公共管理的重要组织形式。这些组织广泛分布于教育、科学研究、文化艺术、医疗保健、社区服务、咨询、行业协会、消费者保护等领域,它们从政府那里获得授权进行公共管理,与政府一起努力提供公共产品,维护社会公共利益。因此,研究它们在公共管理中的作用和活动规律是很有必要的。同时,即使是对于政府主体,也存在着依据时代的要求进行研究视角和研究主题创新的问题。

[①] 黎民.公共管理学[M].北京:高等教育出版社,2003:6-8.

(三) 管理对象与目标局限

公共行政将管理对象确定为两类：一类是政府本身，包括人（国家行政机关工作人员）、体制（行政体制和行政组织形态）及过程（行政管理的动态过程）；另一类是属于政府管辖范围的公共事务。在这两类管理对象中，公共行政学注重的是内部管理，关注的焦点是行政秩序和行政效率，然后才是属于政府管辖的公共事务。但公共行政学忽视了行政与外部环境的关系，忽视了行政作为一个系统对"外部"公共事务的作用力，也忽视了传统上不属于公共行政的管理对象的公共事务，如公共环境、公共伦理、绩效评估等。由管理对象所决定，公共行政的管理目标也是内部取向的，其重视的是管理的机构、过程和程序，强调的是管理过程的规范性。这一点在政府的官僚制组织形态及其运行中表现得尤为突出。显然，对公共管理而言，只有兼顾内外环境的关系，特别是重视外部环境，以结果或绩效为管理目标，才能有效。

(四) 管理理念与手段局限

现代公共管理是在市场经济条件下的管理。公共部门如何在与市场、企业和社会的关系中确立科学的管理理念和切实有效的管理手段是一件至关重要的事情。由于传统公共行政学的核心管理理念可以概括为"全能的政府以行政的手段实施全面管理"，这就在管理主体上排除了非政府主体的参与，在管理任务上将规则制定、监管与直接管理混为一谈，在管理手段上排斥私营部门成功的管理手段和竞争机制，这就使机构臃肿、效率低下、运转不灵、官僚主义盛行、腐败现象丛生成为难以克服的顽症。因而，从根本上突破行政学在管理理念和手段的局限，成为公共领域管理发展的内在要求。

四、公共管理（学）的产生

20世纪60年代以后，伴随着全球化、信息化、市场化浪潮的冲击，人类社会发展的形态出现了巨大的变化。对于这种变化，人们以不同的方式来进行描述，如第三次浪潮、后工业社会、知识经济社会、信息社会，等等。处在这样一个时代，无论是理论界还是实务部门，都深感建立在官僚体制下的公共行政理论无法有效地解释公共管理领域的现象，难以指导相关实践。于是西方各国纷纷进入公共部门改革，尤其是政府管理改革的时代。可以说，公共管理的实践和理论发展都具有鲜明的时代特色。而公共管理学作为一门新兴学科，其产生也绝非偶然。具体来讲，公共管理学产生的社会背景包括如下几个方面。

(一) 西方国家政府面临的困境

1. 财政危机

20世纪70年代石油危机之后的经济衰退，更使西方各国出现高额财政赤字，福利国家不堪重负，出现了一系列新的社会与政治问题。西方国家政府角色过度膨胀，尤其是实行福利国家政策，使政府每年必须负担庞大的转移性财政支出，拖垮了政府的预算和经济。具体表现为：通货膨胀居高不下，经济停滞不前，失业率上升，政府税收能力下降，财政压力巨大。与此同时，国际经济的自由化趋势所造成的竞争压力不断加剧，进而对各国政府造成了巨大的压力。如何节省政府施政成本，促进国内经济发展，是各国决策者不能不考虑的问题。

2. 治理危机

在福利国家理念的推动下，尤其是为了保障公民之福利，政府大量通过立法管制干预民众生活,结果使政府规模迅速扩大,权力不断扩张。政府一方面必须投入大量的资源以提供公共服务,另一方面必须采取重税政策来支付大量的公共开支。这种情况导致民众的普遍不满,政府遭受到越来越多的抨击。人们普遍认为,政府规模太大,消耗资源过多;政府管理的范围太宽、事务太多;管不了和管不好的现象司空见惯,官僚体制提供服务所导致的平庸和无效率显而易见。

3. 信任危机

随着工业化和科技发展,在社会进步的同时,也引发了层出不穷的社会、教育、种族歧视、交通、犯罪等问题,往往是旧的问题尚未解决,新的问题又不断出现。政府所面临的公共问题的复杂性和不确定性,使政府的不可治理性凸显。而民众的素质迅速提高,民主意识、参与意识急剧增强则对政府提出了新的要求,政府必须更加灵活、更加高效,具有更强的应变力和创造力,对公众的要求更具回应力,更多地让公众参与社会治理。然而官僚体系本身的保守、消极、被动,以及官僚制度的墨守成规、衙门作风、贪污腐败,传统政府职能和管理方式的无法有效应对,使民众对政府的不信任感增长,进而使政府面临着合法性危机。显然,此种情况决定了只有进行政府改革,特别是让公共服务回归社会和市场,缩小政府职能,才能化解政府面临的种种困境。

(二) 科学技术的发展及全球化趋势

1. 科学技术发展的推动作用

尽管科学技术在人类历史上一直扮演着推动者的角色,但科学技术革命从来没有像现在这样深刻地影响着世界政治、经济和社会的发展。以信息技术、人工智能、生物技术、材料科学为代表的高新技术革命正在改变着人类的经济活动、社会结构和生活方式,同样,对公共管理也产生着巨大的影响。现代科技的发展使社会成员参与公共领域活动的性质和形式发生了重大变化。公众有更多的时间和精力对公共生活质量投入更多的关注,对政府管理提出了更高的要求;现代通信和信息技术的发展,使整个社会日益成为信息化社会,社会公共事务的存在方式变得更复杂,时效性更强。而政府的传统金字塔式权力结构和信息处理结构明显不能适应社会的需求,这就要求公共部门的组织结构、运行方式、工作行为有一个重大的变革。事实上,20世纪末兴起的全世界范围的新公共管理运动,就是步入知识经济的社会努力追寻知识经济社会治理形态的一种反映。

2. 全球化趋势的促进作用

全球化使整个国际社会构成一个相互联系和相互依赖的网络,跨国经济活动的开展、交通运输业的腾飞,使这个网络进一步强化。历史上相互独立的、自治的治理领域,再也不能像过去那样独立于其他治体之外,而是处在相互依赖之中。在全球化的时代,由于一个国家的国际竞争力是与其生存和发展密切相关的大事,如何保持和提升本国的国际竞争力便成为每个国家关注的焦点。政府在国家综合国力和国际竞争力方面的主导地位,使得各国政府不能不锐意改革,以顺应全球化潮流,提升本国政府在增强国家综合国力和国际竞争力方面的主导作用。而这种政府改革和社会改革的潮流,也为公共管理学的产生和发展注入了强大的动力。

(三) 社会民主化浪潮

20世纪80年代以来,为了改善西方国家民主制度的缺陷和弊端,民众纷纷提出了新的民主要求,概括起来有以下几个方面:民众强烈要求直接参与公共服务的供给,打破政府在公共服务供给上的垄断地位,建立国家与社会共同治理的模式,以从根本上弥补官僚机构能力的不足;传统上,公民能够通过选举来制约政治家,但对官僚却没有直接的约束力,官僚只能由政治家依法进行制约。这就造成了官僚组织膨胀、办事效率低下、弊端丛生的问题。因此,公民除了用"选票"控制政治家外,还要找到恰当的手段来直接控制官僚;公民向政府表达利益是民主制下公民的一项基本权利,但现实生活中的公民是划分为若干群体或利益集团的,势力强的利益集团往往能够利用所持有的权力资源操纵政府的决策,形成丧失中立性的公共政策。因此,西方民主制要进一步发展,就必须设计出一种能克服或弱化特殊利益集团"寻租"的制度;西方民主制运作过程中存在政府官员维护公共利益与满足特殊利益集团之间的矛盾、政府官员实现公共利益的角色要求与满足自我利益的矛盾、公民维护个人的合法权利与无限索取的行为倾向之间的矛盾。民众要求进行必要的制度设计并提供必要的物质技术条件,以缓解西方民主制运作过程中深层次矛盾,使民主制度既不损害处于管理地位的少数人的基本利益,又更能符合处于被管理地位的多数人的利益。

五、新公共管理

20世纪70年代,西方国家掀起了一股声势浩大的针对政府部门的改革浪潮。这一被冠名为"新公共管理"(new public management)的改革运动是由英国前首相玛格丽特·撒切尔发起的。其主要内容是:反对低效和浪费,实行私有化;以市场取代官僚组织,将企业管理方法引入政府管理;在行政管理中引入竞争机制,在公共服务中坚持顾客导向;等等。继英国之后,在澳大利亚和新西兰,随着两国工党分别于1983年和1984年上台执政,也开始了大刀阔斧的公共行政部门改革。其中,新西兰的改革因其力度大、富于系统性而受到举世瞩目,以致被学术界称为"新西兰模式"。与此同时,在美国,各种行政改革措施在州、市、县各级地方政府大范围地悄然展开。克林顿政府要求把建立一个"工作得更好而花费得更少"的政府作为其优先目标之一,并于1993年提出了国家绩效检评(national performance review)。进入20世纪90年代之后,一些新兴工业化国家和发展中国家,如韩国、菲律宾等国也开始加入这一改革大潮。

新公共管理运动主要解决三个方面的问题:第一,重新调整政府与社会、政府与市场的关系,减少政府职能,以求使政府"管得少一些但要管得好一些";第二,尽可能地实现社会自治,鼓励社会自身的公共管理,也就是利用市场和社会力量来提供公共服务,以弥补政府自身的财力不足;第三,改革政府部门内部的管理体制,尽可能地在一些部门中引进竞争机制,以提高政府部门的工作效率和公共服务质量,从而使政府彻底走出财政危机、治理危机和信任危机的困境。虽然不同的国家在改革中选择的路径和采取的措施有所不同,但共同的方面表现在精简机构、削减政府职能、放宽规制、压缩管理、出租政府业务合同、打破政府垄断和公共服务社区化等措施的运用。

新公共管理并不是一个统一的运动,也没有统一的理论。各国的情况不同,它们选择的理论基础也有差别。尽管如此,我们可以把公共选择理论、新制度经济学和新保守主义作为其理论基础。公共物品、交易成本、委托代理人、学习型组织等新理念对新公共管理都产生了较大的影响。按照新公共管理理论的观点,政府不应该是一个高高在上的、自我服务的官僚机构,而应该是一个为公众服务的机构;公众作为为政府提供税收的"纳税人",是政府的顾客,理应享受政府提供的良好服务,公共部门有义务提高服务质量。为了提高公共部门的服务效率,政府有必要引进私营部门的管理方法,因为私营部门具有比公共部门更优越的管理创新能力、管理方式、管理手段、服务理念、服务质量和效率。公共管理应按照顾客的要求,倾听顾客的意见,建立明确的服务标准,提供回应性服务,以实现改善公共服务的目的。在他们看来,政府应是一种企业型政府,像企业那样,尊重顾客,按照顾客的需求提供服务。公共服务不应只考虑投入,而更应重视产出,重视服务质量。

新公共管理理论的突出代表是"重塑政府理论",该理论是由美国学者戴维·奥斯本和特德·盖布勒在《改革政府:企业家精神如何改革着公营部门》一书中提出的。在这本被称为20世纪90年代美国联邦政府改革草图的著作中,勾勒出了一种新的政府形象,即起催化作用的政府,掌舵而不是划桨;社区拥有的政府,授权而不是服务,服务由社区提供;竞争性的政府,把竞争机制注入提供服务中去;有使命感的政府,改变照章办事的组织;讲究效果的政府,按效果而不是按投入拨款;受顾客驱使的政府,满足顾客的需要,而不是官僚政府的需要;有事业心的政府,有收益而不浪费,有预见的政府,预防而不是治疗;分权的政府,从等级制到参与和协作;以市场为导向的政府,通过市场力量进行变革。

新公共管理运动表明,公共管理中贯穿着两个发展方向,即公共管理的双重维度:管理主义的复辟和服务行政的兴起。一方面,新公共管理表现了向市场和私营部门管理方式的回归,这反映了传统的宪政主义与管理主义之间的钟摆再一次摆向管理主义。宪政主义关注正义、公正,而管理主义则偏向于效率、绩效,这反映了公共部门管理中经常出现的两种价值的冲突。[①] 另一方面,新公共管理运动又潜在地包含着两个转化过程:一是公共管理把主体中心主义转化为客体中心主义,二是公共管理把权力中心主义转化为服务中心主义。无论是统治行政还是管理行政都是以集权形式出现的权力中心主义。在统治行政中,集权是不言而喻的,无论是在统治还是在管理的意义上,都必须仰赖集权的支持。在管理行政赖以产生的社会中,集权往往受到批评,但管理行政体系依然是一个集权体系,属于权力中心主义的范畴。当然,在管理行政的官僚制组织结构中,长期以来一直存在着民主和参与的呼声,存在着集权还是分权的争论,但在现实的公共管理中,分权只不过是对高度集权的暂时校正,民主和参与常常演变为争争吵吵的闹剧。管理行政是建立在集权的主线上的,尽管行政权在整个政治制度中就其所受制约而言有着民主和参与的内涵,但就行政权自身而言,一直表现为一种集权,权力在官僚制体系的金字塔中被自下而上地集中起来,上层发号施令,下级依令而行。管理行政体系的运作,也就是公共权力的运行,权力是中心,行政行为在多大程度上具有有效性,取决于支持这种行为的权力的大小。所以,我们最容易感受到的是,在管理行政中也存在着权力拜物教。

新公共管理表现出一种破除权力拜物教的趋势,使人们把视线从关注权力和权力的运行转向关注管理的效果上来。因为政府不再是唯一的公共管理组织和部门,也不再是唯一执掌公共权力的组织和部门,它对公共权力的垄断将随之而成为历史,公共权力随着公共管理的社会化而社会化,众多的非政府公共组织都成为公共权力的执掌者。公共权力的社会化,或者说公共权力在公共管理体系中的非中心化,实际上也就是管理的服务

---

① 竺乾威.公共行政学[M].上海:复旦大学出版社,2004:14.

化,即公共管理变成了一种为公众的服务。所以,公共管理的公共性直接决定了政府公共服务的角色,进而使公共行政走向服务行政的治理模式。可以说,在新公共管理运动的深层,包含着管理主义的终结和服务型社会治理模式的兴起。

第三节 公共管理学的研究内容、途径与方法

一、公共管理学的研究内容

（一）公共管理学的定义

公共管理作为一种实践活动,是以政府为核心的公共组织依法处理公共事务、提供公共产品和服务的管理活动。对于什么是公共管理学,国内外学者还没有达成共识。出现这种情况,既与这门学科综合性较强有关,也与这门学科产生的时间短有关。

张康之认为,公共管理学是一门运用管理学、政治学、经济学等多学科理论与方法研究公共管理活动或公共管理实践的学科,尤其是研究以政府为主体的公共组织的管理活动及其运动规律。[①]

陈振明认为,公共管理学是一个研究公共管理活动或公共管理实践的学科,可以将它界定为一门综合地运用各种学科知识和方法来研究公共管理组织和公共管理过程及其规律性的学科,它的目标是促使公共组织尤其是政府组织更有效地提供公共物品;或者说,公共管理学是一门研究公共组织(主要是政府)如何有效地提供公共物品的学问。[②]

陈庆云认为,公共管理学是一门研究社会公共事务管理活动规律的科学。具体地讲,它要以那些拥有公共权力的公共组织,在维护、增进与分配公共利益,以及向民众提供所需的公共产品(服务)时所进行的管理活动为基本研究对象,它是一门实践性、综合性与操作性很强的新学科。[③]

汪大海认为,公共管理学是一门研究公共部门管理公共事务的过程及其规律的学科,它以公共行政学、公共政策学为基础,同时吸收了经济学、管理学、社会学和法学等学科的最新成果而发展起来的。[④]

综合学者们对公共管理学的界定,我们认为,公共管理学是研究以政府为核心的公共组织管理公共事务的过程及其规律的科学,是关于促进以政府为核心的公共组织更有效地提供公共物品和公共服务,以增进和公平分配社会公共利益的知识体系。

（二）公共管理学的研究内容

任何一门学科都是以客观世界的某一类事物、现象或过程作为自己的研究对象的,科学研究就是要探讨这类事物或现象及过程的本质联系或规律性,从而形成学科的概念、范畴、定理、原理和方法的理论体系。公共管理是一种客观的社会治理活动及过程,它构成了公共管理学的研究对象。公共管理学所要研究的是作为社会治理主体的公共组织(包

---

① 张康之,凌岚,马蔡琛,等.公共管理导论[M].北京:经济科学出版社,2003:26.
② 陈振明.公共管理学——一种不同于传统行政学的研究途径[M].北京:中国人民大学出版社,1999:22.
③ 陈庆云.强化公共管理理念,推进公共管理的社会化[J].中国行政管理,2001(12):21.
④ 汪大海.公共管理学[M].北京:北京师范大学出版社,2009:19.

括政府组织、非政府公共组织以及其他社会自治力量之间)的关系、社会治理活动和所运用的手段。

公共管理学所研究的公共组织已经不再仅仅指政府。当政府代表了公共组织甚至是唯一的公共组织的时候,这一组织是以官僚制的形式出现的,现在,除了政府之外,非政府公共组织以及其他许多社会力量都加入到社会治理活动中来。这样一来,组织的形式就会呈现出多样化的情况,官僚制组织不再是唯一的或基本的组织形式。当然,公共管理学在对公共组织进行研究时,是不可能穷尽所有的组织形式的,所以,它把研究重心放在对组织间的合作关系和组织的服务性质的研究上,特别关注组织的价值目标及其实现保证。公共管理活动表现为多元治理主体之间的互动过程,公共管理学需要探讨公共管理过程中的机制,进而探讨每一类公共组织如何在自身的建设中去促进组织间的互动朝着良性发展的方向前进。公共管理的服务型社会治理模式是对管理型社会治理模式的否定和扬弃,所以,公共管理所突出的是服务价值。虽然公共组织也有着自身的管理以及对外部的管理问题,但是,服务理念决定了它在从事管理和开展管理活动的时候也需要让这种管理从属于服务。因而,公共管理学应集中探讨公共组织所提供的公共服务的内容,研究公共组织以什么样的方式和通过什么途径去提供公共服务才能取得良好的绩效。

基于以上考虑,本书的具体内容安排如下。

第一章绪论部分,主要论述了公共管理的内涵、公共管理与其他管理的区别、从公共行政到公共管理学的演进历程,同时介绍公共管理学的研究内容和研究方法。第二章公共管理的价值取向,主要论述了公共管理研究的价值视角,阐释了公共管理价值取向的时代特征,以及实现服务精神的制度安排。第三至第七章,讲述的是公共管理由"谁来管"、"用什么来管"、"管什么"、"怎么管"、"怎么评估"的问题。其中第三章公共管理主体,主要论述公共管理的主体及其行为特征,公共管理的主体包括:政府、非政府公共组织以及获得授权的公共管理者。第四章公共管理权力与责任,主要论述公共管理权力与责任的概念、内涵,对公共管理权力的监控以及对公共责任的问责。第五章公共管理职能,主要论述公共管理职能含义、历史演变以及中国公共管理的职能。第六章公共管理决策,主要论述公共管理决策的概念、类型、基本程序以及方法。第七章公共管理绩效,主要论述公共部门绩效管理、绩效评估以及如何改进和提高我国公共部门管理绩效。第八至十一章分别阐述公共管理中的人、财、物、信息的管理。其中第八章公共部门人力资源管理,主要论述公共部门人力资源管理的内涵、内容,公共部门人力资源管理激励机制特点功能以及如何完善激励机制。第九章公共财政管理,主要论述公共预算概念、分类、管理以及公共收支理论。第十章公共物品管理,主要论述公共物品属性及分类、公共物品的有效供给以及公共物品的需求显示。第十一章公共信息资源管理,主要论述公共信息资源管理基本问题、电子政府建设以及政府信息公开制度。第十二至十五章是公共管理的前沿问题,其中第十二章公共危机管理,主要论述公共危机及其管理、如何建立公共危机管理机制。第十三章公共部门战略管理,主要论述公共部门战略管理的兴起、过程以及发展。第十四章公共管理实现途径,主要论述管理途径、政策途径、政治途径和法律途径。第十五章公共管理新发展,主要论述新公共管理、新公共服务以及整体性治理等学科前沿性问题。

二、公共管理学的研究途径与方法

(一) 公共管理学的研究途径

20世纪七八十年代,关于公共管理途径的研究在美国大学中的公共政策学院和商学院逐渐成长起来。波齐曼认为,在70年代末的美国大学中,几乎同时出现了两种明显不同的公共管理途径:一种是来自公共政策学院的"政策途径"(the policy-approach),简称为P途径;另一种是来自于商学院并受传统公共行政学影响的"商业途径"(the business-approach),简称为B途径。波齐曼将这两种途径加以比较,认为两者有某些共同点,如以组织外部定向,强调政治因素在管理中的作用;重视规范研究并关心改善管理绩效,主张从经验中学习,尤其偏爱案例分析法。这两种途径又各有所长:P途径重新认识政策分析对于公共管理的重要性,学习实践者的经验,重视吸取经验教训并加以传播,促进政治执行官与资深管理者的对话;而B途径更强调以研究和理论为取向,应用和融合不同学科的理论、方法和技术,发展一种以公共管理与私人管理相比较为基础的综合框架,注重战略管理,关心过程问题,把焦点集中在职业化的公共管理者而非政治执行官身上。经过七八十年代的孕育和进化,公共管理的P途径和B途径逐渐融合,形成公共管理的新范式。

凯特尔认为,公共管理运动所发展起来的公共管理途径是一种全新的途径,它既不同于传统的公共行政学途径,也不同于政策分析中的执行研究途径。它在公共政策学院中成长,并在公共政策分析与管理学会中结出果实。它的倡导者试图从案例分析和个人经验中汲取可以广泛应用的经验教训,并且该途径的发展很少借助于公共行政学和执行研究的成果。凯特尔将公共管理途径的特征归纳为如下几个方面:拒斥公共行政学和执行研究;一种乐观的规范研究领域;以顶层管理者的战略决策为焦点;通过案例研究来发展知识;为管理研究取得与决策研究相同的立足点而奋斗。而波齐曼将P途径和B途径加以综合,认为公共管理途径应具有如下特征:既关心战略,又关心过程,但以一种外部的焦点取向;在强调"硬"知识(管理方法、技术尤其是定量分析技术)的同时,继续关注"软"知识(管理的政治环境、价值等);以资深公共管理者(中层和高层管理者)为方向;给公共管理中的"公共"下更广泛的定义,以便将非政府公共组织、私营企业的公共方面包含在其中;关注理论和规范研究。

(二) 公共管理学的研究方法

1. 历史分析方法

这一方法又称史学研究法,是一种基于时间序列的纵向的分析方法。注重公共管理和公共管理学的起源、发展及历史演变的过程,通过探究公共管理在不同时期的不同特点和类型,分析不同历史情形、社会背景对现实公共管理的运行所产生的影响和借鉴意义。

2. 比较分析方法

比较分析方法是公共管理学中常用的一种方法,可以具体分为横向比较法和纵向比较法两种类型。前者采用横向对比的方式,对不同国家和地区的公共管理活动或公共管理的某个侧面进行分析比较;后者采用纵向对比的方式,对同一个国家或地区的不同时期的公共管理活动或某个侧面进行比较分析,以研究、探索公共管理活动中的普遍理论和最优方案。在现阶段的公共管理学研究中,比较重要的是"模式"比较,即将各个国家和地区的政治经济模式进行比较,以求从中寻找规律性的认识。

3. 系统分析方法

系统分析方法是社会科学研究经常采用的方法。它运用系统工程的理论和方法来分析公共管理现象和过程,把管理机构、管理对象的各个环节、各个层次都当做一个互相关联的整体系统进行全面的考察和分析,以确定最优化的目标和实施方案。系统分析法注重系统的整体协调、系统的环境适应性以及系统的整体功能的最优化,帮助人们理解公共管理系统及其与社会环境的关系;鼓励对公共管理系统的各个组成部分、公共管理过程的各个环节进行多层次、多角度综合性研究。

4. 案例分析方法

案例分析方法就是对特定的问题从实证的角度进行分析、评价并得出结论,然后根据这一结论来确定处理类似问题的可行方案。在公共管理研究中,它是指研究者通过对已经发生的公共管理事件,尽可能地从客观公正的观察者的立场加以描述,以脚本等形式进行说明,力图再现与事件相关的当事人的观点、所处的环境,以供读者评判。它具有联系实际、简单明了、针对性强等优点。但案例分析法容易产生就事论事、以偏概全的问题,这是在使用该方法时应当注意的。

本章重要概念

公共管理(public management)　　公共行政(public administration)
公共性(public nature)　　　　　　 服务性(service nature)

本章思考题

1. 什么是公共管理?什么是公共管理学?
2. 公共管理的内涵和特征是什么?
3. 公共管理与私人管理有哪些区别?
4. 试述公共管理的"公共性"内涵。
5. 试述公共管理的"服务性"原则。
6. 公共行政学的局限性有哪些?
7. 试述公共行政学的发展阶段。
8. 公共管理学产生的社会背景是什么?
9. 简述公共管理学的研究途径及方法。

本章推荐阅读书目

1. [澳]欧文·E.休斯.公共管理导论[M].3版.张成福,王学栋,译.北京:中国人民大学出版社,2009.
2. 张康之.公共管理学[M].北京:中国人民大学出版社,2010.

第二章
公共管理的价值取向

——本章导言——

在传统公共行政学发展的早期,其研究主要是依据工具主义展开的,它排除了人及其价值因素。早期学者正是基于工具主义开展公共领域活动的研究的,这种研究旨在创设控制导向的治理技巧、科学设计的社会秩序以及以不变应万变的思维模式。而在公共管理的研究中,工具主义远远不能满足公共管理理论与实践的需要,引入价值视角正是基于这种需要。公共管理的价值视角将获得自觉构建,并且与农业社会的统治价值、工业社会的"祛魅"不同的是,后工业社会领域融合中自觉构建的是一种普适的价值。然而在公共领域中引入价值视角却引发了本无必要的争论,这种争论被狭隘地限定在了公平与效率的此消彼长关系上。实质上,公平与效率是辩证统一的关系。正义是政府的中心组织原则,因而可以通过正义途径引导公平与效率。正义途径与服务价值在本质上具有内在统一性。服务价值是公共管理的最高价值,服务精神是公共管理的基本精神。因此,要在人类社会治理结构发展的总的历史进程中考察公共管理这种新型的社会治理模式,解析公共管理作为服务型社会治理模式的价值取向及其实现方式,并在公共管理者的自我完善和社会治理"德制"建设的制度安排中实现公共管理的服务精神。

第一节 公共管理研究的价值视角

一、传统公共行政的工具主义

(一)社会控制的技术性

与其说传统公共行政学研究的是行政的技术与方法,倒不如说是在研究如何进行社会控制的技术与方法。人类的文明史是一部征服史,而近代的历史则表现为一部社会控制史。[①] 在传统公共行政学的研究视野里,公共部门乃至整个社会都是以控制为基本特征的,是一个封闭的系统,这不仅是指它相对于外部环境的封闭性,而且还指它内部各个要素也是相对封闭的。为了使行政管理活动稳定地、有序地、规范地运行,工业社会专业化的分工在组织各要素间形成了明确的边界,作为不同部门确定性的控制范围,并在控制

---

① 张康之.论组织的转型:从控制到合作[J].西北大学学报,2009(2):111.

技术与方法上保证了组织相对封闭的状态和环境因素的相对可控性。为此，在对待人的问题上，早期学者要求剔除价值因素，在对待管理的问题上寻求科学化模式，在组织框架上追求形式合理性，这些正是官僚制组织排斥环境不可控因素的具体表现。当遇到那些不可控因素时，组织会竭尽其能地拒绝或回避它们，甚至切断组织与它们之间的联系。只有当那些不可控因素无法回避时，组织才会调整自身的结构和运行机制来维系组织的生命。应该说，工业社会的各种组织形式，尤其是官僚制组织是具备这样的自我维系能力的，也只有这种组织类型能够找到最适合低度复杂性和低度不确定性的社会环境的办法。

在农业社会的治理体系中，统治者及其官僚直接运用权力及其制度去支配和控制整个社会。这种控制方式是十分直接的，也毫无技术性可言，即使它有时披着道德的虚假外衣。而工业社会的控制方式不仅发展出了共同的价值观，而且还具有较强的技术性和工具性特征。人是社会化、组织化的人，组织是社会控制得以实现的有效工具，组织的控制体系，尤其是内部控制的形态可以看做是人类社会控制形态的一个"缩影"。传统公共行政学的理论与实践无不以"效率"作为一切行动的基本准则，在早期学者看来，控制既是效率得以实现的重要手段，又是效率的基本内容。只有环境是可控的，效率目标才能得到充分实现，也就是说，效率的获得是以组织的封闭性为基础的，因为，只有当组织作为一个封闭系统存在时，才能实现对组织及其成员的有效控制，组织的效率目标才能得以实现。在近代社会科学中，人们所揭示的并希望理解的现象无非是冲突和限制，力图在有效的社会控制中描绘出一幅幅"活力四射"的图景。近代社会的法制所依托的主要是管理，管理方法和法律制度相互依托，为控制的实现奠定了坚实的基础。基于法的权力与官僚化的语言被自然而然地接受，命令与服从通过这些语言工具进行传达，因此，人们之间的沟通与交流在本质上只不过是通过命令与服从的强迫与被动的语言接受方式进行的，真正意义上的沟通与交流并没有得到实现。官僚制组织用机器运行的原理去解释一切，塑造了合乎复杂机械图式的组织和社会，去实现对组织和社会的控制。组织的领导者需要把利益冲突限制在可控制的范围内，以防止它成为组织良好秩序的破坏因素。沿着限制、规范和控制的思路发展出的一系列的技术与方法，在近代社会低度复杂性和低度不确定性的环境中是卓有成效的，这也正是传统公共行政研究社会控制的技术性的一个重要原因。

（二）社会秩序的可设计性

按照传统公共行政的研究思路，"行政学的目的就在于把行政方法从经验性实践的混乱和浪费中拯救出来，并使它们深深植根于稳定的原理之上"[①]。那么传统公共行政至少在这样两点上已经做得相当出色了：一是把行政方法从经验的混乱和浪费中拯救了出来，在这一点上要感谢泰勒，他为我们找出了"一种最佳方法"，即科学管理；二是找到了一种稳定的原理，在这一点上要感谢马克斯·韦伯，他为我们找到了官僚制理论。而统领这两者的正是现实社会中的混乱和浪费。政治学家威尔逊将其归咎于"政党分肥制"，而提出行政脱离政治独立出来的"政治-行政二分法"；管理学家泰勒将其归结为缺乏合适的方法，因而寻求科学的工作方法；社会学家韦伯将其理解为形式框架的缺乏，因而提出了构建一种基于工具理性的形式化框架。当价值中立、科学管理和官僚制理论相结合，就产生了20世纪行政学的科学化、技术化的模式。这便将价值因素彻底地从行政管理领域中剔

---

① ［美］威尔逊.行政学研究[J].国外政治学，1987(6).

除出去,将行政管理活动变成了可以通过科学设计展开的活动,也就是行政活动的展开是建立在对社会事实模型化、定量化分析基础上的。

在一些学者看来,既然可以在理论设计上将价值从行政管理领域中剔除出去,那么工业社会在社会治理上所追寻的秩序同样可以通过科学设计来获得。这样我们就不难理解,为什么基于法的精神的工业社会可以在轰轰烈烈的革命之后建立起良好秩序。社会治理的一切环节、一切问题都被寄托于科学的设计并通过设计科学的组织展开,因此,工业社会在研究方法上对实证主义和工具主义情有独钟也同样不难理解了。法律就是这种社会治理体系科学设计的最直接表现。在工业社会治理体系中,一切人与人之间的冲突与矛盾都被转化为人与制度之间的冲突与矛盾,因此设计精良的制度可以迅速化解人与人之间的冲突与矛盾,制度的改进与完善又可在人与制度发生冲突与矛盾时,发挥积极的作用。任何看似不可调和的冲突与矛盾,在工业社会的法律制度下,都可以获得解决,即使这种解决只是形式上的,但这足以让近代的先贤们得出社会秩序是可以设计的这一结论。

二、价值取向的引入

(一) 工具的人与人的社会

传统公共行政将人视为工具,是组织机器的"零部件",而实际上人是构成社会的核心因素,社会科学的研究必须考虑人的因素。就公共管理而言,它的行为主体是公共管理者,作用对象是由人构成的社会,他们的思想、意识、观念、认知、价值观和道德素质等都是公共管理实践中重要的影响因素,甚至是决定性因素。

一方面,公共管理者是社会的人,在社会生活中扮演着不同的角色,并存在着自由意志。诚如黑格尔所说:"人就是意志自由。"①公共管理者在不同角色之间可以依个人的自由意志作出特定的行为选择,一旦公共管理者所作出的行为选择不符合组织、上级或公众的期望,就只有诉诸工业社会强大的控制体系了。他们宁愿相信:"'你想做什么,就做什么'——是毫无意义的。因为如果一个人丝毫不被行为规则所支配,他就不可能作为一个有理智的人来参与人类社会的活动。"②可以说,近代社会的法律规范具有倾向性和宽泛性,法律规范无法达到十分具体和精确的程度;如果能够达到的话,也就失去了法律规范本身的意义了。因此,就必然需要公共管理者的自由意志。有了这种自由意志,他们就能够将这些宽泛的法律规范转化为具体、精确的行为规范。在这样的"转化"过程中,公共管理者的自由意志被加入到其中,在行为选择上融入了价值取向的特定功能。

另一方面,作为社会构成要素的人在行为上必然具有自由选择的能力。"人的行为活动是受客观必然性的支配和社会历史条件的制约,但这并不因此就否定人有选择行为的自由。"③公共管理者与公众在特定规范的约束下展开活动,这并不能否定他们在行动上的自由选择能力。"意志自由只是人的意志对人的行为目的和行为方式进行选择的可能

---

① [德]黑格尔.法哲学原理[M].范扬,张企泰,译.北京:商务印书馆,1961:53.
② [美]麦金泰尔 A.伦理学简史[M].龚群,译.北京:商务印书馆,2003:62.
③ 郭金鸿.道德责任论[M].北京:人民出版社,2008:136.

性。"①这种自由的实现取决于体现意志的行动的实现。"我们的行动是自由的,这种自由就形成了使我们承受褒贬的责任。"②不同的角色、责任以及价值取向之间的冲突,使人左右为难。所以近代社会的先贤们在对待这个问题上采取了消极的态度,即将价值因素从公共领域中剔除出去,以便于公共管理者能够摆脱价值冲突的困扰。在这一点上,他们收效甚微。

因此,撇开价值因素,一味地追求科学化、定量化的工具研究,实际上是不能解决现实问题的,即使能够解决部分问题,也只是治标不治本的。"在20世纪后期,这种状况发生了改变,人们越来越注意在研究工作中引入价值的视角。"③要实现公共管理研究方向的真正科学化,只有在研究中引入价值视角。事实上,20世纪后期以来的公共管理研究已经开启了这个进程。正是由于价值视角的引入,突出了公共管理伦理研究的意义:一方面,这种价值视角需要政治学、社会学、伦理学来为其提供相应的理论基础;另一方面,对于公共管理的主体和作用对象而言,属于道德方面的价值因素在其日常活动和职业活动中发挥着基本的和主导性的作用,对这些价值因素的把握,只有在公共管理伦理研究中才能获得。

(二)事实与价值的统一

传统公共行政的研究割裂了事实与价值之间的联系,使事实与价值分离,片面地追求分析过程和结论的客观性。在他们看来,公共行政学及其活动过程只有是什么而没有应当是什么,只有事实而不存在对事实好坏的判断。追溯其源,事实与价值的分离源于政治与行政二分法,具体而言,就是将行政限定在以事实为基础的活动中,将价值判断留给了政治生活。这种对社会生活价值基础的忘却,在学术研究上严格区分事实与价值,成为近代许多学者的一个基本主张。

"在行政学研究中,西蒙更是以二者的区别为其方法论的出发点。""社会科学家在传统研究上不重视事实与价值的区别,而西蒙则强调了这二者的区别并且在这二者区别的基础上建立起进一步的方法理论。"④基于现代哲学中逻辑实证主义学派的理论观点,西蒙指出:"事实命题,就是关于可以观察到的事物及其运动方式的陈述。在原则上讲,对于事实命题,我们是可以通过检验来确定其真伪的。"⑤而价值命题则是关于偏好的表达,其"区别也就相当于一般所谓'描述性陈述'与'规范性陈述'或'是然问题'与'应然问题'的区别"⑥。换言之,事实是与客观世界的实际情形相一致并可通过与事实比对来证明其真实性的,而价值是对某种特定情形的"应该如此"、"更好的"或"所期望的"一种无关客观是非的主观判断,它的正确性也无法通过经验或推理获得证明。通过对事实与价值的区分,西蒙对政策问题与行政问题作了区分,政策问题与行政问题都包括价值因素与事实因素,就政策问题而言,价值因素在其中占有重要地位,决策者的主观价值是衡量决策正确性的

---

① 罗国杰.中国伦理学百科全书·伦理学原理卷[M].长春:吉林人民出版社,1993:338.
② 周辅成.西方伦理学名著选辑(上卷)[M].北京:商务印书馆,1964:124.
③ 张康之.行政伦理的观念与视野[M].北京:中国人民大学出版社,2008:6.
④ 丁煌.西方行政学理论概要[M].北京:中国人民大学出版社,2005:124.
⑤ [美]赫伯特·西蒙.管理行为——管理组织决策过程的研究[M].杨砾,韩春立,徐立,译.北京:北京经济学院出版社,1988:44-45.
⑥ 丁煌.西方行政学理论概要[M].北京:中国人民大学出版社,2005:124.

主要标准；而就行政问题而言，事实因素则在其中占据着重要地位，其中所涉及的价值问题也主要是反映社会共同价值的，所以与客观实际的一致性是衡量决策正确性的主要标准。西蒙的这种区分，将行政学的研究对象限定在处理事实问题的范围内。

然而，正如美国政策学者费希尔所指出的，社会生活是组织起来的人们追求有目标的、有意义的、有秩序的、有理想的生活。社会生活的意义、人类的目标和理想决定和影响着人们对社会问题的见解，影响着人们对解决社会问题途径和方法的评价。人们不仅会选择社会价值取向，也会选择符合价值需要的研究技术和工具。公共管理的研究既要处理"是然问题"，也要应对"应然问题"。研究社会现实，寻找解决问题的方法是公共管理研究的必要组成部分，同时，也赋予这一研究以价值内容，将寻求公正、合理的价值作为这项研究的基本准则，因此，在公共管理的研究中要实现事实与价值的统一。

（三）价值视角的伦理意义

对于进一步展开公共管理未来的社会治理研究，并从伦理研究的观念和视野中构建起道德的制度来说，将价值视角引入工具研究具有领航意义。

首先，价值视角打破了工具研究的长期垄断状态，使我们认识到传统公共行政研究的工具主义僵局并非铁板一块，工具主义在骨子里就无法拒绝价值因素发挥作用，即使它一直试图通过制度化、理性化的科学设计来达到这样的目标，但显然，就是在最为艰难的时候价值也没有放弃其哪怕是最为微弱的力量。价值重返公共领域只是缺少了一个机会，这个机会出现在20世纪60年代末，当一帮年轻的学者们在明诺布鲁克会议中心聚集，把社会公平问题作为公共行政的核心价值时，价值视角和价值问题就进入到行政管理活动的视野，并在其中发挥了极其重要的伦理作用。

其次，价值视角要求通过价值取向来引导人的行为，而非通过控制来约束人的行为。价值与工具最大的区别就在于，工具通过设计的方法去控制和约束人，将人作为科学设计的一部分，并将其放置于科学设计的形式框架中，共同构成"机器"的部件，精确可控地运转于其中。在早期学者看来，任何未知或不可控制的因素都可能造成这部机器的瘫痪。而价值则是通过人的内在观念、视野、认知、倾向等，以及外在制度、社会认同、期待等价值因素来引导一个人的行为的，尤其是当他面临角色冲突时，价值因素在个人的行为选择上具有较强的伦理意义。可以说，价值因素对于制度规范与人的道德信念的整合能力，使它有可能引导人的行为。

最后，价值视角的引入奠定了公共管理研究的伦理意义。公共管理领域的一切活动都是基于工具理性和价值理性展开的。实现基于事实的工具性和价值的伦理性二者的统一，将为公共管理活动的方法和价值取向提供保障，因而也就能从伦理的意义上去理解和把握公共管理的研究。有理由相信，我们将要构建的并正在构建的公共管理的社会治理，必然是以价值的基础力量建立起来的服务型的社会治理模式。

三、价值视角的重构

正如中国先秦"诸子百家"的争论和西方18世纪前后的启蒙思想家的探索活动一样，中国人文社会科学界就如何构建我们社会的宏大主题开展了广泛而有意义的探讨。就当前中国人文社会科学界的探讨而言，主要表现为两种基本取向：一种主要是着眼于引进西方近代社会理论与实践中的成功经验来建构我们的社会；另一种是在中国农业社会和传统文化中寻找"盛世"之光,以期指导现今中国社会的构建。就这两种在中国人文社会科学研究中占主导地位的取向的共同特点而言,著名学者张康之先生指出:"其实,这两种取向的共同特点就是:都从某一或某些既有的思想或理论出发去剪裁中国现实,而不是从中国当前的现实出发去思考我们应当学习和借鉴什么。"[①]他提醒我们,那些既有的理论、思想发生的背景以及所要解决的问题,都是过往不再的。只有在此认识的基础上积极地思考在我国社会建构时应确立的现实取向,我们的研究才具有更为积极的意义。基于他对于三种社会形态的划分以及领域分化与融合的研究,我们将思考公共管理研究价值视角的重构问题。

(一)农业社会治理体系中的统治价值

农业社会是一种以社会等级化为标志、以权力意志为基本精神的社会形态,它在社会治理方式上可以归结为"权治",在这种社会形态中到处充斥着压迫、惩罚、强制与服从。相对于西方国家同一时代的社会形态,中国农业社会的权力治理方式是最为发达的,因为它在社会发展过程中实现了权力的文明化,即使这种"文明化"没有改变权力的根本性质,以及基于权力的主体与客体之间的压迫与服从关系。中国农业社会的制度在结构上是一种权力制度,在内容上它将社会化、政治化了的"家元"伦理关系吸纳到了它的等级化的制度框架中。

正是由于这样的原因,很多学者误将中国的这种社会治理过程误解为"德治"。而实质上,中国农业社会的治理完全是一种"权治"。在这样的社会中是没有什么普适性价值可言的,至于那些常被误认为道德的、具有普适性特征的价值因素只不过是一些习俗。虽然在这种社会治理过程中也要求统治者及其官僚有一定的价值取向和道德素养并遵从一定的道德规范,但这种要求只是针对治理者的,而并不要求治理对象也同样拥有。因为在它的价值体系中,不同的社会阶层分属于不同的价值体系,而真正基于某种价值的道德制度是需要建立在治理者与被治理者共处同一价值体系中的。中国农业社会鲜明的等级化以及价值体系的多元化显然与当今社会治理追求自由、平等、合作自治的追求是不相容的。

在农业社会的历史阶段中,人们有一种错觉,就是总会感受到价值因素在整合社会生活与调节人的行为方面发挥着比法律更大的作用,甚至认为权力意志所能够发挥作用亦是基于这种价值因素的作用。而实际上,农业社会所提倡的各种价值因素都是为更好实现社会统治而设计的。农业社会的治理体系中所包含的诸如仁、义、礼、爱等都是对统治者的一种要求,这种要求将社会治理的繁荣与昌盛寄托于统治者如何将价值的因素融入权力的行使过程中,进而更好地统御臣民。因而,农业社会治理体系中的价值是基于习俗并经过道德圣贤设计的统治价值。

(二)工业社会公共领域推崇价值中立

在近代社会的分化中产生了三大领域,即公共领域、私人领域和日常生活领域。当然,这三个领域实际上是社会生活的三种形态,是无法实体化的。不过,还是可以用一些具有代表性的实体来反映它们各自的特征。比如,"在公共领域中,政府应具有公共性的

---

① 张康之.行政伦理的观念与视野[M].北京:中国人民大学出版社,2008:120.

特征;在私人领域中,公司的私人性是显而易见的;在日常生活领域,家庭则是最具有日常性特征的"[1]。领域分化之所以存在就在于,不同的生活领域对人提出了不同的要求。

在日常生活领域中,人是其中最简单、最直接的行为承载者,它要求人根据习俗和习惯去开展有道德的活动。在这一领域中,人无须刻意追求或谋划什么,否则就会被视为破坏和谐的因素。在私人领域中,人的能力是至关重要的因素,更是评价这一领域内活动的关键标准。也就是说,即使这个领域也要求人在交往、交易的过程中讲道德,但这只是人为取得成功、展现能力的一种方式而已。为了获取成功,人非常乐意地去计算和谋划,甚至毫无保留地将道德抛开。在公共领域中,存在着各种各样的原则和理念,不论它们是否正确,人都被要求按照它们行事,这种遵守和坚持是无条件的,即使人怀疑这些原则和理念的正确性,也无法对其进行修订,因为那已然不是个人的事情了。

近代社会三大领域的分化赋予人不同的角色,承担不同的角色要求,人就是这样穿行于这三个领域中,并不断地交换自己的角色的。当"领域穿行"与"角色交换"不合拍时,人就陷入深层次的价值取向困惑中,甚至迷失其中。也正是因为如此,工业社会通过科学设计将价值因素剔除了公共领域之外,以期能够使公共管理者摆脱价值取向的困惑,然而,结果却并不令人乐观。庆幸的是,在20世纪,我们看到这样一种现象,随着政治社会化的趋势日益增强,公共领域与私人领域的分界开始变得模糊不清,私人的部分正在逐渐撤退,而公共的部分正在一步步地扩大。与此同时,社会发展也出现了一种新的趋向,特别是在人类开始从工业社会向后工业社会过渡的进程中,由公共领域、私人领域和日常生活领域构成的社会结构发生了新的变动趋势,即近代社会分化进程的结束和领域融合趋势的开始,在这一变动趋势中,价值因素也逐渐向公共领域回归。

（三）自觉构建后工业社会普适性价值

在走向后工业社会的进程中,领域融合和广泛的社会合作成为一个必然趋势,因而,在社会治理过程中,也就同时出现了合作治理的要求。近代社会按照自身的逻辑走向了对形式合理性的重视,而忽视了社会治理的实质性方面,所以在重构社会治理体系的时候,需要寻找既具有具体性又能够普遍化的基本价值,并将其作为社会治理体系构建的基础和出发点。

第一,在工业社会的日常生活领域中,蕴含着许多与官僚制的形式合理性格格不入的价值因素。随着官僚制的形式合理性与社会冲突的日益加剧,那些被官僚制的力量长期压制削弱的日常生活领域中的价值因素踏着历史前进的脚步一次次地试图踢开官僚制的工具理性原则,重返独立自主的本性,并将日常生活领域的行为准则和价值理念渗透到私人领域和公共领域,冲击官僚制的压迫。

第二,学者们普遍看到,20世纪后期,社会的多元化色彩变得越来越浓重了,"传统社会同质性及其统一、稳定的文化系统解体了,其中只有极少一部分得到承认或被认为是理所当然的"[2]。因而,面对一个多元化的社会,以往那种单纯追求形式同一性的社会治理体系必然会束缚社会发展的活力,那么寻求一种灵活的社会治理模式就显得十分必要了。

---

[1] 张康之.行政伦理的观念与视野[M].北京:中国人民大学出版社,2008:124.
[2] [美]特里·L.库珀.行政伦理学——实现行政责任的途径[M].4版.张秀琴,译.北京:中国人民大学出版社,2001:38.

多元化的社会中人的价值观念也必然是多元化的,因此就要求政府具有宽容的内在品质,根据社会多元化的事实重建自我,并通过这种重建实现政府在社会公共服务方面的优异表现。

第三,在公共管理决策中,人们越来越倾向于强调依赖于吸纳公众参与和建立专家系统的科学决策活动。实际上,就是要实现由单个人决策向多人决策的转变。当决策者作为群体出现时,决策成员之间的平等问题就成为最为关键的问题,因为这种平等能够有效避免权力因素对科学因素的排斥,并保证政策目标的社会公正性,而这恰是官僚制的层级体系所无法做到的。平等的原则"不但会影响到政府的所有基本制度的设计,而且影响到这些制度中的每一个所作出的具体政策"①。因而,将平等的原则引入公共领域,直接意味着对形式化的、工具理性的行政体系的价值重建。

无论是社会生活的日常领域的自主性萌动,还是近代社会的多元化发展趋势,以及公共管理决策活动的科学化走向,都是对官僚制形式合理性的有力冲击,并强烈要求价值的"返魅"。在这种情况下,公共管理研究价值视角的使命就在于根据合作理性的要求去自觉地建构普适的价值,并在此基础上建构道德制度和德治体系。

第二节 公共管理价值取向及时代特性

一、公平与效率关系的历史争论

(一)从效率至上到追求社会公平

在公共行政学百余年的演进历程中,价值问题一直是阻碍我们进入更深层次的理论构建的巨大藩篱。在开创公共行政学之初,威尔逊就曾指出,在许多政府机构的管理中,公平比效率更重要。然而,为了迎合解决政治上的党派竞争问题与推进行政体系中文官制度改革的现实需要,威尔逊不得不以政治-行政二分法为理论基础,去建构公共行政"独立的技术性"领域。加之,与威尔逊同时代的马克斯·韦伯对官僚制的研究以及20世纪初泰勒对科学管理原理和方法的创设,为威尔逊实现对公共行政的科学化、技术化管理提供了具体的组织安排和管理模式②。在现实需要、组织保障和管理方式的共同合力下,行政学暂且放下了公平,而以效率作为其核心价值理念,在传统公共行政学的视域内,效率就成了行政管理活动最基本的"善"。这种效率至上的行政模式祛除行政人员的独立自主人格,强调制度而忽视价值之于行政管理的现实作用,摒弃公平、正义等其他价值的"祛魅"思想妄图构建起独立性、技术化、科学的事务性领域,然而,事与愿违的是,不同价值之间的冲突并没有因此沉寂,反而越发凸显出来。尤其是20世纪60年代末到70年代初,以美国为代表的西方国家连续发生了一系列的经济、社会和政治危机,人们把一切社会问题的根源都归结到这种效率至上的行政模式上。

新公共行政理论便是在对传统公共行政价值观的反思与批判中,在要求行政改革以

---

① [美]罗纳德·德沃金.至上的美德:平等的理论与实践[M].冯克利,译.南京:江苏人民出版社,2003:207.
② 杨冬艳.公共行政正义研究[M].郑州:河南人民出版社,2010:39.

使行政管理活动更加"合法化"的呼声中诞生的。弗雷德里克森作为新公共行政学派的代表人物之一,于1968年首次将"社会公平"(social equity)的价值引入公共行政,并将公平作为效率与经济之外的公共行政的第三个理论支柱。新公共行政学认为,实现以较少投入换取较大产出即经济和效率目标固然是公共行政的价值追求和目标之一,但绝不是其核心价值,更不是唯一的价值准则和终极目标。传统的行政机关在执行立法和提出计划时常以牺牲社会平等来强调效率和节约,与其说它照顾一般利益,倒不如说它照顾特殊利益,它以献身于争取公众福利和民众的面貌出现,但实际上却反其道而行之。而新公共行政学则强调,公共行政的核心价值在于社会公平,在于促进公民社会所拥有的、以社会公平为核心的基本价值[1]。新公共行政理论对西方公共行政实践的价值取向产生了重大影响,然而,如何在坚持公平的前提下兼顾效率,实现公平与效率的统一,无论在理论上还是在实践中都是一个难题。因此,探索解决传统公共行政及其官僚体制的弊端的方法的活动一直没有停息。

(二)公平与效率的此消彼长关系

正当人们就传统公共行政及其官僚制弊端问题争论不休时,新公共管理理论大胆地从管理学的角度,批判传统公共行政学及其组织方式,推崇私营机构的管理技术,总结公共管理在地方实践中所取得的成效,将分权、放松管制、委托等管理方式作为医治公共管理机制僵化痼疾的一剂良药。"让管理者来管理",将私营部门管理的良好模式引入到公共管理的实践中,才能使公共管理走向"善"的归宿。这种"善"超出了传统公共行政学"效率"价值的追求,而扩展为经济、效率和效能(即"3E"),并借此来全面衡量公共管理主体提供公共服务的质量和顾客满意程度。虽然新公共管理理论也强调诸如责任、回应性、公民参与等价值目标,然而不论从其行动方案还是实际操作中,都可以清晰地感受到这些价值只不过是"3E"核心价值的附属品。也正因为如此,新公共管理理论所期望推行的管理范式,在为欧美各国政府的改革实践作出重要贡献的同时,也遭到了来自各方的质疑。一些学者不仅对作为这一理论精髓的企业家政府理论提出了尖锐的批评,也对新公共管理理论所倡导的价值观提出了异议,认为这一理论"很可能会损害诸如公平、正义、代表制和参与等民主和宪政价值"[2]。

以登哈特为代表的新公共服务理论便是针对"新公共管理理论"所主张的自由化和市场化,尤其是在对其中企业家政府理论的批判中建立的一种新理论。新公共服务承继新公共行政的民主价值,将公共利益作为其核心价值。基于公民权、民主和公共利益等价值理念,主张通过广泛的对话和公民参与来追求共同的价值观和公共利益,在一个多层次、复杂的民主体系中,行政管理必须以与此相应的职责、伦理和责任的方式来为公民服务,最大限度地实现社会公共利益。虽然对公共管理价值的概念理解、研究角度与方法等方面还未达成共识,但新公共服务理论适应现代公共管理的伦理要求,凸显公共精神,追求公共利益,体现为一种以伦理价值为轴心的管理模式。

面对公共管理中的价值问题,尤其是公平与效率关系的问题,我国政府也经历了一个较长期的探索历程。新中国成立之初,为了尽快实现"赶超"目标,盲目追求效率;"文革"

---

[1] 丁煌.西方行政学理论概要[M].北京:中国人民大学出版社,2005:258-259.
[2] 丁煌.西方行政学说史[M].武汉:武汉大学出版社,2004:394.

时期，又出现了对公正的绝对崇拜；改革开放之后，最终在党的十四大上确立了"效率优先，兼顾公平"的政策方针，并在党的十四届三中全会上明确提出了"效率优先，兼顾公平"，"允许一部分人、一部分地区先富起来，先富带动后富，最终实现共同富裕"。党的十六大又重新对公平的问题作出反思，提出了"科学发展观"和"以人为本"的理念。因此，对于世界各国的政府来说，公共管理的价值问题都是一个绕不开的问题，必须正视它和解决它。然而，长期以来理论探讨上的不足和实践中"矫枉过正"的问题，将公平与效率的关系理解为一种此消彼长的不兼容关系，使得我们在公共管理价值的问题上很难取得突破性进展。与其在"公平"与"效率"之间左右为难，不妨走出公平与效率本身，转而专注于公共管理的价值研究，或许在那里能够探索出一条切实可行的道路。

（三）公平与效率的辩证统一关系

公平与效率之间并非是一种"此消彼长"的不兼容关系，从社会发展的现实来看，效率增长的同时，社会公平也获得了发展，并非通常我们所理解的，经济效率的增长意味着社会公平缺失，而注重社会公平则意味着经济发展停滞不前。从马克思主义的立场来看，公平与效率之间是一种既矛盾又统一的辩证关系，它们是互为前提、相辅相成的。

一方面，效率的提高为社会公平的实现提供物质基础。公平之所以能够作为一种社会运行秩序的价值判断，首要的前提就在于社会经济效率的提高。效率的提高，生产力的发展，也激发了人们追求更为公平生活的愿望，当遇到涉及社会生活的问题时，人们便试图通过公平的原则去解决。也只有在这个时候，公平才作为一种人们普遍追求的理念深入人心。在市场竞争关系中去理解效率对公平的影响过程，不难发现它们之间的相通性。市场竞争形成了效率原则，并从根本上要求机会平等，也就内在地要求公平价值观念的形成。从公平的市场竞争意义上说，这就从客观上反映了效率原则要求和规定着经济主体均等地获取生产资料、均等地参与市场竞争、均等地承担社会义务。因此，效率的提高是公平在社会生活各个领域得以长足发展的保证，效率的提高同时意味着社会公平的认识水平和实现水平的相应提高。

另一方面，公平的实现为效率的进一步提高提供了基本保证。效率的提高并非是一个自发的过程，不论是在市场过程中还是政府的制度安排上，它必须依赖于公平的规范约束。人是生产力诸要素中居于首位的要素，因此，人的积极性的提高对于生产效率的提高至关重要。美国管理心理学家亚当斯的公平理论（也称社会比较理论）就是对此较好的证明。他提出，个体会将自己在工作中付出的努力与从工作中获得的报酬进行比较，并将自己的投入-产出与他人的投入-产出进行比较，以此来评价自己与其他人的关系。如果他觉得报酬是公平的，则可能继续在同样的产出水平上工作；反之，如果他对获得的报酬不满意，就可能产生不满，降低产出的数量和质量，或者离开该组织，投向其他组织，以期获得更为满意的报酬。因此公平在个体、组织和社会的层面上获得实现的水平直接影响到效率的提高，实现公平保证了效率的进一步提高，而非传统上认为的注重公平会损害效率的提高。

在处理我国现实的社会发展问题中，收入分配不公，尤其是某些非法获得形成的社会分配的畸形化，已成为社会矛盾的焦点。如不加以有效的遏制，必将对我国经济发展整体效率的提高产生不利的影响，甚至会危及我国社会的和谐稳定。因此，如何从公平与效率的辩证统一关系出发，开拓能够促进经济发展的效率原则和社会和谐的公平原则相统一的途径,是公共管理理论与实践都必须高度重视的一个问题。

二、导引公平与效率二者的合题

引入价值因素之后,正如马克斯·韦伯所担忧的那样,原本单纯着眼于效率的行政管理活动,还需要面临如何维护和实现社会公平的问题。公共管理者需要在公平与效率之间作出选择,尤其在公平与效率的关系被视为此消彼长的学术氛围中,公共管理者与学者们都面临着"二选一"的难题。这样的难题对于不断追求自我完善的公共管理实践而言,是很值得研究的。虽然公共管理价值困惑的纠缠,使我们无法超越"不得不在公平与效率之间作出选择"的困境,但是我们一直没有停止不断追寻的脚步,正义恰好可以作为导引这两个价值取向的一个"合题",换言之,在公共管理的理论研究与实践活动中,把握好公共管理的正义价值,并在此价值取向的引导下,以公共利益为出发点和依据,实现社会公平和公共管理效率的双重要求。

(一)正义是政府的中心组织原则

在人们的行为活动中,人们拥有着不由别人强加也不强加于人的共同理性准则,并依此准则开展活动,这种人类行为就是正义的行为,同时社会也就成为正义的社会。当代著名学者约翰·罗尔斯在其《正义论》一书中指出:"正义"(justice)是政府的中心组织原则。罗尔斯认为,按照正义的原则,权力应先于利益,人们的欲望、爱好、利益应当受到正义原则的限制。然而,在西方国家,社会上占据优势地位的既得利益集团为保护和扩大自己的利益,往往会按照本集团的利益要求来影响与之利益相关的法律、法规和政策的制定。这样,大多数社会成员和边缘化社会群体的基本利益就难以保证,社会公平的实现也就无从谈起,作为政府组织中心原则的正义也就无法得到落实。在我国,以为人民服务为宗旨的党所领导下的政府,理所当然地应将作为政府的中心组织原则的正义落到实处,即在政策制定上,要以人民群众的根本利益为出发点,以正义为立足点,在正义中实现经济效率与社会公平。正义作为政治权力的合法性、有效性和公共性在公共领域的体现,以及它的多元性特征决定了它可以作为平衡诸如公平、效率等多元价值的一种中心原则或途径。这里,可以从义务论、目的论和德性论的三重维度去解释正义。

第一,基于正义的责任的公共管理正义。就权力与责任的关系而言,政府的公共权力源自于公众权利的一种让渡,并形成政府与民众之间的委托-代理关系,实质上这就是一种权责关系。在现代民主政治中,这种权责关系要求拥有并行使公共权力的政府应当是负责任的政府,权力主体即为责任主体,基于公共权力的政府行为就应当是负责任的行为。因此,所谓的"正义的责任"意指公共管理者将"尽职履行责任"作为公共管理一切行为的基本判断标准,这种责任才是正义的,才是公共管理价值实现正义途径的现实体现。

第二,以实现公共利益为目的的公共管理正义。公共管理正义是工具与目的相统一的价值和原则,正义的实现是以公共利益的实现为基本诉求的。按照功利主义的观点,正义相对于其他价值具有优先性,它以公共利益最大化为目的。政府机构及公共管理者在追求公共利益时,如不坚持以正义为导向,则会出现公共利益的供给不足或被严重扭曲的结果。因此,在利益冲突中,能否摆脱不同利益诉求的困扰,就在于能否始终坚持用正义之目的——追求社会公共利益作为检验公共管理决策等行为活动的标准。

第三,作为公共管理者德性体现的公共管理正义。在公共管理领域,正义作为公共管理者最主要的美德也得到越来越多的公共管理伦理学者和公共管理实践者的认同和肯定。对于公共管理者而言,正义这种美德是一种可获得性品质,也就是说,它是可以通过后天的教育学习以及在公共管理的实践与反思中获得的。但是需要指出的是,公共管理者正义美德单纯依靠教育的途径来获得是极其有限的,它必须在追求正义的制度环境和社会环境中才能被公共管理者习得,并内化为自身的一种品质和美德。

(二)正义包含着对效率的追求

一个追寻正义的社会,是充满活力的社会。对正义的追寻期待人们努力实现社会价值在人们生活中的意义,而这种努力实现正义的过程,能够激发普遍的实现个人利益与公共利益的,或相互平等竞争的,或相互信任合作的动机。在人们相互交往的关系中,每一个社会成员或绝大多数成员对于社会价值都有一个基本判断,这种判断是以正义开始,并以正义结束的。正义是引导人们追求"善"、引导社会治理追求"善"的原则,只有基于正义而开展的行为,才是不断追求善的行为。同时,如何才能够判断人们的行为以及社会治理活动的"善",它的标准也正是正义的标准。用行为是否符合正义的要求来确定行为"善"与"恶",这种判断方式既符合人类社会道德规范的要求,也符合长期以来人类社会生产活动实践的要求。

公共管理作为正义的体现者和保护者,其一切活动中都要以正义的原则开展,并以正义为标准来对公共管理主体行为与客体需求作价值判断。公共管理主体,尤其是政府,在制定公共政策、开展公共管理活动时,既要体现保护全体社会成员利益并使之普遍受益的普惠性,又要避免被某些利益集团操纵的程序或结果的非正义性。公共管理客体在表达需求、参与社会治理活动、获得来自主体方面的服务时,既要体现个体需求或利益的表达,又要把满足社会成员共同的需求作为自己义不容辞的分内事,在参与社会治理、获得服务中体现一种正义性,在公共管理主体与客体共同的努力中实现整个社会的正义性。因而,正义途径必将带来人类社会在生产活动和社会治理活动中的繁荣,效率的目标和价值在社会普遍正义实现时获得了充分实现的空间。

(三)公平是实现正义的途径

在处理公平与效率矛盾的问题上,以往的行政管理活动表现平平,但它却发展出了一种要求行政人员平等地对待每一个行为客体的公共精神。平等地对待行为客体就是不因当事人的身份、地位、性别、收入等因素的差别而区别对待,不为任何私利的驱使而扭曲行为选择,不被金钱诱惑、收买而亵渎公共利益。也就是说要尽一切可能将各种可能造成不平等或偏私的因素排除在公共领域之外。正义途径恰恰包含了这样一种公共精神,并为实现这种平等提供了空间。这种公共精神的实现取决于公共管理者的主观裁量,对于怀揣着正义价值的公共管理者而言,凭借自身的道德自觉作出符合社会公平和公共利益需求的公共管理行为选择就不是什么难事了。

在公共管理活动中,我们提出构建这种基于正义的公共精神,事实上它已然存在着,并正在通过公共管理者的道德自觉促成公共管理正义在总体上的实现。正义作为导引公平与效率二者的合题,决定了它时刻准备着平衡社会公平与经济效率,因为,作为一种具有道德自觉特征的价值,任何新要求、新愿望都会被接纳到它的开放性体系之中。公共管理者对正义的追求,也是一个积极的、主动的、自觉的、创造性的过程。如果说社会公平的实现是基于效率的发展,那么,正义的实现则在很大程度上取决于公共管理者对它的自我意识,以及对自己所需要追求的正义有着明确的意识,并作出符合公众期望与公共利益的行为选择。公共管理者在公共管理活动中富有正义感的行为不是单纯依据效率的价值取向,而更多地依据对社会公平的实现的自觉判断。在行为选择中要自觉地把社会公平的要求转化为行动指导,努力实现公共利益。因此,正义就必然包含着公平的内容,公平又是实现正义的途径。

三、服务是公共管理的时代特性

（一）后工业社会政府追求服务价值的必然性

在人类社会的历史进程中,经历过漫长的农业社会之后,掀起了一场伟大的运动,即工业化,它带领人类告别农业社会,走向工业社会。在时间上,世界各国的工业化进程不是同步的,比如,20世纪中期,世界上的一些具有较大国际影响力的西方国家基本上都完成了工业化的这一历史任务,甚至走上了工业社会的顶峰,并出现后工业化的迹象。而一些发展中国家直到20世纪后期才加入到这一历史进程中。虽然这些国家起步较晚,然而由于那些率先进入工业化进程的国家积累起了丰富的经验,使得这些发展中国家的工业化进程大大地缩短了。换言之,发展中国家只需要20多年的时间,就走完了发达国家几百年所走过的工业化的道路,并迅速进入发达工业社会的阶段。正当人类踏入21世纪门槛时,历史的号角再次吹响,一场新的历史转型已然摆在人类社会面前,无论是发达工业化国家还是发展中国家,都站在了同一起跑线上,一起面对后工业化的问题。

即使有一些发展中国家起步较晚,仍然肩负着沉重的工业化任务,甚至有些国家还极力抗拒西方工业文明,但它们终归无法拒绝全球化的浪潮,整个世界被集结到一起,国家间的距离被拉近,发展中国家与发达国家之间的关系或冲突变得非常直接。与此同时,高速发展的互联网将我们的世界变成了一个"地球村",不仅人的社会角色和性别失去了原有的识别功能,甚至人的其他方面的特性在互联网中都被一并消解,在这种相互连接又相互消融的世界里,人的个性获得无限张扬。可以说,人类本身及其所构成的社会都发生了根本性的变化,如果仍然用旧观念去看这个世界,我们就会无法理解人类自身。因此,要想理解人类自身,寻找解决社会治理问题的方式,就必须首先实现立场的根本性转变,必须在后工业社会高度复杂性和高度不确定性的意义上,确立一种实施社会治理的新观念和新视角。事实上,无论是自觉的还是被迫的,所有国家都应当无可回避地承担起后工业化的重大课题,并追求符合后工业社会时代特性的服务价值。

（二）不断追求优良治理的人类社会

人类在本性上是有理想的"政治动物",换言之,人的理想反映在人类通过国家和社会组织集结成整体并共同追求"优良的生活"之中。其中尤为突出的是,当人类面临社会治理问题时,这种理想就直接地反映在对"优良的治理"的追求中,并一直激励人类社会永不停息地探索,推动着人类社会治理不断地进步,也同时推动着整个人类社会走向更加文明。因而,人类社会善治的追求是不断演进的过程。正如我们所看到的那样,在不同时代的不同社会中都会有属于它那个时代人类追求和被作为"善治"的社会治理方式。

在农业社会中,王朝的行政属于统治型社会治理模式的范畴,其治理活动主要建立在权力关系基础上,维护权力关系的工具主要是暴力和以暴力为后盾的强制力量。善治的追求正如亚里士多德在其《政治学》中不厌其烦地阐述的那样,主要体现在共同事务、共有工程建设等方面。当然,农业社会整体性的生活及其社会治理形态也包括某种价值因素,但是它们大都是被农业社会的思想家们系统化了的感性的习俗体系,而且基于这种系统化的习俗体系而形成的道德规范也只是出于维护权力关系的一种补充性工具而已。在农业社会的治理活动中,家元伦理在这一治理体系和过程中发挥着一定的作用,即使这只是虚假的外衣,因为,一旦伦理道德与权力行使发生冲突,伦理道德就必然要让位于权力并臣服于权力。

在工业社会中,人类社会的治理模式从统治型演变为了管理型,农业社会的基于权力的治理所提出的善治标准,对于工业社会的基于法律的治理而言,是没有什么实际意义的。工业社会的善治追求是体现在民主和法制的实现程度上的,它的管理型社会治理模式顺应了工业社会领域分化的要求,是工业社会科学设计理念的产物,它在名义上追求社会公正,突出公共精神,协调利益冲突,缓和社会矛盾,但在私有制的社会理想下,支离破碎的工业社会所确立诸如效率的目标只不过是在制度层面上为少数人利益的实现提供的保障。因此,它不是社会治理的终极形态。如果说农业社会的治理还披着道德的虚假外衣的话,那么工业社会对伦理道德的压制就显得十分直接和露骨,完全封闭了伦理化的通路,从根本性质上反伦理精神,拒绝任何普世价值,建立了单向度的法律制度。既然工业社会拒绝了亚里士多德关于城邦"优良政体"的描述,那么,它的善治追求到了后工业社会也必将会被抛弃。

在后工业社会中,人类所要建构起来的新型社会治理模式在形式上是公共管理,在实质上是服务型的社会治理。公共管理所要研究和探讨的是作为社会治理过程的服务型社会治理模式是如何得以实现的。"后工业化的过程中,我们所畅想的是后工业社会的'优良政体',而不是仅仅对工业社会政体、政治以及治理体系的改进,不仅仅是在已有的框架中加入价值的、'实质理性'的因素,而是要对作为'返魅'之内容的价值和'实质理性'作出更明确的宣示,探索它们在制度设计和制度安排中如何转化为实践的问题。"①在人类社会不断追求善治的道路上,我们将遵循公共管理理念,自觉地进行社会治理模式的构建,基于公共管理价值研究的基础,超越工业社会的善治标准,去实现后工业社会基于道德的治理并制定相应的制度,即走向人类社会"德治"和"德制"的终极社会治理形态。

(三)服务包容其他形式的社会治理价值

在近代社会的学术研究中,学者们通过对农业社会和工业社会的伦理价值体系的比较,提出了一种整体主义和个体主义的解释框架,进而形成了将复杂问题简单化的研究倾向。其实,无论是整体主义还是个体主义的学理设定并不具有什么真正的理论意义和实践意义。②然而,关于"徒劳无功"的争论以及脱离现实的纯理论设定,终究会使那些试图据此进行制度设计和制度安排的人受到现实社会发展的嘲弄。在未来相当长的时期里,整体主义和个体主义的理论设定还会继续发挥"意识形态"的功能,需要严防它跳出意识形态范畴,一跃成为指导制度设计和制度安排的终极理论。因为,从社会治理道德建设的角度看,整体主义思想披着伪善的道德外衣而糟蹋和破坏伦理价值;个体主义思想则使个

---

① 张康之.论伦理精神[M].南京:江苏人民出版社,2010:100.
② 关于整体主义和个体主义对文化体系的误读的有关论证,可参见:张康之.行政伦理的观念与视野[M].北京:中国人民大学出版社,2008:116-118.

人利益至上的人理直气壮地排斥道德准则和拒绝道德规范。现实社会的制度设计和制度安排对整体主义或个体主义的价值取向的期待并不高,它所需要的是从社会发展的总体趋势中去发现具体的、基本的、充满活力的、具有价值统摄力的价值取向。因此,在公共管理中,一切理论研究和人文社科探索都应当以确立服务价值为旨归。只有确立了服务价值,公共管理的制度设计和制度安排才会有明确的依据。

人类社会进入后工业社会之后,公共领域与私人领域的分界会逐渐消失,私人领域以个体主义原则为前提的自我建构活动与公共领域以整体主义为前提的自我构建活动将走向融合,并以公共领域为主导,自觉扬弃工业社会的构建原则,迈向新的历史时代。所以,"后工业社会的公共领域将沿着合作理念去自觉增强社会构成的有机性,在对公共领域的制度、体制和组织模式进行设计和建构时,所看到的既不是个体的人的行动,也不是集体的人的行动,而是它们之间的合作互动"①。所以,展望后工业社会的行为模式,特别是公共管理中正在迅速生成的行为模式,不应从个体主义或集体主义的任何一个视角出发,而应从服务的价值视角出发。

(四)服务价值与正义途径具有内在统一性

在社会治理问题上,作为服务型社会治理模式的公共管理是以服务价值的确立为起点的。在这种制度框架下进行社会治理也就意味着管理活动的服务化,通过治理者及其行为的服务化影响整个社会治理体系中的每一个成员,实现一切管理人和管理行为的服务化。在这里,作为起点的服务价值是关键,它是整个服务型社会治理体系能够稳定地、持续地发展的前提。所以,管理服务化是服务型社会治理模式的公共管理前提,而不是一个终极的目标。同时,公共管理还需要把服务化的过程进一步向前推进,将之延展到社会成员个体的层面,实现社会治理体系中的个体服务意识的普遍生成,使他们的行为合乎社会正义的标准,满足于健全公共管理价值的要求,这恰是经济发展效率与社会公平充分实现的共同要求。

从工业社会向后工业社会的历史转型中看,工业社会是一个差异性竞争体系,在这种竞争过程中,人们之间的自然差异和社会差异必然会导致在分配、交换、竞争关系上的社会公平的问题;而后工业社会则是一个互利性合作体系,人们之间的合作是互利共赢的,这种合作过程促进了共同利益的普遍增长。因此,它在结构层面上基本上不会导致损益背向的社会不公平问题。工业社会是通过竞争来实现社会合作的,而后工业社会则从合作关系出发展开竞争。因此,工业社会在制度模式与社会治理问题上必然导致效率与公平目标追求上的分立,这是工业社会竞争的行为模式和制度设置所导致的结构性失衡和社会不公平。工业社会的社会治理体系自身无法解决效率与公平的矛盾,所以也不能解决结构性失衡和社会不公平问题。而后工业社会则不同,它实现了从竞争到合作在逻辑上的颠倒,"它的社会治理体系不再把效率与公平作为最高的目标而加以追求,而是把服务作为最高的目标,服务是最高的价值和原则,虽然服务中也必然包含着效率与公平的问题,但效率与公平在社会治理的目标体系中的位置开始边缘化,不会以社会公平的问题而出现"②。所以,在社会形态的历史转型背景下,在构建和谐社会的目标追求中,服务价值

---

① 张康之.行政伦理的观念与视野[M].北京:中国人民大学出版社,2008:118.
② 张康之.行政伦理的观念与视野[M].北京:中国人民大学出版社,2008:203.

与正义途径在解决效率与公平的关系问题上具有内在统一性。在社会治理层面上,实现服务价值和正义途径的根本出路在于制度创新,在于作出科学的德制安排。

第三节 实现服务价值的制度安排

一、政府治理社会的三种制度模式

著名学者张康之先生把社会治理的制度安排划分为统治型社会治理、管理型社会治理和服务型社会治理三种模式,这种划分方式有助于我们从历史的审视中理解与掌握公共管理的服务价值及其实现的制度安排。

(一)统治型社会治理模式

社会治理作为国家运行有序化与条理化的基本保证,在农业社会漫长的历史时期中,与国家统治紧密相连,是统治阶级用以提高社会治理能力,达到阶级统治目的的工具。此时,政治性就是这一历史阶段社会治理的基本属性,即社会治理的属性完全从属于政治,是政治借以实现的工具,是国家实现阶级统治理所当然的手段。当然,农业社会的"混权"模式是无所谓社会治理机构的,至少它还没有从政治权力机构中分化出来,一切社会事务都是直接由权力机构行使的,充分显示出了社会治理的政治统治性质。由此,可将这一时期的社会治理模式概括为统治型社会治理模式。统治型社会治理模式是政府一经产生就存在的一种较为低级的和原始的社会治理类型。政府最主要的、最根本的职能就是统治,政府是从属于阶级统治的需要和为阶级统治服务的。国家对社会的管理主要是通过集权管理、"权治"管理以及强制管理实现的。因此,农业社会的国家、政府及其行政,都属于统治型社会治理体系的构成要素,如果看到了一个负担着国家、政府自身管理和社会管理的行政系统的话,也属于统治型的社会治理系统。这个时期的治理体系的性质很难适用于公共性的分析工具,在国家和社会生活中,存在着一些"共同性"(common)的内容,但是,却没有公共性(public)问题。总的说来,这个时期的社会治理是从属于国家统治的目的的,治理主体是统治阶级的政府,表现为统治阶级精英分子集团的管理活动,是阶级的治理,属于统治型社会治理模式的范畴。

(二)管理型社会治理模式

近代社会,出现了诸如国家部门、权力和职能的分化,国家的统治职能和管理职能处在一种此消彼长的进程中。尤其是在20世纪以后,管理职能的增长发生了质的变化,以至于国家的管理职能上升到主导地位。这样一来,国家统治职能的实现也总是通过管理职能的实现而实现的。所以近代社会治理方式发展的趋势是告别统治型社会治理而走向近代的管理型社会治理。随着资本主义世界的发展,社会的各个方面都逐步展现出复杂性的特征,这就使原本由市场进行调节的社会事务管理难以奏效。而政府则成为能够统御整个社会的最有力的强制机构,并逐渐担当起诸如市场管理、失业救济与社会福利、公用事业与基础设施提供、社会秩序维持等管理社会的职能。社会治理的管理职能日渐膨胀,并随着行政从政治领域的分离,它的管理属性日益增强,也逐渐成为其基本属性。所以,这一时期的社会治理模式可以称为管理型社会治理模式。如何实现政府社会治理的高效化,成为理论界和实践界共同关注的焦点。一方面,19世纪末20世纪初,世界各国的政府机构中普遍存在着办事效率低下、腐败现象严重、官僚主义盛行的弊端,人们不断地探寻提高管理效率的理论与方法。泰勒发起的科学管理运动,马克斯·韦伯在理论上构建的"理想型官僚制组织体系",理论与实践相结合,促进了管理型社会治理模式的成熟。另一方面,近代社会的政治发展出现了国家的政治部门与行政部门的分化,使政府成了专门的行政部门。虽然任何一个政治部门都有着自身管理的内容,这种自身的管理被称做行政。但是,在国家意义上,政府是专门的行政部门。因此,现代意义上的行政往往是特指政府这个专门的行政部门对内的自身管理和对外的公共事务管理。公共事务的管理成为目的,政府自身的管理则是出于更好地服务于公共事务管理的需要。政治部门对政府的控制也主要表现在要求政府提供优质高效的公共事务管理。公共事务管理不仅是国家政治生活的中心内容,而且也是目的,管理就是目的。

(三)服务型社会治理模式

公共管理是一种正在生成的社会治理模式。人类社会的发展经历由农业社会到工业社会再到后工业社会的变迁,相应地,其社会治理模式也经由统治型社会治理模式演变为管理型社会治理模式,并将走向服务型社会治理模式。"在公共管理中,控制关系日渐式微,代之而起的是一种日益生成的服务关系,管理主体是服务者,管理客体是服务的接受者。所以,这是一种完全新型的管理关系,在这种管理关系的基础上,必然造就出一种新型的社会治理模式,是一种服务型的社会治理模式。"[①]而公共管理就是服务型社会治理模式在形式表现上的称谓。虽然在服务型社会治理模式中,政治与行政由分离开始重新走向融合,但是,治理体系自身的管理依然存在,且是一种内化了的管理。在服务型社会治理模式中,政府与公众之间的关系由治理者与被治理者之间的关系转变为公共服务的提供者和接受者之间的关系。政府行使公共权力主要是为了实现公共利益、有效提供公共服务和主动为公众谋福利,公众成了政府活动的服务对象,是公共服务的接受者。服务价值确立了正义导向,强调在正义前提下的公平与效率,并用正义导引公平与效率。作为服务型社会治理的公共管理在本质上是公民本位的,政府管什么,不管什么,全看社会和公众的需要,并以此作为政府职能定位的依据,并要求把公众满意作为衡量政府服务质量的核心。如果说统治型和管理型社会治理是封闭的,那么,服务型社会治理则是开放的,它强调公共决策中的公民参与。在应对公共组织及其成员的自由裁量权行使时,仅靠法律是难以得到完全约束的,服务型社会治理将德治和法治有机地结合起来,是对以往社会治理成就的继承和创新。

服务型社会治理模式是公共管理主体在运行和发展中遵循公民至上理念,回应公民需求,以实现公共利益为目标的新型治理模式。它与以往的社会治理模式最大的区别在于它的服务导向和公民本位。在服务型社会治理模式中,公共管理活动就是一种公共服务,公共管理者就是提供公共服务的职员,这不是一种简单的替代,而是一种观念上的转变,是在当今经济全球化的背景下运用服务价值对管理主义政府模式的改造。服务与合作、沟通与回应,已经成为当今政府管理方式改革的方向。在公共管理的实践中,应当坚决摒弃管理主义政府模式下那种"管制"型的管理观念,而树立一种全新的服务观念。公共管理主体并不是单纯的管理机构,它的主要职责应当是为公众提供服务,而公众则应当

---

① 张康之.公共管理伦理学[M].北京:中国人民大学出版社,2003:7.

对这种服务给予积极配合与合作。只有这样,才能推动公共管理朝着社会化、专业化、高效化的方向发展,服务型社会治理模式才有可能建立起来。

二、公共管理者价值观的自我完善

(一)公共管理者的道德存在

在人的自我完善的问题上,我们需要思考"完善什么"和"怎样完善"的问题,因此,就需要承认人的三种存在,即物理存在、精神存在和道德存在,正如著名学者张康之先生所揭示的,"发现了人的道德存在,对于重新认识人具有积极的意义,特别是对于理解道德与人的关系问题会实现理论和观念的变革"①。以往,人们总是将道德直观地理解为一种规范,甚或将之称为"内心的法"。如果放在特定社会内加以考察,就不难理解,把道德理解成法,是用外在于人的法来类比内在于人的道德,进而得出道德是法的主观形式的结论,看似有一定的道理的结论,实则荒谬至极。因为这种理解完全没有意识到的人的道德存在,"人的道德的最高形式不是法或规则,而是一种存在,是一种特殊的道德存在"②。

人的社会活动是丰富多彩的,必然会遇到各种各样的诱惑。从本质上说,一切外界的诱惑根源于人的物理存在和精神存在,人的这两种存在渴望外界的诱惑,甚至追寻着这些诱惑,使人背离自己的德性,作出恶行。"道德存在是人抵御诱惑的力量源泉。"③要求人们抵御外界诱惑,一直是伦理学所追寻的目标之一。但在伦理学史上,正是由于没有发现人的道德存在,导致长期存在的义务论和功利论之争无法获得新进展。现代伦理学超越了传统伦理学,认识到了人的物理存在、精神存在和道德存在的三位一体性,消解了义务论与功利论及其变种的争论,使人们得以科学地认识人的道德存在与客观道德需要之间有机契合的机理,并将之应用到制度设计的具体方案中。

如果人的道德存在受到忽视,仅仅把人看做是物理存在和精神存在的结合体,将人的自我完善寄托于物理存在和精神存在,甚至庸俗化为物质追求和精神追求的满足,那么人的自我完善将陷入空想。所以只有将道德存在纳入对人的认识视野中,将人视为物理存在、精神存在和道德存在三位一体的,对于人的全面发展和自我完善的思考才具有价值。

(二)独立自主性人格的形成

公共管理者的独立自主性人格意味着公共管理者思想和行为不受外部力量和原因所决定,能够通过独立的依据自身的价值判断对事物进行反思,形成自己的目标和打算。独立自主性人格的内涵至少表明,公共管理者能够独立作出判断;不盲目听从,能够进行批判性反思;依据独立判断和批判性反思,将信念和行为有机整合起来。人格是社会在人身上的总体性体现,并对他人有强烈的感染作用,"只有那些接触过某种伟大道德人格的人,才能充分认识到这种感召力的性质"④。公共管理者的人格反映了其道德存在状况及其在社会行为中完整的道德特征。就近代社会而言,自由与平等的政治原则本来是可以生发出公共管理者的独立自主性人格的,而在实际的社会生活中却并非如此。由于对社会治理方式科学化、技术化和形式化的追求而造成的制度缺失,使公共领域中公共管理者的

---

① 张康之.论伦理精神[M].南京:江苏人民出版社,2010:221.
②③ 张康之.论伦理精神[M].南京:江苏人民出版社,2010:221,221.
④ [法]亨利·柏格森.道德与宗教的两个来源[M].王作虹,成穷,译.贵阳:贵州人民出版社,2000:26.

独立自主性人格总是不像私人领域中个人的独立自主性人格那样受到尊重。公共管理者的社会生活在特定意义上更多体现为一种公共生活的范畴,其公共性的内容越丰富,就越能够体现公共管理者独立自主性人格的价值之所在。管理型社会治理模式不仅没有为公共管理者的独立自主性人格提供保障,反而以特定的方式祛除了独立自主性人格存在和发展的基本条件,公共管理者只不过是这一治理体系庞大机器中的一个部件,制度的客观性剥夺了公共管理者的独立自主性,因此在工业社会的治理体系中,公共管理者通常处于一种被动的受控制状态。而在后工业社会的治理体系中,服务型社会治理特征突显,这不仅否定了管理型社会治理模式祛除公共管理者的独立自主性人格的做法,而且要求公共管理者拥有独立自主性人格,并在社会制度设计中充分体现这种人格特征。从历史的视角而言,公共领域中对权力、权威的盲从和依附一直存在,工业社会层级化的官僚体制治理结构决定了它在某种意义上比农业社会的统治型社会治理模式更加依赖权力和权威,而后工业社会的组织结构网络化趋向及合作治理体系的建构,意味着对权力和权威的约束力及对其依赖性降低,如果说工业社会的管理型社会治理模式是以对权力和权威的依附为标志的话,那么后工业社会的新型社会治理模式将是以公共管理者获得独立自主性人格为标志的。

随着工业社会向后工业社会的历史转型,公共管理者面对组织目标及制度设计上失范的组织规范及整体主义价值观的重重压力,面对法律与制度在维护个人独立自主性人格上的缺乏与无力,使之无法辨认清楚自己行为选择的方向。因而,公共管理者不能仅仅满足于把独立思考和自主行动作为一种义务来承担,而要对自己有更高的要求,即在公共管理活动中,对自己的独立判断和自主行动要有充分的自觉,并与命令执行、依法行政有机地统一起来,不畏强权,敢作敢为,超越盲从与依附,根据公共管理职业性质的要求,克服困难,排除障碍,积极主动地担当公共管理的职业使命,高效回应公共服务对象的广泛期望,彰显令公众满意的公共管理者独立自主性人格的魅力。

三、按照服务的价值建立道德制度

(一)提供一种全新的合作秩序

人们生活在各种各样的社会关系中,处理和调整这些社会关系就构成了人们社会生活的基本内容,因此,社会关系的复杂性决定了社会生活内容的丰富性和形式的多样性,人们之间的社会关系状况决定了社会秩序的状况。一些新型社会关系的加入或原有社会关系格局的变化增加了现有社会关系的复杂性程度,一旦这种复杂化越过一定质的限度,社会就必须作出相应的结构性调整,如果这种调整未能跟上复杂化的节拍,那么社会就会陷入混乱和无序的状态中。在这种情况下,人类的一切管理活动都可以归结为调整各种各样的社会关系,谋求社会秩序并不断优化秩序的过程。只有有了秩序,人类社会所追求的其他目标才能够实现。同样,对于公共管理及其服务价值的出现,我们也需要在社会关系复杂化的观念和视野中去加以理解。

传统的行政管理活动,能且只能应对那些复杂性和不确定性程度相对较低的社会关系状况,也就是说,在高度复杂化和不确定性程度较高的社会关系中,农业社会较为简单的自上而下的单线型统治秩序已经失去了现实意义,近代出现的以政府为主体的行政管理秩序在更为复杂的新型社会关系中再也无法得到充分实现。在这种情况下,人类社会需要建立一种新的秩序,而公共管理产生于人类处在或正要处在的一个高度复杂性和不确定性程度较高的时代,它所面对的社会关系是相互交织、相互纠结而成的新型社会自治关系,它所面临的是危机事件频发、以往一切形式的社会秩序都将无以为继的社会状况。因而公共管理能够在这种社会关系中为人类社会提供良好的秩序,服务价值取向的发现使得公共管理提供一种全新的合作秩序成为可能。

(二)从管理关系到服务关系

农业社会和工业社会的管理关系是以强制性的权力体系和法律体系为依据的管理主体对客体的控制关系。也就是说,以往社会的管理类型都是以控制为目的的,所不同的是,农业社会的管理类型是以权力和权力体系为根据的,是管理主体直接作用于管理客体的控制;工业社会的管理类型是以管理制度为依据的,管理主体通过健全和完善的制度来实现对管理客体的控制。就人类社会管理关系的实质而言,它们都是制度化的控制与被控制的关系。制度化的管理和制度化的规范体系把人对人直接控制转化成制度对人的控制,把人与人之间的矛盾转化为人与制度之间的矛盾,并进一步通过神圣化的制度实现对人的控制。因而任何矛盾和冲突的消解都可以从制度化的设置中寻找到解决之道。我们知道,在农业社会的权力制度(权制)条件下,主要依靠权术和权谋的管理手段,虽然管理者的人格也发挥着一定的作用,但对它的制度保障是极其脆弱的,在工业社会的法律制度(法制)条件下,对任何问题的解决都寄希望于设计科学、合理、完善的制度。它顺应了工业社会追求工具理性的需求,适应了这一时期低度复杂性和低度不确定性的社会现实,也满足了资本主义社会个人利益最大化的私欲。

然而随着市民社会的觉醒,人们追求善治的理想进一步向前推进,公共管理及其道德制度(德制)将以一种全新的面貌展现给追求善治的人类社会。在公共管理中,控制关系将被服务关系所取代,管理主体不再是控制者而是服务者,管理客体更不是被控制者而是与管理主体拥有同等地位甚至拥有比管理者更高地位的服务接受者。

"公共管理者的服务精神的具体体现,是根源于公共管理的道德制度(德制)的,或者说,是公共管理的道德制度在公共管理者这里的现实展现,当公共管理者拥有这种服务精神并将其贯穿于其公共管理活动之中的时候,也就使社会治理体现了伦理精神,实现了伦理的社会治理功能。"① 也就是说,公共管理的德制与服务价值是一种辩证关系,一方面,在公共管理德制生成过程中,社会各种治理主体生成了服务意识,将管理过程转化为服务过程,用服务导向的治理行动取代控制导向社会治理体系;另一方面,一旦公共管理德制确立起来之后,又为公共管理者诠释服务价值提供了广阔的空间,为公共管理者稳固地发挥服务精神的作用提供客观保障,并在社会治理过程中使公共管理者积极贯彻服务价值,将服务精神转化为个人道德品质,实现公共管理者的自我完善。

(三)道德制度的真实性和稳固性

公共管理与以往的社会治理活动的根本区别在于,它是基于服务的基本精神展开的,是具有服务性和实现行为道德化的社会治理活动。公共管理的服务特性决定了它能够满足高度复杂性和高度不确定性的社会现实,能够在各种利益关系日益复杂的条件下去谋

---

① 张康之.论伦理精神[M].南京:江苏人民出版社,2010:24.

求和维护公共利益,并在多元利益获得实现的过程中保证社会的正义。伦理在人类社会治理活动发展的历史过程中都存在并发挥着不同的作用,当然,伦理的主张甚至道德规范只有被作为制度设计和制度安排的原则时才能切实地发挥作用,但是在统治型和管理型的社会治理模式里却没有能够建立起道德制度,而只有在公共管理的服务型社会治理模式中道德制度才得以真正建立起来。

在农业社会中,人们对伦理的一些基本内涵已有觉识,如西方的基督教教义、中国的儒家思想等,如果沿着这些礼义、仁爱的思路,是有可能走向道德制度建设的,但是整个农业社会的制度设计和制度安排只能以权力和权力体系为轴心,因而无法建立起真正的道德制度。同样,在工业社会的形式化的制度体系中,伦理的实现条件和生长空间是极其有限的,伦理的建设充其量只是工业社会制度缺陷的补充和过激形态的矫正。管理型社会治理模式是建立在法的精神而不是伦理精神上的,它对于行政人员及其行为的伦理规定和道德规范在很大程度上属于精英伦理的范畴,因而不是一种普遍精神。

随着公共管理所代表的服务型社会治理方式的到来,伦理在社会治理活动中的作用发生根本性改变,伦理精神、伦理规定和道德规范成为公共管理者职业群体开展社会治理活动的原则、标准和规范。伦理这种社会治理功能不仅贯穿于公共管理者的社会治理活动中,而且还将以制度的形式获得稳固的保障。公共管理中,服务的精神是其基本的伦理精神。我们将以服务的基本精神建立起真正的道德制度,在这样的制度里,服务是一种普遍精神,服务的社会治理作用将在制度上并通过制度贯彻到公共管理的一切活动中。

◆ 本章重要概念

工具主义(instrumentalism)
公平与效率(equity and efficiency)
正义途径(justice approach)
服务价值(service value)
服务型社会治理模式(service-driven social governance model)

◆ 本章思考题

1. 如何认识传统公共行政研究的工具主义?
2. 公共管理研究价值视角的伦理意义是什么?
3. 如何理解公平与效率的辩证统一关系及其合题?
4. 如何理解服务价值是政府的最高价值?
5. 如何理解服务价值与正义途径的内在统一性?
6. 试论人类社会迄今为止的社会治理形态的历史转型。
7. 如何实现公共管理者价值观的自我完善?
8. 如何建立起基于服务价值的公共管理的道德制度?

本章推荐阅读书目

1. 张康之.行政伦理的观念与视野[M].北京:中国人民大学出版社,2008.
2. [美]罗纳德·德沃金.至上的美德:平等的理论与实践[M].冯克利,译.南京:江苏人民出版社,2003.

第三章

公共管理主体

——本章导言——

公共组织是对社会公共事务进行管理的主体,是公共管理活动的物质基础和力量源泉,一切公共管理活动和职能的发挥都是由公共组织来进行的。没有公共组织这一活动主体,公共管理活动就失去了具体的承担者和实施者。政府是典型的公共组织,它作为全体社会成员共同利益的代表,通过民主程序产生,具有合法性和强制性,负有承担公共服务的主要责任,是公共管理的主要组织依托。但随着社会生活的复杂化和多样化,社会公共事务也日益呈现多样性的特点,政府从来没有也不可能提供全部的公共产品和服务。为了有效弥补政府功能的不足,人们在政府之外组建了各种非政府公共组织,从政府那里获得授权进行公共管理,与政府一起提供公共产品和服务,维护社会公共利益。公共组织是由人组成的,公共管理者的技能和素质直接影响公共管理活动的有效实施。当今社会对公共管理者提出了更高的要求,公共管理者的角色更加复杂,责任更为重大,公民和社会对其期望值更高。本章主要阐述公共管理主体的基本类型,明确公共管理者的特殊角色,并分析成为一名卓越的公共管理者的条件。

第一节 作为核心主体的政府

一、公共管理的核心主体

公共管理是指以政府为核心的公共部门及其工作人员依法处理公共事务、提供公共产品和服务的管理活动。可见,实施公共管理的主体既包括以组织形式出现的公共组织,又包括以个体形式出现的公共管理者。现代政府作为全体社会成员共同利益的代表,通过民主程序产生,其权力得到社会公众认同,具有合法性和强制性。在社会生活中,政府负有承担公共服务的主要责任,旨在追求有效增进与公平分配社会公共利益的调控活动,可以说政府是公共管理的核心主体。

(一)政府的概念

英国思想家洛克认为,政府是人们自愿通过协议联合组成的共同体,共同体的权力属于其中的大多数人,政府就是代替大多数人行使权力的裁判者。法国思想家卢梭认为,政府就是在臣民与主权者之间所建立的一个中间体,以使两者得以互相适合,它负责执行法律并维护社会的以及政治的自由。① 卢梭的"中间体"和洛克的"共同体"相类似。他们都认为,在这个"中间体"或"共同体"里,一切权力属于人民,政府是权力的执行者。这种看法在西方一直比较流行。英国自由主义理论家密尔在《代议制政府》中,将政府称为"政府机器",这台机器包括立法、行政、司法等部分。他强调政府应该能够促进人们本身的美德和智慧,政府是人的劳作,政府需要人民最大限度的参与。据此,他认为,政府既是对人类精神起作用的巨大力量,又是为了公共事务的一套有组织的安排。②

中国古人称政府为宰相治理政务的处所。《资治通鉴》记载,唐玄宗天宝二年,"李林甫领吏部尚书,日在政府",《宋史·欧阳修传》说"其在政府,与韩琦同心辅政",说的都是同一意思。中国古代实行君主专制制度,皇帝之下设宰相或丞相,辅助皇帝处理政务和一切军国大事。皇帝集立法、行政、司法以及考试、监察等权力于一身,宰相就成了这些权力的主要执行者,因而所谓处理政务的处所,不仅是处理一般行政事务的地方,也是处理立法、司法等事务的地方。实际上,这既是一种统治机关,也是一种执行和管理机关。近现代的中国人对政府的定义有不同的理解。孙中山先生将国家权力分为民权和治权,民权包括选举、罢免、创制、复决四种权力,治权即政府权包括立法、行政、司法、考试、监察五种权力。这里的政府实际上变成了处理立法、行政、司法等事务的机关,同样兼有统治、执行和管理的含义。中国政治学开拓者邓初民认为,"由于国家权力的运用,必须发生一系列的立法、行政、司法的政治行为,要司掌这些行为,必须有立法、行政、司法等政府机关(中央政府和地方政府),设官分职,各司其事。这就是对政府明确之至的说明。那么,政府不过是执行政治任务、运用国家权力的一种机关罢了。"③ 以上两种说法含义相近,都认为政府是包揽立法、行政、司法事务的统治、执行与管理机关。

另外一些学者认为,政府有广义和狭义两种解释。广义的政府是指国家的立法机关、行政机关和司法机关等公共机关的总和,是国家进行阶级统治和社会管理的组织。其中,立法机关是行使立法权的国家机关,即有权审议、制定、修改和废止法律的国家机关;行政机关是负责制定和执行国家政策、管理国家内外事务的机关;司法机关是指代表国家行使司法权的国家机关。狭义的政府指国家政权机构中的行政机关,也就是广义政府中的行政机关,即一个国家政权体系中依据宪法和法律组建的行使行政权力、执行行政职能、管理国家公共事务的组织体系。

综上所述,中西方学者关于政府是国家的机器、工具和代理者的认识,关于政府是立法、行政、司法机关的综合的表述,关于政府是执行国家权力、管理公共事务的机关的观点,都值得参考。从多方面进行考察,在有阶级的社会里,政府应该是国家进行阶级统治、政治调控、权力执行和社会管理的机关,它理所当然地包括立法、行政、司法机构在内。作为国家机构的政府,一般具有权威的广泛性、成员的非自愿性、暴力的垄断性、权力的合法性等特性。具体来讲,第一,政府是国家统治社会的工具;第二,政府是国家机关的主要组成部分,国家通过政府实现对社会的统治;第三,政府组织有权支配和运用公共资源;第四,政府是公共组织的核心,政府组织提供的产品是公共物品;第五,政府是公共权力的行

---

① [法]卢梭.社会契约论[M].何兆武,译.北京:商务印书馆,1980:76.
② [英]密尔.代议制政府[M].汪瑄,译.北京:商务印书馆,1982:29.
③ 邓初民.新政治学大纲[M].北京:中国社会科学出版社,1984:110.

使者。

(二) 政府与国家、社会、政党的关系

政府是国家机器的主要组成部分,是阶级斗争的工具,是政党争夺的主要对象,因此,政府必然是与国家、社会、政党紧密联系在一起的。

从政府和国家的关系来说,国家是统治阶级和被统治阶级之对立的统一体。实际上,国家是阶级统治、阶级控制和阶级压迫的机器,而政府则是实施这种统治、控制和压迫的工具。统治阶级要通过政府把自己的意志转化为国家意志,要通过政府来行使国家权力。国家权力的运用,必然要产生一系列的立法、行政、司法的行为。而要从事这些行为,必须有立法、行政、司法等机关,设官分职,各司其事。这样,政府就成为陈述、表达和执行国家意志的全部立法、行政、司法的组织或制度。

从政府和政党的关系来说,政府是政党进行政治调控的枢纽,也是权力的执行机构。现代国家一般都实行政党政治,在实行多党制的国家,不管是执政党还是在野党,都力图通过议员、官员、利益集团、社会团体、社会舆论,以及立法、行政、司法等机构来进行政治调控,以调整社会各阶层的利益,达到社会的相对平衡。在一党执政的国家,执政党不仅通过自己的组织和成员,更重要的是通过立法、行政和司法机构,来贯彻执行自己的路线、方针和政策,并进行政治调控,以实现社会的稳定和发展。政党的这种政治调控作用,政党所掌握的权力,政党对国家政治和社会生活的领导,一般都是通过立法、行政和司法等政府机构来实现的。

从政府和社会的关系来说,政府是社会管理的总机关。社会事务纷繁复杂,千头万绪,范围广泛,涉及每一个人的利益,要管理好众多事务,必须有威严周密的法律,廉洁高效的行政管理,公正严肃的司法,否则就无法维护社会秩序。

二、政府的组织结构和体制

(一) 政府的组织结构

在我国,政府的组织结构即行政机关结构,是指在我国宪政体制下的行政机关结构体系。根据我国《宪法》和《地方各级人民政府组织法》规定,我国是一个单一制的国家,即只有一个中央人民政府、一部宪法、一套司法机关,地方行政机关要根据宪法和法律授权才能行使相应的权力。为了有效管理,我国《宪法》和《地方各级人民政府组织法》又将行政机关按照地区和职能进行分工,为此可将我国行政机关的结构分为纵向结构和横向结构两个方面。

1. 纵向结构

纵向结构,是指从中央政府机关到地方各级人民政府的层次结构。我国根据不同地区的特点,设立不同的纵向的结构形式,具体可分为以下三种:①二级制结构形式,即直辖市和区两级,这种设置是指在我国的四个直辖市中市区的行政组织结构;②三级制结构形式,即直辖市—区—乡镇,直辖市—县—乡镇,省、自治区—地级市—区,省、自治区—县、县级市—乡镇等;③四级制结构形式,即省、自治区—地级市—县—乡镇,省、自治区—地级市—区—乡镇,省、自治区—自治州—县、县级市—乡镇。

2. 横向结构

横向结构,是指同级行政组织之间和各行政组织构成之间分工协作的来往关系。政府组织横向分工的种类,一般有以下四种。①按业务性质分工。例如,财政、教育、外交、农业等业务性质均不同,就以此为基础,设置不同的单位。政府组织中绝大多数部门都是按照业务性质而设置的。②按管理程序分工。政府部门可分为咨询部门、决策部门、执行部门、信息部门和监督部门等。如各级政府的政策研究室就是咨询部门,各级政府的首脑机构是决策部门,统计局是信息部门,监察部是负责监督的部门。③按管理对象分工。如工业部、农业部、铁道部、交通部,均是按不同对象实行分部管理。④按地区分工。如我国公安系统按省、市、县、乡等区域分别设立相应部门,处理区域内相关事务。

(二) 政府组织体制

政府组织体制是指行政组织各层级、各部门之间行政关系的法制形态,其核心问题是行政权力的分配。政府组织体制主要有以下几种形式。

1. 委员制与首长制

委员制与首长制是组织中两种不同的高层次职权分配体制。委员制指的是组织中的最高决策权由一个由两名以上的人所组成的集体来行使。实行委员制有利于集思广益,可避免权力过于集中,并可激发下级人员的积极性。但如果运用不当,也可能出现成本较高、妥协折中、决策迟缓、职责分离等缺陷。首长制指的是最高决策权交由行政首长一人负责并承担全部领导责任的组织体制。首长制的特点是权力集中、责任明确、行动迅速、效率较高。但因行政首长个人的知识、经验局限性可能会出现决策失误;此外,如果行政权力落在不合适的人选手中,极有可能出现专制和滥用职权。从委员制和首长制的特点可知,这两种行政权力分配体制各有利弊,一般而言,委员制在作出决策方面所表现的优势是显而易见的,首长制则在执行决策的效率方面占绝对优势。因此,在具体的公共管理实践中,应该实行两者的结合,即行政重大决策的委员制和执行中的首长制。我国的政府组织体制是首长制。

2. 集权制与分权制

集权制与分权制是依据组织上下级职权的大小来划分的。集权制是指政府管理权限较多地集中在上级,对下级控制较多,例如下级的决策前后都要经过上级的审核,凡事都依据上级命令或秉承上级指示办理的组织体制。实行集权制有利于政令统一,集中力量,维护组织的整体利益;但过于集权不能有效调动下级工作的积极性,不能因地制宜,缺乏生机和活力。分权制是指行政组织中的下级机关在其管辖范围内有较大自主权,可以因地制宜自行解决问题、处理问题,上级对下级的控制较少,即对下级在权限范围内的事不加过多干涉的组织体制。实行分权制容易调动下级组织的积极性,克服权力集中的现象;但权力过于分散,会导致下级各自为政,中央控制不力,影响组织整体功能发挥。集权和分权是相对的概念,不存在绝对的集权和分权,合理的行政组织体制,就是结合集权制和分权制优势的体制。

3. 分级制与分职制

分级制是典型的层级结构,是指行政组织纵向结构的各个层级的工作性质相同,但有隶属关系,业务范围随层级下降而缩小的一种组织体制。层级制的优点是组织系统业务相通,便于沟通、领导,行动统一,事权集中。但如果层级节制过多,又缺乏专业分工,上级任务繁杂,则没有时间顾及组织的变革与发展。分职制是指根据不同的业务性质、职能而横向划分若干部门,每个部门所管业务内容不同,但所管范围大小基本相同的组织体制。分职制有利于集中技术人才和发挥技术优势,分工明确,有利于行政首长将注意力集中到组织的整体谋略方面。分职制的缺点是如果分工过细,会使部门主管过多,横向配合与协调发生困难。现代行政组织大都将分级制与分职制有机结合起来,以分级制作为基础,在每一个层级进行职能分工。

三、政府失败论的基本原理

(一)政府失败的表现与成因

从西方市场经济的理论与实践来看,市场缺陷及市场失灵被认为是政府干预的基本理由。用公共选择学派的代表者布坎南的话来说,市场可能失败的论调广泛地被认为是为政治和政府干预做辩护的证据。① 在市场经济体制条件下,社会资源的配置通过价格机制的作用来实现,但市场调节及价格机制发挥作用有一定的前提条件,而且市场本身也不是万能的,无法解决财富分配不公、垄断、外部负效应和失业等问题。因此,需要由政府来调节市场机制,弥补市场缺陷,纠正市场失灵。为此,政府在社会经济生活中扮演着公共物品提供者、负外部效应消除者、收入和财富再分配者、市场秩序维护者和宏观经济调控者等角色。然而,政府本身的行为也具有内在局限性,政府同样也会失败,市场解决不好的问题,政府也不一定能解决好,而且政府失败将给社会带来更大的灾难,造成更大的资源浪费。美国著名经济学家布坎南对政府干预行为的局限性的表现及其原因进行了较为深入的研究,主要集中在以下几个方面。

1. 公共决策失效

政府对经济生活干预的基本手段是制定和实施公共政策,以政策、法规及行政手段来弥补市场缺陷,纠正市场失灵。相对于市场决策而言,公共决策是一个更复杂的过程,具有相当程度的不确定性,存在诸多困难和制约因素,这使得政府难以制定并执行合理的公共政策,导致公共政策失效。在布坎南等人看来,公共政策失效的主要原因来自于公共决策过程本身的复杂性以及现有公共决策体制的缺陷。

(1)社会实际并不存在作为政府公共政策追求目标的所谓公共利益。肯尼思·阿罗(K. Arrow)在《社会选择与个人价值》一书中所提出的"阿罗不可能性定理"已证明了将个人偏好或利益加总为集体偏好或利益的内在困难。布坎南也指出,在公共决策或集体决策中,实际上并不存在根据公共利益进行选择的过程,而只存在各种特殊利益之间的"缔约"过程。

(2)现有的各种公共决策体制及方式(投票规则)的缺陷。被选出的代表由于其"经济人"特性而追求自身利益的最大化,而不是选民或公共利益的最大化,而选民却难以对其实施有效的监督;现有的投票规则或表决方式(如一致通过、过半数、相对多数、绝对多数、三分之二多数等)将出现多数人对少数人的强制;一致同意原则的决策成本太高,且容易贻误决策时机。

(3)决策信息的不完全。决策信息的获取总是困难且需要成本,选民和政治家所拥有的信息都是有限的,因而许多公共政策实际是在信息不完全的情况下作出的,容易导致

---

① [美]布坎南.自由、市场和国家[M].吴良健,桑伍,曾获,译.北京:北京经济学院出版社,1988:13.

决策失误。政治家和选民的"近视效应"也是导致公共决策失误的一个原因。由于政策效果的复杂性,大多数选民难以预测其对未来的影响,因而着眼于近期的影响,考虑目前利益。而政治家或官员由于受选举周期或任期的影响,为了显示政绩,谋求连任或晋升,有时也会迎合选民的短见,制定一些从长远看弊大于利的政策。

(4)政策执行上的障碍。政策可行性、执行机构、目标团体和环境是政策执行过程中所需要考虑的重大因素。这些因素中的任一方面或它们之间的配合出问题,都可能招致政策的失效。例如,政策执行依赖于强有力的执行组织及各部门或单位的密切配合,执行机构不健全,各部门不协调合作,执行人员不力,必将引起政策失效。又如,由于中央与地方分权,中央与地方利益的差别,地方政府有可能与中央政府讨价还价,力求从中央获得更多的利益,并导致"上有政策,下有对策"的现象发生。

2. 政府工作机构的低效率

政府工作机构的低效率是指政府机构执行政策和公共物品供给的效率不高,官僚主义作风严重。导致政府工作机构低效率的因素主要有以下几个方面。

(1)缺乏竞争机制。市场竞争迫使私营企业设法降低成本和提高效益,那些不以最高效率的方式来有效使用资源的企业最终将被淘汰出局。而政府部门垄断了公共物品的供给,没有竞争对手,即使它们低效率运作,仍能持续生存下去,这就有可能导致政府部门过分投资,生产出多于社会需要的公共物品,如不适当地扩大机构、增加雇员、提高薪金和办公费用,从而造成大量的浪费。

(2)政府机构及官员缺乏追求利润的动机。政府官员不能把利润占为己有,加上公共物品的成本与收益难以测定,所以,与企业经理不同,官员的目标并不是利润的最大化,而是机构及人员规模的最大化,以此增加自己的升迁机会和扩大自己的势力范围。也许某些公共部门的效率与私营企业一样高,但却存在另一种浪费,即提供公共物品的公共部门具有超额生产公共产品的内在倾向,这种"过剩"的产品或服务最终是以社会所付出的巨额成本为代价的,是一种社会浪费。

(3)监督机制的缺陷。政府官员的行为必须受到立法者、公民或选民的监督。但是现有的监督机制是不健全的,许多监督形式是软弱无力的。特别是监督信息的不对称使得对官员的监督徒有虚名。政府官员一般都是在信息不对称的环境中工作的,立法者和选民都缺少足够的必要信息来有效地监督公共机构及其官员的活动,官员(被监督者)比监督者(立法者和选民)拥有更多的关于公共物品及服务方面的信息,尤其是成本、价格方面的信息。这样,监督者完全可能受被监督者操纵,后者有可能制定并实施某些有利于自身利益而损害公共利益的公共政策。

3. 内部性与政府扩张

公共部门为了进行其内部管理,需要发展它们的标准或规则,用来评价全体成员,决定工资、提升和津贴,预算分配等。这些标准或规则即内部性。这些标准很接近"私人"的组织目标,内部性或组织目标是使机构中的全体成员发挥最大机构职能的重要因素。

由于政府机构缺乏利润作为评判的标准,政府至少将预算规模作为其主要的目标,即无论政府的工作量是增加还是减少(甚至无事可做),都希望官僚机构争取更多的预算收入,以获得各种好处。作为公共选择或公共决策执行机构的官僚机构及其官僚也是按"经济人"模式行事的,他们的目标是自身利益的最大化,追求的是升官、高薪和轻松的工作以及各种附加的福利。这可以通过扩大机构的规模及增加人员来实现。由于内部性的存在,政府机构运作的成本大大提高了,而其成本却普遍地加在公众(纳税者或消费者)身上。

4. 寻租

寻租是政府干预的副产品,指政府利用行政、法律手段来阻碍生产要素在不同产业之间自由流动、自由竞争,以维护和攫取既得利益。寻租活动的特点是利用各种合法或非法的手段(如游说、疏通、拉关系、走后门等)以获得各种资源的特权。寻租活动会导致政府失败,它使资源配置扭曲,或说它是资源无效配置的一个根源;寻租作为一种非生产性活动,并不增加任何新产品或新财富,只不过改变生产要素的产权关系,把更大一部分的社会财富装入私人腰包;寻租会导致不同政府部门及官员争权夺利,影响政府声誉和增加廉政成本;它妨碍公共政策的制定与执行过程,降低行政运转速度甚至危及政权稳定。

(二)政府失败的纠正及防范

通过对政府失败的表现及根源的分析,公共选择和政策分析学者得出的基本结论是:市场的缺陷或市场的失灵并不是把问题转交给政府去处理的充分条件,市场解决不好的问题,政府未必解决得好,甚至会把事情弄得更糟。应当如何纠正和防范政府失败以及避免非市场缺陷呢?公共选择和政策分析学者主要围绕改革公共决策体制及政治制度、改革赋税制度和引进竞争机制(用市场力量改进政府效率)三个方面来加以说明。

1. 改革公共决策体制及政治制度

公共选择理论对政府失败的分析,其逻辑的结果是必须通过社会制度的改革,约束和限制政府权力。布坎南设计的社会改造模式是,改革政治结构,创立一种新的政治技术,重建基本宪法规则,并通过新的宪法规则来约束政府的权力。布坎南等公共选择理论家认为,在目前已知的投票规则或公共决策方式中,多数投票法则并不是最佳的,因为它不考虑个人偏好的强度,实际上,这种多数制对政治权力的分配极不平均,只有利于积极性最高和组织得最好的少数人。于是他们提出要借助于"需求显示法"[①]来完善选举制度,因为"需求显示法"可以提供这样一种机制,使所有参与集体选择的个体都获得充分的激励,说出他对某一公共物品的真实需求状况,从而使投票者得到公共物品的数量与质量最大限度地接近投票者的实际偏好结构。因此,这种方法不仅可以大大提高制定集体决策的社会效率,而且还会加强为使政治决策权力分散化而活动的力量,进而制止政府不断扩张的倾向。

2. 改革财政制度以约束公共支出

政府扩张及浪费的集中表现是政府行政经费或公共开支的扩大趋势,增加机构和人员最终也体现为经费的增长。因此,要有效地抑制政府的扩张和浪费,必须在政府的财政过程上做文章,通过财政立宪、税制选择、平衡预算和税收支出的限制等措施来约束政府的财政过程尤其是公共开支,从根本上限制政府的行为框架,抑制政府的扩张。通过财政立宪,将税制在立宪阶段确定,其相对稳定性可以防止一些人联合起来利用税收政策剥削他人,扩大预算的可能性;通过平衡预算,并且以宪法的形式确保其实现,控制赤字,可以

---

① 需求显示法的原则是由公共选择的另一位创始人戈登·图洛克在《政治经济学报》(1976年12月)上发表的《作为社会选择的一种优越的新方法》一文中首次阐明的。

有效抑制政府部门的扩张和浪费;通过税制的选择,使税收结构的决策过程全面反映被赋予相同权利的个人的偏好和价值,使他们采取一种公正立场,支持公平合理的税收结构方案,抵制不合理的税收负担;通过税收支出的限制来防止政府的过度支出,抑制政府的扩张及浪费。

3. 用市场力量提高政府效率

公共选择和政策分析学者提出了如何用市场力量来改善政府功能、提高政府工作效率的各种具体措施。一是在行政管理体制内部重新建立竞争结构。政府不应该再像过去那样把各行政部门的活动范围规定得死死的,而是应该允许若干个"办事机构"在某些行政工作的分配问题上彼此展开竞争,这样,政府便可以对其各个行政部门的实际生产费用形成一个更加准确的概念,可以选择"报价最低"的机构,从而降低费用,缩小政府机构的平均规模。二是在高层行政管理者中恢复发挥个人积极性的制度,其作用与利润在私营部门中的作用相同。竞争可以在降低"生产费用"方面起作用,但它不能解决由于政府部门具有超额生产公共物品及服务倾向而产生的问题。因此,必须采取一些进一步的措施,促使行政领导人以"最小费用"的策略去取代"最大化本部门预算规模"的策略。这些措施有:在能够做出明细账目的公共部门中,采用最高负责人可以占有部分节约下来的费用的做法,而中层管理者的晋升与节约挂钩;在那些难以做准确分析账目的公共部门,可以根据高层官员的成绩发给特殊"奖金",以资鼓励;允许办事机构的负责人把其"结余资金"用于预算外活动的投资,这将进一步加强各部门的竞争。三是更经常地采用由私营企业承担公用事业的政策,即更多地依赖于市场机制来生产某些公共物品或提供公共服务。

(三)政府失败论对我国公共管理的启示

我国目前正处于由计划经济向市场经济的转轨时期,公共选择和政策分析学者所指出的政府失败现象,如公共政策失效、政府机构膨胀、效率低下、寻租行为在我国也是存在的,有的还相当严重。因此,公共选择和政策分析学者对于非市场缺陷以及政府失败问题的讨论,对于我们在社会主义市场经济的发展过程中,处理好政府与市场的关系,合理确定、发挥或转变好政府职能,完善宏观调控的机制及手段,避免政府失败具有一定的启发意义。①

第一,必须高度重视市场经济条件下政府干预行为的局限性及限度问题。既然政府在履行其职能、干预市场运行时并不总是能起到弥补市场缺陷或纠正市场失灵的作用,市场解决不好的问题,政府也不一定能解决好,那么在建立和完善社会主义市场经济体制的过程中,必须确定好政府干预的范围、内容、方式及干预的力度,在市场机制能较易起作用的地方,应尽量让市场发挥作用;政府应当引导、补充而非取代市场机制。

第二,必须随市场经济发展及经济体制变革,及时进行政治-行政体制改革(尤其是转变政府职能)。按照公共选择和政策分析学者的观点,经济过程与政治过程是相互联系的,政治制度是经济过程的内生变量。因此,为了使市场经济能更快地发展与运行,必须在转变政府职能的过程中,由直接微观的干预过渡到间接宏观的调控;在当前两种体制转

---

① 陈振明.公共管理学——一种不同于传统行政学的研究途径[M].北京:中国人民大学出版社,2003:223-224.

轨时期,要特别防止用计划经济的手段来管理市场经济。

第三,必须在政府机构中引入竞争机制,用市场的力量来改进政府的工作效率。例如,政府的某些活动如许可证、牌照的发放可以采用拍卖的方式;可将某些公共物品及服务的生产和供应委托给私人企业,或同一种物品及服务可由几个公共部门来提供(形成竞争);可以在政府机关内部确立节约成本、提高效益的激励机制。这些办法有助于克服或防止政府失败,提高政府工作效率,减少浪费。

第四,必须加强公共决策和政府管理的法制化建设。公共选择和政策分析学者强调立宪改革,注重宪法、法律和制度建设尤其是公共决策规则的改革。市场经济秩序的确立、运行必须靠制度来保证,政府的决策和管理活动也必须靠法律来规范。因此,在转轨时期,必须加强法制建设,重视制度规则的选择和创新,尤其是要将政府的公共决策和行政管理纳入法制化轨道,改善公共决策系统,提高公共政策质量;加强行政立法和行政执法,依法约束政府行为,将政府机构规模、人员及经费开支的数量以法律的形式固定下来,实现政府管理过程的程序化,提高依法行政水平。

第五,反腐败必须釜底抽薪,创新行政体制,从根本上消除腐败产生的条件。依照公共选择和政策分析学者的"寻租理论",行政权力对市场的干预和管制是寻租的根源。因此,抑制寻租及反腐败必须从制度或体制创新方面入手,这就要求我们在加快市场体制形成、推进经济体制改革和政治-行政体制改革的同时,形成一整套制约行政权力的行政法规和办事制度,建立起一个灵活、高效、廉洁的政府管理体制。

总之,西方公共选择和政策分析学者的非市场缺陷论或政府失败论为我们正确处理好政府与市场的关系、完善政府的干预行为、防止政府失败提供了某些有益的理论和方法,并提出了某些值得进一步研究的问题,这正是我们研究这一理论的意义之所在。最后必须强调的是,我们分析探讨非市场缺陷或政府失败问题,并不是要否定政府在市场经济中的必要作用,而仅仅是要指出政府行为的局限性,提醒人们确定好政府的干预行为的范围、内容、方式及力度,避免干预不当或过度干预所产生的政府失败现象,使政府更好地履行其社会经济职能。

第二节 非政府公共组织

一、非政府公共组织的内涵与特征

(一)非政府公共组织的内涵

"非政府公共组织"的用法在20世纪中期以后逐渐流行,各国在用词习惯以及对非政府公共组织范围的界定上有所差异,如联合国文件中通常使用"非政府组织"(non-government organization,缩写NGO);美国对非政府公共组织的管理体制基本依据税法,因而又称"免税组织"(tax-exempt organization);英国则遵照传统使用"志愿组织"(voluntary organization)。其他常用的还有"慈善组织"(charitable organization)、"公民社会组织"(civil society organization,缩写CSO)、"第三部门"(third sector)、非营利组织等称谓。其含义宽窄不一,但均是针对政府部门与企业部门之外的社会组织。中国官方通常采用"民间组织"一词。国际上有关非政府公共组织的定义也是种类繁多,其中比较有代表性的观点有以下几种。①

1. 法律上的定义

美国税法规定,免税组织必须符合三个条件:一是该机构的行动目标完全是为了从事慈善性、教育性、宗教性和科学性的事业,或者是为了达到该税法明文规定的其他目的;二是该机构的净收入不能用于使私人受惠;三是该机构所从事的主要活动不是为了影响立法,也不干预公开选举。在美国能够享受免税资格的组织便是非政府公共组织。

2. 依据组织的资金来源加以定义

联合国的国民经济核算体系将经济活动划分为五大类:金融机构、非金融企业、政府、非政府公共组织和家庭。非政府公共组织与其他四种社会组织的区别在于,非政府公共组织的大部分收入不是来自于以市场价格出售的商品和服务,而是来自其成员缴纳的会费和支持者的捐赠。如果一个组织一半以上的收入来自以市场价格销售的收入,那这个组织就是赢利部门;而资金主要依靠政府资助的组织就是政府部门。

3. 根据组织的"结构与运作"加以定义

这一定义是由美国约翰·霍布金斯大学非政府公共组织比较研究中心提出的,它主要着眼于组织的基本结构和运作方式。该定义认为凡符合以下五个条件的组织就是非政府公共组织。一是组织性。这一特性意味着有内部的规章制度,有负责人,有经常性活动。并且非政府公共组织应该有根据国家法律注册的合法身份,这样才能有契约权,并使组织的管理者能对组织的承诺负责。二是民间性。这是指非政府公共组织不是政府的一部分,也不是由政府官员主导的董事会基金。三是非利润分配性。非政府公共组织虽然可以赢利,但所得必须继续用于组织的使命,而不是在组织缔造者中进行分配。四是自治性。非政府公共组织能控制自己的活动,有不受外部控制的内部管理程序。五是志愿性。无论是实际开展活动,还是在管理组织的事务中均有显著程度的志愿参与。这一点特别体现在形成由志愿者组织的董事会和广泛使用志愿工作人员上。②

4. 根据组织的特征加以定义

非政府公共组织有五个特征:一是有服务大众的宗旨;二是有不以赢利为目的的组织结构;三是有一个不致令任何个人得以利己赢利的管理制度;四是本身具有合法免税地位;五是具有可提供捐赠人减免税的合法地位。凡符合这五个特征的组织一般被认为是非政府公共组织③。

这四种定义各有侧重。就第一和第二种定义而言,法律上的定义在一国之内十分准确,但由于各国法律大相径庭,无法用于比较研究;经济角度定义的缺陷则在于很难确定一个具体的比例,实际上,不同国家这一比例的差别非常大。第三种定义则不太适合中国的国情,如果按照这一定义进行划分,那么中国绝大多数的社会团体都会被排除在非政府公共组织之外,因为它们可能都不完全符合民间性、自治性,甚至志愿性的条件。并且欧洲一些国家和日本等国的很多非政府公共组织根据这一定义也将被排除在非政府公共组

---

① 王绍光. 多元与统一——第三部门国际比较研究[M]. 杭州:浙江人民大学出版社,1999:77-78.

② Salamon L,Anheier H. Global Civil Society:Dimensions of the Nonprofit Sector[M]. Maryland:The Johns Hopkins University Press,1999:2.

③ Wolf T. The Management of Nonprofit Organization[M]. New York:Prentice-Hall Press,1990:66.

织之外。事实上这一定义只是特别适合于美国,并不利于进行国际比较。

通过分析发现,在所有定义中第四种定义最具有包容性和国际性。它不但刻画了非政府公共组织的最主要的特征,并且能将不同国家的非政府公共组织都包容进去。根据第四种定义中的五个特征,非政府公共组织可以被定义为以增进社会公共利益、服务社会公众为宗旨,不以赢利为目的,主要开展各种志愿性的公益或互益活动的非政府的社会组织。

(二)非政府公共组织的基本特征

1. 正规性

非政府公共组织必须是合法注册的具有常规的组织机构和管理体制,并开展经常性活动的组织。非政府公共组织具有像公司一样的法律地位。这种地位使得非政府公共组织可对外以法人的身份订立合同,管理者不会因执行该组织的义务而使个人承担财务责任。

2. 非政府性

非政府公共组织必须是非政府的、私人的或民间的组织,在组织机构上与政府相分离,理事或董事会的成员不应由政府官员担任。非政府公共组织应当保持自己的独立决策权,不为政府所控制。

3. 非营利性

非政府公共组织不是不营利,如果不营利,组织就不能生存和发展,更谈不上履行职责或发挥作用。非政府公共组织的非营利性,是指不以利润为运营目标,更重要的是运营所得利润不能在组织内部分配,只能用于组织的进一步发展,投入符合宗旨的公益事业之中。这就是营利组织区别于非政府公共组织的根本标志。

4. 志愿性

从非政府公共组织的组成人员、组织体制以及活动方式上看,它的内在驱动力不是利润动机,也不是权力原则,而是以一种志愿精神为背景的利他主义和互助主义。非政府公共组织具有较高的道德基础,其参与者社会责任意识较强,不以物质回报为条件,这使得非政府公共组织在扶贫、环保、教育、维权、慈善、文化等许多领域取得政府和企业无法取得的成绩。同时,由于非政府公共组织的参与者本质上必须是志愿的,决定了非政府公共组织在组织上必须是自治的,成员间的关系是平等的和相互信任的,它的体系基本是开放的,它的运作公开透明、高效规范,这正是非政府公共组织独特的生命力和价值所在。

5. 组织目标的中立性

组织目标的中立性主要指非政府公共组织的非政治性。这也是我国发展非政府公共组织应该坚持的一个原则。非政府公共组织应该积极寻找服务空间,合理地确定自身的使命,确保在开展各种活动的时候充分发挥自身优势,而不介入国家政治事务。

二、非政府公共组织的类型

(一)国外非政府公共组织分类

从国外非政府公共组织来看,目前采用得较多的是按照组织收入的来源方式和管理方式进行分类。从收入来源看,如果组织收入的大部分来自外界公众的捐赠,则称为"赞助型"组织,如红十字会;如果组织通过销售产品或者服务来筹集大部分资金,则称为"商业型"组织,如医院。从管理的方式看,如果组织是由自己的顾客来进行管理,就称为"自理型"组织,如乡村俱乐部;如果组织成立专门的董事会,然后聘请总经理来管理,就称为"企业型"组织。在美国还有更简单的分类方法,即将非政府公共组织划分为会员制组织和非会员制组织两大类。

按照非政府公共组织承担的功能进行分类,主要分为:①宗教性组织,包括教会、教会的联合组织、协会,福音传道运动;②社会性组织,包括奉献俱乐部、友爱团体;③文化性组织,包括美术馆、博物馆、交响乐团、歌剧团、美术联盟、动物园;④学术性组织,包括私立中小学校、私立大学、研究机构;⑤保护性组织,包括同行业者联合会、工会;⑥政治性组织,包括政党、政治后援集团;⑦慈善性组织,包括私立福利团体、私立财团、慈善医院、老人院、看护中心;⑧社会运动组织,包括和平运动集团、家族计划推进组织、环境保护组织、人权运动组织、消费者运动组织、女权运动组织及犯罪扑灭运动组织。

(二)中国非政府公共组织分类

目前,我国还没有一个明确的非政府公共组织的分类标准,我们认为对我国非政府公共组织的分类可以直接参照现有的非政府公共组织管理法规来进行。我国在对非政府公共组织的管理与规范方面,已经制定了相应的规章制度,如《社会团体登记管理条例》、《民办非企业单位登记管理条例》、《基金会管理条例》。此外,非政府公共组织的行为受到其他有关法律的制约,如《中华人民共和国公益事业捐赠法》、《中华人民共和国民办教育促进法》等。根据现行的法规和组织的存在状况,我国非政府公共组织可划分为法定非政府公共组织、草根非政府公共组织和转型中非政府公共组织。

法定非政府公共组织是被政府认可、具有较严格的组织性质和较明确法律地位的非政府公共组织,根据国家民政部的规定,这类组织是具有社团法人、非营利法人地位的正式"民间组织",包括社会团体、基金会和民办非企业单位。由于登记管理法规中对这类组织设立的要求门槛较高,特别是需要业务主管单位和登记管理机关双重审批、双重管理的体制,使得纯粹民间自发的组织很难进入法律规范体系,因而获得法律认可的非政府公共组织大多是官办组织,尤其对于社团法人而言,许多虽然以民间组织为表现形式,但在资源获取、人事配置、行为作用等方面均与政府机构有着密切的关系。

草根非政府公共组织不具有被正式认可的民间组织的法人地位,但是在相当程度上具有非政府公共组织的核心特征,即非营利性、公益性、志愿性等,大多属于民间自发组建、因各种原因不能在民政部门获得法人资格的,被称为"草根"非政府公共组织。它们有着多种表现形态,一是作为某个单位的二级分支机构,不具有独立的法人资格;二是在工商部门登记获得企业法人资格,但开展公益性活动,并在各种非制度性的条件下获得税务部门的税收优惠认可;三是还有许多未登记的组织,如社区公益性组织、农民经济协作组织,以及其他游离于法律规定的组织体系之外自行活动的组织等。这些草根组织尽管在接受捐赠、开展活动等方面均受到法律地位的制约,有些组织的非营利性也难以度量,但其中仍然不乏非常活跃、体现真正非政府公共组织特性的代表,在社会公益事业中扮演着积极的角色。

转型中非政府公共组织是一类处于向非政府公共组织的转型过程之中,或者具有非政府公共组织的潜在特质的社会组织,如:转型中的事业单位,依据特定法律程序成立的村委会和居委会等社区自治组织,组织界限尚未划清的部门代管组织如业主委员会,在现代科技手段下出现的新型组织形式如网上社团,以及其他各种尚未经过注册登记开展活动的社会组织,如以筹备委员会等名义开展活动的组织等。这些组织的非营利性程度、公益性、志愿性程度不一,形态多样,大多处在变动过程之中,需要长期观察和区分对待。

三、当代中国的非政府公共组织

(一)中国非政府公共组织发展的现状

改革开放以来,中国非政府公共组织得到了长足的发展,我国经过合法程序登记注册的各级各类社团从1978年前的6000多家激增到1998年的16.5万家,各种形式的民办非企业单位则从无到有。① 它们在广泛的社会生活中日益扮演着不可替代的角色,发挥着独特的社会功能。其发展状况可从以下几个方面说明。②

1. 非政府公共组织类型多样

20世纪80年代以前,主要只有高度行政化的工青妇联、文联、工商联、科协等九大团体,而目前中国的全国性社团按照官方的分类标准(主体功能)可分为17类:产业部门、社会服务与社会福利、公共事物、信息与技术服务、卫生、体育、教育、文化艺术、新闻出版、科学技术、人文社会科学、环境能源、企业行业组织、职业组织、地区组织、个人联谊以及其他组织。而且,清华大学NGO研究所首次在全国范围内对中国非政府公共组织进行问卷调查和不同类型的个案研究结果显示,被调查的1508个非政府公共组织中,行业协会类非政府公共组织最多,比例高达22.3%;其次是社会服务类的非政府公共组织,比例为15.6%;第三是文化、艺术类的非政府公共组织,比例为1.55;而民办大学类非政府公共组织的比例最低,仅为0.1%。

2. 活动领域呈现多元化的格局

从调查结果看,中国非政府公共组织开展的活动一般都不局限于某一个领域,平均每个非政府公共组织的活动领域达4.15个之多,少数非政府公共组织开展的活动更是涉及十几个领域。其中,活动领域涉及社会服务和调查研究的非政府公共组织最多,分别占所有被调查非政府公共组织的44.63%和42.51%;其次,活动领域涉及行业协会、学会的非政府公共组织约占39.99%;而非政府公共组织较少涉及的活动领域是民办大学、民办中小学,比例仅为1.13%、1.99%。

3. 活动方式以信息宣传与教育为主

从调查结果看,中国非政府公共组织的活动方式主要是提供服务(59.4%)、交流(58.7%)、宣传(58.6%),以及培训、研修、训练(57.0%);其次是调查研究(46.4%);再次是收集资料、提供信息(41.0%),提供政策建议、提案(38.5%);而义演义卖活动(6.6%)、设置经营实体(7.2%)和进行商业性活动(7.4%)等方式最少。从这些数据中可以看出,非政府公共组织所起的主要作用在于提供信息、宣传与教育服务。事实上这也是非政府公共组织的特色和与政府、企业的差异所在。由于非政府公共组织掌握的资源非常有限,有的甚至完全依赖志愿者,因此它不可能像政府、企业一样以提供物质服务为主,而更多地以

---

①② 邓国胜.非营利组织评估[M].北京:社会科学文献出版社,2001:67,41-44.

提供信息、教育与宣传服务为主,例如,中国绝大多数自下而上的环保非政府公共组织,如自然之友、地球村都是以环保宣传、教育为主要的活动方式。

4. 活动范围以一个市、区、县范围内为主

从调查结果看,中国大多数非政府公共组织(68.7%)的活动范围在一个市、区、县范围内;有8%的非政府公共组织活动范围在两个或两个以上市、区、县范围之内;8.6%的非政府公共组织活动范围在一个省、自治区、直辖市范围之内;1.1%的非政府公共组织活动范围在两个或两个以上省范围之内;5.2%的非政府公共组织活动范围在中国内地;0.1%的非政府公共组织活动范围在港、澳、台地区;0.9%的非政府公共组织活动范围在港澳台与内地;0.1%的非政府公共组织活动范围在国外;5%的非政府公共组织活动范围在国内和国外;还有1.3%为其他类型;另有0.7%的非政府公共组织无回答。从被调查的非政府公共组织活动范围可以看出,中国非政府公共组织的活动范围以在一个市、区、县范围之内为主,而其他类型的非政府公共组织相对较少。这与中国社团登记管理条例对社团活动范围有严格限制有关。

5. 非政府公共组织产生的社会效益巨大

例如,中国青少年发展基金会"希望工程"的成功实施,直接为230多万贫困地区孩子提供了救助,修建了8000多所希望小学,为农村小学捐建1万套"希望书库"、2000套"三辰影库"少儿音像制品系列及配套录放设备,培训和表彰了6000余名乡村小学教师。爱德基金会16年间逐步在中国内地30个省(区、市)实施农村发展、医疗卫生、教育、社会福利、防盲治盲、特殊教育和救灾等项目,成效显著。中国妇女发展基金会在短短两年多时间内,集资1亿5千多万元,在西部地区修建水窖8万余口,小型供水工程近1000处,受益群众近78万余人。①

(二)我国非政府公共组织发展中存在的问题

尽管我国非政府公共组织近几年来得到了较大的发展,成为我国社会发展的重要力量之一,但是,当前我国非政府公共组织总体上水平还是很低的,也显得较为弱小,在发展过程中存在很多问题。

1. 缺乏独立性和自主活动能力

政社不分是中国非政府公共组织的最大特色,这里不但有政府部门不肯放权的缘故,也有社会团体先天依赖性的缘故。我国一部分社会团体是在政府机构改革中从政府系统中剥离出来或由政府自上而下等建的组织,可以说它们无论是在观念、组织、职能上,还在行为方式、工作作风上都具有很强的行政性质,作为政府附属机构发挥作用。还有一部分应社会需要自然产生的非政府公共组织也由于一些客观因素愿意主动挂靠政府机关,定行政级别,按行政级别确定福利待遇和隶属关系,主动放弃独立性和自主性。

2. 经费不足

在现今中国非政府公共组织中,无论是官办的、半官方的还是纯民间的,绝大部分都反映经费不足。非政府公共组织既没有政府的强制性和课税权,也不能通过经营活动获得丰厚利润,只能依靠社会捐助和政府拨款来开展活动。在我国,一方面民间捐赠能力较

---

① 以上多次提到的"调查结果"是指清华大学NGO研究所于1999年首次在全国范围内对中国非政府公共组织进行的问卷调查。

弱，另一方面非政府公共组织没有被纳入政府福利体系内。因此，只能靠较少的社会捐赠和收取的服务费和会费维持基本的运转，导致一部分的非政府公共组织因为资金缺乏而不能正常开展活动，有的甚至无法生存下去。据调查报告显示，几乎90%以上的非政府公共组织每年支出额在50万元以下，只有不到2%的非政府公共组织每年支出规模在100万以上。[①]

3. 专业能力不足

非政府公共组织的专业能力包括其活动能力、管理能力、创新能力和可持续发展能力等。中国的非政府公共组织一般来说规模比较小，资金筹措能力比较低，动员社会资源的能力也比较弱，加上组织管理不规范、不透明、不民主，又缺乏评估和社会监督，使得它们难以得到社会的广泛认同和普遍的社会公信，不能发挥应有的积极作用。能力不足的基本原因是人才不足，特别是具有创新能力的人才不足。在绝大多数自上而下的非政府公共组织中，基本的工作人员几乎都来自政府机构，其中有许多是从第一线退下来的离退休人员；在很多自下而上的非政府公共组织中，没有或几乎没有固定的人才渠道，定员和编制极为有限，主要依靠志愿者开展活动，因此普遍存在制度不健全、管理不科学、家长制等问题。中国现行人事制度上的壁垒限制了优秀人才进入非政府公共组织，使得非政府公共组织的发展后继堪忧。

4. 社会公信度不足

1998年我国非政府公共组织的资金来源中，政府财政拨款占53.55%，企业提供的资金占5.63%，公众捐赠的资金仅占2.18%，而在同期国外非政府公共组织的资金来源中，政府及公共部门占43%，私人收费占47%，民间捐赠占10%。[②] 而造成这种结果的最直接原因便是我国非政府公共组织诚信水平较低，公众对其缺乏信任感和认同感，因而不愿意进行捐赠。非政府公共组织的公信力不足一方面与整个社会诚信水平的降低有关，但其根本原因却在于组织自身发展的不完善。一是官办性质浓厚，中国公众往往将其作为第二政府对待；二是进行各种营利性质活动，一些组织打着非营利的幌子，挂靠在相关政府部门，利用政府的垄断特权以及非政府公共组织的免税特权，大肆谋取钱财，进行营利性经营活动；三是管理混乱，我国相当多的非政府公共组织的组织结构、管理体制、决策程序、财务制度、监督机制、自律机制等都不健全，人员老化，财务混乱，挪用资金情况严重，资金的利用效率较低；四是资金监管不到位，非法侵占和贪污现象严重，少数行为恶劣的非政府公共组织的存在影响了整体非政府公共组织的社会公信度，使社会对非政府公共组织的认可度下降，社会捐赠和志愿者减少。

（三）推进我国非政府公共组织发展的对策

我国非政府公共组织发展中存在的上述问题相当程度上与政府基本政策实施和法律不完善有关，迫切需要采取措施来规范政府与非政府公共组织的关系。

1. 政府要理顺与非政府公共组织的关系

虽然多年的政治体制改革使我国公民的结社自由有了实质性的发展，政府也越来越

---

① 王名.中国NGO研究2001——以个案为中心[M].北京：联合国区域发展中心，清华大学NGO组织研究所，2001：29.
② 文军，王世军.非营利组织与中国社会发展[M].贵阳：贵州人民出版社，2004：347.

开放,但不可否认的是,"一元化"的治理理念仍是政府治理的主导理念。大多数政治官员认为政府是公共事务管理的唯一主体,非政府公共组织不具有管理公共事务的资格,对非政府公共组织的独立性没有给予充分的尊重,认为非政府公共组织的强大会削弱党的执政地位和政府对社会的控制力,造成社会不稳定并增加管理难度,把对非政府公共组织的干预控制看成是理所当然的事。在这种执政理念指导下,政府制定的与非政府公共组织有关的政策和制度安排自然不利于非政府公共组织的发展。因此政府要转变观念,认识到"小政府、大社会"是社会现代化的一个根本特征。随着我国市场经济和民主政治的发展,以及政企分开和政社的剥离,政府会逐渐退出私营领域和社会领域以还权于社会,非政府公共组织的活动空间会不断得到扩展,其自治权力的制度化和规范化是不可阻挡的。政府与现有的非政府公共组织有着千丝万缕的联系。它一方面可以提高非政府公共组织的公信度,但在另一方面却又严重地阻碍了非政府公共组织的发展。它使非政府公共组织在观念、组织、职能、活动方式、管理体制等方面严重依赖于政府,甚至成为政府的附属机构。其实,非政府公共组织在很多方面可以成为政府部门的助手和伙伴。政府部门与非政府公共组织的合作将会提高社会的福利水平,所以不应该把非政府公共组织看做是政府的"对立者"或"代理人"。政府应该强化其行政职能,而弱化其经济和社会职能,把以前所管理的许多生产、经营、民事和文化、艺术和学术领域中的经济和社会职能转交给非政府公共组织,而政府主要发挥其在社会经济生活各个方面的行政职能。

□ 2. 改革非政府公共组织的"双重管理体制"

"双重许可主义"使民间组织在登记注册时必须经过业务主管部门和登记注册部门"初审"、"复审"两次实质审查,任何一方不同意社团组织都不能成立。这种程序设置不仅无形中增加了社团组织的设立成本,而且使社团组织的申请登记时间延长、程序更加复杂,不利于非政府公共组织的产生。一方面,应降低非政府公共组织的准入标准,简化设立程序,通过优惠税制激励非政府公共组织的发展。"结社自由"是每个公民的基本政治权利。我国现行法律对社团组织成立时设定的"注册资金"、"人数规模"的标准过高,实际上不利于许多规模较小、具有积极作用的民间组织登记成为合法组织。在现有法律规定基础之上,政府应相应降低社团组织、民办非企业单位成立时的"注册资金"、"人数规模"标准。对于一些经济欠发达地区的民间组织,政府应根据当地经济发展水平制定相应的"注册资金"标准,以确保当地普通民众自行组织社会团体的基本权利。另一方面,政府应改"多头管理"体制为"单头管理"体制。登记注册机关负责非政府公共组织的登记、清算、解散的决定,业务主管部门负责非政府公共组织的许可和业务上的监督检查,两者是"分工合作"的关系,双方没有职责及业务上的重复。业务主管部门也应逐渐从直接管理活动中退出来,由对个别单位实施"直接管理"转向对该领域实行"行业管理",通过法律、税收政策等经济手段对其进行"宏观调控",把微观管理的权限交还给非政府公共组织,以促进非政府公共组织根据实际情况更好地满足其客户的需要。

□ 3. 在竞争中促进非政府公共组织的发展

非政府公共组织向社会提供的是非垄断性公共物品,这意味着它不应该居于垄断的地位。然而,现行有关法规规定,在同一行政区域内一般不允许成立业务范围相同或者相似的社会团体和民办非企业单位。这样就限制了非政府公共组织在相同或相似业务范围内的发展,人为造成垄断的局面。政府应打破限制非政府公共组织竞争的现行法律规定,在社会需求较大的地方应该允许成立业务范围相同或相似的社会团体,以促进组织竞争,提升服务质量,从而使社会受益。现在,非政府公共组织经费不足和能力不足已成为相当普遍和严重的问题。问题产生的原因是多方面的,但缺乏竞争是其中一个主要原因。由于缺乏竞争,非政府公共组织往往不思进取,也没有不断改进管理、提高服务水平的动力;管理和服务跟不上,影响力必然降低,导致资源萎缩,也留不住人才;经费和人才不足,自然无法展开正常活动,这实际上形成了一种不良的循环。因此,有必要解除限制,打破垄断局面,强化竞争,至少一些领域内的非政府公共组织,如为各种经济主体提供协调性服务的行业协会等,可以尝试这样做。允许在同一区、同一业务领域内成立两个或多个非政府公共组织,在它们之间展开竞争,把选择非政府公共组织的权力交给社会,由社会来评价非政府公共组织的业绩,由业绩决定其命运,在竞争中实现优胜劣汰,适者生存,培育有竞争力的非政府公共组织。这样,非政府公共组织可以对社会需求作出迅速反应,提供令人满意的社会服务以实现组织的长足发展。

4. 建立有利于非政府公共组织发展的法制环境

目前,我国对非政府公共组织的外部监督主要依托于不完善、不健全的法规框架,管理漏洞不小。首先,我国有关非政府公共组织的法律法规大多属于行政立法或部门规定,其权威性不强;其次,相关的法规大多属于程序法而非实体法,其运作缺乏规范性,既不利于政府对非政府公共组织的统一管理,也不利于社会建立对非政府公共组织的信任及监督机制;再次,有关法规缺乏针对性和独立性,除了其"合法性"规定以外,对非政府公共组织没有提出具体要求,致使监督无法可依。而且非政府公共组织以推进社会公益为组织的宗旨,但是由于某种个人、集团利益的驱动,虽然有着相同的价值导向与道德支持,但如果没有强有力的法律制度进行规范,不加强立法,则难以保证其有序地展开公益活动。非政府公共组织的法制环境对非政府公共组织的生存和发展来说是至关重要的。法制环境包括各种有关的法律、法规,如涉及非政府公共组织的登记注册的程序、主管非政府公共组织的官员与部门的监督、非政府公共组织活动的财会审计制度,以及涉及非政府公共组织的税收待遇等。因此,应该尽快健全有关非政府公共组织的条例和法规,完善监督体制,加强对非政府公共组织立法的研究,加紧制定、完善相关法规,形成配套的、不同层级、不同部类的法律体系。根据实际情况,对非政府公共组织获得的捐赠和合法收入给予不同程度的减免税待遇。此外,要探索既有利于非政府公共组织健康发展又不抑制非政府公共组织创新能力的监督体制,放宽对非政府公共组织的登记控制,加强对服务机构运作过程的管理,形成法律监督、社会监督的规范的社会发展环境。

第三节 公共管理者

一、公共管理者的角色

(一) 作为公共管理者的前提和基础

公共组织是由人组成的,实施公共管理活动最终要靠以个体出现的公共管理者。公共管理者是经法定程序进入政府或其他非政府公共组织,受国家和公民委托,行使公权力,负责运用资源,从事公务管理的公职人员。公共管理者不仅仅限于政府的公务员,还应该包括政府雇员、第三部门的工作人员以及其他掌管公共资源、协调或者指挥公共事务的人。任何公共管理者要有效地发挥作用,其前提和基础是必须具有相应的职位、职权和职责,并实现三者的有机统一。

1. 职位

职位是公共管理者实施领导行为的基础。首先,职位是个人在公共组织中正式权力的象征,正如古人所说:"不在其位,不谋其政。"其次,职位是职权和职责的载体,没有行政职位,就不能行使行政职权,也不负行政责任。再次,职位是个人在公共组织中法定地位的标志,一般来说,职位高的人比职位低的人地位高。职位具有合法性和非人格化的特点。所谓合法性,是指职位的设置必须按照严格的程序,依法设置;职位的取得必须是组织授予的,因而担任职位的人在组织中拥有合法的权力和地位。所谓非人格化,是指职位是特定的工作岗位,同一职位在不同时期可由不同的人来担任,"人走位不移"。

2. 职权

职权是由行政职位所赋予的,具有法律效力。一般来讲,公共管理者所拥有的职权包括三个方面:"人权",即选人用人权;"事权",即行政决策权、组织协调权、监督控制权;"财权",即财产支配权等。职权是公共管理者实施领导行为的条件。为了使公共管理者能够履行其职责,完成其任务,必须赋予他们相应的支配权。否则,领导便无从谈起。值得注意的是,公共管理者拥有职权的大小,要受到所处的管理层次、职位的高低和所担负的责任轻重的制约。离开上述条件,无限制扩大和使用职权,必然造成权力的滥用。相反,离开上述条件,任意缩小职权,又会造成失职现象。职权也具有合法性和非人格化的特点。职权来源于职位而不是人,它既不是他人的恩赐,也不是与生俱来的;既不能随个人终身而存在,也不能像个人私有物那样继承和转让。

3. 职责

职责是指行政领导担任某种职位,行使某种职权时所应承担的责任和义务。职责既包括在工作上应承担的行政责任,也包括在法律上应承担的法律责任。职责是公共管理者实施行政行为的依据。首先,职责意味着承诺。公共管理者只要担任了某一职位,行使某一职权,便意味着必须负起相应的责任。其次,职责意味着责任。公共管理者必须对职权范围内的事情负责,必须在职责的约束下慎重处事。再次,职责意味着评价尺度。职责为评价公共管理者的活动效益和政绩树起了客观的标尺。

从上述可以看出,公共管理者的职位、职权和职责三者之间紧密相连,相辅相成,构成了公共管理者发挥作用的前提和基础。其中行政职位及由此产生的职权是必要前提,而职责则是本质和核心。

(二)作为公共管理者的特殊角色

管理者应该扮演什么角色,应该做什么和如何做,一直是管理学界探讨和研究的问题。法国管理学家法约尔认为,管理者应扮演计划者、组织者、指挥者、协调者和控制者的角色。美国哈佛大学教授明兹伯格认为,管理者要扮演三方面工作中的十种角色。一是人际关系方面的工作,包括三种角色:挂名首脑、领导者和联络者;二是信息情报方面的工作,包括三种角色:监听者、传播者和发言人;三是决策方面的工作,包括以下四个角色:企业家、故障排除者、资源分配者和谈判者。以奎恩为代表的一群学者对管理行为进行了广泛的实证研究,界定了八种看似相互矛盾又必须兼顾的管理角色,主要包括:导师、促进者、监督者、协调者、指导者、生产者、掮客、革新者。

上述对一般管理者角色的描述在多大程度上与如今的公共管理者的思想、情感和作用相符合呢?公共管理者和一般管理者的角色和职责肯定有许多相吻合之处,因为无论公共管理和私人管理都会涉及对一个组织拥有的资源——人力资源、财政资源、物质资源、信息资源——进行规划、组织和协调,以有效的方法去实现组织目标。然而,管理工作的一个最显著的特征在于其环境适应性,即管理者不断依据环境的变化来调整自己的价值、角色和行为。公共管理的多元性、政治性以及公共性这些特质,也决定了公共管理者承担着与一般管理者不同的角色。①

1. 执行与捍卫宪法的角色

公共管理者在就职时已宣誓要护宪及行宪,行宪的预期目标是营造一个稳定且有效运作的政治体系,而终极目标则是增加机会、促进平等,以及持续地改进和提升全民的生活品质。这是公共管理者的天职。

2. 人民受托者的角色

公共管理者受人民的托付,在治理过程中扮演正当与重要的角色,不能屈服于强烈短视的压力,应考虑长远的全民利益。公共管理者要不惧强权,更不能妄自菲薄,只把自己当成工具,而应以追求公共利益为职责。

3. 贤明少数的角色

公共管理者要能做到众人皆醉我独醒,不可人云亦云,要扮演贤明的少数,而不是随波逐流追求时尚的"喧嚷的多数"或有权的少数,他们有责任通过吸引民众参与公共事务,使贤明的少数变成多数。

4. 平衡者的角色

公共管理者必须对外在环境有回应或有反应,但绝不是像地震仪一样忠实地从事刺激反应的记录,或像忠诚的仆人一样只听命行事,也不能只是很有技巧地在各种利益集团间躲闪、求存。公共管理者要肩负专业责任,也就是要以维持公共利益及宪政运作为职志,以其合法权力及专业判断在治理过程中的各种势力中,扮演平衡者的角色。

5. 分析者和教育者的角色

公共管理者应该或必须能够有意识地了解自己决策的价值体系与假定,为自己的所作所为提出合理说明并尽量将人民纳入治理过程。公共管理者应扮演分析者与教育者的角色,以增加民选领导、民意代表、所有在治理过程中的参与者,乃至一般民众对公共事务的了解,并向他们灌输公共利益的观念。

二、公共管理者的素质

公共管理者要能扮演好其角色,成为高效的管理者,就必须具备良好的素质。公共管理者的素质,是指作为个体的公共管理者在一定的时空条件下,履行其职责时应具备的内在品质,是公共管理者在先天禀赋的生理基础上,主要通过后天学习、实践所形成的品德、

---

① 张成福,党秀云.公共管理学[M].北京:中国人民大学出版社,2001:28.

知识、能力、身心等各种条件和因素的综合体现。根据目前行政管理工作的特点,我们认为,各级公共管理者应具有以下基本素质。

(一)政治素质

1. 忠于政府,服务公众

公共管理者不同于一般的管理人员,他们是国家大政方针的决策者和执行者,他们处于特殊的地位,肩负特别的重任。他们能否忠于国家和政府,能否为公众服务,直接关系到国家政权的合法性,直接影响到国家的长治久安和整个社会的进步发展。报效国家,忠于政府,服务人民,是公共管理者所必须具备的首要的政治素质。

2. 为民谋利,公利至上

公共管理者是国家和人民利益的代表者和代言人,必须全心全意为国家和人民的利益服务,在公务活动中,始终牢记人民的利益高于一切,决不能谋求私利,更不能以权谋私。虽然公共管理者也有自己的利益追求,但必须是合法的,决不能损害公共利益。如果公共管理者丧失正确的政治立场,把人民的利益抛在一边,置公共利益于不顾,就会把公共事业引入歧途。

3. 公正廉洁,勤政为民

公共管理者手里掌握着一定的公共权力,必须正确看待和使用权力,始终保持权力的公共性、公正性和纯洁性,决不能把权力当成私有财产或者达到个人目的的工具。公共管理者要自我约束权力的使用,规范权力的行使,科学合理地使用权力,坚决反对和制止权力特殊化、权力私有化、权力市侩化,坚决反对和防止权力崇拜,绝对保证权力的公共性和人民性。

(二)知识素质

知识素质是指公共管理者做好本职工作所必须具备的基础知识与专业知识,它是公共管理者做好工作的基础条件。

1. 广泛涉猎科学知识

公共管理者往往在一个地方、一个部门、一个单位处于中枢或重要地位,需要处理和认识的问题包罗万象,涉及各个领域,工作任务的综合性和多样性,要求知识的广泛化和博通化。为此,公共管理者应广泛涉猎政治学、经济学、法学、社会学、历史学以及系统学、信息学、生态学、电子计算机应用等多方面的应用知识和技术知识,并能灵活地运用这些知识开阔视野、启迪思维、大胆创新、开拓局面。

2. 掌握管理科学知识

公共管理者的主要职责是管理,因而必须成为管理人才,要努力学习和掌握管理科学知识,包括现代管理学、组织行为学、领导学、决策学、管理心理学等。不仅要掌握这些管理学科的基本理论,而且要学会娴熟地运用这些学科所提供的各种方法、技术和技巧,解决实际工作问题,搞好领导工作。

3. 精通专门业务知识

公共管理者应对自己负责的业务范围内的有关专业知识和理论有深入的钻研和掌握,精通业务活动的主要内容、前沿水平和发展趋势,尽可能成为内行。只有内行,才能准确鉴别、正确评判、科学决断、高效工作。

(三) 能力素质

能力素质是公共管理者素质的核心,它是公共管理者履行职责、实施管理的基础,是公共管理者能否做好工作的关键。

1. 沟通能力

沟通是管理的基础,也是公共管理者的一项基本的能力。未来竞争将是管理的竞争,竞争的焦点在于每个社会组织内部成员之间及其与外部组织的有效沟通。可以毫不夸张地说,没有沟通,公共管理活动就无法进行。沟通的能力包括许多方面,比如表达能力、积极倾听、重视反馈、控制情绪等。

2. 科学决策能力

科学决策是公共管理者的一个重要任务,是实现科学有效管理的基础环节。作为公共管理者,首先要强化信息意识,注重信息的收集、沟通、分析、交流、运用。其次,公共管理者要善于正确发挥专家、学者在决策中的作用。再次,要深谋远虑、决胜未来,要有科学的预见能力,具有前瞻力,能够未雨绸缪,防微杜渐。最后,要勇于创新。作为管理者应该充分发挥主观能动性,发挥科学的预见性和创造性能力,积极创新。

3. 组织指挥能力

公共管理者的组织指挥能力主要表现在管理者善于应用组织力量,能够把各种不同才能的人合理恰当地整合在一起,形成一个配合默契、团结向上的有机整体。公共管理者的组织指挥能力集中表现在以下几个方面:一是善于设计并建立合理高效的组织和规范,建立一个简洁高效、科学合理的组织指挥系统;二是善于制定周密合理的计划,把组织各方面的工作安排得井井有条;三是善于通过组织和规范进行综合协调,合理有效地组织运用人力、物力、财力,最大限度地发挥组织的功能和作用;四是要运用组织及其规范,监督决策的实施,及时地发现问题、解决问题,对组织进行有效的监督控制。

4. 创新能力

公共管理者的创新能力主要表现在善于敏锐地洞察旧事物的缺陷,准确地捕捉新事物的萌芽,提出大胆新颖的设想(即创意),继而进行周密的论证,拿出可行的方案来付诸实施。随着科学技术的迅猛发展,当今世界变化非常迅速,因而,公共管理者必须具有应变创新的能力,思维活跃,富有胆识,不迷信权威,不崇拜偶像,不为过时的老观念、老框框所束缚,善于捕捉信息,不断提出新观念,想出新办法,创出新水平,走出新路子,在工作中能够不断地有所发现,有所突破,有所革新。

(四) 身心素质

身心素质是公共管理者必不可少的重要的基础性素质。管理工作是一项高强度的社会活动,是具有高度综合性的复杂劳动,公共管理者决策、组织、领导、指挥、协调、监督、控制等工作都需要大量的体力与脑力,没有良好的身体和心理素质,就难以胜任超负荷的工作,就不可能完成管理任务。身体素质是公共管理者素质的物质基础、物质载体、物质依托、生理依据,是公共管理者全部素质的物质平台。身体素质的质量、状况直接影响着其他管理素质的质量、效能和价值。担负繁重的行政领导工作,要求公共管理者要有开朗健全的性格和乐观向上的心理环境,对工作充满信心,有强烈的事业心、责任感、荣誉感和成就感,能正常发挥自己的思维、智力、能力和创造性;没有心理障碍,成绩面前不沾沾自喜,挫折面前不灰心丧气。在处理人际关系时，头脑冷静，和蔼可亲，能够主动为他人着想，使人感到亲切、温暖和友好；能团结同志，特别是团结反对过自己并被证明反对错了的人；能够荐贤举能，不怕别人超过自己，做到在任何情况下，保持心理平衡。

三、追求卓越的公共管理者

（一）卓越的公共管理者的基本特质

对于一个公共管理者而言，成为一名卓越的公共管理者是非常重要的。卓越的公共管理者必须具备以下基本特质。

1. 崇尚进取创新、奉献协作精神

在工作中崇尚两种精神：一是进取创新精神，不满足现状，勇于开拓进取，从实际出发，勇于探索，善于革故鼎新，适应社会发展；二是奉献协作精神，为组织的发展有献身精神，不计较个人得失，任劳任怨。在工作过程中，注意去发现学习他人的优点，查找纠正自己的缺点，识大体，顾大局，真正做到思想上同心，目标上同向，行动上同步，事业上同干，大事讲原则，小事讲风格，同心同德，携手共进。

2. 善于学习，不断提高自身素质

学习可以让人聪明。分析新情况，解决新问题，掌握新知识，既是新的实践过程，也是新的学习过程。不加强学习，自我素质就得不到提高，工作会处于盲目被动状态，就不能取得工作的主动权。为此，卓越的公共管理者必须具备相当丰富的知识并乐于学习，同时愿意与他人分享知识，并有一些工作之外的生活乐趣。同时，公共管理者必须具有创造力，创造力可能源于与问题无关的想法与概念，而这些想法与概念最后皆能运用于解决问题。

3. 勤政为民，树立民本意识

百姓无小事，每一个公共管理者，无论职务高低，从事何种工作，都是人民的公仆，都是为人民服务的，都要把老百姓当成衣食父母，牢固树立为民办实事的思想，立足岗位，踏踏实实、勤勤恳恳地工作。要说实话、办实事、求实效，不搞浮夸虚报，不做表面文章，不推诿扯皮、敷衍塞责。同时，公共管理者应具有清晰的个人与政策价值，并将其运用于公共管理上，使其拥有远大的目光和开阔的胸怀。在制定政策时，亦能够超越自我利益，甚至于组织利益，以整个社会或国家的利益为着眼点。

4. 善于分析与思考，突出重点

现代公共管理强调分析，尤其是价值、判断、直觉、经验的分析思考与分析工具的整合。每个部门在每个时期和每个阶段都有自己的工作重点，抓住了重点，就抓住了工作主线，事情就成功了一半。所以公共管理者要善于分析与思考，思路清晰，先干什么，后干什么，重点干什么，附带干什么，都要有一个基本的安排。只有突出重点，分清主次，各项工作才能顺利进行。同时，卓越的公共管理者最好具有在不同部门甚至不同机关的工作经验，这样，就可以在管理中充分了解和掌握各个部门的工作性质，在决策中全盘考虑。

（二）做一个追求卓越的公共管理者

1. 要具有企业家的进取精神和冒险精神

公共管理的有效性包含着企业家精神这一核心概念，具有企业家精神的公共管理者，有创新和冒险精神,有积极主动推动工作前进的能力,能够通过战略性思考和行动来追求有计划的目标,并且克服各种困难和障碍,以保证公共管理工作取得成效。当然,公共部门管理不同于私营部门管理,公共企业家精神也不同于私营企业家精神,因此,公共管理者必须理解两者之间的差异并学会在公共部门的约束条件下运作,这样才能取得良好效果。

2. 要善于理解组织环境并有很强的环境适应能力

最好的管理者是那些善于理解组织环境的人,他们能够解读和预测组织行为对组织环境的影响,能够准确把握组织环境对组织行为的约束和影响,预测因环境变化而引起的政策方向的改变,感悟组织所面临的重大问题,发现发展机会,并根据组织和社会公众对组织的要求,研究确定组织所要进入的项目领域。他们能比较清楚地了解公共机构运作的限制因素以及这些限制因素存在的原因,并能通过各种途径获得政治支持和其他各种可供利用的资源。

3. 要善于凝聚人心和激发调动人的积极性

在知识经济和信息社会中,人力资源是第一资源。公共管理者要想提高工作的质量和效率,必须高度重视人力资源的开发利用。卓越的公共管理者必须具备相当丰富的知识、经验和很强的工作能力与创造能力,并且善于与人相处和合作,在群众中有威信和号召力,能够凝聚人心,形成合力。公共管理者要为组织成员创造愿景,促进大家理解,争取达成共识,以此调动大家的能量,聚合大家的努力,应对环境的挑战和要求。

4. 要学习采用新的管理方式并不断总结提高

随着科学技术特别是信息技术的发展与应用,公共管理将面临许多新的机遇与挑战。公共管理者要不断创新、设计和应用新的管理系统,寻找管理和控制的新路径,运用远程管理的技巧,利用人工智能开发新的产品与服务,发展组织成员的共有价值,以此来提高公共管理的适应性和管理的效率、效能。公共管理者要善于学习、实践,并从自己成功或失败的经验教训中不断总结提高。

◆ 本章重要概念

政府(government)
行政体制(the administrative system)
非政府公共组织(non-government organization)
公共管理者的角色(the role of public managers)

◆ 本章思考题

1. 应如何理解政府的概念?
2. 我国政府组织体制的基本类型有哪些?
3. 政府失败现象的表现与成因是什么?
4. 非政府公共组织的特征有哪些?

5. 我国非政府公共组织存在什么问题?
6. 中国政府应采取什么措施推动非政府公共组织发展?
7. 在民主政体中,公共管理者应该扮演什么样的角色?
8. 如何成为一名卓越的公共管理者?

本章推荐阅读书目

1. [美]查尔斯·沃尔夫. 市场与政府:权衡两种不完善的选择[M]. 陆俊,谢旭,译. 北京:中国发展出版社,1994.
2. [美]布坎南. 自由、市场和国家[M]. 吴良健,桑伍,曾获,译. 北京:北京经济学院出版社,1988.

第四章
公共管理权力与责任

——本章导言——

公共管理权力是公共管理者或公共组织影响其他个体或组织的能力。在传统社会,公共管理权力来源于最高统治者的授权,带有"权治"的特征。在现代社会,公共管理主体需要通过法律或上级的授权的途径获得公共管理权力,这是公共组织活动得以顺利进行的必要条件。公共管理权力的行使,是与公共责任和法律规范联系在一起的,这使得公共管理权力在运用过程中,必须遵循法律的规范和规则,对公共利益的实现和权力的授予者负责。公共管理权力的强制约束力和合法权威性,使得公共管理权力较其他权力影响力更大、影响范围更广,一旦失去监控而被滥用,必然对公共利益造成较大危害。因此,授予公共组织权力,必须课以相应的责任,建立和优化相应的问责制度和监控体系,以期对政府和非政府公共组织的公共责任落实进行监督,对公共管理权力的行使进行约束和监控。

■ 第一节 公共管理权力

■ 一、公共管理权力的形成

权力是保障组织职能得以实现的必要条件和资本,因此,研究公共管理不能不涉及对权力的研究。根据研究者不同的学术背景和分析理解问题的独特视角,对权力内涵的界定各有不同。在汉语中"权"原指测定物体重量的器具,后引申为动词,有衡量、揣度之意。现在把权力引申为一个人依据自身的需要影响乃至支配他人的一种力量。在西方,马克斯·韦伯认为,任何形式的组织里面都有权力现象,在他看来,权力是一个人或一些人在某一社会活动中,甚至是在不顾其他参与这种行动的人进行抵抗的情况下实现自己意志的可能性。托马斯·霍布斯认为权力是获得未来任何明显利益的当前手段。[①] 而对伯特兰·罗素来说,权力可以定义为有意努力的结果。[②] 丹尼斯·朗认为,权力是某些人对他人产生预期效果的能力。[③] 克特·巴克认为,权力是在个人或集团的双方或多方之间发生利益冲突或价值冲突的形势中执行强制力的控制。《大不列颠百科全书》把权力定义为,

---

①③ [美]丹尼斯·朗.权力论[M].陆震纶,郑明哲,译.北京:中国社会科学出版社,2001:2-3,3.
② [英]伯特兰·罗素.权力论[M].吴友三,译.北京:商务印书馆,1980:23.

一个人或许多人的行为使另一个人或其他许多人的行为发生改变的一种关系。以上对权力内涵的界定虽有不同,但都从不同角度揭示了"权力"的特性,即权力是一种力量,借助这种力量可以或可能产生某种特定的预期局面和结果。

公共管理权力与公共组织的产生和发展紧密联系在一起。不同的社会形态下,公共组织拥有和运用权力的方式不同,且对其他组织或个体的影响力也相差较大。因此,公共管理权力的运行方式是随社会形态及公共组织的演进而不断变化的。

在原始社会初期,人类活动已具有一定的社会性,但总的来说是小规模分散的、松散的组织形式,人们更多的是以家庭为组织单位进行活动。随着以血缘关系维系的"大家庭"出现,由众多"小家庭"构成的以血缘关系为纽带的"氏族部落组织"产生了。这些部落组织是人类活动协调、合作的形式,其目的在于克服人类个体体能和智能的限制,达成某些群体的共同目标。具体说,当时氏族部落的形成是为了抵御外族的侵略和自然灾害的威胁。氏族内部为了实行协调和管理,设立了当时的公共管理机构,由有威望的人出任氏族首领,形成了早期的公共管理权力。进入原始社会末期,氏族规模扩大,氏族首领的权限逐渐增大并将权力私有化,进一步演化成为部落首领的世袭制度,形成以首领近亲为基础的贵族阶层。但这一时期的公共管理权力仍处于分散的、影响力及范围小的状态。

随着原始社会的解体,进入奴隶制社会形态,由于阶级利益导致阶级矛盾激化,国家在氏族部落基础上以阶级利益为纽带发展起来,国家逐渐取代众多的部落首领的权力,形成新的公共管理权力体系。随着国家公共管理权力的增大并逐渐向国家首领——君主集中,以集权制为特征的君主制度逐渐形成,其实质是将国家公共管理权力重新分配的私有化过程。进入封建社会后,国家规模增大,新的权力分配体系形成。与奴隶社会相比,封建社会的公共管理权力体系无论是影响力和影响范围都大得多。为了维护统治阶级的利益,公共组织必须掌握公共管理权力,促使公共管理权力机构发展成为更先进、复杂、庞大的公共组织体系。这时的公共管理权力的职能已经发生了变化,政治职能逐渐突出,即公共管理权力成为对掌权阶级有利的权力分配工具,并为他们攫取、维护更多的公共管理权力服务。尽管公共管理权力产生的早期是为了满足社会成员的需要,但随着公共管理权力的"私有化",公共管理权力逐渐被少数人组成的利益集团控制,并成为他们政治统治的工具。进入资本主义社会后,为了缓和社会各阶层的矛盾,公共管理权力的职能逐渐转向经济职能,公共管理权力的分配体系也发生了较大变化。无论公共管理权力的职能以什么面貌出现,公共管理权力的政治职能以及其他职能都是依附于社会职能而存在的,因此,公共管理权力始终都推动着社会的进步,促进社会形态逐渐由低级向高级演进。

从历史发展来看,组织产生的最初原因,乃是基于人类生存的需要。随着人类社会的发展,在国家与社会、政府与公众走向融合的过程中,公共权力与私人权力的界线开始模糊。公共权力的主体主要是公共组织,一些社会性组织的微观权力体系也是效仿政治权力体系而建立起来的,也表现为规章制度所确定的权力,权力主体是组织整体和能够代表组织整体的机构。近年来,出现了非政府公共组织迅速成长的趋势,这些组织在从事公共事务管理中采用了不同于政府的运行方式,权力作用方式发生了改变。但是,由于它的管理内容是公共的,所以又必然是以公共权力为支柱的。一般情况下,它从政府得到授权,以私营的方式承担政府职能。这些非政府公共组织担负着政府的职能,在法律和公共政策的框架下活动,有着更多的灵活性。也就是说,这类组织所拥有和行使的权力就是法律制度所确定的权力,严格地受到法律及公共政策规范和制约,是制度化和法律化的权力。但是,这种权力在权力主体特别是权力执掌者那里,又具有充分的灵活性,权力执掌者能够在行使这种权力时把自己的主观能动性发挥到极致。正是在这种意义上,我们也非常重视非政府公共组织权力的持有和变化。公共组织的功能从单纯的"生存"功能,发展为复杂多元的社会、政治、经济、文化等功能。社会成员以各种方式参与公共权力的配置,对公共权力的控制和约束力比以前大大增强了。西方资产阶级革命后,为了避免公共管理权力被少数人垄断,创立了"三权分立",把国家权力划分为立法权、司法权和行政权,它们之间形成了相互独立、相互制约的关系。

二、公共管理权力的内涵

公共管理权力是体现国家意志,实现公共利益的权力。从公共管理权力的形成及演变过程看,权力是人类社会中特有的现象,或者说,组织起来的人类社会必然要运用权力来为"组织"提供保障。这种能够体现国家意志、有效组织和协调公众的社会生活、实现公共利益的权力,就是公共管理权力。然而,公共管理权力的获取和构成都有其特殊性,这也形成了公共管理权力独特的内涵。

1. 公共管理权力的所有者是社会公众

就现代社会而言,公共管理权力来源于公众,其所有者是全体社会公众,不是每个人或某部分人。虽然公共管理权力为公共组织代为行使,具有强制性,但从根本上说,公共管理权力产生于全体社会公众共同自愿服从的意愿。公共组织通过授权行使公共管理权力,管理公共事务,为公众服务,实现公共利益。

2. 公共管理权力的行使者是以政府为核心的公共组织

公共管理权力的主体是公共组织。由于社会事务的复杂性,公众必须通过一定的组织体制和原则把具体的职能按一定的组织体制委托给权力使用者去行使。以政府为核心的公共组织与公众只是一种委托-代理关系,一种监督与被监督的关系,公共管理权力的运行只有依宪法和法律才能取得其正当性。按绝对公正的原则来评断,凡照顾到公共利益的各种政体就都是正当或正宗的政体;而那些只照顾统治者的利益的政体就是错误的政体或正宗的政体的变态(偏离)。① 公共管理权力为管理社会公共事务而运作,为实现公共利益而存在,其本身不是一个利益主体。

3. 运用公共管理权力的目的是为了实现公共利益

相对于个人权利和自由而言,公共管理权力只是实现目的的手段。公共管理权力的目的不是单个人权利效用的最大化,而是共同体中每个人权利效用的最大化。公共管理权力运用的根本目标是维护和追求全社会的公共利益。其存在于特定的社会关系中,维持基本社会秩序,对社会政治、经济、文化都产生关键性的影响。公共管理权力的有效性依托于公共权威。如果不把执行必要的政府职务的足够权力集中于政府当局的手中,公共管理权力就无法有效地达成其实现公共利益的目标,因此,公共管理权力的有效性决定它是否能够实现和维护公众最广大的福利。

---

① [古希腊]亚里士多德.政治学[M].吴寿彭,译.北京:商务印书馆,1965:132.

三、公共管理权力的特性

公共管理权力具有权力的四个一般特征：一是权力的强制性，即运用权力可以影响他人的行为，迫使人和机构做或不做某事；二是不对等性，即权力行使者和权力服从者之间关系的不对等；三是权力的利益性，即权力的行使是为了获取或维护某种利益；四是权力的社会性，即权力存在于人与人之间的相互关系中，单独的个人无所谓权力。公共管理权力除了具有上述权力的共有特征之外，还具有以下特征。

1. 公共性

公共管理权力属于社会全体成员，这也就是人们经常所说的"主权在民"，其基本职能是社会职能，是公共组织管理的基本手段。主权在民的"权"既可以解释为权力的权，也可以解释为权利的权。而一般为了与国家权力相区别，也常常不把全体社会公众所拥有的权力称为权力而称为权利。正因为如此，全体社会公众的权力或权利高于国家权力。任何国家权力都必须最终归结到对公众负责上来。至少在应然的意义上应当如此。权力的公共性就决定了公共管理权力必须受到作为全体社会公众意志体现的法律的约束，对全体社会公众负责。

2. 权威性

没有权威性就没有公共管理权力。公共管理权力权威性的来源主要是两个，一是权力运作的规则性。无规则的权力运作只会导致人们的反感、不安，而决不可能给人们和社会带来自觉服从与安全稳定。在现代社会，公共管理权力的获得往往是通过法律的途径，是由宪法或其他基本法律作出明确规定的，即使没有在宪法等基本法律上作出明确的规定，也必然是由代表国家意志的最高权力机关通过一定的方式和程序授予公共组织的。二是公共管理权力运作的公开性。公开是公共管理权力的必然属性与基本要求。没有公开性，公共管理权力就没有权威性，其特定性就难以明确，强制性就难以体现，权威性就无从产生。公共管理权力的公开性是权力运行的可预测性的必要条件，但公共管理权力未必能使自己的公开性得以彻底贯彻和体现。如果运用法律来规制权力，就可能保证公共管理权力的权威性。法律的权威性、公开性和可预测性与公共管理权力的权威性相得益彰。

3. 相对性

由于公共管理权力的拥有者与公共管理权力的执行者分离，造成了公共权力与公共利益的分离。公共管理权力总是在一定地域范围内存在的，一个绝对普遍的公共管理权力是不存在的；公共管理权力总是在一定社会层面上成立的，一个能调整任何社会方面的权力也是不存在的，它要受制于社会领域的范围；不同性质的公共管理权力总是有所分别的，不同的权力应由不同的机构行使，权力和权力之间应当有所区别，不同的权力拥有者拥有不同的权力；不同机构之间具有相对独立的性质，权力机构和权力机构之间不能混同其权力。公共管理权力的相对性要求对公共管理权力予以必要的规制，使其不至于超出应有的范围而泛滥，进而导致公共管理权力的恶性膨胀。柏拉图曾告诫世人：绝对的权力对行使这种和服从这种权力的人，对他们自己和他们的子孙及其后裔，都是不好的；这种企图无论是以任何方式都是充满灾难的。公共管理权力大多数时候与社会公共利益相一致，但有时也会成为危害社会公众利益的工具，故社会成员有必要加强对公共管理权力的监督和制约,使其符合社会公共利益的需要。

4. 工具性

在阶级社会中,公共管理权力是为统治阶级服务的。政治过程往往表现为对公共管理权力的争夺。人们争夺公共管理权力本身不是最终的目的,而是将公共管理权力视为实现特定目的的工具。正是公共管理权力的工具性,使之成为各利益集团争夺的对象,各集团都希望通过获取更多的公共管理权力达到本利益集团的目的。现代生活中,虽然作为公共管理主体的公共组织,尤其是政府,通过运行公共管理权力,尽可能实现公共利益的最大化,然而这种权力的获取和运行,依然凸显着公共管理权力作为国家实现社会管理的工具性特征。

5. 多元性

随着后现代经济社会的发展变更,公共服务的种类、层次更加多样,不同利益团体在服务过程中往往会追求不同层次的共同利益,传统的集中服务模式已无法满足公众的需求。与此同时,公共管理权力行使主体呈现多元性,政府也已不再是国家管理体系中唯一的权力中心,其权力运作模式开始发生向社会回归的转变。这种新的政府体制存在权力的高度分化和权力的不断转让。它已不再是中央集权,而是权力分散;不再是由国家进行再分配,而是国家只负责管理;不再是行政部门的管理,而是根据市场原则的管理;不再是由国家指导,而是由国家和私营部门合作。权力主体存在与活动的合法性是建立在为民众创造福利、为公众服务的基础之上的,因此各种公共的和私营的机构只要其行使的权力得到了公众的认可,就有可能成为各个不同层面上的权力中心,公共管理权力也越来越成为实现人们公意的手段。

四、公共管理权力的社会功能

1. 公共管理权力对于利益冲突的调节作用

公共管理权力在剥削阶级占统治地位的社会中,实质上属于国家权力,也即统治权、压迫权。就此而论,剥削阶级掌控的公共管理权力是缺乏道德价值的。但平心而论,在不少场合,剥削阶级掌控的公共管理权力不仅对统治阶级内部的争端和纠纷具有协调功能,而且对整个社会的争端和纠纷也具有协调功能。这就是说,在剥削阶级占统治地位的社会中,以国家权力形式表现出来的公共管理权力也在一定程度上具有管理权的性质。国家作为统治阶级的工具,"是统治阶级的各个人借以实现其共同利益的形式,是该时代的整个市民社会获得集中表现的形式"①。国家权力在处理统治阶级与被统治阶级利益矛盾的同时,还必须调节统治阶级内部的利益冲突,由此形成的相关公共政策和行政行为,同样可以而且也需要进行政治伦理学的判断和考察。应当指出的是,随着历史的前进,后起的剥削阶级无论是在政治水平上,还是在文化素质上,都较先前的剥削阶级有明显进步,因而在运用公共管理权力实施社会管理方面有可能赢得前所未有的声誉。现代资产阶级在这方面取得的成就,就是一个较好的例证。这一情形,不可能不对公共管理权力的伦理分析和道德判断产生影响。纵观人类社会发展史,利益的冲突是一切社会冲突的根源所在,可以说,人类的全部社会劳动都莫不与利益和对利益的追逐有关,人们之间的全

---

① 马克思恩格斯选集(第1卷)[M].北京:人民出版社,1995:132.

部社会关系也都莫不是建立在利益关系之上的,特别是在利益主体急剧分化的现代社会,利益冲突成为社会的常态,因此通过运行公共管理权力形成相关公共政策和行政行为,对于各种利益冲突具有重要的调节作用。

2. 公共管理权力对于政治稳定的保障作用

公共管理权力对于政治稳定的保障作用,是以国家权力形式表现出来的公共管理权力的基本功能之一。公共管理权力一方面通过对利益矛盾的调节来达成政治力量的均衡,另一方面通过对破坏势力的限制和打击来维持正常的政治秩序。政治稳定是统治阶级的愿望和利益所在,但并不一定符合全体社会成员的共同利益,尤其不一定对被统治阶级有利。因此,以国家权力形式表现出来的公共管理权力对于政治稳定的保障作用,从一开始就具有两重性:对统治阶级利益的维护,可能有益于其他社会成员的利益,也可能有害于其他社会成员的利益。也就是说,公共管理权力对于政治稳定的保障作用并不具有绝对的、永恒的道德价值。

3. 公共管理权力对于公众利益的促进作用

公共管理权力对于公众利益的促进作用,是任何形式的公共管理权力的根本职能。以国家权力形式表现出来的公共管理权力之所以仍然会被人们视为公共管理权力,其主要原因也就是因为它在一定阶段上和一定程度上仍对公众利益具有促进作用。例如,新兴剥削阶级在其上升时期,或者当剥削阶级的开明代表执掌政权时,大多都能在一定程度上表达并照顾同盟阶级和其他相关社会阶层的利益,因而使公共管理权力的行使能够对公众利益产生一定的促进作用。就此而论,以国家权力形式表现出来的公共管理权力,因其对公众利益具有某种程度的促进作用而具备相应的道德价值。可以认为,它对公众利益的促进作用越明显,它所具有的道德价值也就越显著,反之亦然。

第二节 公共管理责任

一、公共管理责任的内涵和性质

(一)公共管理责任的内涵

在古代汉语中,"责任"一词源于"责"。"责"字在古代汉语中有多种含义,有人认为至少有六种含义:一是求、索取;二是诘责、非难、谴责;三是要求、督促;四是处罚、处理;五是义务、责任、负责;六是债。① 在《现代汉语大词典》中,"责任"一词有三重含义:一是人担当起某种职责和职务;二是分内应做之事;三是未做好分内应做之事而承担的过失。在当代,我国法学界对"责任"的界定较为普遍。张文显指出,"责任"一词的含义有三层:一是分内应做之事,实际上是角色义务,如"岗位责任"等;二是指特定的人对特定的事项的发生、发展、变化及其结果负有积极的助长义务,如"担保责任"等;三是指没有做好分内之事或没有履行助长义务而应承担的不利后果或强制性义务,如"违约责任"等。②

作为一个学术用语,责任常用于政治、法律、伦理和人类学等不同学科领域,对它的定

---

① 王成栋.政府责任论[M].北京:中国政法大学出版社,1999:2-3.
② 张文显.法学基本范畴研究[M].北京:中国政法大学出版社,1993:184.

义也就各不相同。例如,康德从哲学角度作出的界定,认为"责任就是由于尊重规律而产生的行为必要性"[①];哈特从法律角度进行阐释,认为责任是"未能驳倒一项指控的人对其所做的行为承担惩罚或谴责的义务"[②]。在行政学领域,"责任在政治活动和公共管理中最一般的含义是指与某个特定的职位或机构相联系的职责"[③],它也被称为行政责任。G.斯塔林认为,行政责任包括六个方面,即:第一,对民众的回应;第二,政策规划和执行的弹性;第三,政府的胜任能力;第四,行政的正当法律程序;第五,负责任;第六,坦白公开、清正廉洁。美国学者费斯勒和凯特认为,行政责任包括行政人员对公共行政事务负责和道德行为两方面。负责表现为忠实地遵守法律,遵守上级的命令和经济与效率的标准;道德行为则是要坚守道德的标准,避免出现不符合伦理道德的行为。美国学者特里·L.库珀把责任分为客观责任和主观责任。"所有的客观责任都包括对某人或某集体负责,也包括对某一任务、下属员工人事管理和实现某一目标负责",而主观责任则"根植于我们自己对忠诚、良知、认同的信仰"。[④]

与管理型社会治理模式相适应的现代政府是责任政府,它在行政体系中推广官僚制、追求科学化和追求效率的过程中,完全忽视了行政组织和行政人员道德责任。公共管理社会治理模式要求把道德责任纳入公共管理责任体系的构成要素中来,以求通过治理者的内在道德责任的升华而使行政责任真正获得充分实现。因此,在公共管理中,"责任"不仅是一种外部性设置,在社会文化和价值观念通过社会化加以内化的过程中,它也内化到责任主体的内心和价值观念当中。在这个意义上,对于公共管理者而言,一方面是使社会治理组织的权责体系制定得相对完善,另一方面,是公共管理者能够充分意识到他本人的责任,并主动承担起维护公共利益的责任,表现出促进公共利益实现的热情。所以公共管理责任既是外在规定,又属内在价值,它通过责任主体的责任意识,使关于责任的设置和规定转化为现实的责任。

公共管理责任作为一种责任体系,包含几个方面的责任。其一,行政责任:它规定作为公共组织的政府及其官员有作为或不作为的义务,要求他们对自身的所作所为承担行为责任,如果出现违背义务的行为,还将受到追究和制裁。其二,政治责任:公共组织由国家权力主体赋予公共管理权力,因而要对广大国民负责。其三,法律责任:政治责任的落实由法律的规定性和强制性保证,任何违背公共管理责任的行为都将受到法律的制裁。其四,道德责任:公共组织及其成员根据社会普遍的道德原则行使公共管理权力,并为其活动中出现的不恰当或失误对公众负责。

综上所述,公共管理责任即公共组织的责任,是公共组织基于公共权力所形成的权利和义务以及依据法律应承担的行为后果。公共管理责任至少包括三个层次的内涵:第一,是指公共管理者在一定的岗位和职务上开展社会治理活动时所应承担的角色义务,这也就是职责,这意味着治理体系及其治理人员必须具有高度的职责感和义务感;第二,公共管理责任意味着在治理过程中,治理体系及其治理人员主动追求公共目标并自觉接受监

---

① [德]康德.道德形而上学原理[M].苗力田,译.上海:上海人民出版社,2002:19.
② [美]哈特.惩罚与责任[M].王勇,译.北京:华夏出版社,1989:264.
③ 布莱克维尔政治学百科全书[M].中文版.北京:中国政法大学出版社,2002:711.
④ [美]特里·L.库珀.行政伦理学——实现行政责任的途径[M].4版.张秀琴,译.北京:中国人民大学出版社,2001:63-64.

督、评判的道德态度和行为;第三,是指由于治理体系及其治理人员没有积极有效地履行职责和监督而承担的责任追究,它往往表现为受到否定性的批评、惩罚和制裁。①

（二）公共管理责任的性质

公共组织的目标、管理活动涉及的领域以及管理方式都不同于私人组织,因此,公共管理责任除了具有一般责任的性质外还具有其特殊性。

1. 公共管理责任是一种义务

公共组织或公共管理者在接受了公共管理权力之后,也就承担了为社会谋取公共利益的义务,这是公共管理责任的目标导向的要求。在不同时期、不同的社会形态下,公共管理责任的义务内涵是不同的。随着世界各国民主与法制化进程的推进,公共管理权力与公共管理责任主体多元化,各国公共组织及其成员所承担的服务公众的义务,逐渐由道德、契约形式转为以法律形式加以规范,即法律义务。

2. 公共管理责任是一种任务

公共管理权力主体在赋予公共组织公共管理权力时,对公共管理权力的作用目标、范围、方式、内容都有较具体规定,即规定应该做什么（或不能做什么）,需要达到什么目标,如果在行为过程中出现违规或失误应该受到什么惩罚等。这就是与公共管理权力相应的公共管理责任。公共组织及其成员运用公共管理权力,完成具体任务的过程就是落实公共管理责任的过程。

3. 公共管理责任是一种制度

在国家整体制度内部,公共管理权力授予主体依法明确规定公共组织的公共管理责任,并对违背责任的行为进行追究和惩罚;同时,公共组织又在系统内部用法规、规章以及行政纪律将公共管理责任进一步明确化和具体化,并以此作为追求公共管理责任的依据。这种内在责任机制,来自国家政治法律制度的"一套相互发生影响的程序",因此,公共管理责任是国家政治法律制度的一部分,又自成体系。

4. 公共管理责任是一种监控

公共管理责任的核心在于如何保障公共管理权力主体对公共组织行为的有效监督和控制。凡违反法律或违背职守的行为都要受到相应的惩处。因此,公共管理责任是对公共管理权力行使过程进行监控的前提条件,也是对公共管理权力进行约束的基础,从这个意义上讲,公共管理责任是对公共组织的监控。

二、公共管理责任的落实

公共管理责任的两个方面即主观责任与客观责任,在不同历史时期和不同社会形态下的作用是不一样的。

封建社会时期,公共管理权力的"私有化"导致公共管理权力主体相对单一,公共管理权力主要集中于封建君王及贵族阶层手中,一般公共管理者特别是中下层的公共管理者获得君王授予的权力较小,因而一般公共管理者承担的公共管理责任也小;加之当时民主与法制缺乏,监控手段落后单一,公共管理责任落实的难度较大,连仅有的不大的公共管

---

① 汪大海.公共管理学[M].北京:北京师范大学出版社,2009:341.

理权力也被一些官僚私有化和违规扩大了。在当时的背景下,公共管理责任更多的是强调主观责任的作用,即道义和契约性责任的作用。因此,历代封建君王多采取对官吏的道德伦理观、价值观加以约束和驯服的方法,使他们忠心耿耿地为维护君王的统治地位服务。

现代社会中,公共管理权力主体及公共管理权力多元化使主观责任与权力之间的关系相对于客观责任来说,联系越来越不紧密,主观责任受到的约束也相对较小。主观责任的落实主要受到一般的社会行为规范的限制,具体说是受制于道德伦理观念及社会习俗。由于民主与法制化进程的加快,公共管理权力的分配结构发生了较大变化,公共管理权力较以往更为分散,对公共管理权力的监控以及公共管理责任的落实较过去更重要,单靠过去以注重主观责任的方式来约束公共管理权力已经越来越不适应时代的要求。因此,客观责任与权力(主要是职权)的关系更密切,即客观责任是以职责为主要内容的,诸如完成任务的责任、遵守规章制度的责任、承担职权范围内的后果的责任等。因此,为了落实客观责任,必须对权力的行使过程予以监督和制约,避免因权力行使不当而造成的危害,同时,对那些滥用权力并造成危害后果者予以惩处。

前面谈及公共组织的责任和权力,也涉及公共管理者个人的责任与权力,应当强调的是公共组织被赋予一定的公共管理权力和责任后,为了实现组织目标,必须将公共管理权力和责任再一次在该组织内部进行分解。因为公共组织的任何目标都是依靠该组织成员来实现的,这是具体行使公共管理权力的要求,也是落实公共管理责任的体现。任何个人都不可能独立于公共组织之外而单独享有公共权力与承担公共管理责任,个人享有的公共管理权力与承担的公共管理责任是公共组织的公共管理权力与公共管理责任具体化的表现。同时,对公共组织的公共管理权力与公共管理责任的监控,最终必须落实到对该组织的管理者的公共管理权力与公共管理责任的监控。公共管理责任的落实应从以下三个方面着手。

1. 落实公共管理责任的分配问题

公共管理责任的分配应当清晰明确,而且公共管理责任应与公共管理权力相对应,即拥有多大的权力必须课以相应的责任。公共管理权力的授权必然伴随着责任的确定,公共组织在获得社会直接或间接授权时,也就承担着相应的责任。社会公众与(具有公共管理权力的)公共组织的关系,是一种委托-代理的关系,社会公众授予公共组织权力,使被授权的公共组织成为公共管理权力机构。因此,公共管理权力机构作为社会公众利益的代表行使统治权和管理权时,首先必须满足社会公众的利益。公共组织的目标就是服务于社会公众,这也是公共组织赖以生存的基础。不同的公共组织有不同的职责和具体任务,这与公共组织的职能联系在一起。从总体上看,所有公共组织(尤其是政府机构)作为整体,在被授予公共权力的同时,也必须对全体社会成员负责,其前提条件是不得滥用职权以及权力行为者能够承担责任。现实中,全体社会成员公共利益的内容非常广泛,因此,必须对众多公共组织进行责任分工和权力分配,使之更好地为社会公众服务。

2. 落实公共管理责任的方式问题

对公共管理权责监控不仅可以监督和约束公共管理权力的行使过程,而且是评价公共管理权力作用效果、落实公共管理责任的一种有效方式。失去监控的权力与责任最有可能出现的情况是公共管理权力的不断膨胀和公共管理责任的不断萎缩,这是人们偏好权力而厌恶责任的一般表现,因此落实公共管理责任不能没有监控。让公众问责公共管理主体就是一种简便的政治技术。现在政府问责制虽然在一定程度上迫使官员依法行政,但这种政府责任追究制仍然是内容追究责任制度,其制度性的缺陷是靠政府"自觉"来进行,而政府不可能永远在每一件需要承担责任的事务上都自觉。只有公众追究政府责任才是最有动力和持久的,因此,需要使公众问责政府机制制度化。

3. 落实公共管理责任必须具备相应的客观条件

在进行权力与责任分配时,应考虑到承担公共管理权力与公共管理责任的组织和个人的具体情况,不具备承担能力者,不能赋予其公共管理权力。承担公共管理责任的能力是指公共组织行使公共管理权力的各种资源状况,如公共组织成员的工作能力、公共组织的财力以及公共组织的其他环境因素对行使公共管理权力的影响等。

三、公共管理问责制

"问责"在英语词典里有这样的解释,即"当一个人处于某一种特定职位时,公众有权力对其进行批评,而其本人有责任对与其职位有关的所发生的事情向公众进行解释"①。韦伯斯特把"问责"解释为负有义务并自愿承担对行为的说明责任,是美国社会强调公众知情权的一个专门术语。"公共管理问责制"就是指特定的问责主体针对公共管理过程中公共组织承担的职责和义务的履行情况而实施的,并要求其承担否定性后果的一种责任追究制度。

问责制本来是西方政治的产物,体现的是所谓"责任政府"的原则。责任政府可以理解为一个有责任心的政府,对人民利益负责的政府,它有两个基本内涵,一是在道义层面上的责任政府,二是作为宪政制度的责任政府。

公共管理的问责制首先是道义层面上的,它所追求的责任政府体现了民主政府的基本施政原则与行为方式,代表的是社会治理变革的方向。现实中,问责制外化为行政、法律和道德等具体责任形态,但其实质却是通过各种形式的责任约束,限制和规范政府权力和官员行为。公共管理问责制的构建旨在落实公共管理公共性、共治性和服务性原则,是合作型社会治理模式中的一种制度安排,脱离合作型社会治理模式的建设和完善,简单谈问责制和责任追究,将会迷失方向。②

宪政制度的责任政府,是管理型社会治理模式下的治理体制。其最典型的形式是英国式的责任内阁制,政府向议会负责。在这种制度下,政府的组成须经议会同意,政府的重大政策须经议会通过,政府成员对施政不当及违法行为须承担责任,包括政府的部分阁员甚至全部阁员在无法得到议会信任时辞职。在道义层面上,责任政府所体现的是政治民主与政治公开的原则,它不仅要求政府考虑公众的利益,追求公众的福祉,而且要求政府对公众解释、说明其决策的目的、依据及结果。公众可以经由大众媒体或其他途径对政府施政提出批评,政府必须对公众反应强烈的意见作出说明,解释其接纳或不接纳人们批评的理由;政府施政的结果须接受公众的评估,以体现对公众负责的精神。

作为公共管理主体的公共组织是以实现公共利益为目标的组织,它一般拥有公共权

---

① 麦克米伦高阶美语词典[M].英语版.北京:外语教学与研究出版社,2003:1199.
② 汪大海.公共管理学[M].北京:北京师范大学出版社,2009:344-345.

力或经过公共权力的授权,负有公共责任,以提供公共服务、管理公共事务、供给公共产品为基本职能。政府是典型的公共组织。以特定的公共利益为目标、为社会提供公共服务的非政府公共组织也是现代社会公共组织的重要组成部分。公共管理问责制应包括行政问责制和非政府公共组织问责制。

(一)行政问责制与非政府公共组织问责制

1. 行政问责制

所谓行政问责制,是指问责主体对政府及其官员的一切行为和后果都必须而且能够追究责任的制度,其实质是通过各种形式的责任约束,限制和规范政府权力和官员行为,最终达到权为民所用的目的。欧文·休斯指出:"公共行政无论在总体上还是在行政人员个体那里,都应当把维护公共利益作为不可移易的目标责任制,任何脱离这一目标的行为都是对其责任的背离,而且应当承担其后果和责任,即使得不到法律的惩罚的话,也应当受到道德的谴责。"①正如特里·L. 库珀所言:"无论是按照正式的就职宣誓、政治伦理法规,还是法令,最终,所有公共行政人员的行为都要以是否符合公众利益为标准来衡量是否负责。"②一方面,"严密监督政府的每项工作,并对所见到的一切进行议论,乃是代议机构的天职"③;另一方面,任何公共组织"归根到底都是公民(通过其代理人)而作出的自身行为"④。由此可见,从根本上说,问责的主体应是公民及其代理机构。英国思想家密尔指出:代议制议会的适当职能不是管理——这是它完全不适当的——而是监督和控制政府;把政府的行为公开出来,迫使其对人们认为有问题的一切行为作出充分的说明和辩解;谴责那些该受责备的行为,并且,如果组成政府的人员滥用职权,或者履行责任的方式同国民的明显舆论相冲突,就将他们撤职,并明白或事实上任命其后继人。⑤

行政问责制是政府实现其行政责任的一种自律或自我控制,即行政自律机制。现代政府发展的一个共同特征便是其内部控制机制相对完备,这种内部的控制机制是维护政府体系赖以存在和发展的最低条件之一,它贯穿于政府行政活动的全过程,在实现政府行政责任方面起到积极而有效的作用。行政问责制的实质在于防止和阻止行政官员"滥用或误用公共权力"的失职行为,这是对行政责任的科学界定。行政问责制的内涵可以概括为以下几个方面。

(1)行政问责的主体,即"由谁问"。广义的行政问责主体,不仅有同体的问责主体,即行政机关的上级部门或领导和其他专门的审计、监察部门,而且有异体的问责主体,包括人大、各民主党派、司法机关、新闻媒体、公众等。

(2)行政问责的客体,即"向谁问"。行政问责的客体是各级行政机关及其公务员,但主要是负有直接或间接领导责任的领导者。

(3)行政问责的范围,即"问什么"。从管理不善、政绩平平到用人失察乃至决策失

---

① [澳]欧文·休斯.公共管理导论[M].2 版.彭和平,周明德,金竹青,等,译.北京:中国人民大学出版社,2001:58.
② [美]特里·L. 库珀.行政伦理学——实现行政责任的途径[M].4 版.张秀琴,译.北京:中国人民大学出版社,2001:71.
③ [美]伍德罗·威尔逊.国会政体[M].熊希龄,吕德本,译.北京:商务印书馆,1986:167.
④ Huges O. Publics and Administration:An Introduction [M]. South Yarra:Macmillan Press Ltd,1998:35.
⑤ [英]J. S. 密尔.代议制政府[M].汪瑄,译.北京:商务印书馆,1982:80.

误,包括对行政活动正常运行,以及对行政效能、行政效率、行政质量、公共危机事件、政府形象等造成重大负面影响或可能造成潜在负面影响的行为等都属于问责的范围之内。

(4)行政问责的程序,即"如何问"。问责中"问"的过程包括质询、弹劾、罢免等程序要求。

(5)行政问责的责任体系。这一体系包括行政责任、政治责任、法律责任和道德责任。

(6)行政问责的后果。问责的后果是行政机关及其公务员承担相应的责任。承担责任的主要方式有:公开道歉、责令作出书面检查;通报批评、公开谴责、诫勉;引咎辞职、撤职、免职、责令辞职;给予行政处分等。

权力与责任相一致的原则是公共管理活动中必须坚持的一条基本原则。责任和权力必须是对等的、平衡的,即一个行政组织所承担的责任越大,其拥有的行政权力则应越大,如果有责无权,或行政权力过小,行政人员的积极性、主动性和创造性就会受到束缚,也不可能承担起应有的责任;反之,只有权力而没有责任,就会造成滥用权力,以权谋私,瞎指挥,产生官僚主义等现象,给国家行政管理带来损害。建立行政问责制,就是要做到权责统一。有什么样的权力,就承担什么样的责任,并通过"问责"的"制度化"来保证这个"权责对等"的实现。

2. 非政府公共组织的问责制

在市场经济发达的国家,非政府公共组织问责最初表现为相关的税法或定期的报告等监督审查,这些一般被视为国家对非政府公共组织的问责。福利国家危机之后,在社会福利的供应上,非政府公共组织从"被遗忘的部门"摇身一变成为"新福利万灵丹",政府在政策理念上开始接受非政府公共组织成为混合经济的主要供应者,而在行动上成为非政府公共组织最大的捐助者。因此,对非政府公共组织问责包含了多方面的目标。

1)非政府公共组织问责的目标

维尔提出了非政府公共组织七项问责目标,它们是:确保服务的提供;保障捐助者的利益;保护服务对象的利益;保障组织员工的利益;在政府提供资助时,保证其效益的达成;维护公平竞争的环境,保障与非政府公共组织相互竞争的私营机构的利益;保护政府部门不受非政府公共组织过度的政治影响。鉴于我国非政府公共组织处于发展初期,其问责的目标可以设定为:通过有效的组织治理结构,提升组织绩效,实现公共利益,获得公共信任。非政府公共组织问责应以完善组织治理结构为重点,以实现组织绩效为目的,来实现公共利益,获得公共信任。

2)非政府公共组织问责内容

从非政府公共组织问责的目标来看,罗彻斯特认为非政府公共组织问责内容可涵盖:适当运用资金的财务问责;遵守适当程序与规则的过程问责;确保工作质量与行动效果的计划问责;重视工作相关性与适当性的优先性问责。从非政府公共组织利益相关者来看,非政府公共组织问责内容可从四个方面来划分:以捐助为主的问责;由第三方独立进行的问责(第三方通常是具有法定权威的中介机构或组织);政府;非政府公共组织自律。其中,政府在非政府公共组织问责中担任着十分重要的角色。例如,在美国,联邦政府本身有权授予非政府公共部门以免税权,而且是执行税收的权威机构,对非政府公共部门的生存起着核心作用。美国国家税务局(IRS)内设一个"受雇者计划及免税部",负责包括慈善机构在内的所有享受免税待遇的机构的各种法律的管理实施。从非政府公共组织内外结构来看,非政府公共组织问责内容还可从内部问责和外部问责两个方面来划分。非政府公共组织内部问责包括:非政府公共组织的目标是否明确,慈善治理结构是否健全,非政府公共组织的财务是否健全和透明等方面。非政府公共组织外部问责包括:非政府公共组织对其使用的公共资源的流向及其使用效果的社会交代,非政府公共组织的有关信息是否进行了必要的、准确的披露等。

(二) 公共管理问责制的优化

1. 我国行政问责制存在的问题

从2003年开始的一系列"问责风暴"事件,标志着我国行政问责制的初步建立。这些年虽然取得了有目共睹的成效,但我国的行政问责制毕竟才刚刚起步,仍然存在许多问题,这些问题主要表现在五个方面。

1) 行政问责制的信息壁垒过高

在我国,大部分的信息资源都掌握在政府手里。而政府信息不透明,信息不公开,公众缺乏知情权,行政问责就无从谈起。与信息公开紧密联系的是新闻媒体的独立报道权,因为被公开的信息只有通过媒体的报道才能为公众所知晓并使用。而现实情况是,一些地方的领导习惯于报喜不报忧,对负面信息总是以维护安定团结、注意影响等为借口竭力掩盖,禁止报道,甚至违法动用行政权力,千方百计阻挠新闻媒体对不利于官员仕途的事实真相进行报道,使新闻媒体的舆论监督作用受到很大的限制。这些都极不利于行政问责制的发展。

2) 行政问责制的制度缺位

我国目前实施的行政问责带有大量的人治色彩,较多的仍是"政策性的问责"、"人治式的问责",而没有形成严格的责任追究制度体系,更没有形成完善的制度惯例和传统。虽然行政问责制适用的法规、条例比较多,既有党的条例,也有政府的法规;既有中央出台的,也有地方政府制定的,但这些规定大多是粗线条的,缺乏可操作性。比如,问什么事的责,问哪个官员的责,由谁来问责,以什么程序问责等一系列问题,均未明晰化。这种缺乏法律保障和制度支撑的行政问责,都可能导致问责流于形式。

3) 行政问责制的法律、法规尚不完善

一方面,目前行政问责制适用的法规、条例比较多,散见于各种政策文件中;另一方面,有些法律法规存在着因缺乏操作性而导致的实际执行难的问题。这是我国在立法或规章制度制定方面的一个通病,"条条"制定出来了,但是界定不明确,规定模糊、笼统,一旦要运用到实际中,却不知道如何使用。有些单位的行政问责制对行政失察、失职的行为或追究事项的规定过于笼统,导致在实际工作中难以执行。责任不明确也是构成操作难、阻碍行政问责制发展的一大障碍。

4) 行政问责制缺乏行政伦理建设

一是一部分政府官员的责任意识淡薄,只知道自己手中有多大的权力,却不知道这些权力的运用所产生的后果和应承担的责任;二是虽然知道要承担责任,但受传统习惯思维的影响而产生一种认识上的误区,以为只有自己作为当事人出问题,直接犯有重大错误或过失时才应承担责任,而对部下出现的重大错误或过失所应承担的间接责任和后果则不能接受;三是有些官员过于强调个人的良好主观动机而不论其工作成效,对因工作不力和不作为造成的不良后果不愿承担责任,缺乏责任与权力对等的意识等;四是在出了问题后对自己应该承担的责任千方百计地推托。因此,要完善行政问责制,必须大力加强行政伦理建设。

5) 行政问责制缺乏异体问责

问责主体分为同体问责和异体问责。同体问责是指行政系统对其行政官员的问责,或者执政党内部对其党员领导干部的问责。执政党对于政府及其领导的问责,在性质上仍然属于同体问责。异体问责主要指涉宪主体之间的问责,其主要内容包括人大代表对政府的问责,民主党派对执政党的问责,民主党派对政府的问责,新闻媒体对执政党和政府的问责,法院对执政党和政府的问责。在我国现行问责实践中,问责主体更多的是同体问责,这其实是一种利益相关者的责任追究机制,既然是利益相关者,那么问责很可能沦为形式。今后我国的异体问责,应进一步建立不信任投票制、弹劾制以及主要责任人引咎辞职制度等,增强人大监督的问责力度,加强媒体的舆论监督等。

2. 我国行政问责制的优化

1) 政务信息公开化,加强媒体的舆论监督

"阳光是最好的防腐剂",透明可杜绝腐败滋生。行政问责制的最大特点就是行政公开。行政公开是现代公共行政发展的一个新趋势,也是现代政府及其公务员的基本义务,其含义是指除涉及国家机密、商业秘密、个人隐私的信息外,政务信息应当向公民和社会公开,而且政府向公众提供的信息应当是真实的,而不是企图误导人的政治假象。实行"阳光问责",一方面要尽快制定政府信息公开的法律、法规,促进透明政府的建立,使人民能够及时发现政府及其公务员的失职行为,将政府切实置于人民的监督、控制之下。当前,我们应该借鉴西方先进国家在此方面的理念、原则、技术及经验,同时结合我国国情,将我们现有的零散规定予以整合,制定一部统一的"政府信息公开法"。另一方面要规范行政公开的内容与形式。行政公开的内容主要包括公开行政决策、公开行政法规、公开行政标准、公开行政程序、公开行政执行及行政结果、公开责任主体等。行政公开的具体形式多样,可以通过广播、电视、报刊等新闻媒体来公开政务,也可以通过政报、综合年鉴、专项年鉴等出版物每年公开一次政务活动,或通过文件、通报、简报、专栏、布告、会议等途径来公开,还可以通过互联网和计算机信息储存查阅网络来公开。在当今时代,单个的公民或者组织在信息上处于劣势,不可能占据足够多的信息资源,舆论监督实际关系着信息公开的来源问题,在政府掌握信息的前提下,新闻渠道如果不够畅通的话,公民的信息知情权就得不到保障,也根本谈不上问责制。因此,强调媒体的舆论监督是建立和完善问责制的必要条件。

2) 问责运作制度化

问责制是责任制和责任追究制的中间环节,是权力授予与监督的功能性载体。必须建立、健全各种责任制度及可操作性强的失职、失责追究制度,才能保证问责制建立在有法可依的基础上,并能在实施责任追究时,在各个方面和环节上都能顺藤摸瓜,找到具体的责任主体,使每一位行政官员都明确自己岗位的职责,避免传统的机构臃肿、人浮于事、职责不清、职责不明,以及出现问题无人负责、无法追究的现象。因此,问责机制的建立必须解决如下几个问题:一是要建立一套普遍、公开、细致的问责事由标准;二是要明确党政之间、不同层级之间的责任及其问责方式;三是要按照授权范围及民主宪政的要求明确问

责主体;四是要规定问责程序,以法制化的程序来保证问责制度的有序进行,如提案、立案、调查、申辩、审议、决定、复议、申诉等,违反程序的问责是无效的。

3) 完善问责的法律、法规体系

首先,应加快相关立法,填补实行行政问责制可能遇到的法律空白,确保有法可依。其次,应统一从中央到地方所制定的各项法律、法规、条例等的效力、适用范围,理顺相互关系,发挥各自独特的作用。再次,在立法的具体要求上,有关法律、法规、条例等,必须对行政责任的范围、承担主体、责任判断、责任方式、期限、程度、赔偿等问题进行明确的规定并具备可操作性,切忌笼统、模糊。

4) 加强行政伦理建设

在谋取行政责任的过程中,法律和外部控制机制是非常重要的,责任的落实离不开法治,然而,法律和外部控制机制的作用是有限的。法律制度无论多么庞大、严密都不可能把所有行政行为都固定在一成不变的模式中,总会给行政主体留下一定的自由空间,这个空间有可能成为行政主体以权谋私、滥用职权的机会。外部控制和法律控制给行政主体提供的是个底线,它至多只能守住已获得的成果,但却不能鼓励高尚的官员的出现,无法创造或强化一种更好的公共管理秩序。因此,加强行政伦理建设是非常重要的。尽管伦理和道德并不能完全解决公共管理领域的许多问题,但它可以提供单靠外部控制所不能得到的东西:即内在取向的改变,改变人的心态乃至心灵,以及使一种错误的行为向一种新的正确的行为方面的转变。

5) 强化异体问责力度

要建立科学完善的问责制度,必须加强异体问责力度。首先,要明确人大监督的权力。在各类问责主体中,人大及其常委会是最重要的体制外问责主体。人大及其常委会要充分运用其监督权力,行使各项监督职权对行政机关进行问责。其次,要充分调动全体公民监督的积极性。公民个人、社会团体等其他异体问责主体的作用也同样不可忽视。随着民主意识的增长和新公共管理理念的盛行,公众参与成为行政发展的必然。就行政问责而言,我们应该建立一种公众导向的问责模式。比如在我国的经济发展、企业安全生产领域,仅仅靠行政机关的监督检查是不够的,还必须充分发挥企业内部人员的力量,因为他们最熟悉内情,只有鼓励他们对经济活动中企业的违法情况进行监督,多管齐下,才有可能真正有效遏止安全事故的发生。这样,才能真正达到问责的目的。

3. 非政府公共组织问责制的优化

尽管非政府公共组织与政府之间存在诸多的不同,但是对公众负责这一宗旨是共同的,也可以实行问责制。非政府公共组织应承担的公共责任是建立问责制的前提与基础。它作为公共组织,不仅涉及大量公共资源的使用,而且其宗旨是为了实现公共利益,应当对其行为负责,承担公共责任。公共责任包括三个方面:事前责任,要求非政府公共组织及其成员在行为实施前具有实现组织宗旨、服务公众的道德心理;事中责任,要求非政府公共组织及其成员在行为实施过程中接受监督,向外界说明工作有关情况;事后责任,要求非政府公共组织及其成员在行为实施结束以后,对不利后果承担过错责任。我国非政府公共组织问责制尚不完善,目前公共责任仅在相关法律的罚则中有所体现。例如,《社会团体登记管理条例》第三十三条对八种情形作出禁止性规定。有任何情形之一的,由登记管理机关给予警告、责令改正、限期停止活动、责令撤换直接负责的主管人员;情节严重的,予以撤销登记;构成犯罪的,依法追究刑事责任。这是一种行政处罚与刑事处罚,主要是从政府对社团的监督管理角度设计的,未能充分体现非政府公共组织应承担的公共责任。

客观地说,以往我国的社会团体、民办非企业单位和事业单位每年也要进行问责交代,只不过这种交代局限于对政府的问责交代,交代的方式也仅限于年检。而由于目前我国对非政府公共组织监管的重视程度不够,因此无论是民间组织管理部门还是事业单位管理部门,人员都很少,一些基层管理部门甚至没有专职管理人员。再加上以往年检内容的设计较为空洞,缺乏可评估性,以至于大多数地方的年检形同虚设。这也是我国少数非政府公共组织的营利色彩较浓、违规现象较为严重的原因之一。因此,要减少我国非政府公共组织的不当行为,提高其公共性与公共服务的品质,必须优化我国非政府公共组织的问责机制。优化我国非政府公共组织的问责机制应从以下几个方面着手。①

1) 构建必要的法律秩序和制度框架

我国应尽快出台"结社法",履行宪法赋予公民的结社权利;借鉴西方国家的经验,结合我国的国情制定一部统一的"非政府公共组织法";完善有关的单行法、实体法和相关法律规定。我国非政府公共组织监管法律体系应该是一整套由宪法、"结社法"和"非政府公共组织法"、单行法、实体法和相关法律规定等几个层次构成的体系,这套体系是非政府公共组织生存和发展的外部法律环境,也是政府监管和问责的法律依据。例如,在美国,非政府公共组织的注册登记实行的是核准制,凡是符合美国税法规定的条件的组织,一般都有资格申请减免税待遇。美国国税局每年会抽查一些重点的免税机构进行审计。对严重违反规定的免税机构将取消他们的免税资格。1996年7月,美国国会通过了一项法律。根据该法律,对为私人目的或利益服务的行为将采取"中间制裁"进行处罚。新的法律规定,对每一项"额外受益交易"的渎职人员将强制征收相当于该收益25%的税额,对纵容这种行为的管理人员将征收相当于该收益10%的税额。另外,在规定期限内不改正的违规人员将被处以相当于该收益200%的罚款。

2) 建立在一定法制基础上的公开性和透明性原则

非政府公共组织除要对政府部门进行问责交代外,还必须建立对其他相关利益群体,如捐赠者、社区、被服务对象、普通公众进行问责交代的机制,特别是对被服务对象的问责交代机制。然而,由于被服务群体的人数众多,非政府公共组织很难对每一个被服务对象一一进行问责交代,因此一个可行的办法是在媒体或网络上公布非政府公共组织资金流向与使用效果的年度报告。与此同时,对那些需要更多信息的人,非政府公共组织有义务按成本收费提供更详细的问责资料。这就是所谓的公开性和透明性原则。

3) 包括捐赠者、受益者、媒体等利害相关者在内的广泛的社会参与

媒体与公众的监督与评估是规范非政府公共组织行为非常关键的措施。由于媒体的普及范围广、影响大,因此媒体对一些非政府公共组织具有很强的威慑作用。如1999年,美国媒体揭露著名的非政府公共组织"拯救儿童"的负责人和部分工作人员将人们捐赠的物品搬回家里供自己享用,引起社会哗然。在美国,媒体的一个主要取向是揭露政府、非政府公共组织和企业的违规现象,别是公共部门的失范行为,所以有一些非政府公共组织

---

① 刘俊.完善我国非政府公共组织的问责机制[J].湖北社会科学,2008(5):42-44.

宁愿被罚以巨款,也不愿被媒体曝光。与媒体相对应的是公众对非政府公共组织的监督与评估。美国公众通过一些政府部门、评估机构和非政府公共组织自身设有的投诉热线和网站对非政府公共组织进行监督。

4) 由专业化机构进行的资质认定和评估

我国目前没有建立专业的独立的非政府公共组织监督机构。目前,我国的非政府公共组织一般是直接面对服务对象的,而像国外存在的大量对非政府公共组织进行监督或为其运作提供服务的机构在我国基本上还是一片空白。这些机构可站在第三方的角度,对非政府公共组织进行全程监督。监督信息既可为政府审批、减免税收提供依据,又可向社会公布,从而引导公众的慈善行为的投向。例如美国为弥补政府监督机制的不足,建立了独立的第三方评估制度,与政府监督相比,它有效得多,而且它不仅能促进健康的非政府公共组织更好地发展,还会淘汰不良的非政府公共组织。在美国,较有影响的独立民间评估机构有"全国慈善信息局"和"福音教会财务责任委员会"。全国慈善信息局是美国最早成立的民间评估机构之一,成立于第一次世界大战期间。当时,美国公众兴起了一股爱国热情,将大量的财物捐赠给慈善机构,为规范捐赠市场,避免有人从中渔利,慈善组织的领导人便自发组织起来成立了慈善信息局。全国慈善信息局最主要的工作是对慈善组织的非营利性进行评估,帮助捐款人掌握慈善组织全面的信息,使捐赠者,包括公司、公司基金会、小企业、个人捐赠者更明智地捐款。

5) 建立在相互信任、信息共享、平等竞争基础上的行业互律

我国《社会团体登记管理条例》第十三条第二款规定:在同一行政区域内已有业务范围相同或者相似的社会团体,没有必要成立的,登记管理机关不予批准筹备。这使得非政府公共组织在一定范围内处于相对垄断的地位。这条规定不仅降低了非政府公共组织的发展动力,也使同行互律成为奢望,所以修改这一条款,在非政府公共组织中引入竞争机制是当务之急。随着我国非政府公共组织作用范围的日益扩大,对于一些大型项目的开展,应鼓励非政府公共组织联合运作,互相监督。在这方面我们同样可以借鉴美国的经验。除政府和第三方评估机构的他律外,美国确保非政府公共组织遵循组织的行为规范与准则的另外一种办法就是非政府公共组织的互律,包括联合会的互律、全国性协会的互律和行业性社团的互律等。通常,联合会、全国性协会和行业性社团会制定一个要求会员共同遵守的道德标准和行为规范,以维护会员共同的社会形象。例如,美国基金会理事会是基金会的联合组织,其理事会由各大基金会的主要负责人组成。他们负责制定本行业的互律条款,每个会员组织必须遵守这些规范,否则将受到联合组织的制裁,甚至被开除其会员资格。同行互律的另外一种形式是认证制度。通常由非营利性的行业协会倡议、推行,例如美国医学协会推行的医生资格认证制度,家庭和儿童服务认证委员会推行的家庭和儿童服务机构的认证制度等。近年来,一个新的动向是:一些社会服务类的非营利性行业组织(如非营利性的医院协会)学习企业的质量管理经验,在行业内部推行 ISO 9000 国际标准质量认证,对一个非政府公共组织是否具备了必要的专业资格与能力进行评定。

6) 实行规范性管理、制度化管理和能力建设基础上的组织自律

自律是确保非政府公共组织非营利性的基础,也是确保其非营利性的最后一道防线。非政府公共组织的自律有多种形式。一种是通过组织内部的治理结构,如设立监事会和专职的监督员,对董事、执行人员的行为进行监督;一种是通过制定各种规章制度,如筹款

管理制度、办事程序等预防违规行为；另外就是通过组织的信念、使命促进成员的自律。问责机制的完善是实现对非政府公共组织他律和自律的监督，保证其有较强的社会公信力的重要途径。它通过法律约束和自律规范，可以使其对所使用资源的效益和效率、社会期待或需求满足程度进行真实的交代和承诺，让公众了解其运作、服务和项目、资金使用及行政管理状况，从而规范其行为，帮助非政府公共建立发自内心的、自觉履行义务的内在需求，进一步得到社会公众的信任和支持，强化组织动员、运用社会资本（包括人力资源和财政资源）的能力。建立问责机制不仅仅是为了按照有关规定和标准使非政府公共组织对其所有活动向有关各方面进行说明和交代，而且这一制度的建立对它进行内部自律和外部约束具有重要意义。

第三节 公共管理权力监控

一、公共管理权力监控及其对象与方式

（一）公共管理权力监控的基本含义

学者们对监督和控制的概念有不同的理解，有的学者将监督和控制定义为两个不同的管理职能，也有学者将监督归属于控制职能的范畴。我们认为组织内部或个人主观上的控制就是通常意义上的控制，而组织外部或个人客观上的控制就是监督。因此，监督和控制的差异主要在于组织外部控制或个人客观控制的职能定义上存在差异。我们更倾向于将监督职能界定为控制职能的一个方面。

公共管理权力监控是指包括公共管理组织内部和外部的各种监控主体，采取相应的措施，对公共管理权力运行的合理性、合法性和有效性进行监督和控制。从监督的要素和过程来看，有效公共管理权力监控的要素必须包括监控主体、监控客体和监控行为。

(1) 公共管理权力监控的主体是多元化的。多元化的监控主体包括具有公共管理权力的机构之间的相互监控，专门设立的公共管理权力监控机构，如立法、司法、审计等机构的监督，公共组织内部上级对下级或下级对上级的监督，此外还有社会公众对权力机关的监督。

(2) 公共管理权力监控的客体是具有公共管理权力的所有公共组织或公共管理者。公开，是监控主体对客体实施有效监督和制约的前提和基础。在监控主体相对独立、监控主体与客体的力量对等的情况下，监控的客体的公开程度与主体对客体监督和制约的有效程度成正比。没有公开性，就没有监控主体对客体监督和制约的有效性。

(3) 对公共管理权力行为的监控是指对公共管理权力的合法性、合理性和有效性进行监控。这里所说的"合法性"是指公共管理权力的来源要合法，即必须经过合法的授权，其运行必须符合法律规范或法律原则。"合理性"是指公共管理权力的运行不仅要合法而且要合理，也就是公共管理行为要做到合情、合理、恰当和适度。"有效性"是指公共管理权力的实际作为，是公共管理权力对社会公共事务进行管理所取得的实际业绩。

（二）公共管理权力监控的对象

公共管理权力监控的对象，主要是具有公共管理权力的公共组织和个人。公共组织是以实现公共利益为目的、以提供公共服务为基本职能的社会组织。从社会管理的角度

来看，公共组织是社会组织中规模最大、管理范围最广的一种组织类型；从国家统治的角度来看，它又是社会利益的代表者，是国家意志的直接体现者和实施者。政府是典型的公共组织，在社会生活中，政府承担着公共服务的主要责任，是公共管理的主要组织依托。广泛分布于教科文卫等领域的非政府公共组织，从政府处获得授权，与政府一起提供公共产品，维护公共利益，是公共管理的重要组织形式。任何公共组织都是由一个以上的公共管理者组成的。公共管理者主要包括公共组织中的领导者和一般管理者，这些公共管理者的权力是全体社会成员授权赋予的合法权。对公共组织的权力监控，实质上是对公共组织的由每个具有不同权力的个人构成的权力体系的监控。因此，公共管理权力的监控最终要落实到对公共管理者个人的监控。无论是公共组织还是个人，作为公共管理权力的拥有者，必须客观公正，依法科学地行使公共管理权力，并自觉接受公共管理权力监控体系的监控。

（三）公共管理权力监控的方式

在公共管理过程中，对公共管理者的公共管理权力运行过程实行控制是非常必要的。对公共管理者个人的公共管理权力控制可分为两个方面，即主观控制和客观控制。所谓主观控制并不是指公共组织的内部的控制，而是公共管理者内化了的态度、价值观和信仰等因素对其自身的控制力，又称为"内在控制"。加强主观控制的手段主要是思想教育、培训等，也可以通过创造良好的工作环境和氛围来影响公共管理者的态度、价值观。客观控制指公共管理者的外部因素对其行为的约束或影响。如国家的法律法规，公共组织内部的规章制度或工作程序，社会公众的监督等都属于客观控制，又称为"外在控制"。

公共组织和公共管理者的内部控制与外部控制的作用是不同的。在对公共管理权力实行内部（或主观）、外部（或客观）控制的选择上，有两种不同观点。一种观点认为内部控制更重要，另一种观点则认为外部控制更重要。实际上，不同时期公共组织根据实际情况，在采用内部控制或外部控制机制上是有所偏重的，但这不过是一种策略选择而已，并不能说明哪一种控制方式更重要，更不是对另一种控制方式的否定。任何一种将内部控制和外部控制绝对化甚至对立起来的观点都是非理性的、不可取的。内部控制和外部控制具有同样的重要性。相对于公共组织的控制而言，对公共管理者的控制是最基本的控制过程。

二、公共管理权力监控的类型与机制

（一）公共管理权力监控的类型

从公共管理权力的形成过程可以看出，公共权力的形成和监控总是相伴而生的。在公共管理权力监控的过程中，涉及监控主体、监控对象和监控过程等诸多方面。由于监控主体的多元性、监控对象的多样性、监控过程的复杂性，我们可以从不同角度划分出多种监控的类型。例如，从公共组织行使公共管理权力的过程看，可以分为立法监控、执法监控和司法监控；从监控主体的划分看，可以分为立法组织监控、审判组织监控、监察组织监控、群众组织监控、新闻单位监控、公民监控等；从隶属关系上划分，可以分为上级对下级的监控（又称为"下行监控"）、下级对上级的监控（或称为"上行监控"）、同级之间的监控（或称为"横向监控"）等；从监控手段上划分，可以分为立法监控、法律监控、执法监控、舆论监控等；从公共管理权力职能上划分，可以分为财政监控、审计监控、税收监控等；从时间或范围划分,可以分为事前监控、事中监控、事后监控或宏观监控、微观监控等。无论何种类型的公共管理监控,都是为了约束公共权力运行过程,监控公共权力运行效益,防止和纠正公共权力运行过程中出现的偏误与紊乱,保证公共管理权力"公共性"得以充分实现。

(二)建立公共管理权力监控机制的必要性

对公共管理权力监控的实质是对拥有公共权力的公共组织或个人进行监控,防止他们滥用公共权力,保证公共组织目标的实现。公共组织的管理者为了更有效地工作,需要上一级管理者授予他们相应的公共权力。因此,公共权力都制度化或非制度化地分散在各个公共管理部门和层级。公共权力越是分散,监控就越有必要。有些公共组织(主要是非政府公共组织)只是具有一定的公共职能,而不具有公共权力,对其活动过程的监控,主要依赖内部成员实现。它们同私营组织一样,只有在与其他组织或个人的活动相关时,才受到法律的规范和外部的监控。因此,这里所指的对公共权力的监控,主要是对政府权力机构和这些机构的管理者的监控。①

1. 公共管理者也具有"经济人"的特点,其自身认识水平有限

受此局限,公共管理者对公共权力的行使过程无法作出正确的判断,特别是在失去权力监督时,他们可能会利用手中的权力牟取私利,损害社会公众利益。这就需要有针对性地加以制度约束,使被监控者违规必受惩罚,而且惩罚的代价大大高于违规的收益,使违规者得不偿失。所谓制度的约束就是公共组织外部的法律和公共组织内部的规章的约束。为了使监控者有法可依,必须制定完善的规章制度,同时需要监控者尽职尽责。

2. 有效防止公共管理权力的异化

公共组织在获得权力之后,自身要能够控制和驾驭手中的权力,才能顺利有效地实现组织为公共利益服务的目标。这要求公共组织拥有完成使命的公共管理权力资源。在公共管理权力的运行过程中,如果背离服务、维护和增进全体公众成员利益的目标,损害了公众利益,就是公共管理权力的异化。公共管理权力的异化主要有人格性和制度性两个方面的原因。从人格性方面来看,公共管理权力运行过程是全体公众授权公共管理者行使公共管理权力的过程。而公共组织内部必然存在部门利益或组织成员个人的特殊利益。作为公共管理权力行使者的公共组织利用对社会稀有价值和利益分配的强制力,牟取私利而损害公众利益是相当便利的。这种人格性原因诱发的权力行使者在公共管理权力运行中直接或间接地为部门和个人牟取私利的公共管理权力异化,称为公共管理权力腐败。如任人唯亲、拉帮结派、编制裙带关系、把公共管理权力当做个人财产支配以谋取私利、把公共管理权力当做私人交易的筹码等,都是公共权力在人格性方面异化的表现形式。从制度性方面来看,公共管理权力的强制性使得很多公共组织提供的公共产品或服务具有垄断性、非营利性和非竞争性。公平有序的竞争和激励机制是各类组织提高运行效率的强大动力。缺乏动力的公共组织更多地依赖公共管理权力强制性提供公共物品,因此,公共管理权力运行常常是低效的。这种以制度性原因为主而引致公共管理权力的异化,称为"公共悖论"。它可以划分为两种类型。第一,公共管理权力的行使者不能够有

---

① 黎民.公共管理学[M].北京:高等教育出版社,2003:192-193.

效地实现公共管理的职责。这种情况虽然有客观上的原因,如公共管理水平低下、公共管理技术落后、公共管理方法陈旧,但更主要的原因是公共管理权力管理者主观上的官僚主义,服务意识淡漠,漠视公众需求,态度傲慢,工作效率低下,工作互相推诿,墨守成规,缺乏创新。第二,公共管理权力运作的实际效果与社会期待之间存在较大差距。这种类型的公共权力行使者虽然表面上没有为自己牟私利而损害公众利益,但从整体上看,是公共管理的无效或低效状态,在一定程度上仍然损害了公共利益,也是公共管理权力的一种异化行为。"公共悖论"在世界各国的公共组织管理中存在着,并受到公共管理实践者和研究者们的高度关注。要防止滥用权力,就必须以权力约束权力,确保公共管理权力服务于全体成员,维护和增进全体公众成员的利益,因此,要对公共管理权力实施监控。

(三)公共管理权力监控的机制

对公共管理权力既要有监控又要是有效监控,而且要建立一个有内在联系的、规律性的监控方式,这就是我们所说的监控机制,也有的称为监控体系。

公共管理权力监控机制是在严密的法律体系基础上建立起来的,即依法监控。因此,公共管理权力监控机制是否完备取决于是否有一个完善的、科学的法律体系。在对各监控主体依法授予监控权时,必须明确监控权力作用的目标、范围和方式等,如监控对象、监控方式、监控手段等。由于监控权力本身就是一种公共管理权力,因此它也同样受到法律的约束。也就是说,任何一个公共管理权力组织在对其他组织行使监控权力的同时,也受到其他监控主体对该公共管理权力组织的监控。因此,公共管理权力的监控体系是公共管理权力相互作用的结果,任何一个公共权力组织既是监控主体又是被监控对象,它们同时具有双重角色。

对一个公共管理权力组织而言,所有该公共管理权力组织之外的监控主体,从不同的角度对其行使着监控权力,它们共同构成了一个有机整体,这一整体我们称之为外部监控机制,它是独立于一个公共管理权力组织之外的各种监控主体对该组织的公共管理权力行使过程实施监控的机制。与外部监控机制相对应的是内部监控机制,内部监控机制指一个公共管理权力组织在行使公共管理权力过程中,通过该组织内部形成的一套监控机制发挥监控作用。内部监控机制与外部监控机制相互依存、相互补充,共同构成了公共管理权力的监控机制。

1. 内部监控

公共管理权力的内部监控是公共组织自身作为监控主体对组织内部各部门行使公共管理权力过程的监控。内部监控的目标是保证公共管理权力的统一高效的行使。内部监控是依据上下级隶属关系而组织起来的,具有权威性,是最有力、最直接的公共管理权力监控方式。内部监控主要有垂直监控、职能监控、专职监控和特种监控四种类型。

1)垂直监控

垂直监控又称为纵向监控,是针对公共组织内层级关系的一种监控机制,调整的是组织内部指挥与服从、命令与执行的关系,是公共组织机构按直接隶属关系自上而下和自下而上所产生的双向垂直监控。上级拥有领导权和指挥权,其对下级的监控是组织内部一种最常见、最普遍的监控形式。下级对上级的不恰当或错误提出批评和建议,是组织内部的一种特殊的民主监督形式。纵向监控确保了组织政令畅通和良好的工作局面,保证了公共组织日常工作有序地进行。

2) 职能监控

职能监控又称为横向监控,是针对公共组织职能结构的一种监控机制,是公共组织各职能部门就其所主管的工作,在其职权范围内对其他有关部门实行的监控,以保证公共组织的有效运行,如国家安全部门对各部门、各单位依法实施的国家安全保密的监控,公安机关对各部门、各单位依法实施的安全保卫工作、消防工作的监控等。这种监控的优点在于监控主体与监控客体之间无隶属关系,在各自的业务范围内相互监控。无论是在监控的内容还是在监控的方法上,职能监控都具有很强的专业性、强制性和保障性。

3) 专职监控

专职监控是指在公共组织内部设立专门的监控机构(或由有关职能部门代为行使监控),负责对该组织内行使公共管理权力的其他部门进行监控。专职监控主要是对公共组织内部规章制度的执行情况进行监控。奖惩制度是公共组织实施专职监控的常用手段。

4) 特种监控

特种监控是指对公共组织进行的专业性监控,如审计监控、物价监控等。其中,审计监控就是国家审计机关进行特种监控的一种活动。审计机关有权依法对政府组织、企事业单位以及其他同国家财政有关的单位的财务行为进行全面的审查。如果发现有违法行为,审计机关有权责成有关单位予以纠正,并有权对其作出没收非法所得、处以罚款、停止财政拨款、终止银行信贷等处理。由于专业性监控主体在公共组织内部具有相对的独立性,它与被监控对象既无隶属关系,又无利害关系,从而使其监控具有较高的自主性、主动性和客观性。

2. 外部监控

公共管理权力的外部监控是由公共组织外部的各种监控主体对公共组织及其人员运用公共管理权力的活动进行的监控。它是对公共组织运行机制、公共利益的实现、公共管理权力的分配关系、责任机制的监控。外部监控的形式主要有立法监控、司法监控、政党监控、社会监控、媒体舆论监控等。

1) 立法监控

立法监控亦称权力机关监控,是指国家立法机关对公共组织及其活动实施的监控,它是层次最高、权威最大、范围最广、最有法律效力的外部监控。由于世界各国的政体和国体不同,国家权力机关的监控内容与模式有着很大的差异性。在实行三权分立的国家,立法权、司法权、行政权分别交由不同的国家机关行使,三者之间互相牵制、互相约束,以实现权力的相互制衡、相互监控。在实行"议行合一"的国家,国家权力机关在国家体制中居于核心地位,体现国家意志,代表公众利益,是公共组织最重要的监控主体。立法机关对公共组织的监控,主要是通过质询权、调查权、弹劾权、不信任表决权等方式实现。在我国实行的是人民代表大会制度,它既不同于西方的议会制,也不同于总统制。《中华人民共和国宪法》第2条规定:"人民行使国家权力的机关是全国人民代表大会和地方各级人民代表大会。"全国人民代表大会是国家最高权力机关,行使国家立法权,以及对重大事务的决定权、任免权和监控权。它既是议事机关,又是工作机关,不存在与其他国家机关分权的问题。《中华人民共和国宪法》第3条规定:"中华人民共和国的国家机构实行民主集中制的原则。""国家行政机关、审判机关、检察机关都由人民代表大会产生,对它负责,受它监督。"这明确了我国的政体,以及权力机关对行政机关进行监控的宪法依据。

2）司法监控

司法监控是指国家司法机关依据宪法和有关法律对公共组织机构及其活动实施的强制性的监控。当行政部门实施法律需要协助时,当一项争端的发生并非行政者的权限所能解决时,或者当行政者在工作过程中有侵犯人民的合法权益的行为时,便需要司法的介入。在历史上,司法与行政原是一体,即使在当代,政府虽然分设行政部门与司法部门,但一般的行政程序在功能上仍具有裁判效力,只是在行政程序无能为力或裁定错误时,才由法院提出补救。正如立法对行政的控制一样,法院的力量也是监督行政的一种重要力量。一旦公共管理者有违法行为,法院便采取制裁行动。一旦权限被误用或滥用,法院有最后的制裁权。宪政便是法治,因此,公共部门必须受到法院的控制,而法院是否能实行有效的控制,也是关系到责任是否实现的一个大问题。从公民权益的角度来看,司法控制不仅有助于维护行政之责任,更重要者,在行政权力导致人民的权益受到损害的情况下,给予受损的权益以司法上的救济,这本身便是责任政府的核心要求。在司法控制的责任机制当中,司法审查和宪政赔偿责任是最为重要的两个方面。目前,世界各国的司法监控实践主要包括两个方面:一是由专门的宪法法院或普通法院系统对政府颁布的行政管理法规和行政措施进行审查,以判断其是否违反宪法;二是由司法机构对政府管理有关的行政纠纷进行审理和裁判,以维护当事人的合法权益,即行政诉讼和行政裁判。在我国,司法机构是指人民检察院和人民法院,他们对政府机关及公务员的具体的、违法的行政行为行使检察权和审判权。

3）政党监控

政党监控是公共组织外部监控机制中的重要组成部分,是公共组织监控的最重要的主体之一。政党和社会团体出于本集团利益考虑,对公共管理权力的作用施加影响,同时为了保障本集团的利益不受损害,对公共管理权力的行使过程实施监控。就政党和社会团体而言,这种监控行为是一种自觉的行为,是利益机制作用的体现。由于一些政党或社会团体的成员本身就是公共管理权力的拥有者,他们的利益倾向也许会影响其他政党或社会团体的利益,因此,政党或社会团体对公共组织行使公共管理权力过程的监控是必要的,而且这种监控的力度也非常大。我国政党监控是指执政党和各党派对公共组织及其成员的监控。我国的政党监控主要是指中国共产党从中央到地方各级党组织、党的纪律检查委员会以及广大党员对公共组织及其成员进行的监控,是中国共产党作为执政党实行领导的一种重要形式。党的领导地位和作用是宪法规定的,其对公共组织的监控是对国家和社会公众利益的真正维护,实质上是依法监督的一种形式。此外,各民主党派对公共组织的监控是政党监控制度的一个重要组成部分。

4）社会监控

社会监控是指社会公众对公共管理权力行使过程的监控。公共管理权力产生于全体公众,是由社会和公民赋予公共组织的。《中华人民共和国宪法》第2条指出:"中华人民共和国的一切权力属于人民","人民依照法律规定,通过各种途径和形式,管理国家事务,管理经济和文化事业,管理社会事务"。第27条指出:"一切国家机关和国家工作人员必须依靠人民的支持,经常保持同人民的密切联系,倾听人民的意见和建议,接受人民的监督,努力为人民服务。"这为群众监督提供了最根本的法律依据。公众对公共组织及其人员的行为监控,是公民行使权力、参与管理的一种形式。虽然这种监控缺乏法律强制力,不能直接改变和撤销公共组织的决定和行为,但是具有广泛性和灵活性,对公共管理权力具有一定的制约作用。在西方国家,公众主要通过请愿、游说、宣传、示威游行、罢工甚至暴力行为来实现社会监控。在我国,国家公共管理权力组织建立了群众监督机制,如信访制度、举报制度、申诉制度、政务公开制度等,公民以个人名义实施的非组织化的监控有着其他监控形式无法取代的地位和作用。

5) 媒体舆论监控

媒体舆论监控是指新闻媒体对公共组织及其成员的活动实施的舆论监控。随着社会的发展与进步,舆论监控日益成为社会关注的焦点,成为社会调控公共管理权力关系的重要手段。在当今的信息时代,信息不仅是资源,也是一种力量。媒体舆论主要包括报纸、电视、广播、刊物、网络等大众传播媒体。在西方国家,舆论媒体被视为与立法、行政、司法三权并立的"第四权力",甚至被视为制约三权的权力。各国通过立法保障公共舆论的自由,使新闻媒体成为特殊的监控主体。随着我国改革开放事业的不断发展和新闻媒体业的兴起,新闻媒体对公共组织及其成员的行为监控力度和范围正日益扩大。近些年来,我国许多违法、违纪案件的调查和处理,就是在新闻舆论的帮助和支持下进行的。

三、正确处理公共管理权力监控中的问题

维持公共管理的责任,说起来简单,但做起来却是一件十分困难的事情。行政学家罗森布罗姆等曾分析了追究责任的几大困境,并作了如下分析说明。①

(一) 公共管理权力监控中存在的问题

1. 对被监控者实施监控的问题

1) 专业知识与信息不对称

公共管理者在其专业领域可谓是专家,外人无法挑战其专业性,也不能用间接的方法揣摩其决策或行动;同时,公共管理者掌握着一般人无法获知的信息,而这些信息通常是决策的重要基础。公共管理者所拥有的特殊专业知识和信息,使得他们比监督者更有优势,可以躲避监督。

2) 专职地位的优势

绝大部分被监控对象——公共管理者——都是全职的,而外部监督者无法全身心地观察与掌握他们所做的一切。例如,议会有其他许多活动,因此它对行政监督投入的时间是有限的,而且也缺乏足够的诱因去监督政府行政机关。

3) 人事制度的保护性质

为了减少因政治波动对政府各部门造成冲击,各国逐渐实行公务员制度以保持公共行政的中立性。随着公务员制度的发展,人事制度予以公务员的保障也大大增强。虽然对公务员的惩戒和开除是有可能的,但也是相当困难的。对一些情节轻微的贪污受贿行为,如利用公共资源图己小利可能不予惩罚,对一般的违法行为的处罚也往往不了了之,除非引起民愤。

4) 被监控者设法逃避监控

被监控者出于各种目的,如扩大公共管理权力、以权谋私、为自己的利益集团谋取利

---

① Rosenbloom D. Public Administration [M]. 4th ed. New York: McGraw-Hill, 1997.

益等,往往会设法逃避监控,这就是所谓"反监控法则"。决策者或高级官员越是致力于控制下级的行为,部属就越致力于付出更大的心力去规避这些控制。

2. 对监控者实施监控的问题

1) 监控者内在动力不足

监控者能否实施有效监控,很大程度上取决于监控者的主观责任,即道德规范和公共管理责任机制。由于对监控者的行为规范不可能过于细化,给监控者留下了较大的自主决策空间,因此,监控者的道德修养、敬业精神等对监控效果影响较大。在监控过程中,如果将监控结果与实现监控者的利益联系起来,可以激发监控者内在的监控动力,但在监控机制中融入利益机制有一定的难度。

2) 对监控者的公共管理权力的监控与约束

由于监控者的监控权是一种公共权力,也同样会存在滥用公共管理权力的行为。因此,对监控者实施监控很有必要,但现实中对具有监控权的组织和个人实施监控的力度不大。

3) 监控者之间的协调

公共管理权力分立的目的是为了落实公共管理责任,但立法、司法、行政三部门有各自的职能、角色和利害关系,在缺乏协调的情况下,彼此的监督制衡容易造成监督能力的丧失。

(二) 正确处理公共管理权力监控中的问题

公共管理权力的监控确实存在许多问题,即使有非常完善的监控机制和监控技术,也无法杜绝违规和犯罪。但不能因此而失去信心,必须通过不断完善监控机制,提高监控管理水平,逐渐实现监控目标。解决公共管理权力监控中的问题必须从以下几方面着手。

1. 建立监控机构

在公共组织自我监控和相互监控的基础上,建立独立的、专门的监控机构很有必要。独立的监控机构在管理体制上要独立于监控对象,做到监控者人、财、物的真正独立,以减少来自监控对象的干扰和约束,确保独立行使监控权,并提高监控绩效。专门的监控机构要实行专业化分工,由于被监控对象分布在不同行业或领域,因此需要有相应专业水平的监控者实施监控。专业化的监控方式在一定程度上解决了被监控对象因专职地位优势造成的监控困难问题。

2. 完善监控机制

完善监控机制主要是完善监控制度,将监控纳入法治轨道。完善监控机制的首要工作是使监控制度化,以使公共管理权力在宪法和法律的范围内运行。运用法律、规章等制度化方式来规范监控主体、监控范围、监控方式和监控程序,可以落实监控者承担的公共管理责任,而且可以提高监控效率。在提倡被监控者承担主观责任的条件下,还应重视客观责任的作用,特别是以制度化方式规范监控者和被监控者的行为。

同时,应在监控机制中建立利益机制,使监控者的监控效果与个人利益联系在一起。对于监控效果好、达到监控目标的,予以奖励;对于滥用权力或监控不力、造成重大损失的,追究其责任,给予相应的惩罚。将监控过程、监控结果与监控者的利益挂钩,可以增强监控机制的内在驱动力,使监控效果得到改善。在现实中,一般采用对不同监控者进行比较的评价办法,判别哪个监控者更优秀,并以差别奖励的方法鼓励先进。

3. 提高监控机构绩效

这方面的一个重要内容是降低监控成本,提高办事效率。由于监控对象多元化,且监控对象活动范围大、过程复杂,使监控难度大大增加,因此,改进监控技术和方法是提高监控机构绩效的有效方法。例如,对监控对象的某一行为过程采取抽样监控的方法,可以大幅度降低监控成本。

4. 发挥社会监督的作用

1) 社会公众参与监督

全体社会公众是公共管理权力的最终拥有者,他们也同样拥有监控公共管理权力运行的权利和责任。加强社会公众对公共管理权力的监控,有助于公共管理者的行为规范和公共管理权力有效运行。公民参与公共管理过程的监控,有以下几方面的优点:首先,公民的参与可以反映公民的需求与偏好,使公共管理部门的政策与行为符合大多数公民的需求,防止监控对象损害公共利益;其次,公民参与监控是监控者获取监控对象信息并对其公共管理权力的绩效进行评估的重要手段;再次,公民参与监控也有利于监控者与公民的沟通、理解和相互支持;最后,公民的参与可促使公共组织改善工作绩效,增强公民对公共管理权力机关的信心,认同并支持公共管理权力机关的工作。

2) 舆论监督

舆论监控包括报刊、电视、广播等传媒对公共管理权力行使过程中的违法、违规行为的报道,这种监控方式的最大优点是信息来源广泛、及时,而且舆论的传播速度快、覆盖面广、影响大。尽管各媒体的报道有一定倾向性和局限性,但是舆论仍然是一个非常重要的社会监控手段。舆论是社会公众参与监控的桥梁,它在传播监控对象的信息、引起高层管理者和全社会公众关注方面,具有不可替代的优势。舆论监控可以在一定程度上改善监控者与被监控者之间的信息不对称问题。应充分发挥舆论监控的作用,从法律上保障舆论报道的自由,明确舆论的监督权、批评权和采访权,建立具有权威性的新闻纠纷仲裁制度。

本章重要概念

公共管理权力(power of public management)
公共管理责任(responsibility of public management)
问责制(the accountability system)
权力监控(monitoring power)
监控机制(monitoring mechanism)

本章思考题

1. 公共管理权力的内涵是什么?
2. 公共管理权力的特征有哪些?

3. 如何理解公共管理责任的性质？
4. 试述行政问责制及其优化。
5. 试述非政府公共组织问责制及其优化。
6. 如何建立公共管理权责监控机制？
7. 公共管理权责监控中会存在哪些问题？如何解决？

本章推荐阅读书目

1. 张康之.寻找公共行政的伦理视角[M].北京:中国人民大学出版社,2002.
2. 张国庆.公共行政学[M].3版.北京:北京大学出版社,2007.

第五章

公共管理职能

——本章导言——

公共管理职能是公共管理的核心组成部分,它规定着公共管理的基本方向、基本任务、基本方式和作用范围。公共管理职能规定了公共组织应该管什么、怎么管、发挥什么作用等问题。了解公共管理职能的前提是对公共管理职能与其他职能的界限有明确的区分。公共管理职能的实施者是以政府为核心的各类公共组织,其实施的依据是国家授予的某些特定权力或社会赋予的权威。公共管理职能的内容涉及公共管理系统对一国公共物品和公共服务进行管理的全部事务。由此,把公共管理职能与行政管理职能区分开来,并进一步区分政府和非政府公共组织各自的具体职能,可使它们构成一个和谐统一的有机整体,共同对公共事务进行管理。公共管理职能是由特定时代特定国家的具体社会环境的实际决定的,现实中公共管理的角色和职能定位,其实是公共管理主体与其所处环境(民意、利益集团和专家意见等)之间初步妥协的结果,或者说是适应环境的结果。因此,在不同的历史阶段,公共管理职能会随着不同时期的任务和形式的变化而变化,随着历史和社会经济的发展而发展,具有变动不居的特性。西方的公共管理职能经历了守夜人角色、道德人角色、经济人角色、中心人角色、社会人角色等几个发展阶段。改革开放以后,我国也开始了关于政府公共管理职能的探索,并逐步明确了当代中国公共管理的职能定位。

第一节 公共管理职能解析

一、界定公共管理职能的依据

厘清政府与市场、政府与社会之间的关系是对公共管理职能给出清楚界定的关键。诚如约翰·穆勒在其《政治经济学原理》中所说的,在我们这个时代,无论是在政治科学中还是在实际政治中,争论最多的一个问题就是,政府职能和作用的适当界限在哪里。政府在现代政治、经济、文化生活中始终处于实际上的核心位置,而且至今仍然处于核心位置,政府职能的行使对现实社会的发展具有决定性的影响。因此,公共管理职能的界定,首先应该明确的是政府的职能范围。对政府职能的科学界定,是一国经济持续稳定发展的基础,也是公共管理职能界定的前提。

对政府职能的界定,需要把握以下两个基本问题。一是要明确政府不当作为和应当作为的领域。人们通常把社会划分为私人领域、公共领域和第三领域。在私人领域奉行当事人自治原则,政府不当作为;公共领域的管理责任属于政府,政府不但应当积极作为,而且可以也能够大有作为;第三领域①介于公域和私域之间,应当由第三部门去管理,政府间接管理,适当作为。二是要把握好政府作为的"度"的问题。政府应当奉行"过犹不及"的哲学,既不能"越位"多管,也不能"缺位"少管,更不能"错位"乱管,而要恰到好处地依法管好自己该管的事。政府作为公共权力的代表,其对社会的管理主要表现为两种职能,一是面对市场的调控职能,一是面对社会的管理职能。这两种职能在权力行使和法律规范方面都是不同的。前者表现为如何正确处理政府与市场的关系,后者表现为如何正确处理政府与社会的关系。在经济日益市场化和管理日趋社会化的过程中,政府如果不从根本上处理好这两对关系,就难以专心于社会管理和公共服务。

（一）政府与市场的关系

市场经济是一种竞争型经济体制。进入市场的各种经济主体,在市场这只"看不见的手"的调控下,对各种市场信号反应灵敏,能够通过价格的涨落适应供求关系的变化,作出科学的生产经营决策,使资源得到有效配置,从而推动整个社会往前发展。然而市场不是万能的,市场机制本身存在着固有的缺陷,如市场不能消除垄断和非公平竞争,不能解决外部性问题,无法满足社会对公共产品的需求,不能解决社会福利和收入分配的公平化问题,不能确定和控制宏观经济总量平衡等,即存在"市场失灵"的问题。因此,必须借助市场机制以外的力量予以矫正和弥补。在现代社会,各种公共管理部门,尤其是作为社会公共利益代表的政府,都有责任在市场这只"看不见的手"的运作效果不合乎公共利益时,伸出"看得见的手",对市场运作实施必要的干预,解决市场本身解决不了的问题,从而保障市场经济的健康发展。

当今时代,各国已经逐渐意识到市场才是社会产品与服务的主要生产者与供应者。但是,正如西方学者马斯格雷夫所认为的那样,在某些情况下,市场机制自身并不足以实现所有的经济职能,离开了公共部门的市场将无法正常运行。马斯格雷夫及其他学者均较为系统、全面地对这一观点进行了论证。尽管这些学者往往是在论证政府及其职能存在的必要性,但我们也完全可以用这些论据来证明公共管理部门及其职能存在的合法性与合理性。而且,尽管他们有时也曾提及其他一些原因,但就经济职能而言,公共部门及其职能赖以存在的主要理由还是市场失灵现象的存在。

（二）政府与社会的关系

根据马克思主义基本原理,在社会自治能力（个人能力）高度发达的共产主义社会里,作为统治机器的国家或者说政府将自行消失。另一方面,在极端的个人自由主义者那里,各种公共权力组织职能是一种无用的"祸害",必须立即加以消灭。而在现实主义学者的理论中或者是在社会现实中,对于公共管理而言,社会自治能力是一个重要影响因素或干

---

① 第三领域的概念最早由黄宗智提出,20世纪90年代初,以魏斐德和黄宗智为代表的美国汉学界认为,哈贝马斯提出的"公共领域"这一概念很难直接应用于中国。因为在哈贝马斯看来,"公共领域"仅仅指市民社会在反对专制国家的民主进程中的一种扩展,如果将这样一种意义上的"公共领域"概念应用于中国,则难免会发生错误与混淆,因为中国社会压根就没有形成与国家的实质对立。为此黄宗智建议代之以"第三领域"概念,特指中国社会中居于国家与社会之间,受到二者合力的影响,但具有"超出国家与社会之影响的自身特性和自身逻辑"的一种异质力量。

脆就是某些公共组织的产生与发展依据。对于政府而言,社会自治能力的强弱直接对它与社会自治之间的关系产生影响。在社会自治能力较弱的社会,政府相对就要强大一些;反之,在社会自治能力较强的国家或社会里,各种非政府公共组织则会蓬勃发展。事实上,在现代国家,社会自治能力的强弱直接影响着政府的职能社会化进程,以及非政府公共组织的发达程度。

二、公共管理职能的含义

职能泛指人、事物或机构应有的职责和功能。就国家现象而言,职能是一个与公共权力、公共责任紧密相关的概念。关于公共管理职能,国内学界并没有形成统一的看法,这里我们认为,公共管理职能就是公共组织在行使公共职权、履行公共责任、实现公共利益的过程中应尽的职责和应有的功能。公共管理职能体现了公共组织活动的基本内容和发展方向,是公共管理的本质表现。公共职能就是要解决公共组织"应该做什么"、"不该做什么"的问题。要准确、完整地理解这个定义,必须注意以下几点。

1. 公共管理职能的载体是以政府为核心的各类公共组织

政府毋庸置疑是实施公共管理职能的核心主体。但政府不是实施公共管理职能的唯一主体。除政府以外,凡是以提供有效公共物品和公共服务,促进公共利益最大化为目标取向的组织、机构及其工作人员都是公共管理职能的实施与提供者。在我国,公共管理职能的实施者主要有:国务院及其各部委,各级人民政府及其职能部门,各公共事业单位,一些非营利性、自治性的民间组织等。

2. 公共管理职能的实施依据是国家法律或社会权威

国家通过宪法和法律的形式赋予各种类型的政府机构一定的公共管理权力,代表国家实施公共管理职能,因而政府机构具有权威性,它的一切合法行为都受到国家强制力的保障。但是,对于非政府公共组织及其他社会力量而言,它们往往并不具有法律赋予的正式权力,而是依赖由于某种特定因素自发形成的权威来运行的。例如,一些社区组织与行业协会,它们自身的权威恰恰来自于它们维护公共秩序、增进公共利益的种种公益行为及社会对它们的认同和信任。

3. 公共管理的职能规定了公共管理的实践内容

公共管理职能内容非常广泛,涉及公共管理系统对公共物品与公共服务进行管理的全部事务,从静态上看,涉及政治、经济、文化、教育、社会保障、环境保护等各个方面;从动态上看,包含了公共管理从计划、组织到控制的各个环节。

4. 公共管理职能的基本精神是实现公共利益

公共管理职能的终极目标是维护、保证和增加公共利益。实现公共利益是公共管理职能的灵魂所在,规定着公共管理职能的内容和行为方式。

由此可见,公共管理职能与通常所说的政府职能有较大的区别。尽管政府职能依然是公共管理职能的核心组成部分,但是,随着社会自治能力的不断加强和政府职能社会化改革在各国的展开,公共管理职能越来越超出政府职能的范围。

三、公共管理职能的特点

1. 公共性

公共管理是公共管理职能的主体——政府、非政府公共组织及公共管理者,运用公共权力实现管理目标的社会活动,公共管理的客体或对象是社会公共事务,无疑它们都具有鲜明的公共性。公共管理主体对公共事务的管理首先从公共问题入手,公共问题是公共管理的逻辑起点。同时,由于对公共事务的管理,最终要达到的目标或宗旨是实现社会公众的公共利益,因此,公共性是公共管理职能的首要特性。

2. 公益性

公共事务主要是涉及国家主权、合法性、普遍福祉及人们共同利益的事务,它是服务于不确定的多样性的个体需求并为公众谋取公共利益的,因而从本质上说具有公益性。从管理的使命来看,公共管理是要提高人们的生活质量,它主要从最大多数人的利益出发,为人们提供非营利性的产品或服务,其目的是公益性的。因此,公益性是公共管理职能的本质属性。

3. 非营利性

公共管理为社会公众提供服务,为社会公众管理公共事务,不谋求自身利益。这一点它与私人事务有着本质的区别。私人事务追求的往往更多的是个人利益,带有明显的私利性,经济利润是其活动的底线。而公共事务公益性的特点,决定了衡量公共管理活动有效与否的标准在于能否在最大程度上维护或增加所有人的根本利益和整体利益,能否给大多数人的需求增量,这决定了公共管理职能的非营利性。

4. 社会性

公共组织应充当什么角色,应当做什么,不应当做什么,并不完全取决于公共组织自己的意愿,也不完全取决于民意,更不是遵从政治学者的意见,而是由公共组织所处的特定时代特定国家的具体社会环境的实际决定的。因为公共组织总是存在于特定的时代和国家。公共组织充当的角色和行使的职能,其实是该公共组织与其所处环境(民意、利益集团压力和专家意见)之间初步妥协的结果,或者说是公共组织不断适应新环境的结果,是特定公共组织与特定环境之间需要继续达成的政治妥协,或者说是公共组织为适应不断变化的新环境而应当作出的政治选择而已。

5. 时代性

公共管理职能不是静止不变的。随着时代的变化,公共管理职能的范围、内容、主次关系等也必然发生变化。例如,我国在传统计划经济时代,主要强调的是政治职能;改革开放之后,经济职能成为工作重心;进入新世纪社会职能的作用开始突显。所以,我们在分析公共管理职能时,要以不同国家、同一国家不同历史时期的工作重心、工作方式为基点,以变化、发展的眼光看待公共管理职能。

6. 多样性

公共管理职能的多样性体现在管理内容的多样性和管理手段的多元化两个方面。一方面,公共管理涉及社会经济、政治、文化,以及其他社会公共事务等方面的内容,其运行过程具有决策、计划、组织、协调、控制等一系列环节和步骤;另外,管理层次还有高、中、低层次之别,这些都包含着与之相应的复杂的内容。另一方面,随着社会的发展,非政府公共组织、社会团体越来越多地介入到公共管理领域,加上技术手段的创新,使得公共管理的手段也越来越多元化。

四、公共管理职能的种类

公共管理职能是复杂的,考察公共管理职能可以有很多角度。对公共管理职能的划分,也可以有很多参照体系。从公共管理的程序上划分,可以把公共管理职能分为决策职能、组织职能、协调职能和控制职能。从公共管理的任务角度划分,可以把公共管理分为经济职能、政治职能、文化职能、社会职能和民生职能。

我们认为,确定公共管理的职能应该考虑到公共管理本身的特点,考虑到时代的特点,考虑到它与传统公共行政职能的联系与区别。因此,我们将公共管理职能分为三个部分:公共管理的基本职能、政府组织的职能、非政府公共组织和其他组织的职能。

公共管理的基本职能是所有社会形态各种公共组织所共有的职能,古今中外,概莫能外。公共管理的基本职能包括配置公共资源、均衡公共利益、管理公共事务、提供公共服务。虽然不同时空条件下不同类型国家的公共组织在行使基本职能的过程中,其职能重心和行为方式有很大的差异,但没有一个国家的公共组织只行使其中一个职能而完全放弃其他职能的。在此基础上,我们再进一步划分政府与非政府公共组织各自的职能。

(一) 政府的职能

政府是公共管理的核心主体。随着社会的进步和经济的发展,政府的职能不断扩展,并不断细分。我们可以依据不同的标准对职能进行分类。从政府管理的领域看,政府职能包括政治职能、经济职能、文化职能、社会职能和民生职能;从政府管理运行角度看,政府有决策职能、组织职能、协调职能和控制职能;从政府管理的性质看,政府职能包括统治性职能、管理性职能和服务性职能。

1. 从政府管理的领域划分

1) 政治职能

维护政治统治是一个国家的首要任务,从而使政治职能成为政府职能的核心内容。政治职能包括军事保卫职能、镇压与治安职能、民主建设职能等。

(1) 军事保卫职能。政府通过军事科研、国防建设、武装力量来维护国家的独立和主权的完整,保卫国家的安全。另外,政府还可以通过外交外事活动保护国家的利益,为国家的建设创造一个良好的外部环境。

(2) 镇压与治安职能。政府要从维护人民的根本利益出发,镇压各种危害社会治安的违法犯罪分子,以维护国家的政治经济秩序,维护安定团结的政治局面,为社会经济生活的正常运转提供良好的内部环境和秩序。

(3) 民主建设职能。民主建设职能是指提高行政活动的公开性和透明度,做到重大政情让人民知晓、重大决策让人民讨论;疏通和不断增加公民参政议政的渠道,完善公民监督检查行政活动的机制,它的目的是调节公民间的关系,促进人民内部的协调,增强人民群众对国家和社会的责任感,调动人民群众建设社会主义的积极性。①

---

① 张永桃.行政管理学[M].北京:高等教育出版社,2006:61.

2）经济职能

经济职能是指政府引导、管理、控制社会经济活动的职能,是最主要、最基本的政府职能。具体来说,政府的经济职能包括宏观调控、市场监管、公共服务这几个方面。

(1) 宏观调控职能。政府宏观调控职能是对国民经济全局进行的总体调节。在市场失灵的情况下,宏观调控能够保障国民经济的整体平衡和持续发展。它既包括政府对市场必要的前导式调节,运用经济发展战略和产业政策促进结构平衡这样的长期战略性行为,也包括政府根据市场变动,运用财政金融杠杆调节短期供需,达到总量平衡这样的短期行为。目前,我国加强宏观控制的具体方式应为间接调控与直接调控并用,结构调控与总量调控并重,建立计划、财政、金融三大调控系统之间的彼此制约机制,经济、法律、行政手段并用等。

(2) 市场监管职能。培育和完善市场机制,为市场的发育创造良好的条件,即运用行政和立法手段来避免市场中的垄断行为和不正当竞争,保证市场竞争的公正性,排除对平等竞争的一切干扰。在我国,要培育、完善市场机制最为重要和迫切的任务是建立和健全市场秩序,包括建立公平的竞争秩序,建立稳定的社会秩序,建立有效的经济运行秩序,要有完备的法制来规范和保障,通过各种经济、法律和法规来引导、推进、规范、保障市场经济的运行,同时,还要以行政手段来避免垄断和其他妨碍市场经济机制建立的行为,以弥补目前我国因法制、法规不健全而产生的不良影响,杜绝有法不依、执法不严的现象。

(3) 公共服务职能。在我国社会经济转型中,政府必须从"管企业"转向"管社会",即为社会和企业服务,把企业原来所承担的社会职能转移出来,为企业解脱重负,为社会经济发展服务。政府的服务职能主要有:政府应投资建设和管理企业无法解决的一些投资大、周期长、利润少、风险大的基础设施和公共设施,如能源、铁路、交通、航空、供电、邮政、供水、环境保护、医疗、卫生、教育等基础设施,以减轻企业负担,并为工商企业活动提供便利条件;政府要把教育放在首要位置并提高重视程度,增大教育经费的投入,注重人才的培训和人才的管理,从而保证企业具有大批专门的人才和高质量的劳动力;政府可通过向全社会公布国民经济和社会发展规划,公开宏观经济和相应的重大经济调节方案,发布宏观经济运行和市场走势信息等为市场经济运作提供导向和服务。①

3）文化职能

文化职能是政府对全社会文化事业实施领导和管理的职责。文化是一个民族的灵魂。健康而富有活力的文化环境是一个民族国家兴旺发达和可持续发展最主要的软环境。就一个民族而言,其主流文化必然是优秀的传统民族文化,同时必须不断地、广泛地从其他民族吸收人类文化的优秀成果,创造出更先进的新文化。政府在这个过程中起着引导、指导和扶持的作用,具体包括以下内容。

(1) 发展科学技术的职能。科技是第一生产力。振兴经济、增强综合国力,必须发展科学技术。政府通过制定科学技术发展战略、方针、政策和法规等,加强对重大科技工作的宏观调控,做好科技规划和预测等工作,重视基础性研究、高技术及其产业化研究,促进科技为经济、社会发展服务。

(2) 发展教育的职能。教育为社会发展提供人才。政府要把教育发展放在优先地

---

① 许法根.公共行政学[M].杭州:浙江大学出版社,2008:39.

位,优化教育结构,重点普及义务教育,大力发展职业教育和成人教育,适度发展高等教育,扩大学校办学自主权,鼓励多渠道、多形式社会集资办学和民间办学,进行学校尤其是高等院校去行政化改革,构建合理的办学新体制。

(3)发展文化事业的职能。政府应该通过各项方针政策及价值引导,推进整个社会文学艺术、广播影视、新闻出版和哲学社会科学研究等各项事业健康、繁荣发展。搞好民族文化、社区文化、村镇文化,保护非物质文化遗产,使中国传统文化的精髓得以传承,并引导中国文化事业与国际接轨,迈向更高的台阶。

(4)发展体育、卫生事业的职能。目前,我国的竞技体育取得了不错的成绩,下一步,政府要对普及群众体育活动,增强全国人民体质进一步关注。在卫生事业方面,政府要预防疾病,防治传染病、地方病、职业病,搞好农村预防保健、妇幼保健,办好各级各类医院,加强药品质量管理,提高医疗人员的职业道德水平。

4)社会职能

社会职能是指政府所承担的社会管理、公共服务、社会保障等职能,是政府行政管理活动中内容最丰富、最广泛的一项基本职能。随着社会和经济的发展,政府的社会职能日益凸显,政府要在不断加强其社会职能的同时,依靠全社会的力量,运用各种手段,建立起有效的社会化服务体系。社会职能主要包括以下方面。

(1)社会保障职能。在防止分配不公平、促进全民福利方面的社会保障职能应由政府承担起来。政府的社会保障职能有两种作用:一是通过政府支出进行国民收入的再分配,使收入平等化,即保证社会的公平和稳定;二是通过社会保障支出扩大社会购买力,刺激需求,加快经济增长,促进社会进步。

(2)社会福利职能。政府通过加强基础设施建设,不断解决住房、交通、水电、天然气等民生问题,为城乡居民的生活创造便利条件。

(3)社会救济职能。政府对发生洪水、地震、火灾、冰雹、飓风、干旱等严重自然灾害地区的人们提供救济,对社会上的孤寡老幼、军烈属、残疾人、生活困难户等提供救济,其目的是帮助他们摆脱贫穷困难,使他们的基本生活得到保障。

(4)社会服务职能。在市场经济条件下,政府应该主动承担起社会服务职能,如消防安全、环境保护、公害治理等社会综合防治,城市交通、规划设计等公共服务,消除经济发展不平衡,为社会提供市场无法提供的公共物品和公共服务。

5)民生职能

民生职能是事关人民基本生活、根本利益的职能,对于实现社会全面发展至关重要。加快发展社会事业,改善人民的生活水平,提升人民的幸福感是政府首先要解决的问题。具体包括以下方面。

(1)就业问题。政府应把就业放在经济社会发展的优先位置,加强职业培训和就业服务,促进高校毕业生、农村转移劳动力、城镇就业困难人员就业,做好退役军人就业安置工作,实施《劳动合同法》和《就业促进法》,普遍提高最低工资标准,推动建立和谐劳动关系。

(2)就医问题。政府应建立完善的公共卫生服务体系、医疗服务体系、医疗保障体系、药品供应保障体系,为群众提供安全、有效、方便、价廉的医疗卫生服务;完善重大疾病防控体系,建立国家基本药物制度,加强医德医风建设,确保食品药品安全;开展爱国卫生运动,发展妇幼卫生事业。

(3) 社会保障问题。政府应建立社会救助体系,完善社会福利、优抚安置体系,发展慈善和残疾人事业;建立和完善住房救助制度,提供保障性住房建设,解决低收入家庭住房困难;努力让全体人民学有所教、劳有所得、病有所医、老有所养、住有所居。

2. 从政府管理运行角度划分

以行政职能实现的流程来划分行政职能的方法较早见于古立克与厄威克合编的《行政科学论文集》一书,他们从公共行政的程序入手,提出了著名的"七职能论",代表了行政职能实现过程中的七个重要步骤:计划、组织、人事、指挥、协调、报告和预算。法国行政学学者德巴什也从行政的流程把行政职能划分为收集信息、准备决策、预测后果、决定、执行和监督决策六个行政职能。① 依此,这里我们把行政管理的实际运行职能划分为以下几类。

1) 决策职能

政府为了开展行政管理工作,针对一定时期或某一问题,设计多种管理方案,并进行优化选择,按照一定的方法贯彻实施。计划的编制是这个环节的关键,各类行政计划的制订和实施,对于行政管理活动起到预测、指导和统领的作用。决策实施的一般程序包括:发现问题,确定目标;分解目标,科学预测;方案拟订,方案选择;实施方案,追踪修改。决策职能是整个行政活动的起点,其发挥程度如何,决定着整个行政环节的成败。

2) 组织职能

这是行政机关围绕行政目标,按照行政计划,具体策划和安排行政活动的过程。组织职能的内容包括:设置、调整和有效运转组织机构;选拔、调配、培训和考核工作人员;合理安排和有效利用人员、资金、财物;根据职责权关系建立完整的权力体系,使整个行政管理组织职能明确、权责分明。组织职能是实现行政管理目标的依托。

3) 协调职能

协调职能是行政管理过程中平衡各类行政关系、调节各种利益因素的职能。协调职能的具体内容是,协调政府组织之间、组织与个人之间、人员之间的关系;协调各项政府管理之间的关系;协调政府组织与其他组织以及人民群众之间的关系。通过协调,理顺、沟通各方面的关系,减少、消除不必要的冲突和能力损耗,从而建立和谐的分工合作、相互促进的联系,实现政府管理的目标。

4) 控制职能

控制职能是政府为了保证计划的实现,防止和纠正偏离目标行为的职能。它是通过对具体行政部门和行政环节的监督、检查、修正等,力求使实际工作的结果与预期的结果相符合。控制职能贯穿在政府管理过程的各个环节、各个方面和各个层次,内容涉及事前、事中的预测、督促、检查,以及事后的纠偏、惩戒。控制的手段多样,包括综合地运用法规、计划、政策、政令、财政、物价、税收、金融等控制杠杆和手段。

3. 从政府管理的性质划分

1) 统治性职能

统治性职能主要表现为阶级统治职能,包括构建和维护有利于统治阶级掌握国家政

---

① [法]夏尔·德巴什.行政科学[M].葛智强,施雪华,译.上海:上海译文出版社,2000:15.

权的政治、经济、法律、文化的制度、环境及政策;建立和维护军队、警察、监狱等暴力机器履行对内、对外职能,维护统治阶级的利益;建立和维护从中央到地方的政府网络结构系统及必要的附属设施;以制度和文化等形式维护政府的权威性和相对稳定性;保障政府机关及其工作人员的合法利益,向社会和公民征收维护政府正常运转所需的赋税、劳役和兵役等。

2) 管理性职能

管理性职能主要有维护社会治安和秩序,制定对内、对外事务的管理政策并开展这方面的社会管理活动,保护和管理国家自然资源,制定国家中长期的经济和社会发展规划,参与国际社会公共事务管理活动等。

3) 服务性职能

服务性职能主要有提供社会和公民所需的信息、商业、教育、文化、娱乐、保健、交通、通信、市政设施等方面的服务,进行社会发展方面的各类专门的和综合性的研究;向社会和公民提供生产和生活所需的自然资源、福利、保险、救济和慈善服务等。

当然,上述所有职能的划分都具有大致的或相对的意义。如不同属性的职能可以通过不同的方式作用于不同的领域。管理性职能可以通过行政方式作用于经济领域,也可以作用于文化和社会领域。各种职能之间相互渗透、相互交叉、相互作用,共同构成政府职能体系。

(二) 非政府公共组织的职能

目前,还没有一致认可的关于非政府公共组织的定义,本书将非政府公共组织定义为除政府组织以外的社会公共组织,一般以"non-government organization"(NGO)表示。政府是公共管理的主导力量,非政府公共组织的职能是对政府职能的补充和完善,因此,在某种程度上,非政府公共组织的职能更多地表现为功能。在政府职能的主导下,非政府公共组织具有如下功能。

1. 社会服务功能

非政府公共组织在很多公共领域发挥作用。首先,在教育、医疗卫生、社会福利、扶贫、农村发展以及救灾等领域,非政府公共组织以其巨大的经济能量和社会号召力,动员社会各方面参与社会发展,填补政府在社会发展方面的资金不足,帮助政府解决一些容易被忽视的边缘问题。其次,非政府公共组织为社会创造了大量的就业机会,而且还蕴藏着巨大的就业潜力,在缓解社会就业压力方面起着非常重大的作用。再次,非政府公共组织推动社会关注与帮助在经济和社会发展中资源和人力薄弱的某些部门,以及遭遇困难的弱势群体,缩小经济发展中产生的贫富悬殊。通过为其提供各种信息、资金和其他资源,非政府公共组织能促使发展滞后的地区和弱势企业转变,帮助它们摆脱困境。

2. 社会沟通功能

非政府公共组织既要协调成员间的关系,如协调成员依法经营、防止不正当竞争,以公平、公正、互利原则居中周旋、协调和解决成员间利益冲突,实现个体利益与会员或行业整体利益的平衡;又要协调成员与政府及社会各界的关系,承担起成员与政府沟通的中介作用。因此,非政府公共组织是一种集体的结构,体现了丰富的社会性功能:"它以之为引导的是'社群'利益;发掘和运用的是分散在成员中的'社群'资源;遵循的工作方法和准则是社会协商和社会民主;努力推进成员间的社会合作和交往;参与行业内的公共事务;维护和创造着行业内企业经营活动的良好社会环境;行使的是一种基于成员自愿服从和尊重的社会权力;体现了一种'社群'自治的原则并实现着一种自律性的社会管理"[①]。

3. 社会调解功能

非政府公共组织在政府与社会之间充当中间角色,发挥沟通、协调、公证和监督作用,维护各类市场主体在平等条件下公平竞争;为企业和公民提供各种法律服务,保护企业和公民合法权益。而对于大量尚不足以诉诸法律的经济纠纷,行业协会、商会、消费者协会等市场中介机构依据市场交易规则制定行规公约,进行行业自律,反对不公平竞争,反垄断、反倾销,保障正常的生产和销售秩序,从而改善市场管理。

4. 社会缓冲功能

许多西方学者认为,非政府公共组织是民主的前提,非政府公共组织对于生机勃勃的民主社会是必要的。托克维尔认为,权力与各种社会功能以一种分散化的方式由众多相对独立的社团、组织和群众来行使,对于实现民主具有非常重要的意义。一方面,各种社团、组织受各种不同社会群体的支持,代表着不同级别和社会群体的利益,形成了各种利益沟通的渠道,促进政府与社会的协调发展;另一方面,自愿结合的组织有助于克服个人主义引起的问题。因而托克维尔认为,各种社团的存在是实现健康民主必不可少的条件。彼德·伯格、理查德·纽豪斯认为,自愿组织的关键作用在于创造并维护社会价值,创制法律、选举官员、开展辩论、倡议行动进程,因而能够提供民主所需的实际技术训练,具有民主教育的功能。可见,非政府公共组织在促进民主方面的作用,既体现在它们为对抗国家非正当干预个人生活提供了缓冲区,而且也体现在它们保护个人对抗他人的不当侵害,制约个人主义。具体而言,非政府公共组织服务于民主的途径有两条:一是通过插入中介制度这一缓冲区来保护个人对抗至高至大的国家权力,二是通过训练个人并创制社会团结网络约束放肆的个人主义并培养合作精神。

第二节 公共管理职能的历史演变

公共管理职能是一个动态范畴。在不同时代、不同国家、不同社会条件下,公共管理职能的范围也在不断发生着变化,即使在同一时空条件下,不同政治、经济学派的学者,对公共管理职能的界定也会呈现不同的思路。总体上,随着公共管理主体从一元化到多元化的转变,公共管理职能的重点也经历了一个从政治职能到经济职能再到社会职能的转变过程。

一、西方国家公共管理职能的演变

在奴隶制、封建制时期,社会经济形式是自给自足的自然经济。生产力落后,生产关系简单,社会公共事务单纯而阶级矛盾尖锐。原始社会不存在专门的公共管理组织或职能,其职能的运行方式是习惯性、非强制性的。奴隶制时期国家公共管理职能的重点在于政治统治,通过强化政治职能,采取残暴的统治方式来维护奴隶主阶级政权的生存和发

---

① 陈宪,徐中振.体制转型与行业协会:上海培育和发展行业协会的研究报告[M].上海:上海大学出版社,1999:4.

展,经济职能十分微弱,社会管理职能也很少。封建制国家承担一定的社会管理职能,进行某些社会公共事业的建设,公共管理职能的重点仍在于政治统治,通过强化政治职能以维护封建地主阶级的统治,社会管理职能仍很微弱。在公共管理理论萌生之前,国家的公共职能体系有三个基本特征:一是公共管理职能体系的重心相当清晰,即以政治统治职能为中心;二是包括经济、文化职能在内的社会事务管理职能十分薄弱;三是公共管理职能体系的运行以国家暴力手段的镇压为主要特征。

(一)公共管理职能的萌生

自由资本主义时期是资本主义发展的上升阶段,公共管理理论以个人自由至上和市场自由至上的信仰为基础,认为政府是一种不得已而为之的工具①,主张消极无为的政府,尽量避免政府对经济和社会的干预。如潘恩在《常识》一文中认为:"政府即使在其最好的情况下,也不过是一件免不了的祸害;在其最坏的情况下,就成了不可容忍的祸害。"②在工具观的支配下,最好的政府就是最小的政府,因而应严格限制政府的活动范围。这一时期公共管理理论的代表人物是英国古典政治经济学家亚当·斯密,他提出以理性"经济人"假设为基础,极力推崇市场机制这只"看不见的手",反对政府干预经济生活,认为最好的政府就是干预得最少的政府,自由放任即自由竞争和自由贸易应该是政府制定经济政策的基本原则。"一种事业若对社会有益,就应当任其自由,广其竞争。竞争愈自由,愈普遍,那事业亦愈有利于社会。"③亚当·斯密认为,把资本用来支持产业的人,通常既不打算促进公共利益,也不知道自己能在什么程度上促进这种利益,他所盘算的只是自己的利益,而在这种场合,"像在其他许多场合一样,他受一只看不见的手的指导,去尽力达到一个并非他本意要达到的目的,也并不因为事非出于本意,就对社会有害。他追求自己的利益,往往使他能比真正出于本意的情况下更有效地促进社会的利益"。"利己的润滑油将使经济齿轮以奇迹般的方式来运转,不需要计划,不需要国家元首的统治,市场会解决一切问题"。斯密认为:"如果政治家企图指导私人应如何运用他们的资本,那不仅是自寻烦恼地去注意最不需要注意的问题,而且……这种管制几乎毫无例外地必定是无用的或有害的。"④为此,他主张把政府的职能限定于市场力量所不能达到的领域,并为政府设定了三项基本职能(义务):一是维持本国社会的安全,使其不受其他独立社会的横暴和欺辱;二是保护人民,主持正义,使社会中所有人免遭其他人的侵害和欺侮;三是建立并维护私人不愿或无力承担的基本公共设施和公共工程。

整体上说,这一时期的公共管理职能体系呈现以下特点。①政治职能仍然占据中心地位。这主要是运用国家机器保卫国家安全和必要的社会法律秩序。但与此同时,一些有关公民政治与社会权利的法律,尤其是宪法得到制定与实施,使得民主政治职能也得到前所未有的发展。②在经济和社会职能方面,奉行自由放任主义政策,公共部门基本上起着维护社会与市场秩序的"守夜人"角色。③出于对整体利益的考虑,公共部门应该向社

---

① Gray J. Post-Liberalism:Studies in Political Thought [M]. London:Routledge,1993:306.
② 参见[英]托马斯·潘恩.潘恩选集[M].马清槐,等,译.北京:商务印书馆,1981:3-4.
③ [英]亚当·斯密.国民财富的性质和原因的研究(上卷)[M].郭大力,王亚南,译.北京:商务印书馆,1997:303.
④ [英]亚当·斯密.国民财富的性质和原因的研究(下卷)[M].郭大力,王亚南,译.北京:商务印书馆,1997:27-28.

会提供某些类型的"公共商品"。早期资本主义公共管理职能体系中已经包含了一些积极的社会管理职能。

(二) 公共管理职能的突显

从19世纪末一直到20世纪70年代末,随着社会的发展,自由主义的统治方法已不适应时代的统治要求。尤其是1929—1933年席卷西方国家的经济危机,将整个资本主义世界推到了崩溃的边缘。在这种背景下,英国著名经济学家凯恩斯提出,资本主义经济危机的出现,不是资本主义制度的危机,而是市场失灵引致的有效需求不足造成的;只要扩大需求,减少失业,危机自会消除;而政府的干预和引导正是扩大需求、减少失业的重要手段。为此凯恩斯写道:"政府机能不能不扩大……这是唯一切实办法,可以避免现行经济形态之全部毁灭;又是必要条件,可以让私人策动力有适当运用。"[①]凯恩斯主张全面增强国家的作用,政府不应该再仅仅是社会秩序的消极保护人,还应该是社会秩序与经济生活的积极干预者,特别是要熟练和有效地利用政府的财政职能影响经济的发展,要求政府"承担起某些调节职能,能够更加有效地实现经济目的"。凯恩斯认为,因为自由市场经济的无节制发展会导致社会两极分化,出现贫困、疾病、失业、通货膨胀等不人道的现象,如果没有国家的宏观调控,市场经济就会成为万恶之源,资源也会遭到毁灭和破坏。为此,应该全面增加政府干预,通过采取赤字政策、增加公共工程、实现福利转移、政府采购、公开市场业务等方法刺激总需求,从而扩大有效供给,以实现充分就业。显然,在解决危机时,凯恩斯把国家放在了主体位置,国家俨然成了"救世主"。在危机的沉重打击下,西方各国基本上都抛弃了否认政府干预经济的小政府理论,像抓救命稻草似的广泛采用各种干预政策来摆脱困境。在第二次世界大战后,西方资本主义国家普遍确立了政府干预体制和完善的福利经济体系。此时,公民个体的生活,从"摇篮到坟墓","无不受到政府活动的影响"[②]。

总之,这一时期公共部门的职能体系进行了全面的改革和调整,具有以下一般特点:①政府权能体系迅猛扩张,"行政国家"取代"守夜人"成为各国政府职能体系发展的主流趋势;②各国公共部门政治职能总体上进一步加强;③在经济和社会职能方面,各国普遍采取积极干预的职能模式。

(三) 公共管理职能的扩展

20世纪70年代后,随着凯恩斯主义和福利经济体系在西方国家遭遇危机,以及全球化和信息化时代公共事务治理的日趋复杂,政府垄断公共事务的可能性与可行性越来越受到人们的质疑和批评。人们发现,随着社会的发展,市场不能解决的问题,公共部门也未必解决得好,甚至可能给社会带来更大的危害。这一时期新自由主义思潮盛行,其理论基础是布坎南等人创立的公共选择理论。布坎南提出"经济人"假设,认为国家和政府都没有与生俱来的正义天赋。政府虽然是民选的、体现民意的,但政府的行为规则也是由人制定、由人执行的;制度和规则都难以完美无缺,而政治家和官僚更是追求个人利益的常人,不能期望他们都是大公无私、品德高尚、仗义执法、不偏不倚的圣人,也不能保证他们的所有作为都代表社会公共利益。他们认为,"个人的行为天生要使效用最大化,一直到

---

① [英]凯恩斯.就业利息和货币通论[M].徐毓枬,译.北京:商务印书馆,1997:328.
② [美]约塞夫·E.斯蒂格利茨.政府经济学[M].曾强,何志雄,译.北京:春秋出版社,1988:2.

他们遇到抑制为止";而作为个人的政治家和官僚的行为与经济学家研究的其他人的行动并无不同。这与孟德斯鸠断言"有权力的人们使用权力一直到遇到界限的地方才休止"的"权力假设"有异曲同工之妙。"权力"假设和"经济人"假设的合成效应就是以权谋私的权力腐败现象。布坎南承认,他的"经济人"假设的新贡献在于把"注意力转向政治","把公共选择的人塑造成使效用最大化的人"。① 在布坎南看来,政府不过是公共选择的一个对象,"公仆"和"私人"同处于一个市场模式中,"'公仆'和在市场中的人们一样,他们的行为可以约束在互利的限度之内。假使限制'公仆'的行为是适当的,就不必给予他们剥削他们同代人的权力"②。因此,"尽可能——市场,必要时——政府"是最可行的选择。

这一时期公共管理职能的特点是:①政治职能的对内统治职能尤其是暴力镇压职能相对弱化,而民主建设职能得到进一步加强;②政府经济职能范围收缩,市场机制增强;③政府经济职能目标转变,即将重点由实现"充分就业"转向控制通货膨胀,由经济"高增长"转为稳定适度增长。

(四)公共管理职能的调整

20世纪70年代末开始兴起的新公共管理运动,到90年代,公共管理研究得以继续发展,形成了治理理论。政府不再是凌驾于社会之上的统治者,而是处于社会之中的治理者,政府不再是唯一的社会权力中心和权利中心,而是社会多元治理结构中不可或缺的一元;在公共事务的治理方式上,治理理论主张根据公共产品、公共服务的不同属性,采取多元化和复合型的集体行动,尽可能实现供给与生产的分离并允许公民自主选择;在价值导向上,重视公平与效率,提供社会本位下更好的公共服务。这一时期的公共管理理论是建立在民主思想、法治精神和诚信伦理基础上的,是市场经济和民主政治发展的必然选择,是公共管理时代的必然要求,是政治发展和政治文明的重要体现。治理理论并不是社会主义或资本主义国家的政府理论,而是公共管理时代和全球化时代的政府理论,具有超意识形态性、共有性和先进性的特点。这一时期的政府是还政于民的政府,是权力向社会回归的政府,因此被称为"社会人"政府。

这一时期公共管理职能体现出三方面的特点:①政治职能相对减弱,保持社会稳定的调节职能趋于加强;②政府承担了更多的经济职能,并作为公共管理职能的重点;③政府的社会服务职能逐步扩大。

二、中国公共管理职能的演变

1954年第一届全国人民代表大会第一次会议制定并通过了中华人民共和国第一部宪法,随后在宪法的指导下,制定了有关政府组织及公共权力管理的系列法律。在此基础上,我国也逐步建立起与国家政权性质相适应的公共管理职能体系。但是,随着国内外政治、经济和社会环境的不断发展变迁,我国公共管理职能体系也经历了一个逐步发展的过程。总体来说,以公共管理职能重心的转变为标志,我国公共管理职能体系目前正处于转型阶段。

---

①② [美]布坎南.自由、市场和国家[M].吴良健,桑伍,曾获,译.北京:北京经济学院出版社,1988:23-24,38-39.

（一）计划经济时期的公共管理职能

计划经济时期是指从中华人民共和国成立到1978年党的十一届三中全会召开以前。这个时期我国经济上的基本特征是单一的所有制和计划经济体制，与之相适应的是全能型政府职能体系。在这近30年的时间里，政府把职能重心放在政治职能方面，阶级斗争是公共管理部门的工作重心，尤其是在20世纪60年代以后"左"的思想影响越来越严重，"以阶级斗争为纲"成为政府一切行政管理活动的统帅和灵魂，民主建设职能则受到忽视，在"文化大革命"前后约20年的时间内，甚至可以说是遭到了无情的践踏。在管理方式上只注重思想政治教育和行政命令手段的运用，尤其是一味依靠行政强制手段来推行各项公共管理职能。在经济管理上，经济职能服从政治职能，指令性计划是其表现形式。政府把所有的经济活动都纳入国家的刚性计划体系中，实行集中管理，政企不分。企业是各政府机构的附属品，政府一方面对企业实行统一计划、统收统支；另一方面，又对企业实行统负盈亏、统购统销；重计划、否市场，否认市场配置社会资源的基础性作用，甚至在很长一段时间内，市场买卖行为被禁止。在社会、文化职能方面，政府包揽了许多社会事务，服务职能相当薄弱。政府权力渗入社会生活的各个角落，除了党与政府及其有关附属组织之外，其他类型的社会组织实际上几乎被禁止存在。党、政、社合一的人民公社是这一职能模式的集中体现。

（二）计划市场转型期的公共管理职能

我们把这一时期定位在1978年底至2002年党的十六大召开。这一时期是我国计划经济体制向市场经济体制转变的过渡期，政府的公共责任相对于以往和他国的政府来说显得尤其重要。在社会全面转型期，中国公共组织（政府）的过渡性职能主要有以下几个方面。

1. 制定市场规则，培育和健全市场机制的职能

在我国经济体制转轨时期，市场运行还处于半无序状态，为了加快改革进程，降低改革成本，由政府出面制定体现市场规律、符合中国实际的，包括进出口规则、竞争规则、交易规则和仲裁规则等在内的一系列市场运行规则，是完全必要的。实践证明，在市场发育过程中，通过政府的外在作用来培植、推动和促进市场机制的形成和健全，不但是可能的，而且是有效率的。

2. 对国有经济进行战略性调整和参与国企改革的职能

所谓战略性调整，是指对国有经济有进有退的领域作出符合市场规律和国情实际的长远规划和整体决策。所谓国企改革，不只是管理体制和经营体制的改革和转换，更是经营理念和经营方向的转变。对国有经济进行布局和结构的战略性调整，是深化国企改革的重要前提；而国企改革则是对国有经济调整的具体落实。在这两个方面充分发挥政府的调控和推动作用，是政府的一项重要过渡职能。

3. 培育和发展社会中介组织的职能

政府职能转变，需要把大量的社会事务管理职能让渡给社会中介组织，因此，大力发展行业协会等社会中介组织，是政府职能转变的基本前提。在社会自治力低下，中介组织力量薄弱、发展缓慢、发育不良的状况下，大力培育和发展社会中介组织，对其进行授权、规范和指导，是政府的责任。

4. 整顿和规范市场经济秩序的职能

在市场机制不健全、制度不完善、运行无序的经济转轨时期,需要充分发挥政府的监管职能,依靠政府规制来维持市场的正常运行;在深化经济体制改革的过程中,不断地整顿和规范市场经济秩序,健全社会信用体系;打破行业垄断和地区封锁,促进商品和生产要素在全国市场自由流动,推动统一、开放、竞争、有序的现代市场体系的形成,是我国政府的又一项重要过渡性职能。

从政府职能转变的总体要求来看,目前我国政府承担的上述过渡性职能,虽然有其历史的必然性和现实的合理性,但随着市场经济的发展和社会的不断进步,这些职能的行使应当逐步弱化,直至完全转移和让渡。①

(三) 市场经济时期的公共管理职能

随着改革开放进入到攻坚阶段,由于市场自身无法克服的缺陷,加上转型期市场发育的不健全和政府职能转变的不到位,一些深层次的矛盾开始涌现出来,如市场的外部性带来的环境污染问题、贫富分化问题,还有社会保障制度不健全,公共产品和公共服务供给不足等,都要求公共管理职能发生转变,从原来的以经济职能为重心,转变到经济职能与社会职能并重,突出社会职能的地位。2007年10月召开的党的十七大报告明确提出"加快行政管理体制改革,建设服务型政府"的改革目标。报告指出,为实现这个改革目标,要"着力转变职能、理顺关系、优化结构、提高效能,形成权责一致、分工合理、决策科学、执行顺畅、监督有力的行政管理体制。健全政府职责体系,完善公共服务体系,推行电子政务,强化社会管理和公共服务"②。这标志着我国的政府职能转变进入到了建设服务型政府的阶段。

提供广义的公共服务是人民政府最主要的职能。建设服务型政府,从根本上说是由人民政府的性质决定的。建设服务型政府,要求各级政府以发展社会事业和解决民生问题为重点,逐步形成惠及全民的基本公共服务体系;加强和改进社会管理,完善社会管理体系,保持社会安定有序;创新公共服务和社会管理方式,在服务中完善管理,在管理中体现服务。建设服务型政府,必须牢固树立以人为本的施政理念,深化行政管理和社会管理体制改革,健全公共服务和社会管理政策体系,完善公共财政体制和制度,坚持依法行政和开展绩效评估,加强政府公务员队伍建设。③

第三节 当前中国公共管理的职能定位

公共管理理念起源于西方国家,在中国发展公共管理还存在一个适应性问题。我们不可能假定,原本起源于西方发达国家的管理形式,能原本不动地在环境差别巨大的东方传统国家正常运转。在中国,我们所处的时代背景、经济发展水平、市场经济传统、生产关系和政治制度是与西方国家存在差别的,而且更重要的是这样一个基本事实,即我国必须

---

① 曹闻民.政府职能论[M].北京:人民出版社,2008:77-78.
② 胡锦涛.高举中国特色社会主义伟大旗帜,为夺取全面建设小康社会新胜利而奋斗[R].中国共产党第十七次代表大会报告.
③ 魏礼群.大力建设服务型政府[J].求是,2006(2):17-21.

将一个有几十年历史的计划经济体制转变为一个价值观和行为方式完全不同的市场经济体制。我们的社会主义市场经济体制并不像西方国家那样是自发形成的,而是靠政府和国家的外力推动建立起来的。因此,对于我国公共管理职能的运转,一方面要借鉴西方公共管理理念中先进的科学的成分,另一方面还要考虑到我们国家的国情,对其进行适应性分析,在此基础上有针对性地进行学习和借鉴。

一、当前中国公共管理职能的内容

中国的公共管理发展呈现了比较复杂的局面。一方面,中国处于计划经济刚被破除、高度集权的管理体制刚被抛弃、公共行政体制正在提倡的时期;另一方面,中国要与世界接轨,受国际影响,公共管理思潮又开始倡行,许多公共行政的思维又面临被超越的局面。因此,中国公共管理的职能定位就需要把二者结合起来,一方面注重公共管理理念的引进,一方面还要与中国的实际国情相结合。为此,本书认为,当前中国的公共管理职能应该定位在以下几个方面。

(一)经济调节

中国市场经济建立和发展过程中面临的主要社会经济问题是收入再分配、资源再配置和稳定宏观经济,这也是西方主流经济学家对政府主要经济职能的较为一致的看法。政府应该把对经济的调控重心集中于这三个方面,符合中国市场经济发展的实际,也与市场经济条件下政府经济职能的三个主要目标——公平、效率和稳定相吻合。

收入再分配是为了实现社会公平目标。居民的收入分配问题属于微观经济范畴,但政府的收入再分配职能则具有宏观意义。从市场解决效率问题、政府解决公平问题的公平效率观出发,政府的收入再分配职能就更具有终极性的社会意义,因而是责任政府的重要职能。

资源再配置则是为了提高经济效率。政府的资源再配置职能也是具有宏观意义的微观经济调节职能,它是由资源本身的稀缺性和市场失灵的现象决定的。一般来说,资源配置可区分为初始配置和再配置两个层次。资源的初始配置是在价格机制的作用下由市场自然完成的;资源的再配置主要是依靠具有超市场能力的政府组织的强制力量去完成的。

宏观调控的目标是稳定宏观经济。我国宏观调控应在继续坚持长期规划与财政、货币政策的阶段性运用相结合,扩大投资需求与推动消费需求相结合,扩大内需与增加出口相结合,扩大经济总量与加快结构调整相结合的基础上,促进经济发展方式的转变和经济效益的提高。

(二)市场监管

市场体制下的政府规制主要体现在政府的市场监管职能的行使上。政府市场监管职能的轻重缓急因市场的成熟程度和市场秩序的优劣状况而定。政府的市场监管职能也涉及市场交易的方方面面和市场运行的各个环节,但最主要的是执法监督和维护秩序两项职能。公正执法和依法监督是规范市场行为、维护市场秩序的前提,有法必依、执法必严、违法必究是公正地实施市场执法监督的基本理念;规范市场行为、维护市场秩序则是市场监管的目的所在。市场执法监督的内容包括税收监督、价格监督、质量监督、卫生检疫、资格准入,以及标准化监督等方面;规范和维护市场秩序包括反不正当竞争、防止和限制自然垄断、打击制假售假行为和防止假冒伪劣产品进入市场、维护经营者和消费者的权益等项目标。

（三）社会管理

我们这里所讲的社会管理专指对具体社会性事务的管理。在我国当前经济高速增长和社会转型的形势下，社会管理的问题尤为突出。社会管理的根本就是各方利益的协调。而要正确处理各方利益，关键在于奉行公平、公正的原则。改革开放以来，在社会分配方面我国实行"效率优先、兼顾公平"的原则，这一原则极大地调动了人们的生产积极性，三十多年来人们的生活水平普遍提高。但是在市场经济不断深化的过程中，随着贫富差距、地区差距、行业差距的不断拉大，这一原则受到了挑战和质疑。人们要求公共管理更多地关注"公平"问题。事实证明，在保证公民基本权利方面的"公平优先"政策对全社会运行效益的提高也起到了重要作用。在社会管理方面，我国公共管理需要注意以下问题。

（1）建立法律和制度基础是法治政府最基本的职责之一。法制化的公共政策和公共制度供给永远都是第一位的问题；而这是除立法机关和授权的政府组织外，任何社会组织所无法提供的纯公共产品。

（2）投资于公共基础设施建设，是优化环境的重要方面，因而是服务型政府的基本责任。如道路交通、水电输送、排污防洪、垃圾处理、公园与城市美化等公共基础设施的建设，都是需要政府来投资的。

（3）保护社会弱势群体和对穷人提供帮助，是人民政府的神圣职责；特别是在社会转型期，保护弱势者和贫困者的基本权利，通过公共政策改进、完善社会保障制度以及扶贫开发等多项措施，为社会弱势群体和贫困阶层提供多方面的帮助和救援，是保持政治稳定、实现社会和谐发展的重要前提。

（4）保护环境包括保护自然生态环境不被破坏和保护社会生态环境不致受损两个方面。保护并改善自然生态环境，保持自然资源的合理开发和利用，保护并改善社会生态环境，协调各种社会资源的合理配置，是建设和谐社会对中国政府提出的治理要求。

（四）公共服务

所谓公共物品，按照美国经济学家萨缪尔森的解释，是将利益不可分割的产品扩散给社会全体成员，而无论个人是否想要购买这种产品。因此公共物品具有非排他性和非竞争性两个基本特征。这就决定了市场机制无法提供公共物品，需要公共管理在这方面加以引导和补充。公共物品的范围十分广泛，从国防、治安、政府行政管理、大中型水利设施，到城市规划、道路交通、环境治理、防病防疫、广播、电视、教育以及抗旱防洪等，都属于公共物品的范围。此外，随着科技进步，政府制定的各种计量标准，以及规范的科学术语、文字等也属于公共物品。它们直接或间接地为企业和个人家庭的生产、生活提供服务，是社会总产品不可缺少的组成部分。

目前我国正处于公共需求深刻变化和公共物品紧缺阶段。一方面，公共物品的需求结构发生了变化。随着经济和社会的发展，在社会成员的需求结构中，个人需求基本上得到满足，但在公共需求方面还存在很大的发展空间。人们在教育、医疗、社会保障等方面公共需求年均增长的速度越来越快。另一方面，公共需求的主体呈现不断扩大的趋势。目前，由于我国收入分配差距不断扩大，中低收入群体对公共医疗、义务教育、就业和社会保障的公共需求日益强烈。同时，随着农村改革的不断深化和农村经济的发展，广大的农村居民开始成为公共需求的重要主体。

为了更好地为公众提供公共服务,我国提出了建设服务型政府的口号。如何更加有效地向公民提供质量更好的公共服务或者公共物品,是当前我国公共管理面对的一个重大现实问题。我们认为,可以从以下几方面努力。

(1)形成公共服务提供的竞争机制。公共服务的竞争有利于技术创新、组织创新和经济创新,有助于改变落后的保守心态;有助于助长市民社会的行业团体和其他群体中的企业家精神;有利于在公共管理机构中适当引入市场文化,提高我国公共服务质量和水平。具体做法包括破除垄断,开放市场,允许新的竞争者进入公共服务领域;放松规制以推动竞争;把政府公共部门的事务和业务承包给民营企业或营利机构;实行公共服务分散化和服务机构小规模化,给客户以自由选择的权利和便利等。

(2)形成公共部门服务承诺制度。用公开承诺的方式把政府公共部门服务的内容、标准、责任等公之于众,接受公众的监督,实现提高服务水平和质量的目的。作为竞争不充分的一种补救机制,公共部门服务承诺制度主要是针对那些具有一定垄断性质的公共部门和公共服务行业:自然垄断性和半垄断性服务行业,如铁路、邮政、水电等;非营利性的公共服务行业,如环卫、城市公交、公共文化设施等;规制性服务行业,如户籍管理、公共安全、执照核发等。面向公众的承诺一般包括服务内容、服务标准、服务程序和时限、违诺责任等具体内容。

二、公共管理职能转变的基本内容

很显然,中国传统的公共管理职能与现代公共管理理念之间存在很大的差别,传统的公共管理职能模式对于中华人民共和国成立初期经济的迅速恢复起到了很大的恢复作用,但是在经济和社会发展步入正轨以后,原来的职能模式已经不能适应社会发展的需求,必须对其进行全方位的调整和转变,才能促进社会经济继续向前发展。我国学界一般从四个方面来讨论公共管理职能的转变。

(一)职能重心的转变

公共管理职能重心的转变是由社会基本矛盾变化所决定的。中华人民共和国成立初期,政治职能是公共管理职能的重心,专政职能几乎成为公共管理部门的唯一职能,经济职能和社会管理职能遭到忽视。1978年以后,党和国家的工作重心转移到经济建设上来,经济职能成为公共管理职能的重心。随着社会的发展,社会管理职能日益引起人们的关注,公共管理职能重心将逐步从以经济职能为主转向经济和其他社会事务管理职能并重,以促进经济和社会的协调有序发展。

由于职能重心发生转移,同时也由于国内外政治经济环境的转变及全球化的影响,我国公共管理职能体系的具体构成正呈现以下发展趋势:①国内统治职能日益次要化,地位相对弱化;②宏观经济调控和市场培育职能地位日益突出,且占主导性地位;③教、科、文等发展职能将不断得到重视与加强,以建立起健全、高效的教育体系与科学文化发展体制;④对外交往职能急剧扩张,不仅外交部,其他政府职能部门甚至其他公共管理主体都将强化其外交功能;⑤国家防卫职能也将适当加强。

(二)职能内容的转变

公共管理职能内容的调整变化是发展社会主义市场经济和实现公共管理职能优化及管理科学化的客观要求。按照社会主义市场经济的要求,公共管理部门应该明确各自的职能定位,找准自己在社会公共事务管理中的位置。尤其是政府,应该把不属于自己的职能交还给企事业单位及社会中介组织等,防止政府职能"越位";将属于自己的职能收归政府,避免政府职能的"缺位",实现政府与其他非政府公共组织之间的职能重新调整与组合。

1. 完善宏观调控和加强中长期计划

政府要提出发展的重大战略、基本任务和产业政策,促进经济和社会全面发展,实现经济增长与人口资源、环境相协调。中长期计划是政府对未来发展环境的战略判断,是对经济和社会发展全局的重要导向,是政府向全社会提供的重要公共产品。

2. 改革行政审批制和减少直接干预

切实把政府经济管理职能转到主要为市场主体服务和创造良好发展环境上来,要深化行政审批制度改革,国家只审批关系经济安全、影响环境资源、涉及整体布局的重大项目,以及政府投资项目和限制类项目,其他项目由审批制改为备案制,由投资主体自行决策,依法办理有关手续。对必须审批的项目要合理划分中央和地方权限,扩大大型企业集团投资决策权,完善咨询论证制度,减少审批环节。

3. 反对和打破行政性垄断

要求加快建设全国统一市场,废止妨碍公平竞争、设置行政壁垒、排斥外地产品和服务的各种分割市场的规定,打破行业垄断和地区封锁,反对行政性垄断。需要创造有利条件,完善相应的制度,形成有效的激励、约束和监管机制。要加快推进垄断行业改革,对垄断行业要放宽市场准入竞争机制,要继续推进和完善电信、电力、民航等行业的改革重组,加快推进铁道邮政和城市公共事业等改革,实行政企分开、政资分开、政事分开。

4. 加强重要领域的政府监管,规范市场主体行为,维护公平竞争的市场秩序

对土地使用、市场监管体系、国有资产、自然垄断业务、金融、财政、跨国流动和社会保障资金这几个方面加强监管,是防范我国经济风险和维护良好市场秩序的关键,是政府行使公共职能、保护人民根本利益的重要任务。

5. 要完善社会管理和公共服务职能

各级政府都要把就业、人口管理和服务、社会保障体系、基础建设、教育、公共卫生等作为重要的公共职能,站在应对各种可能发生的突发事件的角度,全面加强执政能力建设。

(三)职能方式的转变

随着职能重心和职能内容的转变,公共部门运行职能的方式必然也会发生改变。具体地说,我国公共管理职能方式呈现出以下特征。

1. 在资源配置方式上,由重计划、否市场转向以市场为主,把计划与市场有机结合

过去的传统观念把计划经济等同于社会主义,市场经济等同于资本主义,把计划与市场绝对对立起来。随着实践的发展和冷战的结束,这种资源配置方式严重阻碍了社会生产力的发展,使社会主义经济在很长一段时间内不能在正常的轨道上运行,也是阻碍我国公共管理职能方式转变的主要原因。邓小平关于社会主义市场经济的理论,从根本上解决了如何建设社会主义的问题,事实证明,计划和市场并无姓"资"姓"社"之分,而仅仅是不同的资源配置方式而已;而且,这只有两种方式需要相互结合,找好市场和政府部门各

自的职能定位,才能促进社会资源的有效配置。

2. 在社会经济职能的运行方式上,由传统的微观、直接管理方式向宏观、间接管理方式转移

在传统的公共管理职能模式下,政府对经济和社会事务的管理采取微观、直接的管理方式,一切事务,事无巨细,都要经过政府审批,由政府统一计划。在这种情况下,政府管了很多不该管、管不了、也管不好的事情,并且也不利于企业和社会工作主体生产积极性的调动。由微观管理到宏观管理的转变,就是要求政府退出对具体社会事务的管理,给企业充分的自主经营权,给社会充分的自治权,还权于企业、还权于社会、还权于资本,让企业和社会摆脱政府附属物这一地位,走上自主经营、自负盈亏、自主发展的道路。同时,政府要弱化直接干预企业的微观管理职能,强化行政系统的宏观管理职能,精简和削弱专业部门,强化监督和宏观调控部门。

3. 在管理手段上,由行政手段为主转向经济手段、法律手段与必要的行政手段相结合

在传统的管理模式中,单一化的公共管理部门,也就是政府,直接运用行政权力,通过行政命令等强制性的行政手段来实施各项管理职能。这是与传统的资源配置机制及公共管理职能运行方式相一致的。但是,随着社会主义市场经济体制的建立,以及社会资源配置机制及公共管理职能运行方式的转变,公共管理职能的实施手段也必然要进行相应的调整。经济手段主要是指政府按照客观经济规律的要求,运用价格、财政、税收、信贷、工资、利润等经济杠杆,来组织、调节和影响经济活动,实现经济管理的任务。法律手段就是要完善和加强政府的法制建设,积极推进依法行政。实践证明,经济手段和法律手段更有助于调动各方面主体的主动积极性和创造潜能,从而取得更好的经济和社会效益。

(四)职能关系的转变

职能关系是指不同的管理职能该由谁来行使,以及管理主体之间职责权限的划分。邓小平曾经指出,我国存在的机构臃肿、人浮于事、办事拖拉、不讲效率、不负责任等官僚主义现象,都是与政府职能关系不清,管了很多不该管、管不好、管不了的事,以及没有管好该管的事分不开的。因此,分清职能,理顺关系,明确不同管理主体之间的职责权限,是职能转变的关键环节。当前,我国公共管理职能部门之间关系不顺、职责不清的现象还相当严重,甚至在公共部门与私营部门之间也存在一定程度的职能交叉。因此,进行职能关系调整与转变,也是实现我国公共管理职能优化的一个重要环节。

1. 一般职能关系的处理

一般职能关系是所有社会都面临的问题,包括政府与市场的关系、政府与社会的关系。

1)政府与市场的关系

在现代市场经济体系中,市场调节与政府干预、自由竞争与宏观调控,是紧密结合、相互交织、缺一不可的重要组成部分,市场调节与政府干预都不是万能的,都有其内在缺陷,关键是寻求市场机制与政府调控的最佳结合点,使政府干预在纠正市场失灵的同时,避免和减少政府失灵。具体来说,规范政府与市场关系的措施有如下几个方面。

(1)重视发挥市场的功能。市场经济是一种经过几百年发展才逐步形成的复杂的制度安排,在刺激竞争和优胜劣汰规律的作用下,市场能够有效地配置社会资源,为经济发展和经济效率的提高提供足够的内在动力。改革开放以来,中国经济快速发展,也是市场

功能比较有效地发挥作用的结果。因此,在处理政府与市场的关系中,应充分认识和发挥市场的功能,真正让市场机制在资源配置和收入分配中起基础性调节作用。

(2) 正确认识市场失灵。经济学理论认为,在完全竞争市场条件下的一般均衡,能够实现社会福利的最优化。然而,在现实经济生活中,由于不能满足完全竞争市场发挥作用的种种严格假设条件,市场失灵就成为一种客观存在。正确认识市场的失灵,有助于在充分发挥市场职能作用的同时,正确把握政府调节的范围和力度,合理有效地发挥政府作用,有针对性地矫正、完善、弥补市场的不足与缺陷,构建市场机制与政府机制互补的"二元调节机制"。①

(3) 减少政府失灵。政府失灵与市场失灵一样,是一种客观存在。政府的作用不能被神化,那种认为政府能够完全有效地弥补和纠正所有的市场缺陷的看法,是不合乎实际的一种假设。减少政府失灵要求政府与市场良性互动,一方面,政府能够通过立法、行政手段和各种经济政策,改善和扩大市场的作用;另一方面,市场力量在改善政府功能上有其重要作用,在国家控制的公共领域引入市场竞争,有利于改变其低效率运行的状态。

2) 政府与社会的关系

计划经济时代政府与社会同构的状态已经不适合中国现代化进程的要求,时代的发展要求社会的结构有所分化,要求政府与社会各守其位、各司其职。目前,中国的政府与社会之间的关系应朝着"强政府—强社会"的方向发展。一方面,政府力量不断增强;另一方面,社会组织的力量也在政府的扶持和许可下不断地增强,社会自治空间得以不断地扩展。中国迫切需要的是一个自主和健全的社会,一个与政府形成适度平衡、形成建设性互动关系的社会,而不是一个取消政府的社会或病态的社会。

政府与社会应该保持动态平衡,一方面,我们要发挥社会对政府的制衡监督作用,预防政府权力滥用;另一方面,随着各种社会组织和利益集团的发展与壮大,我们也应保证社会权力不被滥用。建立"小政府、大社会"的关系模式,其基本内涵是:转变政府职能,精简政府机构,扩大社会自治功能,即在转变政府职能、调整政府机构、规范政府行为的同时,要充分发挥社会自身的作用,把原来由政府包办的大量社会事务交还给个人、企业事业单位和其他社会组织。

2. 中国特有的职能关系的处理

1) 政府与企业的关系

政府与企业分别提供个人消费的公共物品与私人物品;企业主要关心经济利润,而政府主要考虑社会效益。在计划经济体制下,我们把两种组织混为一谈,让政府行使企业职能,使企业承担政府职能,造成政府膨胀、企业不活,并引发政治、经济、社会领域出现各种矛盾与冲突。

现代市场经济国家经济职能运行内在地要求所有权和经营权相对分离,在两权分离的基础上明确产权,彻底实现政企分开。首先,要实现国有资产所有者职能与公共行政者职能的分离,也就是要把承担公共事务管理职能的政府与作为国有资产所有者的政府分离,理顺产权关系。其次,实现以赢利为主要目的的国有企业与以公共产品的提供为主要目标的国有企业的分离。最后,要实现国有企业所有权与经营权的分离,建立现代企业制

---

① 卢洪友.政府职能与财政体制研究[M].北京:中国财政经济出版社,1999:23.

度,这是实现国有资产优化配置的基本要求。

2) 政府与其他公共管理主体的关系

随着民主化进程的推进,政府不再是公共管理的唯一主体,非政府公共组织和各社会团体也不再是政府的附属品,它们强烈要求发挥自己在公共管理中的作用,及时调整政府与其他公共管理主体的职能关系。其中,首先是要理顺政府与各种自治性公共组织之间的关系,比如政府与居民委员会及村民委员会之间的关系。此外,还要通过多种方式培育社会自治能力,并适时推行政府职能社会化改革,把各种社会组织能够自行实施的公共事务管理职能尽可能多地交由社会组织来承担。

三、中国公共管理职能转变的发展趋势

在经济全球化、政治民主化和社会信息化浪潮的冲击下,公共管理改革已经成为一股不可阻挡的世界性潮流。这场轰轰烈烈的改革运动对传统的行政模式造成了巨大的冲击,不论是发达国家、发展中国家还是转型国家,几乎都被卷入了这一潮流。中国也不例外。人们已经充分意识到,仅仅依靠政府是无法处理好所有公共事务的。必须打破权力一元化的格局,实现政府与其他社会力量的合作治理。政府过分干预经济和社会事务,或者社会、经济的发展过分依赖政府职能的作用,显然都是行不通的。实际上,中国公共管理职能转变的过程,也就是政府不断放权和其他社会组织不断走向成熟的过程。从当前我国经济改革和社会发展的实践来看,公共管理职能转变呈现出以下的发展趋势。

1. 公共管理职能的市场化趋势

重塑政府运动树立了一些新的理念:政府行政应以顾客或市场为导向,政府应开放公共服务领域,实现公共管理和政府职能社会化,注重提供公共服务的效率和质量,政府的管理职能应是掌舵而不是划桨,政府的工作模式应引入市场化机制。这些理念引入中国后,被中国很多学者和公共管理者所接受。具体到中国来说,公共管理职能的市场化趋势表现在以下几个方面。

(1) 对政府与市场关系的认知进行了调整。随着经济社会转型的逐步推进,人们对政府与市场关系的认知,逐步超越"替代"理念,演进到"互补"关系:政府与市场应该握手,政府的职能在于增进市场,完善市场功能与丰富市场体系。

(2) 民间资本的平等主体地位得到更加清晰的认识。2010年3月,国务院常务会议提出,鼓励和引导民间资本进入法律法规未明确禁止准入的行业和领域,为民间资本营造更广阔的市场空间。这是一种理念的提升,意味着民间资本的平等行为主体地位得到更加清晰的认识,民间资本的经营空间得到进一步释放。

政府在公共产品和服务的提供中与民间资本等市场主体结成平等伙伴关系。在上述理念的引导下,政府将民办社会事业作为社会公共事业的重要补充,鼓励和引导民间投资进入基础设施、文化、教育、社会福利等公共产品和公共服务领域。这表明政府重新界定与调整了自己在公共产品、公共服务提供中的角色,其与民间资本等市场主体结成平等的伙伴关系,由直接提供者、生产者转变为购买者、合作者和管理者,逐步建立以政府为主导的公共产品与公共服务供给的多元化市场机制。民间资本的介入,可在一定程度上减轻政府的财政压力,消除政府垄断,促进市场竞争,增加公共产品与公共服务的范围和数量,提高其质量和效率。

2. 公共职能转变的社会化走势

非政府公共组织的广泛兴起是西方政府公共管理职能社会化趋向的重要反映。在我国，改革开放以来，伴随着政府对经济和社会的管理由直接向间接、由微观向宏观的转变，原来由政府承担的部分职能逐步向社会转移，"小政府、大社会"的格局正在形成，社会组织自治空间得到了较大的拓展，我国非政府公共组织获得了前所未有的发展机遇。政府应将可以由非政府公共组织承担的部分职能转移给非政府公共组织，或者对有些社会性事务政府不要去管，而由社会自由调节。具体来说，就是交由非政府公共组织行使一定的原本属于计划经济体制下的政府职能。我们把非政府公共组织称为政府和市场之外的"第三只手"，而"第三只手"的内涵就是处于政府和市场之间的中介领域的、属于社会性公共领域的组织。

对于社会性公共领域的众多事务，诸如社会服务、市场交易与监督、资产评估、质量检测、物业管理、劳动中介、心理咨询、康复中心、养老院、孤儿院、消费者保护等，政府应改变"全包"和"万能"的形象，将其交由非政府公共组织去管理和操作，充分发挥非政府公共组织的作用。政府应把精力放到建立和维护市场、社会环境和秩序上，制定政策与法规，加强指导、引导和监督、检查，提供优质的公共物品、公共设施和公共服务。

3. 公共管理职能转变的规范化、法制化趋势

长期以来，我国的行政组织法律制度没能完全建立起来，因此在公共管理职能转化的过程中还应该重视规范化和法制化的问题。公共管理职能转换的规范化是指公共管理职能的转换过程中应该遵循一定的方法、步骤和方式，而不是随意的、无序的。我国历次机构改革中的恶性循环已经告诉我们，公共部门职能转化应该结合我国的实际情况，循序渐进，使其有计划、有步骤地进行。公共管理职能转化的法制化是指在条件成熟的情况下，将公共管理职能通过法律、法规的形式固定下来，以保持公共管理职能的相对稳定性，而不是朝令夕改。同时，要建立各公共管理主体工作人员的法制观念，完善依法办事的程序，增强依法办事的能力。

总之，公共管理职能不是固定不变而是与时俱进的，它总是随着政治体制的变化、经济的发展、社会的进步等客观情况的变化而不断转变，随着人们思想认识的改变而不断发生着转变。我们应当运用科学手段，正确认识和准确把握历史发展的进程，以及经济和社会的需求，以确定公共管理的力度和底线。更重要的是，要着眼于未来，根据国家发展的战略目标与要求来界定公共部门的职能，加快公共部门职能的优化与完善，以便更好地为经济和社会提供服务。

◆ **本章重要概念**

公共管理职能（the functions public management）

经济职能（economic functions）

政治职能（political functions）

社会职能（social functions）

职能定位（functional position）

职能转变（functional transformation）

本章思考题

1. 如何理解公共管理职能的内涵?
2. 政府的一般职能有哪些?
3. 怎样理解非政府公共组织的职能?
4. 试分析西方资本主义国家公共管理职能的历史演变过程。
5. 试述我国现代公共管理职能的定位。
6. 试分析我国公共管理职能转变的发展趋势。

本章推荐阅读书目

1. 余敏江,刘丽华.公共管理职能:涵义、边界及当代定位[J].现代管理科学,2005(2).
2. 曹闻民.政府职能论[M].北京:人民出版社,2008.
3. 乔耀章.政府理论[M].苏州:苏州大学出版社,2003.

第六章

公共管理决策

---**本章导言**---

决策的历史与人类的历史一样悠久,早已存在于人类的实践活动中,但作为一门新兴的科学,决策科学直到 20 世纪 50 年代才正式形成。公共管理决策作为重要的决策活动深受人们的关注。在决策科学理论发展及公共组织现实需要的基础上,公共管理决策得以兴起。特别是近些年来,随着对其研究的不断深入,公共管理决策已经成为公共管理研究中的热点。公共管理决策是公共管理活动的中心环节,它贯穿于公共管理活动的全过程和各方面,是保证公共管理效能的重要前提。公共管理决策正确与否,直接关系到公共管理活动的成败。因此,必须提高公共管理决策的质量。这就要求从决策的概念出发,了解决策的相关理论,掌握公共管理决策的类型、原则和体制等基本问题。要想保证决策的质量,还要找到公共管理决策的基本程序。公共管理决策并不是一次完成的,而是一个由各个相互连接的阶段、环节或程序组成的完整的决策过程。这一过程包括决策问题的界定、决策目标的确立、决策方案的拟订、决策方案的选择、决策的执行和决策效益评定等环节。正确的公共管理决策既要求建立有效、健全的体制,科学的决策程序,又要求掌握各种方法,根据决策对象、环境、条件的变化选择合适的决策方法,以此保证公共管理决策的科学化。

第一节 决策与公共管理决策

一、决策和决策理论

(一)决策的含义

关于决策的含义,仁者见仁,智者见智,莫衷一是。有些人把决策解释为"拍板"或"作决定"。如中国学者于光远在一次决策科学方法学术讨论会上就指出,决策就是作出决定。有些人认为决策就是制定方案。美国学者斯蒂芬·罗宾斯在《组织行为学》一书中认为,决策就是决策者在两个或多个方案中进行选择。我国学者周三多认为,决策就是组织或个人为了实现某种目标,而对未来一定时期内有关活动的方向、内容及方式的选择或调整过程。还有人从决策的过程对决策加以定义,认为决策就是人们为了达到一定目标,在掌握充分的信息和对有关情况进行深刻分析的基础上,用科学的方法拟订并评估各种方案,从中选出合理方案的过程。美国学者西蒙对决策的认识,也属于此观点。西蒙认为,很多人只注意了决策的最后片刻,忽略了决策完整的全过程,忽略了最后时刻之前的复杂的了解、调查、分析的过程以及在此之后的评价过程。西蒙在其著名的《管理决策新科学》一书中提出"决策包括四个基本阶段,即找出决策的理由;找到可能的行动方案;在诸个行动方案中进行抉择;对已进行的抉择进行评价"。综合国内外观点,决策的定义可归纳为三类。

第一,决策就是作决定。它是对未来实践的方向、目标、原则和方法所作的决定。这种观点侧重的是方案最后的拍板。

第二,决策就是选择。它是一定行为主体为实现既定的目标而作出的选择。实现决策目标会有很多的途径和方法,要对所有可能的方法和途径进行比较,通过比较选择一种最有利于实现目标的方法。这种观点侧重的是各种决策方案的比较选择活动。

第三,决策是一种过程。它是指人们为实现预期目标,在充分掌握信息的基础之上,用科学的方法分析问题、对未来进行设计,并作出选择或抉择以及对抉择方案执行及评价的过程。这种观点侧重的是决策者决策的整个过程。

本书采用第三种观点。主要是因为选择是决策过程的一个重要环节,但不能认为决策只有选择活动。决策最后的"拍板"也很重要,面对众多的各有优势的方案,最终决定选哪一个,直接决定着决策的质量。但是,决策不是瞬间的行为,而是一个发现问题、分析问题、解决问题的过程。这个过程大致包括:分析问题、确定目标、拟订方案、评选方案、实施方案、评估方案等基本步骤。因此,研究决策,不能只研究选择方案的过程和选择的瞬间,还要研究选择的前后。如果没有选择前的信息收集、目标确定、方案提供,方案的选择就无从谈起,决策也就会是一种主观武断的行为,最终会造成决策的失误。同时,如果没有选择后的实施行动,那么方案不付诸实施,就没有任何实际效益。

(二)决策的基本要素

决策的基本要素包括以下几个部分:决策环境、决策者、决策对象、决策信息、决策知识、决策结果。

1. 决策环境

决策环境包括制定、实施决策时所必须面临的自然环境和社会环境及决策活动得以进行的具体环境。任何决策活动都是在一定的客观环境条件下进行的,因而决策者在考虑决策活动的成败时,必须全面关注周围环境的情况,分析环境条件的复杂性,把握各种环境条件的内在联系,以争取作出最优决策。

2. 决策者

决策者,就是具有决策能力和决策权力的人。决策者是决策系统的主体。根据行使决策权力的人数多少与其在决策中的地位,决策者有以下三种。

(1)决策个体。决策个体是指在决策中最终作出决策的,在决策中起决定作用的决策者。

(2)决策集体。凡是以专家组成的集体,或是一个领导班子在决策中起主导作用的决策者,称为决策集体或决策集团。决策集团至少由两个人组成,其中每个人虽然都有决策权,但所处的位置不相同。有的处在决断的领导位置,有的则处在提供意见、咨询的参谋位置。

(3)决策群体。凡是由全体群众共同参加制定决策,或由群众推选的代表组成的机构进行决策的决策者,称为决策群体。在决策群体中,每人的决策权力是平等的。

3. 决策对象

决策对象就是决策行为能对之施加影响的人、事、物等决策活动的客体。决策的对象与决策的主体是对立统一关系,是决策活动不可或缺的要素之一,它是被决策主体认识、实践、改造的客观存在。决策对象能制约决策主体的能动作用的发挥,为此必须尊重决策对象本身的客观规律性。

4. 决策信息

信息也是决策系统的基本要素之一。决策活动中,决策者只有获得丰富可靠的内外信息,才能作出科学的决策。信息对决策活动具有重要作用。决策目标的确定、决策方案的提出都是以比较准确、全面的信息为基础的。有关信息还可以帮助决策者进行方案比较和选优。通过信息反馈,可以使决策的实施和计划的执行处于最佳状态。

5. 决策知识

决策知识包括决策理论与决策方法。它既是决策系统的基本因素之一,又是决策学所要研究的重要内容。决策理论与方法,就是运用现代科学方法论,研究决策的本质和规律,而得到的理性知识。决策活动中,决策者只有在决策理论的指导下,运用科学的决策方法,才能对所要解决的问题进行科学的分析,然后得到正确的判断。

6. 决策结果

决策结果即在内外因素综合作用下实施某种决策方案后所达到的结果。决策结果是人们在决策活动中始终追求的东西,是决策目的的集中表现。一切决策活动的目的都是获得决策结果。因而,决策结果是决策系统中不可或缺的一个基本要素。

(三)决策理论

"经济人"假说认为人类从事经济活动的目的是追求利润最大化,而忽视人所具有的情感态度及价值观。在"经济人"假说的基础上形成了规范决策理论。这一理论假定决策者具备完全的理论知识,追求效用最大化,通过冷静客观的思考进行决策。但20世纪50年代之后,人们认识到建立在"经济人"假说之上的规范决策理论只是一种理想模式,不一定能指导实际中的决策,西蒙提出"满意"标准和"有限理性"标准,用"社会人"取代"经济人",大大拓展了决策理论的研究领域,出现了新的理论——行为决策理论。同时,对规范决策理论提出批判的还有林德布洛姆的渐进决策理论。

1. 规范决策理论

规范决策理论又称古典决策理论。这个理论是基于"经济人"假设提出的,盛行于20世纪50年代以前。该理论认为,决策者是完全理性的,人们应该从经济的角度来看待决策问题,在决策时追求利益最大化,决策的目的在于为组织获取最大的经济利益。在选择决策方案时进行最优选择,即从全部备选方案中能够作出最优选择。

规范决策理论把决策过程分为发现问题、提出目标、设计方案、预测后果、分析比较、选择最优方案六个步骤。在这六个步骤中,作为决策者的人始终是理性的,每一步活动都是理性的活动,整个过程都是理想化的,从理想的角度而言,这确实是一个非常科学化的模型,但是,决策活动是一项非常现实的活动,它受到许多现实因素的制约。因此,在实际的决策活动中,人们很难严格地遵从这一模型。

2. 行为决策理论

行为决策理论的发展始于 20 世纪 50 年代。西蒙首先对古典决策理论的"经济人"假设发难,在《管理行为》一书中指出,理性和经济的标准都无法确切说明管理的决策过程,从而提出了"有限理性"标准和"满意"标准。其他学者对决策者行为做了进一步的研究,他们在研究中也发现,影响决策的不仅有经济因素,还有决策者的心理与行为特征,如态度、情感、经验和动机等。行为决策理论以西蒙的有限理性模型为代表。

有限理性模型是一个比较现实的模型,它认为人的理性是完全理性和完全非理性之间的一种有限理性。决策者追求理性,但又不是追求最大限度理性,决策者只要求"有限理性"。决策者在决策中追求"满意"标准,而非"最优"标准。因为,在现实的决策环境中,人的知识、想象力和计算能力是有限的。决策者在识别和分析问题中容易受知觉上的偏差的影响,仅把问题的部分信息当做认知的对象。由于受决策时间和可利用资源的限制,也无法提供所有可能的备选方案,并且,也不可能了解所有备选方案,决策者方案选择的理性也是相对的。在风险型决策中,与对经济利益的考虑相比,决策者对待风险的态度对决策起着更为重要的作用。由于某些原因,决策者在决策中往往只求满意的结果,而不愿费力寻找最佳方案。

行为决策理论还批判了把决策视为定量方法和固定步骤的片面性,主张把决策视为一种文化现象,认为文化的差异是导致决策差异的一种不容忽视的原因。

3. 渐进决策理论

这一理论是由美国著名的政策科学家林德布洛姆提出的。他认为,决策过程并非规范决策理论所说的是一个科学分析和理性思考的过程,而是一个不断探索、逐步前进的过程。人们的决策活动是在边行动、边探索的过程中进行的。

所谓渐进决策,就是指决策者决策时在既有的合法政策的基础上,采用渐进方式对现行政策加以修改,通过一连串小小的改变,在社会稳定的前提下,逐渐实现决策目标。在林德布洛姆看来,渐进决策需要遵循三个基本原则。其一,按部就班原则。林德布洛姆认为,决策过程只不过是决策者基于过去的经验对现行决策稍加修改而已。这里,林德布洛姆把决策过程视为一个按部就班的过程,他注意到了决策过程的连续性。其二,积小变为大变原则。从形式上看,渐进决策过程似乎行动缓慢,但是,林德布洛姆认为,这种渐进的过程可以由微小变化的积累形成大的变化,其实际的变化速度要大于一次大的变革。在他看来,渐进决策要求变革现实是通过一点一点的变化,逐步实现根本变革的目的。其三,稳中求变原则。林德布洛姆认为,政策上的大起大落是不可取的,欲速则不达,那样势必会危害到社会的稳定,为了保证决策过程的稳定性,就要在保持稳定的前提下,通过一系列小变达到大变之目的。

二、公共管理与决策

决策是公共管理过程中极为重要的一环,是公共管理的起点,公共管理始终是围绕决策的制定、修改、实施进行的。一个具体的决策目标实现了,相应的公共管理过程就终结了。

（一）决策在公共管理中的重要性

□ 1. 决策贯穿于公共管理全过程和各方面

从解决某一个问题来看,决策是公共管理过程的首要环节,但是,公共管理组织在同一时期面临的问题很多,所以,公共管理全过程都会面临有待解决的问题,需要作决策。决策还存在于各个层次,高层管理者需要作决策,中层管理者和基层管理者也要作决策,只不过决策的类型不同。

□ 2. 决策是履行公共管理职能的基本方式

公共管理过程中有决策、组织、协调、控制等多个环节,决策是公共管理过程的首要环节,是履行公共管理职能的基本方式。每个公共管理组织都会面对很多的问题,公共管理组织要对问题进行分析,确定需要解决的问题,这时决策活动就已经开始了。有了问题的确定,才有以后的确定解决问题的目标,即把问题解决到什么程度,接下来要考虑解决问题的途径,即确定决策方案。这些都是决策活动。决策方案确定以后,公共管理活动也就有了明确的方向。然后才有了为实施决策而进行的组织、协调、控制等一系列活动。公共管理过程中的组织、协调、控制等职能都是以决策为基础的,为实现决策目标服务的。决策目标实现以及效果评估之后,管理活动即告完结。可以说,没有公共管理中的决策就没有公共管理。

□ 3. 决策是提高公共管理效能的重要手段

公共管理效能是公共组织实现预期目的的效率和能力。公共管理效能的高低取决于公共管理系统各要素,包括公共管理决策、公共管理者的素质、技术设备等,其中决策质量是最为主要的,是提高公共管理效能的重要手段。公共管理决策为公共管理组织选定了正确的目标,也就为公共管理效能奠定了基础。正确的决策能预见执行过程中可能出现的问题,预先准备好对策,减少工作失误,所以,要想取得公共管理的高效能,必须作好决策。如果决策错误,管理人员素质再高,执行机构再完善,结果也必定与组织目标南辕北辙。

□ 4. 决策是公共管理者的基本能力

公共管理者在公共管理中承担着诸多的职责,而在这些职责中,公共管理决策最为重要。因为,公共管理者经常面临长远的或当前的、大大小小的问题,这就决定了公共管理者要经常作决策,并且,决策的质量直接影响到公共管理的成效。所以,决策能力是公共管理者的基本能力。

（二）公共管理决策的兴起

按照政策科学奠基人拉斯维尔的观点,政策科学所关注的是政策相关知识,即公共决策过程知识和公共决策过程中的知识。由此定义来看,可以说政策科学源远流长,几乎与人类文明同样古老。随着文明的出现尤其是阶级和国家的产生,需要处理公共的或社会问题,就必须有政策研究活动,用相应的研究程序和方法,产生相关政策知识。古代和中世纪的政策研究思想和经验是政策科学的早期思想源泉,近现代经验研究的成长、应用社会科学的成长及其职业化是政策科学发展中的重要事件,而近现代社会科学对政策研究理论和方法的讨论则构成当代政策科学的先导。随着第二次世界大战后社会政治、经济和科技的发展,最终导致政策科学的诞生。

在两次世界大战期间,在一些重要大学建立了重视公共政策的项目,著名的有建立于1937年的哈佛大学公共管理研究生院,20世纪40年代后期,部分大学为共享公共政策的课程资料建立了大学校际委员会,其主要成果之一是哈罗德·斯坦的《公共管理与政策发展——案例读本》。校际委员会由教师和从事公共管理的人组成,说明了第二次世界大战前后政策分析与公共管理的密切关系。1951年,拉斯维尔倡议召开了一次多学科学者参加的公共政策研讨会,会后由他主编出版了《政策科学:范围与方法的最近发展》一书,政策科学由此得名,这被人们当做现代政策科学诞生的标志。

拉斯维尔的政策科学理论构成政策科学发展的第一个里程碑,后来的许多学者特别是德洛尔等人直接沿着拉斯维尔所规定的作为一门全新的、综合的统一社会科学的政策科学方向前进。德洛尔是现代政策科学发展史上的另一个关键人物,他继承和发展了拉斯维尔的政策科学理论,对政策科学的对象、性质、理论和方法等问题作了进一步具体而详尽的论证,使政策科学的"范式"趋于完善,从而形成了拉斯维尔-德洛尔的政策科学传统。

政策科学兴起的背景,在于现代政府政策条件和政策任务的复杂化。政府所面临的是大量的相互关联、相互制约的愈来愈复杂、尖锐、普遍和发展的各种社会矛盾和问题:20世纪60年代至70年代,不少的西方国家先后出现了诸如暴力犯罪增加、经济停滞、环境污染、能源短缺、失业扩大以及住房、卫生、社会保障、公共交通等众多的社会问题。社会公众强烈要求转变政策,摆脱困境,实现社会正义和社会公平的诉求。与此相一致,社会公众所关注问题的焦点,更多的不再是抽象的理念或原则问题,而是那些与现实切身利益密切相关的特殊的公共政策问题、公共管理问题和公共服务问题。这就使一批具有一定的学术素养,同时具备相当实际经验的学者、科学家和政府官员深切感到,应当建立一种能够兼容各相关学科优势,且能够解决各种现实公共政策问题的全新的学科,由此产生了政策科学。现代政策科学是当代社会政治、经济和科学技术高度发展的必然产物,它的产生也与其诞生地美国特殊的社会发展状况相关。德洛尔认为,现代政策科学的发展是众多因素相互作用的结果,这些因素包括思想库的成熟、人们对重大决策问题兴趣的增加、公众对科学能够解决政策难题的信仰、政策制定者日益增长的需要,以及经济学的示范性影响等。克朗认为,政策科学兴起的主要原因是:公众对一些特殊的政策问题如战争、种族冲突、环境污染等的关切日益增长以及不满政府对这些问题的处理质量。邓恩等人认为,政策科学发展主要是当代社会问题的复杂化以及为处理这些问题的政府组织扩展的结果。

20世纪60年代,美国联邦政府率先吸收和采用了政策科学的研究成果,成功解决了诸如国防、高尖新科技开发等领域里的某些问题,从而引起了各国政府和世界的普遍重视。70年代,政策科学被普遍接受且得到迅速发展,期间,不仅涌现了大量的有关政策科学的专业性的研究咨询组织和学术刊物,而且政策科学无一例外地成为各工业发达国家主要大学的进修课程。在整个70年代,政策科学的理论和技术不但在许多国家的各级政府得到了广泛应用,而且由于其潜力和普遍的适用性,同时也在私营部门得到了推广。进入80年代以来,政策科学的理论和方法已经成为工业发达国家政府乃至实业团体管理决策的基本方式。

政策科学的理论和技术为人们解决复杂的决策问题提供了一个重要手段,人们在解决社会活动中的复杂性问题时越来越依赖政策科学。伴随着政策科学的发展和公共管理学的产生,公共管理决策活动得以兴起。另一方面,现代科学技术的巨大进步,为决策科学化提供了条件。系统论、信息论、控制论和运筹学等新兴学科的发展,电子计算机的出现和广泛运用,现代管理理论的发展和成熟,都为公共管理决策的兴起和发展奠定了深厚的基础。

随着社会生活更加复杂多变,社会结构快速分化,公共事务领域进一步扩大,公共管理决策问题增多。政府要对社会经济文化发展进行管理,要对人民群众的劳动、娱乐等社会活动进行宏观指导,要执行国家的法律。公共管理还一直受到日益发展的复杂的全球化的影响,全球的、地域的、地方的相互依赖更加紧密,从而加大了政府治理的事务范围。另外,在社会进步的同时,也出现了危及人类生存的环境问题、生态平衡问题和人口问题等,这些都需要公共管理决策者统观全局,审时度势,及时作出可行而有效的决断。政府是典型的公共组织,为了有效弥补政府功能的不足,人们在政府之外组建了各种非政府公共组织,与政府一起提供公共产品和服务,维护社会公共利益。这些非政府公共组织同样面临着科学决策的问题。

所以,一方面,社会的发展和科学技术的进步促进了政策科学进而促进了公共管理决策的发展,另一方面,随着公共管理理论的发展,公共管理组织决策科学化的现实需要促使了公共管理决策得以兴起和发展。

三、公共管理决策类型、原则和体制

(一)公共管理决策类型

公共管理决策是指公共组织就所要解决的问题,在充分掌握信息的基础上科学地分析问题、确定目标、对未来进行设计,并作出选择或抉择以及对抉择方案执行及评价的过程。

公共管理决策根据不同的标准,可以划分为以下类型。

1. 高层决策、中层决策和基层决策

依据决策者在管理组织中所处地位的不同,可以把公共管理决策分为高层决策、中层决策和基层决策。高层决策是由高层领导集团作出的决策,决策属于战略决策和宏观决策,通常具有全局性、整体目标性的特征。中层决策是由中层领导集团作出的决策,大多属于战略决策和宏观决策,也有一部分属于战术决策和微观决策,中层决策必须服从高层决策。基层决策是由基层领导作出的决策,一般属于战术决策和微观决策,是为实现高层或中层的决策而进行的决策。

2. 单目标决策和多目标决策

根据决策目标数量的多少,可把公共管理决策分为单目标决策和多目标决策。单目标决策就是指决策的目标只有一个的决策。单目标决策是我们研究决策问题的基础,处理决策问题的大多数方法都是从研究单目标决策开始的。多目标决策就是指决策的目标有两个或两个以上的决策。在实际生活中,大部分决策都是多目标决策。目标多了,目标之间就会产生矛盾,这就会给决策带来困难。所以在实际决策时应考虑同决策有关的所有目标,而不能忽视和漏掉其中任何一个。

3. 确定型决策、非确定型决策和风险型决策

根据决策条件和结果的不同,可把公共管理决策分为确定型决策、非确定型决策和风险型决策。确定型决策是指在稳定条件下进行的决策。在确定型决策中,决策者确切知道自然状态的发生,每个方案只有一个确定的结果,最终选择哪个方案取决于对各个方案结果的直接比较。风险型决策也称随机决策,在这类决策中,自然状态不止一种,决策者不能知道哪种自然状态会发生,但能知道有多少种自然状态以及每种自然状态发生的概率。但不论采取何种解决问题的方案,都会承担一定的风险。不确定型决策是指在不稳定条件下进行的决策。在不确定型决策中,决策者可能不知道有多少种自然状态,即便知道,也不能知道每种自然状态发生的概率。这类决策中,决策者不但无法把握确定的结果,而且连决策风险的大小也难以把握,决策者只有靠自己的经验和直觉能力来决策。

4. 战略决策和战术决策

根据决策的重要性,可把公共管理决策分为战略决策和战术决策。战略决策是对组织最重要的决策,通常是指那些具有指导意义的、带有方向性的、与整个国家或社会的发展远景有关的重大决策。战略决策所涉及的是重大的问题,并且影响范围广泛和深远。战术决策属于战略决策执行过程中的具体决策。战术决策旨在实现组织中各环节的高度协调和资源的合理使用,是为解决某一具体管理问题或在具体管理过程中所作出的决策。它影响范围小,往往是短期的。

5. 程序化决策和非程序化决策

根据决策所涉及的问题,可把公共管理决策分为程序化决策和非程序化决策。组织中的问题可被分为两类:一类是例行问题,一类是例外问题。例行问题是指那些重复出现的、日常的管理问题;例外问题是指那些偶然发生的、新颖的、性质和结构不明的、具有重大影响的问题。程序化决策又称常规决策,是指所解决的问题是重复出现的例行问题的决策。每当这类问题出现时,我们就依照例行程序来解决它。非程序化决策是指所涉及的问题是例外问题的决策。

6. 初始决策和追踪决策

根据决策的起点,可把公共管理决策分为初始决策和追踪决策。初始决策是零起点决策,它是在有关活动尚未进行从而环境未受到影响的情况下进行的。随着初始决策的实施,组织环境发生变化,这种情况下所进行的决策就是追踪决策。

(二)公共管理决策原则

1. 选择性

决策是面向未来的,而未来会有多种可能性,人们能付诸实践并采取行动的,只是其中一种。决策就是从多个可能的方案中选择一个决策主体认为最为满意的方案的过程。没有选择就没有决策。所以,决策的过程中就要发动一切力量,提供尽可能多的备选方案,决策者本着择优的原则,权衡利弊,全面对比,最后择优确定。这样,才能作出较优的决策。

2. 可行性

决策总是要付诸实施的,因而,决策必须是可行的、可落实的。也就是说,决策要与实践相结合。决策的实施必须依赖于一定的环境和条件,如果条件不具备,方案不能实施,

决策再好也没有任何意义。

3. 目的性

任何决策活动都是在一定的目标支配下的有意识、有目的的活动,决策者是根据预期要达到的目标来选择最经济、最方便、最有效的方案,决策的成败也以是否实现了预期的目标、是否达到了预期的目的作为标准。

4. 民主性

民主性原则是指决策者要发扬民主作风,调动决策参与者和决策执行者的积极性和创造性,使他们的聪明才智贡献于决策活动。实行民主决策,是推进决策科学化的前提条件。

5. 动态性

决策不是瞬间完成的,而是经过一定的过程,即决策者从收集信息开始,通过分析问题、确定目标、寻找方案、比较方案,最后确定方案等,这些步骤总是需要一定的时间。所以,决策是决策者在某个特定的时间,为了达到一定目的所进行的收集信息、制定方案,选择并实施方案的过程。同时,在公共决策实施中,注意信息反馈,随时检查、调节、验证,一旦发现决策与客观情况不相适应,则应及时调整和修正。

6. 时效性

时效性原则是指决策者在发现决策问题后,要及时收集信息,及时分析研究,及时确定决策方案,以保证决策的有效性。决策活动是对客观事物和现实问题的判断和解决,因此这种判断应是及时的,作出的决定也应当是迅速的,尤其是对一些紧急问题更是必须快速、准确地作出决策。

(三)公共管理决策体制

公共管理决策主体是一个有机系统,主要由决策枢纽系统、决策信息系统和决策咨询系统三个子系统构成。公共管理决策体制是指公共管理决策的各个子系统的组成、职能及其相互关系的总和,是关于公共管理决策主体的构成及其职权关系的一种制度化的设计。科学化的公共管理决策离不开合理的、科学的决策体制。

1. 公共管理决策枢纽系统

公共管理决策枢纽系统,又称公共管理决策中心,是指领导、组织整个决策活动和最终从事抉择方案的领导核心。公共管理决策枢纽系统在整个公共管理决策体制中处于核心地位,即领导与指挥地位,而决策信息系统和决策咨询系统则处于从属地位,它们必须服从决策枢纽系统的领导和指挥,它们是决策枢纽系统的服务系统,是为决策枢纽系统服务的。公共管理决策枢纽系统是一个行使决策领导权的系统。公共管理决策枢纽系统是其所领导的机关或部门的具有最高权力的领导核心,在该机关或部门内,它可以领导、指挥其他所有的机构和人员。公共管理决策枢纽系统是一个对自己所领导的机关或部门负有全面责任的系统。领导者的权力与责任是统一的。有最大的权力就要承担最大的责任。因此,对于决策的正确与失误,主要责任应由决策枢纽系统来负。公共管理决策枢纽系统是一个机关或部门的唯一最高决策机关。公共管理系统也只能有一个指挥系统即决策枢纽系统,否则,就会出现多头领导和多头指挥的情况,让执行机构和人员无所适从。

公共管理决策枢纽系统的主要任务是领导整个决策过程、确定决策目标、选择决策方案、监督决策的执行。

2. 公共管理决策信息系统

公共管理决策信息系统是为决策收集、整理和传输有用、准确、及时的信息的一个信息服务机构,是公共管理组织的信息处理成员与电子计算机及其他传输工具组成的一个人-机系统。决策信息系统可以将不同级别的组织之间的信息进行纵向的传输,决策信息系统是同一级别的组织为了使各自的决策或行动相互协调而将它们各自的信息互相进行传输。决策信息系统还可以进行纵横交错的信息传输。

决策信息系统可以为决策者收集、处理和传输信息。通过决策信息系统可以使决策者及时准确地收集和处理信息,可以为决策提供制定方案的依据,帮助进行方案比较和选优,还可以控制决策实施和计划执行的最佳状态。

3. 公共管理决策咨询系统

公共管理决策咨询系统也称思想库、智囊团、脑库。它是指由多学科专家学者组成的专门从事智力开发,为决策枢纽系统提供智力支持,协助决策枢纽系统进行正确决策的辅助性机构。公共管理决策咨询系统可以帮助决策者对决策问题作出客观的判断,可以帮助决策者从专业的角度作出判断,还可以帮助决策者提供更全面、更准确的决策信息,帮助决策者提供备选方案。通过咨询作出的决策较为科学和可靠。但是,也不能夸大决策咨询系统的作用,咨询机构不能代替决策枢纽机构,咨询系统对决策枢纽系统主要起一种参考作用。

第二节 公共管理决策程序

公共管理决策的基本程序,是指公共管理决策过程中各项工作和各个环节展开的逻辑顺序及基本步骤。研究公共管理决策的程序,有助于帮助决策的制定者认识公共管理决策的客观规律,提高决策的质量和科学化水平。在关于决策过程的讨论中,尽管存在着多种理论,每一种理论对决策过程有不同的解释,但我们认为,公共管理决策过程中还是存在着基本的程序,这些程序对绝大多数公共管理决策来说,都是适用的。

一、公共管理决策问题解析

发现与分析问题是决策活动的起点。问题是决策活动的中心,它制约着决策的性质和范围,影响和决定着决策过程的每一环节。决策过程实质上就是发现问题、分析问题和解决问题的过程。公共管理决策也是如此。因此,公共管理决策问题的发现与分析在公共管理决策过程中占有特殊而重要的地位。在一定程度上讲,公共管理决策问题的挖掘和确认比问题的解决更为重要。因为解决问题也许依靠一定的技能和经验就能做到,而提出新问题、从新的角度去看旧的问题,却需要有创造性的想象力。并且,只有把问题界定清楚了,从中挑选那些对全局有重要影响的、关键的问题作为决策问题,并透过错综复杂的表面现象对诸多问题进行深入细致的诊断和分析,准确地把握问题的性质、程度及其产生原因,才能有正确的决策。否则,问题不清楚,原因找不到或原因找错了,就会一错百错,最终造成决策的失误。

可见,发现和把握真正的决策问题是公共管理决策活动的重要一步,是应该认真对待并投入相当精力的。界定与分析问题阶段,哪怕是出现一点小的偏差,也会使决策的结果有很大的不同。

(一)解析公共管理决策问题的前提

决策者要想及时、准确地发现和分析公共管理决策问题,需要做好下面几项工作。

1. 及时、准确地收集相关信息

信息是客观事物的一种反映和人们认识事物的媒介,人们只有通过信息,才能开阔眼界,丰富头脑,了解新情况,发现新问题。发现和分析问题是以信息为基础的,没有必要的信息收集和传递,没有真实可靠的信息为依据,就不能作出准确的判断,也就难以保证制定出正确的决策。因此,要想发现和正确分析公共管理决策问题,要想获得决策的成功,就要求决策者必须深入实际进行调查研究,及时准确地收集和处理信息。决策需要信息,信息的数量和质量直接影响决策水平。这要求决策者在决策前及决策过程中尽可能地通过多种渠道收集信息作为决策的依据。但并非任何信息都能满足决策实践的需要。科学决策对信息的基本要求是及时、准确、完整和经济。

收集公共管理决策信息可以通过以下方法。①建立信息网络,全方位收集信息。公共管理决策的广泛性决定了收集信息的广泛性。决策者要根据自己决策工作的范围,运用系统原理,建立一个纵横交错、内外结合、上下联系、反应灵敏的信息网络。利用这个网络能够全方位地收集决策系统所需要的信息。②依靠参谋咨询机构,收集信息。参谋咨询机构能够为公共管理决策者提供强大的智力支持。面对复杂的公共管理问题,专家、顾问和参谋咨询机构,应有目的地去收集隐发性和超前性信息,并把这些信息提供给公共管理决策者,以供决策者进行决策参考。③利用新闻等大众媒介,广泛收集信息。④依靠职能部门,收集专业技术性信息。决策者要善于发挥职能部门的作用,充分利用各部门、各行业所建立的专业信息网络和渠道,保证及时提供可靠的专项信息。⑤利用现代通信技术,收集突发性信息。⑥深入实际,亲自掌握第一手信息。

2. 明确决策对象系统的期望状态

公共管理决策中所说的问题,实际上是由社会的需要和社会现状的差异而引起的,是理想状态和现实状态的差异。现实状态即社会现实,而理想状态又称期望状态,是指决策者在一定的环境和条件下,主观上所希望达到的一种结果。只有明确了期望状态,才能准确地与现实状态进行对比,进而确定问题的存在与否。

决策对象系统的期望状态是衡量有没有问题的标准。这些期望状态具有很大的主观性,但是合理的期望状态,是以社会的现实条件为基础的,是准确认识现实状态后对社会群体或个体提出的合理性要求。因此,对于期望状态的认定,一定要避免主观片面,应该客观地理解把握不同层次、不同方面的标准。

确定期望状态是一项复杂的工作,要涉及许多因素。对于一个决策者来说,应该本着全面、科学、明确的原则去制定系统发展的期望状态或标准。在这里,有些标准是由国家政策法令、规章制度、工作要求、上级指示明确规定的,有些属于社会道德和文化价值观的精神准则,有些则必须结合实际进行科学的分析和预测。决策对象系统的期望状态事实上是有一个理想值的,当然这个理想值是随着时间的不同而变化的,能否把这个理想值及时上升为决策中的明确标准,需要决策者的智慧,并且也会直接影响着对决策问题的判断和决策对象系统的功能发挥。

3. 决策者掌握决策问题的方法

公共管理决策者要经常面对许多的信息和决策问题。有些问题是较简单的,很容易辨识和分析,但是,大多数的公共管理决策问题都不是明明白白摆在那里的,而是与许许多多表面的、次要的问题混杂在一起的,并且有时往往只是一种潜在的可能性。要想清楚地界定和分析问题,就要求决策者必须具有很强的辨别能力、分析能力以及对问题的敏感性,要求决策者面对问题,能够由表及里,透过现象看本质,准确地把握问题。所以,优秀的决策者应该提升自己发现和分析问题的能力,掌握科学分析决策问题的方法,做好决策工作的第一步,也为做好以后的决策工作提供保障。

(二)解析公共管理决策问题的程序

决策对象系统的实际发展状态和发展趋势与人们对它的期望状态之间的差距总是存在的,决策对象系统内部及其环境之间的矛盾也是普遍有的。因此,有关决策对象系统的问题是客观的、普遍的,并对系统的发展有相当的影响。决策者的任务就是发现问题和解决问题,以使系统的发展符合人们的利益要求。在这里,公共管理决策者发现和分析问题是按一定的程序来进行的。

第一步,发现问题。如何发现问题可以有不同的方法。有些问题可能是人们的"不满意",觉得系统的实际发展不应如此,有些可能是系统的正常发展受到了干扰和破坏,但都可以用期望状态与实际状态的差距去衡量。有差距就表明问题的存在。就如医生给病人看病一样,医生之所以判断病人有病,就是把病人和正常人进行比较,通过比较,发现病人和正常人有差异。此外,公共管理组织会面对很多的问题,决策者应对众多问题有了初步认识以后,根据问题的迫切性、严重程度和发展趋势,去选择决策应该加以解决的问题。

第二步,问题层次结构的分析。在决策问题认定的基础上,开始对问题本身进行纵向、横向的剖析,弄清这个被认定的决策问题的外部关系和内部关系,即一方面要弄清这个决策问题在整个公共管理活动系统中所处的地位和作用,估量这个问题与其他方面的联系影响;另一方面要弄清这个决策问题的内部结构,尽可能地进行分解,分成若干个更小的问题,分析它们之间的关系以及发展趋势,从而发现和判定这个决策问题中的核心部分和关键部分。

第三步,对决策问题的界定。即说明决策问题到底是什么,是在什么地点、什么时间、什么条件下发生的,对决策对象系统的发展有多大影响。

第四步,对决策问题所有可能原因的列举。公共管理决策者要依据经验和知识对产生的可能原因进行分析。这一步分析出来的可能原因不是单项的,而是多项的,这种多项原因为进一步界定与分析提供和开拓了思路。

第五步,根据调查,找出决策问题发生的最可能原因。运用辩证的逻辑思维和科学计算的方法手段,对多项可能的原因进行检验,以便对可能导致问题产生的各种原因辨别真伪、分清主次,找出最可能的原因。

第六步,根据科学理论和客观现实,完全确定决策问题的边界及原因。当主要原因被确认后,还应进一步验证,特别要从反证角度去做进一步的推敲。并根据已有的理论分析和证据,确定决策的问题及其原因。

第七步,准确表达决策问题的内容,为制定决策做好准备。问题的确切表述为解决问题而进行的目标确定奠定了基础。可以说,问题表述明确了,决策目标也基本确立了,这是问题解析的概括总结。任何一个公共管理决策问题都是复杂多样的,而明确表述的要求则是一方面要对问题的状况有规范的定性定量的概括,另一方面要对问题的主要原因有准确的判断。

二、公共管理决策目标的确定

公共管理决策目标是指在一定环境条件下解决公共管理问题最终所要实现或达到的预期结果或目的。公共管理决策目标是公共管理决策实施的出发点,是推动决策活动的动机或动因,为决策实践提供了指向未来的明确方向,而且它还通过决策方案和决策行动计划的形式,对决策活动起着指导、控制和调节的作用,是决策评估的基本依据。所以,在整个公共管理过程中,确定目标是十分关键的一步。目标正确,决策就有了正确的方向;目标错了,则会不可避免地出现方向性错误。

(一)公共管理决策目标分类

1. 总目标和分目标

这一划分的依据是决策目标的层次。总目标集中概括地反映了整个组织通过这次决策将要达到的总的目的和指标,具有全局性和总体性特征。分目标是对总目标的具体分解,它既可以是分层次目标,也可以是分阶段目标。分层次目标是指在同一时期,由总目标分解出来的不同层次的决策目标。分阶段目标是指根据决策对象不同发展时期的情况和任务,从总目标分解出来的不同发展阶段的决策目标。

2. 外部目标和内部目标

这一划分的依据是决策目标所涉及的内容范围。公共管理组织在不同的时期均会受到外部各环境要素的影响,面临许多需要解决的问题,针对解决这些外部问题所确定的决策目标就是外部目标。同时,公共管理组织也会面临与内部各要素有关的问题,针对解决这些内部问题所确定的决策目标就是内部目标。

3. 主要目标和次要目标

这一划分的依据是决策目标在决策中的地位。主要决策目标又称必需决策目标,它是针对决策对象存在的主要矛盾(或基本矛盾)、突出问题而制定的决策目标,是本组织发动一切力量,尽最大努力要达到的目标。次要决策目标是基于决策对象存在的次要矛盾或次要问题而制定的决策目标。一切决策,必须全力以赴达到主要决策目标,同时也要衡量次要目标满足期望决策目标的程度,不能对它漠然置之。

4. 有条件决策目标和无条件决策目标

这一划分的依据是决策目标是否附加一定条件。有条件决策目标是指附加一定约束条件的决策目标。无条件决策目标是指不附加任何约束条件的决策目标,有条件决策目标只有在满足其约束条件的情况下达到目标时,才算真正实现了决策目标。否则,即使达到了目标规定的指标,也不能算实现了决策目标。大部分公共管理决策都是有条件目标。因此,在确定决策目标时,必须严格规定它的约束条件。

(二)公共管理决策目标确定的原则

1. 单一性

决策目标的单一性是指决策目标含义的唯一性,一个决策目标只能有一种解释或理解。如果决策者所制定的目标,任何人都可以随心所欲地加以解释或理解,那么,这样的目标若是付诸实施,就会出现混乱不堪、各行其是的局面。要做到决策目标的单一性,就要在用词和表述上精心推敲,避免多义。决策目标应尽可能量化。

2. 针对性

公共管理决策目标要针对存在的问题,做到有的放矢,切中要害,找到问题的突破口。这样,要求决策目标要突出重点,抓主要矛盾,突出关键控制点。在有多个目标的情况下,区分主次,从资源分配上保证重点目标的实现。

3. 具体性

决策目标的具体性要求决策目标必须详细规定其实现的时间期限以及明确的责任限制,建立明确的目标指标体系,并尽可能使之量化。

4. 可行性

决策目标的可行性,是指提出的目标根据现实的主客观条件,通过努力是可以完成的。一个基本目标的实现,客观上存在许多限制因素和条件。有政治、经济和思想等方面的限制因素,又有人力、物力、财力、社会组织等方面需要满足的条件。如果不顾这些限制因素和需要满足的条件,单凭一腔热情去确定目标,决策目标就难以实现。

5. 系统性

有的决策问题比较复杂,存在多个目标,这就要从系统性原理出发,着眼整体,全面考虑多个目标的主次、先后等相互关系,建立起层次结构分明的目标体系。任何一个目标都不是孤立的。从事物的横向联系看,若要解决这个问题就必须同时解决那个问题,这样,最好是同时确立几个并列的目标。从事物的纵向联系看,若这个事物是构成那个事物的原因,最好的办法是确定有先有后、有主有次的几个目标。

6. 公益性

公共管理决策目标确定具有社会公益性,这是由公共管理职能的性质决定的。公共管理的目的是要提高人们的生活质量,满足多样性的个体需求并为公众谋取公共利益,所以它主要从大多数人的利益出发,为人们提供非营利性的产品或服务,其目的是公益性的。因此,公益性是公共管理职能的本质属性。所以,公共管理组织面临需要解决的问题时,就要考虑决策目标的确定能否最大限度地实现公共利益。

三、公共管理决策方案拟订

公共管理决策目标确立之后,就需要针对实现决策目标所要解决的问题,拟订实现决策目标的行动方案,寻找达到目标的途径,以指导人们的决策行为,这是决策过程的必然延伸,是决策者主观能动性的必然表现。决策者要根据决策目标规划的方方面面,根据决策对象系统的内外信息,根据人们已有的知识和经验,对实现决策目标的途径、手段和方式进行设想和设计,尽可能多方面、多层次拟订较多的决策方案,并把每一方案的相关因素合理地配置起来,为决策过程的下一步骤即方案选择阶段的评价和选优奠定基础。

(一)公共管理决策方案的类型

根据公共管理决策方案的内容和作用,可以将其分为以下几种类型。

1. 纠正性决策方案

这种决策方案是在对产生决策问题的原因已经清楚,并且已经具备解决问题的条件的前提下,而提出的决策方案。纠正性决策方案的实施有两种情况:一种是,由于问题的存在,决策对象运行失常,通过实施方案,使决策对象运行恢复正常;另一种是,现在决策对象的运行尚未达到最佳状态,通过对决策对象各方面的分析研究,发现了它没有达到最佳运行状态所存在问题的原因,于是,决策者提出纠正问题的决策方案,实施后使决策对象达到最佳境界。

2. 适应性决策方案

这种决策方案是指在对决策问题产生的原因大体清楚,但一时无法消除的前提下,而作出的调整处置性的决策方案。通常,我们制定的策略、方案都是符合决策对象系统的内外部环境因素的。但是,决策对象系统是在发展变化的。随着决策方案的实施,会发现原有的决策方案中的某些方面已不符合发展变化的环境。这时,为了保证实现原定的决策目的,就要对原定方案进行调整、补充、改造,调整、补充、改造后的方案就是适应性的决策方案。

3. 临时性决策方案

临时性决策方案,是指当组织内问题已经发生,但对引起差距的原因尚未查清却又急于处理问题而制定的权宜之计性的决策方案,其内容是一些临时性措施。临时性决策方案实施的目的,主要是暂时抑制问题的发展,为查明问题出现的原因争取时间,具有从侧面保证决策实现的作用。

4. 应变性决策方案

应变性决策方案,是在情况发生意外变化时的应变决策方案,内容包括应急性决策方案和预防性决策方案。应急性决策方案是在决策对象发展变化中出现了意外问题,为了缩小其不良影响而制定的决策方案。预防性决策方案是在决策问题还没有形成之前,为了设法消除其产生的原因而制定的决策方案。

(二)拟订公共管理决策方案的基本要求

1. 备择性原则

没有比较就没有选择。正与误、优与劣都是在比较中发现的。因此,只有拟订出一定数量和质量的备选方案,并经过缜密的评价与对比,才能从中选择最好的方案。反之,如果只有一个方案,就没有选择的余地,也就无所谓决策。所以,公共管理决策方案的拟订,要遵循备择性原则。所谓备择性原则,就是所拟订的决策方案应有两个或两个以上,使方案的最后确定能在对多种方案的选择中完成。决策方案拟订的备择性对方案的数量作出规定:其下限是至少要拟订两个方案,上限是要尽力把可能有的方案都拟订出来。

既然拟订的决策方案不能是唯一的,那就要尽可能多拟订一些方案。当然最理想的是能够拟订出全部可能的方案,不能在找到少量方案后,就匆忙进入选择阶段。但是,在现实中,由于决策者要受到自身有限理性的限制,因此要拟订出全部可能的方案是不可能的。所以,应该强调在既定的环境条件、既定的认识能力和既定的信息量下,要尽可能多地拟订多种决策备选方案。

2. 排斥性原则

排斥性原则,是指提供的各种备选方案之间在内容上是有差异的、相互排斥的,只有这样,才有可能进行选择和必须进行选择。如果说备择性原则是对拟订方案量的规定,那么可以说,排斥性原则是关于拟订决策方案质的方面的规定。根据这一原则,在拟订方案时,我们应当避免出现以下三种情况:一是一方案的行动、措施、方法可以完全包括在另一方案中,是另一方案的一个组成部分;二是两个方案或多个方案,是解决一个问题的两个因素,因而可以同时采用;三是两个方案是从完全不同的角度区分的,彼此之间无法进行对比,即没有可比性。

3. 可行性原则

决策的目的是指导组织未来的活动。组织的任何活动都需要利用一定的资源,缺乏必要的人力、物力、财力和技术等条件,理论上非常完善的决策方案也只能是空中楼阁。因此,决策方案的拟订,不仅要考察采取某种行动的必要性,而且要注意实施的可行性。

4. 创造性原则

创造性是指决策者能表现出对事物的敏感,认识问题有深度,敢于独辟蹊径。决策者不要囿于以往的经验,要具有善于开拓、敢于创新的精神,大胆设想,抓住对实现决策目标起制约作用的关键因素和环节,拟订出带有创造性的新方案。

5. 民主性原则

现代公共管理中的决策活动越来越体现集团决策的原则,而集团决策原则主要体现在决策方案的拟订过程中要按照民主集中制和群众路线的要求,最大限度地调动有关人员的积极性和创造性,使他们毫无顾忌地思考问题,大胆地发表自己的意见和建议。这就要求采用各种民主化措施,保障公民、各种社会团体和公共管理部门内外的智囊人物、专家学者和组织能够充分参与决策过程,确保决策行为最大限度地体现、反映民意和社会需求,更好地满足社会公共利益的需要。

6. 科学性原则

公共管理决策方案拟订的科学化可以概括为决策方案要符合客观规律,遵循其涉及领域的科学理论,运用科学的理论、方法、手段和体制进行决策,保证决策方案的正确性。随着科学技术的发展、社会生活的迅速变化,公共管理决策科学化的要求在不断地提高。同时,现代电子计算机、数据库等科技手段也为公共管理决策方案的科学化提供了条件。

7. 公平效率原则

公共事务涉及方方面面,而公共管理决策也是一种有限资源,因而公共管理决策方案的拟订应当考虑把急需解决的社会问题摆在优先的位置,考虑方案本身投入与产出的关系。但同时也要兼顾其他方面的利益。我国公共管理决策面临的一个非常重要的问题就是如何做到效率优先,同时又兼顾公平。

(三) 拟订公共管理决策方案的步骤

拟订公共管理决策方案的工作一般可以分为决策方案的探索和决策方案的详细设计两个阶段。决策方案的探索,是指尽可能从多种角度和多种途径,大胆设想各种方案,而不过多考虑方案的细节,以免局限解决问题的思路。探索阶段的最大要求是创新,尽可能多地求得解决问题方案的全面性和多样性。方案的详细设计,是指对探索阶段的方案设想做进一步的加工,使之具体化,形成有实用价值的方案。

1. 探索阶段

这一阶段主要是依据决策确定的目标,大胆设想,勇于创新,去构思各种可能的方案。

方案要尽可能多,因为决策方案是供公共管理决策者决断时选择的,方案多了才能有比较。有比较才能有鉴别,才能从中选出最好的方案。所以,它主要解决的问题是如何想出更多的主意,如何找到更多的方案。

在决策方案探索阶段,主要依靠决策者的思维想象力,因此,决策者的主观能动性不可避免地起着主要作用。对于完全规范化的决策,决策者基本上可以根据以往的决策经验,来设想备选方案;对于非规范化的决策,决策者要依据自己的经验、知识,发挥思维的想象力,依靠敏锐的直觉判断力,对决策方案进行初步的设想。通过直觉与直觉思维把握问题的实质,找到解决问题的途径,在一定情况下被证明是有效的。实际上直觉判断力是在人们长期实践活动中进行了大量的逻辑思考,已经积累了丰富的知识的前提下,由发现能力、认识能力转化来的。因此,不论是直接经验还是间接知识,都是寻找设想决策方案的基础。此外,要最大限度地调动有关人员的积极性和创造性,使他们大胆地思考问题,发表自己的意见和建议。还要充分重视专家和咨询的力量。总之,要从不同的角度和多种途径,大胆设想出各种各样的可能的方案来,以便提供尽可能广阔的思考和选择的空间。

一般来说,决策方案的探索阶段还要考虑三个基本因素:其一是决策目标,即方案设想必须以实现决策目标为出发点;其二是外部环境,即方案的设想一定要充分地利用外部环境提供的条件和信息;其三是决策系统内部条件,即设想方案要最大限度地利用内部的资源和潜力。一句话,只有将决策目标放到由决策系统内外条件构成的环境中去考虑,才能设想出较好的决策方案。

2. 设计阶段

经过决策方案探索阶段得到的结果往往是粗线条的方案轮廓,其中不尽合理、不甚具体、不够充实的缺陷在所难免,需要在方案设计阶段进行加工、充实和完善。如果说在方案的探索阶段需要的是大胆的创新精神和丰富的想象力,那么在方案的设计阶段则需要实事求是的精神、冷静的分析和严格细致的论证。

方案设计主要解决三个问题。

一是方案的具体细节的充实。如果对方案的实施细节没有明确的规定,则方案只是一种设想,还无法执行,这样的方案也就形同虚设,没有存在的现实意义。决策方案的细节设计要求决策者要对原来设想的方案进行严格论证、仔细推敲,要考虑到所有的因素和变量。

二是方案实施结果的预测。决策方案的实施要满足一定的条件。决策方案设计的活动是面向未来的活动,在未来执行方案的过程中可能会出现一些问题,这些问题会直接影响到决策方案能否顺利进行和决策目标能否实现。所以,要仔细分析每一种方案的潜在问题,每一种方案的可行性、经济性,并列出决策方案实现的约束条件。

三是列出方案实施中的应变措施。在上一步决策方案实施结果预测的基础上,还要能够列出方案实施中的应变措施。因为,决策执行过程中可能会出现一些问题,这些问题如果预测到了,但没有相应的应对办法,会使得决策的执行非常被动也会影响决策执行的效果。

第一个问题主要是丰富、完善原来设想方案的具体内容,使设想变成可以作为备择对象的决策方案;后两个问题是对决策方案实施后果的估价并规定相应的措施,这是对决策方案有效性的评价和保证。

四、公共管理决策方案选择

公共管理决策方案选择就是在各种可选择的方案中比较优劣、权衡利弊,然后选择一种方案加以执行。方案选择正确,则决策顺利,就能达到预期的效果。公共管理决策方案的选择是整个公共管理决策至关重要的环节。因为,一旦决策方案确定下来并付诸实施,便会引起或产生一定的社会效果,发生一定的影响。所以,决策方案的选择一定要慎重。

方案选择最终要靠决策者拍板定夺。所以,决策者的素质、经验、阅历等条件,对决策的效果有着重大的影响。作为决策者,应当注意培养提高自己的分析判断能力和水平。另外,还要善于集中大家的智慧,扬长避短,在决策的关键时刻一锤定音,以保证决策成功。

(一)选择公共管理决策方案的标准

1. 价值标准

价值标准是选择、评价方案优劣的基本依据。这里的价值是指一方案的作用、效果、意义等。首先,选择决策方案的价值标准要考虑是否有利于实现决策目标。要从最有效地实现决策目标的角度来选择决策方案,越是接近目标的方案越是较好的方案。如果决策目标只有一个,那么其目标自身也就是选择其方案的根本价值标准。如果决策目标有两个或两个以上,那就应当根据其主次、轻重、缓急,综合制定选择决策方案的价值标准。其次,选择决策方案的价值标准要考虑是否以较小的成本带来较大的效益。在能够保证决策目标实现的前提下,能够实现尽可能大的效益的方案就是最好的方案。这里的效益既要考虑经济效益,又要考虑社会效益,既要考虑眼前效益,又要考虑长远效益。再次,选择决策方案的价值标准还要考虑决策方案风险的大小。决策是面向未来的行动,在通往未来实现目标的道路上,我们无法预知所有的情况,所以,每一个可行的方案都是有一定的风险的。因此,在选择方案的时候,要选择风险系数尽可能小的行动方案。最后,公共管理决策方案选择的价值标准还表现在多大程度上实现了社会公共利益,在多大程度上保证了社会公众的满意。

2. 满意标准

公共管理决策方案的选择标准越接近目标越好,就是说要在所有可能的范围内进行最优的选择。在公共管理决策活动中,任何决策者都希望选择最优的决策方案,以最低的成本获得最大的收益。但是,现实中最优方案,是不可能有的。因为最优是相对而言的,是理想化了的标准。实现"最优"要受到各种因素的限制,至少必须满足如下几个条件:①决策目标可以数量化;②所有可能方案必须全部找到,而且每一方案的执行结果都必须预先知道;③有个绝对选优标准;④决策不受时间和精力的限制。但在实际的公共管理决策中是难以甚至不可能实现最优化标准的这些条件的。所以,管理学家西蒙提出了以满意原则来代替最优原则。实际中的公共管理决策问题只要达到"够好"和"足够满意"就行了,基本能实现决策目标就行了,不必盲目追求绝对最优,那样可能会适得其反,浪费时间,错过决策的良机。

3. 期望值标准

不同的决策有不同的选择标准,对于确定型决策,有了上述价值标准和满意标准,就可以进行方案选择了。而对于不确定型决策方案的选择标准问题,目前使用较为普遍且被认为较好的标准是期望值标准。

期望值标准就是哪个方案的期望值最优,就选哪个方案。所谓期望值,即是根据各种客观状况的出现概率加以计算的平均值。而概率就是出现可能性的计量。

(二)公共管理决策方案抉择

公共管理决策方案抉择,就是在公共管理决策过程中,决策者瞬间的决定、"拍板定案"。作为决策的抉择,固然要依靠决策者的直觉、经验、心理素质等因素,更主要的是它必须为公共管理决策服务,必须以信息、科学方法、客观实际为基础和出发点。优秀的公共管理决策者都具有很高的判断能力,敢于决策,也善于抉择。

从表面上看,决策者最后选择一个方案很简单,只需要考虑全部可行方案并从中挑选一个能最好地解决问题的方案。但实际上作出选择是很困难的。在公共管理决策方案的最后抉择时,决策者要注意处理好以下几个问题。

1. 统筹兼顾

要求公共管理决策者决断时不能单从某一部分、某一指标、某一局部来考虑和解决问题,不仅要注意决策方案的各项活动之间的协调,还必须从决策的整体性出发,考虑解决大系统与子系统的关系。只顾局部利益而忽视整体利益的决断只能是顾此失彼的决断,它虽有可能暂时解决了某一问题,但往往带来更多、更难解决的问题。

2. 注意反对意见

一种观点、一种方案,要想取得完全一致的意见,几乎是不可能的。再好的方案也可能出现反对者。决策者要充分注意方案评价和选择过程中的反对意见,因为反对意见不仅可以帮助我们从多种角度去考虑问题,还可以促进方案的进一步完善,而且可以提醒我们防范一些可能会出现的弊病。

3. 当机立断

任何方案都有自己的支持者。赞同不同方案的人都可以列出一大堆相应方案的优势。在众说纷纭的情况下,决策者应该牢牢把握决断的时机,要在充分听取各种意见的基础上,根据自己对组织任务的理解和对形势的判断,权衡各种方案的利弊,做到当机立断,力争使公共管理决策达到最佳效果。否则,等到大家的思想完全统一再作出大家都能接受的选择,这不仅可能会使行动的最好时机随着无休止的争论而失去,而且甚至是不现实的。

4. 开拓创新

传统的决断经验、习惯、规矩,我们可以有分析、有选择地继承,但传统的决断经验决不能原封不动地用于现实的新决断,否则,就不能适应新情况、解决新问题。可以说,立足现实、依靠预测、面向未来,是决断的根本特点。

五、公共管理决策的执行

任何决策都是为了实施,通过实施去解决问题,实现确定的目标。公共管理决策如果不付诸实施,那只能是纸上谈兵。好的决策还必须有一个好的执行,否则,只能是"空中楼阁"。只注重决策方法和决策方案的研究和设计,而不问决策作出后能否有效执行,这样的决策即使非常英明正确,也难以取得任何成效。另外,决策的执行也为决策的修正、完善提供了事实依据。

(一)公共管理决策执行的一般原则

1. 主体原则

这一原则是指要确立执行人员的主体性。不但决策要注意发扬民主,使群众参与决策,而且执行中更要依靠群众,使所有执行人员都能加深对决策的理解,自觉地以主人翁的姿态来承担实现决策的任务。充分发挥工作的主动性和创造性。一旦他们受到尊重,增强了主体观念,并且知道了做什么、怎么做、为什么做时,就会爆发出极大的工作热情,出色地完成自己承担的工作任务。

2. 准确原则

理解和把握决策目标最基本的要求是准确。为此,担负执行决策任务的组织者及其工作人员,必须确切地理解和把握决策目标的含义及要求,以极端负责的态度,保质保量、不折不扣地贯彻执行决策指令。如果对决策目标理解、掌握得不明确、不准确,含含糊糊,模棱两可,执行中就会偏离方向或者无所适从,这样必然陷入盲目性。

3. 时效原则

决策一经作出,就必须及时果断付诸实施,因为决策都有时效性。这就要求在执行决策时,必须雷厉风行、迅速果断,提前或在规定的时间内完成任务、实现目标。否则,超过时限,错过良机,就很可能使决策因条件、环境等的变化而得不到顺利实施,从而影响乃至破坏决策的效果。决策执行要及时应变,坚持迅速原则,但又不可操之过急,以致不能准确地实现决策目标。如果为了速度,而忽略了决策执行的质量和效果,那么就会造成人、财、物、时间、信息等的巨大浪费,不但不能迅速完满地实现决策目标,而且还可能为决策的继续执行留下消极的影响。

4. 灵活原则

决策是面向未来的活动。我们制定的决策方案本身就是建立在对未来的预测基础之上的,我们不可能预测到决策执行过程中可能出现的所有情况,现实、实践永远是复杂的、变动的,新问题、新情况也在不断地出现。所以,不可能有一个固定不变的模式把原来制定的决策指令套进现实生活中去,而必须因地制宜、因时制宜,灵活地去执行和贯彻落实决策。当然,创造性、灵活性并不是说执行决策这样也行那样也行,也不是说可以"上有政策,下有对策",而是在于对客观实际情况的深入了解,一句话,在于实事求是,一切从实际出发。

5. 监控原则

在决策执行过程中,由于主客观情况的变化或决策方案本身的问题,会出现这样或那样的决策执行结果与目标偏离的情况。因此,为了防止和纠正执行中的偏差失误,保证决策执行活动的正常进行,就需要对决策执行的过程进行监督检查。监督检查的内容包括:一是决策执行者是否正确、严格地贯彻执行决策,行动是否偏离了决策目标;二是决策执行过程中是否出现了新情况、新问题;三是在决策的实施过程中,是否发现决策本身的问题,包括原有决策制定有问题和原有决策制定没问题但随着环境的变化决策变得不合时宜两种情况。

（二）公共管理决策执行的条件

执行公共管理决策是一项具体、细致而艰难的工作，要想顺利达到预期的目的，取得理想的成效，必须事先做好各方面的准备，为执行决策创造必备而有利的条件。

1. 周全的实施计划

实施计划是通向公共管理决策目标的必经途径，它使决策者及执行者明确要完成什么样的工作目标，达到什么标准，需要什么样的组织结构和人员配备等，使每一个执行者各就各位、各尽其责，使整个组织活动有条不紊、按部就班地开展起来。实施计划还为执行过程中的监控活动提供了标准，使协调、指导执行活动有所遵循。并且，实施计划能对未来可能出现的各种因素的影响及其发展趋势作出科学预测，制定预防措施和对策，对执行中可能遇到的困难、危险有足够的准备，充分利用有利时机。

为了顺利实施公共管理决策，实现决策目标，在决策实施前，执行机关必须制订出周密严谨的实施计划。公共管理决策的执行是一项系统工程，涉及的因素很多，要求统筹兼顾，合理安排，科学地、及时地制订出详尽、确切、行之有效的执行计划。

实施计划的内容，主要应包括对决策整体目标进行分析，计算并筹划人力、物力、财力，确定实施程序、方法及有关的具体制度、规定。实施计划力求具体而详尽，并尽可能地把各项具体任务分配到人，对具体完成的期限作出明确的规定。

制订的行动计划必须切实可行，切合实际，不能主观臆断。计划的各项指标，要既不保守也不冒进，根据现有的力量，经过努力要能办到，要干力所能及的事。计划中的任务指标也不可太高，要估计到可能出现事先预想不到的困难对完成任务的影响，使计划具有适应未来变化的能力和机动灵活性。另外，在制订计划时，还要注意统筹安排。一定要全面考虑到计划对象系统中所有的构成部分及其相互关系，按照它们的必然联系，进一步统一筹划，切忌顾此失彼。

2. 精干的组织机构

公共管理决策执行离不开组织和组织活动。各项计划、指标都必须通过组织机构贯彻下去，下级的情况也要通过组织机构反映上来。实施计划定得再好，如果组织得不好，也无法实施，目标也难以实现。因此，必须建立起精干高效的组织机构，配备胜任的人员，并确定职位、职责、职权，以进行有效的组织和指挥，协调有关各层次、各单位、各部门的相互关系，将组织内部各个环节、各个要素联结成一个有机整体，制定必要合理的规章制度，使人力、物力、财力等得到最合理的利用，为一个共同的目标而努力。组织机构的建立一定要注意科学、合理，具有明确的组织规范。

3. 优秀的执行人员

公共管理决策确定之后，能否完成执行决策的全部任务和各项具体任务，实现决策目标，保证对政治、经济、文化等社会生活诸领域的公共事务进行有效的管理，能否促进社会进步和经济发展，关键取决于决策执行人员素质的高低。所以，优秀的公共管理决策执行人员，对于决策的顺利实施具有非常关键的作用。

为了完成执行公共管理决策的任务，必须挑选和配备必要数量的执行者。这些执行者应是多层次、多专业、多门类的，既要有领导人员，又要有一般行政管理人员；既要有多种学科的研究人员，也要有跨学科的综合工作人员，如会计、统计员等。另外，还要求执行人员有较高的政治思想觉悟,有较强的责任心和创新意识、积极的工作态度和务实的工作作风。并且要求执行人员有专业的管理知识和实践经验,有监督执行的组织能力、活动能力,善于处理人际关系,能机敏地识别自己部属的特点,人尽其才地使用下属人员,对工作细致、勤奋,有较高的效率。

4. 充足的物质保障

任何公共管理决策的执行,都离不开一定的物质条件。某些公共管理决策执行不力的问题,就与缺乏必要的经费、设备有关。没有活动经费,光有行动计划、组织机构和工作人员,活动也难以开展起来,决策目标也就得不到实现。因而,公共管理决策实施中一项很重要的工作就是根据执行活动的需要,在制订计划时编制预算,事先计算各个项目所需开支的经费数目。公共管理决策执行的物质条件,表现在经费上有预算,表现在财物上,包括办公用品、文书档案及设备等,都要做好准备。随着现代化科学技术的发展,公共管理工作使用的器具和装备已有很大改善。比如,电话、电传、指挥通信机、打字机、速写机、录音机、录像机、统计机、电子计算机等。这些现代化工具,为执行活动提供了良好的工作条件,有利于提高活动效率。

5. 正确的指挥

指挥,是指为了实现组织目标和公共管理决策意图,公共管理决策者对下属组织及人员的活动进行分派指导、协调监督的过程。公共管理决策执行活动参与的人员较多,分工较细,并且各项工作任务相互联系、相互制约,所以必须有高度统一的指挥。通过有效的指挥,使决策执行活动从静态通向动态,沿着预定的轨道前进,通过有效的指挥,可激发全体执行人员的积极性、创造性。

此外,指挥者必须拥有一定的权力。权力包括职权和个人影响权,权力的大小是由个人在组织中的地位及个人德才决定的。职权是由组织机构正式授予或依法赋予的法定地位而带来的职位权力。个人影响权是由个人的专长权力和个人魅力权力决定的。指挥者应该既有职权的影响力即靠下命令使下属服从,又要具有较高的专长权力和个人魅力权力,靠某种专门知识经验和特殊技能及个人的魅力影响下属。一个指挥者如果能对下属实行"内行"领导,往往会赢得下属的尊敬和佩服。低层的指挥者处在工作第一线,更需要较高的指挥技术。指挥者的思想品德水平高、作风好,就容易受到下属的爱戴和拥护。反之,指挥者行为不轨、言行不一,下级对他就不信服甚至鄙视,产生一种反向影响力。所以,指挥者要重视自身修养,提高指挥水平,以取得真正的指挥权。

6. 良好的协调与沟通

协调即引导公共管理决策执行的组织或人员之间建立良好的互相协同、互相配合的关系,有效地达到共同的预期目标的行为。通过协调减少各方面的摩擦和矛盾,使各单位各方面形成协调一致的行动和力量,从而保证整个组织系统的正常运转。缺乏及时有效的协调,不但不能发挥整个组织系统的最大效率,而且往往会在人力、时间等方面造成巨大浪费,严重者甚至会造成整个组织的动乱。一项决策目标明确、计划周密、组织健全、人员精干,但是如果协调工作跟不上,就容易出现"各自为政"现象,增加组织的"离心力",影响决策的顺利执行。

决策执行中的沟通是执行组织及其个人对共同任务和问题获得统一认识的方法和程序,也是交流思想、互通信息、统一认识的过程。沟通是协调的前提,是求得思想上一致,协调是沟通的结果,是求得行动上一致。有了思想上的统一,才有行动上的一致。沟通是改变人际关系、鼓舞士气的重要手段,组织之间、部门之间、个人之间及时沟通信息,可以加深了解,堵塞小道消息,防止思想混乱,以利于公共管理决策能够顺利执行。

在公共管理决策执行过程中,沟通有三种形式:上行沟通,即决策执行者与上级的沟通;平行沟通,即决策执行者之间的沟通;下行沟通,即决策执行者与目标群体的沟通。通过上行沟通,决策执行者能深刻理解决策的具体情况和要求。通过平行沟通,决策各执行机构和执行人员可以加深了解,消除误会,避免工作的脱节、重复,减少资源的浪费。通过下行沟通,决策执行者将政策指令下达给目标群体,增加目标群体对决策的理解,有助于赢得其对决策执行的配合。

六、公共管理决策效益评定

效益是公共管理决策的灵魂,是公共管理决策所追求的最终目的。公共管理决策效益是指在公共管理决策活动中决策成果与决策消耗、决策占用的对比关系。决策成果是指给社会带来的有益价值;决策占用是指决策过程中所动用的物力和财力的价值之和;决策消耗是指决策过程中所消耗的劳动力价值。但是,现实的公共管理决策效益并非如此简单地就能作出切合实际的评定。因为,任何正确的公共管理决策不仅能给社会带来经济上能够量化的有益价值,而且还能给社会带来一些不能量化的益处。这就使得我们在评定决策效益时,不仅要考虑公共管理决策的经济利益,还要考虑公共管理决策的社会利益,全面地、正确地对公共管理决策效益作出评定。

(一)公共管理决策效益的信息反馈

在公共管理决策实施过程中,决策实施者又会发现新的问题。为了使决策更加完善,实现公共管理决策效益的最大化,决策者应将实施中的信息迅速反馈到决策中心即决策的枢纽系统,以便决策中心对原有决策进行必要的修正,特别是当发现原有决策失误或不适应新的情况时,决策中心在接到反馈信息后应及时进行追踪决策,以避免出现重大失误,带来不良的后果。

1. 公共管理决策效益信息反馈的意义

反馈信息是修改或调整公共管理决策的主要依据,是保证公共管理决策效益的重要手段。公共管理决策系统所要处理的是错综复杂的管理问题,加之有限理性的限制,使得公共管理决策者不可能在决策执行前就能够对实施过程的各方面以及执行的后果作出绝对正确的判断。通常是在接收反馈信息之后,将反馈信息与原决策方案进行对比,找出偏差、纠正偏差。因此,反馈信息是公共管理决策者修改或调整决策的主要依据,是保证公共管理决策效益的重要手段。

反馈信息推进了公共管理决策的科学化,进而保证了公共管理决策效益的最大化。每一次公共管理决策的成功或失败的反馈信息,都会使决策者从中取得一定的经验或教训。这些经验或教训不仅能作为以后公共决策的可靠依据,而且能推动公共管理决策者改进工作方式,促进决策工作向着既定的目标顺利地发展,从而逐步实现公共管理决策的科学化。而公共管理决策的科学化又保证了公共管理决策效益的最大化。

反馈信息有助于提高公共管理决策者的决策水平,进而影响到决策效益的大小。公共管理决策者只有从决策的反馈信息中,才能得知决策执行者和决策的目标对象对自己决策才能的评价,才能得知自己决策中存在的问题,总结经验,找出不足,认识自我,不断提高自己的决策水平。而公共管理决策者决策水平的高低直接影响到决策效益的大小。

2. 公共管理决策效益信息反馈的要求

加强公共管理决策效益信息反馈,必须注意提高信息反馈的效果,为了使信息反馈达到最佳效果,信息反馈必须符合以下要求。

(1) 信息传递的及时性。决策信息反馈的目的就是要求人们及时发现决策中存在的问题并及时进行修正、调整,以免造成重大失误。所以,信息传递的及时性就显得尤为重要。及时性有以下几个方面的要求:首先,管理者一有需要就能获得信息;其次,信息要反映当前情况,提供给管理者的信息应当是当前的,而不是过去某个时候的;再次,信息要频繁地提供给管理者;最后,必须尽量缩短反馈信息的传递时间,加快信息传输速度。

(2) 信息的全面性。决策者只有获得了全面的信息,才能更好地分析决策问题,确定决策目标,也才能充分预测各种可能的情况,制定出科学合理的决策方案,最终有利于决策效益的实现。信息的全面性有两个方面的要求:首先,信息的范围必须足够广泛,从而可以使决策者较全面地了解现状,并采取切实有效的措施;其次,信息应尽可能详细,使管理者对现状有一定深度和广度的了解。

(3) 信息的准确性。在进行信息反馈的过程中,必须有效地传输反馈信息,一定要注意信息的准确和真实性,避免信息失真。反馈的信息如果不真实,就不能准确地反映公共管理决策方案在执行过程中的问题。错误的信息反馈,必然把原本正确的决策当成错误的决策加以改变,或者把错误的决策当成正确的决策加以执行,从而造成重大的决策失误。对信息理解的正确性也十分重要。如果反馈的信息是正确的,也及时到达决策中心,但是由于各种原因造成信息被错误理解,同样也会造成不良后果。

(二) 公共管理决策效益评定的原则与标准

1. 公共管理决策效益评定的原则

(1) 宏观决策效益和微观决策效益的统一。宏观决策效益是指从全社会的角度来考察的决策效益;微观决策效益是指从决策部门或单位的角度来考虑的决策效益。评定决策效益要将微观决策效益和宏观决策效益统一起来,二者不可偏废。

(2) 当前决策效益和长远决策效益的统一。评定决策效益,不仅要看到决策目前所取得的效益,而且还要考虑到将来可能产生的效益。如果某一公共管理决策在当前和将来都有利可图,当然是最理想的决策。但在现实中,当前效益和长远效益常常会发生矛盾,这就要求公共管理决策者或决策效益的评定者,要正确处理当前效益和长远效益的关系,高瞻远瞩,以长远效益为重,兼顾眼前效益,在服从长远效益的前提下,尽量考虑当前效益。

2. 公共管理决策效益评定的标准

评定公共管理决策效益是一项相当复杂的工作。在现实中,公共管理决策的性质和任务各不相同,质和量的转换难以找到精确的指标,全局的、长远的效益难以用数量来表示,脑力劳动的优劣价值难以量化等,这些使得公共管理决策效益的评定也十分困难,难以找到一个全面的、科学的、统一的标准。因此,我们只有根据不同部门、不同层次、不同地区的公共管理决策的性质,确定不同的评定效益的标准。但是,就一般而论,我们应当承认公共管理决策效益与决策后果的质量和数量、与实现决策后果的速度有着直接的关系。

(1) 决策效益与决策后果的质量和数量。公共管理决策效益与决策后果的质量和数量密切相关。质量和数量是既对立又统一的两个范畴。质量是数量的基础,只有符合质量要求的公共管理决策后果,其数量才有意义。因此,评定公共管理决策效益,必须把公共管理决策后果的质量放在第一位,在保证质量合格的基础上求数量。当然,无论质量多么好,它都不能代替数量。尽管质量很高,如果数量很少,也不能说该决策效益高,因为数量少就不可能取得好的经济效益。所以,忽视决策后果的数量跟忽视其质量一样,是错误的。

(2) 决策效益与实现决策效益的速度。决策效益是与实现决策效益的速度分不开的。评定公共管理决策效益,不能只考虑质量和数量,还要计量速度。没有一定的发展速度,即使质量很优、数量很多,也不能说公共管理决策效益好。同样,质量和数量没有保证,即使速度很快,也不能说公共管理决策效益好。这就需要评定公共管理决策效益应将质量、数量、速度三者有机地统一起来。在公共管理决策活动中,要以提高效益为中心,围绕着提高效益来解决速度快慢问题。

第三节 公共管理决策方法

公共管理决策的实施是一个复杂的系统过程,需要科学方法的支持。伴随着科学技术的进步和决策科学的发展,人们针对不同的决策问题提出了许多行之有效的方法。决策方法是决策者获得最优决策的手段和途径。在现代决策活动中,任何一个决策者,无论其经验多么丰富,如果不掌握有效决策的技术方法,就难以进行科学的决策。

一、定性决策方法

定性决策方法又称为主观决策法,是决策的"软"技术方法。定性决策法是指决策者依据自己的经验和知识,综合运用各种思维形式,对决策对象进行有针对性的分析、判断的一类技术方法。这种方法主要依据决策参与者的知识、经验和判断。定性决策方法有利于决策者把握事物发展的本质和规律,确定决策目标,判定和评价行动方案。

(一) 列举法

列举法就是决策者根据事物的情况和自己的希望而思考问题的方法。列举法主要有缺点列举法、特性列举法和希望列举法三种类型。

1. 缺点列举法

缺点列举法是先把决策对象的缺点一一列出,再针对缺点提出改变或消除缺点的方案。缺点列举法能使决策者迅速找到问题的症结所在,启发决策者解决问题的智力。但在现实中,由于主客观条件的限制,并非所有列举出来的缺点都是可以克服的。思考范围窄,可行性稍差,是这种方法的局限性。

2. 特性列举法

特性列举法是通过对决策对象特征的分析,寻找决策方案的方法。列出决策对象的特性后,就可以针对各方面的特性,提出种种可能改进方案。特性列举法要求列出尽可能多的特性,特性列举得越具体,改进的方案越具体;特性列举得越多,改进方案越多。

3. 希望列举法

希望列举法是通过想象决策对象应具有何种功能,然后沿着提出的希望方向设计决策方案的方法。希望列举法以决策者的愿望作为创新的基础,具有较大的积极性和主动性。但希望列举法主观成分较大,有时会脱离实际。

(二) 德尔菲法

德尔菲法是兰德公司提出的,用于听取专家对某一问题的意见的方法。这种方法是根据问题的特点,选择和邀请做过相关研究或有相关经验的专家。将与问题有关的信息设计成一系列征询解决问题的调查表,分别提供给专家,请他们各自独立发表自己的意见,并写成书面材料。专家把材料反馈给管理者,管理者综合专家各种意见的统计分析情况,将综合意见反馈给各位专家,专家结合他人的意见和想法,修改自己的意见并说明原因再交给管理者,管理者综合意见后再交给专家,这样反复几次,最后形成代表专家组意见的方案。

德尔菲法具有以下特征。①匿名反应。它是通过发放和回收意见调查表的形式,从群体成员得到的书面的匿名的反应。匿名可以使各成员从自身的价值观出发去对方案作出评价,而不受其他成员声誉和地位的影响。②受控的信息反馈。它采取一种逐步进行的方法,几经重复,每一轮都可以把收集到的各种意见通过统计处理后反馈给群体成员,从而使成员的意见逐渐集中。③统计的决策结果。在多数情况下,经过三四轮的信息反馈,就可以围绕中位数或平均值得到一致性程度比较高的群体判断。

(三) 头脑风暴法

"头脑风暴"最早是精神病理学上的用语,英文原意是指精神病患者头脑错乱状态。后来,美国创造学家奥斯本把该词引入创造学,命名他所发明的一种创造技法。中国学者将该法译为"头脑风暴法"、"智力激励法"、"脑力激荡法"、"畅谈会法"等,其后该法逐步被引入决策领域,成为公共管理决策的重要方法之一。该法的核心是高度自由的联想。头脑风暴法的特点是,针对解决的问题,相关专家或人员聚在一起,在宽松的氛围中,敞开思路,畅所欲言,寻求多种决策思路,倡导创新思维。这种方法的原则是:独立思考,开阔思路,鼓励奇思妙想,不重复别人意见;意见建议越多越好,不受限制;对别人的意见不作任何评价;可以补充和完善已有的意见。

随着决策与预测理论和实践的发展,一些国家在奥斯本"头脑风暴法"基础上,又发展了许多类似方法,这些方法在现代公共管理决策中也得到应用。如逆头脑风暴法、默写式头脑风暴法、三棱式头脑风暴法等。其共同之处是以"联想"为基本点展开的。

(四) 提喻法

提喻法又称综摄法,是由美国创造学家戈登首先提出的。这是一种产生创造性设想的、典型的思维方法,它通过已知的东西做媒介,将毫无联系的异质事物结合起来,用以打开未知世界的门扉。激起人们的创造欲望,使潜在的创造力发挥出来,产生众多的创造性设想。

这种方法把类比方法全面、系统地应用在创新过程中。该法力求收集那些表面上看起来带有情感的或不合理的想法,并把它们同决策中的理性因素结合起来。提喻法以类比为核心,以小组讨论为基本形式,在综摄众多想法、意见的基础上形成新思想。运用提喻法应分为两步:第一步为准备阶段,要"变陌生为熟悉",即把问题分解为一些小问题,以便深入理解问题的实质,并由此得知解决这些小问题才是创新的关键所在;第二步为"变熟悉为陌生",即暂时抛开问题本身,通过对一些类比问题的探讨,得到一些启发之后,再回到原问题上来,并通过强制联想,把类比成果用于解决问题。类比问题与原问题的距离越远越好,这样有利于开阔思路,找到解决问题的奇思妙想。

二、定量决策方法

定量决策方法是决策的"硬"技术方法。它根据调查研究、资料收集所获得的决策信息,运用运筹学、统计学、系统科学等理论,建立决策分析的数学模型,运用计算机等手段进行计算来求得解决方案及各种预期目标的方法。现代决策定量技术的发展体现出三个显著的特点,即数学化、模型化和计算机化。

(一)确定型决策方法

确定型决策是指决策面对问题的相关因素是确定的,从而建立的决策模型中的各种参数是确定的。

1. 线性规划法

线性规划是指在满足一定的约束条件下,求得目标函数的最优解,使预定目标达到最优。实际上这种方法包括两方面内容:一是组织的任务已定,如何合理筹划,用最少的资源完成任务;二是资源的数量已定,如何使任务完成最多。在公共管理决策中,主要是以何种方式有效配置有限的社会资源投入,实现尽可能多的社会需求。

2. 动态规划决策法

在实际的决策中,经常可以将决策的全过程分为若干相互联系的阶段,在它的每一个阶段都需要作出方案的选择和决定,并且一个阶段的方案选择和决定会影响到下一阶段的方案选择和决定,从而影响整个决策过程。要解决这种多阶段的决策问题就要用动态规划法。动态规划法是将多阶段决策问题的求解过程看成一个连续的递推过程。前一阶段的状态对后面阶段的问题只相当于一个初始条件或状态,它不影响后面过程的最优策略。但是由于各阶段是连续的,对应于以后各阶段的状态和决策,各阶段都应获得最优化策略。

动态规划法的基本步骤为:首先,将整个决策问题分成若干个阶段,形成一个多阶段决策过程;其次,整个问题的求解,可以用回程法由后向前或向前法由前向后运算;最后,利用递推关系求出每一个阶段的最优决策。

(二)不确定型决策方法

如果决策问题涉及的条件中有些是未知的,对一些随机变量,连它们的概率分布也不知道,这类决策问题被称为不确定型决策。

1. 小中取大法

决策者对未来持悲观态度,决策时,首先找出各方案的最小收益值,然后取这些最小收益值中最大的方案作为最满意方案。这一方法是以最小收益值作为评价方案的标准,对每一种自然状态来说,实际上是以收益值最小的自然状态作为必然出现的自然状态来看待的,这就把非确定型决策问题简化为确定型问题。

2. 大中取大法

决策者对未来持乐观态度,决策时首先找出各方案的最大收益值,然后选择这些最大收益值中最大的方案作为满意方案。这种方法实际上与小中取大法一样也是把非确定型决策问题简化为确定型问题。

3. 最小最大后悔值法

这种方法首先算出各方案在各种自然状态下的后悔值(在某一自然状态下,由于未采用相对的最优方案而造成的损失值,称为"后悔值"),并从中找出每个方案的最大后悔值,然后取这些最大后悔值中最小的方案作为最优方案。

(三) 风险型决策方法

如果决策问题涉及的条件中有些是随机因素,但我们知道它们的概率分布,这类决策被称为风险型决策。

1. 期望值决策法

采用比较各方案期望值的方法来确定最优方案称为期望值法。在期望值决策法中,利用概率统计学的知识求得每种方案的期望收益值,最后找出期望收益值最大的方案作为最优方案。

2. 效用分析决策法

在决策过程中,决策者并不一定都按照期望值的大小来选取方案,他们可能会依据效用的大小来选择方案。决策效用是指决策方案在决策者心目中的价值,它反映了决策者对待收益或损失的风险的态度。效用分析决策法与期望值决策法的区别在于:计算期望值时,效用分析用收益的效用乘相应的概率,再求和。

3. 决策树法

决策树法是一种可用于处理多阶段决策问题的决策图法。该方法由决策点、方案枝、状态点、概率枝顺序延伸而成,最右端是损益值。决策点表示决策的出发点,从决策点画出的几条直线称为方案枝,每个方案枝代表一个方案,各方案枝的末端画一个圆圈称为状态点,从状态点按客观状态的多少引出的几条线称为概率枝,在这些枝上要注明该客观状态的概率数字的名称,概率枝的末梢要写该状态下的损益值,即所能达到的结果。这样形成一个树状网络决策图。最后,根据各状态损益值的大小,选择最优方案。

◆ 本章重要概念

公共管理决策(public management decision-making)

公共管理决策体制(public management decision-making system)

公共管理决策程序(public management decision-making process)

公共管理决策方法(public management decision-making methods)

本章思考题

1. 试述决策的含义。
2. 试述决策在公共管理中的重要作用。
3. 试述公共管理决策的含义及原则。
4. 试述公共管理决策体制。
5. 试述公共管理决策过程的程序。
6. 试述拟订公共管理决策方案的基本要求。
7. 试述公共管理决策执行的条件。
8. 试述德尔菲法的主要过程。
9. 试述头脑风暴法的原则。

 本章推荐阅读书目

1. [美]威廉·N.邓恩.公共政策分析导论[M].谢明,等,译.北京:中国人民大学出版社,2001.
2. 陈振明.政策科学——公共政策分析导论[M].北京:中国人民大学出版社,2003.
3. 楚明锟.决策学[M].郑州:河南人民出版社,1991.

第七章 公共管理绩效

——本章导言——

公共部门绩效管理与评估被认为是一种有效的政府改革工具与手段而备受推崇,尤其从20世纪90年代以来,公共部门绩效评估作为公共管理领域的重要内容之一,已经成为世界各国行政发展的最新主题,当然,公共部门绩效评估同时也是一个世界性难题。公共部门绩效管理与评估起始于人们对效率的追求,获得的却是多重意义,它是一种技术,追求更好的管理;它是一种价值,追求更好的效益;它是一种思想,追求更好的改革。公共部门绩效管理与评估经历了很长的历史发展,从效率到绩效,从行政效率到绩效评估再到绩效管理,公共部门绩效管理与评估逐渐成为一个公共管理主题而受到重视,成为一个从单纯的技术手段发展到体系化构成的研究领域。

我国的公共部门绩效管理与评估在"摸着石头过河"的发展过程中,逐渐开始"与时俱进",学习国际先进理论与经验,发展本土化的绩效管理理论与评估体系。尽管总体而言,我国的公共部门绩效管理与评估被认为还很不成熟,但是我国在实践中取得的绩效评估成效却是不容忽视的,而且这种有中国特色的公共部门绩效管理与评估也在紧跟时代向前发展,我们相信我国公共部门绩效管理与评估的理论会更加成熟,实践会更加完善。

第一节 公共部门绩效管理

一、绩效与绩效管理

绩效管理既是一个管理的范畴,也是一个经济的范畴,基于管理主义的理性,绩效追求的是对公共管理的监督、控制、评价与引导。在经济理性的视域,绩效管理就是如何多快好省地实现经济效益与经济效果,成本与收益就是绩效的最终衡量标准。因此,就工具主义而言,绩效管理与绩效评估极具技术理性与价值。而这种技术理性如果放在公共管理的政治性视野中考量,那么绩效管理与绩效评估则在"公共性"的价值中增进了公共管理的政治回应性与社会满足程度,进而实现了公共管理合法性的价值增量。因此,在很大程度上,绩效管理与评估同时具备管理的、经济的和政治的等多重属性与多层价值,也因此在全球范围内,绩效管理与绩效评估成为政府公共管理的重要内容。

（一）绩效的含义

对绩效的研究是伴随着对效率的研究而产生并前进的。效率最初是机械学中使用的概念，主要意指输出的能量与输入的能量之间的比率，后来被引进到社会科学中，受到经济学的重视，并被视为经济活动中取得的结果与所消耗的劳动量的比率。而在管理学对效率近百年的研究历史中，管理最初的意义甚至被定义为追求效率，以至于近代科学管理运动被称为效率管理，或者可以说"正是人们对效率的渴望导致了近代管理思想的诞生"[①]。尽管百年的效率研究依然"充满了矛盾与困境"，但是效率研究从泰罗的科学管理运动开始已经成为管理学不可或缺的独立领域。在威尔逊和古德诺等众多学者努力下，公共行政学成为一门独立学科。而自从公共行政学诞生之日起，行政效率就成为公共行政学研究的一个核心概念。对行政效率的研究沿袭管理学的研究传统与方法，尽管曾经为政府部门带来很多变化与意义，但是其也在发展过程中存在诸多局限和不足。现代意义上的公共部门绩效管理与绩效评估也正是在传承行政效率的过程中发展变化的。

传统公共行政中行政效率的研究在理论与实践两方面都需要寻求突破与变革。首先，传统公共行政学受到经济学影响，把效率与经济视为行政管理活动的出发点和终极目标。即用有限资源提供更多更好的服务，花费更少的公共资金保持和提高公共服务水平。而事实上，效率绝不是行政组织的核心价值，公共行政承担着更加广泛的社会责任，公共行政的实践也表明高效率与高顾客满意度不成正比。顾客满意度的提高要求的是公共行政更高的效益。效益不仅包含投入与产出的比例即效率，还是一个更为综合的范畴。其次，行政效率的研究与实践主要被放置于传统的政府官僚制管理模式中，而这种韦伯式的科层模式最主要的特征是政府的高度垄断、公共权力的高度集中、严格死板的规章制度、过程取向的操控机制和非人格化官吏。这样的特征导致行政效率陷入传统行政管理的困境之中，进而更加关注微观的、技术的和静态层面的效率研究，热衷于提出提高效率的原则与途径，而这些明显的特点与现代管理模式的要求并不适应。经济市场化、政治民主化和社会组织化的现代社会背景下，现代政府管理强调市场化模式、分权化改革、结果导向和顾客导向的管理，基于当代行政改革的实践而形成的公共管理的新范式和新思维要求行政管理向公共管理的转变，同时要求行政效率由传统向现代的转变，而绩效管理和绩效评估则成为传统行政效率的现代发展并为现代公共管理提供了有力的工具支撑。一定意义上可以说，新公共管理运动的本质就是政府绩效管理。

学界有人以广义与狭义对效率作解并认为广义的"效率"就是绩效。事实上效率就是指投入与产出之间的比例，力求以最少投入获取最大产出。而绩效表示"成绩、成效"，成绩强调收获和主观评价，成效强调结果与客观影响。因此可以说绩效与效率有联系又有区别，它包括效率但比效率广泛。传统的效率侧重管理意义上的行政内部机制、关系与运行效果，更加强调经济意义上的速度、成本等数量特征。而绩效除重视这些之外，更加关注公共管理主体的行政行为以及其与社会和公民的外部关系，不仅依靠规范制度等刚性内容，更重视工作作风、工作态度等柔性机制，不仅重视公共管理内部管理机制，更重视社会与公民对政府公共管理的满意评价并将之作为最终标准。绩效不仅要求行政管理的数

---

① Duncan W. Great Ideas in Management: Lessons from the Founders and Foundations of Managerial Practice [M]. Oxford: Jossey-Bass Publisher, 1990: 27.

量指标,更重视公共管理的质量指标,注重政府公共管理的服务水平和服务质量,使提升公共服务水平,提高顾客满意程度成为公共服务部门的逻辑中心。绩效超越了单纯的经济范畴,更具有了伦理与政治的意义,民主与公平的指标也是绩效评价政府公共管理行为的重要内容和价值标准。因此相比于单向度的效率而言,绩效是一个更为综合、更为复杂的范畴,绩效可以定义为"政府在积极履行公共责任的过程中,在讲求内部管理与外部效应、数量与质量、经济因素与伦理政治因素、刚性规范与柔性机制相统一的基础上,获得的公共产出最大化"[1]。

绩效评估与管理是一个历史的发展过程,对绩效的主要结构性要素内容的认识是伴随行政管理理论与实践的发展而深入的,从传统行政管理到公共管理再到公共服务的理论变迁,绩效要素结构的主要内容也逐渐丰富,3E要素结构经过实践的检验被认为建立在清楚的模式上,是分析与测评绩效的最好出发点。所谓3E主要指经济(economy)、效率(efficiency)、效果(effectiveness)。经济指标解决的问题是"是否可以花费更少更合理",经济指标关注投入项目的成本,以及如何最经济地利用资源。效率指标解决的问题是"是否可以生产得更多更快",它关注投入与产出的比例关系,并以货币的形式加以表示与比较,包括生产效率(生产或服务的平均成本)与配置效率(相关利益人的偏好满足)。效率指标适用于衡量可量化的公共产品或服务。效果指标面对的问题是"是否可以做到更好",它关注公共服务的实现程度即产出对最终目标的贡献程度。效果指标的衡量主要表现为使用者的满意程度、政策目标的成就程度、现状的改变程度和行为的改变程度等难以量化或货币化的方面。随着全面质量管理、持续性质量改进运动在公共部门的深入影响,"服务质量"作为考核绩效问题的基础得到广泛认同并有可能在今后成为增进绩效的主要推动力[2],质量指标也逐渐成为评价公共管理绩效的重要标准。

随着新公共行政的发展,社会公平(equity)的价值成为绩效中重要内容而受到重视,新公共行政理论认为,经济与效率目标固然是公共行政的价值追求与目标之一,但是不应该是其核心价值和唯一的终极价值,当公平与效率发生矛盾时,不能牺牲社会公平来强调效率。[3] 因此公平成为衡量绩效的重要指标之一,它反映的是政府公共管理的公正性、反应性与责任性。因此绩效是一个包含经济、效率、效果、质量与公平在内的综合性的要素结构。

(二) 绩效管理的内涵

从行政管理到公共管理,从行政效率到政府绩效,绩效已经成为一种导向性的管理方法,并形成一套比较完整的管理方法体系,对公共管理过程及方法的有效性进行测评。就价值与工具相结合的发展路向而言,绩效成为公共管理理论与实践的黏合剂与纽结点,因此政府绩效管理就成为公共管理的重要内容。

绩效管理(performance management)源自于西方管理理念,意指管理人员确保员工的行为和输出同组织目标一致,形成核心竞争力的管理过程。美国绩效评估中心的绩效衡量小组为绩效管理下了一个经典性定义:所谓绩效管理,是指"利用绩效信息协助设定

---

[1] 卓越.政府绩效管理导论[M].北京:清华大学出版社,2006:9.
[2] 于军.英国地方行政改革研究[M].北京:国家行政学院出版社,1999:128-129.
[3] 唐兴霖.公共行政学:历史与思想[M].广州:中山大学出版社,2000:401.

同意的绩效目标,进行资源配置与优先顺序的安排,以告知管理者维持或改变既定目标计划,并且报告成功符合目标的管理过程"①。可见绩效管理是一个系统的管理过程,它着眼于系统整合组织资源以实现组织目标,并且对运行过程的有效性进行全方位的控制、监测、评估,以推动公共部门管理绩效的持续性改进与提升。

首先,绩效管理是目标导向性的管理体系。它注重管理的全过程,通过过程来控制结果,通过结果来修正过程的偏差。从系统的观点出发运作绩效管理,使绩效管理发挥综合作用,必须把绩效管理看做一个完整的系统,设计、维护和发展绩效管理系统。美国审计总署认为政府绩效管理是一个由相互补充的三大环节构成的动态过程,包括确定战略方向、制定年度目标和测度体系、报告绩效水平。因此基于过程的绩效管理形成比较完整的"控制链"流程体系,至少应包括绩效目标体系的设置、绩效实施的跟踪与规范、绩效实施的监测与评估、绩效状况的反馈与修正等操作程序,其中绩效实施的监测与评估是整个过程的重点。

其次,绩效管理是一个运作机制系统。作为公共管理的重要组成部分,绩效管理重视管理方法及技术的开发与使用。它发展出一系列提高绩效的可操作性管理机制与方法,如全面质量管理、标杆管理、人才测评等。"从某种角度看,绩效本身又可以作为一种导向性的管理方法,回应实践的要求,依次形成绩效评估、绩效合同、绩效激励等一整套管理方法体系。"②这些管理方法被统一于绩效管理体系中,形成完整的运作系统,服务于提升公共管理水平的实践需要。

最后,绩效管理也是一种改革手段。它增加并突出了公共管理的应用性与回应性。绩效管理既是管理制度的改变,也是管理理念的改进,作为一种综合性的改革手段改变着政府原有的管理模式、组织方式与领导方式。西方国家将绩效管理从企业中引入政府公共改革的实践中,形成声势浩大的全球范围内的"重塑政府"的"新公共管理运动",以解决政府机构膨胀、官僚主义、管理成本无限增长与管理效率低下等诸多弊端,可以说公共管理改革重视绩效管理既是实际应用的需要,也是对现代社会多元化需求的回应。

可见绩效管理以目标实现为标尺,既关注管理过程又强调结果导向,既关注系统管理又注重动态管理,既根植于改革实践又加强了政府管理的公共回应性。因此,尽管还存在种种局限性,但是通过绩效管理可以在很大程度上对政府公共管理运行状况进行比较全面的监测、反思、评价,为社会与公民提供正确认识与评价政府公共管理水平的绩效信息,为提升政府公共管理绩效提供依据与管理手段。

二、绩效管理的历史演变与价值取向

(一)绩效管理的历史演变

绩效管理作为20世纪80年代管理领域兴起的一个概念,它的出现是一个历史的过程,从传统行政管理到现代公共管理的变迁过程中,对政府绩效的认识经过行政效率到绩效评估再到绩效管理的认知变化。在新公共管理运动的发展过程中,"效率观"被"绩效观"所代替,相应的绩效管理概念也从企业实际应用中被引入政府公共管理过程中。在其

---

① 张成福,党秀云.公共管理学[M].北京:中国人民大学出版社,2001:297.
② 卓越.政府绩效管理导论[M].北京:清华大学出版社,2006:11.

形成与发展的过程中,绩效管理吸收了管理学相关理论、公共选择理论、新制度经济学理论等。作为管理领域兴起的概念,绩效管理首先是充分借鉴了管理领域中的功绩评议、激励理论、目标管理理论、权变理论、绩效评估理论等理论内容而形成的一种关于如何提高组织绩效的组织管理理论,而其中最直接最重要的影响是绩效评估理论的发展,它使绩效从单纯的评估手段发展为完整的管理体系成为一个更自然、更合理的过程。

有效的激励需要有效的功绩评议提供组织成员的功绩信息,功绩评议能够对可以定量化的工作绩效作出衡量,但是对不易观察的绩效评议效果不佳,结果降低了激励效果,但是绩效管理吸收了功绩评议的定量分析工具并发展为绩效评估的技巧。目标管理基于Y理论的人性假设,试图催发人们对成就感、自我能力与自我管理的需求,以参与管理的形式形成总体与个体一致性的目标层级体系,并以目标为标准进行绩效考核,显示了较高的绩效视野。目标管理的基本假设带来了实践中的缺陷,对有较强自我价值追求的组织成员而言,高成就感与自豪感促进了有挑战性的目标设定,从而体现出较高的绩效,而对于基本假设范围之外的平庸者而言,目标管理的参与与自治却恰恰成为低绩效的根源。绩效管理吸收目标管理以目标为导向的管理思维,并发展成为重视过程与结果的绩效目标系统。绩效评估是以结果为导向的评估方案,重在对特定部门工作状况进行测定并作为奖惩依据。在公私部门受到极大重视,至今仍然具有很强的生命力。但是作为一种评价方法,绩效评估在实践中存在着评估失败。绩效评估以结果导向这种刚性规定为衡量标准,极容易忽视绩效低下的其他因素,其结果成为人事部门为评估而评估的工作,同时它会激起部门为达成结果的短期化行为。绩效评估基本上是一种单向度的评估,基层管理者被排斥在外。以奖惩为依归的强行评估,造成科层制管理下被评估者的巨大心理压力。因此,绩效评估的结果导向和手段性质在绩效管理那里不再是唯一的,而仅仅变为其中的一部分管理内容。绩效管理正是在对功绩评议、目标管理和绩效评估等理论的部分否定与吸收的基础上出现的,尽管绩效管理不能解决所有的管理绩效问题,但是它从一个新的高度与层次面对与解决绩效问题,是衡量与提升公共管理绩效的一种可取的路径。

(二)绩效管理的价值取向

绩效管理首先在西方国家受到重视,现代西方公共行政改革是政府面临财政危机、管理危机和信任危机条件下的"重塑"行动,这种改革首先面对的问题是其目的取向即"走向哪里"的问题。从总体而言,公共服务取向、社会分权取向、市场价值取向是公共管理最基本的价值取向,这些思想层面的价值取向必然在公共管理实践中寻找相应的承载体并实际呈现出来。作为公共管理改革的基本内容,政府绩效具有基础的、标准的功用,可以解说与统合各种价值取向,各种价值取向可以在政府绩效管理过程中表达并反映出来。

(1)公共服务取向。公共服务取向要求政府从管制型向服务型转变,是一种公民本位的公共管理价值取向。公共服务取向明确了政府为公民提供公共服务与产品的必然职责。提供高标准、高质量、高品位的公共服务与产品,获取公民满意就成为政府的必然使命。因此服务取向既是一种价值追求,又成为一种引导性、约束性制度机制。美国的《设立顾客服务标准》、英国的《公民宪章》、意大利的《公共服务宪章》与法国的《用户宪章》等以政府服务承诺制度的形式突显了公共服务取向的价值与意义,从而转变了传统政府与社会的关系,使服务对象真正处于公共服务的主体地位,而所有服务的内容、标准、程序与机制等最后都一致指向公共服务质量,而"质量"则是绩效管理的核心内涵和关键界标。

因此高质量的公共服务要求较高的政府绩效,而提升政府公共管理绩效水平的主要目标之一就在于提升公共服务质量,从这个意义上而言,绩效管理是以提升公共服务为价值取向的。

(2) 社会治理取向。社会治理取向要求收缩政府公共职能范围,将无限扩张的政府职能限制在一定的范围内,而其中的一部分职能交由社会组织承担并实现,它是一种社会本位的公共管理价值取向。社会治理取向重新审视政府与社会的关系,认为社会的需求全部由政府来承担没有必然的逻辑理由,一部分公共职能可以由社会组织如第三部门、社会中介、非营利组织等自己承担,社会治理取向既体现了多元化的价值追求,又可以形成一种压力型的制度选择机制。社会治理取向的价值在公共管理实践中具体表现为政府公共管理职能的社会化。例如,主体的社会化表现在社区自我管理、基层自治、公私合作、伙伴关系等;服务内容的社会化如医疗照顾、卫生环境、基础设施建设、社会保障等;社会治理取向或许是社会把国家政权重新收回的过程,又或许是政府应对危机所作出的暂时性调适,但是社会治理取向从服务主体的角度重新思考了政府的公共物品提供者的地位,以外部压力的形式为政府公共管理绩效的提升提出了要求。多元主体提供服务打破了政府垄断,竞争能够带来政府绩效的提高。另外多元供给给政府提供了购买的主动权,有利于政府在横向竞争过程中提出严格的质量标准,更低廉的服务成本,进而提高公共服务绩效水平。职能的收缩与转换使政府必然精简机构、分流人员、减少开支,这些成本的降低带来的是管理绩效的提升。因此,社会治理取向的价值转变要求政府公共管理绩效的改进与提升。也因此,在被动意义上而言,绩效管理是以社会治理取向为价值追求的。

(3) 市场价值取向。公共选择理论引领了包括绩效管理运动在内的西方国家公共管理运动,公共选择理论用经济学的方法分析了"政府失败论",更为重要的是"公共选择的核心是所谓的市场价值的重新发现和利用"[1]。公共选择观点认为公私领域在管理技术、管理方式的本质上是相同的,政府与公民的关系就像商家与顾客的关系一样,政府应该引入市场机制,通过市场的竞争、选择、交易等方式重新安排政府与社会和公民的关系。因此,以市场价值取向改革政府公共管理是一种理所应当的选择。时至今日,市场价值取向已经成为最受欢迎的革新概念,"人们普遍假设提高政府组织效率的最佳甚至唯一的方法是用某种建立在市场基础上的机制代替传统的官僚体制"[2]。因此市场价值取向就成为绩效管理的价值取向选择。而在事实上,市场价值取向与绩效联系最为直接,它可以通过各种方式改变政府公共管理服务机制,进而促进政府绩效的提升。市场竞争机制的引进如签约外包、竞争投标等打破了传统的官僚垄断,多个竞争主体间的竞争促进了社会资源的更优化配置,必然促进成本更低、质量更高、效果更好的公共服务,否则竞争失败的结局会导致组织的种种危机。政府运用市场选择机制与市场交易机制把社会与公民放在市场的主体性地位,向公民发放各种代币券,由公民选择需要的公共服务实现"用者付费"。既促进了供者对需求的敏感性又吸引了企业部门的进入与竞争,进而提升了公共服务的有效实现。此外,将市场机制引入政府内部事务管理也可以提高管理绩效,如英国、新西兰、澳大利亚等国家在财务管理方面的改革,建立内部市场,划分提供者与购买者,形成成本

---

[1] 周志忍. 当代国外行政改革比较研究[M]. 北京:国家行政学院出版社,1999:24.
[2] [美]B. 盖伊·彼得斯. 政府未来的治理模式[M]. 吴爱明,等,译. 北京:中国人民出版社,2001:25.

中心,在一定程度上控制并实现了公共支出的降低和效率的提高。

第二节 公共部门绩效评估

一、绩效评估的含义与分类

(一)评估与绩效评估

绩效管理是在绩效评估发展的基础上形成的管理理论,绩效评估的发展历史更长,但是绩效管理以管理与制度的高度看待绩效,而绩效评估则更多以工具与技术的视野看待绩效,因此,就系统论的角度而言,无论程序还是内容方面,绩效管理都是包含绩效评估在内的一个完整的综合性系统,而绩效评估则是绩效管理大系统中的一个子系统,绩效评估的效用发挥依赖于绩效管理整体系统功能的有效发挥。但是"测定是绩效管理的一个关键环节:如果你不能测定它,你就无法改善它。除非在绩效目标实现程度方法方面达成一致或者谅解,否则,一切确定绩效目标或者标准的努力都是徒劳无益的"[1]。因此,在绩效管理的整体框架中,绩效评估是核心的、不可或缺的一部分,是绩效管理概念中的关键因素。

明确"评估"的含义是定义绩效评估的关键一步,"评估"表示"评议估计或评价",它既包含"评"的过程,又有"估"的结果。因此可以说评估就是评估主体采用一定的评判标准对客体的价值、质量等进行的评价、计算和测量的活动。许多学科如管理学、组织行为学、人力资源管理等都对绩效评估有相关研究,因此各学科对绩效评估的界定也有所不同,如认为"绩效评估是组织对雇员价值秩序的决定","绩效评估是基于事实,有组织地、客观地评价组织内每个人的特征、资格、习惯和态度的相对价值,确定其能力、业务状态和工作适应性的过程","绩效评估是定期考察和评估个人和小组工作的一种正式制度"[2]。

人们认为公私部门之间的管理是相通的,可以借鉴。"绩效评估是一个适用于评价政府活动,增强为进展和结果负责的一切有系统的努力的术语。"[3]对政府等公共部门的绩效评估可以借鉴企业部门的绩效评估的成果,但是公共部门绩效评估有着其特殊性。总结学者们的相关研究,对公共部门绩效评估的理解可以从内容、特点和过程三方面理解。在内容方面,认为公共部门绩效评估就是对经济、效率和效益三方面的测量,后来质量和顾客满意度也成为其重要内容。当然有其他观点又加入了公平(equity)、卓越(excellence)、功效(efficacy)等内容。在特点方面,认为公共部门绩效评估是一个具有系统性、结构性、操作性特点的完整系统,由确定的评估目标、评估指标、评估方法、评估时间和评估步骤等结构要素组成。在过程方面,认为公共部门绩效评估是一个达成预定目标的动态过程,包括确定绩效目标和标准、建构评估指标体系、调配资源、收集资料和评估信息、评价和反馈绩效等一整套操作程序。总体而言,公共部门绩效评估是由多环节复合组

---

[1] Armstrong M. Performance Management[M]. London:Sage,1994:35,60-61.

[2] 陈振明. 公共管理学——一种不同于传统行政的研究途径[M]. 2 版. 北京:中国人民大学出版社,2003:273-274.

[3] Silver S, Luster M. Reinventing Government Series:Performance Measurement and Budgeting[J]. 1995(7).

成的综合性行为过程,该过程是将以预期目标为基础设定的评估指标作为评估标准,对政府公共产出进行多层面系统的测定、评价与审定,进而改善政府绩效的动态过程。

公共部门绩效评估是一种工具与手段,可以在其与其他相关评估概念的比较中得到更好的认识。首先,公共部门绩效评估与企业绩效评估的联系与区别。两者都是对所提供的产品与服务的结果进行评估,但是企业绩效评估相对容易,利润指标是最好的评估标准。而公共部门的垄断性、排他性和非竞争性造成对公共产品与服务的绩效评估难以确定或者衡量难度非常大。但是两者在技术与方法上可以相互借鉴,如平衡积分卡可以同时适用于两个部门。其次,在公共管理领域内部,公共部门绩效评估与人力资源评估都试图通过评估衡量与提升公共管理的绩效水平,两者都是将绩效与激励和控制方法相结合形成的有效控制手段。不同的是,绩效评估更多侧重从组织绩效的评估出发;而人力资源评估则侧重从组织个体绩效的评估出发。另外,绩效评估与绩效测量基本上一致,而与项目评估有一定的区别。它们共同的目的在于改善服务与有效性。但是,项目评估是定期或不定期评价一个公共项目的进展情况,为公共决策提供特定项目的效果等信息。项目评估没有设定的评估标准,而且是针对项目的一次性的不连续的评价过程,项目评估不仅是管理的问题,更多时候是一个政治价值的问题。而绩效评估则有设定的绩效目标与标准,并且绩效评估表现为一个持续进行的过程,绩效评估在于以整体性认识为公共决策提供有益信息,更多是从管理角度考虑绩效问题。

（二）绩效评估的分类

依据不同的标准,从不同的角度可以将公共部门绩效评估分为不同的种类。依据评估的主体不同,可以分为内部评估与外部评估。内部评估主要由公共部门内部的评估者完成,其优点在于评估者对评估对象有较为详细的了解与认知,形成相对的评估优势,但是其缺陷在于可能形成身份重合,评估者不能避免主观色彩与部门利益的羁绊。另外内部评估者的专业性也受到怀疑。外部评估主要是由公共部门外部的评估者如学术团体、研究机构、专业咨询公司或专家学者等完成。其优点在于评价的客观程度和专业化程度较高,缺点在于进入公共部门内部的真实状况、获取真实资料存在困难。

其中内部评估基于不同层次的评估主体又可以分为上级评估、部门自我评估、下级评估与成员评估。当前我国政府绩效评估主要是上级评估与自我评估,如政府部门工作报告和领导人述职报告等形式,下级评估在官僚行政体制中受到等级制影响,实现程度很小,成员评估几乎成为形式化"为评估而评估"的所谓"常规工作。"此外,外部评估中比较盛行的是社会公众评估与专家评估。社会公众评估是基于顾客满意度的要求而推行的参政议政方式,专家评估则更多是针对专业性较强的政策、项目或公共工程而进行的方式。

依据绩效评估的性质可以分为定性评估与定量评估。定性评估主要针对无法用具体数据定量分析的工作绩效进行的质的鉴别与评审。因为其建立在主观印象与经验基础上,因而定性评估的客观与公正会受到影响。定量评估是运用数值分析方法对工作绩效进行量的测定与评价。定量评估更为精确清晰,但是对评估指标的科学性要求较高,而且只能局限在可以实施数据测量的工作范围内。因此,两者在实际操作时常常根据具体情况确定不同比重,结合使用,以便更全面地反映绩效情况。

依据绩效评估的时间长短可以分为短期评估、中期评估与长期评估,短期评估一般以一年为限,一年一度一评。中期评估一般在1~5年,而长期评估则更多是针对战略性工作的实施效果进行评估。此外,按照评估时间的确定性可以将绩效评估分为日常考核评估、不定期考核评估与定期考核评估(一般一年一度)。

此外还有其他标准的分类,如按照绩效评估的严格程度将绩效评估分为正式评估与非正式评估,按照绩效评估的层次可以将绩效评估分为宏观评估、中观评估与微观评估等类型。

二、绩效评估的历史演变

英美等西方国家将绩效评估作为突破口与主要抓手,推动政府治理变革,使绩效评估成为公共管理的重要内容。绩效评估在西方国家的广泛应用使很多学者认为传统的"行政国家"正在被"评估国家"所替代。公共部门绩效评估是一个历史的概念,主要经过了四个时期,即早期积累时期、效率评估时期、结果评估时期与新发展时期。

第一阶段,20世纪50年代之前是绩效评估的早期积累时期。一些学术研究与实践经验的基础性积累过程逐渐丰富了绩效评估的内容,如默里斯·库克的研究报告《学院和工业效率》是较早的学术研究,克莱伦斯·雷德与赫伯特·西蒙合著的《市政工作衡量:行政管理评估标准的调查》提出需要、结果、成本、努力、业绩是评估的五个主要内容。实践层面也进行了初步的评估工作,如美国1912年成立的经济与效率委员会、1928年成立的全国市政标准委员会等都对美国政府绩效衡量作出了贡献。

第二阶段,20世纪50年代到70年代末期是公共部门绩效评估的效率评估时期。公共部门绩效评估的重要性越来越被政府所认知并作为一项重大政治活动在政府大规模实行,这一阶段的主要特征是以政府效率为中心,聚焦于政府公共产出与效率,注重对政府预算的评估和政府管理结果的评估,如美国20世纪50年代到70年代的绩效预算,计划规划预算、零基预算与生产效率改进运动等开始应用于政府绩效评估。1973年尼克松政府颁布《联邦政府生产率测定方案》促进绩效评估常规化、系统化。1974年福特政府成立专门机构对公共机构主要工作进行成本收益分析。

第三阶段,20世纪80年代开始,公共部门绩效评估进入结果评估时期。绩效评估受到极大重视并得到推广,受全面质量管理的影响,这一阶段的主要特征是重视公共部门的工作结果,其主要关注焦点是政府公共产出的质量、结果与顾客满意程度。这一阶段中,英国的绩效评估实践有代表性,绩效评估作为重塑政府,提升政府绩效的有效工具被引入英国政府改革过程中,致使全新的"绩效途径"取代了传统的"效率途径",推动了绩效评估在许多国家如荷兰、丹麦、澳大利亚、新西兰等国的广泛应用和评估技术的成熟。

第四阶段,20世纪90年代开始,公共部门绩效评估进入一个新的发展时期。这一阶段的绩效评估以公民导向为中心成为一种强化责任的管理机制与管理制度,绩效评估开始朝向制度化、规范化的方向发展,最终,绩效评估逐渐被绩效管理的理念所取代,在制度化方面,美国、英国、荷兰等国家都制定了相关法律,如美国的《政府绩效和结果法》、澳大利亚的《公共服务法》、日本的《政府政策评价法》等,在规范化方面,普遍以经济、效率、效益、公平等"4E"为总要求建立绩效评估规范和评估指标体系。如美国的"通用衡量标准"是面向行政部门的绩效基准和等级评估标准。

从历史的角度来看,对绩效评估的理论认识正在逐步深入,在政府改革实践中发挥了重要的作用,但是作为世界公认难题之一,绩效评估在实践中遇到的困惑和问题需要人们继续对它进行深入研究。

三、绩效评估的价值

尽管公共部门绩效评估还存在各种缺陷与问题,但是不可否认的是绩效评估在经济、管理、政治等方面为政府与社会都带来了重要的价值和意义。

第一,经济价值。公共部门绩效评估是基于金钱至上和怀疑政府的西方价值观基础之上产生的,其最初面临的问题就是政府公共财政危机问题。因此绩效评估最初的"3E"标准都是基于政府公共资金的经济效用的考虑而设定的,经济价值关注政府成本,即如何实现政府行政成本的最小化,成本越小,收益可能越大,所以化钱最少的政府才是绩优的政府。绩效评估提供的评估信息可以作为政府财政预算的控制依据与决策依据,使预算不再以投入而是以结果为标准来制定,进而降低政府成本。效率关注政府产出,即政府花的钱产生了什么样的结果,多不多?快不快?效果关注目标的实现,即政府花的钱是否实现了目标或改善了相应的情况,好不好?值不值?绩效评估的指标系统可以追踪、衡量和评价这些结果,告诉我们,政府怎么样花钱,花在哪里了,是否会花钱。因此绩效评估的经济价值在于其非常关注公共资金的使用与价值,能够以提供的资金使用信息评价政府的预算合理性与财政效用,能够及时发现政府不经济的地方并提供改善方法。

第二,管理价值。公共管理要取得效果,必须对管理过程与结果进行科学的量度。公共部门绩效评估是绩效管理的关键性组成部分,系统的绩效评估本身又是一个信息机制和控制机制,可以为公共管理提供有力的技术支持。通过绩效评估可以认识复杂的政府管理体制、管理制度的执行状况、目标的实现程度、内部人员的工作状况、公共政策的执行情况、公民的受益程度与满意程度等方面的信息,为提升公共管理水平提供信息依据。作为一种控制机制,绩效评估包含设立标准、衡量成效与纠正偏差三方面的内容。绩效标准依据组织管理目标设定,绩效评估的结果就是管理目标的实现程度,因此有利于诊断管理过程,调整管理目标。其中存在的偏差则成为落实责任与改进管理水平的依据。绩效评估直接与奖惩制度联系,为奖优罚劣、奖勤罚懒提供直接依据,有利于管理激励制度的落实。此外,绩效评估可以作为政府管理的有效工具,在计划、执行、监督等方面发挥管理技术的功能。

第三,政治价值。公共部门绩效评估有助于提高政府的政治合法性。合法性来源于公众的支持与认可,而要获得公众的支持与认可的首要条件是让公众切实获得或者体验到政府提供的有效公共服务。但是政府的服务很大程度上是垄断的,既难以认识又无法比较,而绩效评估通过评估和公布政府绩效信息为公众认识、监督、参与政府工作提供了一种可行的方式。绩效评估对政府成功一面的展示,能够提高政府在社会中的权威地位,使公民更加信任政府的能力。"绩效评估并不只是展示成功,它也暴露不足和失败。暴露不足和失败并不一定损害政府部门的信誉。相反,它有助于提高政府的信誉,因为它向公众展示了政府为提高绩效而作出的不懈努力。"[①] 而公共部门绩效评估以社会公正为价值基点形成的"公民满意度"的绩效标准更加突出表现了绩效评估的政治性价值。只有公民满意的公共服务才能获得公民的认可,只有公民的认可才是政府高绩效的明

---

① 张国庆.行政管理学概论[M].北京:北京大学出版社,2001:365.

证,才能提升政府的合法性基础与地位。

四、绩效评估的系统建构

公共部门绩效评估是绩效管理的一个分系统,应该站在绩效管理的角度建构比较完整的公共部门绩效评估体系。这样的体系至少应该包括评估主体、评估标准与指标、评估程序与评估方法等基本要素。

(一)多元评估主体的选择

政府组织内部单一主体的评估很难对复杂多样的政府工作作出很准确的评判,而且很容易陷入"为评估而评估"的形式化陷阱,基于利益相关者理论,引入多元评估主体已经成为一种共识和必然。所谓多元评估主体主要包括政府部门主体(上级主管部门和部门自身)、社会评估主体(公民群体、社会团体和新闻媒体)和独立组织评估主体(咨询机构或专家团体)等三类。每一类评估主体都存在其自身的特征,有学者从利益相关者理论出发,对我国区县政府绩效评估的多元主体的特征进行了比较分析,如表7-1① 所示。

表7-1 我国区县政府绩效评估的多元主体的特征

评价者	指标	利益相关性	角色定位	理性程度	首要关注焦点	紧急性
政府组织	上级政府	强	供给者	不确定(强)	是否差	最强
	本级政府	最强	自身			强
	下级政府	强	接受者			弱
同级人大组织		较强	监督者	较强	如何不变差	强
学术研究组织		弱	局外人	强	如何变好	较弱
公众群体	普通居民	较弱	顾客	不确定(弱)	是否好	较弱
	媒体和协会	较强	代言人	不确定(强)		较强

多元化评估主体可以从不同的角度和层面评估政府绩效,获取多样性、全面性的绩效信息。从技术意义上而言,可以减少绩效评估的信息缺失和评估误差,使评估结果更加符合事实状况。从政治意义上而言,多元化的评估主体提供了认识政府的机会,增强了共同参与的程度,使得政府的公共管理行为和公共政策的执行更容易获得认可和接受。当然,不同的评估主体的价值和利益取向不同,很大程度上会产生主观偏差。

(二)评估程序的设定

公共部门绩效评估的程序设定是绩效评估体系的重要组成部分,它主要是逻辑地安排整个绩效评估过程,主要包括以下几个部分。

第一,明确评估目标。目标是对预期的理性设定,明确目标不仅是对行动的指导,同时也成为管理绩效的控制标准。明确评估目标是绩效评估的基础和首要工作,评估是一项目的性工作,不同的评估目标会有不同的对象、内容和标准,只有明确了评估目标,才能

---

① 吴建南,阎波.谁是"最佳"的价值判断者:区县政府绩效评价机制的利益相关主体分析[J].管理评论,2006(4):46-53.

把握评估方向和标准,才能进行下一步评估工作。

第二,制定评估方案。评估方案是评估目标的具体化,它是对绩效评估的各个层面所做的整体性设计。方案设计的合理程度直接影响评估质量的高低,合理的评估方案是进行评估行动的政策性和指导性依据。一般而言,评估方案应该包括基本的"五要素",即评估主体、评估对象、评估指标、评估标准和评估方法。此外,评估的时间、地点、进度、经费等也应该给予安排并说明。

第三,实施评估活动。实施评估是对评估方案的执行,是绩效评估活动中最重要的部分,评估执行力的强弱程度在很大程度上决定着评估目标和评估方案的最终实现,强有力的评估执行力是顺利实现评估方案的重要保证。评估活动的主要任务是利用各种方式收集各种信息资料,并对各种信息资料进行鉴别,去伪存真,然后对取得的资料进行合目的化分析处理,最后分析得出相应客观真实的评估结论。

第四,处理评估结果。评估结果不仅是绩效评估系统的最后结果,而且是进行反馈控制的前提条件和初始起点。处理评估结果要求以谨慎准确、客观公正的标准重新复核评估结论,进而撰写全面真实的评估报告,反映评估对象的成效与不足,提出相应的评估建议,促进评估结果的运用。因此,评估结果既是一个绩效管理过程的结束,又是另一个绩效管理过程的开始。

(三)设定评估指标体系

评估指标是绩效评估的依据与主要内容。从西方国家的评估实践来看,加入了公平维度的4E标准基本上获得了认同,因此,一般而言,绩效评估指标体系主要包括经济指标、效率指标、效益指标和公平指标,在具体评估实践过程中,各个国家按照自身实际情况设计了适合自己的指标体系框架,如美国克林顿政府设置了国家层面的绩效评估指标体系,欧盟流行公共部门通用评估框架等。我国在绩效评估方面也有自己的研究,如人事部设计了一套被认为适用于我国政府绩效评估的指标体系,该指标体系分为3层,由3个一级指标、11个二级指标以及33个三级指标构成。但是我们应该看到政府组织的复杂性和政府工作的多样性致使所谓通用指标体系不可避免地存在种种局限,在实际绩效评估中,对于评估指标体系的设计必须具体问题具体分析,针对不同的对象,设计并运用不同评估指标。

(四)评估方法的选择

绩效评估方法有很多,而且不可能有适合一切目的的通用方法,但是通常而言,所有的评估方法都可以归为定性评估方法(如经验估值法、专家评分法)与定量评估方法(如数值分析法、模糊综合评价方法)。以下介绍几种评估方法。

(1)目标管理评价法。由组织事先确定总体目标并层层分解形成目标体系,然后在评估时,将具体的个体人员目标、内部部门目标、组织整体目标的实际完成情况与预定目标进行比较,以确定公共部门绩效的评估方法。这是我国目前比较常用的绩效评估方法。

(2)平衡计分卡。1992年哈佛商学院教授卡普兰和诺顿在哈佛商业评论上发表《平衡计分卡:驱动绩效的量度》一文,其中提出平衡记分卡的概念和框架,它分别从顾客、财务、内部流程和学习与增长这四个视角向组织内各层次的人员传递组织的战略以及每一步骤中他们各自的使命,最终帮助组织达成其目标。它是从企业引进的评估方法,注重以"平衡"的指标体系反映组织整体状况,并引导组织健康发展。平衡计分法引入政府绩评估中,相应地可以建立由政府业绩、政府成本、政府内部管理流程、政府学习和发展等构成的指标体系。尽管平衡计分卡在我国还没有实际应用,但是这个方法被普遍认为有很大的实践价值。

(3) 360°评分法。360°评分法源于人力资源管理领域对员工绩效评估的多角度设想,后逐步扩展到其他领域。这一方法追求全面性、多维度的衡量进而获得客观、真实、公正的绩效评价,其核心是综合考虑所有的利益相关主体的选择。360°评分法强调多元主体和多维角度的绩效考评,其优点在于注重对全面性和客观性的持续追求,在实践中有利于促进组织力量整合和凝聚力的增强。在政府绩效评估中,多元主体评估意味着各个利益相关主体都可以参与到政府绩效评估中,从而调和矛盾并且平衡利益。多维度评估意味着不能将绩效评估仅仅局限于经济层面的评估,还应该加强社会、政治、文化等多层面的评估。

(4) 标杆管理评价法。标杆管理法是借鉴私营企业的管理方法逐步发展而来的。美国生产力与质量中心对标杆管理的定义是:标杆管理是一个系统的、持续性的评估过程,通过不断地将企业流程与世界上居领先地位的企业相比较,以获得帮助企业改善经营绩效的信息。标杆管理被认为是组织提高效率、降低成本的有效工具,它以量化指标评估组织中各项功能部门的绩效,并与类似规模的其他组织进行比较,比较相互之间指标的差异,明确不同管理模式的优缺点,为组织改善绩效设立目标,持续地寻求改善的措施及最佳化的运作模式。实施标杆管理法的关键是对组织发展的关键目标和可比性的测评指标有清楚的认知。标杆管理评价法的优点在于建构了可与外界进行比较的组织内部审视的分析架构,不足在于政府关键目标界定的模糊性限制了标杆管理的效用,而且比较过程可能会受到多种因素影响而无法真正客观。

第三节 我国公共部门绩效评估及其改进

一、我国公共部门绩效评估的历史与现状

(一) 我国公共部门绩效评估的历史

我国在进行社会主义现代化国家建设的过程中的各个历史阶段都有关于绩效评估的政府管理活动。尽管与西方发达国家相比,我国的绩效评估呈现出理论薄弱与实践不足等特点,但是我国的绩效评估在实践中"摸着石头过河",积累了比较丰厚的实践经验,为进一步改进我国公共部门绩效评估提供了可资借鉴的实践经验。以历史的向度回顾我国政府的绩效评估,可以以改革开放为分界将我国政府绩效评估历史分为计划经济时代和市场经济时代。

计划经济时代的政府管理呈现某种运动式的特征,绩效评估起始于干部人事制度,主要是针对领导者个人进行的主观的、经验式的评估。形成了一些带有法规性质的文件,如1949年的《关于干部鉴定工作的规定》、1964年的《关于科学技术干部管理工作条例试行草案》、1979年的《关于实行干部考核制度的意见》等,为我国绩效评估积累了一定的经验。

我国现代意义的绩效评估开始于改革开放,以经济改革为突破口进行的渐进式的改

革需要"办事高效、运转协调、行为规范的行政管理体系",行政改革的直接目的是努力提高政府的管理效能,而提高效能的前提条件是了解效能。了解效能就必须对实际效能进行评估。因为评估是绩效管理的一个关键环节,要改进绩效,必须首先了解目前的绩效水平是什么,不测量就无法改善。改革开放以来我国的公共部门绩效评估大致可以分为三个阶段。

第一阶段,20世纪80年代中期到90年代初期。这一阶段的组织绩效评估主要在政府内部进行,主要表现在两个方面即目标责任制和效能监察。目标责任制在我国始于20世纪80年代中期,是目标管理理论在我国的变通运用,其实施具有自愿性质,中央没有提出统一要求,也没有相应的规范和实践指南。据不完全统计,到1998年全国有23个省市实行了省市级机关目标管理,90%以上地市级机关推行了目标管理责任制,有100多个城市实行了城市目标管理。① 效能监察在我国始于1989年,1989年12月举行的第二次全国监察工作会议提出,行政监察机关的基本职能既包括效能监察,又包括廉政监察。效能监察就是党和政府的纪检和监察部门对党政机关和国有企事业单位效能的监督检查活动。

第二阶段,20世纪90年代初到90年代末期。这一阶段,绩效评估的重要作用得到认可和发挥,在中央和地方两个层次开始推行绩效评估,除了目标责任制开始被认真广泛推广外,各种形式的绩效评估开始出现。中央政府开始以经济增长为焦点,自上而下地系统推进目标责任制;效能监察得到深入推进,到1999年,全国已有23个省份不同程度地开展了效能监察工作;1996年7月,中央政府以烟台市社会服务承诺制度的相关经验为基础,总结推广社会服务承诺制度,加强行业作风和职业道德建设,推进社会主义精神文明建设,进而在全国范围和多种行业普遍推开;珠海、沈阳、南京等地方政府开始出现以市民为主体评议政府的绩效评估形式,这是评估主体多元化的表现,很显然受到国际社会绩效评估运动的影响。

第三阶段,21世纪以来。这一阶段明显的特征是政府施政理念的变化带来政府治理模式的变化,在绩效评估层面,开始从绩效管理系统的更高层次要求"构建科学的政府绩效评价体系"。尽管这一时期的绩效评估仍然处于向绩效管理转变的初级实验阶段,但是一些新的评估模式、实施机制、评价指标开始出现并受到重视。尤其重要的是出现了有特色的中国地方政府绩效评估模式,如青岛模式、杭州模式、福建模式、甘肃模式等。

在我国开展公共部门绩效评估的过程中出现了许多形式的绩效评估。总结而言,我国的绩效评估方式主要有目标责任制、效能监察、效能建设、行风评议、社会承诺制、公民评议、公共支出评价、电子政务绩效评估、地方人大考核制、地方领导班子实绩考核制等。在对我国政府绩效评估的实践探索综合考察的基础上,中国行政管理学会联合课题组将这些评估形式分为三种类型:第一种是普适性的政府机关绩效评估,包括目标责任制、社会承诺制、效能监察、效能建设、行风评议等;第二种是具体行业的绩效评估,如教育部门为各级各类学校设立的绩效评估体系;第三种是专项绩效评估,如珠海的"万人评政府"、深圳市的"企业评政府"以及山西运城的"办公室机关工作效率标准"等。② 当然这样的划

---

① 孙洪敏.中国地方政府绩效评估的路径创新[J].学术交流,2008(12):133.
② 中国行政管理学会联合课题组.关于政府机关工作效率标准的研究报告[J].中国行政管理,2003(3):8-16.

分未必科学,这些方式也未必成熟,但是这些绩效评估方式却是中国式绩效评估在实践中摸索出来的成绩。

(二) 我国公共部门绩效评估的基本特征

在我国具体国情下通过政府自身实践摸索出来的绩效评估必然表现为适应我国特殊条件的独特特征。总体而言,我国公共部门绩效评估的基本特征主要表现在绩效评估的内向性、单向性、控制取向和自发性。[①]

(1) 评估的"内向性"。即组织绩效评估主要是一种政府的内部行为,绩效评估的整体设计、执行与反馈,评估内容、方式、程序都由政府部门主导发动和具体实施,绩效评价的结果主要用于"内部消费",并不向社会与公众公布,这也就同时意味着政府绩效评估的内向性形成了对社会的相对封闭性,社会与公众无法了解绩效评估结果与政府行政管理的真实状况。也因此可以说,尽管顾客满意度、第三方评估日益受到重视,但是这些评估方式更多体现为理念的先进,在目前实践层面而言,并没有被真正执行与落实,其影响与作用都相当有限。

(2) 评估的"单向性"。绩效评估的"单向性"主要表现为自上而下的评估方式。这种绩效评估的路线明确规定了上级部门对下级部门的规制与审核,在金字塔的等级体制中,这种绩效评估成为上级政府管理下级政府的工具和手段,而下级部门对主管部门只能是服从和接受评估,不能对其主管部门进行自下而上的绩效评估。这种状况导致下级部门只会"向上看",向上级负责,而不会"向下看",向社会与公众负责。

(3) 评估的"控制取向"。政府组织绩效评估的基本目标可以划分为"外部责任"和"内部控制"两种基本类型。发达国家的政府绩效评估偏重于外部问责即报告绩效水平以推动公民监督,我们的政府绩效评估则更多着眼于内部控制和监督即通过绩效评估,监督、控制下级部门行政行为和管理相应人事安排,尤其决定着下级部门负责人的政治命运与升迁,因此,下级领导不得不为了晋升或获取更多资源而逢迎上级的要求和标准,甚至于迎合所谓的"官场潜规则"。

(4) 评估的"自发性"。我国公共部门绩效评估更多成为党政领导人履行责任、追求实绩的重要方式,党政领导人成为绩效评估的发起者、设计者和操作者。这种内力驱动型而非外力驱动型的绩效评估就更多表现为一种自发性,党政领导人按照自身意志和部门情况自行设计评估体系并操作推行,这种自发性不能形成一个统一的模式和实施规范。而且这种自发性随着领导意志的变化和任职的变动发生变化,这样会影响绩效评估的可持续性。

二、我国公共部门绩效评估的成效与问题

学术界对我国公共部门绩效评估的基本判断是我国绩效评估起步较晚,基本上处于学习摸索阶段。因此,观照我国公共部门绩效评估理论与实践层面,可以发现我国绩效评估取得了一定的成效,但是还存在更多需要研究和改进的问题与不足。

(一) 我国公共部门绩效评估的成效

第一,理论成效。在公共部门绩效评估理论研究层面,获得了一些理论成果,形成了

[①] 周志忍. 公共组织绩效评估:中国实践的回顾与反思[J]. 兰州大学学报(社会科学版),2007(1):26-33.

一定的理论积累。从20世纪90年代中期开始,国内学者开始介绍西方国家政府绩效评估的理念和方法体系,开始将政府绩效评估的思想引入中国。然后逐步在学习与借鉴国外绩效评估成果的基础上开始关注中国政府自身实施绩效评估的现状及可行性,并且逐步将研究引向深入,探索我国政府绩效评估的制度设计、指标体系建构、评估主体建构等问题,为政府绩效评估提供了理论支撑。相应地出现了许多公共部门绩效评估方面的理论研究成果,如卓越主编《公共部门绩效评估》、胡税根著《公共部门绩效评估——迎接效能革命的挑战》、彭国甫等著《地方政府绩效评估研究》、范柏乃著《地方政府绩效评估理论与实践》、孟华著《政府绩效评估:美国的经验与中国的实践》、周凯主编《政府绩效评估导论》等。

第二,实践成效。我国公共部门绩效评估在实践层面获得了很多成绩,我国的绩效评估基本实现了从无到有、从运动式到系统化的转变。在绩效评估的历史过程中积累了宝贵的实践经验,例如应该坚持科学发展观,树立正确的政绩观,树立公共服务的价值观。需要鼓励社会公众的主体性参与,实事求是地进行绩效评估活动,并对其进行综合、系统的管理等;绩效评估的理念与价值已经获得政府与社会的认同,尤其地方政府开始主动进行各种形式的绩效评估实践,并且以更为开放、透明、主动的姿态欢迎社会多方主体的评估,可以说,重视绩效评估的环境正在逐步形成;认识到绩效评估是政府行政管理体制的一部分,开始从政府公共管理的体制高度考量绩效评估的主体、方式、方法、效用与价值。而且开始与理论研究相结合,追求更加科学、合理、有效的绩效评估模式、指标体系程序与方法,以取代传统简单、粗放、经验式的评估方式。

(二)我国公共部门绩效评估存在的问题

与发达国家相比较,我国的绩效评估只是形成了基本的雏形,很多绩效评估活动尚处于探索和试点阶段,因此,相比较取得的成绩而言,更需要关注和反思的是我国绩效评估活动中存在的不足与问题。从目前来看,我国政府绩效评估无论在理论上还是在实践上都还不成熟,存在很多问题。

1. 理论上的评估知识体系准备不足

没有形成比较完备可行的绩效评估体系。我国学术界对绩效评估的关注与研究只有十几年的时间,在短时间内不可能有深入完整的理论研究,绩效评估作为一个研究领域,涉及心理学、企业管理学、统计学、经济学和公共行政学等很多学科知识,这也增加了深入研究绩效评估的难度。既有的理论研究更多是基础性、概念性、原则性方面的,操作性研究比较弱,不能满足实践的需求。总体而言,我国政府绩效评估理论体系尚未形成,基础研究比较薄弱,许多思想、方法、工具、概念、指标、实施步骤还未达成共识。以政府绩效评估指标体系研究为例,学界在指标体系设计研究方面复杂多样,无法进行学术对话,彼此的指标建构认同度非常低。一项研究表明,在由4位学者构建的4套指标体系中,总共涉及121个评估指标,但他们一致选用的指标只有4例,3位共同选用的有9例,两位共同选用的有33例,只有一位选用的达75例。① 理论研究的严重滞后使政府绩效评估缺乏科学的规范和标准,影响了绩效评估的实际效用。

---

① 倪星.反思中国政府绩效评估实践[J].中山大学学报(社会科学版),2008(3):134-141.

2. 实践层面的问题与不足

我国的公共部门绩效评估在摸索中前进，在积累评估经验的同时也暴露出各种问题。主要表现在思想与理念方面的问题、体制与制度方面的问题以及方法与技术方面的问题。

在思想与理念方面，绩效评估与责任和利益紧密结合，我国的绩效评估主要是上级对下级的评估，评估结果关系到组织部门和个体的奖惩，这时被评估对象在心理上对绩效评估是排斥的，在思想上是抵制的，因为"在政府职责之内，不论什么时候把干得最好和最差的挑出来是有威胁的"。① 此外，评估价值并没有真正被理解和接受，我国绩效评估基本上是内力驱动型的过程，取决于上级领导的个人意志，更多表现为"运动式"的绩效评估，各级政府只是把绩效评估当做上级管理和控制下级的工作方式，而且有流于形式化的危险，并没有认识到绩效评估的真正价值与目的所在。

在体制与制度方面，我国绩效评估很多处于自发状态，没有相应的制度和法律保障与依据，没有统一的领导机构和绩效标准，没有设定战略规划、绩效计划和绩效报告等制度，没有形成可持续的激励机制和长效机制，主要表现在各级人大对绩效评估实践支持不足，各级政府在绩效评估方面没有形成较完整的规章制度。制度化程度偏低导致评估实践的盲目性与随意性。此外，评估主体主要以官方为主，评估相对封闭神秘，社会公众的评估主体没有受到尊重，没有形成对绩效结果相应的社会监督机制。尽管已经形成比较规范化的评估程序，但是规范的程序却难以得到执行与遵守。评估标准没有统一的顶层设计，各级政府的绩效评估多样而混乱，绩效结果没有可比性。

在方法与技术方面，我国绩效评估主要采用定性评估方法，较少采取定量方法，指标定量化、科学化设计相对不足，导致评估结果缺乏科学性；评估内容不全面，绩效评估指标体系的设置不科学，将经济业绩等同于政府绩效，更多强调 GDP（国内生产总值）和招商引资等经济指标的增长量与增长速度，忽视社会的全面发展和良好的生态环境保护，与科学发展观的要求背离，结果导致所谓政绩工程、形象工程、数字游戏与片面追求 GDP 增长、不惜浪费资源、破坏环境等不良现象的产生；评估方法不科学，更多时候采用大检查、大评比、严打等阶段性突击式的方式，而不是理性的、合逻辑的科学方法。

三、我国公共部门绩效评估的改进方向

政府管理水平提升的基本前提是对政府绩效有清晰准确的衡量，清晰准确的绩效衡量需要科学、严格的绩效评估及其管理，因此提升我国公共部门绩效评估是一项重要的时代课题。改进我国公共部门绩效评估可以在理论与实践两个层面进行努力。

（一）绩效评估理论研究的改进

改进我国公共部门绩效评估需要加强绩效评估基础理论的研究，形成比较成熟的适用于我国的绩效评估理论体系，为绩效评估实践提供思想、方法与技术方面的智力支持。基于我国绩效评估理论研究基础薄弱的现实问题，在绩效评估理论研究方面应该着重引进学习国外发达国家先进经验，尤其是引进国外在制度化、定量化等方面的理论知识，弥补我国绩效评估的不足与劣势。当然，发达国家的社会制度与我国的社会制度有本质的差异，尽管可以仅仅从管理层面引进相关绩效评估的理论，但是必须考虑我国的实际情

---

① ［美］戴维·奥斯本，特德·盖布勒.改革政府［M］.周敦仁，等，译.上海：上海译文出版社，1996：155.

况,结合我国绩效评估的具体国情,形成适应于我国基本国情的绩效评估理论框架结构与体系。同时,需要推动学术界的学术研究与政界的实践行动之间的交流与合作,在两者之间建立有效的互动机制,以实践验证理论,以理论指导实践,这样才能够真正促进绩效评估理论研究的深入实际与本土化发展,推进我国政府绩效评估水平的提升和政府公共管理绩效的持续改进。

(二)绩效评估实践操作的改进

尽管理论研究需要较长的时期成长,但是公共部门绩效评估的实践操作并不会等待理论的成熟。在实践层面,改进与提升我国绩效评估的整体水平,可以考虑在评估制度法制化、评估主体多元化、评估技术科学化、评估机构专业化、国际经验本土化等方向努力。

1. 绩效评估制度化

绩效评估制度化可以为绩效评估提供政策依据和制度保证,保障绩效评估的长效性和连续性。现代许多西方发达国家在绩效评估方面都设立严格的国家法规,如美国的《政府绩效与结果法》、澳大利亚的《公共服务法案》和《财务管理与责任法案》、日本的《政府政策评价法》等。中国行政管理学会课题组在《政府部门绩效评估研究报告》一文中提出,尽管"目前我国绩效评估立法的时机尚不成熟。但是,制定统一的绩效评估方面的政策措施的条件已基本具备",并建议"由国务院制定颁发关于开展政府绩效评估的《指导意见》,整合中编办、人事部、监察部、财政部、审计署等部门相关职能,完善中国现存的绩效评估和管理制度"。[①]

2. 评估主体多元化

政府部门既是运动员又是裁判员的自我评估很容易流入形式化和表面化的危险,不利于提升政府公共管理水平与绩效。公共管理的本质是服务,而公共管理服务的效果最终应该由政府的服务对象进行评判才更有说服力,从利益相关者出发,引入多元化评估主体改变政府自我评估,建立多重绩效评估体制,有助于政府对自身绩效水平更为真实全面的认识,而且能够带来政府合法性增加的政治价值。当然,引入多元化评估主体需要有监督与参与意识的主体,这既需要政府制度的保障,又需要相应的教育与引导。

3. 评估技术科学化

绩效评估的技术水平是绩效评估效果的前提条件和基本保证,科学理性的评估技术能够确保绩效评估的可操作性和准确性。评估方法上,应该改变传统单纯的定性评估方法,代之以定量评估与定性评估相结合的方法;评估标准上,改变传统简单的经济发展为中心的标准,代之以社会、经济、环境等科学发展为中心的标准;评价指标上,改变传统主观随意的指标设定,代之以更客观、合理、可操作性强的指标设计。基于技术的科学性和合理性,可以学习和借鉴国外尤其是美英等国家的先进评估技术。当然,技术的社会特性也提醒我们在引进相关技术时,应该发挥自主创造性,使评估技术更适合于我国的实际情况。

4. 评估机构专业化

绩效评估是一项专业性强、技术含量高、规范程度高的工作。绩效评估的工作性质相

---

① 中国行政管理学会课题组.政府部门绩效评估研究报告[J].中国行政管理,2006(5):11-16.

应地要求建立独立的专业性机构开展评估工作,独立专业的评估机构以其专业性、组织性、统一性优势既可以避免政府机关的干扰,又能够保证评估结果的真实可信。有助于发挥专业指导的功能,指导政府部门开展绩效评估工作。如美国成立的国家绩效评审委员会、澳大利亚成立的政府服务评估筹划指导委员会等。因此可以在研究机构、高等院校和相关社会咨询机构中选聘专家组成绩效评估机构,接受政府委托对政府绩效进行评估。

5. 国际经验本土化

我国绩效评估的理论与实践基础的薄弱决定了改进和提升我国政府绩效评估水平必须向绩效评估先进的国家学习借鉴先进的理念、制度、技术和方法。但是,毫无疑问的是,这种学习与借鉴的过程必须伴随着自主创新的过程,将国际经验变为适应我国具体评估环境的本土化知识。

本章重要概念

行政效率(administrative efficiency)　　绩效管理(performance management)
绩效评估(performance assessment)　　绩效改进(performance improvement)

本章思考题

1. 简述效率与绩效的联系与区别。
2. 简述绩效管理的概念。
3. 简述绩效管理的历史发展过程。
4. 简述绩效评估的内涵。
5. 简述绩效评估的类型。
6. 简述绩效评估的价值与作用。
7. 简述绩效管理与绩效评估的关系。
8. 简述我国公共部门绩效评估的现状与问题。
9. 我国与发达国家绩效评估的差距表现在哪里?
10. 如何改进我国公共部门绩效评估水平?

本章推荐阅读书目

1. 卓越.政府绩效管理导论[M].北京:清华大学出版社,2006.
2. 孟华.政府绩效评估[M].上海:上海人民出版社,2006.

第八章
公共部门人力资源管理

——本章导言——

　　人力资源是第一资源,是组织生存发展并始终保持竞争力的特殊资源,无论对公共组织还是私营部门都是如此。人力资源管理在管理思想、内容、方法和手段上具有先进性、科学性。它不仅能够建立反应灵敏、适应强的组织体系,提高组织的工作绩效,而且能够创造一种理想的组织环境,鼓励积极向上的作风,维护和完善工作人员的队伍。人力资源管理在实践应用中得到了检验和认可,获得了社会的一致好评。所有的管理人员都要涉及人力资源的获取、培训、开发、激励等内容。以政府为核心的公共部门依据国家的有关政策法规,执行有关的任务,要想更好地发挥有效性,必须从传统的人事管理进入到现代的人力资源管理阶段,吸取人力资源管理中先进的管理理念,引进人力资源管理中先进的管理模式和方法,才能使公共部门的工作人员提高管理水平,增进管理效能,才能使公共部门的管理方法更加人性化、管理制度更加合理化。

第一节 公共部门人力资源管理概述

一、从人事管理到人力资源管理

(一)人事管理的含义与特征

　　对于人事管理的概念,不同的专家和学者从各自的研究角度出发,对人事管理的看法也各不相同,王通讯认为,人事管理是组织对其内部人员实行规范化管理的法则与过程。任何组织要想管理好、出效益,都必须注意管人方法的规范性,就是把各种与人有关的制度建设好。管人法则加上过程就叫人事管理。人事管理的目的是通过"人事相宜"的过程,完成组织的任务和目标。[①]张康之等认为,人事管理是与当时社会生产力水平相适应的,其管理的对象是人事关系,即组织中的人与人、人与工作之间的关系,关注的重点是实现组织的目标和提高员工的生活质量。将人视为组织达成目标的成本,表现为如何更好地使用人、管理人和降低成本。[②]陈振明等认为,人事管理就是对人事关系的管理,其目的在于调整好各个方面的人事关系,使人与事、共事的人与人之间的相互关系达到最佳状

[①] 王通讯.从人事管理到人力资源管理与开发(上篇)[J].中国人才,2008(11):49.
[②] 张康之,等.公共管理学[M].北京:中国人民大学出版社,2010:74.

态,有效地实现组织目标。具体来说,人事管理是以从事社会劳动的人和有关的事,以及共事人之间的相互关系为对象,在一定管理思想和原则的指导下,通过组织、协调、控制、监督等手段,谋求人与事及共事人之间的相互适应,为实现充分发挥人的潜能,把事情做得更好这一目标所进行的管理活动。广义的人事管理是指对社会劳动过程中全部人与事以及共事的人与人之间关系的管理,狭义的人事管理是指对一部分特定的人与事、人与人之间关系的管理。① 在分析综合不同专家学者观点的基础上本书认为,人事管理是指组织为实现其目标,对人与人、人与事之间关系进行管理的过程。其目的是实现组织目标,核心是对人事关系进行管理,方法是采用计划、组织、领导、协调、控制等管理手段。

人事管理是管理活动发展到一定阶段的产物,它具有如下特性。

(1) 人事管理的历史性。从人类社会形成的时刻起,人事管理的实践活动便已经产生。特别是在我国古代,有着丰富的人事管理思想,如对官员的选拔、考核、任免、激励、奖惩、监察、俸禄、辞退等制度,直到现在仍然具有重要意义。但遗憾的是,无论我国还是西方国家在相当长的历史时期中,人事管理并没有形成科学的管理理论。学者们普遍认为,工业革命的兴起,使人在生产活动中的地位和重要作用日益彰显。于是,如何选拔合适的人从事合适的工作,如何最大限度地调动人的生产积极性,如何用科学、定量的方法提高工作效率等问题开始引起人们的关注,人事管理思想也随之产生。19世纪末20世纪初,泰罗、法约尔、韦伯、巴纳德等人从各自的立场出发,围绕管理中的人事关系问题著书立说,推动了人事管理实践和人事管理思想的进一步发展。从20世纪20年代到60年代,以梅奥的"人际关系学说"为代表的人事管理理论基本形成并逐步发展成熟。但是随着经济社会的发展,人事管理的弊端不断显现,人力资源管理的浪潮在时代的推动下登上了历史舞台并替代人事管理。

(2) 人事管理的有效性。现在无论是通俗媒体还是学术杂志,总爱有意无意地对人事管理进行批评,而对人力资源管理进行褒奖,好像人事管理从产生开始就没有起到过积极作用。其实人力资源管理也是在人事管理的基础上发展起来的,可以说人事管理是人力资源管理的早期阶段。章海鸥等认为,人事管理是人力资源管理产生之前企业雇员管理的统称。早期,理论界曾有人把人力资源管理与人事管理的关系形象比喻为"新瓶"与"老酒",即在人力资源管理这个新瓶里依然装着人事管理的老酒。② 由此可知,人事管理在当时的历史条件下极大地促进了管理理论和管理实践的发展,它的积极作用表现在:通过合理的招聘、选拔、录用,把合适的人配置到合适的工作岗位;通过有目的教育和培训,使员工尽快熟悉工作岗位;通过劳动方法标准化、计件工资、劳动定额等提高工作效率;通过处理劳资关系、薪酬纠纷促使专门的劳动人事部门产生等。

(3) 人事管理的具体性。由于受管理理论发展水平和管理实践具体操作的影响,人事管理在很长的时间内被视为低档的、技术含量低的、无须专业特长的行政事务性工作,因此,档案管理、文件收集、工资发放等看起来不重要的工作就成了人事管理的一部分。随着组织中人的重要作用的体现,凡是关系工作人员本人、人与人之间、人与事之间、人与组织之间的事务,具体包括选拔、招聘、录用、调配、培训、交流、考核、奖惩、任免、升降、工

---

① 陈振明,等.公共管理学[M].北京:中国人民大学出版社,2003:319.
② 章海鸥,等.公共部门人力资源管理[M].武汉:武汉大学出版社,2009:9-10.

资、福利、辞退、退职、退休、抚恤等一系列管理工作都成为人事管理的内容,人事管理工作变得具体起来、专业起来。人事管理工作的过于具体导致了以事为中心、见事不见人等短视倾向。

(二) 人力资源管理

人力资源管理是现代管理的重要内容。一般认为,人力资源概念是由著名的管理学大师德鲁克于1954年在《管理的实践》一书中提出的。他在该书中指出,管理应具有三个职能:管理企业、管理经理、管理员工及他们的工作。在谈及管理员工及他们的工作时,德鲁克第一次提出"人力资源"概念。萧鸣政等认为,关于人力资源的解释,可以概括为三种比较有代表性的观点:其一,成年人口观,即把人力看做劳动力,劳动力等同劳动者,认为人力资源即是具有劳动能力的全部人口,确切地说,是16岁以上的具有劳动能力的全部人口;其二,在岗人员观,即认为人力资源是目前正在从事社会劳动的全部人员;其三,人员素质观,即把人力看做人员素质综合发挥的生产力,认为人力资源是劳动生产过程中可以直接投入的体力、脑力和心力的总和。①

人力资源作为一种特殊形式的资源,具有如下特性。

(1) 人力资源的时效性和时代性。这是指人力资源受时间影响和限制。首先,人力资源的形成与作用效率要受其生命周期的限制,如果人力资源不在这一时期充分利用开发,就会导致人力资源的浪费;其次,人力资源受当时经济社会发展水平的影响,一定会打上时代精神的烙印;最后,人力资源必须适时开发,及时利用,讲究时效。

(2) 人力资源的再生性和持续性。这是指人力资源可以基于人口的再生产和劳动力的再生产,通过人口总体内个体的不断更替和"劳动力耗费—劳动力生产—劳动力再次耗费—劳动力再次生产"的过程得以再生和持续。人力资源的再生和持续性还表现在,人们可以通过不断的学习来更新知识和技能,使其不断地自我补偿、自我更新、持续开发、持续利用。

(3) 人力资源的生物性和社会性。这是指人力资源与人的自然生理特征和社会生活特征相联系。在进行人力资源管理与开发时,首先要了解人的生物属性,根据人的自然属性与生理特征进行符合人性的管理;其次,人生活在社会中,是各种社会关系的总和,在提高个体素质的同时,要注重人与人、人与组织、人与社会的关系协调。

(4) 人力资源的智力性和能动性。这是指人力资源能够有意识、有目的地进行知识积累、技术更新并根据实际情况作出各种选择。智力性和能动性是人力资源区别于其他资源的本质所在。其他资源在被开发的过程中,完全处于被动的地位,人力资源则可以发挥其主动性,创造出超过它本身价值数倍乃至千万倍的价值。

(5) 人力资源的稀缺性和增值性。这是指人力资源是组织发展和社会进步的宝贵财富。在知识经济时代,只有高质量的人力资源才是组织获得竞争优势并实现可持续发展的重要保证。高质量人力资源的稀缺性就在于它不仅可以创造价值,而且随着个体知识的积累、经验的丰富、技能的提高,人力资源自身价值提升的同时可以实现组织价值增值。

人力资源管理是一个在多学科、多领域广泛应用的概念,不同的专家学者从不同的角度出发,对人力资源管理的含义给出解释。人力资源管理包括宏观人力资源管理和微观

---

① 萧鸣政,等.人力资源开发与管理——在公共组织中的应用[M].北京:北京大学出版社,2005:5.

人力资源管理。其一,宏观人力资源管理。它是指一个国家或一个地区政府对其管辖范围内人力资源状况的全面管理,它是政府的一项重要管理职能。宏观人力资源管理的主体是一个国家或一个地区的政府,管理对象是已经进入劳动过程的人力资源。管理目的是通过对人力资源的宏观管理来推动经济发展和社会进步。主要包括人力资源预测与计划、人力资源流动与保护、人力资源开发与战略、人力资源相关法规的制定与推进等内容。其二,微观人力资源管理。它是指某一具体单位或组织对其内部人力资源进行的全面管理。微观人力资源管理的主体是具体单位或组织,管理对象是已进入本组织工作的人力资源。管理目的是调动组织成员的积极性和创造性,以实现组织目标。主要包括人力资源规划、工作分析、选拔录用、培训开发、绩效管理、薪酬管理、职业生涯规划管理等内容。一般管理领域内的人力资源管理均是指微观人力资源管理。

人力资源管理就是社会组织为了实现既定目标,运用科学、系统的技术与方法,对组织需要的人力资源进行获取、开发、保持和有效利用的一系列管理活动的总和。从定义可知,人力资源管理的内涵至少包括以下内容:首先,任何形式的人力资源管理与开发都是为了实现一定组织的目标;其次,人力资源管理必须充分有效地运用计划、决策、组织、领导、控制、激励、创新等现代管理技术与方法才能实现目标;再次,人力资源管理主要研究选人、用人、人的潜力开发、人的工作效益、人和组织共同发展等内容;最后,人力资源管理不是独立的管理行为,在进行人力资源管理时必须考虑组织的实际状况才能取得理想的效果。

(三) 人事管理与现代人力资源管理的异同

1. 人事管理与人力资源管理的相同点

(1) 都是管理理论与实践发展的产物。无论是人事管理还是人力资源管理,都是随着社会和时代的发展,以及管理理论与实践的发展而产生的,社会不发展、管理理论与实践不发展,就不会有人事管理和人力资源管理的概念。

(2) 管理的对象都是"人"。尽管人事管理更强调对组织中人与人、人与事关系的管理,但其管理对象是"人",离开"人"的内容,就不再是人事管理了。人力资源管理更是强调"以人为本"、"以人为核心",处处围绕"人"开展工作。

(3) 管理的基本内容相同。随着时代的发展,人力资源管理被赋予了更重要的意义和更多的管理内容,但人事管理和人力资源管理在选拔、录用、培训、绩效、薪酬等基本管理内容方面还是相同的。

(4) 管理的基本方法相同。虽然人力资源管理比人事管理的管理方法更人性化、更具有柔性,但以制度去要求、以纪律去约束、以奖惩去激励等基本方法还在人事管理和人力资源管理中共同应用。

2. 人事管理与人力资源管理的区别

(1) 理论基础的区别。人事管理是以"经济人"、"社会人"、"自我实现人"、"复杂人"等人性假设为基础进行激励和管理。人力资源管理则是突破传统人性假设理论,充分吸收运用当代社会学、心理学、管理学、经济学等学科的最新成果,在高等教育日趋普及、人口素质普遍提高、知识经济即将到来的时代背景下,认为人人都有自我发展、自我实现、求上进、求发展的欲望与追求,将人力资源管理的目标放在提高员工工作生活质量、满足他们成长和自我实现的需要上。

(2) 组织地位的区别。人事管理被视为普通的职能管理或业务管理,从事日常的事务性工作,各项工作以执行为主,受领导人意志左右,是被动的接受者,属于战术管理。人力资源管理把人的潜能开发、利用作为重要内容,帮助领导进行决策和规划,被视为组织战略的重要组成部分,在组织发展中具有重要的战略地位。

(3) 工作核心的区别。人事管理将事作为工作核心,"以事为本",把人降格为"执行指令的机器",着眼于人对工作的适应,为事配人,忽视个人的愿望和发展。而人力资源管理则将人作为工作核心,"以人为本",把人作为第一资源,寻求人与事、人与工作的最佳契合点,注重人的潜能开发,强调人与组织的共同发展。

(4) 工作形式的区别。人事管理属于静态管理,员工被动工作,自然发展。人力资源管理属于动态管理,不断使员工的工作岗位扩大化和丰富化,强调整体开发。

(5) 工作方式的区别。人事管理主要采取制度控制、纪律要求和物质刺激。人力资源管理采取人性化管理,考虑人的情感、自尊,采取多种激励方法,注意发挥每个人的特长,体现每个人的价值。

(6) 工作策略的区别。人事管理侧重于近期或当前的人事工作,缺乏长远规划。人力资源管理不仅注重近期或当前具体事宜的解决,更注重人力资源的整体开发、预测与规划。

(7) 工作体制的区别。人事管理多为被动反应型,按部就班、照章办事,强调按领导意图办事,缺乏积极主动性。人力资源管理多为主动开发型,根据组织的实际情况,有计划有目标地开展工作。

二、公共部门人力资源管理

(一) 公共部门人力资源管理的含义

公共部门人力资源是指公共部门所有工作人员的总和,包括纯粹公共部门即政府组织工作人员和准公共部门即第三部门工作人员。[①] 它具有以下含义:①公共部门人力资源是公共部门实现其职能的首要前提;②公共部门人力资源主要包括纯粹公共部门即政府组织的人力资源和准公共部门即第三部门的人力资源;③公共部门人力资源既有量的要求又有质的要求,是量与质的有机结合;④公共部门人力资源有现实的公共部门人力资源和潜在的公共部门人力资源之分,前者指正在公共部门任职的工作人员总和,后者指处于储备状态,正在培养成长,将来可能进入公共部门的工作人员的总和。公共部门人力资源是国家人力资源中的一个重要组成部分,它具有一般人力资源所具备的时效性和时代性、再生性和持续性、生物性和社会性、智力性和能动性、稀缺性和增值性等一般特征,同时,也具有政治性和责任性这种公共部门所特有的人力资源特性。

公共部门人力资源管理是指公共部门为实现管理目标,在法律法规和有关规章制度约束下,对人力资源进行管理的活动和过程。人力资源管理无论是对于公共部门还是其他部门都起着非常重要的作用,尤其是公共部门,其人力资源管理水平的高低,不仅对自身发展影响巨大,对一个地区乃至国家的发展都会有一定影响。随着公众对公共部门的期望日益提高,加强公共部门人力资源管理,促进公共部门人力资源能力提升,既是公共

---

① 李文良.公共部门与人力资源管理[M].长春:吉林人民出版社,2003:23-26.

部门行政效率提高的内在要求,也是社会政治经济发展的外在要求。

(二)公共部门人力资源管理的特点

由于公共部门自身的特殊性,公共部门人力资源管理不仅具有一般人力资源管理的共性,也具有其本身的独特性,这种独特性主要表现在以下几个方面。

1. 公共性和公益性

公共部门人力资源管理是为公众服务,追求公共利益,必须紧紧围绕为社会提供公共物品和服务的组织目标来进行,而不允许谋求其部门的自身利益。公共部门人力资源管理的实质,就是对公共事务与工作人员之间的关系,以及工作人员之间关系的协调和管理。由于公共部门的权力是由公众授予的,它必须以公共利益为其最基本的价值取向,为公众谋求公共利益,提高公共人力资源的素质,提升公共人力资源价值。

2. 政治性和权威性

公共部门人力资源管理包括广泛而复杂的政治活动,而且它的运作是在政治环境中进行的,与一般组织人力资源管理的最大不同就在于管理主体的不同。以政府为核心主体的公共部门掌握社会公共权力,在社会价值的分配中起关键性作用,这种权威性是其本身所固有的,所以公共部门人力资源管理不可避免地带有政治性色彩。在我国,身处公共部门、掌握公共权力、承担公共职能的公共组织成员的一切行为应当符合其身份,本身就含有政治性要求,更不用说公共部门在人力资源获取时就已经考虑政治性了。

3. 法规性和严格性

公共权力具有两重性,它既可以用来实现公共利益,也可以用来谋取个人私利。因此,公共部门的人力资源管理与开发等活动应该在法律和各项规章制度的约束下严格进行。公共部门人力资源管理的法规性和严格性一方面表现在国家制定专门的法律和法规对其人力资源管理行为进行要求;另一方面,表现在公共部门要依法合理地行使行政管理和人事管理的权力。

4. 复杂性和困难性

公共部门是一个纵横交错、层级复杂的庞大组织结构体系,这就使公共部门在人力资源管理权限的划分、获取、配置、使用等方面都具有其他部门所不可比拟的复杂性。公共部门的产出是公共物品,大多数公共物品具有非竞争性、非排他性的特点,无须通过市场就可以消费,难以量化和价值化,难以确定个人在其中的贡献份额,因此,对公共部门进行人力资源管理在方法上和技术上困难较大。

(三)公共部门与私营部门人力资源管理的异同

1. 公共部门人力资源管理与私营部门人力资源管理的相同点

人力资源管理是关于对组织中的人如何进行科学管理的学问,有着相对独立的学科体系和理论基础,它以人力资源管理过程中的规律和方法为研究对象,以充分有效地发挥与最大限度地开发组织中的人力资源为工作目标,以期实现人和组织的共同发展。因此,无论是公共部门人力资源管理还是私营部门人力资源管理,它们之间有着基本的相同之处。[①]

[①] 萧鸣政.人力资源开发与管理——在公共组织中的应用[M].北京:北京大学出版社,2005:38-39.

(1) 基本理念相同。从理念上讲,无论是公共部门人力资源管理还是私营部门人力资源管理,都把人力资源作为实现组织目标的关键性与战略性的第一资源进行管理。两者都把人力资源管理作为组织管理中的一项基本职能,都以实现组织目标、提高劳动生产率、改善工作质量、提高生活满意度和取得社会的或经济的效益为目的而对人力资源进行获取、配置、保持、评价、发展、调整等的管理过程。

(2) 目标设定相同。公共部门人力资源管理和私营部门人力资源管理的目标都是使工作人员通过有价值的工作最终实现组织目标和个人目标,在组织绩效不断提高的同时使个人感到工作是有价值的、通过工作可以实现个人的成功。

(3) 理论方法相同。在新公共管理运动兴起的推动下,公共部门引进了私营部门管理的理念和技术,形成了比较完整的理论体系和管理技术。因此,公共部门人力资源管理和私营部门人力资源管理在理论方法上基本上是相同的。

(4) 基本职能相同。公共部门人力资源管理和私营部门人力资源管理的基本活动均可概括为人力资源规划、工作分析、招聘与录用、绩效与薪酬管理、培训与开发、职业生涯规划等职能。这些活动是任何类型的组织进行人力资源管理的基本内容,与组织类型无关。

2. 公共部门人力资源管理与私营部门人力资源管理的区别

公共部门和私营部门毕竟是两种类型的机构组织,两者在人力资源管理方面存在明显区别。

(1) 价值取向不同。公共部门和私营部门在人力资源管理中的价值取向差异明显地表现为政治与经济的冲突。以政府为代表的公共部门在人力资源管理中必须首先考虑政治优先性和社会公平性,私营部门在人力资源管理中首先考虑的是经济生活中的交换与回报。公共部门在进行人力资源管理时(如招聘、选拔、录用等)必须面向社会,体现社会公平公正性,注意其透明化程度、公众的接受程度,特别是弱势群体,不仅不能歧视而且要通过一系列的规章制度加以保障。私营部门在进行人力资源管理时主要考虑的是谁进入组织的这些职位将最有利于组织的发展,其人力资源管理活动服从于决策层的意志,较少考虑外部压力,政治责任与社会责任的相对缺失,无须对社会公众公开,其操作过程也往往不够透明。

(2) 效率观念不同。公共部门的特性决定其人力资源管理服从于国家和社会发展的总目标,在面临稳定与发展、稳定与效率的冲突时,首先取向稳定,其在制定人力资源管理的规章制度时考虑最多的也是稳定。私营部门人力资源管理则更多关注组织的运行效率,其人力资源管理部门围绕效率这一核心制定人力资源管理的规章制度,同时也基于效率的需要而打破这些规章制度。公共部门的工作目标往往是模糊的,这使得工作的计量、考核和评价变得非常复杂,很多公共部门在讨论和解决问题时都习惯性地倾向于模糊性而非明确的可行性,因此在公共部门探讨人力资源管理的效率是十分困难的。而在私营部门,组织目标、工作计划非常明确,甚至各部门需要员工完成的工作任务早已安排好,因此人力资源管理的各个环节都可以进行定量考核,衡量人力资源管理的效率也就简单多了。

(3) 适用法律不同。公共部门和私营部门在人力资源管理中适用法律及与之相应的个人利益保障存在一定的差异。《劳动法》是界定劳动关系的基本法律,《国家公务员暂行条例》是公务员必须遵守的基本法律规范。由于《国家公务员暂行条例》对公务员的各项责任、权利和义务规定得明确而详细,可操作性强,加之公务员既是相关规范的制定者,也是执行者和利益相关者,因而公务员的个人权利较容易得到保障。《劳动法》对劳动关系的规定则相对抽象,私营部门必须照此制定更加具体的管理规范。由于主雇地位的非对等性,私营部门易制定有利于自身的规则。这样从法律的角度看,就存在员工的个人利益难以得到充分保障的可能。例如,政府淘汰公务员比较困难,而企业组织淘汰一个员工有时只需老板的一句话。再者,面对法律实施,公共部门一般会选择积极的态度、采取积极的行为。而私营部门基于利益的驱动和角色的差异,在利益与法律规范相冲突时,极易采取消极态度,采取规避措施。[1]

(4) 素质要求不同。公共部门与私营部门在选拔与录用工作人员时,强调的重点是不一样的,公共部门关注工作人员的政治素质、道德素质、能力素质,私营部门主要关注工作人员的能力素质,特别强调要具备必要的专业能力,对于政治素质和道德素质要求相对要淡化一些。私营部门对于在思想上和行为上具有创造力的工作人员青睐有加,只要能为组织带来更高的效率和更多的财富,对于其思想、言语、行为是否符合社会主流要求、是否受到道德评价赞誉并不过多关心。当然这并不意味着私营部门完全忽视工作人员的道德素质,在私营部门里,工作人员是否损害组织的根本利益是第一道德标准,一个有能力但道德水准一般的人,在私营部门是能被容忍的。公共部门要求工作人员言语规范、行为沉稳,举手投足间符合自己的身份,虽然在工作中强调创新和创造,但这种创新和创造必须是成熟的、完善的,不能因为创新或创造给组织增添不稳定因素。

(5) 管理重点不同。尽管公共部门和私营部门在人力资源管理的程序和内容上差别不大,但两者关注的重点却差异很大。由于公共部门的性质,其对于人员的招聘、选拔、录用是非常重视的,但由于公共部门日常事务烦琐和绩效评估困难,其对内部人力资源的开发和绩效评估又是比较容易忽视的。私营部门基于生存需要和市场竞争,对于工作人员的相关培训和绩效管理是非常重视的。

总之,在当前的情况下,公共部门人力资源管理具有更多的传统人事管理的特征,而在私营部门中现代化的人力资源管理则应用得更多。

(四) 公共部门人力资源管理发展的趋势

西方国家在"新公共管理"理论的影响下,相继进行了大规模的行政改革,取得了明显成效。在这场改革运动中,私营部门的管理方式引入公共部门,提出以企业家精神重塑政府的口号。于是公共部门人力资源管理开始借鉴私营部门人力资源管理的先进理念和技术做法,随后,公共部门人力资源管理随着社会的发展和科学的进步,不断吸收相关学科领域相关知识,逐步发展和完善,形成相对独立的体系。现在,公共部门人力资源管理呈现以下发展趋势。[2]

1. 管理方法愈加人本化

"以人为本"的思想在公共部门人力资源管理的理念上已经达成共识,公共部门人力资源管理已经以"人"为着眼点和出发点,把人的因素当做管理的首要因素和本质因素,强

---

[1] 周建国,郑海涛.论公共部门与私人部门人力资源管理之差异[J].江海学刊,2003(5):95-99.
[2] 张焕英,王德新,张雪峰.公共部门人力资源管理的发展趋势与应对研究[J].理论探讨,2007(4):170-171.

调把"人"作为管理活动的核心和组织最重要的资源。在管理方法上,公共部门尊重工作人员的需要,注意工作人员的个人发展,把组织目标与个人目标结合起来,通过发挥工作人员的主动性、积极性和创造性,更好地实现组织目标。

2. 管理职能愈加战略化

在经历了20多年的公共管理改革之后,公共部门对人力资源的管理已经跨越了传统的人事管理,而将其作为战略管理中的重要内容。目前,公共部门人力资源管理侧重于更具全局性、前瞻性、战略性的管理内容,包括人力资源政策的制定、执行,根据组织目标的变化进行有效的人力资源规划,使各机构的人力资源能够更好地适应组织及外部环境的要求,使人力资源管理在公共部门的发展进程中扮演着越来越重要的角色等。

3. 管理制度愈加合理化

人力资源管理制度包括计划与招聘制度、绩效考评制度、薪酬制度、用人及晋升制度、监督制度等。制度化管理最大的优势在于程序公平,避免了人治的弊端。制度的建立是为了更有效地执行,然而公共部门在制度方面往往过度,制度过度导致两个极端,要么制度过于死板,要么制度形同虚设。自新公共管理运动兴起以来,公共部门为了克服制度化过度的弊端,已采取多种方法,使管理制度更加"合理化",如实行以绩效工资为主的弹性工资制度,在用人上改变终身制,采取雇佣制和聘用制等。

4. 管理人员愈加专家化

由于公共部门中各种人事关系的复杂性,对人力资源的管理难度越来越大,对人力资源管理者的专业化程度要求也更高。这要求人力资源管理者要具备更多的专业化知识,从某种意义上说,人力资源管理者的专业化程度决定了人力资源管理的实现程度。

5. 管理手段愈加信息化

借助网络等信息技术,人力资源管理的所有环节在不同程度上都可以运用网络技术来实现,如电子招聘、在线培训、信息发布、内部沟通等。这一方面节约了管理成本,提高了工作效率,另一方面也增加了工作的透明度和开放性。信息化管理已经成为公共部门人力资源管理的一个重要发展方向。

第二节 公共部门人力资源管理与开发的内容

公共部门人力资源管理与开发是在一定的管理理论指导下,借助一套科学的管理体系,使公共部门的工作人员能够合理恰当地在行使国家权力和管理事务的过程中,有效发挥人力资源的最大效能,实现人力资源合理配置的一系列活动。

一、公共部门人力资源规划

(一)公共部门人力资源规划的含义

"凡事预则立,不预则废",做任何事情之前都要有计划。公共部门人力资源规划是公共部门整体战略目标的一个组成部分。人力资源的充分度决定着公共部门经营战略的可行性。所谓公共部门人力资源规划,从广义上说是指根据国家的战略发展规划、战略目标及国家内外环境的变化,科学预测未来的环境变化中对公共部门的要求,以及为完成这些目标,满足这些要求储备或减少相应的公共部门人力资源的过程。从狭义上说,公共部门人力资源规划是为了确保公共部门所需要的人力资源在数量上和质量上的要求而对未来人力作出的供需平衡匹配的过程。

公共部门人力资源规划从内容上可以分为公共部门人力资源总体规划和具体的业务规划。总体规划是指在特定的时间内对人力资源规划结果的总体反映,包括国家的人才指导方针和政策是什么,需求预测和供给预测分别是多少,依据什么得出这些结果,供给和需求的比较结果即净需求是多少,以及人力资源规划的实施步骤。具体的业务规划包括人员补充计划、人员使用计划、人员提升与降职计划、人员培训开发计划、薪资计划、退休计划等。

(二) 公共部门人力资源规划的步骤

☐ **1. 准备阶段,即"我们目前的状况怎么样"**

规划做得好不好,关键是看占有的相关信息是否充分,由于影响公共部门人力资源规划的因素很多,所以必须了解相关信息,本阶段主要任务是调查分析公共部门中人力资源规划所需的信息材料。此阶段需要做好三项工作。其一,外部环境的调查分析主要是对公共部门所处的政治、经济、文化、法律、社会等信息的洞察,其中,最重要的影响因素是劳动力市场的供求状况,劳动力的择业意向与偏好,以及政府的相关政策、法规等。其二,内部环境的调查分析包括公共部门的战略目标、组织环境和公共部门的人力资源结构等,其中,最重要的影响因素是公共部门的任务量,现有人员的情况对人力资源的规划也有很大的影响。其三,调查公共部门的人力资源的流动情况。要了解人力资源流动的原因及流动的比率,确定目前组织的人力资源管理所处的状态和水平。

☐ **2. 预测阶段,即"我们的目标具体是什么"**

在充分掌握信息的基础上,选择有效的预测方法,对公共部门在未来某一时期的人力资源供给和需求进行预测。这一阶段是重点也是难点,直接决定人力资源规划的成败。

需求预测方法包括专家估计法和统计预测法。专家估计法是指对某些重要的问题向有关专家征询意见,由专家根据他们掌握的有关资料和已有的经验对这些问题作出预测和估计的方法,包括德尔菲法、名义群体技术、电子会议方法等。统计预测法是根据过去的情况和资料建立起来的数学模型并由此对未来趋势作出预测分析的一种非主观方法,包括趋势分析法、比率分析法、分散预测法和成本分析法等。

供给预测包括组织内部和组织外部人力资源供给。首先要对公共部门面临的外部影响因素进行分析,主要考虑的是外部劳动力市场的状况、人们的就业观念、公共部门的吸引力等因素。其次,在对内部现有的人力资源分析的基础上采取有效的预测方法,具体有技能清单、管理人员继任图、人员替换图、人力资源"水池"模型、马尔科夫分析矩阵图等。

☐ **3. 实施阶段,即"我们怎样做才能实现目标"**

根据供需平衡的结果分析表明,公共部门人力资源的供给与需求之间存在着四种典型的情况。其一,人力资源供给不足,即供不应求。采取的缓解措施如下:加班、培训后换岗、技术创新、聘请临时工、外包等措施。其二,人力资源供给过剩,即供过于求。采取的缓解措施如下:裁员、减少工作时间、降薪、提前退休计划、工作分享或工作轮换等措施。其三,供给与需求之间存在着结构性不平衡,这是比较常见的现象。采取的缓解措施如下：转岗、专门培训、人员置换等措施。其四，人力资源供需平衡。这是最好的一种结果，也是前三种要达到的理想状态。

4. 评估阶段，即"我们做得怎么样"

这是规划的最后一步，由于人力资源规划是一个动态的系统，预测不可能完全准确，因此在实施了有计划的人力资源管理活动之后，要考察是否达到了预期的结果，为以后的规划提供借鉴和参考。规划做得好坏最为明显的评价方式是看组织是否有效地避免了潜在的劳动力短缺或劳动力过剩情况的出现。一般来说，可通过人力损耗指数、留任率等指标来评估。

二、公共部门工作分析

（一）公共部门工作分析的含义

工作分析在人力资源管理与开发中的地位十分重要，是做好人力资源各项职能的基础和前提。只有依附于工作分析，才能有效完成公共部门人力资源规划的制定、组织机构的设计、人员的招聘和选拔，只有以工作分析为基础，才能设计积极的员工培训开发计划、完善绩效管理、实现公平薪酬。总之，工作分析起到整合人力资源管理各项功能的作用。

公共部门工作分析，也叫岗位分析、职位分析。它是指对组织中某个特定工作职位的目的、任务、职权、隶属关系、工作条件、任职资格等相关信息进行收集与分析，以便对该职务的工作作出明确的规定，并确定完成该工作所需要的行为、条件、人员的过程。① 通俗地说，工作分析就是借助于一定的方法去了解一种职位，并以一种特定的格式把与这种职位有关的信息描述出来。其结果就是工作说明书，其他人看到它就知道这个工作的任务和职责是什么、谁能胜任这个工作。

（二）公共部门工作分析的阶段

工作分析是一项技术性非常强的工作，在实际运用过程中，由于工作分析地位的基础性和特殊性，要严格按照特定的规范和程序去操作，才能保证它的效果，否则，会有反效果。工作分析是对工作的一个全面评价过程，这个过程可以分为四个阶段：准备阶段、调查阶段、分析阶段、完成阶段。它是一个程序，但没有严格的阶段划分，在任何一个阶段出现问题都要回到前一个阶段重新开始。

1. 准备阶段

这一阶段首先要明白确立工作分析的目的和意义，明确工作分析是要解决什么问题的，这样才能确定采取什么方法来进行工作分析。其次，要向有关人员宣传、解释，消除员工不必要的顾虑和紧张，使他们配合调查。然后按精简、高效的原则组成工作分析领导小组，小组一般由三类人员组成：一是组织的高层领导，二是外部的专家和顾问，三是工作分析具体实施人员。再次，确定调查、分析对象的样本，同时考虑样本的代表性。最后，制订工作计划，确定工作的基本难度。

2. 调查阶段

首先，要制定时间计划表。其次，根据工作分析的目的编制调查提纲，确定调查内容

---

① 夏光.人力资源管理教程[M].北京：机械工业出版社，2004：56.

和调查方法。再次,广泛地收集与职位有关的信息资料、数据,对重点内容进行重点、细致调查。最后,采取各种各样的方式和方法从不同的渠道收集与职位有关的信息,尽量要求被调查员工对各种工作特征和工作人员特征的重要性和发生频率等作出等级评定。

3. 分析阶段

经过上一阶段的工作,工作分析成员获得了大量的资料,接下来要严格按照工作说明书的内容进行整理,归类整理之后接着就是审查资料,对信息的准确性和可靠性进一步认定并创造性地分析、发现有关工作和工作人员的关键成分。分析资料时常采用ESCII询问方式:eliminate(删除)、simplify(简化)、combine(合并)、improve(升华)、innovate(创新)。最后归纳、总结出工作分析的必需材料和要素。

4. 完成阶段

小组成员对整个过程进行总结,根据特定的格式编写工作说明书,反复讨论直至达成一致意见形成定稿,最后将工作分析结果运用于组织管理中,最大化地发挥它的作用。在该阶段有一个常见的误区,即认为工作完成了,就可以将它束之高阁。其实完成工作说明书只是一个起点和开始,编制它的目的是应用,只有把它用到人力资源管理的各个职能中,才能发挥它的效能。况且随着时间的变迁,工作说明书还有一个不断完善的过程。

工作分析的结果就是工作说明书,要求专业的人士使用专业术语来编写。措辞上,尽量使用简洁、精练的语言,对工作的描述做到清晰透彻,对工作定位要明晰。从大的方面看,工作说明书主要包括两部分的内容:一是工作描述,也叫工作说明,反映的是与职位的有关情况,包括职位标识、职位概要、履行职责、业绩标准、工作关系、使用设备、工作的环境和条件;二是工作规范,也叫任职资格,反映的是对从事这个职位的人的知识、技能、能力及其他个性特征的要求,包括一般要求、生理要求、心理要求等。

三、公共部门人力资源的招聘

(一) 招聘的含义

招聘是人力资源管理工作的一个基本环节,能否招到优秀的人才,是组织成败的关键。公共部门人力资源的招聘与录用是指公共部门为了组织发展的需要,在人力资源规划的指导下,根据工作说明书,寻找、吸引那些有能力又有兴趣的人员来填补职位空缺,并予以录用的过程。人力资源的招聘与录用工作,是公共部门人力资源管理过程中最关键也是最困难的环节之一。如果在人才的输入端出现了问题,会对组织产生极大的消极影响。生产线上的员工,只为自己和产品负责就行了。公共部门的工作人员扮演着为社会公众服务的角色,其中一部分人担任着管理者甚至领导者的职务,他们不仅承担着本部门的责任,而且承担着一个地区、一个领域责任,如果他们出现任何问题,其结果便可想而知。在公共部门招聘时应遵循的基本原则包括:①因事择人原则,根据职务的空缺来筛选人,切忌每年随便向上级报一个进人计划,而不知道这个人一旦被录用究竟把他放在何处使用,其结果往往会出现人才的极大浪费;②公开透明原则,招聘的信息发布要让尽可能多的人知晓,吸引大量的求职者,同时招聘的方法应公之于众,接受群众的监督,防范不正之风;③平等竞争原则,对所有的应聘者一视同仁,组成一个规范的专家考评队伍,设计一套严格的、科学的考核方法进行测评,根据考评结果确定人选;④能岗匹配原则,"尺有所短,寸有所长",每个人的能力表现的面是不一样的,要尽可能使人的能力与他所从事的岗位相适应,使得"人尽其才"、"职得其人"。在招聘之前要重新审视人力资源规划中需要填补的特定工作的数量和工作说明书的内容,分析工作分析和工作描述中对特定工作的要求,提出人员招聘的内容。

(二) 招聘的程序、渠道和方式

1. 招聘的程序

招聘的程序主要由招募、选拔、录用、评估等一系列活动构成。①招募。指组织为吸引更多更好的候选人来应聘而进行的活动,包括招聘计划的制订与审批、招聘信息的发布、应聘者的申请等环节。②选拔。指组织从"人-事"匹配原则出发,挑选出最适合的人担当某一职位,包括资格审查、初试(笔试)、面试、体检、人员甄选等环节。③录用。指人员的初步安置、试用、正式录用。④评估。指对本次招聘活动的效益与录用人员质量的评估。

2. 招聘的渠道

招聘的渠道有内部招聘和外部招聘两种。①内部招聘。指组织的职位空缺由组织内部的人来补充。常常是那些被确定认为接近提升线的人员或通过平级调动来补充,由此造成的岗位空缺会逐级向下移动。内部招聘可提高士气,有利于调动员工的工作积极性,有利于人员迅速适应岗位,进入工作,能够保持组织内部稳定,对员工能力可作出准确的判断,避免领导识人用人之误,还能节约经费。因此,公共部门一般乐于采用内部招聘。但内部招聘也有它的不足之处,比如在内部选择面较小,易出现"近亲繁殖"现象,组织内部人员容易形成板块结构,未被提升的人会士气低落,成员比较熟悉,缺少思想碰撞火花,影响组织活力和竞争力。易于引发一些问题和矛盾,如"政治的"钩心斗角、领导之间的不团结、招聘中的徇私舞弊等现象。②外部招聘。指组织的职位空缺由外部人选来补充。外部招聘选择面广,会带来新的见解和观念,比培训组织内部的人员要廉价和快速,最大的优点是在组织内没有业已形成的政治支持者小集团。外部招聘的不足在于,可能未选到"适应"该职务或组织真正需要的人,可能会影响内部未被选拔的候选人的士气。此外,无论是组织还是新招收的人员都需要较长的相互熟悉时间或相互适应期,如新招收人员对组织的文化认同需要过程,组织对新招人员的评价较困难等。

3. 招聘的方式

(1) 面试。面试是一种在特定的场景下,经过精心布置和设计,通过考官与应试者双方面对面的观察、交谈等双向沟通方式,了解应试者素质、特征、能力状况及求职动机等的人员测评方法。面试是人员素质测评中最传统也是最重要的一种方法。面试应用的范围广泛而灵活,不仅可以让双方面对面交流,使考官有机会观测到应试者的仪表风度、面部表情等,而且能给应试者造成一定的心理压力,易于考察应试者的逻辑思维能力、语言表达能力、交际能力、应变能力等,它可以更全面地了解应试者,避免高分低能,弥补笔试的不足。面试的种类非常多,公共部门常采用的有结构化面试、压力面试、行为面试、心理面试、情境化面试等。

(2) 心理测验。心理测验是通过观察个体的少数有代表性的行为,对于贯穿在个体行为活动中的心理特征,依据确定的原则进行数量化分析的一种科学手段。它在测量内容、实施过程和记分三个方面具有系统性,测量结果具有统一性和客观性。这个定义告诉我们:①心理测验是对个体行为的测量;②心理测验是对一组行为样本的测量;③心理测验和行为样本不一定是真实行为,而是抽象化的行为反映;④心理测验是一种标准化的测量;⑤心理测验是一种力求客观化的测量手段;⑥心理测验一般均具有较高的可靠性和有效性。心理测验大致可以分为认知测验和人格测验两大类:认知测验大致包括智力测验、成就测验、能力倾向测验;人格测验大致包括态度测验、兴趣测验、气质测验、自信心测验、价值观测验、动机测验、品德测验等。

(3)评价中心。评价中心是把被测者置于一个模拟工作情景中,采用多种评价技术,观察和评价被测试者在该模拟工作情景下的心理和能力。评价中心起源于国外,被认为是现代人员素质测评的一种新方法。在我国,20世纪80年代末90年代初才开始有了对评价中心的较为系统的介绍和在企业中的初步应用。1996年国家人事部考试录用司在为原地矿部选拔局级领导干部时运用了评价中心,取得了令人满意的结果。随后评价中心的某些情境化测验逐步进入公务员录用考试、领导干部高级管理人员选拔考试中。现在越来越多的组织开始把把评价中心技术应用于人才选拔、培训诊断、管理能力培训,以及个人发展指导等工作中。

评价中心是多种技术与手段的综合运用,多采用一些动态的测评手段,将被试置于动态的模拟情景中对其动态的实际行为进行评价。往往选用多种方式和技术对被试进行多次测评,并由多个不同主试小组成员分别给予评价,这样,可以减少因被试水平发挥不正常或少数主试评价偏差而导致评价结果失真的可能性,使一次测评定命运的不公平现象有所减少。但与其他素质测评方法比较,评价中心的测评费用较高,操作难度大,对主试的要求相当高,必须有相当的管理经验并受过专门训练。同时,测评需要的案例和材料需花费相当长的时间和精力去准备。目前,评价中心的主要活动内容有无领导小组讨论、公文筐测验、结构化面试、管理游戏、角色扮演、演讲、案例分析、事实判断、模拟面谈等。

四、公共部门人力资源培训与开发

(一)公共部门人力资源培训与开发的含义

从严格意义上讲,培训与开发是两个互相关联而又不同的概念。培训是向新员工或现有员工传授其完成本职工作所必需的相关知识、技能、价值观念、行为规范的过程。开发则是增加和提高员工的知识和能力,以满足组织将来发展需求的过程。

培训更多的是一种具有短期目标的行为,目的是使员工掌握目前所需要的知识和技能;而开发则更多的是一种具有长期目标的行为,目的是使员工掌握将来所需要的知识和技能,以应对将来工作所提出的要求。培训是开发的基础和前提,开发是培训的目的和结果,在培训中本身就含开发,在开发中又必须进行培训,所以两者紧密相关,互不可分。在本书中不对培训与开发严格区分,两个概念可以混用。我们认为,培训是指有计划、有组织的教育和学习,是在一定时空范围内改进工作人员的态度、知识、技能和行为,从而使其发挥更大潜力、提高工作质量的活动。从定义可知,培训的本质是学习,培训是一个有计划的、连续的系统过程,培训要实现员工个人发展和组织发展的双赢。随着时代的发展,知识培训、技能培训、态度培训等传统培训内容虽然在培训领域势头依然强劲,但思维培训、观念培训、心理培训等现代培训内容已经开始崭露头角。

（二）公共部门培训与开发的目的、特点和作用

公共部门培训与开发的目的是要学会认知，学会做事，学会共同的工作和生活，促进个人的发展，提高组织的效益和竞争力，最终实现个人和组织的共同发展。

它呈现出以下特点：①更注重激发员工的学习动机，强调员工有自我发展的主观能动性与获取新知识、新技能的极大积极性；②更注重把培训目标与国家的政策法规、组织的长远目标紧密地联系在一起加以系统思考；③更关注人的生理与心理特点，强调以人为本；④大大突破了岗位知识和技能的范围，更注重提高人的胜任能力。

培训与开发对组织和个人均有积极作用，对组织的积极作用体现为提高工作效率，振作士气，增强组织的竞争力，留住人才，节省成本，维持一个稳定的工作标准；对个人的积极作用体现为增长知识与提高技能，更加深刻地认识自己的工作，增强工作的主动性，有助于职业生涯的发展等。

（三）公共部门培训与开发的程序

培训与开发的程序主要包括培训需求分析、培训计划的制订、培训的组织与实施、培训效果评估四个阶段。

1. 培训需求分析

它是指在规划与设计一项培训活动之前，由培训主管部门、主管人员、工作人员等采取各种方法与技术，对组织内各部门及其成员的目标、知识、技能等方面进行系统的鉴别与分析，以确定是否需要培训、谁需要培训、何时需要培训、需要何种培训的一种活动或过程。培训需求分析既是确定培训目标、设定培训规划的前提，也是进行培训评估的基础，它是培训活动的首要环节。主要区分哪些是真需求，哪些是假需求；哪些是长期需求，哪些是眼前需求。

2. 培训计划的制订

它是指按照一定的逻辑顺序排列的记录，是从组织的战略出发，在全面、客观的培训需求分析基础上作出的对培训时间、地点、培训者、培训对象、培训方式和培训内容等的预先系统设定。培训计划要满足组织及员工两方面的需求。它的作用表现在：不会遗忘主要任务；清楚地说明了谁有职权、谁有责任；预先确定了某项任务与其他任务的依赖关系，这样也就规定了工作职能上的依赖关系；它是一种尺度，可用于衡量对照各种状态，最后则用于判断培训的成败，是用于监控、跟踪及控制的重要工具，也是一种交流和管理的工具。

3. 培训的组织与实施

它是指按照培训计划对培训进行组织并对受训者进行培训。这是培训与开发的关键阶段，培训效果如何、培训成功与否主要看培训的组织与实施。培训的组织与实施受培训预算、培训的紧迫程度、受训者质量和数量、培训场所、现有培训工具、培训师素质等问题的影响。

4. 培训效果评估

它是指运用科学的理论、方法和程序，从培训结果中收集数据，并将其与整个组织的需求和目标联系起来，以确定培训项目的优势、价值和质量的过程。简言之就是收集培训效果以衡量培训是否有效的过程。培训效果评估前要考虑以下问题：①是否值得进行评

估;②评估的目的是什么;③重点对培训的哪些方面进行评估;④谁将主持和参与评估;⑤如何获得、收集、分析评估的数据和意见;⑥以什么方式呈报评估结果。

五、公共部门人力资源绩效管理与薪酬管理

(一)公共部门人力资源绩效管理和薪酬管理的含义

绩效管理和薪酬管理,是人力资源管理过程中的核心环节并伴随着管理过程的始终。绩效管理是进行薪酬管理的前提和依据,薪酬管理对绩效管理又起到促进或制约作用。

公共部门绩效是指工作人员在工作岗位上的工作行为表现与工作结果,它体现了员工对组织的贡献大小、价值大小。绩效管理指管理者和个人就工作目标事先经过沟通,在绩效计划、绩效监控、绩效考核(绩效评估)、绩效反馈与改进方面达成一致意见,以促进员工业绩持续提高并最终实现组织目标的一种管理过程。

公共部门薪酬是指工作人员向组织提供所需要的劳动而获得的各种形式的补偿,包括经济性薪酬和非经济性薪酬两大类,经济性薪酬分为直接经济性薪酬和间接经济性薪酬。公共部门薪酬管理是组织根据自己的发展战略、发展目标及实际情况,依据国家有关法律政策,综合各方面因素,对工作人员薪酬支付原则、薪酬策略、薪酬水平、薪酬结构、薪酬构成进行确定、分配和调整的动态管理过程。公共部门薪酬一般由直接薪酬和间接薪酬构成。直接薪酬包括基本薪酬和可变薪酬,间接薪酬包括基本福利和非工作时间福利。

(二)公共部门绩效管理和薪酬管理的内容

绩效管理作为一种管理思想,渗透在组织管理的整个过程之中,涉及组织结构、组织文化、战略目标和计划、领导、激励、统计与控制等各个方面。绩效管理作为一种现代人力资源管理理念,在企业的使用过程中取得了令人满意的效果,它已经作为一种核心思想渗透到公共部门的管理之中。由于公共部门的特殊性,量化考核指标、构建考核体系比较难,因此,在使用过程中需要特别注意程序和方法。

绩效管理是一个完整的循环系统,不是一个简单的步骤。它包括四个方面。其一,制订绩效计划。它是指管理者和员工共同讨论以确定员工考评期内应该完成什么工作,以及工作所要达到什么样绩效的过程。其二,绩效沟通。绩效沟通是指管理者就绩效问题持续不断地与下级进行交流和沟通,帮助下级实现绩效计划的目标。其三,绩效考核。它是对员工的工作行为与工作结果全面地、系统地、科学地进行管理、考察、分析、评估与传递的过程。它借助一定的考核工具,对员工完成绩效目标的情况作出考核,具体考核的工具有360°绩效考核法、关键绩效指标法(KPI)、平衡计分卡(BSC)、标杆超越法等。其四,绩效评估与面谈。它是指上级就绩效考核的结果和下级面对面地沟通交流,指出存在的问题,一起制订出绩效改进的计划。最后把绩效管理的结果用到人力资源管理的其他职能中去,真正发挥绩效管理的作用。

绩效管理的结果常用于薪酬调节、组织调整、晋升调整和培训中,其中,最重要的一项内容是作为薪酬发放的依据,用于薪酬管理中。薪酬管理是组织管理的重要内容,它主要受国家法律与政策、社会经济文化发展水平、当地经济发展状况、物价水平等组织外部因素的影响,受到组织经济实力、组织文化、组织战略规划、领导态度与想法等组织内部因素的影响。我国公共部门薪酬管理主要由政府决定,具有薪酬水平相对稳定,薪酬制度规范性强、透明度高等特点,主要起到维持和保障作用、调节作用、激励作用。薪酬管理包括薪

酬体系设计、薪酬日常管理两个方面。薪酬体系设计主要是指薪酬水平设计、薪酬结构设计和薪酬构成设计。薪酬日常管理主要是指薪酬预算、薪酬支付、薪酬调整。薪酬体系设计是薪酬管理最基础的工作,薪酬日常管理是薪酬管理的重点工作,上述工作一旦出问题,薪酬管理就不可能达成预定目标。

六、公共部门职业生涯规划与管理

(一)公共部门职业生涯规划与管理的含义

职业生涯是一个人从首次参加工作到退休的工作活动经历,特别是职业、职位的变动及工作理想实现的整个过程。职业生涯规划是指个人根据对自身的主客观因素的分析,确定个人的职业发展目标,选择实现这一目标的职业,并制订相应的工作、培训和教育计划,按照一定的时间安排,采取必要的行动实施职业生涯目标的过程。

职业生涯管理是指对组织及员工个人的职业生涯进行设计、规划、执行、评估、反馈和修正的一个综合性过程,是组织提供的用于帮助组织内从事某类职业的员工的行为过程。公共部门职业生涯规划与管理是指对公共组织的职业生涯进行设计、规划、执行、评估、反馈和修正,帮助公共部门人员以使他们的职业生涯得到更好发挥的过程。组织是个人职业生涯得以存在和发展的载体,组织的存在和发展依靠个人的职业开发与发展。职业生涯是组织和员工双方都考虑的问题。对组织来讲,做好规划首先要深刻理解员工的兴趣、愿望和理想,了解员工的目标,根据情况安排培训,使员工看到希望,从而达到团队稳定的目的,能够引导员工进入工作领域,达到个人目标与组织目标的统一。对员工个人来说,可以准确评价个人特点和强项,评估个人目标与现实差距,准确定位,认识自身的价值,确立人生方向和奋斗的策略。

(二)公共部门职业生涯规划与管理的过程

公共部门依附于国家的行政导向,是管理和服务部门,往往认为,这样一个组织不需要进行职业生涯规划,结果就出现组织老化、思想陈旧、人员颓废、官僚化、机构臃肿的现象。随着新的管理理念和新技术手段的不断更新,国家不断进行机构的改革、重组,就要重视公共部门的职业生涯规划。因此,有必要对公共部门的职业生涯进行设计,把它当成一个系统工程。通常,公共部门职业生涯规划与管理的设计过程如下。

1. 建立职业发展的信息与预测系统

公共部门职业生涯规划在我国属于前沿研究领域,虽然有了一定的成果,但仍没有形成系统的理论体系。这就需要我们的管理者和专家学者在学习世界先进理论,借鉴别国实践经验的基础上,建立一套信息储存和信息处理的自动化管理系统,继而建立有中国特色的公共部门职业生涯规划理论。公共部门应根据工作人员的特点提供有针对性的职业咨询和职业管理指南,帮助他们获得职业生涯规划所需要的各种信息;一是通过剖析,如何在满足组织目标的基础上进行合理的个人职业定位,找到个人的职业锚,设计合理的职业生涯规划;二是提供公共部门职业发展的各种信息,比如职业性质、职业地位、职业的收入水平、职业的晋升通道等;三是提供公共组织不同层次的用人需求,包括不同职务层次、不同部门、不同时期的用人需求。

2. 制定职业发展道路

职业发展道路是组织内部为员工设计的职业成长的管理方案,它描述了处于组织结构中自上而下发展的途径和路线,规定了由低级到高级所需要的资格和条件。当前,我国在公共部门的职业路径方面,主要设置了公共部门人员出入口、横向流动和纵向流动三种通道。虽然我国公共部门的职业路径相对于别的职业比较完善,但仍存在若干缺陷,比如"只进不出"现象依然严重,职业发展路径过窄,"官本位"制特征明显,这显然限制了职业发展路径的选择。此外,公共部门要把部门目标同个体目标有机结合,不断提高工作人员职业生涯规划的能力,使内、外职业生涯同时得到提升。

3. 提供职业教育培训计划

公共部门要针对组织职业发展的要求和工作人员本身的职业缺陷,进行有计划的培训。首先,开展公共部门人员的职业咨询,打破单一的职业发展通道,针对不同发展阶段的工作人员给予有针对性的职业指导。通过定期的咨询培训,使工作人员更加清晰地认识自身的价值和界定自己的职业目标。其次,引进社会上的培训主体,可以委托给学校或者社会机构对工作人员进行培训,打破政府部门的培训垄断,实现工作人员培训主体多元化。最后,培训内容范围要广,打破以往的单一政治素质的培养,根据公共部门的性质和内容开展有针对性的培训。

4. 建立以职业发展为导向的绩效评估体系

根据公共部门的职位特点和组织目标对其进行分类管理和分类评估,即不同部门的不同类别不同层次的工作人员应按照不同的评估指标体系进行评估。一方面,将职业发展要求纳入工作人员的绩效评估标准中,以激励和提升员工的绩效水平,如在任职资格上,量化知识和能力水平;另一方面,公共部门必须打破陈旧的主观性大的绩效评估体系,推行科学的绩效评估方法,完善评价标准。依据工作人员真实、可靠、客观的绩效水平状况和有关信息,来判断其是否能够担任一定的工作职务并承担相应的责任。此外,要建立一套绩效反馈机制,把考核的结果纳入员工的职业生涯指导,帮助员工在实践中不断完善职业规划,获得长足的发展。

第三节 公共部门人力资源管理激励机制

一、公共部门人力资源管理激励机制的内涵

(一)激励与激励机制

激励是管理过程中不可或缺的因素,通俗地说就是激发和鼓励。激励这个概念用于人力资源管理,是指在人力资源管理活动中,以组织成员的需要为出发点,以需求理论为指导,采取各种方法激发调动员工的积极性和创造性,以有效实现工作目标的过程。有效的激励不仅会提升员工的工作动力,而且会点燃他们的工作激情,促使他们产生超越工作、超越自我的动力,高质高效且有创造性地完成工作任务。激励有物质激励和精神激励、外在激励和内在激励、正激励与负激励等不同类型。西方著名的激励理论有以马斯洛的需要层次理论、赫茨伯格的双因素理论、奥尔德福的 ERG 理论、麦克利兰的成就需要理论为代表的内容型激励理论;以弗隆的期望理论、亚当斯的公平理论为代表的过程型激励理论;以强化理论、挫折理论、归因理论为代表的行为改造型激励理论;以波特和劳勒的综合激励模式、迪尔的综合激励公式为代表的综合型激励理论。

"机制"一词源于希腊语,原指机器的构造和运作原理。把机制的本义引申到不同的领域,就产生了不同的机制。在管理领域中,机制是指管理系统中各子系统、各构成要素之间相互联系、相互制约、相互作用的关系及其整体功能。

激励机制是指为实现组织目标,激励主体运用相对规范化、固定化、系统化的激励手段和方法及激励客体相互作用、相互制约的关系的总和。激励机制实际上是通过一套理性化的制度来反映激励主体与激励客体相互作用的方式。激励机制包括激励形式、激励时机、激励频率、激励强度、激励针对性等因素。激励机制一旦形成,就会对组织起到助长作用或致弱作用。

(二)公共部门人力资源管理激励机制

公共部门人力资源管理激励机制是指公共部门通过相对稳定的激励措施来调动工作人员积极性、创造性,以实现人力资源管理目标的一系列工作的总和。上述定义包括以下几个方面的内容。其一,公共部门人力资源管理激励机制是为实现组织目标服务的。它可以增强工作绩效与奖励报酬之间的关联性,提高员工的期望值。激励的最终目的是在实现组织预期目标的同时,也能让组织成员实现其个人目标,即达到组织目标和员工个人目标在客观上的统一。其二,公共部门人力资源管理激励机制是相对稳定的。比如根据法律法规、价值取向和文化环境等制定的规章制度、内部管理条例等,一旦形成便具有相对的稳定性。在组织内部执行后,工作人员会自觉地以此为参照体系来调节自己的工作方向,激励的持久性方能得到保证。其三,公共部门人力资源管理激励机制的运行过程就是激励主体与激励客体之间互动的过程。在这个过程中,主客体之间除了工作内容、工作方法、工作形式上的合作外,还会有思想、情感、心灵上的沟通和交流,增进了彼此之间的了解和信任。主客体的关系会得到根本的改变,达到双赢的效果,更有利于社会的和谐进步。其四,公共部门人力资源管理激励机制归根结底是要调动工作人员的工作主动性、积极性和创造性。它的激励原则、激励方法和手段都是以此为出发点来设置的。

二、公共部门人力资源管理激励机制的特点和功能

(一)公共部门人力资源管理激励机制的特点

公共部门人力资源管理激励机制与私营部门人力资源管理激励机制在理论基础、应用方法上有着相似之处。但是,由于公共部门与私营部门的性质及其在经济社会发展中的地位和作用不同、组织环境不同、人力资源管理实际状况不同,致使其在激励机制的建立和使用上有着自身的特点。

1. 目的的公益性

激励机制的目的规定了激励的性质和方向,即规定对什么样的人力资源管理价值理念和行为方式给予肯定和激励,什么样的不给予肯定和激励。实现社会效益是公共部门的使命和职责,而保证政治回应和社会公平性是公共部门所固有的价值理念。由于公共部门尤其是政府部门要从政治、经济、社会等诸多方面对公众负责,因此,公共部门在制定人力资源管理的激励机制时就要从公益性和实现社会效益最大化的角度出发,在彰显社会公平、公正的同时,要鼓励对国家、对社会的忠诚及对社会、对公众的负责。

2. 方式的规范性

公共部门作为公众利益的代理人,受公众的委托并且对公众负责。对公共部门工作

人员的激励机制必须严格按照国家统一的法律、政策、规定执行,各部门不能根据各自情况制定超越国家有关规定但是却符合本部门利益的激励机制。

3. 手段的折中性

公共部门激励机制受制于既定的法律、政策、规定,相对于私营部门灵活、快速、激进的激励机制而言,公共部门的激励机制显得更为稳定、缓慢、折中。这种折中性在激励的强度和数量上尤为突出,比如私营部门可以根据工作人员对组织发展的贡献给予巨额奖金、提成、股权等奖励,公共部门则只能在政策允许的范围内给予奖励。

4. 指标的模糊性

公共部门的产出或服务具有垄断性、非营利性、综合性等特点,这些非商品性的特点决定其很难被量化,况且一项公共政策或一种公共产品是在公共部门群体的作用下完成的,这将很难区分哪位工作人员起的作用更多。此外,公共部门所创造的价值经常需要很长的周期才能显现,由此导致其评价结果相对滞后。因此,公共部门的激励指标往往是模糊的。如激励机制中的绩效指标,在私营部门中绩效的评价通常可以采用相对直接的指标,个人对组织的贡献也能相对清楚地反映在组织的业绩上,但公共部门却大多只能采取一些间接性的指标去衡量。

(二)公共部门人力资源管理激励机制的功能

公共部门工作人员的工作态度和工作效率将直接关系到公共部门工作的质量和效率。激励机制对实现组织目标和提高组织成员的工作效率都有着非常重要的作用。激励机制一旦形成,它就会内在地作用于组织系统本身,使组织机能处于一定的状态,并进一步影响组织发展。所以只有通过科学的激励机制,才能调动工作人员努力上进、积极创新的工作热情,才能使公共部门充满活力。激励机制的功能主要表现在以下几个方面。

1. 激发工作人员的积极性

实践证明,两个能力相当的人,在相同的工作环境和工作条件下,他们工作绩效的高低,很大程度上取决于他们对工作积极性的高低。在公共部门,由于工作任务和工作指标的模糊性,工作人员在工作中是否积极主动对工作质量和工作效率的影响更大,而积极性和主观能动性是由激励机制是否恰当决定的。

2. 开发工作人员的潜能

美国心理学家詹姆士研究发现,在缺乏激励的环境中,组织成员的潜能仅能发挥很小一部分,如果组织能够及时且有效地对工作人员进行激励,组织成员的潜能将进一步发挥,工作效率也将随之提高。公共部门的工作具有稳定性强、程序性强等特征,长时间从事此种工作,不仅不利于工作人员潜能的开发而且会产生工作倦怠,激励机制是开发公共部门工作人员潜能的一种有效工具。

3. 吸引和留用优秀人才

为了使公共部门能为公众提供更好更有效的服务,公共部门中应该人才聚集,但在当前人力资源的自由流动性日益增强的大环境下,公共部门能否吸引更多、更优秀的人才加入组织,甚至保留现有人才,都成了今后不得不考虑的问题。公共部门工作人员也有各种需要,他们生活在纷繁芜杂的社会中,也会用"经济人"的思维模式对加入或退出公共部门进行成本-效益的分析,只有制度为他们提供良好的激励条件,确保他们的工作得到一定形式的认可,才能将人才吸引并保留在公共部门队伍中。

4. 提高组织整体效能

全球化和知识经济的到来为公共部门提供了更为宽广的平台和崭新的工作内容,同时也带来了巨大的挑战。政府、民众、企业交流的频繁和相互依赖性的增强,使公共部门公务的国际化、区域化趋势明显,这就要求公共部门在各方面适应这一趋势,实行战略性转型。公共部门人力资源管理激励机制,有利于大幅度提高公共部门人员素质,有利于吸引、培育和激励优秀人才,它的这种功能无论在主观上还是客观上,都起到了催化剂的作用,提高了组织效能,促进了组织改革和发展。

三、公共部门人力资源管理激励机制的原则和方法

(一)公共部门人力资源管理激励机制的原则

1. 物质激励与精神激励相结合

物质激励是指通过工资、奖金、津贴、福利等物质刺激手段来激励工作人员努力工作,无论在公共部门还是私营部门,物质激励都是一种使用非常普遍的激励模式。精神激励是指以表扬、奖状、勋章、荣誉称号、授权等非物质手段来激励工作人员努力工作。具有社会性的人,除了生物属性所必需的各种物质需要外,还有更高的社会属性所必需的各种精神需要。特别是在公共部门,工作人员对精神激励更看重,这就成为调动积极性的精神力量。因此,单用物质激励或精神激励不一定起作用。物质激励与精神激励要相辅相成。

2. 奖励为主与适度惩罚相结合

该原则是在正激励与负激励相结合原则的基础上发展起来的。奖励相当于正激励,指对工作人员符合组织目标的期望行为进行奖励,以使得这种行为更多出现。惩罚相当于负激励,指对违背组织目标的非期望行为进行惩罚,以使得这种行为不再发生。在人力资源管理激励中,奖励和惩罚两种手段必须兼用,只有在坚持对优者进行奖励,对劣者进行惩处的情况下,才能使优秀者显示出受奖的价值。只奖不罚,就降低了奖励的价值,影响奖励的效果。只罚不奖,仅能起到消极的禁止作用,难以激发工作人员的积极性、进取心和荣誉感,单纯的惩罚甚至还可能促使产生逆反心理。公共部门工作稳定性强、成员之间相对比较熟悉、人员素质较高,应该多用奖励,少用惩罚,要让受奖者起到辐射作用和带动作用,成为大家学习的榜样;对于受罚者也要给予更改错误的机会,使其能发挥自己的长处。

3. 组织目标与个人需要相结合

在激励机制中,设置目标是一个关键环节,因为个人需要与组织目标并非完全一致。满足个人需要的前提条件就是其必须有利于组织目标的实现,符合组织的整体利益,否则,激励将会偏离其方向。而组织要有效实现其目标,调动工作人员的积极性,就必须将工作人员个人的需要和组织的目标结合起来加以考虑,否则,也难以达到满意的激励效果。因此,在激励过程中,要将组织目标和个人需要结合起来,使组织目标能够包含较多的个人需要,同时个人需要的满足和实现又离不开其为实现组织目标所作出的努力。①

---

① 朱晓卫.公共部门人力资源开发与管理研究[M].哈尔滨:黑龙江人民出版社,2003:274.

4. 公平公正与明确合理相结合

公平公正是激励机制中的一个基本原则,如果不公平公正,不仅起不到激励作用,还会产生许多消极后果。而做到公平公正的关键一点就是激励机制的明确性,它包括三层含义:其一,目的明确,即需要做什么和必须怎么做;其二,条件明确,即如何做有奖励和如何做受惩罚;其三,奖惩明确,即奖励和惩罚的方式及数量。合理性是激励机制的重要因素之一,对公平公正也起着非常重要的作用。激励机制合理与否,直接影响激励作用的发挥,如超量激励和不足量激励不但起不到激励的真正作用,有时甚至还会起反作用,造成对工作积极性的严重挫伤。合理性包括质和量两层含义;其一,激励的措施要定性准确,要根据所实现目标本身的性质确定适当的激励档次;其二,激励的措施要适度,要根据所实现目标本身的价值大小确定适当的激励量。

(二)公共部门人力资源管理激励机制的方法

激励机制的目的是要达到激励效果,其效果的显现是在多种激励方法的共同作用下发生的。从当前我国公共部门人力资源管理激励的方法看,主要包括以下几个方面。[①]

1. 个体物质激励

物质激励是运用物质的手段使工作人员得到物质上的满足,从而进一步调动其积极性、主动性和创造性。物质激励是公共部门人力资源管理中一种最基本的方法,也是在当今公共部门中普遍采用的激励方式。其主要包括薪酬激励和福利激励。

(1)薪酬激励。公共部门工作人员的工资水平应与其他行业相当人员的平均工资水平大体持平,并依据社会物价上涨指数的变动和工作绩效情况进行相应的加薪、减薪或是进行奖励、罚款,从而在薪酬水平上体现公共部门工作人员的价值。

(2)福利激励。福利待遇是公共部门工作人员在工作中享受到的工资以外的经济性补偿,它是工作人员安心工作的保障,公共部门还应进一步考虑工作人员的养老保险、医疗保险、住房补贴等问题。

2. 个体精神激励

精神激励是指精神方面的无形激励,包括授权、表扬、对工作绩效的认可、提供学习和培训机会等。精神激励通常可以通过以下几种方式来实现。

(1)文化激励。公共部门的文化激励是个体精神激励的主要组成部分。组织文化是无形的,然而它的激励作用却是巨大的。公共部门要有凝聚力和创新力,要使工作人员提高服务意识和服务质量就必须创立自己独特的组织文化,从而形成强大的凝聚力、向心力,最终塑造一个团结奋进的服务整体。

(2)榜样激励。榜样的力量是无穷的。绝大多数工作人员都是力求上进而不甘落后的。如果有了榜样,工作人员就会有努力的方向和赶超的目标,从榜样成功的事例中得到激励。

(3)目标激励。公共部门可以根据实际设定总体目标和阶段性目标,并把这些目标作为考核评估、选拔任用、职务升降和奖励惩戒的重要依据,从而最大限度地提高工作人员的积极性与创造性。

---

① 伏胜旺.我国公共部门人力资源激励机制研究[D].秦皇岛:燕山大学,2009:35-36.

(4)荣誉激励。每个人都具有争取荣誉、展现自身价值的需要,公共部门工作人员非常重视自己在组织中的荣誉,通常情况下公共部门可以通过表扬、记功、授予荣誉称号、肯定其工作成就和研究成果等形式激励他们向着更高的目标奋进。

(5)情感激励。情感是影响人们行为的最直接的因素之一,任何人都有渴望各种情感的需求。这就要求管理者要多关心工作人员的工作和生活,工作人员之间也要相互信任、相互关心、相互体谅、相互支持、互敬互爱。

3. 社会认同激励

(1)晋升机制。晋升是指公共部门工作人员职位等级的提升、工资级别的增加。晋升是社会对其工作结果的一种肯定和认可,对公职人员来说是一种重要的激励形式。可以把晋升看做精神激励也可以是物质激励,因为晋升不仅意味着荣誉、地位的提高,也意味着薪资的增加和待遇的提高。

(2)考核机制。合理的考核是通过量化方式对工作人员的工作业绩进行全面、客观的评价,这将涉及薪资调整、奖金发放和职务升迁等诸多与工作人员切身利益相关的问题。绩效考核的作用对管理者而言,可为管理者提供关于工作人员工作表现的信息,为实施职位晋升和薪资奖励提供客观依据;对于被考核人员而言,通过考核可以为工作人员提供反馈,使其发现不足并及时解决。

4. 社会监督激励

在公共部门的运作过程中,来自委托人的直接或间接的监督是确保代理人及时、高效地完成给定的各项任务的重要控制机制。监督激励可以对代理人的行为产生如下效应:其一,监督是一种直接的信息收集和处理机制,通过它可以准确地获得工作人员各方面的行为和业绩信息,从而可以提高业绩评价的准确性,优化组织激励的整体效果;其二,监督能够对工作人员的行为产生直接的"压力"影响,使其向着组织所要求的目标努力进取。监督激励包括外部监督和内部监督两大类。权力制衡、政党监督、选民监督和舆论监督等是外部监督,而公共部门内部高层对下层的纵向监督,以及工作人员彼此之间的横向监督等则是公共部门的内部监督。

四、我国公共部门人力资源管理激励机制的完善

(一)现存不足

1. 激励理念落后

在我国几千年的文明史中,有着非常丰富的管理思想和激励思想,这些思想观念和管理文化至今仍起着影响作用,特别是传统人事管理思想对现代人力资源管理理念影响非常大。人事管理思想在19世纪末到20世纪中叶是非常先进的,为管理理论的发展和社会的进步作出过巨大贡献。但这种思想在信息化、全球化的今天显然已经落后,不仅起不到激励作用,反而会起到迟滞作用。这种思想把人看做是工作成本而不是组织资源,在考虑激励问题时,也是围绕着如何做事和如何开展工作。这种思想在我国公共部门中的表现就是以事为中心而不是以人为中心、以工作为本而不是以人为本,强调个人服从组织而不是个人和组织共同发展。因此,我国公共部门在制定人力资源管理激励机制时,要把"以人为本"的激励理念真正地贯彻执行下去,既充分考虑西方人性假设理论中关于人的

看法,又结合我国的国情和文化特点。

2. 人才流动机制僵化

我国公共部门人力资源的流动体现在"两难",即进入难和退出难。长此以往就会造成人才流动机制的僵化。一是横向流动的僵化,即缺乏合理的进出规则,通常表现为能进不能退。我国公共部门中虽有合同聘用人员,但人数较少,大多数人员有工作身份上的保障。在这种模式下,实行的是人员管理和档案管理合一的方式,人才的使用权与所有权高度结合,市场化程度不高。人员一旦进入公共部门,就意味着人事关系的各个方面都要组织负责。尽管我国新颁布的《公务员法》规定有辞退条款,实际很少应用。因此,公共部门实行的是事实上的雇佣终身制,除非主动申请退出或违法乱纪,公共部门工作人员一般没有失业的压力。二是纵向流动的僵化,即缺乏合理的升迁规则,典型的表现就是能升不能降。激励的目标在很大程度上是通过被激励者的流动来实现的,当被激励者发现没有合理的途径可以实现其所向往的流动时,便容易转向不合理的途径。于是,我国的现状一方面是流动机制的僵化,另一方面是投机性的流动大行其道,给有效的激励带来很大的困难。①

3. 激励标准模糊

我国公共部门的激励标准比较模糊,多采取定性描述,较少采用量化指标,可操作性较差。这其中绩效考核就是典型,公共部门绩效考核虽以职位职责和所承担的工作任务为基本依据,但没有量化标准,例如,对公务员和事业单位人员的考核,分优秀、称职、基本称职和不称职四个等次,从德、能、勤、绩、廉五个方面进行考核。没有量化的考核就不会有量化的结果,更不会有量化的激励,因此激励标准在执行中具有很大的弹性,甚至在公共部门内部的同类部门激励标准也不统一。这将导致考核不规范、考核走过场,考核结果起不到任何激励作用,工作人员干多干少一个样,干好干坏一个样。这在提供的产品以服务性、无形性、滞后性、间接性为特点的公共部门是非常有害的,因为这伤害的是公众对公共部门的信任和支持,是整个社会的整体效益。

4. 激励手段单一

我国公共部门长期以来不顾工作人员的实际需要,只是根据组织预先设定的方案进行激励活动,激励的手段和方法简单、不健全、缺少人性化。不仅不能满足工作人员丰富多样的激励需要,甚至只注重精神激励,而忽视了工作人员的"经济人"特征,限制了物质需要。很显然,在市场经济中,仅仅从精神上满足公共部门工作人员需要的做法是不合理、不科学的。公共部门应该了解工作人员的多样化需要,采取多元化激励模式,使工作人员始终保持良好的工作状态,以此确保激励效能在公共部门的最大化发挥。

5. 培训激励缺少

尽管我国公共部门已经充分认识到培训对于组织和个人的重要作用,突出强调了培训的重要性,但总体而言培训激励还是缺失的,原因有以下两点。

(1) 没有时间参加培训。尽管很多人对公共部门的工作效率和工作质量提出质疑,但不可否认,公共部门的工作还是非常繁忙的,工作繁忙的原因分为如下几种:其一,该部

---

① 夏亮,丁建华. 公共部门人力资源管理中的激励问题[J]. 中国人力资源开发,2004(6):34.

门工作职能多,工作人员相对较少;其二,该部门工作职能一般,但是领导多,工作人员少;其三,该部门工作人员也不少,但是实际能干活的人少。在上述情况下,最需要进行培训激励的是能干活的工作人员,但是他们由于工作繁忙而没有时间参加培训,其他人员有机会有时间参加培训,但参加培训对他们而言没有太大意义或起不到激励作用。

(2) 培训本身缺乏吸引力。目前,对公共部门工作人员培训内容过多侧重于理论的传授,缺少全面知识能力和技能的培训,对胜任工作所需要的基本知识和专业知识重视不够。在培训模式上,大多采用培训教材课堂讲授,这种单向的、静止的、封闭的培训模式严重割裂了理论与实际、知识与能力的相互结合、相互促进。在培训方法上单一强调课堂灌输、集中听讲,忽视案例教学、小组讨论、个人发言等教学方法。这种培训本身就缺乏吸引力,更不会起到激励作用。

(3) 培训规章制度不健全。虽然《公务员法》指明参加培训是国家公务员的权利和义务,国家公务员培训期间的学习成绩和鉴定作为任职、定级和晋升职务的重要依据之一,但《公务员法》对培训管理机构、管理细则、经费来源等相关内容缺乏相应的说明,公务员培训缺乏配套法规和统一规范的标准和要求,培训效果难以评估和衡量。这就导致在实际操作过程中,由于缺乏得力的配套措施,上述规定并没有得到真正的落实,使得许多人参加培训学习的动力不足、积极性不高。

(二)完善我国公共部门人力资源管理激励机制的途径

1. 更新激励理念

随着经济全球化和知识经济时代的到来,组织周围的环境发生了很大的变化。要想对公共部门工作人员进行成功的激励,有效地提高公共部门的工作效率,建立起高绩效的公共部门,既要学习和吸收管理学科最新的研究成果、借鉴国外先进的激励理论,又要根据我国的社会历史条件和经济发展现状等客观因素,切合实际地建立起适合我国国情、适应社会主义发展需要的公共部门激励体制与机制。

2. 丰富激励手段

"人的因素"是一切社会生产力发展、一切物质财富创造、一切科学技术进步的根本。在组织中,人是管理的出发点和归宿,一切管理活动必须以调动人的积极性和创造性为根本。可以说,人力资源管理激励机制的研究主要就是对人的研究。这就要求在人力资源管理激励机制中,人永远是第一位因素,永远是最核心的研究层面,组织必须在观念层面、制度层面、操作层面真正落实以人为本。在我国现阶段,以人为本的实现与激励手段的丰富紧密相关。由于我国公共部门在理念上受传统人事管理思想的影响,在实践操作上受部门性质的影响,激励手段往往过于简单。这种不顾工作人员实际需求的激励,不仅起不到应有的作用,更称不上以人为本。所以,坚持以人为本,丰富激励手段是前提。

3. 实施绩效考评制度

人们对公共部门人力资源管理考核的主要诟病是,考核指标不合理、考核方法不科学、考核内容不实际、考核结果不应用。这就要求公共部门要建立起科学、全面、合理的考核指标体系,完善和规范考核程序,实行考核主体多元化,归根结底就是实施绩效管理。对个人而言,绩效管理有利于个人了解自己的潜在能力、加强自我管理和自我职业生涯规划。对组织而言,绩效管理有利于组织建立管理者与工作人员之间的沟通渠道,了解工作人员的发展潜力,并为组织如何对工作人员进行奖惩、如何制定与调整薪酬分配方案提供重要依据。

4. 加强培训开发

知识经济的到来和公众对公共部门期望的提高,使公共部门如何提高工作人员素质的问题日益凸显。对公共部门而言,培训开发是最有效的途径之一。一是积极推进培训模式的创新,提高培训的针对性、实效性和吸引力。二是大力推行自主学习、在线学习等方式,为培训提供多样化途径。三是大力推广网络培训、远程教育培训等,提高培训教学和管理的信息化水平。四是鼓励和规范高等学校、科研院所承担相应的培训工作,逐步构建分工明确、优势互补、布局合理、竞争有序的培训机构体系。此外,公共部门还要鼓励学习和创新,创造良好的学习氛围,积极培育学习型组织,使工作人员自身素质在不知不觉中提高。①

5. 完善监督机制

公共部门在自己负责的领域内具有相对或绝对的权威,这种权威具有普遍性和唯一性,因此,对公共部门需要进行监督和约束。监督是对激励的逆向强化,是促进激励机制有效运行,防微杜渐的保障性机制。我国对公共部门的监督主要有政务公开、行政监督、行政系统外部监督等方式方法。但有效的监督,必须有制度的保证。对于任何个人和组织的活动,制度具有根本性的约束作用,用制度去约束才是最有效的。布坎南指出,一旦制度或基本规则确定之后,一些问题的结果往往在它还未表决之前就已经预先被决定了。因此,重要的是选择产生结果的程序和规则,而不是结果本身。可见,在我国现阶段对于公共部门人力资源管理激励机制的制定中,有效监督固然重要,但是制度约束更为重要。

本章重要概念

人事管理(personnel management)

人力资源(human resources)

人力资源管理(human resource management)

公共部门人力资源管理(public sector human resource management)

人力资源规划(human resource planning)

本章思考题

1. 试述公共部门人力资源管理的特点。
2. 试述公共部门人力资源管理与私营部门人力资源管理的异同。
3. 试述公共部门工作分析的阶段。
4. 试述公共部门中常见的招聘方式。

---

① 宫漫.公共部门人力资源管理的发展趋势及对策[J].中国人才,2009(1):21-22.

5. 试述公共部门培训与开发的程序。
6. 试述公共部门人力资源管理激励机制的特点。
7. 试述完善我国公共部门人力资源管理激励机制的建议。

本章推荐阅读书目

1. 章海鸥.公共部门人力资源管理[M].武汉:武汉大学出版社,2009.
2. 萧鸣政.人力资源开发与管理——在公共组织中的应用[M].北京:北京大学出版社,2005.
3. 赵国祥.管理心理学高级教程[M].合肥:安徽人民出版社,2008.
4. 葛玉辉.人力资源管理[M].2版.北京:清华大学出版社,2008.

第九章

公共财政管理

——本章导言——

财政属于政府经济管理职能的一个重要范畴,具有悠久的历史。从广义上讲,财政就是确定政府的收入和支出,并通过调整政府收支占国民经济的比例来影响或调解总体资源的使用。自近代以来,凡是实行市场经济体制的国家都采取了公共财政管理的方式,即政府筹措收入主要依靠法定的国税和对公共产品的使用费,政府支出则对全体公民提供有利益的公共产品,如基础设施(交通、运输、能源、供水、灌溉等)和公共服务(法律、秩序、国防、教育、卫生等)。公共财政管理是一项综合性的经济管理工作,是公共管理的重要组成部分。学习公共管理学知识,从事公共管理工作,必须了解和掌握公共财政管理的基本内容。

第一节 公共财政管理概述

一、公共财政的内涵

(一)公共财政的含义

众所周知,西方公共财政理论经历了一个相当长的发展过程,大体可划分为两个阶段。第一阶段,18世纪后期至20世纪30年代,以亚当·斯密创立的公共财政理论为代表。亚当·斯密虽然没有给公共财政下明确的定义,但基本内容包括国家的费用、公共收入、公债,与现代公共财政的内容基本一致。但就公共财政的范围或社会公共需要的范围限于"夜警国家"较窄的活动领域,其目的是维护自由竞争的市场秩序。1892年英国经济学家巴斯塔布尔出版了《公共财政学》一书,他认为"财政是关于公共权力机关的收入和支出并使其相适应的事务"。其基本主张仍是维护自由竞争的市场经济。第二阶段,20世纪30年代凯恩斯政府干预经济理论的产生至今。公共财政的范围不再局限于"公共权力机关的维持费用",而是扩大到对市场经济的管理和调控,以及扩大到直接介入市场领域并形成一定规模的公共生产部门。例如,美国著名财政学家马斯格雷夫在《美国财政理论与实践》一书中指出:"财政学是研究公共部门的经济学,不仅包括其理财活动,而且包括其与资源利用水平、配置以及在消费者之间的收入分配的全部关系。"可见,公共财政的定义及其范围是随着市场化国家政府职能的不断拓展而不断丰富和发展的。

我国的"公共财政论"是在借鉴西方财政理论的基础上总结社会经济与财政发展的实际而提出的理论。改革开放以前,由于实行高度集中的计划经济体制,财政统揽一切,无所不包。国家财政不仅要负责满足从国防安全、行政管理、公安司法到环境保护、文化教育、基础科研、卫生保健等方面的社会公共需要,负责进行能源、交通、通信和江河治理等一系列社会公共基础设施和非竞争性基础产业项目的投资,还要承担为国有企业供应经营性资金、扩大再生产资金以及弥补亏损的责任,甚至要为国有企业所担负的诸如职工住房、医疗服务、子弟学校、幼儿园和其他属于集体福利设施的投资提供补贴等。收入方面,国有企业利润全部上缴财政,政府掌握了大量的社会资源。这种统收统支的财政体制是由当时的经济体制所决定并与其相适应的。但是自实行市场经济改革以来,财政不断放权让利造成政府财政收入直线下降。但另一方面范围却并没有缩小,甚至还由于需要支付改革成本而扩大了。收入与支出方面的这种反向变化使得财政陷入困境。对财政体制进行根本性变革已经迫在眉睫,但是建立一种什么样的财政体制以及怎样建立,原有的财政理论已经无法回答。"公共财政论"关于政府与市场关系的认识和政府职能的界定对于调整我国社会主义市场经济中政府与市场的关系以及财政的职能和活动范围无疑具有很强的指导意义,从而为转型中的中国财政找到了明确的改革方向。1998年全国财政工作会议提出建立公共财政基本框架的目标,确立了我国财政改革的目标模式。

公共财政,就是国家或政府为市场提供公共服务的分配活动或经济活动,它是与市场经济相适应的一种财政类型和模式。它包括以下几个基本点:①它是具有"公共"性质的国家财政或政府财政,而财政的"公共性"的具体体现,就是"为社会提供公共服务";②它是财政的一种类型或模式。需要指出的是,"公共财政论"并不是对"国家分配论"的否定。"国家分配论"是对财政本质的概括,"公共财政论"则是对财政具体运行方式或者说是财政模式的界定。在任何发展阶段,财政活动都是以国家为主体进行的。"公共财政论"所否定的是计划经济体制下由"国家分配论"衍生出的财政包揽一切的运行模式。

(二)公共财政的特征

1. 来自社会

从公共财政的分配主体上看,政府作为分配主体,使得公共财政与其他类型的财政一样,都是政府的分配行为,进行的都是财政分配活动。然而,公共财政又不同于自然经济时期的家计财政,也不同于计划经济体制下的生产建设财政,它是仅以政权组织身份而不是处于或兼有生产资料所有者身份的政府分配行为。公共财政把满足社会公共需要作为组织国家财政活动的主要目标或基本出发点。这个基本出发点是现代市场经济条件下财政运行的基本取向,也是国家财政活动应遵循的基本边界或指导性原则。从财政收入的来源上看,市场经济条件下的财政收入主要来源于社会经济生活中各市场主体、法人实体和城乡居民依法缴纳的各种税赋,它比计划经济体制下的财政收入来源主体国有企业的利润上缴,具有更大的广泛性和公共性。财政收入的公共性也就决定了财政支出安排主要集中于社会公共需要和公共性支出方面。而公共性的具体化则体现了财政服务职能对社会全体成员整体覆盖的公共性,体现了财税调节分配的公平性,体现了社会全体成员监督透明的公开性。

2. 用之公众

公共财政应追求公共利益的极大化,通过满足社会公共需要的活动,为市场的有序运转提供必要的制度保证和物质基础。财政支出的安排,要始终以满足社会公共需要为宗旨,政府的财政收支行为,不应也不能带有赢利色彩。公共财政弥补市场失灵时追求的不能是市场收益,而只能是以社会的共同利益为目标,从而决定了公共财政进行的只能是非营利性活动。只有当市场和资本依靠自身的力量,从根本上否定了政府追逐市场赢利的可能性时,政府职能才能从根本上转变,政府官员就只能通过为市场提供公共物品来实现自己的存在与价值,只能以满足社会公共需要为目的来衡量其政绩。

3. 依法管理

公共财政以提供公共物品满足社会公共需要为目的,政府是公共财政的分配主体,作为政权组织者,本身不具备创造物质财富的能力,因此,需凭借政治权力经由非市场性的渠道进行分配,这便要求并决定了公共财政收支行为的规范性和法制化。无论哪一种形式的公共收入,都必须先立法征收;无论哪一种项目的公共支出,都必须依据既有的制度安排,不允许有不受监督、游离于公共预算之外的公共收支。从这一点上看,由国家职能和政府事权所决定的财政行为和财政活动也就具有了法治性。

(三) 公共财政的职能

1. 资源配置职能

财政的资源配置职能,就是将一部分社会资源(即国内生产总值)集中起来,形成财政收入,然后通过财政支出分配活动,由政府提供公共物品或服务,引导社会资金的流向,弥补市场的缺陷,最终实现全社会资源配置效率的最优状态。在市场经济中,财政不仅是一部分社会资源的直接分配者,也是全社会资源配置的调节者。这一特殊地位,决定了财政的资源配置职能既包括对用于满足社会共同需要的资源直接分配,又包括对全社会资源的间接调节两个方面。具体表现在:一是调节社会资源在政府部门和非政府部门之间的配置,主要是调整财政收入在国内生产总值中所占的比重,使之符合优化资源配置的要求;二是在政府部门内部配置资源,主要是根据不同时期政府职能的变化,通过财政对自身支出结构的调整,将财政资金分别用于满足各种社会公共需要,如保证国家安全和社会秩序稳定以及经济正常运行等方面的需要;三是对非政府部门资源配置的调控。尽管非政府部门的资源配置活动主要是由市场来完成的,但财政作为弥补市场机制缺陷的主要手段,通过财政资金的分配以及制定和执行有关政策,可以引导非政府部门的资金投向。如对某些需要发展的产业,在市场机制难以引导资金投入时,财政可通过提供补贴或税收优惠等手段,鼓励和支持其发展。

2. 收入分配职能

这是指政府财政收支活动对各个社会成员收入在社会财富中所占份额施加影响,以实现收入分配公平的目标。在政府对收入分配不加干预的情况下,一般会以个人财产的多少和对生产所作的贡献大小等因素,将社会财富在社会各成员之间进行初次分配,这种分配可能是极不公平的,而市场对此无能为力,只有依靠政府的力量,才会对这种不公平现象加以调整和改变。财政收入分配职能的实现方式有四种。一是划清市场分配和财政分配的范围和界限。原则上讲,属于市场分配的企业职工工资、利润、租金和股息收入等,放手让市场机制发挥作用;财政分配的范围是医疗保健、社会福利和社会保障等。二是规范工资制度。主要是由财政供给的国家公务员的工资制度和类似的事业单位职工的工资制度。凡应纳入工资范围的收入都应纳入工资总额,取消各种明补和暗补,提高工资的透明度;实现个人消费品分配的货币化,取消变相的实物工资等。三是加强税收调节。比如通过个人所得税,调节个人劳动收入和非劳动收入,使之维持在一个相对合理的差距之内,实现社会基本公正;通过企业所得税,调节不同企业的利润水平;通过遗产税、赠与税,调节个人财产分配等。四是通过转移性支出,如社会保障支出、救济支出和补贴等,使每个社会成员得以维持基本的生活和福利水平。

3. 调控经济职能

这是指通过实施特定的财政政策,促进较高的就业水平、物价稳定和经济增长等目标的实现。财政调控经济职能的实施方式有四种。一是在经济发展的不同时期,分别采取不同的财政政策,实现社会总供给和总需求的基本平衡。当经济下滑的时候,社会总需求不足,失业增加,这时政府应采取扩张性的财政政策,增加财政支出,同时减少税收,以便刺激总需求的扩大,缓解失业现象;当经济膨胀的时候,社会总需求过度,会引起通货膨胀,这时政府应采取紧缩性的财政政策,减少财政支出,同时增加税收,以便控制总需求,抑制通货膨胀。二是通过发挥累进的个人所得税等制度的"内在稳定器"作用,帮助社会来稳定经济活动。如累进的个人所得税使税收在经济萧条时趋于下降,从而有利于经济的复苏;在通货膨胀时期趋于上升,从而有利于经济的降温,这是保证经济健康运行、减轻经济周期性波动的一个重要措施。失业救济金制度也有这样的功能。三是通过财政投资和补贴等,加快农业、能源、交通运输、邮电通信等公共设施和基础产业的发展,为经济发展提供良好的基础和环境。四是逐步增加治理污染、生态保护以及文教、卫生等方面的支出,促进经济和社会的可持续发展。

二、公共财政管理的内涵

对公共财政管理的概念,中外学者作出了不同的界定。美国学者约翰·L.迈克赛尔在《财政管理——在公共部门的分析与应用》一书中指出:公共财政管理是采用企业财务管理相类似的分析方法、技术和管理工具来进行资源配置与控制的活动的,但政府所具有的独有的征税权、禁止权和惩罚权使公共财政管理远不同于企业财务管理。我国学者陈振明等人认为,公共财政管理是指"公共部门为保证公共财政职能的履行,而对财政收支所进行的决策、管理、监督等活动的总称"。

综合中外学者的观点,我们认为,所谓公共财政管理,是指公共组织为保证公共管理职能的有效履行,采用财务管理的一系列分析方法、技术和管理工具,对公共管理活动过程中所发生的公共财政收支情况所进行的分配、决策、管理和监督等一系列技术性行为的总和。理解公共财政管理,应注意以下基本内涵:①公共财政管理的主体是公共组织,且以政府部门为核心;②公共财政发生在公共管理活动之中,是对公共管理过程中发生的财政收支情况的分配、决策、管理和监督;③公共财政管理采用一系列分析方法、技术和管理工具,具有较强的技术性;④公共财政管理的目的是保证公共管理职能的有效履行。

三、公共财政管理的总体目标

公共财政管理是国家对公共财政活动进行组织、指挥、协调、控制等一系列活动的总称。公共财政管理的主体是国家,而承担日常财政管理工作的主要是各级政府的财政部门。公共财政管理的客体是公共财政活动,而最主要的是公共财政的收支活动。公共财政的管理,自然是围绕实现公共财政的职责这一目的而开展的。因此公共财政管理的总体目标是保证公共财政职能的全面履行。具体而言,公共财政管理具有三大目标,即追求效率、实现公平和保持稳定。

首先,通过公共财政管理,旨在向公众提供一视同仁的服务,满足社会公共的需求,依据市场效率原则,实现整个社会资源和要素在公共部门和私人部门之间的最佳分布,实现政府支配资源的有效配置和市场效率损失最小化的有机结合,进而保证国民经济的持续均衡发展。

其次,通过公共财政管理,运用税收、公共支出等手段有效地对国民收入、社会财富和社会福利进行再分配,通过转移支付、缩小收入及财富积累上的分化与差距,帮助社会弱势群体,为社会最贫困阶层提供基本的生活保障,实现社会的基本公平。

再次,通过公共财政管理,有效地保持社会总供给与社会总需求的基本平衡,实现充分就业、物价稳定及国际收支平衡,保证宏观经济的稳定增长,维持经济景气,避免经济波动。

公共财政管理的三大目标之间既统一又矛盾。说它们统一,是它们都以效率为前提条件,只有真正实现了效率目标,才能更好地实现公平目标和稳定目标;说它们矛盾,是因为效率目标的实现有时会损害公平目标的实现,而公平目标的实现也会在一定程度上损害效率目标的实现。

四、公共财政管理的地位

公共财政管理在公共管理中处于十分重要的地位。在欧美各国,财政管理部门是政府机构中最引人注目的部门,往往处于核心的地位。财政管理部门的首长,被认为是最有实权的官员之一。在各大学中,公共财政管理几乎都被列为 MPA 项目的核心课程。公共财政管理的地位和作用的重要性是显而易见的。

首先,公共财政管理是公共资源的直接管理,这就必然决定了它在政府管理中的核心地位。众所周知,现代政府的经济职能之一,就是解决市场失灵的问题和促进社会公平,而这只有通过对社会资源的重新配置和社会财富的再分配才能实现。因此,公共财政管理的方式、水平如何,将直接关系到政府职能实现程度的高低。

其次,任何公共财政管理活动都离不开经费的支持,经费预算是否合理,对公共管理的效能将会产生直接的影响。与此同时,资金分配者的角色,也使公共财政管理部门处于公共组织权力的交汇点上,成为公共权力体系中最引人注目的部分。例如,在西方国家,公共财政管理往往成为立法部门与行政部门斗争的"竞技场"。

再次,公共财政管理是一个制度创新、技术创新潜力最大的领域。公共财政管理是一个变动性很大的领域,不管哪个财政年度,财政收支都不会完全相同,公共财政管理方式、力度也不会完全一致,实现财政收支平衡的政策措施往往千姿百态,多种多样,这就使得公共财政管理领域存在着更多的制度创新、技术创新的需求,并以一系列创新成果显现出它的活力。

最后,公共财政的变革往往成为公共管理重大变革的先导。综观近三四十年公共管理产生和发展的历史,公共财政管理是其中最富活力的领域,几乎它的每一次变革都会给公共管理领域带来深刻的影响。例如,风靡 20 世纪 60 年代的"规划—计划—预算制度"(PPBS)的运动,使得系统理论、运筹学、经济学方法、政策分析等在公共管理领域获得了全面应用,促使公共管理发生了重大的思维变革。20世纪70年代以来,绩效管理的推广,直接引起了方兴未艾的新公共管理运动,对公共财政支出的绩效要求带来了公共组织行为市场化的重大变革。

第二节 公共预算管理

一、公共预算的内涵

公共预算是公共财政管理的主要组成部分。在现代社会条件下,几乎全部政府收支活动都在公共预算的框架内进行。公共预算由政府提出,经过立法机关审议批准,是立法机关控制公共管理的重要工具。

公共预算制度萌芽于13世纪,发祥地在英国,是在立法权力与行政权力相互斗争中产生和发展的。1215年英国的《大宪章》,使议会获得了赋税的立法权。资产阶级革命后,议会进而控制了政府的支出。旋即又获得审计监督权。1787年,在首相威廉·皮梯任职期间,议会通过总基金法案,将所有基金合并为一项联合王国总汇基金。规定此基金的原则是:除特殊情况外,所有公共收入皆纳入此基金,而所有政府支出都出自这一基金。19世纪中叶,立法部门对财政的控制权确立,议会具有经费核准、拨款、审查的权力。至此,预算制度对财政不仅拥有严密的控制权,而且成为指导、监督、批评、调控行政活动的最有效的工具。

国家预算就是具有法律效力的国家年度财政收支计划。国家预算制度是国家政权内部立法机构与行政机构划分财政权限,并且由立法机构对行政机构的财政行为予以根本约束和决定的一种制度。国家预算制度的具体化就是一整套的国家年度财政计划的编制、审议、通过、执行、调整、完成和决算等,都是围绕着"计划"来展开的。行政机关每年编制各项财政收支计划并经过立法机关的审查通过,才能成为具有法律效力的财政计划,这时国家预算制度才算正式建立。

公共财政是近现代才出现和存在的财政类型与模式,因而它也必须在国家预算制度的约束与规范下开展活动,公共预算就是与之相适应的国家预算形式。

二、公共预算的模式

公共预算是一个多要素、多层次组合的复杂系统,且具有多种不同分类。公共预算根据收支管理范围可分为总预算和单位预算;根据预算主体的性质可分为中央预算和地方预算;根据预算计划的时效性可分为年度预算和中长期预算等。但从管理的角度看,公共预算管理主要有以下几种基本模式。

1. 分项排列预算模式

分项排列预算是一种产生时间早、管理方式较简单的模式。它以预算支出的若干特定目标为核心,采用分项排列的方法依次列出特定目标的预算资金,由拨款机构加以拨付。

分项排列预算在会计上具有清晰、简便的优势,可以按照总科目、科目、二级科目、明晰科目等分类清晰地看出预算资金在不同项目中的分配情况。故而,一些地方仍在采用这种分项排列预算的模式。但是,分项排列预算管理的效率主要取决于拨款机构能够不折不扣地执行拨款计划,因而,要求其必须具有特殊制度基础。在财政大权集中于立法机关的制度下,分项排列预算能较好地服务于立法机关对预算的控制与监督。随着公共管理复杂性、多变性的不断增加,特别是行政机关预算裁量权的膨胀,分项排列预算便越来越显示出其不科学性,越来越不适应当代公共管理预算的需要。

2. 设计计划预算模式

设计计划预算(PPBS)是 20 世纪 60 年代在美国发展起来的一种新型的预算管理模式。公共管理理论的日益成熟和信息技术的迅猛发展为设计计划预算模式的问世奠定了理论基础和技术条件。与此同时,美国政府谋求预算控制权的强烈愿望也促成了设计计划预算模式的迅速运用。1961 年,美国国防部长罗伯特·麦克纳马拉在五角大楼首先使用了这一模式。

设计计划预算模式,是指审视一国长期的政策目标与机会,以及国家当前所达成之目标与可运用之资源,利用一切分析工具,评估各种公共计划书的成本与效益,协助国家最高当局拟订最佳决策,以利国家资源的合理分配的预算制度。该预算模式包括目标的设计、计划的拟订与预算的筹编等,其基本思路是"要将年度预算程序同长期计划相挂钩,而不是要与随意性要求相联系"。

设计计划预算模式的基本内容包括:①确定预算项目目标;②从众多目标中选择最紧迫的目标;③运用成本-收益分析设计实现各自目标的备选方案;④说明实施这些方案的以后各年度成本;⑤对这些方案的实施效果作出长期评价衡量。

与分项排列预算不同,设计计划预算模式不再按支出科目,而是按方案进行预算,融设计、计划、预算三者为一体,预先设计数年间的政策成本与效益,便于政府资源作最佳运用,注重资源配置的效率,体现了公共管理公开负责的精神。

3. 目标管理预算模式

目标管理预算模式是美国政府1971 年在尼克松总统当政期间倡导实行的。该预算的基本点包括以下方面:①说明单位的基本任务;②确定预算主次目标;③设定可供考核的指标,管理者与下级交换意见,以确保可行性;④列出具体时间进度供监督。

目标管理预算模式注重的是预算项目执行的效率,而不是主项目与各备选项目间的选择,因而也有人认为它不具有预算的性质,只是一种管理方法。

4. 零基预算模式

零基预算模式20 世纪 70 年代后期在美国风靡一时。1969 年得克萨斯州仪器公司正式采用此制,1973 年,佐治亚州州长卡特率先引进此制用于筹编州政府预算,1977 年,他任美国总统后,又将此制推行于联邦各行政单位。零基预算不是按上年度的"渐进增量"进行预算,而是对原有项目进行重新审核。从理论上说,每种政府计划和活动应在新的会计年度归整于零,重新开始。零基预算意味着各机关应致力于追求现行计划的效率和效能,同时也应提升计划削减或裁并的可能性。

零基预算模式编制基本程序包括以下几个方面:①由高层管理者提出基本目标和总原则;②责成下级部门将赋予它们的目标具体化并形成一揽子决策;③对备选方案分别进行排序,确定优先项目,排列的顺序依次为终止、保持最低限度、缩减、维持、扩充;④由高层管理者选定方案。

零基预算模式以零为预算编制的基础,不受往年预算金额的限制,对新旧计划均须考虑,可避免传统预算累积加成与持续膨胀的弊端。但从西方国家的实践来看,零基预算模式主要适用于规模较小的预算,对于大规模预算,相应的繁重文案工作往往令人不胜其烦。故而,在20世纪80年代末,西方国家纷纷放弃了这一模式。

5. 绩效预算模式

绩效预算模式是一种以绩效或结果为导向的预算管理方式。早在20世纪40年代末,美国胡弗政府就开始实施绩效预算。1949年,美国胡弗委员会(亦即行政机关组织委员会)在对国会的报告中指出:"绩效预算系基于政府的职能、业务与计划所编制的预算……绩效预算将注重一般重要工作之执行,或服务之提供,而不着眼于人员劳务、用品、设备等事务之取得。""预算最重要之事,系工作或服务之完成以及该项工作或服务付出的若干成本。"

绩效预算的做法,各国自有特色,不尽完全一致。但从总体上来看,大体上包括以下几个步骤:①公布绩效报告,系统地向公众发布有关政府服务的信息;②明确绩效目标,目的是要影响政府活动;③将绩效报告提交审计师审核;④预算机构与支出管理机构或某个机构与其管理者之间订立绩效合同,详细规定机构在可使用资源的条件下应取得的绩效;⑤编制绩效预算,一方面列出支出,另一方面列出与此投入相应的预期绩效,绩效预算体现了绩效合同的内容。

绩效预算把企业成本观念引入公共管理,有利于公共组织进行成本-效益分析。既可以考核公共资金使用的最终效果,又能考核为取得预期效果所开展的工作活动,从而把预算支出和结果有机地联系在一起。目前,西方主要国家运用绩效预算进一步深化了预算理论。一项对22个OECD(经合组织)成员国的比较研究认为,"预算除了控制和分配资源的功能外,越来越被作为改善管理和提高项目有效性的一种手段"。绩效预算模式具有较为广阔的应用前景。

三、公共预算的编制

公共预算编制是对未来一段时间内公共部门收支进行预算和计划的活动。从时间上来看,有年度预算编制和中长期预算编制两种类型。年度预算编制指有效期为1年的预算编制,世界各国一般采用公历年制和跨历年制。公历年制指从公历1月1日到12月31日止的编制;跨历年制指从上年跨越到次年的编制,如美国等国的年度预算从上年10月1日起到次年9月30日止。中长期预算编制指对1~10年预算所做的编制。

在我国,公共预算的编制过程一般包括准备、编制和审批三个阶段,整个流程实行"自上而下"与"自下而上"相结合。

准备阶段。国务院每年在第三季度,向各省、市、自治区人民政府和国务院各部门发出编制下年度预算的指示,提出编制预算的原则要求,国家财政部根据国务院的指示,拟订编制预算的具体规定和预算的控制指标——国家概算,向中央各部门和各省、市、自治区财政部门下达。

编制阶段。中央各部门和各省、市、自治区根据上述指示、规定指标,结合上年度预算的执行情况和其他有关资料,提出预算收支建议数,报送财政部。财政部参照这些建议数,拟订预算收支指标,经国务院同意后,下达中央各部门和各省、市、自治区政府。中央各部门和各地方政府据此并参照下级报来的预算建议,拟订本部门、本地区预算收支指标,逐级下达。然后,自下而上逐级审核本级各部门的单位预算及下级报来的总预算,汇编成本级总预算,报上级财政机关。最后由国家财政部对中央各部门和各省、市、自治区政府的预算草案进行审核、修改,汇编成国家总预算草案,报国务院审定。

审批阶段。国家总预算草案经国务院审定同意后,提交国家权力机关,即全国人民代表大会审议批准。全国人民代表大会审议批准后,便成为具有法律效力的国家预算。

目前世界各国通行的公共预算编制方法主要有两种,即单式预算和复式预算。二者的区别如下。首先,从编制方法来看,单式预算将全部财政收入和支出汇集编入同一个总预算表内,结构比较简单,可以明了地反映财政收支全貌,但缺点在于不能明确地反映出各项财政收支的性质、财政赤字形成的原因以及解决赤字的资金来源。而复式预算则把全部财政收入和支出按其经济性质分别编入两个或两个以上的预算表中,各项收支之间建立明确的对应关系,可以促进公共组织更加科学合理地使用资金,准确地反映财政收支平衡状况和财政赤字的形成原因,有利于国家对经济活动进行深入分析和控制调节。其次,从反映财政赤字的口径来看,采用单式预算,大多把债务收入列为正常收入项目,使债务收入掩盖了一部分赤字数额。采用复式预算则一般把债务收入作为建设性预算的收入项目,或把债务收支单独编入融资预算之中。从而比较清楚地反映国家财政的实际情况,便于合理安排财政收支规模。再次,从预算的编制要求看,单式预算结构简单,编制比较省时省力;而复式预算结构复杂,要求编制者具有较高的技术水平。

新中国成立以来,我国的公共预算一直采取单式编制方法,即把全部财政收支汇编在一个统一的预算表中。1978年以来,随着经济体制改革的深入发展,我国国民收入的分配格局发生了很大的变化,投资体制呈现出多元化的局面。在此情况下,单式预算已不能全面反映国家用于生产建设性的投入及其资金来源,不能如实地反映赤字形成的原因和债务收入用途,也不便于对财政收支进行科学的分析和管理。为此,国务院决定从1992年起,采用复式预算编制方法。

我国的复式预算按其不同的收支来源和资金性质,划分为经常性预算和建设性预算两部分。其中国家以管理者和资产所有者的身份取得的一般收入和用于维持政府活动的经济费用,保障国家安全稳定、发展教育科学卫生等各项事业以及用于人民生活方面的支出,列为经常性预算;国家特定用于建设方面的某些收入和直接用于国家建设方面的支出,列为建设性预算。

四、公共预算的执行

公共预算的执行,是指预算计划付诸实施的过程。根据我国《预算法》的规定,各级预算由本级人民政府组织执行,具体工作由本级政府财政部门负责。预算执行包括收入执行、支出资金拨付和预算调整三个主要环节。收入执行由财政部门统一负责组织,按各项预算收入的性质和征收方式,分别由财政、税务、海关等部门负责征收和管理;支出资金拨付在财政部门主导下由各支出部门具体负责执行;预算调整指由各级政府在执行过程中通过改变预算收入来源、支出用途以及规模等方法组织新的预算平衡,以适应经济形势变化的需要。各级政府预算的调整均需取得本级人民代表大会的批准。

预算执行与预算编制相比,涉及的利益相关者和参与者更多、更复杂,面临纷纭多变的宏观经济形势,因而保证执行与预算目标的一致性具有极端重要的意义。为此,亚洲开发银行专家认为,预算执行管理应遵循以下基本原则:①确保按照法律授权权限实施预算,这种授权既包括财务授权,也包括政策授权;②根据宏观经济环境发生的重大变化对预算进行调整;③解决预算实施过程中出现的各种问题;④有效管理资源的购置和使用。

按照新公共行政理论,公共财政管理的主要原则是"将购买者和提供者分开,并建立内部市场"。这样做的理由不仅在于加强政府财政管理的清廉,而且要明晰财政预算的目标。可以说,公共部门改革的重点在于公共财政管理,而公共财政管理改革的难点在于财政预算改革。任何政府的公共支出都是有限的,这样就必须强调公共财政的预算规模和资金的使用效率。必须指出,在中国现阶段,不仅政府财力有限,而且政府财政的支出又有特殊性。这一特殊性源于在计划经济向市场经济转型时期,由于社会保障、社会福利等制度建设的相对滞后所带来的社会成本,同时政府规模膨胀所带来的财政支出的增加,再加上中国长期政企不分的格局更加重了政府财政支出的压力,造成了公共财政预算编制和执行的矛盾和问题。克服这一矛盾和问题的出路,一方面,政府必须积极借鉴发达国家的实践经验,借助其他主体(包括公共部门、私人部门)的资金,实行部分公共服务的市场化。另一方面,更要加快政治体制改革,真正改变政企不分的格局,以减轻公共财政预算的压力。

五、公共决算

公共财政预算的决算是国家决算的一个重要组成部分。所谓国家决算,是指经过法定程序批准的会计报告,是对年度预算执行结果的总结,是国家经济与社会事业活动在财政上的集中反映。所有参加组织预算执行的机构,都要编制年报或决算报告。参加预算执行的有关机关、部门、单位的各种年报或决算,是各级决算和国家决算的组成部分。国家决算的编制,将有利于国家掌握预算执行的结果,便于总结国家预算管理经验,也有利于积累国家预算统计资料,为国家宏观调控提供极为重要的参考依据。

公共决算是对公共预算执行情况的总结和评价,它与公共预算首尾呼应,既可反映预算活动的实施程度和管理绩效,又可为新的预算方案的编制提供参考依据和经验教训。我国的公共预算过程大体包括四个阶段。①准备阶段。每年第四季度,各级财政部门分别下达编制本级政府决算草案的原则、要求、方法和报送期限,并组织年终清理结算。②编制阶段。各支出部门按照有关要求编制本部门决算草案,并逐级上报汇总。③审查阶段。各级财政部门对同级政府收支总决算进行审查。④审批阶段。经各级财政部门审查后的总决算草案,报经本级人民政府审核通过,并提请同级人民代表大会批准。

值得注意的是,在我国,一般情况下,公共决算的审查批准和下一年公共预算的编制审批往往同时进行。经过预算,公共预算过程终告一段落,新一轮公共预算过程随即展开。

六、我国公共预算管理体制改革的深化

1. 实行部门预算

部门预算改革按照"坚定目标、积极稳妥、充分试点、分步实施"的指导思想正在逐步推进。部门预算的编制在编制时间上进一步提前,在内容上也进一步细化,并选择了部分单位进行了试点。部门预算不仅在形式上实现了"一个部门一本预算",而且在编制内容

和方法上初步打破了基数的概念,在行政管理费、公检法支出等科目和实施公务员管理的事业单位,全面推行基本支出按定额核定,项目支出在进行评估的基础上,按轻重缓急排序,根据财力可能安排,从而进一步细化了预算编制工作。

2. 实行国库集中支付制度

改革财政资金拨付方式,实行国库集中支付制度的目的,是使每笔财政资金的使用都处于有效的监督管理之下,实行这一办法必须做到既要使库款集中到国库,又不影响预算单位用款。实行国库集中支付制度改革,基本上解决了过去财政资金层层拨付、流转环节多等问题,提高了预算单位加强财务管理的意识和水平,有利于库款统一调度,降低财政资金运行成本,提高资金使用效率,有助于强化财政预算执行,有效地防止了单位挤占、挪用和截留财政资金,减轻了财务人员的劳动强度,规范了预算资金的管理,强化了预算执行和监督。

3. 进一步深化预算外收支两条线制度

为切实减轻人民负担,从制度上和源头上治理腐败,加强党风、政风建设,中央决定将"收支两条线"管理改革作为预算管理制度改革的重点,并成立专门机构,对纳入"收支两条线"管理改革试点的部门,进行了分类组织实施:一部分单位实行预算外收入全部上缴国库,并实行综合预算管理;另一部分单位执行预算外资金收支脱钩的管理办法,做到收支透明,并选择其中的一部分单位作为试点,实行预算外收缴分离办法。通过分类实施,探索了综合预算管理的思路,进一步深化了"收支两条线"改革,收到了很好的成效。

4. 进一步推进政府采购工作

自1996年我国政府采购初露端倪至今,政府采购制度框架已经在不断推进的改革中初步形成。随后,地方各级人民政府也相继在财政部门设立或明确了政府采购管理机构,负责制定政府采购政策,监督管理政府采购活动。到目前为止,各地政府采购机构建设已基本完成,绝大多数地方政府设立了政府采购管理机构和执行机构。这就为我国政府采购工作提供了组织保证。我国政府采购工作虽然开展时间不长,但成绩显著,其优越性也在几年的实践中充分显示出来:一是节约了财政资金,节约率显著;二是促进了廉政建设,有效地抑制了暗箱操作等不规范行为;三是支持了国内优势企业,扩大了国内优势企业的市场。

总之,实行公共财政导向下的预算管理改革,对于发展社会主义市场经济具有重要意义。其一,它规范了政府行为,将有力地推进依法治国在理财系统中的贯彻落实;其二,它提高了政府资金的管理使用效率;其三,在反腐倡廉方面,依靠制度的建立,能减少腐败的滋生,使政府和财税工作人员真正归位到为人民服务的宗旨上来,从而减少权钱交易、舞弊等违法乱纪行为的空间;其四,它可以促进民主化进程,以理财的民主化推动整个社会的民主化;其五,它是一个显著促进社会经济发展和现代化进程的配套改革的组成部分。

第三节 公共收入管理

一、公共收入的来源及其结构

公共收入(public revenue)是为了满足社会公共需要,凭借公共权力,由以政府为代表的公共组织向私营部门和个人筹集的一种收入。它标志着一部分社会资源由私营部门转向公共部门。

（一）税收

税收是政府为了满足其日常开支和社会公共福利的需要，遵照一定的法律程序，凭借其政治权力强制、固定、无偿获取财政收入的一种财政分配形式。它体现了国家和纳税人之间特定的分配关系，是公共收入的一种基本形式。

（1）按照课税对象，可将税收分为流转课税、所得课税、财产课税和行为课税。流转课税是指以商品或劳务的流转额为课税对象而征收的一种课税。其计税依据是商品销售额或者营业收入额，一般采用比例税率。所得课税是指以单位、个人的各项纯所得为课税对象的课税。有企业所得税和个人所得税两类，一般采取累进税率，多得多征、少得少征、不得不征，以体现公平税负的原则，收入弹性较高，也是国家调节收入分配，维护社会公平的手段。财产课税是指以各种动产和不动产为对象的课税。它的来源是财产的收益或财产所有人的收入。目前我国的房产税、车船使用税、契税等税种都属于财产课税。行为课税是指以纳税人的特定行为为对象而征收的税种。如固定资产投资方向调节税、印花税、屠宰税都属于行为课税。

（2）按照计税依据，可将税收分为从价税和从量税。从价税即是以课税对象的价值为计税依据而征收的税种，按一定比例课税或者累进课税。其税基可以是销售额、营业额、所得额，也可以是财产转让额等。它受价格变动影响，与课税对象的价格有紧密关系。从量税是以课税对象的实物量为标准而征收的一种课税。如按照建筑面积、货物重量、计件数量，容积等标准征收的税种。它不受价格变动影响，和课税对象的数量直接相关。

（3）按照税收与价格的关系，可将税收分为价内税和价外税。价内税即指税金包含在商品价格内的税种，由此而形成的计税价格被称为含税价格。采用价内税，税收收入随着商品、劳务的销售而实现，有利于税款的及时入库，且计税简便。价外税则是税金不包含在商品价格内的税种，它只是价格的一个附加部分。它有利于价税分离，对劳务征税常采用此形式。

（4）按照税负是否能够转嫁，可将税收分为直接税和间接税。直接税指的是由纳税人直接负担税款，税收负担不容易转嫁的一类税，其纳税人和负税人往往是同一个人。如所得税和财产税。间接税是指纳税人能够将税收负担转嫁给他人的一类税。如增值税、消费税、商品流转税等，其纳税人与赋税人往往分离。

（5）按照税收的管理和使用权限，可将税收分为中央税、地方税和共享税。中央税指的是税收立法权、管理权和收入支配权归中央的税收。地方税指的是税收立法权或税收管理权、收入支配权归地方的税收。共享税则是由中央和地方按照一定比例分配后支配使用的税种。

（二）公债

公债是国家以债务人的身份，凭借国家信用，按照一定的法律程序和规定，通过向企业或者个人有偿借债而形成的一部分收入，它是公共收入的一种主要形式。与税收对纳税人的强制性、固定性和无偿性相比，公债对债权人具有如下特征。

（1）自愿性。公债的发行和认购以价值规律为活动的基础，是建立在资金持有者——企业或个人自愿购买的基础上的。政府发行公债，所依托的是国家信用而不是强制性的国家权力。

(2) 灵活性。税收的征收需要根据有关的法律预先规定,由于税法的严肃性,它不能随意改变,因而具有固定性,而公债的发行规模、发行时间、偿债方式、期限、利率等都可以根据国家公共收入的需要灵活地加以调节,因而具有灵活性。

(3) 有偿性。税收是国家凭借政治强权征收的,无须偿还,具有无偿性,而国家通过公债取得的收入必须按照规定的方式和期限归还,同时支付一定的利息,因而具有有偿性。一般来说,公债的收益不能低于购债人的边际投资收益。

按照发行地域的不同,公债可分为内债和外债;按照发行机构地位的不同,可分为中央公债和地方公债;按照偿还期限的不同,可分为短期公债(1年以下)、中期公债(1～10年)和长期公债(10年以上)。

公债不仅是弥补公共资金缺口的重要方式,而且是政府调控宏观经济的重要工具。因此,公债在现代市场经济国家受到高度重视,整个20世纪,世界各国的公债规模总体上处于上升状态。例如,意大利、比利时、希腊等国的政府债务占GDP值的比重超过了100%,日本、加拿大接近100%,半数以上的OECD国家达到50%～70%。随着公债作用的日益突出,公债管理问题越来越重要并成为公共财政管理的重要组成部分。

(三) 公共收费

公共收费是政府在实施特定的行政管理以及提供公共物品或准公共物品时,为体现受益原则,提高经济效率,增强公共物品的有效供给,以及对某些行为进行统计和管理而按一定标准向企业或个人收取的一定费用。它体现了受益的直接对称性,即谁受益谁交费,它是公共收入的一个重要组成部分。公共收费与税收既有相似之处,也有区别。两者的相似点体现在,收入的主体均为政府或者其授权单位,都属于财政性资金,都要有一定的程序约束等。两者的区别在于:税收是无偿的,而公共收费是有偿的;税收具有强制性和普遍性,而公共收费则具有自愿性和特殊性;税收有固定性,而公共收费则相对有很大的灵活性。公共收费主要包括两个部分。

(1) 规费收入。它是公共部门(主要是政府行政部门)向公民提供某种特定的服务或者实施行政管理而收取的手续费和工本费。通常分为两大类:一是行政规费,即由于政府部门各种行政活动而取得的收入,如外事规费(护照费)、内务规费(户籍费)、经济规费(工商执照费和商标登记费、商品检验费、度量衡鉴定费)、教育规费(如毕业证书费),其他行业规费(律师、医师等的执照费)等;二是司法规费,它由诉讼规费(如民事诉讼费、刑事诉讼费等)和非诉讼规费(如结婚登记费、财产转让登记费、出生登记费、遗产管理登记费、继承登记费等)组成。

(2) 使用费收入。即政府或其他公共部门在提供特定的公共设施或服务后,按照一定的标准向使用者收取的费用。这是按受益原则收取的费用。如高速公路通行费、水电费、电信收费、娱乐设施收费等。一般说来,国家收取使用费的目的是弥补公共物品的成本,并增强政府所提供的公共物品的有效供给,促进设施的使用效率,避免浪费。另一方面有助于避免经常发生在政府所提供的公共设施上的拥挤(congestion)问题。

(四) 国有资产收入

国有资产(公共资产)指的是国家依据法律所拥有的自然资源或由于资金投入、资产收益及接受馈赠而形成的资产,它的一切产权属于国家。

按照经济用途,可以将国有资产分为经营性的国有资产和非经营性的国有资产。经营性的国有资产,是指国家对生产流通领域的各种企业的各种形式的投资及投资收益形成的或者依法认定取得的,用于生产经营并使其保值增值的国家所有制权益。具体包括资本金、资本公积金、盈余公积金和未分配利润。它主要表现为国家投资或资本收益而形成的国有企业。非经营性的国有资产,指的是由一般的行政事业和非营利性的其他公共机构占有和使用的一部分国有资产,它本身不具有保值增值功能,也不会创造经济收益。它包括政府机构、科教文卫、人民团体等机构拥有的国有资产。

由于经营性国有资产具有营利性,侧重于经济效益,能够直接带来财政收入;而非营利性国有资产侧重于社会效益,并无直接的经济收益,甚至还需要国家的财政补贴,因此,我们这里讨论的国有资产收入指的是经营性国有资产和资源性国有资产的收入。经营性国有资产的收入主要有以下几种。①利润上缴收入。即国有独资企业按照规定的比例上缴国家财政的一部分利润收入。②股息红利收入。它包括有限责任公司中,国家作为出资者按出资比例应分得的红利,以及股份有限公司中,国家按照股份的多少应得的股息,是一种比较规范的国家和企业的收入分配形式。③租赁收入。即国有企业的承租人按照合同规定从承租人收入中上缴的租金收入,相当于国有资产的使用费。实行租赁制的国有企业除了上缴租金外,还要上缴一部分税后利润。它主要实行于国有小型工商企业。④承包上缴利润收入。即实行承包制的企业按照承包合同的规定上缴国家财政的一部分收入。它主要实行于国有大中型企业;但由于在生产经营及利润分配上的弊端,随着第二轮承包合同在1997年到期以及股份制的实行和推广,这一收入形式也逐步消失。

二、公共收入规模及其增长

(一)公共收入规模的含义及指标

公共收入规模是指一国在一定时期内(通常是一个财政年度),通过税收、公债等多种收入形式获得的公共收入的总水平,公共收入规模是衡量政府公共事务范围和一国公共财政状况的基本指标。衡量公共财政收入规模的大小通常采用绝对量和相对量两类指标来表示。

1. 公共收入规模的绝对量及其衡量指标

公共收入规模的绝对量是指一定时期内公共收入的实际数量。公共收入的绝对量反映了一国或一个地区在一定时期内的经济发展水平和财力集散程度,体现了政府运用各种公共收入手段调控经济运行、参与收入分配和资源配置的范围和力度。对公共收入规模的绝对量按时间序列进行分析,可以看出公共收入规模与经济发展,政府调控经济运行,资源配置和收入分析中的范围、力度的变化趋势。衡量公共收入规模的绝对指标是财政总收入。

2. 公共收入规模的相对量及其衡量指标

公共收入规模的相对量是在一定时期内公共收入与有关经济和社会指标的比例。衡量公共收入相对规模的指标通常有两个:一是公共收入占民生产总值(GNP)或国内生产总值(GDP)的比例;二是税收占国民生产总值(GNP)或国内生产总值(GDP)的比重。

(二)影响公共收入规模的因素

我们知道,公共收入主要形式有税收收入、公债收入、国有资产收入、公共收费收入等。作为国家凭借公共权力向公众无偿征收的一部分公共资源,公共收入是不能无限地收取的。它要受到一定时期社会背景和经济发展水平的制约,因此,其规模是有限的。

影响公共收入规模的因素主要有以下几方面。

(1) 一定时期的社会发展水平。随着经济的发展,一方面可供支配的社会财富随之增多,因此使公共财政收入有了很大的扩展空间;另一方面,政府管理的公共事物的范围也随之扩大,这也要求一定的公共收入规模与之相匹配。以上两方面导致公共收入具有不断扩大的趋势。

(2) 一定的经济体制。在社会经济发展水平既定的情况下,一定的经济体制是决定公共收入规模的重要因素。计划经济体制下,政府通过计划手段对资源进行配置,市场机制的作用受到抑制,绝大部分的资源配置及社会财富的分配权力都高度集中在政府手中,公共收入的规模主要由计划机制决定。因此,政府可以通过统收统支,使公共收入保持在一个较高的水平。在市场经济条件下,资源主要由市场机制进行配置,政府可以直接支配的资源及可直接分配的社会财富大大少于计划经济体制下的水平。政府主要通过一定的经济政策和法律手段间接地影响资源配置和社会财富的分配,公共收入的规模主要是受市场机制的制约。

因此,在同一经济发展水平下,计划经济体制下的公共收入规模常常高于市场经济体制下的规模。

(三) 公共收入的组织原则

1. 服务经济发展的原则

从发展经济入手,增加公共收入,是组织公共收入的首要原则。它是指在组织公共收入时必须从发展经济的角度出发,扩大公共收入的来源。只有扩大经济发展规模,加快经济发展速度,提高经济效益,才能使财源充裕,为公共收入的增长开辟丰富的财源。因此,政府公共收入的规模和增长速度,取决于国民经济发展的规模、速度和资金积累水平。离开经济的发展,公共收入的筹集就无从取得。

要坚持从发展经济入手,增加公共收入的原则,就必须以促进经济的发展为出发点,将发展经济摆在首位。发展经济,就是要发展国民经济中的各个产业部门,不断提高国民经济的整体效益,进而保证公共收入的不断增长。从发展经济入手,增加公共收入的原则,还应根据社会主义市场经济的要求不断充实和完善,即不再是单纯地直接增加公共收入,而是应在组织公共收入的同时,更多地注意培育和完善市场,更多地通过鼓励各种来源投资的增加,促进市场经济的发展,从而增大公共收入的来源。

2. 利益兼顾的原则

经济关系的核心体现在物质利益关系上。国民经济各产业部门、各企业、事业单位创造和实现的国民收入,要经过一系列分配才能满足社会各方面的需要。而对国民收入的分配再分配,直接关系到各方面的物质利益关系。政府组织公共收入,实际上是一种对国民收入的再分配,体现着国家与各方面的物质利益关系。同时,还制约着其他分配形式的分配份额和比例。因此,筹集公共收入必须遵守的一条重要原则,就是要兼顾和处理好国家与有关各方面的物质利益,即我们通常所说的,要正确处理国家、集体、个人三者之间,以及中央政府和地方政府之间的物质利益关系。

兼顾国家、集体和个人三者之间的物质利益,是指政府在处理国民收入的再分配并相应取得自身收入的过程中,不能只考虑公共收入的获取,还应将必要的财力留给企业和个人,以调动和发挥其积极性。只有这样,才能保证经济的发展和整体经济效益的提高。从根本上讲,这也是保证公共收入不断增长的经济基础。

兼顾中央与地方政府之间的利益,是指政府在处理国民收入的再分配并相应取得自身收入的过程中,不能只考虑中央或地方政府收入,还必须兼顾中央政府及地方各级政府的利益关系。由于中央政府与地方政府有各自的具体职能范围,因而也就形成了各自的利益关系。随着社会主义市场经济体制改革的深化,中央与地方的分工更加清晰明确。中央政府主要负责提供满足全国性"公共需要"的"公共物品",如国防、外交等;而地方政府应提供的主要是满足地方性"公共需要"的"公共物品",如地方基础设施建设等。中央政府和地方分工的明晰化,客观上要求在组织公共收入时,必须兼顾中央与地方两级的利益。

3. 合理负担的原则

合理负担原则主要体现在组织政府税收收入的原则中。所谓合理负担原则,就是指在组织公共收入时,纳税人的税收负担要与其负担能力相适应,要坚持横向公平和纵向公平。横向公平是指具有相同纳税能力的人,应当缴纳相同的税收;纵向公平是指具有不同纳税能力的人,应当缴纳不同的税收。对企业的税收还应保证机会均等。所谓机会均等是指基于竞争的原则,通过税收杠杆的作用,力求改善不平等的竞争环境,鼓励企业在同一起跑线上开展竞争,以达到社会经济有序发展的目标。

合理负担原则作为组织公共收入的原则之一,是一定时期经济关系和政府财政分配关系的反映。在市场经济条件下,其公平竞争的本性,决定了政府在面对所有企业时,不论其经济成分如何,都要实行统一的税收制度;同时,还必须不断完善个人所得税制度,增加对个人纳税人的税负实行合理负担的内容。只有这样,才能保证税制的公平合理。现阶段我国正在酝酿进行的税制改革,正是为不断改革和完善我国的税收制度、充分发挥税收对经济的宏观调控作用而展开的。

4. 公平与效率兼顾的原则

政府在组织收入时不仅要讲求公平,同时还必须讲求效率。在这里效率包括两层含义:一是指征税过程本身的效率,即较少的征收费用、便利的征收方法等;二是指征税对经济运行效率的影响,其宗旨是征税必须有利于促进经济效率的提高,也就是有效地发挥税收的经济调节功能问题。

征税过程本身必须有效率,必须用尽可能少的征收费用,获得尽可能多的税收收入。这就要求征收机关在保证及时、足额取得政府收入的前提下,要尽量节约开支,降低税收成本。同时,征收机关的设置、征纳方法的选择都要便利纳税人,从而提高征税的工作效率。

通过征税促进经济效率的提高是更高层次的税收效率。税收是一种重要的再分配手段,可以在促进资源配置合理化、刺激经济增长等方面发挥作用,但运用不当,也可能扭曲资源配置格局,阻碍经济发展;如果税收起的是前一种作用,就是有效率的,但如果是后一种作用,就是无效的。随着我国经济体制改革的不断深入,税收的经济杠杆作用越来越受到重视,它在调节生产、流通和消费等方面的功能日益强化。

但是公平与效率是一对矛盾。公平原则强调量能负担,但可能会干扰生产和消费的决策,从而影响经济发展,损害组织公共收入的效率;而效率原则强调税收要尽量避免对经济产生干扰,以实现资源的有效配置和经济增长,但这又可能拉开贫富之间的差距,从而破坏公平原则。处理好公平与效率之间的矛盾,对国家的经济发展和社会安定具有重要意义。在处理这个矛盾时,要兼顾公平的需要和效率的提高,既要考虑经济的稳定发展,又要考虑到社会成员之间的贫富差距不能过分拉大,不能片面追求效率或片面追求公平。或者侧重公平,兼顾效率;或者侧重效率,兼顾公平,应该根据各国的具体国情来定。按照我国现在的发展阶段和具体情况看,政府在组织公共收入时应坚持的原则是效率优先,兼顾公平。

(四)公共收入合理规模的确定

西方学者从公共物品供求均衡角度进行衡量,以确定公共收入合理规模。他们认为,公共收入主要表现为财政收入,因此,一般用财政收入的规模大小来衡量公共收入的水平。具体是用财政收入占国民生产总值或国内生产总值的比重来衡量。中国学者多从财政是实现国家职能的经济基础这一理论出发,以实现政府职能的财力需要和取得财政收入的可能之间的平衡作为判断标准。具体是从财政分配的国民收入出发,以财政收入占国民收入的比重作为衡量其合理规模的标准。

1. 税收合理规模的确定

税收是公共收入的最主要形式,它的规模是否合理是关系到一国公共收入规模是否合理的决定性因素之一。确定一国税收的合理规模,主要是确定合理的宏观税负水平,即税收收入占GDP的比重。大多数发达国家税收收入占GDP的比重在30%~45%,一般发展中国家此比重也达到15%~30%,中国小于15%。

影响税收规模的因素有社会经济发展水平以及政府职能范围的大小、政府的收入结构以及税制结构因素。首先,因为一国经济发展水平越高,其公民和经济组织的应税能力也就越强,税基相对来说就越宽厚,税收规模也就可以相应扩大。随着政府职能范围的拓展,支出的规模也不断扩大,作为政府收入的最主要形式的税收也必须相应扩大。其次,政府收入基本可以分为税收收入和非税收收入两大部分。在政府收入规模既定的情况下,两者互为消长。非税收收入扩大了,税收收入就会相应减少。再次,主体税种的不同及变化将对税收规模带来直接影响。例如,一国以流转课税为主体税种,则税收收入受商品流转额的影响就越大。若以所得课税为主体税种,则税收收入受所得额影响就大。最后,税收征管水平。假如税务部门的征管水平较高,执法严格,能有效地打击偷漏骗欠税行为,在一定时期内,税收收入就会增加。反之,就会减少。

经济学家亚当·斯密的税收四原则阐述了关于税收合理规模的观点。亚当·斯密继承了威廉·配第等人的学说,确立了自由经济时代的税收原则。他从"看不见的手"的理论出发,主张对经济活动自由放任,政府只应扮演"守夜人"的角色,政府的主要职能有国防、司法和兴建公共工程、维持公共机关的运转,故税收规模应保持在一个较低的水平以便减少对经济活动的干涉。他提出了四原则。①公平原则。一国公民应当按照各自的纳税能力来负担相应的税收。具体有以下三方面含义。其一,取消贵族的免费特权;其二,税收中立,即征税不改变财富分配的原有比例,不使经济发展受到影响;其三,按每个公民所得的收入征税。②确定原则。即纳税时间、纳税方式及纳税金额必须简单明了,不得随意改变。因为不确定的税收可能会带来税务机构和官员的腐败,纳税人有可能会为税收官员的权力所左右。③便利原则,即收税官必须按照纳税者认为最方便的时间和方法进行征收。④经济原则或称征收费用最小原则,即纳税人所支付的税款与国库实际收入额之间的差额最小,否则就是不经济的。在此规模上的税收规模才是最适宜的。

2. 公共收费规模的确定

确定公共收费合理规模的前提。对收费行为和种类进行清理、规范。不能乱收费,收费行为要规范化。

要依据收费的类别和层级分别确定规模。规费收入要严格按其成本予以收取,并制定相应规范,防止搭车乱收费。使用费收入可以根据收费与受益直接对称性的原则,加以确定。准入性收费的目的是促进公共资源有效利用。应根据申请使用者的数量和资源利用的效率,调整收费规模,以便把一些经济效率不高的企业排除在外,使使用者的数量保持在一个能够促进资源有效利用的水平。

3. 公债合理规模的确定

公债的规模,含历年发行公债的累计余额和当年发行的公债总量。决定公债规模的因素包括财政赤字的大小、政府的经济政策、偿债能力和经济发展水平等。通常是从不同角度考察公债的合理规模的。

从资源配置角度上看,公债实际上是将一部分社会资源的配置由私人部门转向公共部门,假如这种资源配置方式的改变能够实现帕累托最优,公债规模就是合理的。具体可从几方面考虑。首先,从挤出效应看。挤出效应指政府发行公债时,有可能和私营部门的资金竞争,从而导致市场利率上升,私人投资被挤出,使私人投资减少的情况。公债的发行和使用,应有利于资源的优化配置,既能汲取社会的闲散资金,又使挤出效应最小。此时,公债的规模是合适的。其次,从边际效应看。由公债资金所提供的公共物品的边际效应,应大于或等于私人物品的边际效应。此时,公债的规模是合宜的。最后,从公债的来源和使用方向看。假如公债资金源自生产领域,又用于生产领域,就是有利的;假如源于生产性领域,用于非生产性领域,则是最不良的政府筹款方式。

第四节 公共支出管理

一、公共支出的分类与形式

所谓公共支出,指的是公共机构通过政府财政部门在向社会成员提供公共物品的过程中所支付的各种费用的总和。也可以理解为政府行为的成本。

1. 按照公共支出和政府职能的关系分类

公共支出按照公共支出和政府职能的关系可以分为国防支出、行政管理支出、经济建设支出和社会支出。

(1)国防支出。是指政府用于军队建设、国防建设以及国防科研事业的各项费用。它包括国防费、国防科研事业费、军队建设费、民兵建设费和专项工程支出等。国防是一种典型的纯公共物品,它具有非排他性和非竞争性,国防必须由政府提供。国防支出作为国家的基本支出之一,在公共支出中占有重要地位,且日益成为政府干预和影响经济生活的重要工具。但由于受国际政治经济关系的影响,在不同时期,国防支出常常有较大的波动。

(2) 行政管理支出。行政管理职能是政府的一项最基本职能,它是指国家依法行使国家权力,组织和管理国家事务的职责。相应地,行政管理支出就是指政府用于行使其社会管理职能的经费支出,是国家行使其职能的必要物质条件。由于国家对其职能的履行主要是通过行政机关的活动来完成的,因而行政管理费用是维持国家政权存在,保障各级国家管理机构正常运转必需的费用,是纳税人必须支付的社会成本。

(3) 经济建设支出。是指为了实现国家经济建设职能,用于发展经济的那部分支出。这类支出主要包括政府对国民经济中一些重要的经济部门,特别是基础产业部门的支持,如对重要的原材料和产品的开发生产、重要的基础设施建设、对农业发展的保护与支持、对有重大经济价值的科研项目的扶持及国家物质储备支出等。在许多发展中国家,政府的经济建设支出甚至占有重大的比例,成为国内经济建设资金的重要来源。

(4) 社会支出。主要指的是科教文卫、社会保障与福利救济等支出。科教文卫各项事业的发展在现代经济发展中发挥着越来越重要的作用,但它们并不是完全意义上的社会公共需要。因此,从总体上说,为了促进这些事业的发展,政府和社会公众应当共同出资。社会保障方面的支出主要是抚恤、社会福利、社会救济、社会保险等方面的支出,它包括抚恤费、军队及国家机关工作人员的离退休费、退职费、社会福利救济费、自然灾害救济费等。社会保障支出是与社会保障制度联系在一起的,各国的社会保障制度不同,相应的社会保障支出安排也就存在较大的差别。但是在任何社会制度的任何国家,社会保障支出都是社会公共需要的重要组成部分。社会保障是一种社会性的事业,介入其中是政府的一项义不容辞的职责。政府介入,一方面可以弥补市场失灵和缺陷;另一方面可以减少实施成本,增强抗拒风险的能力,还可以运用社会保障调节经济的运行。

2. 按照公共支出的性质分类

按照公共支出的性质可以分为消耗性支出(exhaustive expenditures)和转移性支出(transfer expenditures)。

(1) 消耗性支出,又称为购买性支出。它是政府直接进入市场,以购买者的身份对经常性的商品、劳务进行购买时所发生的支出。它由这些商品和劳务的数量与他们的价格相乘来计算。

(2) 转移性支出,又称为无偿支出、补助支出。它是政府无偿的、单方面的资金支付,也就是政府把通过税收从个人和企业取得的收入又以公共支出的形式转移给个人和企业的那部分支出。这种支出主要包括经济支出的大部分,如财政补贴支出、公债利息,以及社会保险(养老金)和社会救济(失业救济金)等方面的支出。其中,财政补贴是指国家为了实现特定的政治、经济和社会目标,在一定时期内向生产者或消费者提供一定的补助或津贴。它不要求接受者支付对等的代价,因此和社会保障支出一样,属于财政转移性支出的范畴。

3. 按照公共支出的用途分类

按照公共支出的用途分类是最主要的方法。按这种分类方法,可将公共支出分为31类,包括:基本建设支出;企业挖潜改造资金;简易建筑费;地质勘探费;科技三项费用;流动资金;支持农村生产支出;农业综合开发支出;农林水利气象等部门的事业费;工业交通等部门的事业费;流通部门事业费;文体广播事业费;教育事业费;科学事业费;卫生经费;

税务、统计、财政、审计等部门的事业费；抚恤和社会福利救济费；行政事业单位离退休经费；社会保障补助支出；国防支出；行政管理费支出；外交外事支出；武装警察部队支出；公、检、法、司支出；城市维护费支出；政策性补贴支出；对外援助支出；支援不发达地区支出；土地和海域开发建设支出；专项支出；其他支出。

二、公共支出规模及其增长

（一）公共支出规模的概念及指标

狭义的公共支出规模是指一定财政年度内政府通过预算安排的公共支出总额。它在数量上等于公共部门经常账户和资金账户的支出总额，不包括公共部门的内部交易活动。

广义上的公共支出规模，指的是某一财政年度内通过政府安排的用于社会共同需要方面的所有支出，包括预算内支出、预算外支出和各级政府以各种形式所筹集的体制外支出等。

公共支出的指标分为绝对数指标和相对数指标。绝对数指标，是指以一国货币单位表示的公共支出的实际数量。它可直观地反映某一财政年度内政府所支配的社会资源的总量，给人以较明确的主观印象；但显示不出公共支出的社会资源在社会总资源中所占的比重，而且它没有考虑到通货膨胀等因素。相对数指标，指的是一定财政年度内公共支出占GDP的比重。由于该标准反映了公共支出的实际规模，方便了国际间的比较，常常被作为衡量公共支出规模的主要方法。

（二）影响公共支出规模的主要因素

1. 经济发展因素

经济发展，使社会财富不断增加，进而使财政收入不断增长，这为财政支出规模的不断扩大提供了可能。首先，随着经济的发展，国内生产总值不断增长，相应的税源、税基不断扩大，增加了税收收入；其次，随着经济的发展，经济效益的不断提高，具有累进税性质的所得税一般要快于经济的发展水平；再次，随着经济发展和人民生活水平的提高，公民拥有财富的规模会越来越大，使个人交纳的各种税收的规模不断扩大，同时也使政府通过聚结债务扩大财政支出规模成为可能。

2. 政治因素

政治因素主要包括社会政治局面的稳定状况、政治体制结构及政府工作效率、政府活动范围等。当一个国家发生战争或出现重大自然灾害等情况时，财政支出规模将超常扩大。从整体结构看，一般情况下权力集中的单一制国家，其财政支出占GDP比重高一些，相反会低一些。从政府工作效率看，如果工作效率高，则用于政府运转的经费开支会相对低一些，反之就要相对高一些。从政府活动范围看，随着社会发展和人民生活水平的提高，社会对公共物品和服务的需求会越来越多，质量要求也会越来越高，使政府提供公共物品和服务的范围不断扩大，相应带动了财政支出规模的日益增长。

3. 经济体制因素

经济体制不同，政府职能也不相同，使财政支出的范围和规模存在差异。我国在计划经济体制下，政府职能范围是大而广的，相应地，财政支出占GDP的比重也是比较高的。从一些重要的经济制度上看，如在社会保障制度领域若实行高标准、高福利制度，则财政支出占其 GDP 的比重也必然要相对高一些。

4. 社会因素

各种社会性因素,如人口、教育、卫生、社会救济、城乡差距等都会对财政支出规模发挥重要影响。我国是一个人口大国,这决定了政府用于举办义务教育、开展医疗卫生服务等方面的公共服务支出需求是非常大的;我国正处在经济转轨、社会转型的历史进程中,我们既要偿还过去经济社会发展过程中应当支付而没有支付或支付得不够的历史欠账(如社会保障问题),又要满足市场经济条件下政府应当履行的提供公共物品和服务职能的需要。这些都对不断扩大我国财政支出规模提出了迫切的要求。

(三) 公共支出增长的法则

1. 瓦格纳法则

瓦格纳法则包括以下几点。首先,政府的公共支出与经济增长之间存在着函数关系。随着经济工业化、管理集中化、劳动专门化时代的到来,经济交往的各种摩擦和社会冲突空前增加,人们越来越关心收入分配问题,政府直接参与生产的活动也大大增多。因此,现代工业社会的发展必然导致公共部门的膨胀,从而带来公共支出的增长。具体来说,一方面,随着社会的发展,完善国内外法律规章以及维护社会秩序的要求也随同递增,以保证市场机制发挥作用所必需的社会环境条件。另一方面,在经济工业化和随之而来的管理集中化、劳动力专门化的条件下,经济结构以及当事人之间的关系越来越趋于复杂化,所有这些,都有赖于公共部门活动的加强。其次,政府从事物质生产的经济活动越来越多。最后,政府提供的公共物品或劳务的范围越来越大。

2. 马斯格雷夫有关公共支出增长的经济发展阶段理论

经济发展的早期阶段,政府投资往往要在社会总投资中占有较高的比重。因为,公共部门必须为经济的发展及以后的高速增长提供必要的社会基础设施和人力资本投资。经济发展进入中期阶段后,社会基础设施供求趋于平衡,公共部门投资逐渐让位给日益增长的私人投资,即政府投资转向对私人投资起补充作用的方面。但由于这一时期,市场失灵问题日益突出,已成为阻碍经济发展进入成熟阶段的关键因素,所以政府必须加强对经济的干预,来矫正、弥补市场机制的不足,为此也必然导致政府公共支出的增长。随着经济发展由中期阶段进入成熟阶段,公共支出的结构会发生相应的变化。公共支出的主要对象将从以提供社会基础设施为主的阶段,逐步转向以提供教育、保健和社会福利为主。这部分用于再分配的政策性支出的增长。大大超出了其他项目的公共支出的增长。这种变化也必然带来公共支出规模的不断扩大。

马斯格雷夫关于公共支出增长的经济发展阶段理论,根据经济发展阶段的不同需要,解释了财政支出增长的原因,强调了在不同的经济发展阶段,政府支出的增长速度和结构是不同的。他们的模型,是关于公共支出结构的长期变化模型。所以被称为"公共支出增长的发展模型"。

3. 公共选择学派的财政支出增长理论

分析主要是从两个方面论述。一方面,从官僚行为的角度来看,官僚机构中的理性经济人是以追求机构最大化为目标的。机构规模越大,官僚们的权力也就越大。官僚们更关心的是额外津贴、权力和荣誉等。而所有这些目标无疑都是与官僚的预算规模正相关的。事实上,官僚机构通常凭借所拥有的提供公共物品的垄断权,常常以机构规模最大化为目标,从而导致财政支出规模不断扩大,甚至会超过公共物品最优产出水平所需的支出规模。此外,在很多情况下,官僚们往往独家掌握着特殊信息,这就使他们能够让政治家们相信他们确定的产出水平的社会收益比较高,从而也能实现预算规模最大化的产出。另一方面,利益集团的存在和作用也会导致政府规模的扩大。

三、公共支出效益的分析

1. 公共支出效益的含义

效益,就是人们在有目的的经济和社会活动中"所费"和"所得"的对比关系。公共支出效益,是指政府为满足社会共同需要而进行的资源配置活动与所取得的社会实际效益之间的比例关系。在大多数情况下,追求经济效益最大化是政府公共支出活动首先考虑的目标。判断一项支出项目的经济效益如何,往往会涉及一些复杂的数学技术以及成本和收益的衡量问题,实际生活中采用的多是成本-效益分析方法。政府的特性及公共支出所具有的公共性,使得政府在进行公共支出时不得不考虑更多的因素,即在某些情况下,政府必须把社会效益放在重要的位置。公共支出作为政府调节经济的主要手段,在很大程度上体现着政府的政治目的,甚至完全是为了某种政治目的,因此,公共支出的效益也就当然地包含政治效益这一内容。随着社会工业化程度的提高和人类活动领域的不断延伸,人类对自身所处的生态环境的影响也越来越大。

2. 公共支出效益分析的原则

(1)综合分析的原则。要综合考虑其经济效益和社会效益、内在效益和外在效益、短期效益和长期效益等方面。

(2)定量与定性分析相结合的原则。在公共支出的效益构成因素中,有许多因素是不能用一般的市场价格收益进行衡量的。

(3)效率与公平相结合的原则。追求效率最大化是一切经济活动的共同目标,但由于公共支出所具有的服务社会的特殊性质,在注重效率的同时,还必须要做到效率优先,兼顾公平。

3. 公共支出效益分析的方法

(1)最低费用选择法。它指的是一种通过计算各备选项目方案的有形成本,以最低成本作为择优标准的方法。程序是:首先,根据政府确定的建设目标,提出各种备选方案;其次,以货币为统一尺度,分别计算出各备选方案的各种有形费用;最后,按照费用的高低进行排序,从而选取费用最低的方案。最低费用选择法多被用于军事、政治、文化、卫生等财政支出项目上。运用最低费用分析法来确定最佳方案,在技术上是不困难的,有利于成本的计算和方案的快速确定,困难之处在于备选方案的确定。因为,这里提出的备选方案应能无差别地实现同一个目标,要做到这一点,可能并不容易。

(2)公共劳务收费法。是指对政府通过公共支出为社会提供的某些公共服务项目采取适当收费的办法,使公共劳务得到最节约、最有效的使用,从而达到提高公共支出效益的目的。该方法的要旨并不在于帮助政府选择最优支出方案,而在于将市场等价交换原则部分地引入到公共物品的提供和使用中去,适当地约束和限制社会对该公共物品的消费量,从而达到节约公共开支、提高财政资金使用效益的目的。在对公共物品定价时,可根据不同产品的性质采取不同的定价方法。

(3) 成本-效益分析法。此方法是把私人经济活动的成本-效益分析方法应用到了政府公共支出的分析当中,由于该方法具有较强的科学性和准确性,经常被用于政府支出的分析中。

(4) 社会效益评价法。由于政府的特性和目标追求的多样性,政府往往会考虑更多的因素。因此,对公共支出的社会效益,如稳定、安全、环境等指标进行评价也是很重要的。

本章重要概念

公共财政(public finance)　　　公共预算(public budget)
公共收入(public revenue)　　　公共支出(public expenditure)

本章思考题

1. 试述公共财政的含义和特征。
2. 公共预算如何分类?
3. 试述我国预算管理体制的发展。
4. 公共收入的来源和构成有哪些?
5. 影响财政收入规模的因素有哪些?
6. 试述公共支出增长的规律。

本章推荐阅读书目

1. 胡庆康,杜莉.现代公共财政学[M].2版.上海:复旦大学出版社,2001.
2. 谢庆朝,侯菁菁.公共财政学(上)[M].北京:中国国际广播出版社,2002.
3. 郭庆旺,赵忐耘.财政学[M].北京:中国人民大学出版社,2002.

第十章

公共物品管理

---本章导言---

公共物品管理是公共管理学中的一项重要内容。这不仅是因为公共物品是出现市场机制失灵的一个重要领域,公共部门的资源配置职能主要就是体现在公共物品的提供上,而且,市场经济条件下公共部门经济活动所涉及的许多问题,都与公共物品或服务有关。政府进行的资源配置、政府所从事的收入再分配和政府在稳定经济方面所进行的努力及其效应,均为公共物品的重要组成部分。正因为如此,对公共物品管理的研究,构成了公共管理学的一个重要内容。

第一节 公共物品属性及分类

一、公共物品的含义

长期以来,人们习惯于对现实的物品进行公私划分,公共物品[①]正是相对于私人物品而言的。也就是说,人们对公共物品的研究源于对公共性问题的讨论。英国哲学家、经济学家大卫·休谟最早关注这一问题并指出"某些对每个人都有益的事情,却难以由个人来完成,而只能通过集体行动来实现,所以需要政府"[②]。"公共物品"一词最早则是由财政学家林达尔于1919年在《公平税收》一文中正式提出的,他认为,"公共物品是国家对人民的一般给付,个人或个人集团对公共物品所支付的价格就是赋税"。随后,经济学的主要创立者亚当·斯密在《国富论》中论述君主暨政府的义务时,比较详细地涉及了公共物品的类别、提供方式、资金来源和公平性等问题,斯密认为,君主或国家的三大职责分别是:"保护社会免受其他独立社会的暴行的侵略","尽可能保护社会的每一个成员免于社会每一个其他成员的不公正和压迫行为的伤害","建立和维持公共机构和公共工程"[③]。简言之,这三大职责分别为国防、司法、公共工程和机构。斯密对政府职责的区分,"实际上也

[①] 国内也有人把这个概念译作"公共产品"、"公共品"等。这里选择"公共物品"的译法,因为"物品"和"产品"或"商品"是不同的概念,"公共产品"、"公共品"容易使人误以为是 public product 或 public commodity,不够严谨。

[②] [英]大卫·休谟.人性论[M].关文运,译.北京:商务印书馆,1983:578-579.

[③] [英]亚当·斯密.国民财富的原因和性质的研究(下卷)[M].杨敬年,译.西安:陕西人民出版社,2001:759-790.

就对公共物品做了一个初步的分类"[1]。但是,直到1954年,美国经济学家保罗·A.萨缪尔森发表的《公共支出的纯理论》(Pure Theory of Public Expenditure)一文才率先给出了公共物品的经典定义,"在理论上,市场机制可以有效地解决私人物品的供给和配置,但有一类物品的供给和配置市场机制则办不到,而必须从税收中通过预算支出来解决","纯粹的公共物品指的是这样的物品或劳动,即每个人消费这种物品或劳务不会导致别人对该种物品或劳务消费的减少"。萨缪尔森还用数学公式对纯粹的私人物品和纯粹的公共物品加以严格的区分。

对于私人物品而言,其社会总消费量等于所有个人消费量(额)的总和。因此

$$x_j = \sum_{i=1}^{I} x_j^i (j = 0, \cdots, J)$$

式中:i 表示个人,显见,有 I 个人;j 表示产品,有 J 量产品。而对于公共物品而言

$$x_k = \sum_{i=1}^{I} x_k^i (k = J+1, J+2, \cdots, J+K)$$

此式表示 I 个消费者消费 k 种公共物品(分别标为 $J+1,J+2,\cdots,J+K$)。

很显然,萨缪尔森此时是从公共物品的非竞争性属性角度来界定公共物品概念的。然而,问题在于:其一,仅从非竞争性角度对公共物品的概念加以阐释是否能涵盖现实中的所有公共物品;其二,具有竞争性的产品是否一定是私人物品,这一定义是否过于狭隘;其三,非竞争性是否是公共物品的唯一属性。这些都是萨缪尔森的定义本身无法回答并有待商榷的问题。事实上,萨缪尔森本人对这个最初的定义也并不满意,他在后来的著述中对其进行了修正和完善。在与威廉·D.诺德豪斯合著的《经济学》第12版中,他们对公共物品做了如下表述:"与来自纯粹的私人物品的效益不同,来自公共物品的效益涉及对一个人以上的不可分割的外部消费效果。相比之下,如果一种物品能够加以分割因而每一部分能够分别按竞争价格卖给不同的人,而且对其他人没有产生外部效果的话,那么,这种物品就是私人物品。"[2]在《经济学》第16版中,对公共物品的归纳是:"公共品是指那种不论个人是否愿意购买,都能使整个社会每一成员获益的物品。私人物品恰恰相反,是那些可以分割、可以供不同人消费,并且对他人没有外部收益或成本的物品。"[3]显而易见,他们在《经济学》第12版和16版中,均强调了公共物品的不可分割性和非排他性(外部消费效果),而没有论及消费的非竞争性。

萨缪尔森关于公共物品的定义对其他学者产生了很大影响,并由此引发了西方的经济学者关于公共物品概念和属性的广泛讨论,但至今尚未达成共识。比如,曼瑟尔·奥尔森将公共物品定义为"任何物品,如果一个集团中的任何个人能够消费它,它就不能不被该集团中的其他人消费,这类物品便属于公共物品"[4]。布坎南将公共物品定义为"任何

---

[1] 许彬.公共经济学导论[M].哈尔滨:黑龙江人民出版社,2003:8.
[2] [美]保罗·A.萨缪尔森,威廉·D.诺德豪斯.经济学[M].12版.梁小民,等,译.北京:中国发展出版社,1992:1194.
[3] [美]保罗·A.萨缪尔森,威廉·D.诺德豪斯.经济学[M].16版.萧琛,译.北京:华夏出版社,2002:268.
[4] [美]曼瑟尔·奥尔森.集体行动的逻辑[M].陈郁,等,译.上海:上海人民出版社,1995:34.

由集体或社会团体决定,为了任何原因,通过集体组织提供的物品或劳务"①。

我们认为,公共物品可以界定为由政府等公共部门提供的可供全体居民共同消费和受益的,但不需要或不能够让这些居民按照市场方式分担其费用或成本的产品和服务。对这一定义,可以如此分解:其一,公共物品是指社会公众可以共享的产品、服务或资源,主要包括国防、公安、外交、法规、空间技术、法律制度、公共基础设施、基础义务教育、公共卫生保健、社会保障和公共福利制度等;其二,公共物品一般是由政府提供的、具有共享性的、无偿服务于民众的物质产品和服务项目。这就是说,政府是公共物品提供的主体,而且这些物品和服务项目是无须向社会公众收取费用的,因为这是由国家财政支付费用的或者说是使用纳税人的钱提供的,不能再让社会公众付费;其三,公共物品是与私人物品相对应的物品。在这里可以说,公共物品一般不能或不能像私人物品那样有效通过市场机制由企业和个人来提供,只能由政府或其他公共组织来提供。

二、公共物品的特性

关于公共物品的性质和特征,国内外学者进行了大量研究,但至今尚未达成一致共识。根据国内学者许彬的概括,西方的经济学者关于公共物品属性的广泛讨论大致分为四种:"一是以萨缪尔森和马斯格雷夫为代表,突出了公共物品的非竞争性和非排他性;第二种是以美国的鲍德威和威迪逊以及奥斯特罗姆夫妇、萨瓦茨为代表,强调公共物品的共用性;第三种强调非排他性;第四种强调非竞争性"②。综合不同学者的分析,我们认为,相对于私人物品的特性来说,公共物品具有如下特性。

(一) 消费的非竞争性

非竞争性(non-rivalry)指某一个人或厂商对公共物品或服务的享用,并不排斥和妨碍其他人或厂商对该物品的同时享用,也不会因此而减少其他人或厂商享用该公共物品或服务的数量和质量。这就是说,增加一个消费者并不减少任何人对公共物品或服务的消费量,或者说增加一个消费者其边际成本为零。非竞争性来源于三点:其一,公共物品一般具有不可分割的性质;其二,由于公共物品的不可分割性,因而在其产生拥挤之前,每增加一个消费者的边际成本等于零;其三,像国防等公共物品不能引入竞争机制。具有非竞争性的物品如不拥挤的桥梁、非满载的火车车厢等。然而,一种物品在消费上具有非竞争性,并不保证它有非排他性。例如,火车和桥梁都是具有非竞争性的产品,但只需增加一个简单的设备,如通过的门,它们就都具有排他性了;此外,以一国的国防为例,尽管人口往往处于与年俱增的状态,但没有任何人会因此而减少其所享受的国防提供的国家安全保障。

(二) 收益的非排他性

非排他性(non-excludability)指在技术上没有办法将拒绝为之付款的个人或厂商排除在公共物品受益的范围之外。或者说公共物品或服务不能由拒绝付款的个人或厂商加

---

① 席恒. 公与私:公共事业运行机制研究[M]. 北京:商务出版社,2003:15.
② 许彬. 公共经济学导论[M]. 哈尔滨:黑龙江人民出版社,2003:50.

以阻止,任何人都不能以拒绝付款的方法,将其不喜欢的公共物品或服务排除在享用范围之外。非排他性主要由以下两个原因决定:其一,在技术上不易排斥众多受益者,如国防产品;其二,虽然在技术上可以排他,但排他成本十分昂贵,以致在经济上不可行。由于公共物品的非排他性,公共物品一旦被生产出来,每一个消费者可以不支付就获得消费权利,每一个消费者都可以"搭便车"。还是以一国的国防为例,如果在一国的范围内提供了国防服务,则要想排除任何一个生活在该国的人享受国防保护是极端困难的,就是那些在政治上反对发展核武器而拒绝为国防费用纳税的人们,即使被投进监狱,也仍然处在核武器所提供的国家安全保障的范围之内。

(三) 效用的不可分性

不可分性(non-divisibility)指公共物品为全体社会成员提供,具有共同受益或联合消费的特点,其效用为整个社会成员所共享,而不能将其分割为若干部分,分别归属于某些个人或厂商享用,或者不能按照"谁付款,谁受益"的原则限定为之付款的个人或厂商享用。因此,公共物品与私人物品不同,不论是否付费和付费多少,各类主体对公共物品均可获得等量的、相同的消费,因而各类市场主体对公共物品既都需要,又都不愿独自投资,因而公共物品很难像私人物品那样通过市场来供给,而只能由公共经济部门来提供,从而使提供公共物品成为国家或政府的一项重要职能。仍然以国防为例,国防提供的国家安全保障就是对一国国内的所有人而不是针对某个人提供的。事实上,只要生活在该国境内,任何人都无法拒绝这种服务,也不可能创造一种市场将为之付款的人同拒绝为之付款的人区别开来。所以,国防是公共物品的一个典型事例。

当然,公共物品除了具备上述经济学上的基本属性以外,从社会学的角度看,它所具有的基本属性还有"广泛的公益性",也就是具有社会普遍的共享性,即公共物品的共同消费特征或消费过程中的共用性,从其目的上来说具有共同受益性或公益性。另外,公共物品还具有生产不可分性、规模效益大、初始投资大、生产具有自然垄断性、对消费者收费不易和消费具有社会文化价值等特征[1]。

三、公共物品的分类

(一) 以公共物品的属性来划分

根据萨缪尔森的定义所导出的公共物品是"纯公共物品",而完全由市场来决定的产品是"纯私人物品",这是很容易区分的。但是,在现实世界中,大量存在的是介于公共物品和私人物品之间的一种商品,称为准公共物品(quasi public good),即该商品不同时具备非排他性和非竞争性。然而,围绕公共物品属性对于准公共物品的进一步细分,却有着不同的观点。

根据产品是否存在消费的非竞争性和消费的非排他性,N. G. 曼昆将其分为私人物品、自然垄断、共有物品和公共物品(见表10-1)[2]。

---

[1] 张卓元.政治经济学大辞典[M].北京:经济科学出版社,1998:178.
[2] [美]曼昆.经济学原理(上册)[M].梁小民,译.北京:生活·读书·新知三联书店,北京大学出版社,1999:188.

表 10-1 曼昆对产品的分类

		竞争性	
		是	否
排他性	是	私人物品； 冰激凌、蛋卷； 衣服； 拥挤的收费道路	自然垄断； 消防； 有线电视； 不拥挤的收费道路
	否	共有物品； 海洋资源； 环境； 拥挤的不收费道路	公共物品； 国防； 知识； 不拥挤的不收费道路

同样的分类标准，C.V.布朗和 P.M.杰克逊则将其分为纯私人物品、混合物品和纯公共物品，并对每类产品应该选择的生产主体、分配方式、融资渠道等做了阐释（见表 10-2）[①]。

表 10-2 布朗和杰克逊关于产品的分类

	排他	非排他
竞争	纯私人物品： 排他成本较低； 由私人公司生产； 通过市场分配； 通过销售收入融资。 例子：食物、鞋子	混合物品： 产品利益由集体消费但受拥挤约束； 由私人公司或直接由公共部门生产； 由市场分配或直接由公共预算分配； 通过销售收入融资，如对该服务使用权的收费或通过税收筹资。 例子：公共公园、公有财产资源、公共游泳池
非竞争	混合物品： 含外在性的私人物品； 私人企业生产； 通过含补贴或矫正性税收的市场分配； 通过销售收入融资。 例子：学校、交通系统、保健服务、接种、有线电视、不拥挤的桥、私人游泳池、高尔夫球俱乐部	纯公共物品： 很高的排他成本； 直接由政府生产或与政府签约的私人企业生产； 通过公共预算分配； 通过强制性税收收入筹资。 例子：国防

有些物品只符合非排他性的条件，但不符合竞争性的条件，因为它达到某一使用水平

---

① [英]布朗·杰克逊.公共部门经济学[M].张馨，等，译.北京：中国人民大学出版社，2000：35.

后会具有竞争性,它所达到的某一使用水平点可称为拥挤点(point of congestion),这类公共物品可称为拥挤的公共物品,布坎南称之为"俱乐部物品"(club goods),如拥挤的街道、公路、游泳池、桥梁、高尔夫球场等。这样,对物品性质的界定,除了竞争性、排他性外,还应考虑其拥挤性(congested)。David L. Weimer 和 Aidan R. Vining 由此把物品分为八种类型(如图10-1所示)。

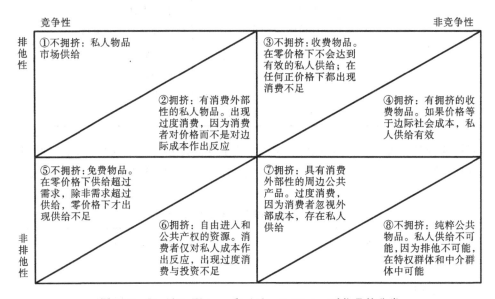

图10-1 David L. Weimer 和 Aidan R. Vining 对物品的分类

资料来源:David L Weimer, Aidan R Vining. Policy Analysis: Concepts and Practice[M]. 4th ed. Upper Saddle River, New Jersey: Prentice Hall Publishers, 2005.

另外,根据产品是否具有消费的非排他性和消费的共同性,E. S. 萨瓦斯将其分为个人物品、可收费物品、共用资源和集体物品四大类,其中萨瓦斯只是习惯于将私人物品和公共物品称为个人物品和集体物品。并且,萨瓦斯采用了纵横二维坐标的形式对两大属性进行了具有连续性色彩的动态描绘,从而在很大程度上克服了自萨缪尔森以来所惯用的静态分类方法形成的粗糙和肤浅的局限性。①

(二) 以公共物品的消费空间范围来划分

以公共物品消费的空间范围为分类标准,就必须考虑两个方面:一方面,空间范围究竟包括哪些种类;另一方面,与某一空间范围相对应的公共物品在现实中是否存在。综合来看,这种划分方式大致可以归纳为三种:一是将公共物品分为地方性公共物品、区域性公共物品和全国性公共物品;二是将公共物品划分为全国性公共物品和地方性公共物品两大类;三是将公共物品分为世界性公共物品、全国性公共物品和地方性公共物品三大类。第一种分类的优点在于,对地方和区域进行了严格区分,从而将区域公共物品凸显出来。但由于其仅仅将研究视野限定在一个国家的范围内,因而难以从空间范围角度完全涵盖现实中的公共物品。第二种分类则比第一种更为笼统,它将区域公共物品也纳入到

---

① [美]E. S. 萨瓦斯.民营化与公私部门的伙伴关系[M].周志忍,等,译.北京:中国人民大学出版社,2002:13.

地方(取的是广义,即与全国相对应的在一个国家某个地域范围内)公共物品之中。这种分类看似简洁却有失简单化,同样难以穷尽现实中的公共物品。第三种分类相对更为全面,并超越了一个国家的界限,但亦没有完全囊括现实中的公共物品,而且也是将区域公共物品直接置于地方性公共物品之中,从而略显粗糙。

（三）以其他根据的划分

根据公共物品的消费需求属性,可以将其分为满足人们物质消费需求的公共物品和满足人们精神消费需求的公共物品。对于前者而言,人们所消费的是物品自身的物质性使用价值,而对后者来说,人们对它的消费是和物品自身的生产过程混合在一起的。道路、公园、路灯、基础设施等都是满足人们物质消费需求的公共物品实例,公安、科研、教育等则是满足人们精神消费需求的公共物品。

此外,以公共物品的物理特性为分类根据,可以将其划分为有形的公共物品和无形的公共物品。有形公共物品也称硬件公共物品,如灯塔、路灯、公共图书馆、公共绿地、道路、各类社会公益设施等;无形公共物品也称公共服务或公共服务软件,如政府的公共政策(包括法律、规章、制度等)和公共设施(包括国防、外交、治安、消防、环保、气象预报、义务教育、社会保障与福利等)、公益部门的公共服务(如社会援助、慈善活动等)。①

当然,任何分类标准往往都是学理化的,公共物品的划分类型也是如此,而实际上现实中的公共物品类型远比学理化的分类复杂得多。

四、公共物品的识别

根据上述分析,如果要简单界定或辨别一种物品是否是公共物品,可以按以下步骤进行。

首先,要看看该物品的消费是否具有非竞争性。如果具有非竞争性,则该物品是公共物品;如果没有非竞争性,再看是否具有排他性,如果没有排他性,则该物品为共用资源,如果有排他性,则为私人物品。

其次,在物品具有非竞争性的前提下,再从技术角度看其是否具有非排他性或者排他的成本是否很高。如果具有非排他性或可排他但排他的成本很高,则该物品属于纯公共物品;如果从技术上可以排他,且排他的成本不高,则该物品属于俱乐部产品。

C.V. 布朗和 P.M. 杰克逊曾以图示方式,给出判别公共物品的步骤,如图 10-2 所示。

第二节 公共物品的有效供给

一、公共物品有效供给的条件

公共物品究竟采取什么方式来进行供给,这是公共物品理论的一个非常重要的内容,公共物品理论的发展和演变实际上就是以公共物品的有效供给为主线展开的。

一般而言,任一种产品的市场均衡产量与价格,由其供给曲线和需求曲线的交点决

---

① 席恒.利益、权力与责任:公共物品供给机制研究[M].北京:中国社会科学出版社,2006:29.

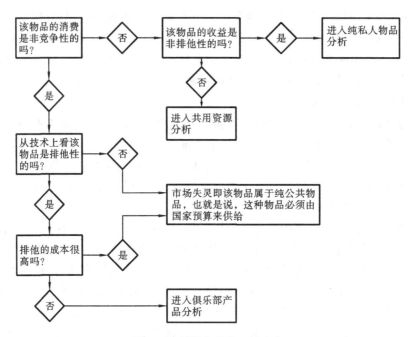

图 10-2 判断公共物品的步骤

资料来源:Brow C,Jackson M. Public Sector Economics[M]. London:Basil Blackwell,1990:36.

定,需求曲线应与该产品消费者的边际效用曲线相一致,供给曲线应与该产品生产者的边际成本曲线相一致,这样,社会边际收益等于社会边际成本,帕累托最优则得以实现。

但是,公共物品的有效供给与私人物品有所不同,如图 10-3 所示。

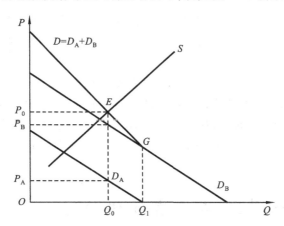

图 10-3 公共物品的社会需求加总和局部均衡

假设 D_A 与 D_B 分别是消费者 A 与 B 对某公共物品的需求曲线。对于公共物品来说,任何人都可以消费它,但不同的人从公共物品中获得的边际效用是不同的,因此每个人愿意支付的价格也不同。全社会对一定数量的公共物品愿意支付的价格应由不同个人支付的价格加总得到,即公共物品需求曲线 $D=D_A+D_B$。

现在假设不存在搭便车的问题,公共物品的供给曲线为 S,则 D 与 S 交点 E 所决定的价格和产量便是均衡产量和均衡价格,此时的均衡价格应是消费者 A 和 B 所支付的价格之和,其均衡产量为 Q_0,均衡价格为 $P_0 = P_A + P_B$。因为每个消费者的出价与其边际效用一致,因此,所有消费者的出价总和就是边际效用总和,即社会边际效益。即 E 点的社会边际成本等于社会边际效用。因此,公共物品有效供给的条件可以写成:MSR $= \sum \text{MR}_j = \text{MSC}$。也就是说,如果人们都按照自己从公共物品中获得的边际收益相应地承担公共物品成本,如图 10-3 所示,A 承担 P_A 的成本,B 承担 P_B 的成本,就自然实现了公共物品的有效供给。但是,公共物品由于"免费搭车"问题的存在,每个人都有不付费的动机。

瑞典经济学家林达尔从另一个角度进行了公共物品有效供给的研究。假定社会中有两个人 A 与 B,可以把他们分别看成是两个政党,每个政党内部人们的偏好是一致的。图 10-4 表示两人通过讨价还价来决定各自应负担公共物品成本的比例,公共物品的成本即税价。A 的行为由以 O_a 为原点的坐标系来描述,B 的行为由以 O_b 为原点的坐标系来描述。图中纵轴表示 A 与 B 负担的公共物品成本的比例,其长度为 1。如果 A 负担的比例为 h,则 B 负担的比例为 $(1-h)$;横轴代表公共物品供给的数量,也可认为是公共支出的规模。AA' 曲线代表 A 对公共物品的需求,BB' 曲线代表 B 对公共物品的需求。如果 A 要负担 h_1 的税收比例,A 就愿意要 G_1 的公共物品数量,即只会同意 G_1 规模的公共开支,而在 h_1 点,B 要承担 $(1-h_1)$ 的税金比例,这种税负使 B 愿意要 G_2 规模的公共开支,A 与 B 没有达成一致,这时实力较强的将获胜。若双方势均力敌,就会较量下去,直到税负处于 h^* 点,双方都同意公共支出规模为 G^*,此时 AA' 线与 BB' 线交点 E 所决定的均衡状态被称为林达尔均衡。

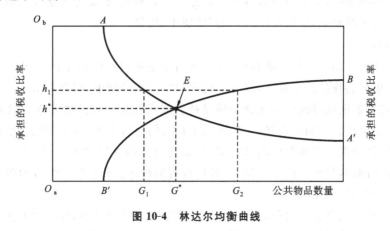

图 10-4 林达尔均衡曲线

由此可见,公共物品有效供给的关键在于消费者按自己从公共物品消费中获得的边际效用水平真实地表示对公共物品的需求,从而相应地承担公共物品的成本。然而,这也是公共物品有效供给的困难所在。不管人们付费与否,其所能消费的公共物品量总是相同的。如果消费者所承担的公共物品成本取决于自己申报的从公共物品中获益的情况,那么,他就有隐瞒或从低申报自己真实效用水平的动机。消费者这种"搭便车"行为的结果是公共物品实际供给水平将远低于最优水平。如果假设要求每个人陈述他的偏好时,事先交代清楚满足这些偏好的代价与他们所陈述的需求无关,他们的陈述只与公共物品的数量有关,就会诱发夸大需求的现象,导致过度供给。

二、公共物品的政府供给模式

(一) 公共物品政府供给的理由

从理论上,主张政府供给公共物品的理由一般如下。

1. 公地悲剧

公地悲剧是用来论述具有非竞争性的公共物品的提供问题。公地悲剧最初是由哈丁教授于1968年在《公地的悲剧》中提出的,之后被许多学者加以应用,即"一块开放的牧地,每一个理性的牧羊人都期望自己的收益最大化,他所考虑的是增加一头牲畜会带来多大效用,而忽略对整个牧场长期的消极影响;积极影响由增加放牧的人完全获得,消极影响由全体放牧者承担,个人得到了额外的全部收益,为此只承担总成本的一部分,理性的个人都会选择增加放牧数量,最终导致悲剧的产生"①。

2. 囚徒困境

囚徒困境中的均衡解并不是最优的,如果双方可以达成合作结果会更有效。在公共物品的提供上,由于非排他性,这和囚徒困境中一人不交代,另一人交代,不交代的人受到更严重的惩罚情况不一样,公共物品的提供者境况变坏,所以对于理性的个人来说,都会选择不提供。

3. 搭便车

公共物品的非排他性和非竞争性特征,决定了公共物品不能通过市场的方式来提供,因为如果由市场提供,每个消费者都不会自愿掏钱去购买,而是等着他人去购买而自己顺便享用它所带来的利益,这就是经济学的"搭便车"现象。

4. 效率选择

不论是从公共物品的特点的角度,还是从历史发展过程中的生产力水平状况出发来说明政府提供公共物品的必要性,或者来说明政府存在的理由,都会得出一个基本相同的结论,就是这种制度选择的目的无疑是满足社会需求和公共安全的要求。这种基于社会需求和社会安全理念的制度选择,无疑降低了社会的运行成本,将资源配置于社会最重要的目标,并有效克服了市场制度的某些缺陷,如通过外部性的内部化,解决了公共物品消费中的搭便车问题,化解了社会风险。所以,政府的存在和公共物品的政府提供是有效率的,是一种效率选择的结果。

当然,在确定某种公共物品是否采取政府供给模式时,上述几种理由可能具有不同的重要性。另外,政府供给公共物品也可能是受到各种法规、习惯、政治家和管理者的自身偏好等的影响,或是为了竞选成功,为了现存的官僚机构的利益等。②

(二) 公共物品政府供给的可能

政府作为公共权力机构,具有合法的强制力,民主政府代表公共利益,一般能够公正地、稳定地提供公共物品。但是,政府并不是无所不能,政府不应该大包大揽企图成为公共物品供给的唯一主体。政府在公共物品供给中的角色和作用,是提供全社会所需要的

---

① Hardin G. The Tragedy of the Commons [J]. Science,1968(162):1243-1248.
② 这一问题涉及政府制度的组织机制和投票机制,在此不予赘述。

最基本的公共物品,提供维持社会协调发展与可持续发展的基本平台。

因此,政府供给公共物品的边界和条件是:①公共物品同时具有非竞争性和非排他性,并且在一定时空条件下不拥挤,即纯粹公共物品,如国防;②出现市场失灵和"慈善失灵"的公共物品供给领域,如对营利性企业和非营利性事业组织的公共政策规制;③全社会或社会大多数成员所需要的公共物品,如社会公平、社会秩序。①

(三) 公共物品政府供给的方式

一般说来,政府提供公共物品有两种基本方式,一是政府直接生产,二是政府间接生产。

1. 政府直接提供公共物品

政府直接提供公共物品是一种传统的方式,纯公共物品和自然垄断性很高的准公共物品通常采用政府直接生产的方式提供。这种方式的优点是便于凭借政府的实力保证公共物品的及时供给,但是,由于政府的垄断性和官僚体制问题,加之缺乏竞争,这种方式容易产生效率滞缓问题。在西方国家,造币厂和中央银行一般都是由政府直接经营的,邮政服务、电力、铁路、保险业、军工、医院,以及自来水和煤气等在有些国家也是由中央政府直接经营的,地方政府经营的公共物品主要有保健事业、医院、警察、消防、上下水道、煤气供应、图书馆、博物馆、中小学教育、公路系统等。

2. 政府间接提供公共物品

政府间接提供公共物品是指政府部门通过制定合理的政策、充分运用预算安排和经济杠杆,引导社会其他公共部门和各种非公共部门提供公共物品的形式,其实质是在公共物品生产过程中引进市场和私人力量。由于私人生产率一般高于政府直接经营的效率,这种方式的好处显而易见:在政府支出一定时,能提供更多的公共物品;或在既定的公共物品提供量下减少政府开支。因此,伴随着公共管理的改革与创新,城市政府间接提供公共物品的现象越来越普遍。政府间接提供公共物品主要有以下几种方式。

(1) 政府与私人厂商签订生产合同。适用于这种形式的主要是具有规模经济效益的自然垄断性行业,以及基础设施,较为普遍的有城市工程服务、规划设计、垃圾清理等。政府选择私人厂商的方式一般是公开招标,借助于投标者的竞争把价格压到经济合理水平,政府在诸多企业提出的一揽子服务方案中选取收费最低者,或者在接受政府方案的厂商中选取要求补贴最少者。

(2) 授权经营。适合这种方式提供的是那些外在性明显的公共物品,如自来水供应、电话、供电、电视台、广播电台、航海灯塔、报纸杂志、书籍出版发行等。

(3) 出让经营权。有些公共物品生产的初始投资量巨大,但随后的经营需要的资本数量较少,具有竞争性,政府可以在完成初始投资后把经营权通过适当的形式转让给法人企业,转让形式有承包、租赁、出售等。

(4) 政府经济资助。主要适用于那些营利性不强、只有在未来才能赢利、风险大的公共物品,如教育、高精尖技术的基础研究和实用技术的超前研究等。资助方式有补贴、津贴、优惠贷款、无偿赠款、减免税等。

---

① 席恒.利益、权力与责任:公共物品供给机制研究[M].北京:中国社会科学出版社,2006:76.

(5) 政府参股。主要适用于初始投资量大的基础设施项目，如桥梁、道路、发电站、高速公路、铁路、电信、港口、机场以及高科技。政府参股又分为政府控股和政府入股，政府控股针对那些具有举足轻重地位的项目，入股主要是向私人企业提供资本和分散私人投资风险。政府参股的比例也不是一成不变的，项目在建设初期，政府入股一般较多，一旦项目进入正常经营、能获得较稳定的正常利润，政府便可开始出售自己的股份，抽回资本转向其他项目。

（四）公共物品政府供给的效率

实践中，政府供给公共物品存在效率低下的问题。引起政府供给公共物品低效率的原因主要有如下几个方面。[①] ①公共物品供应行业一般都采用垄断经营方式，缺乏外部竞争压力，这在相当程度上削弱了公共物品供应企业积极提高效率的努力。②公共物品供应企业同生产私人物品的营利性企业不同，它不是以追求利润最大化作为经营目标，而只是完成政府所规定的供应任务，从而缺乏提高效率的内在动力。③公共物品供应单位的软预算约束。大多数公共物品供应单位都是依靠政府财政拨款来运营的，同传统计划经济体制下的国营企业一样，各供应单位普遍存在着高报生产（供应）成本和投入量，一旦完不成指标，或者出现亏损，则继续要求政府增加财政拨款或者要求财政补贴，这样，供应单位就缺乏提高效率的内在动力。④对于公共物品供应单位的负责人缺乏有效的激励机制。公共物品供应单位的负责人大都是由政府任命的官员或经理，对于他们来说，干多干少，干好干坏一个样，缺乏有效的激励机制。同时，他们的贡献不与收入挂钩，致使他们谋求制度外的收入，在这一点上又缺乏约束机制。而且在官员或经理的任命上，往往不能做到以才能和业绩作为标准，使得公共物品的供应单位的官员或经理们更加缺乏提高效率的积极性。⑤政府官员的腐败。如果政府官员腐败，公共物品供应单位负责人就只会追求自身利益的最大化，只会追求权力的扩张，而不会关心公共物品供应效率的高低。

因此，提高政府供应公共物品的效率，应采取一系列对策。①建立和完善民主与法治制度以保证政府官员的廉洁。②改革公共物品的供应体制。对于那些由市场供应具有效率的公共物品，在政府进行必要规制的条件下，交由市场去供应。③引入市场竞争机制，促进效率的提高。对于那些不是必须由政府直接经营的公共物品，采取竞争性的委托经营、公开投标等方式，选择合适的企业来经营。④改进公共物品供应单位的官员或经理的任命制和收入分配制度，建立和完善对他们的激励约束机制。⑤不断改进公共物品供应效率的评价指标，并加强检查。

三、公共物品的私人供给模式

（一）公共物品私人供给的理由

如前述，虽然提供公共物品是政府存在的最基本理由，但实践中却出现了政府在公共物品供给中的无效率、低效率、短缺和消费拥挤等问题，完全由政府提供公共物品的单一供给方式面临困境。综合不同观点我们认为，公共物品私人供给的理由主要表现在如下三个方面。

[①] 谢自强.政府干预理论与政府经济职能[M].长沙：湖南大学出版社，2004：151.

(1) 政府失灵。尼坎南通过官僚政府模型详细分析了在公共选择过程中,由于政府"理性经济人"的缘故,必然出现公共物品领域的双边垄断、信息不对称和预算最大化等问题,从而导致公共选择过程中的政府失败。① 具体说,由于政府提供公共物品存在垄断权,公共物品又是一种数量和质量都难以直接界定的产品,因此公众很难对政府产出进行有效监督,而政府可以利用自己的垄断地位获取额外利益,从而导致政府部门总是有一种预算扩张的趋势,预算规模扩大带来的直接后果就是政府行政部门膨胀,政府部门的膨胀和低效正是公共物品供给低效甚至无效的直接原因。

(2) 社会公共需求的复杂性和不断增长与政府自身财力和能力的限制,决定了政府垄断公共物品必然导致严重短缺现象。随着社会的发展,人们物质文化生活水平不断提高,社会需求日益多样化,这对公共物品无论从数量品种上,还是从质量满意度来说,都提出了更高的要求。但是,由于政府财政能力的限制,以及其他各种原因,并不是所有的社会公共需求都会自动转变为政府公共服务或公共物品序列。从基本属性来看,这些社会公共需求大都具有公共物品性质,或准公共物品,社会应该予以满足。发动社会力量,采取政府资助,由社团组织或企业承包的办法,而不一定要由政府机关及其公务员亲自提供,就成为解决此类公共服务需求的重要思路。

(3) 公共物品私人供给,可以增强竞争意识,有利于经济和社会效率的提高。对一些具有竞争性的公共物品,只有导入私人力量,才可能提高效率,如果违背这一规律,单纯由政府直接提供,必然因缺乏竞争而导致效率低下,使得有效增强公共物品供给的激励机制不断被削弱。

政府部门与私营企业行为的区别主要在于各自追求的目标不同,企业追求的是利润最大化目标,而政府追求的是社会福利最大化目标。如果所提供的公共物品具备竞争性要求,那么,私营企业之间的这种激励机制,必定可以充分地向政府证明自己能够更有效地提供这种物品或服务,竞争的结果将会更好地、更有效地完成公共物品的供应。同时,由于提供同一公共物品的各企业之间存在竞争,使得政府部门更容易控制和衡量它们的业绩,只有那些成本低、效率高的企业才能最后与政府签约。

(二) 公共物品私人供给的可能

那么,私人若想成功地提供公共物品,需要何种条件?其可能性如何呢?首先我们来看一下几位经济学家对私人提供公共物品的认识。

对于公共物品,从亚当·斯密、穆勒到庇古、萨缪尔森都把它作为市场失灵而必须由政府配置的对象。但是,以戈尔丁、科斯等为代表的经济学家却提出了相反的看法。正如张五常所指出的:"假若不付钱就会得到政府的供应,而政府的供应是由一般税收所支持,那么,还有什么人会在任何市场付价呢?免费的午餐又能吃得了多久?"②张五常的疑问肯定了公共物品私人供给机制的存在。

戈尔丁认为,在公共物品的消费上存在着"平等进入"(equal access)和"选择性进入"

---

① Niskanen W. Bureaucracy and Representative Government [M]. Chicago:Aldine-Atherton,1971:123-126.
② 张五常.卖桔者言[M].成都:四川人民出版社,1988:39.

(selective access)。① "平等进入"指公共物品可由任何人来消费,如公园中的露天音乐会。"选择性进入"指消费者只有在满足一定的约束条件例如付费后,才可以进行消费,如在音乐厅中举办的音乐会等。我们发现,可以"平等进入"的公共物品一般是纯公共物品,如国防等。而"选择性进入"的公共物品一般是俱乐部物品如音乐厅等。戈尔丁认为,福利经济学忽视了公共物品供给方式上的"选择性进入"。没有什么产品或服务是由其内在性质决定它是公共物品或不是,存在的只是供给产品或服务的不同方式,即"平等进入"和"选择性进入"。产品和服务采取何种供给方式,取决于排他性技术和个人偏好的多样化。若公共物品不能通过市场手段被充分地供给消费者,那是因为把不付费者排除在外的技术还没有产生或者在经济上不可行。戈尔丁的分析尤其是他提出的"选择性进入"方式是极富有创见的。这为探讨公共物品的私人供给问题,尤其为解决准公共物品的"拥挤性"问题指明了方向。

继戈尔丁之后,德姆塞茨在《公共物品的私人生产》一文中指出,在能够排除不付费者的情况下,私人企业能够有效地提供公共物品。他进一步认为,若一个产品是公共物品,那么,对同一产品付不同价格是满足竞争性均衡条件的。由于不同的消费者对同一公共物品有不同的偏好,因此,可以通过价格歧视的方法来对不同的消费者收费。

可以说,德姆塞茨的论点是对戈尔丁论点的发展,二者都从技术的角度讨论了私人提供公共物品的可能性,即如果存在排他性技术,则私人可以很好地供给某些公共物品。例如,高速公路作为一种准公共物品,存在着"选择性进入"方式,即在入口处可以设置收费站。因此,高速公路可以通过私人投资、私人收费的方式来兴建。

其他学者如布鲁贝克尔认为,公共物品消费上的搭便车问题缺乏经验方面的科学根据,它忽视了现实中许多影响人们表明自己对公共物品需求的重要因素。例如,社区中某一成员虽然因为搭便车享受了短期利益,但他会失去社区成员的信任而有损于自己的长期利益。出于这一考虑,社区成员免费搭车的动机就会大大减弱。史密兹进一步认为,在公共物品的供给上,消费者之间可订立契约,根据一致性同意原则来供给公共物品,从而解决搭便车问题。举例来说,某一社区计划兴建一个健身场所,社区成员在一致同意原则下,订立契约,规定该健身场所可由某个成员投资兴建,但使用者需向投资者付费。这种办法在实际中应该是可行的。

如果说上述学者是从理论角度论证了私人提供公共物品的可能性,科斯则是从经验的角度论证了这种可能性。

众所周知,灯塔作为一种公共物品,长期以来一直被认为只能由政府提供。而科斯在其经典论文《经济学上的灯塔》中认为,从17世纪开始,在英国,灯塔一直是由私人提供的,并且不存在不充分供给的情况,政府的作用仅限于灯塔产权的确定与行使方面。管理灯塔的机构是领港公会——一个对公众负责的私人组织。具体来说,私人从国王那里获得修建灯塔的专利权。国王允许私人向船只收费,费用通过港口代理者(通常是海关关员)来收取。在1820年,英格兰和威尔士共46座灯塔,其中34座由私人建造。虽然后来英国政府规定由领港公会收购所有私人灯塔,但领港公会实际上是一个私人组织,而不是

---

① Goldin K. Equal Access VS Selective Access: A Critique of Public Goods Theory [J]. Public Choice, 1979 (29):53-71.

政府部门。因此,英国历史上的灯塔基本上是由私人供给的。

科斯的研究表明,一向认为必须由政府经营的公共物品也是可以由私人提供和经营的。

然而,市场若想成功地提供某些公共物品,需要具备以下条件。

第一,市场供给的公共物品一般应是准公共物品。由于纯公共物品一般具有规模大、成本高的特点,市场提供纯公共物品不是交易成本太大就是不可能。而准公共物品的规模和范围一般较小,涉及的消费者数量有限,这容易使消费者根据一致性同意原则,订立契约,自主地通过市场方式来提供。

第二,在公共物品的消费上必须存在排他性技术。这即是公共物品使用上的"选择性进入"方式。俱乐部产品(如音乐厅的门票),由于存在着"选择性进入"方式即排他性技术,可以有效地将搭便车者排除在外,因此,可以大幅度地降低市场提供产品的交易成本,从而激励市场提供某些公共物品。相反,如果缺乏某种排他性技术,则市场提供的公共物品难免会陷入公地悲剧。

第三,更为关键的是,市场若想成功地提供公共物品,必须要有一系列制度条件来保障。其中最重要的制度安排是产权。按照阿尔钦的定义,产权是一个社会所强制实施的选择一种经济品的使用的权利。① 只有界定私人对某一公共物品的产权,并且有一系列制度安排来保护产权的行使,这样,市场才有动力来提供某一公共物品。

综上所述,市场参与公共物品的供给是必要而且可能的,公共物品的供给方式也应是多元化的,不应当完全交由政府供给,而是应在政府供给的基础上,引入市场供给机制。

(三) 公共物品市场供给的方式

公共物品私人供给的方式总体来说有三种:一是私人的完全供给;二是私人与政府的联合供给;三是私人与社区的联合供给。

私人的完全供给指公共物品的投资、生产,以及修缮由私人来单独完成,私人通过收费的方式向消费者收取费用。科斯的灯塔就是很好的例证。

私人与政府的联合供给指在公共物品的生产和提供过程中私人和政府形成了某种联合。如政府对私人提供公共物品给予一定的补贴和优惠政策,如政府补贴私人治理沙漠等;再如政府和私人签订合同,私人负责生产,政府进行采购后再提供给公众。这样公共物品的生产和提供就分开了,如私人生产某些国防产品,政府进行订购等。

私人与社区的联合供给指私人与社区通过有条件的联合来提供公共物品。社区可给予私人一些优惠政策如提供场地等,这样私人可以以较低的价格来提供社区公共物品;或者社区从私人那里购买一定量的公共物品,再提供给社区成员等。

(四) 公共物品私人供给的管制

某些公共物品由私人供给决不意味着要完全脱离政府,相反,政府在公共物品的私人供给中发挥着至关重要的作用。政府的管制作用主要集中在以下方面。

首先,政府要为公共物品的私人供给者提供制度激励,这包括对公共物品产权的界定,以及给予某些激励措施等,从而为私人提供公共物品创造良好的制度环境。正如诺曼

---

① [美]A. A. 阿尔钦.产权:一个经典注释[M]//[美]R. 科斯,D. 诺斯.财产权与制度变迁——产权学派与新制度学派译文集.刘守英,等,译.上海:三联书店,1994:166.

·尼科尔森所指出的,政治过程在任何情况下都将通过对关键性经济制度的影响来塑造私人的选择。而产权作为一种强制性的制度安排,私人无法进行界定,只能由具有"暴力潜能"的政府来界定。而且,由于某些公共物品具有高成本、非营利性等特点,政府可对公共物品的私人供给者给予补贴或其他优惠性政策。还以私人承包高速公路为例,政府规定,若私人投资某路段高速公路的建设,则他可享有 20 年的收益权。那么,在这 20 年中,该路段高速公路的部分产权包括使用权、收益权则归投资者所有。政府则要保护其产权,除特殊情况外(如战时状态),其他任何部门、组织和个人不得侵犯其产权。再如,针对沙漠治理问题,政府可通过补贴、给予一定年限的产权等方式来激励私人主体投资于沙漠绿化。实践证明,这是一条可行的途径,如内蒙古磴口县招商引资治理沙漠已取得了阶段性成果。

其次,私人提供公共物品可能会出现某些负外部性问题,对此政府要进行必要的规制。具体来说,正如政府提供公共物品会产生垄断等负外部性一样,私人提供公共物品也可能会产生垄断等负外部性问题。私人取得某一公共物品的产权后,可形成某种垄断优势。私人凭借这种垄断优势,可能会提高此公共物品消费的准入价格,如提高高速公路的收费等;还有可能不对消费者提供完全信息,从而欺骗消费者;再者此公共物品在使用过程中还可能产生环境污染等负外部性。针对上述问题,政府有责任对公共物品的私人供给者进行必要的规制,以切实保护消费者的权益。

政府允许私人提供某些公共物品,决不意味着政府在此方面责任的让渡。因为无论是纯公共物品,还是准公共物品,其目的都是满足公众需要,实现某种公共利益,因而具有公益性质和某种普世取向。而公共物品的私人供给者,由于理性经济人的特点,再可能由于制度约束的缺失,可能会作出某些有违公共利益的行为。而且,像政府提供公共物品会出现"政府失败"一样,私人提供公共物品同样会存在低效率等情况。因此,出于公益的目的,政府的干预行为是非常必要的。为此,政府必须加强对私人提供公共物品的制度约束。

再次,在私人提供公共物品的过程中,政府有必要给予公共物品的消费者某种支持。因为公共物品的消费者一般是分散的,而且同样由于理性经济人的原因,消费者容易陷入集体行动的困境,不太可能形成强有力的集体行动同公共物品的私人供给者讨价还价。这种情况下,政府有必要为消费者提供信息及其他必要的支持。如组织消费者成立关于该种公共物品的协会等,以采取有效的集体行动,加大同公共物品私人供给者博弈的筹码,促使私人提高其所提供的公共物品的品质。

政府在公共物品私人供给中的作用表明,在公共物品供给上不存在市场和政府的完全分野,实际上,二者的作用是互补性的。我们不能离开市场谈政府,也不能离开政府谈市场。

四、公共物品的其他供给模式

(一)自主供给模式

自主供给指在自愿的原则下,一些非营利组织及个人的非营利行为取向下的公共服务产品的供给。主要包括第三部门供给、社区供给和个人自愿供给。这是近年来,随着政府治理观念的转变,逐步涌现并日益发展的一些重要的供给方式,也是公共服务产品供给的必要辅助与补充形式。

1. 第三部门供给

第三部门是独立于政治部门、企业部门之外的非营利社会组织,包括各种慈善机构、援助组织、联合会、行业协会、学会等。关于公共物品由第三部门供给的理论出现在20世纪70年代以后。第三部门供给主要适用于社会公益性公共服务物品。如根据英国1601年慈善使用权法规的序文中第三部门的界定,第三部门所提供的公共服务物品具体包括救济老弱病残,资助免费学校和大学学者,维修桥梁、港口、避难所、道路、教堂、海堤,举办教育和孤儿院,支持、帮助商贩、手工业者和工人,救济或改造囚犯或俘房,安排服兵役和帮助贫困居民等。①

第三部门的出现是市场失灵和政府公共物品供给不足的结果,它被视为一支独立的第三方力量在公共物品提供上实现公平与效率的最优结合,同时,也在防范政府与私营部门对公众利益的侵害方面具有重大意义。第三部门在向社会提供公共物品方面有着自己独特的优势,在社会管理与发展的一些空白领域和一些传统上由政府从事活动的领域里,第三部门常常比政府做得更好、更有效。H. Hansmann 就认为,营利组织所固有的局限性是导致"契约失灵"的根源,而非营利组织由于必须受到"非分配约束",它不会为追求利润而降低品质,公共物品的生产若由这种非营利的第三方部门完成,生产者的欺诈行为便会得到有力的遏制。②

然而,正如政府和市场会产生"失灵",第三部门也常常会偏离志愿机制,在提供公共物品上产生功能性和效率上的种种缺陷,Salamon 将此类失灵称为"志愿失灵",并归纳为诸如慈善资金不足、慈善活动的狭隘性等几方面的表现。③

2. 社区供给

近些年来,不少国家对政府、市场与社区的角色重新定位,特别是把传统政治学、行政学很少讨论的"社区"概念,视为设计未来公共事务治理模式的关键因素,因此,"社区生产"、"社区主义"在欧美国家几乎已成为拓展公共管理领域的新思潮。社区生产之所以能够成为大家关注的对象,是因为这种方式大量存在于现实之中,而且这种方式是把公共物品的提供范围缩小到一个以生活或工作为纽带联系的小集团之中,它更容易获得有效率的生产,也更容易将消费者的偏好与生产数量联系起来。

社区供给适用于那些能满足社会公众丰富的人格和多样化需求,以解决社区性公共问题的社区自给性公共服务物品。由于各国国情不同,各国的社区供给的具体模式和内容也有所区别。如英国自1869年开展慈善组织会社运动后,先后经历了社区睦邻服务、"住院式照顾",直至20世纪70年代普及的社区照顾,并成为当代西方发达国家社区供给的一个范例。社区照顾的主要内容包括地方政府兴办社区服务中心进行老、残、学龄前儿童无偿服务,开办社区老年公寓进行收费服务,开办社区老人院收养无人照料的老年人,开展家庭照顾、上门服务等。④

---

① 凌宁.国家公务员公共服务能力[M].北京:中国人事出版社,2005:206.
② Hansmann H. The Role of Nonprofit Enterprise[J]. Yale Law Journal,1980(89).
③ Salamon L. Partners in Public Service:The Scope and Theory of Government-Nonprofit Relations [M]. New Haven:Yale University Press,1987:121.
④ 凌宁.国家公务员公共服务能力[M].北京:中国人事出版社,2005:207.

从特征上来看，这里是将社区当成一个相对独立的制度化的社会自治领域，其中的各个部分通过市场互动自我建设、自我协调、自我联系和自我整合，形成一个有组织的公共体系，对解决社区性公共问题、自给社区性公共物品、实现社区性公共利益发挥了极大的作用。但社区并不能提供所有的公共物品，公众需要的也不仅仅是社区性公共物品。他们不同程度地需要各种各样的公共物品，而这些公共物品仍旧需要其他不同的公共管理主体以特定的方式来加以提供。

3. 自愿供给

自愿供给模式认为：现实中有可能在不存在强制性征税或必然性消费的情况下，人们还愿意承担提供公共物品的成本。关于公共物品的自愿供给，似乎并不符合经济学中的经济人假设，为什么这类的公共物品可以被人们无私地给予生产？乔·B.史蒂文斯在其《集体选择经济学》一书中对这种公共物品供给行为进行了解释，认为"人们提供公共物品有的是为了获得某种私人物品或选择性激励，有的则是当自己收入自愿地再分配给穷人时，他们会由此获得效用"[①]。

自愿供给公共物品在现实中是屡见不鲜的。比如在美国，沿海的救生艇服务，就是自愿提供的，许多的医疗研究是靠捐赠进行的，许多剧院、交响乐团都是靠没有报答的捐赠维持的；在新加坡、我国台湾地区等地，则是积极提倡市民组成志愿小组免费提供消防安全、住宅安全、成人教育等公共服务；在中国内地，这个典型的例子是义务献血和近年来兴起的志愿者行动。

（二）PPP 供给模式

公共部门与私人部门之间的伙伴关系（public private partnership，简称 PPP）模式（有译为公私合伙企业模式），是 20 世纪 90 年代在英国兴起并在西方国家广为流行的一种公共物品供给新模式。与公共物品供给的其他几种模式（政府供给、私人供给、第三部门供给）相比较，PPP 模式是公共部门与私人部门以伙伴关系充分协作的结果。其实质是公共部门根据社会对公共物品的需求，提出建设项目，通过招投标确立私人部门合作伙伴，私人部门负责项目的设计、建设、运营和维修。即以契约约束机制，私人部门提供公共服务的生产，公共部门（或政府）向私人部门付费作为对其生产成本的补偿和收益的回报。本质上，它属于西方公共部门私有化改革的延续，但同时又区别于公共物品市场化供给的"新公共管理"模式。

PPP 这一全新的以"双赢"为合作理念的公共物品供给模式，优点主要表现在以下方面。①公平与效率结合。在非纯公共物品的提供中引进私人投资，不仅仅是对政府投资不足的补充，更重要的是引入了私营模式的管理技术，从而增加了效率。市场机制单独运作的结果往往都是高效率而忽视公平的，而政府在经济运行中所追求的却往往是公平的目标，从而与市场形成了互补。在公共部门与私人经济合作中，公共部门扮演的角色就是确保公共物品提供的公平性。②双负责机制。通过 PPP 模式，政府与私营部门在契约基础上建立起全程合作关系，双方共同对整个供给过程负责。政府允许私营部门积极参与公共项目的识别、可行性分析等前期工作，并将合作的理念贯穿于公共项目的确认、建设、运营、移交等整个生命周期中。③合理的风险分担结构。PPP 模式早在公共项目的初期

---

① [美]史蒂文斯.集体选择经济学[M].杨晓维，译.上海：上海人民出版社，2003：223-240.

就可实现风险分配,政府的有限承诺减少了私营部门的融资难度,而私营部门的尽早介入、政府的选择性参与及税收优惠、贷款担保、优先开发权等政策优惠,均有利于降低私营部门的运营风险。

实践中,由于世界各国意识形态、发展阶段、使用术语的不同,导致对于同一个概念的理解也不尽相同,国际组织和各国政府对 PPP 的分类有几十种之多。以世界银行的分类为例,简单介绍 PPP 模式的种类。世界银行将广义 PPP 分为服务外包、管理外包、租赁、特许经营、BOT/BOO(建设—经营—转让/建设—拥有—经营)和剥离六种模式,并从资产所有权、运营与维护合同、投资方、商业风险与持续时间方面对不同类型的 PPP 模式进行了比较,如表 10-3 所示。

表 10-3 不同 PPP 类型比较

PPP 类型	资产所有权	运营与维护合同	投资方	商业风险	持续时间/年
服务外包	公共部门	公共和私营部门	公共部门	公共部门	1~2
管理外包	公共部门	私营部门	公共部门	公共部门	3~5
租赁	公共部门	私营部门	公共部门	共同	8~15
特许经营	公共部门	私营部门	私营部门	私营部门	25~30
BOT/BOO	公共和私营部门	私营部门	私营部门	私营部门	20~30
剥离	公共或私营部门	私营部门	私营部门	私营部门	不确定

当然,公共物品 PPP 供给模式终归是市场化改革的延续,由于政府和私营部门的利己主义动机,两者间的"交易点"仍易成为滋生腐败及不道德行为的土壤,契约履行中的信息不对称也易产生私营部门坑害公众利益的契约失灵现象。

第三节 公共物品的需求显示

一、公共物品需求显示的难题

正如前面提到的,政府为有效提供公共物品,就必须了解民众的需求偏好。

西方经济学对于需求的经典定义是指"消费者(家庭)在某一特定时期内,在每一价格水平时愿意而且能够购买的某种商品量"。在此我们将公共物品需求的概念界定为:社会公共物品需求是指社会成员在社会生产、生活中的共同需求,是除政府以外的其他社会团体和市场不能满足的需求,它具有社会成员的平等享用性。用经济学语言来讲,公共物品的需求可以描述为在某一特定时期内,在每一价格水平上,社会上(或某一范围内)的全体消费者愿意而且能够购买的社会公共物品的数量。如一个国家对国防的需求,只要国家建立了防务体系,就几乎不可能排除任何居住在境内的人不受该体系保护,尽管人口因出生或移民会有变化,但不会增加一国的国防费用,也没有任何人会因此而减少其所享受的国防所提供的国家安全保障,这样的公共物品需求只能由政府来提供。

从理论上,公共物品所具有的非排他性与非竞争性使得价格机制无法揭示公共物品的个人需求偏好,即使假定这些个体在作出决定时信息是完全的。因为,在非排他性的情况下,由于可以免费消费这些产品,这些个体将不会自愿披露他们对公共物品的需求偏好,即使他们有可能被通过某些技术手段排除于免费消费之外,他们也不会表明其个人需求偏好,因为消费上的非竞争性特征隐含了这些个体在消费公共物品时不存在机会成本。总之,每个人都有动机表露出"虚假的信号",于是产生了公共物品消费者的不完全信息或信息不对称问题,即隐藏信息。虽然萨缪尔森在完全信息的假定下,分析了市场机制如何把消费者关于公共物品的需求偏好传递给政策制定者。但是,完全信息仅是一种理想状况,现实中不完全信息则是一种常态。自然,这就给政策制定者提出了两个相应的难题:其一,如果一般的市场机制无法运用于配置公共物品,那么,政府部门将依据什么机制来选择确定公共物品的数量呢?其二,针对价格机制在公共物品配置方面的失灵,如何才能寻找出一种替代机制以使个人准确地表示出他们的个人需求偏好?

二、公共物品需求显示的工具

(一)蒂布特"用脚投票"模型

对公共物品的传统认识是:他们可以被不只一个消费者同时消费,一旦被提供就难以排除众多消费者从中受益,以及个人有不真实表达偏好的鼓励,他们希望成为免费乘车者,从其他人提供的公共物品中受益,而自己又无须付费。正是这一点使萨缪尔森提出了"偏好显示问题难以实现"的评论,但他所强调的公共物品实际更多是针对全国性公共物品而言的。

"然而,有些政府服务并不一定由联邦政府提供,如警察、消防、教育、卫生和法院。这类产品和服务中有许多是由地方政府来提供的",这段话的重要之处在于指出了公共物品的受益范围是有地域限制的,其作者是美国经济学家蒂布特。蒂布特在其发表于1956年10月的《一个关于地方支出的纯理论》一文中明确提出:"尽管马斯格雷夫和萨缪尔森的分析对联邦支出是适用的,但并不适用于地方支出。"蒂布特首先将公共物品区分为全国性公共物品与地方性公共物品,认为居民之间的偏好差异可以通过居民之间的流动来解决,并不需要完全依靠传统的投票制来处理。在有众多的地方政府可供选择,并且每一个地方政府提供不同的税收和服务组合情况下,对于居民而言,他们完全可以对地方政府间所提供的服务以及本人所将要承担的税负进行比较,来选择能够给予他们最大满足的地方政府,可以推定,该社区的税收和服务必然是最接近于他们意愿数量的那一个。这种类似于私人市场上的选购行为,必然带来地方政府之间为达到最优居民数量的竞争,进而能够导致资源的有效配置,实现帕累托最优。

蒂布特模型在显示居民偏好、有效率提供公共物品方面有其优越之处。但模型的成立依赖于严格的假设条件,例如:要有众多的地方政府可供选择;居民依靠资本收入生活,且不受工作地点的限制;居民完全了解各地方间的税收-服务组合状况的差异;各地方间不存在公共服务和税收的外溢;每个地方在管理者的领导下,试图吸引规模适当的人口达到规模经济等。由于居民在地区间流动时不可避免地产生迁移成本和交通成本,这在很大程度上限制了模型的解释力。

(二)克拉克-格劳维斯税收制度设计

在蒂布特模型中,虽然地方性公共物品的需求者(社区居民)偏好在居民选择其居住社区过程中得以显示,但其仍然没有解决如何获知全国性公共物品需求者偏好的问题。对联邦政府而言,在供求双方信息不对称的条件下,正是由于缺乏能使其可以自动获知需求者对所提供公共物品的真实评价的一种机制,才导致了公共物品无法有效率提供,所以问题就自然转到了可否通过设计一种促使人们真实显示其偏好的机制来解决此困境。

此领域最早进行研究的是维克里,他假定了某种不可分割的物品,该物品通过拍卖的方法来出售,条件是每位潜在的购买者把他的出价放在一个密封的信封中,并被告知该商品将卖给出价最高的人,而售价是仅次于最高出价的价格,维克里证明对于参与者 i 而言,无论其真实估价是低于或高于其他人,谎报偏好都不会给自己带来任何收益,反而要承担损失,真实的显示偏好将是参与者的最优策略选择,此种方法被称为"第二价格法"。该理论所包含的"每个人所支付的价格等于这个人行为的机会成本(即购买到此物品的参与者实际上剥夺了其他人享受该物品的权利,给其他人带来的成本等于第二位最高出价者的估价)"外部性思想,后来被克拉克和格劳维斯在设计某种能促使个人真实显示其偏好的税收制度时所吸收,即后来的克拉克-格劳维斯税。

在克拉克-格劳维斯的分析中,个人是否承担公共物品的融资取决于他们能否成为"关键人物",所以税制设计的关键是促使关键人物真实显示其偏好,又由于每个人都有可能成为关键人物,所以每个人都将会真实显示偏好,因为说谎将是得不偿失的。虽然克拉克-格劳维斯税成功设计出了能促使个人真实显示其偏好的税制,但后来学者也指出了该机制所存在的问题。Groves 和 Ledyard 指出,由于克拉克-格劳维斯税制仅是用来激励人们显示偏好,所产生的政府盈余既不能返还给个人,也不能用于其他项目,只能被浪费掉,这是不符合帕累托最优标准的;但 Tideman 和 Tullock 论证了随着人数的增加,这种政府盈余将会逐渐减少。但需要强调的是 Groves,Ledyard,Tullock 等人的后续研究,并不是仅停留于批评克拉克-格劳维斯税之上,而是针对其缺点进行了相应修正,使其更加完善。此外,Harvey S. Rosen 指出,参与者个人可能并不了解此套复杂的税制是如何运作的,并且由于政府决策涉及上百万人,所以收集和加工所有信息的花费,即执行成本将是令人难以忍受的。Richard R. Barnett 指出,由于克拉克-格劳维斯税是在人们不能凑在一起形成联盟的假定条件下得到的,如果考虑到人们形成联盟的可能性,实际上人们是能够改变社会决策,使其有利于自己的,即克拉克-格劳维斯税具有个人刺激兼容性,但不一定具有群体刺激兼容性。虽然克拉克-格劳维斯税存在着各种问题,以至于在现实中并不具备可行性,但这一机制是目前各种偏好显示机制中得到好评最多、影响最为广泛的一种,它对人们进一步探究偏好显示机制具有重要启发意义。

(三) 或有估价法

克拉克-格劳维斯税需求显示方法属于间接偏好表露法,近些年来,出现了一种新的偏好表露法,它以调查和问卷形式作为获取个人对公共物品偏好的手段,这种方法是一种直接偏好表露法,被称为"或有估价法"(contingent valuation method,CVM 法),其思想是要求人们对研究人员所描述的某种假设事件作出可能的回答。这种方法的主要优点在于研究人员能设计出一种能产生所需信息的问卷,并可以建立自己的数据库。荣恩使用 CVM 法实证分析了挪威地方公共品的提供效率,即是否满足人们的需要和偏好。他发现,各个市的几项关键性公共服务没有达到有效率产出水平,综合服务水平不均衡,太多的资源配置在了行政和文化开支上。与此同时,对教育和老年人健康方面的投入又太少。或有估价法建立在资料丰富的数据基础上,且不仅限于分析地方公共物品的需求估计,它还具有更广泛的应用领域。但这种方法也并非十全十美,主要是在统计分析中有可能存在各种各样的偏差,以至影响估计结果,而解决这些偏差无形中又增加了这种方法的使用难度,影响了其应用范围。

三、公共物品需求显示的完善

(一)不断完善"以手投票"为基础的投票显示机制

由于公共物品的特性决定了其无法通过市场来显示消费者对它的真实偏好。为了保证公共物品的有效供给,只能在公共物品需求者(公众)与供给者(政府)之间建立起一种非市场的技术媒介——投票机制。在投票机制下,消费者变成选民,他们可以通过投票来直接或间接地选择自己所中意的公共物品支出方案。如果个人的投票结果对最终方案的确定能起重要的作用,那么,消费者一般都能正确地显示自己的偏好。这样通过多数的投票,决定了公共物品供给的合理规模。公共物品的决策是由多数投票人决定的。如果多数投票人比较理性,对市场信息、居民偏好有充分的代表性和预见性,那么,其对公共物品的决策机制就相对比较完美,容易实现帕累托最优改进。

(二)建立"以脚投票"为补充的偏好显示机制

蒂布特模型的偏好显示是一种优选机制,通过社区居民不断迁移,用实际行动显示出人们对所居住区域公共物品供给水平和供给效率的偏好。如果居民对本地区的公共物品水平、质量等各方面不满意,通过"以手投票"的方式不能满足,可以行使其"以脚投票"——离开这里,最终寻找到与自己的收入水平、税负能力、期望的公共服务标准等相适应的社区,经过若干次迁移,达成某种均衡状态。我们经常谈到的"物以类聚,人以群分",某种程度上即是对这一情况的真实写照。

蒂布特模型还是一种压力机制,尤其是对城市公共物品的供给者——地方政府而言,在税收最大化和选票最大化的双重约束下,地方政府会千方百计使公共物品的供给符合辖区居民的需求,否则,辖区居民的迁出既减少地方政府的收入,又同时损坏了地方政府的形象。从这种意义上说,蒂布特模型是一种自下而上的决策机制的偏好显示,其核心思想仍然可以为公共物品的单一的偏好表达方式带来新意。

(三)采用"或有估价法"显示公共物品的需求偏好

或有估价法作为一种评估公共物品价格及政策方面的有效方法,不仅在发达国家被普遍采用,而且发展中国家也越来越多地采用它。例如,双边援助国机构和国际发展银行越来越多地使用或有估价技术来评估公共物品、公共项目以及公共政策。目前,发展中国家中或有估价法的使用主要集中在供水、公共卫生、娱乐、旅游、国家公园领域,以后将逐渐发展到地表水质量、健康、生物多样性的保持等方面。我国虽然从 1979 年引进 CVM 的概念,但目前在 CVM 的研究和应用方面都存在着不足。因此,借鉴国外的实践经验和结合我国的国情,我国也可考虑在公共物品决策领域引入或有估价法。

第十章 公共物品管理

◆ 本章重要概念

公共物品（public goods）
公共物品有效供给（effective supply of public goods）
公共物品需求显示（demand display of public goods）

◆ 本章思考题

1. 公共物品有哪些基本特性？
2. 公共物品如何分类？
3. 判定公共物品应遵循什么步骤？
4. 公共物品的混合供给模式是什么？
5. 什么是林达尔均衡？什么叫搭便车者？如何解决搭便车的问题？
6. 为什么说政府供给不等于政府直接生产？
7. 公共物品需求显示的难题有哪些？如何解决？

📖 本章推荐阅读书目

1. 黄恒学.公共经济学[M].北京：北京大学出版社，2009.
2. [美]保罗·A.萨缪尔森，威廉·D.诺德豪斯.经济学[M].16 版.萧琛，译.北京：华夏出版社，2002.

第十一章 公共信息资源管理

——本章导言——

随着信息技术的加速发展,信息资源管理对公共部门的影响日益显著,这表现在对公共管理者、公共组织、公共决策、公共管理方法和公共管理公文等诸多方面。公共信息资源管理,是为了确保公共信息资源的有效利用,以现代信息技术为手段对公共信息资源实施计划、预算、组织、指挥、控制、协调的一种管理活动。

第一节 公共信息资源管理概述

一、公共信息资源管理概念的界定

要明确公共信息资源管理的概念,首先就要理解信息、公共信息,以及公共信息资源的内涵。但是,如何定义"信息"抑或"公共信息",始终未能达成一致。《大英百科全书》中就写道,"信息现象渗透于物质世界和精神世界之中,信息的多样性使得迄今为止所有要为信息下一个统一定义的企图都落空了"。而将信息作为一种资源来管理的思想兴起于20世纪70年代。"信息资源"这一术语,据一些学者考证,最早是在1970年由罗尔科在《加拿大的信息资源》一文中提出的。[1] 1990年6月,由美国全国图书馆和信息科学委员会(NCLIS)制定的《公共信息准则》将公共信息定义为"联邦政府制作、编辑或维护的信息",并认为"公共信息是属于公众的信息,为公众所信赖的政府所拥有,并在法律允许的范围内为公众所享用"。其后,美国的《公共信息资源改革法案2001》把政府信息资源分为两部分:一部分是政府内部信息资源,另一部分是公共信息资源;并指出"公共信息资源是为国民所拥有被政府所掌握的战略性的国家财富,除了被法律禁止的,公共信息资源应该为公众永久有效并应为所有美国人、国家、当地或部落政府、私人企业、学术组织,以及其他公共和私人组织和机构的利益而最大限度地开发";同时,"公共信息资源意味着政府信息资源,指那些主要为公共利用的目的所创建的信息……被划分为属于国家安全类的信息资源,或者被诸如隐私法等其他法规所限制揭示的信息资源。"保罗·乌勒在给联合国教科文组织起草的《发展和促进公共领域信息的政策指导草案》中,把公共信息资源定义为"不受知识产权和其他法定制度限制使用,以及公众能够有效利用而无须授权也不

---

[1] 王乐夫,蔡立辉.公共管理学[M].北京:中国人民大学出版社,2008:288.

受制约的各种数据来源、类型及信息"[1]。在国内,对公共信息资源的认识主要有三种观点:从政府角度、从社会性角度,以及从广义角度来定义。[2] 比如,有学者把公共信息资源管理界定为"以政府为核心的公共主体为了有效利用公共信息资源,以信息技术为手段,对公共信息资源实施计划、预算、组织、指挥、控制、协调的一种管理活动"[3];还有学者认为,"从信息终极价值实现的角度出发,现代意义的公共信息资源管理是以政府为核心的多元社会行为主体及其网络化组织结构,为了最大限度地促进信息资源的全社会共享和信息资源效用价值的实现,维护社会公共利益,综合运用各种政治的、经济的、文化的、技术的管理方法和手段,在公共参与下实现对公共信息资源的多元管理"[4]。

尽管国内外对公共信息资源概念的理解不尽相同,但其表达的本质内涵是相互一致的。

首先,公共信息资源的"公共性"决定其反映的是社会公共性问题。所谓公共问题,是与那些"影响有限,只涉及一个或少数几个人的"私人问题相对的"影响广,包括对不直接相关的人有影响的问题"[5]。在逻辑上,与公共利益密切相关,有关公共政策的推行、公共议程的设置、相关公共利益的维护和制度的合理安排都可纳入公共信息资源管理的范畴。

其次,公共信息资源的"边界性"是一个历史演进的过程。早期政府信息资源与公共信息资源在内涵和外延上确实没有明显区别。然而,随着相关社会事务日渐复杂,政府生产和掌握的信息资源并不能覆盖所有社会公共事务领域,特别是随着西方新公共管理运动的兴起、第三部门的空前活跃,为整个社会信息资源管理权力体系的平衡和公共信息资源的合理配置创造了组织条件和社会环境氛围。当前看来,传统意义上的政府信息资源管理仅仅局限于政府内部信息资源的循环流动,强调官僚体系对信息流动过程的监控,这已经在某种意义上严格限定了管理的目标、对象以及价值取向,因此,应采用公共信息资源管理,创新传统意义上的政府信息资源管理体制和模式,拓宽信息管理的对象和内容,以保证公共信息资源的效用得到最大化发挥。显然,突出宏观指导和制度保障,以及基本信息服务的政府信息资源与全面反映公共生活的公共信息资源在外延和内涵上的区别渐渐明显。

基于上述理解,我们认为,公共信息资源管理是一种能够确保公共信息得到充分利用的管理活动,其管理对象包括所有类型的数据、号码、文本、视像、声音和各种不同的公共信息与信息技术;是高效率地确定、获取、综合利用各种公共信息资源,以有效地满足当前和未来公共信息需求的过程;是为了确保公共信息资源的有效利用,以现代信息技术为手段对公共信息资源实施计划、预算、组织、指挥、控制、协调的一种管理活动。

二、公共信息资源管理的基本特征

(一)公共性是公共信息资源管理的本质特征

在整个信息资源运作体系中,公共信息资源管理的对象只针对社会公共信息资源,即

---

[1] 夏义堃.公共信息资源管理的多元化视角[J].图书情报知识,2005(2):20.
[2] 夏义堃.政府信息资源管理与公共信息资源管理比较分析[J].情报科学,2006(4):521-536.
[3] 黄健荣,等.公共管理新论[M].北京:社会科学文献出版社,2005:441.
[4] 夏义堃.政府信息资源管理与公共信息资源管理比较分析[J].情报科学,2006(4):521-536.
[5] [美]詹姆斯·安德森.公共决策[M].唐亮,译.北京:华夏出版社,1990:66-67.

一定时期内与社会共同体成员利益密切相关的公共信息,以满足和服务于社会每个个体成员对信息的普遍性需求。正是由于公共信息资源管理的公共性特征,其必然反映的是社会公共事务、公共议题,以及与公众生活密切相关的信息报道,信息的管理状况直接关乎每个社会成员的切身利益。事实上,"公共性"构成了公共信息资源管理的最本质概念,只要逻辑上同公共利益密切相关。公共政策的制定与执行、相应的制度安排,以及相关的公共事务信息均可列入公共信息资源管理的范畴,并组构成公共信息资源管理的范畴体系。

(二)广泛性是公共信息资源管理的主体特征

传统意义上都把政府作为公共信息资源管理的主体,但公共部门在管理信息资源时有自身独有的问题,公共部门管理者比私营部门管理者要处理更大的系统间相互依赖性、更多的繁文缛节以及更广泛的组织外连接。事实上,随着"行政国家"的兴起,以及政府公共性职能的扩张,政府的相关公共事务日益膨胀和复杂化,这必然决定了政府应对公共信息资源管理的局限性和有限性,使得传统公共信息资源管理的主体由单一化走向多元化。公共信息资源管理的主体不再局限于行政机关、司法机关、立法机关等国家机关及各种非政府组织(NGO)、第三部门等都应当成为公共信息资源管理的主体。

(三)互动性是公共信息资源管理的运作特征

随着公共信息资源管理主体的日益多元化,社会成员主体更加积极全程参与和监督公共信息资源管理的运作,这种参与方式和监督方式使得公共信息资源管理呈现政府与社会的良性互动。政府以"竞标"和"外包"的方式将公共信息资源的开发和管理转移给社会上的企业运作。此外,政府还鼓励和引导更多社会组织实现社会公共信息资源的自我管理与服务,加快政府电子政务系统的开发和建设,扩大信息共享空间,提高公众信息的辨识能力与获取能力。与此同时,第三部门、企业和社会大众自觉关注和参与公共信息资源的开发和管理,这些"互动性行为"进一步促进了政府公共信息资源管理的效率提高和开放程度。[①]

三、公共信息资源管理的内容层次

(一)从公共信息资源的横向作用领域

一般而言,按照信息资源作用领域,可将公共信息资源划分为教育、卫生、科技、文化、体育、规划设计、环境保护、通信、交通、社会保障、公共基础设施和公用事业等不同领域的公共信息资源。其中,经济类信息——财政信息、有关企业信息、经济统计等,环境类信息——与水文地理有关的自然信息、土地利用信息、环境质量信息、地理和气象信息等,农业和渔业信息——有关农业收成信息、资源利用信息、水产信息等,社会信息——人口统计信息、行为举止信息、有关健康和疾病信息等,法律信息——有关司法审判、犯罪等法律调控范围内的信息等,科学信息——政府和大学资助下的研究机构产生的科学研究结果等,文化信息——存放于图书馆、档案馆、博物馆、艺术画廊的文献及各种物品等,政治信

---

① 倪明胜,李昱.论公共信息资源管理的概念、基本特征及管理模式创新[J].湖湘论坛,2009(3):121-125.

息——政府发布的出版物、建议和咨询报告等。

与此相对应地,从公共信息资源的横向性质纬度考察,公共信息资源管理的内容层次主要有:对于像法律法令规范类和外交国防等纯公共物品属性的管制性公共信息资源,必须由有权实施强制的政府加以管理;而对于促进经济发展、增进公共福利和基础数据库建设等基础性公共信息资源管理主要凭借高绩效的制度安排和公共权威机构解决;对于社会保障、医疗服务、交通运输等直接面向公众的服务性公共信息资源管理问题,以信息需求是否得到满足为目标,通过政府、第三部门,以及企业在内的多元化体制解决;对于生态环境、人口、能源、科教文化等保障性公共信息资源,必须明确各参与主体的权力职责并发挥积极作用。

(二) 从社会组织系统的纵向等级层次

从社会组织系统的纵向等级层次看,公共信息资源管理是分层次展开的一项复杂管理活动。①

从社会组织系统的微观层面看,公共信息直接来自个体及社区等基层组织,往往与基层社会事务有密切关系,是公众敏感性信息,但并不都属于政府管理范围,因为毕竟政府与社会是有区别的,政府难以有足够的资金人力投向此类公共信息资源,这就需要发挥社会自身的力量,通过公共信息资源的自我管理机制满足公众需求。其主要表现为:基于基层公共事务的管理活动过程,由若干相关而有序的环节组成,如公众的信息需求,对需求的分析,公众信息来源的综合分析,基层组织公共信息的采集和转换,公共信息的组织、检索,对公共信息资源的开发,以及面向组织和公众的传播与利用等环节。

在社会组织系统的中间层面,公共信息资源管理的重要组成部分就是保证最低数量和基本质量的公共信息服务。因此,公共信息资源管理活动的主体,无论是担负执行任务的政府职能部门还是企业、第三部门等社会组织,其活动主要体现为一种以人为本的网络化交互式无缝隙管理,通过灵活的组织机制的建立,应对不同需求的公共信息系统,各系统之间的协调合作,实现系统的集成化管理,以实现公共信息资源的共享,满足公众个性化信息需求,提供高质量的公共信息服务。与此同时,政府的另一重要工作目标是维护社会公平,这在公共信息资源管理领域,包括两个方面的含义:一是要保证不同行为主体如公民、社会组织与企业之间公共信息资源获取上的公平;二是要保证政府与其他社会组织与个人之间公共信息资源开发建设上的公平,这意味着政府只是公共信息资源管理的重要参与者,任何社会组织无论是企业还是社会公益性部门,都有权介入这一领域,除提供必要的公共信息,参与信息资源的开发建设外,政府应减少对社会及部分市场公共信息的过度干预,收缩部分公共信息资源管理的具体职能,进而承担起领导和加强公共信息资源管理的任务。另外,培育公共信息资源管理的多元化主体、开拓公共信息资源的广阔空间、强化公共信息资源管理的宏观规划和制度制定等都是政府的重要职责。

在社会组织系统的国家层面,公共信息资源管理涉及国家大政方针等根本制度性信息和基础性信息,事关国家前途命运,政治性要求占据突出地位,这需要运用公共权力和

---

① 夏义堃.公共信息资源的多元化管理[M].武汉:武汉大学出版社,2008:62-65.

政府权威来实现,因此只能由政府来进行管理和建设。这一层面公共信息资源管理的主要任务在于相关政策法规主导的调控管理和社会信息化建设的总体规划,诸如公共信息资源的管理体制、运行机制,以及共建共享乃至国家信息基础设施建设、公民信息意识的普及等都需要通过政策体制法规制度的完善来实现。

这种从纵向纬度对公共信息资源管理问题区分的意义在于确定不同主体参与公共信息资源管理的责任范围和作用空间,使每一类公共信息资源管理问题都对应于相应层次的管理主体。

(三) 从独立运作公共部门的内外角度

从组织系统的角度观察,还可以划分为公共信息资源的内部管理和外部管理。公共信息资源的内部管理侧重于局部的、微观的、组织系统内部公共信息资源的整合,而外部管理则偏重于总体的、宏观的、与社会的信息交流与监管。

1. 公共信息资源的内部管理

公共信息资源的内部管理是组织内部公共信息资源管理活动,涉及信息资源的收集、加工、组织和存储等,其着眼点在于从生产性环节进行公共信息资源的质量管理,如广泛动员各方面力量组织公共信息的采集、进行专题数据库开发,以及信息检索揭示,为以后公共信息服务的拓展和公共信息资源管理工作的有序进行奠定基础。尽管内部管理是参与公共信息资源管理的各类组织系统内部的职能业务,围绕具体的组织目标有针对性地展开,其管理主体应是组织系统本身,但也不排斥其他主体有条件的参与,如居民、民间组织,以及企事业单位对公共信息采集的主动参与及在公共信息资源的加工分类和整理等技术性环节,各类科研教育机构和公司以合作开发或契约委托等形式的有限介入。

2. 公共信息资源的外部管理

公共信息资源的外部管理一方面指组织面向社会进行的公共信息资源的宣传、交流、传递、增值服务与信息反馈等活动,目的在于信息的发布、指引以及互动反馈;另一方面,也指社会对组织公共信息资源管理活动的监管和评估,主要是从经营性的角度管理公共信息资源。如果说内部管理强调的只是公共信息资源内容本身管理的话,那么,外部管理则涉及用户、信息基础设施、信息环境以及资金、文化等管理的各要素,互动性、回应性,以及社会性要求使得公共信息资源的外部管理更加注重社会各种资源的充分利用,与社会保持紧密合作是顺利完成这一阶段管理目标的必然要求。

当然,从目前发展来看,内外部管理有向综合管理发展的趋势,这在实践中表现为建立"电子政府"①。

---

① 有关电子政府建设的具体问题将在本章第二节详细探讨,这里不再赘述。

第二节 电子政府建设

一、电子政府的基本理论

(一) 电子政府的含义界定

对于电子政府(e-government)[①],不同的国家政府、各研究机构的定义并不相同。

根据 2001 年 11 月世界经合组织(OECD)的报告,电子政府是指政府将新的信息和通信技术(ICTs)运用到政府的全部职能中,特别是利用互联网及相关技术的网络化潜能来改革政府的结构和运作。

世界银行对电子政府的定义更为全面,电子政府是指政府机构使用信息技术(广域网、互联网、移动通信),改造政府与公众、企业、其他政府机构的关系。这些技术可以服务于下列目标:更好地向公众提供公共服务,改进政府与产业界的互动关系,通过使公众更方便地获得信息来增加公民权利,实现更有效率的政府管理。通过电子政府的构建,政府可以实现:减少政府腐败、提高政府透明度、增加政府收入和节约成本。

一些范式论者则有如下三点基本主张:①相对于其他定义而言,最广义的电子政府不是应用科技,而是一种范式;②其目标不是对官僚体系进行功能补充,而是最终取而代之;③电子政府的本质,并不是单纯地在政府和公共事务中应用信息科技、提高行政效率,也不仅是应用信息技术提供信息和电子服务,而是建立适应信息社会需要的新的政府治理典范、促进善治、实现善政的问题。因此,在理解和构建电子政府的过程中,必须思考和回答这样一个基本的问题,即如何有效地利用现代的信息和信息技术,实现善治、达到善政?[②] 表 11-1 归纳了从官僚范式到电子政府行政范式的迁移。

关于电子政府,还有着其他各种各样的定义,这里就不再一一列举。尽管定义各不相同,但是对电子政府的共识还是可以归纳为以下几点。

(1) 电子政府的技术基础是 ICTs,即新的信息和通信技术。

(2) 电子政府不是传统政府管理方式的电子化,而是信息时代下政府模式的重塑,是

---

① 特别提及的是,与电子政府相关的概念有很多,其中争议最多的就是电子政务。这里认为电子政府和电子政务并不是对等的概念。电子政府,是一种全新的政府管理形态,是一个理想化的目标,即一种以信息和技术为依托,以实现完善的政府服务为目标的"虚拟政府"。而电子政务,则是一个动态的过程,是实体政府利用信息和技术以提高政府效率的一种方式。从长远的角度来看,电子政务是电子政府发展的一个重要阶段,而电子政府则是电子政务发展的长期目标。目前,在我国得到更多认可的是"电子政务"的提法,其原因如下。其一,我国的体制中,党、政府、人大和政协四套班子都是从事政务工作的,只是分工不同。如果称为"电子政府",势必要另行定义或说明,此"政府"是在广义的意义上使用,应包括党、政府、人大、政协等。称为电子政务就没有混淆的问题了。其二,在英文中,名词可以做动词用,e-government 可以理解为政府工作的电子化、网络化。但在中文中,"政府"这个名词不能做动词用,对于非专业人士,特别是对百姓大众,很容易会误会是否成立了一个"电子政府"的新机构。而电子政务就不会有此误会。其三,电子政务和电子商务从本质上来说是同样的,只是主体不同,以及由主体不同而带来一些不同特点而已。e-business、e-commerce 已经统一翻译成"电子商务"并被大众所广泛接受,e-government 翻译成"电子政务"具有对应性,好记好用。其四,电子政务可理解为对 e-government 的翻译,因此,从中文翻译为英文时,仍可翻译为 e-government,不会造成国际交流时的理解障碍。

② 张成福.信息时代政府治理:理解电子化政府的实质意涵[J]. 2003(1):13-16.

表 11-1 从官僚范式到电子政府行政范式的迁移

比较项目	官僚范式	电子政府行政范式
导向	产出成本-效益	使用者满意、控制和弹性
组织	功能部门化、控制为主的垂直组织	平行组织、网络组织、信息共享
管理原则	由法令管理	弹性管理、以合作为主体
领导形态	命令及控制	提升合作、创新的企业经营方式
内部沟通	由上而下的层级	基于网络的协同工作、直接沟通
外部沟通	集中化的、正式的、有限的通道	多元的、正式与非正式的直接和快速反馈
行政服务模式	文件模式或人际互动	电子交易、非面对面互动
行政服务原则	标准、公平、公正	使用者定制、个性化

资料来源:何为电子化政府[EB/OL].2004.http://www.exam-point.corn.tw/rntm/kp/00011/b/b03.pdf.

信息技术进步牵引的政府管理方式的深刻变革。

(3) 电子政府主要包括两个方面:其一,政府机构内部的运作;其二,政府机构与外部(公众、企业、其他政府机构)的互动。其中,后者是 20 世纪 90 年代末期以来电子政府发展的最新趋势和主要领域。

(二) 电子政府的内容模式

正如电子政府定义所揭示的,电子政府涉及一个比较广泛的范围,既包括政府内部的信息化、自动化,也包括政府与外部(公众、企业、其他政府机构)的相互关系,并且后者是当今电子政府发展的最主要领域。

目前,国际上对电子政府的研究一般认为,电子政府的运作主体包括四个方面的内容,也就是电子政府的 4G 模型。

(1) 政府与政府(government to government,G2G)。即上下级政府、不同地方政府、不同政府部门之间的电子政务,主要包括电子公文系统、电子法规政策系统、电子财政管理系统、电子办公系统等。

(2) 政府与企业(government to business,G2B)。即透过电子方式,与商务伙伴处理交易和进行业务往来,通过发展与商务伙伴进行电子交易,以改善工商界的营运效率和减低运作成本,主要包括电子采购与招标、电子税务、电子证照办理、信息咨询服务等。

(3) 政府与公民(government to citizen,G2C)。即透过互联网和其他电子方式,令市民在享用公共服务时,增加一个电子网络系统选择,主要包括教育培训服务、就业服务、医疗保险服务、交通管理服务等。

(4) 政府与公务员(government to employee,G2E)。即政府各部门利用电子渠道与员工进行沟通和处理事务,促进部门内管理层与员工之间以电子方式进行沟通和处理事务,以提高政府内部管理效率,降低行政成本,比如业绩评价系统等。

在此基础上,Schedler,K.和Summermatter,L.在《电子政府:国家怎么做和为什么这样做:欧洲的远景》一文中提出了一个比较有影响的电子政府基本模型①,如图11-1所示。

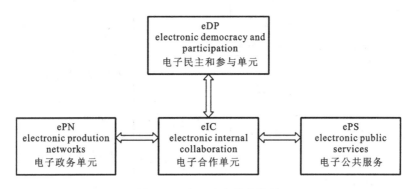

图 11-1 电子政府基本模型

从内容结构上,电子政府基本模型是由四个相互作用的核心单元构成:①电子民主和参与单元(eDP)是电子政府的重要基础,电子民主为参与行政决策的过程、表达民意开启了许多新的机会,体现了电子政府的合法性;②电子政务单元(ePN)是电子政府为公众提供服务的机构,其政务活动不是在割裂的政府职能部门中独立进行,而是在互通互联的网络上与政府部门、与政府的合作中共同完成;③电子公共服务单元(ePS)是电子政府的核心价值,电子政府应为公众提供更加广泛、优质的电子服务,公共服务的提供是由政府和合作伙伴共同完成;④电子合作单元(eIC)是对政府内涵的扩展,是四个单元中最核心的单元。

从交互作用上,电子政府基本模型涉及电子政府的内部关系与外部关系。内部关系包括政府决策、行政运作和政府业务过程;外部关系指政府及与政府合作的政治家、议会、公众、企业和非政府组织。电子政府基本模型通过政府服务的提供、需求的满足、参与的理念、合作伙伴,突出了公众核心理念,突出了电子政府与传统政府在管理结构上的差异,模块间淡化层级,相互关系是平等、交互、开放式的,体现了电子政府民主制度的设计。与传统政府相比,电子合作是最具特征的变化。电子政府是合作伙伴式的管理模式,即政府、公民社会、市场组织相互合作的治理模式。这种合作涵盖了政府内部过程、政府间、政府与非政府组织、政府与公民的协作关系、区域和作用。在电子政务单元,电子合作将创新文化带入政府部门,使政府各部门间的阻力更小,协作更好,管理水平和行政能力更高;在电子公共服务单元,电子合作使公众对获取政府"一站式"服务更为方便、满意,表明电子政府是一个服务政府;电子合作也使得电子民主和参与得到提升和发展,对民主行政、民主决策具有积极促进作用。表11-2表示了交互作用的合作伙伴在四个核心单元中的角色。

---

① Schedler K,Summermatter L. E-Government:What Countries Do and Why:A European Perspective[M]//Curtin G,Sommer M,Vis-Sommer V. The World of E-Government. Binghamton NY USA:Haworth Press,2005:255-277.

表 11-2　合作伙伴在四个核心单元中的角色①

		coreelements 核心元素			
		eDP	ePN	ePS	eIC
交互作用合作伙伴	private individual 私人的个体	citizens 公民 politicians 政治家 electorate 电子的 lobbyists 议员		customer service recipient 客户,服务接受者	
	companies 公司	sponsors 公司赞助者 lobbyists 议员	suppliers 提供者 partners 合作伙伴	customer service recipient 客户,服务接受者	
	NGO/NPO 非政府组织/非营利组织	lobbyists 议员	partners 合作伙伴	customer service recipient 客户,服务接受者	
	Parliament 国会	legislator 立法者 decision maker 决策者			
	Judiciary 司法部	dispenser of justice 主持公正			
	other admin. units 其他的管理单位		suppliers 提供者 partners 合作伙伴	customer service recipient 客户,服务接受者	
	own admin. units 特殊的管理单位				suppliers 提供者 partners 合作伙伴 customers 客户

（三）电子政府的发展阶段

总体上,对于电子政府的阶段划分主要有两大类观点:一类是按照网络技术从简单到复杂的过程划分;另一类是按照政府改革由浅入深的过程划分。尽管电子政府的阶段划分有所不同,但所反映的电子政府各个发展阶段的本质特征基本相同。

---

① Schedler K, Summermatter L. E-Government: What Countries Do and Why: A European Perspective[M]// Curtin G, Sommer M, Vis-Sommer V. The World of E-Government. Binghamton NY USA: Haworth Press, 2005: 255-277.

2001年,联合国经济与公共事务部与美国公共管理协会联合对全球190个国家的电子政府进程进行了调查,调查报告根据各国电子政府的实践,从技术角度把电子政府的发展过程分为如下五个阶段。

第一阶段:主要是通过网站发布与政府有关的各种静态信息,如政府机构、法规、指南等。因此,上网发布政府信息是电子政府发展起步阶段的主要特征。

第二阶段:政府与用户的单向互动阶段。政府除了上网发布政府信息和提供信息服务之外,还向用户提供某种形式的在线服务。

第三阶段:政府与用户的双向互动阶段。该阶段的主要特征是,政府可以根据需要,随时就某件事情安排在网上征求公众的意见。同时,公众也可以向政府提出建议或询问,参与政府的公共管理和决策。

第四阶段:网上事务处理阶段。以电子的方式完完全全地完成各项政府业务的处理。

第五阶段:无缝集成阶段。这是电子政府追求的理想目标,是社会资源的无缝隙整合,组织管理趋于零成本地运行,服务个性化和即时反应这四项政府组织信息化成熟度的主要标志。

电子政府阶段论的意义在于为电子政府及其相关问题的讨论,提供了一个分析框架。不同发展阶段,电子政府的内涵不同、目标不同、任务不同,涉及政府的改革层次与制度创新层次不同。阶段论有助于各国政府了解本国在发展电子政府阶段中所处的位置,为研究制定电子政府发展规划、制定变革途径和发展目标提供理论基础,为电子政府的实践提供一个可参照的连续发展方向。例如中国的电子政府处于哪个阶段,其发展环境是什么,如何借鉴先进经验,需要制定的总目标是什么,阶段性目标是什么,如何制定可持续发展战略等。

二、国外的电子政府建设

(一)主要领先国家电子政府建设的发展概况

国际著名的Accenture咨询公司,曾就2006—2007年电子政府在26个国家和地区的发展情况做过一个调查研究,按照信息公开化和通信程度、政府网站的构成、用户的满意度等评价标准将这个26个国家和地区按电子政府发展的成熟程度依序分成四个类别。①创新和领先的国家:新加坡、加拿大、美国。②发展较好的国家和地区:澳大利亚、丹麦、英国、芬兰、中国香港、德国、爱尔兰、荷兰、法国、挪威、日本。③稳步进展的国家和地区:新西兰、西班牙、比利时、中国内地。④正在打基础的国家:葡萄牙、巴西、马来西亚、意大利、南非、墨西哥、俄罗斯、印度。

现以新加坡、加拿大、美国、澳大利亚和英国这几个在电子政府建设方面领先的国家为例。

1. 新加坡电子政府建设

新加坡是全世界最早推行"政府信息化"的国家之一,也是全球公认的电子政府发展最为领先的国家。新加坡从1981年起就开始发展电子政府。1986年政府推行"国家IT计划",目标是引进先进的网络技术,集成计算机与通信技术,以加强国家行政部门的计算机化。1992年,政府发布"IT2000计划",目标是将新加坡变为一个智能岛,成为全球性IT中心。1999年,开始实施一项新计划——Infocomm21(即面向21世纪的信息与通信技术计划),其核心是大力实施电子政府,推进政府公共部门充分运用信息与通信技术,以更好地为公众服务。新加坡电子政府最重要的目标是"尽量将一切可以放在网上的服务都放在网上",根据公民的需要提供一站式服务。

新加坡电子政府建设的基本特点如下。

(1)"强政府"的发展模式。在推动电子政府的进程中,新加坡政府起了相当大的作用,采取了一系列措施,及时制定了"国家 IT 计划"、"IT2000 计划"、"Infocomm21"以及"电子政府行动计划"等,分步骤重点推进电子政府的快速发展。

(2)以公民为中心。新加坡"电子公民中心"于1999年建立,是世界上迄今为止发展最为成熟的政府对公民的模式,在全球享有极高的评价。电子公民中心是一个虚拟社区,在这里可以实现所有政府机构的信息与服务的完整集成的传递。它要求各政府、各机构、各组织间打破界限,集成各项信息、流程与系统,力争向公众提供一个无缝的在线服务与事务处理。它把每一个公民从出生到死亡整个生命过程需要跟政府打交道的事情全部归纳出来,然后把它分类并细化,居民无须知道是哪个政府部门帮他做了什么事情,他只需顺着这个网站的引导,就可把要办的事情办完。

2. 加拿大电子政府建设

加拿大政府于1999年正式颁布了国家的电子政府战略计划"政府在线",提出政府要做使用信息技术和互联网的模范。2001年,加拿大对政府门户网站进行了重大的改进和重新设计,目的是全面推行"以客户为中心"的网上服务。2004年加拿大实现政府所有的信息和服务全部上网。

加拿大电子政府建设的基本特点如下。

(1)发挥中央政府的统一和协调作用。加拿大政府在国家信息化建设进程中发挥了关键作用。注重通过中央政府进行整体规划和标准制定,采用中央集权的方式,"自上而下"地实施电子政府建设,整个行动计划的制订与率先实施都是由联邦政府负责。加拿大的电子政府战略计划由财政部部长负责全权实施,并由总理亲自挂帅领导。财政部还负责跨政府和跨机构的电子政府协调发展,对各级政府、不同部门的行政界限进行充分协调,以确保"统一的政府"策略。同时,政府还委任首席信息官负责国家电子政府工程的整体规划和信息管理,制定最及时、统一的法规政策和标准体系。

(2)强化基础设施建设。加拿大的电子政府之所以能够迅速发展,后来居上,与加拿大良好的基础设施大有关系。由政府、企业共同参与建设的国家光纤网于2001年建成。1999年,加拿大通过"校园网"和"图书馆网"项目,成为全球第一个把国家所有的公共图书馆和学校通过互联网连接起来的国家。与此同时,社区互联计划(CAP)建立了覆盖全国城市、农村和偏远地区的8800多个公共互联网接入点。

(3)以"客户为中心",强化政府服务理念。加拿大所有的网上服务,都是在对用户进行广泛的市场调研的基础上推出的,以确保最大程度地满足客户的需求,使电子政府带来的改变真正有利于加拿大公民。人们通过电子窗口可以更加便捷地获得政府的各种服务,获得政府的最新消息,与政府部门直接交换信息。2001年,加拿大对国家电子政府网站进行了重新设计,新设计的门户将政府所服务的群体分为加拿大公民、加拿大企业和国际客户三类,体现了以客户为中心的服务理念,改变过去政府网站按照部门或机构的职责来划分组织信息的形式。

3. 美国电子政府建设

美国的电子政府建设在很大程度上正在成为全球电子政府的样板。1993—2001年，美国联邦政府先后发起并实施了1300多项与电子政府相关的实施项目，取得了举世瞩目的成就。一是网站多。美国联邦级的行政、立法、司法部门拥有独立网站，州及地方政府也拥有规模不同的网站，就连地处偏远地带的一些不起眼的小地方也建立了网站。二是分类细。美国电子政府系统中既有政治、经济、军事方面的网站，也有国民求职、贷款消费等方面的网站，五花八门，无所不包，凡是在日常生活中与政府有点关系的事情总是有相关网站提供信息或服务。三是网联网。联邦部门的网站不只介绍本部门的情况，提供相关服务，而且将下属机构的网站连接起来。各州的网站既有全州的内容，也有州内各县市网络的链接。美国联邦政府门户网站"第一政府网站"，既可链接到联邦行政、立法、司法部门的网站，也可链接到各州和地方的网站，以及外国政府网站。

美国电子政府建设的特点如下。

（1）以政府再造为目标。美国电子政府的基础架构为：建立一套共同的整合性政府运作程序，提供民众前台便捷申请服务，所有跨部门的申请事项，将会由系统自动处理，民众无须介入；提供一套共同的统一信息技术工具、获取信息方法及服务措施，增强标准化和交互性，使政府各部门可以共享信息，减少某一部门对信息技术独特性或个别性的需求；使政府服务面对民众，渠道多元化，窗口单一化。电子政府的发展推动了美国政府改革向纵深方向发展，通过使用信息技术重塑了政府对民众的服务流程，加强了政府与客户间的互动，建立了以顾客为导向的电子政府，为民众提供更多获得政府服务的机会与途径。当前，美国电子政府的主要目标是促进联邦政府、州政府和地方政府之间的协同，提升行政管理绩效，鼓励更多的公民使用电子服务和参政议政。

（2）以应用为重点。美国电子政府的应用重点主要体现在：建立全国性的、整合性的电子福利支付系统；发展整合性的网络接入和信息服务，包括电子化政府总体目录、电子化变更地址服务、电子化政府申请图表及文件、电子化税务处理、电子化政府咨询查询服务、多媒体和多语言的服务及公共信息键入站等；发展全国性的执法及公共安全信息网络；提供跨越各级政府的纳税申报及交税处理系统；建立国际贸易资料系统；推动政府部门电子邮递系统。

（3）以突出优势为核心。从功能上说，美国电子政府的优势表现在：扩大政府传播信息的渠道；扩展政府提供服务的职能；提高政府效率，降低行政成本；拉近公民与政府间的距离。

4. 澳大利亚电子政府建设

20世纪90年代以来，由于互联网技术的广泛使用，澳大利亚的电子政府迅速发展。2001年，所有适合澳大利亚联邦政府的服务都实现了互联网传递，电子支付也在2002年成为澳大利亚政府对供应商的普遍支付手段。在澳大利亚政府2002年7月发布的电子政府调查中声称：澳大利亚已经超过美国，成为全球政府使用在线技术最为领先的国家。

澳大利亚电子政府建设的基本特点如下。

（1）围绕电子商务发展电子政府。澳大利亚政府很早就认识到互联网所带来的机遇，并且将电子政府作为促进电子商务发展的一个重要工具。澳大利亚政府于1997年成立了国家信息经济办公室，负责电子政府的全面实施和协调发展。国家信息经济办公室的一个重要职责是在全国范围内推广和扶助电子商务,充分发挥电子政府的催化剂作用。当前,澳大利亚电子政府优先发展的项目是:通过电子政府促进电子商务的发展;加强信息安全、数字认证、数字证书建设,缩小数字鸿沟;实施"创新行动计划"。

(2) 实施政府在线战略。2000年澳大利亚政府发表"政府在线战略",强调政府部门要充分利用互联网所提供的机会,加强与公民的交流,推动跨部门的电子服务,促进政府业务流程的在线化,尤其是支付和采购,加强政府的在线服务。

(3) 实施创新行动计划。2001年澳大利亚发表了《政府的创新行动计划——澳大利亚的实力后援》。该计划认识到信息与通信科技在澳大利亚经济和社会结构中所起的重要作用,为此政府在5年时间内额外提供1.295亿美元用以成立一个世界一流水平的信息和通信技术(ICT)卓越中心。该中心的目标是加强澳大利亚ICT的公共研究活动、培养世界级的人才,以及研究成果的商业化。

5. 英国电子政府建设

英国从1994年开始电子政府建设,晚于美国,却大有后来居上的态势。在电子政府建设方面,英国政府先后制定了《政府现代化白皮书》、《信息时代公共服务战略框架》和《21世纪政府电子服务》等一系列规划。其指导思想是:建立"以公众为中心"的政府;在电子政府建设过程中,应加强跨部门的合作,以更好地满足公众需求;在制定有关政策和方案时,应照顾到少数民族及残疾人的需求;通过实施电子政府,极大地提高政府的工作效率和改进服务方式。加强电子政府建设、发展电子商务和促进全民上网是英国信息化建设的三大基本任务。

英国电子政府建设的基本特点如下。

(1) 建立强有力的领导机构。在电子政府建设上,英国建立了强有力的领导机构,做到了在全国范围内实现统一、协调的领导。英国首相任命了电子大臣,全面领导和协调国家信息化工作,并由两名官员(内阁办公室大臣、电子商务和竞争力大臣)协助其分管电子政府和电子商务,负责政府信息化的整体进程与全面发展,全面推进电子政府建设。

(2) 缩小数字鸿沟,实现全民上网。英国建设电子政府最为突出的特点是"平民化"色彩较浓。政府在发展电子政府过程中,既考虑到熟悉、了解信息技术的人,也充分考虑到不熟悉、不了解信息技术的人。为了在2005年实现全民上网,英国政府加强了信息技术教育和基础设施建设,保证公民在家、在工作单位及在社区都能接入互联网,同时,开展ICT培训及建立电子终身教育系统,帮助人们掌握互联网技术,通过大力发展地方在线内容以使更多人使用互联网。

(3) 建立和开发知识管理系统。在发展电子政府的过程中,英国政府创建了全世界最为领先的知识管理系统。该系统是英国各政府部门内部信息、知识交流的一个内域网。英国政府是全世界第一个实现了所有政府部门内部、部门与部门之间在同一个交互系统上进行协同工作、知识共享的政府。知识管理系统从根本上改变了政府传统的事务流程与处理方式,提高了管理效率,从而最终实现政府职能的转变。

(4) 发展电子民主。电子民主是伴随电子政府发展的一个必然产物,电子政府追求的目标,不仅是实现政府与公民间的电子服务与电子交易,它更需要吸引公民参政议政,与政府官员进行实时互动交流。英国政府对电子民主的发展相当积极。2000年11月,英国内阁颁布法令,宣布英国公民可以在网上对政府文件进行咨询并提出意见。这些政府文件将被放在"英国在线"门户网上,以供公民随时查看。同时,网站还建立了一系列的政策论坛,以供公民对政府政策进行讨论,公民可以在论坛里自由地发表见解,相互交流。许多政府部门在门户网上都建立了相关部门的政策讨论专区,公民可以就感兴趣的政策法规进入各自的论坛。

(二)主要领先国家电子政府建设的基本经验

1. 政府的高度重视

从国家最高领导人到基层公务人员,都普遍认识到电子政务是治国不可缺少的工具,而电子政府只有向公民提供真正切实有效的服务才能得到公众的广泛支持。因此,应该从政治上确定电子政府的目标并勾画出其所应实现的蓝图,制定一个不断推进电子政府发展的长期发展战略;同时,还要有一个可行的具体实施方案,落实相应的责任部门和所需的经费资源及实施项目。

2. 以业务流为主线建设电子政府

从国外的情况看,无论是中央政府各部门,还是地方政府,在电子政府的发展中均以政府的业务流为主线,以避免固化或强化现有的政府结构。以政府的业务流为主线,就是要根据轻重缓急将政府职能中的业务流一个一个地计算机化和网络化,既满足了政府的急需,又有利于政府的职能转变和重构。

3. 确立电子政府发展的优先级

电子政府要取得成功必须确立优先级,提出实施策略。从目前世界各国电子政府发展的情况来看,大致可以从三个角度来考虑电子政府发展的优先级问题,即经济效益、社会效益和政府自身的建设。从实践来看,世界各国几乎无一例外地以电子税务作为电子政府的启动工程或第一优先项目。因为,电子税务不仅大大地提高了政府税收的有效性和效率,而且有效地提高了全社会的完税率。此外,电子税务还可以实现全社会最复杂的档案系统的建立,其意义更为深远。因此,电子税务成为当前国际上最复杂、最成熟的电子政府应用系统。

4. 坚持规范化、标准化以及审慎规划原则

规范化和标准化是电子政府建设的基础性工作,是电子政府系统实现互联互通、信息共享、业务协同、安全可靠的前提。它将各个业务环节有机地连接起来,并为彼此间的协同工作提供技术准则。发达国家的经验也表明,电子政府的发展必须遵循"审慎规划"的战略原则,在电子政府建设中,一步到位、一揽子的解决方案是不切实际和有害的。"审慎规划"就是要根据实际情况以及对信息技术发展的预期,审慎地确定电子政府长远的发展目标。

5. 建立政府、企业、居民等多方合作关系

电子政府建设中建立政府与企业、居民等多方伙伴关系有可能使多方都从中受益。因为,在政府信息系统的建设中,并不一定就是要政府投资,融资的渠道很多,政府没有钱也一样可以办事。不仅政府与企业的伙伴关系具有很大的潜力,居民也是电子政府的一个"财源"。设计得好,可以做到政府、企业、居民共赢。政府和企业在电子政府的发展中各有自己的角色。政府的职责是完成法律赋予政府的职能;政府擅长的是政府自身的业务,不是信息系统的开发。信息系统的开发是企业的专长。因此,在电子政府的发展中,

政府的任务是提出对信息系统的要求,而不是建立一支队伍去搞系统开发。

三、我国的电子政府建设

(一) 我国电子政府建设的发展概况

我国电子政府建设的发展构架,基本可以概括为"一站二网四库十三金"。"一站"是指政府的门户网站。我国第一个政府门户网站开通于1998年底。2006年1月1日零时,中华人民共和国中央人民政府门户网站(www.gov.cn)正式开通,被国内外舆论普遍誉为是中国政府管理方式的创新,是中国提高政务透明度、建设服务型政府的一项重要举措。"二网"是指电子政府的网络结构分为"内网"和"外网"两部分,两者间实行物理隔离。"内网"主要传输涉及国家机密的相关信息和办公业务;"外网"主要实现政府部门面向用户提供的社会管理与公共服务的职能。"四库"是指2002年《关于我国电子政务建设的指导意见》确立的四大战略性、基础性信息库建设。其中包括:人口基础信息库,由公安部牵头,国家人口和计划生育委员会、国家统计局等部门共同参与建设;法人单位基础信息库,由质检总局牵头,工商总局、国税总局、民政部、中编办和国家统计局等部门共同参与建设;自然资源和空间地理基础信息库,由国家发改委牵头,国土资源部、水利部等11个部门和单位共同参与建设;宏观经济数据库,由国家统计局牵头,财政部、人民银行、国税总局、海关总署、工商总局、质检总局等部委共同参与建设。"十三金"是指以"十三金工程"为代表的重点行政业务系统信息化建设,具体包括金税、金财、金贸、金关、金审、金卡、金农、金水、金盾、金桥、金旅、金智、金卫工程,目前已基本涵盖政府部门的社会管理与公共服务的各领域。

(二) 我国电子政府建设的主要问题

经过20多年的建设与发展,我国的电子政府建设已取得明显成效,但仍然面临诸多的问题,主要表现在以下几个方面。

1. 推动电子政府建设的有效需求缺乏

发达国家是在工业化完成的基础上实现信息化的,电子政府属于"需求拉动型",而我国是在工业化的进程中推动信息化的,属于"技术拉动型"或"政府推动型"。简言之,我国的电子政府是在外国的影响下,为了进一步推动生产力的发展,由国务院牵头建设电子政府,自上而下逐级推进,因而这种推动力带有很强的主观性,缺乏有效需求。

2. 当前电子政府建设存在严重的"路径依赖"

我国电子政府建设主要依两条途径展开:一是政府上网,二是建立纵向的业务应用系统。但是仅仅依赖这两条途径,其负面效应已充分暴露。一方面,国家投入了大量资金,各级政府机构建设电子政府的积极性都很高,政府网站数量也快速增加;另一方面,政府网站的社会应用水平却总是提不上去,条块分割、信息孤岛现象严重,政府业务流程改造滞后,电子政府的快速、便捷、公开、透明的优势难以显现。这种状况严重地制约了电子政府的社会化应用水平,将对未来电子政府的顺利发展造成极为不利的影响。

3. 现存的行政体制不适应电子政府建设

我国政府组织结构是"条块分割"的二维模式,表现为纵向层级制和横向职能制的矩阵结构。而电子政府以公共服务需求为出发点,它将政府各个部门封装起来,政府内部业务处理实行的是并行式办公，公众一次性地将办理业务所需的证明材料或其他文件传递给一个政府业务处理入口，就可以得到相应的政府服务。这种并行式办公方式并非简单的"一站式"或"一厅式"的服务，而是后台系统的协调统一工作。伴随着越来越多的政府服务转移至网上实现，这种电子政府要求的后台协调一致的工作流程与政府"条块分割"的组织结构之间的矛盾将会越发尖锐。

4. 信息化基础薄弱与"数字鸿沟"

我国电子政府发展的起点较低，信息化基础薄弱。许多政府部门，尤其是一些地方政府的办公设备仍然比较陈旧落后，根本无法满足电子政府的信息化要求。另外，许多政府部门的网络设施和利用基本上处于空白状况，电子政府只是建立起了一个"躯壳"，忽视了政府对公众服务的信息化，政府与公众之间缺乏互动性、回应性，没有改变政府的结构和公众服务方式，不少政府网站除了领导人名单、部门的通信地址和电话之外，没有其他内容，甚至连起码的信息服务功能也没有具备，根本无法涉及政府电子化、网络化服务与管理，更达不到电子政府建设的目的。电子政府的不平衡现象主要表现在地区的不平衡、行业的不平衡和城乡的不平衡，而且差距有越来越大的趋势。各地各行业电子政府发展不平衡，主要表现在东部沿海地区、大城市发展较快，其他地方政府和行业部门发展相对迟缓。从使用信息技术的群体来看，公务员利用信息技术的能力和信息化意识，尚不能适应电子政府迅速发展的要求。公民的信息化素质在不同地区存在很大差异，尤其是广大的农村地区差距更大。

（三）我国电子政府建设的策略建议

我国电子政府建设既要借鉴发达国家的成功经验，又要立足中国国情，将长远规划与现实需要结合起来，加快政府改革和信息化的步伐，充分利用我们的后发优势，争取实现跨越式的发展。

1. 寻求推动电子政府建设的持久推动力

我国电子政府建设既要利用外拉力，又要造就内驱力。在利用外拉力方面，一定要借鉴外国建设电子政府的成功经验建设本土化的电子政府。在造就内驱力方面，一方面要使各级政府从战略高度重视建设电子政府；另一方面，要普及大众的信息技术水平和信息化意识，使电子政府最终成为老百姓的需求。

2. "以公民为中心"发展电子政府

在当前的模式下，电子政府的建设事实上是以职能部门的管辖范围和职责来划分的。但在大多数情况下，一件事情并不是简单地由某一个部门可以解决，而是需要多个政府职能部门的协同和配合，经过一系列的流程之后才会有结果。如果各个部门的电子政府网站不能实现信息的传递和共享，那么，电子政府所要倡导的"高效性"和高质量服务将无从谈起，而市民也会逐渐失去对电子政府的兴趣和继续使用的动力。因此，世界各国正在从以政府各部门职能来划分的"纵向"电子政府，转变为以市民为中心，以为公众提供高质量、高水平在线服务为首要目标的"纵横结合"的电子政府。要实现这一转变，就需要打破当前的自上而下的相对封闭的网络体系，在互联、互通的基础上，将原来各自独立的信息进行集成，最终实现所有信息的互动和一体化。

3. 实现政府管理流程的规范与优化

电子政府建设有大量的技术问题要解决，但最关键的还是技术以外的管理、法律等问题。美国、新加坡等电子政府建设比较成功的国家,有一条很重要的经验,就是电子政府建设与政府改革要同时进行。优化和规范政府管理流程,并以此为目标来调整政府管理机构和职能,这是政府改革的主要内容。在政府信息化过程中,信息系统建设和应用与政府业务和运行流程是在不断的相互调适中发展的。我国目前的政府业务和运行流程体系是在传统工业和农业社会里形成并发展的,与信息时代发展的要求差距还很大,政府重构的任务艰巨而重要。

4. 加强国家网络基础设施建设

基础信息网络是电子政府最重要的基础设施之一,是电子政府与公民和企业联系的通道,也是实现社会信息化的前提条件。建设具有先进水平、相当规模、结构合理、高速宽带的数字化、网络化环境,是国家信息化未来发展的重要任务。因此,要在统筹规划的基础上加快基础信息网络的建设和调整布局,充分利用已有的网络资源,尽快形成相对完善、多网融合的国家基础信息网络。

5. 重视"数字鸿沟"问题

我国存在严重的信息差距和"数字鸿沟"问题,政府应当从战略上高度重视这种落差问题,着手解决不同民众群体和不同地区之间的"数字鸿沟",重视信息弱势群体的信息服务。

第三节 政府信息公开制度

一、政府信息公开制度的由来

(一)政府信息公开制度的理论基础

政府信息公开是公共部门信息资源管理的一项重要内容,是指国家行政机关和法律、法规及规章授权和委托的组织,在行使国家行政管理职权的过程中,通过法定形式和程序,主动将政府信息向社会公众或依申请而向特定的个人或组织公开的制度。

政府之所以公开其掌握的信息是因为政治领域中存在"信息不对称"的现象。而"信息不对称"是因为政府的权力来源于人民的委托,政府和人民之间有委托与代理的关系,政府为了自身的利益,有可能采取不公开信息的手段,人民有可能成为政府信息的不知情者。因此,在学术界一般把公民知情权(简称知情权,right to know),作为政府信息公开制度的理论基础。

孟德斯鸠和卢梭早在其"人民主权"启蒙思想中,就提出了反对秘密政治的观点,即倡导政府信息公开。[①] 1644 年,约翰·密尔顿在其名著《论出版自由》一书中论述了公众的言论自由权利的重要性,并通过典型的案例分析,表达了公众对政府在公共事务信息保密的抗议。1685 年,英国学者约翰·洛克在《政府论》中指出,"权力的实施必须通过明确、公开的法律;只有法律公开,才能保障统治者不肆意妄为"[②]。1859 年,约翰·斯图尔特·密尔在他的名著《自由论》一书中指出,"无论在任何条件下,公众的审查都是有益的,它是

---

① 肖君拥. 人民主权论[M]. 济南:山东人民出版社,2005:18-31.
② [英]约翰·洛克. 政府论两篇[M]. 赵伯英,译. 西安:陕西人民出版社,2004:305-306.

甄别是非恶善的最好途径"①;同时,他又在《代议制政府》一书中提出了"公共性和讨论的自由",进一步强调了公众普遍参与的价值②。2001年度诺贝尔经济学奖得主约瑟夫·斯蒂格利茨运用委托-代理模型、信息不对称、寻租等理论模型对政府信息公开透明行政的理念,信息保密的缘起、危害和实践,如何处理信息保密与公开之间的关系,进行了精辟的论述。

在国内学界,对于政府信息公开制度比较有代表性的观点包括:陈力丹认为,现代政府承担的责任之一是及时向社会提供客观的信息,不是等到事情处理得非常圆满之后再告诉人民,才算对人民负责。③ 吴根平认为,经济全球化时代的政府管理方式已逐渐由过去单纯的政治统治,转向公共管理和社会服务方面,政府机关与公众之间的信息沟通交流,是当今行政的一个重要趋势。④ 李成言和庄德水认为,政府信息公开将使整个行政系统透明公开,政府政策的决策和执行将完全暴露在众目睽睽之下,从而强化了对行政权力的监督和制约,提高了腐败行为的成本。⑤

（二）国内外政府信息公开制度的主要立法

关于政府信息公开的制度,检视国内外一些主要的相关立法可窥概貌。⑥ 1776年,瑞典制定《出版自由法》,规定了出版、阅览公共文书的权利,这是世界上最早的与信息自由相关的法律。美国是世界上对政府信息公开制度发展影响最为深远的国家。1909年,美国佛罗里达州颁布的《政府文件法》规定,除了特殊的法律豁免之外,政府在行政业务中所产生或接受的任何文件,都应该能够被获取以接受监督。1967年,佛罗里达州《阳光下的政府法案》开始实施,该法案明确了人们获取大部分政府机构会议文件的权利。

1967年,美国总统签署《信息自由法》,规定除涉及国家安全、公民隐私、商业秘密等豁免提供的九项信息外,所有的政府信息均应公开。即使属于豁免公开的事项,政府机构仍然有权决定是否公开。1996年,美国政府对《信息自由法》进行了修订,称之为《电子信息公开法》,规定从1996年11月以后,各部门的信息（部分除外）都需在一年内通过互联网等电子媒体向国民公开。

此外,1974年,美国参众两院通过《隐私权法》,对《信息自由法》中关于政府所持有的公民隐私信息的保护做了规定。1976年,美国国会通过《阳光下的政府法案》。该法案规定,除符合该法规定的豁免公开举行会议的十种情况外,合议制行政机关举行的每一次会议包括其中每一部分都必须公开,公众可以观察会议的进程,取得会议的文件和信息。

1999年,英国颁布《信息自由法草案》,2005年1月正式生效。该法规定,任何人,不管是否拥有英国国籍,也不管是否居住在英国,都有权利了解包括中央和地方各级政府部门、警察、国家医疗保健系统和教育机构在内的约十万个英国公立机构的信息。要求获得信息的公众需书面（包括以电子邮件、信件或传真形式）提出咨询,并写明咨询内容和需求者姓名和地址,但无须说明理由。除特殊情况外,被咨询机构必须在20个工作日内予以

---

① [英]约翰·斯图尔特·密尔.论自由[M].许宝骙,译.北京:商务印书馆,1998:116-123.
② [英]约翰·斯图尔特·密尔.代议制政府[M].汪瑄,译.北京:商务印书馆,1997:16.
③ 陈力丹.对以往重大信息发布指导观念的反思[N].中国青年报,2003-07-12.
④ 吴根平.建立我国政府信息公开制度探析[N].文汇报,2003-12-5.
⑤ 李成言,庄德水.政府信息公开的反ında意义[N].检察日报,2007-05-15.
⑥ 王芳.阳光下的政府:政府信息行为的路径与激励[M].天津:南开大学出版社,2006:1-3.

答复。

除了美国、英国和瑞典,其他许多国家也都制定了关于政府信息公开的法律。如韩国1996年12月颁布《公共机构信息公开法》;日本1991年12月发表《行政信息公开标准》,1998年3月通过《信息公开法案》;芬兰1951年制定《公文书公开法》;丹麦1970年颁布《行政文书公众使用法》;挪威1970年颁布《公众使用法》;法国1978年发布《行政文书使用法》;荷兰1978年颁布《公共信息使用法》;加拿大1978年通过《信息获取法》和《隐私权法》;澳大利亚1982年制定《联邦行政机关信息公开法》;德国1994年制定《环境信息法》等。

我国政府信息公开的制度建设起步相对较晚,至今尚未正式颁布国家性法律。但是,我国的法规中已经有一些涉及政府信息公开与保密的问题,例如《档案法》、《保密法》和《统计法》。《政府信息公开条例》已经在2007年1月17日由国务院常务会议通过,2007年4月5日公布,于2008年5月1日起正式施行。

二、政府信息公开制度的内容

(一)适用机构

各国在制定本国的信息公开制度时都确定了适用本制度的机构范围,"政府"一词并不意味着信息公开的主体只能是政府机构。从各国或地区的立法来看,信息公开立法的调整范围从小到大依次可分为四类:一是只适用于政府行政机构,如美国、日本、韩国、挪威;二是适用于立法、行政与司法等所有国家机构,如瑞典;三是除了所有的国家机构以外,还要适用于行使公共权力的其他组织,如新西兰、英国、罗马尼亚、荷兰;四是除了国家机构和行使公共权力的其他组织以外,还要适用于一般的企业或者私法团体,如南非、俄罗斯、芬兰。①

(二)信息范围

信息公开制度并不是将行政机关所有的信息进行处理、加工之后向国民提供,而是将与行政运作有关的信息向国民提供,信息适用范围具有针对性。各国在对信息公开制度的适用范围进行界定时,有的使用"信息"一词,如美国、英国、韩国、泰国、保加利亚、南非等;有的则使用"文件"一词,如瑞典、日本、澳大利亚、芬兰等。但不论名称如何选择,都不影响其信息公开制度的实施。在这些国家的信息公开法中,基本上都把"信息"或"文件"界定为不受形式和存储介质限制的任何信息,可以是纸质文献,也可以是非纸质文献。在"信息"的界定中,基本上都包括政府信息和第三人信息。对"政府信息"或"官方文件"的界定基本上也都相同,即都解释为适用机构在履行义务或行使职能过程中产生的或从别处获得的信息。如在泰国,"官方信息"是指国家机关拥有或控制的信息,不论它是关于国家管理的信息还是关于民众个人的信息;在日本,"行政文件"是指行政机构的职员在职务活动中制作或获得的,供组织使用的,且由该行政机构拥有的文书、图画及电磁性记录;在芬兰,"官方文件"是指国家机构所拥有的文件和由国家机构准备或者国家机构提供服务时由个人准备的文件;在保加利亚,"政府文件"是指由行政机构制定的文件及行政机构已

---

① 徐崇荣,张红胜.政府信息公开化背景下的中国政府信息资源建设[M].成都:四川人民出版社,2008.

经收到或被送达的文件。

(三) 请求公开权主体及公开义务

与信息公开制度的目的相关联,各国的信息公开制度中都明确规定了请求公开权的主体。对请求公开权主体的界定在不同国家可分为三类:一是本国国民,以及在本国合法永久居住的外国人,如瑞典、新西兰、日本、挪威等;二是本国范围内的自然人与法人,如英国、俄罗斯等;三是任何人和任何组织,包括本国公民、外国公民、本国及外国公司、协会、政府机构等,如美国、保加利亚等。

各级行政机构都应根据权利人的请求向他们提供自己所拥有的信息,但行政机构在履行公开义务时,不得损害个人或组织的正当利益、国家安全,以及行政机构正常完成任务的利益。因此,各国在信息公开制度中,有必要将有充分理由而不能公开的信息划为例外信息。

(四) 信息公开的例外

有关政府信息公开制度中例外信息的划分,各国都从本国国情出发,划定了适合本国国情的例外信息范围。但纵观各国例外信息范围的划分,不难发现,它们也有一些共同点,主要包括以下几类。

一是国家信息。包括关系到国家安全、国防、外交等国家重大利益的信息。

二是个人信息。包括个人隐私、能确定个人的特定信息、公开后会对个人利益造成损害的信息。①

三是企业信息。包括企业的商业秘密、以保密为条件向政府提供的信息等。

四是依据本国其他法律(如税法、保密法、银行法等)规定不能公开的信息。

五是决策信息。包括政府机构之间、政府机构内部、政府与企业或个人之间就有关工作业务问题进行研究、审议、讨论的有关信息,还包括政府机构为参加诉讼等程序所准备的材料等。

六是刑事执法信息。包括有关刑事或纪律调查程序的信息、司法程序的信息。

除此之外,各国还从本国特点出发,划定了一些特殊的例外信息范围,如美国的地质信息,英国的与女王陛下、其他王室成员及其家族通信的有关信息等。

(五) 申请程序与收费

1. 提出申请请求

公开权利人根据自己所申请信息向有关政府机构提出申请,申请的提出应该以书面申请为原则,有特殊原因的可以以口头申请为补充,递交申请可以使用邮寄、电子邮件、传真,以及到申请机构办公地当面提出等方式。

2. 对申请进行审查

首先,政府机构应对所接收到的申请书的必备事项进行审查,看其是否完备,不完备的应给予补充、更正;其次,对申请内容进行审查,看本机构是否拥有被申请的信息,如果不拥有且知道哪个机构拥有,应在规定的时间内将申请移交给拥有该信息的机构,并书面

---

① 各国又对个人信息需公开的特殊情况进行了限定,如为保护人的生命、健康或财产,法律法规规定可查阅与政府机构工作人员履行职务义务相关的个人信息等。

告知申请人移交机构的名称、地址、联系方式。

3. 政府机构依申请公开信息

各级政府机构从接受申请之日起,应在规定的时间内给予申请人答复。这个时限因各国国情的差异而不同,如新西兰定为 20 日,南非定为 30 日,保加利亚定为 14 日,韩国定为 15 日,英国定为 20 日。对请求公开的最终决定有公开决定和拒绝请求决定两种。公开决定可分为部分公开和全部公开,公开时可以采取提供阅览或交付复印件的方式。对拒绝公开的决定应向申请人说明理由。如:属于例外信息,不能公开;申请的信息已经或即将公开;该机构不拥有申请的信息,也不知道哪个机关拥有;申请信息不存在等。

4. 收费

实行信息公开制度,需要投入很多人力财力,因此公开请求者有义务承担一部分费用。收取的费用只能是一些直接费用,如检索费、邮寄费、复印费等,而不能收取间接费用。除了美国,大多数国家的信息公开法在制定收费标准时都没有采用按不同使用目的收取不同费用的做法。为了防止因为收费金额产生误解和纠纷,行政机构应向公开请求者公布收费标准。对经济困难的公开请求者和有其他特殊原因者,如使用信息的目的被判断为是维护和促进公共利益,通过调查确定申请人经济上确有困难时,应根据实际情况酌情减免手续费。

(六)救济措施

政府信息公开制度大多明确规定了救济的内容、途径,从实践上看主要有五种类型。

一是行政复议。它属于行政系统内部的救济手段,通常由相关的政府机构、相关的政府机构的上级等对行政行为的涉及者提出的异议进行审查。这是世界各国普遍采用的做法。

二是独立的信息委员会。这是独立于拥有信息机构的行政机构,一般由机构的首长和专家组成,主要职能是向政府机构提供指导,向复议机构提供咨询,直接处理申诉等。主要设立于日本、泰国等国。

三是独立的信息专员。信息专员独立于行政机构,在完成行政的内部救济后,对公共机构在处理信息公开申请时是否符合信息公开法的规定作出决定。主要运用于英国、澳大利亚、新西兰等。

四是信息裁判所。这是独立于行政系统之外的准司法性的裁判机构,成员大多由代表不同利益的有专门知识的人组成,可以解决法院效率低、收费高的问题,裁判所有不同专业或者行业之分,处理一些对信息专员的决定有异议的申诉。

五是行政诉讼。这是为获得政府信息权利而由法院实施的最后司法救济手段。

三、我国《政府信息公开条例》实施检视[①]

(一)我国政府信息公开的主要内容

1. 政府信息公开是政府的义务,以公开为原则,不公开为例外

各级人民政府及政府部门除涉及国家秘密、商业秘密和个人隐私,以及法律规定免于

---

① 转引自陈建华,楚迤斐,魏成龙.政府信息公开制度实施中存在的问题与对策研究[J].当代财经,2009(8):30-34.

公开的信息外,都必须公开。《政府信息公开条例》第九条规定,行政机关对符合下列基本要求之一的政府信息应当主动公开:①涉及公民、法人或者其他组织切身利益的;②需要社会公众广泛知晓或者参与的;③反映本行政机关机构设置、职能、办事程序等情况的;④其他依照法律、法规和国家有关规定应当主动公开的。第十条规定,县级以上各级人民政府及其部门应当依照本条例第九条的规定,在各自职责范围内确定主动公开的政府信息的具体内容,并重点公开下列政府信息:①行政法规、规章和规范性文件;②国民经济和社会发展规划、专项规划、区域规划及相关政策;③国民经济和社会发展统计信息;④财政预算、决算报告;⑤行政事业性收费的项目、依据、标准;⑥政府集中采购项目的目录、标准及实施情况;⑦行政许可的事项、依据、条件、数量、程序、期限,以及申请行政许可需要提交的全部材料目录及办理情况;⑧重大建设项目的批准和实施情况;⑨扶贫、教育、医疗、社会保障、促进就业等方面的政策、措施及其实施情况;⑩突发公共事件的应急预案、预警信息及应对情况;⑪环境保护、公共卫生、安全生产、食品药品的监督检查、产品质量的监督检查情况。

2. 公民拥有对政府信息公开的请求权,政府信息必须依公民的申请公开

依申请公开的范围包括政府应当主动公开的政府信息以外的其他政府信息。申请方式可以采取信函、电报、传真、电子邮件或口头申请等。

3. 实施政府信息公开的监督机制

这样的机制主要包括:各级人民政府法制工作机构、监察部门依照各自职责对政府信息公开的实施情况进行评议和监督检查;公民对政府机关未履行主动公开义务的,有权向监督机关投诉;公民请求政府公开而政府决定不予公开,申请人对此有异议的,可以向有关监督机关反映;政府机关有违反规定的内容、方式、程序的行为,或变相收费,或公开的内容不实的,应承担相关法律责任。

《政府信息公开条例》第二十九条规定,各级人民政府应当建立健全政府信息公开工作考核制度、社会评议制度和责任追究制度,定期对政府信息公开工作进行考核、评议。第三十条规定,政府信息公开工作主管部门和监察机关负责对行政机关政府信息公开的实施情况进行监督检查。第三十三条规定,公民、法人或者其他组织认为行政机关不依法履行政府信息公开义务的,可以向上级行政机关、监察机关或者政府信息公开工作主管部门举报。收到举报的机关应当予以调查处理。公民、法人或者其他组织认为,行政机关在政府信息公开工作中的具体行政行为侵犯其合法权益的,可以依法申请行政复议或者提起行政诉讼。

4. 我国政府信息公开的主要方式

《政府信息公开条例》第十五条规定,行政机关应当将主动公开的政府信息,通过政府公报、政府网站、新闻发布会,以及报刊、广播、电视等便于公众知晓的方式公开。第十六条规定,各级人民政府应当在国家档案馆、公共图书馆设置政府信息查阅场所,并配备相应的设施、设备,为公民、法人或者其他组织获取政府信息提供便利;行政机关可以根据需要设立公共查阅室、资料索取点、信息公告栏、电子信息屏等场所、设施,公开政府信息。第二十六条规定,行政机关依申请公开政府信息,应当按照申请人要求的形式予以提供;无法按照申请人要求的形式提供的,可以通过安排申请人查阅相关资料、提供复制件或者其他适当形式提供。

(二)《政府信息公开条例》实施中的主要问题分析

2009年3月31日是《政府信息公开条例》规定的"各级行政机关应当在每年3月31日前公布本行政机关的政府信息公开工作年度报告"最后截止日。从2008年5月1日正式实施到2009年3月31日发布年报这一年中,《政府信息公开条例》实施中的主要问题表现如下。

1. 工作年度报告未依法按时公布的情况大量存在

根据《政府信息公开条例》第三十一条规定,各级行政机关应当在每年3月31日前公布本行政机关的政府信息公开工作年度报告(下称工作年度报告)。

然而,统计数据表明,截至2009年4月1日未按时在官方网站公布年度报告的国务院部委9个:外交部、国防部、国家安全部、监察部、民政部、司法部、国土资源部、住房和城乡建设部(设置了公开报告但无内容)、铁道部。省级地方政府9个:陕西、甘肃、宁夏、山西、湖北、青海、西藏、内蒙古、广西。通过Google检索"政府信息公开工作年报",广东省佛山市近百政府门户网站中,仅佛山市统计局、市规划局禅城分局和市政府网站3家发布了政府信息年度报告。江西省吉安市政府网站《全市政府信息公开工作情况通报》显示,《关于做好2008年政府信息公开年度报告编制和公开工作的通知》,要求各地、各有关单位于3月25日前以正式文件报送年度报告,并于3月31日前在政府信息公开平台上公布。然而县(市、区)中还有遂川县、安福县、万安县、青原区、井冈山市等5个县(市、区)没有在规定的3月31日前通过网络平台公布本地年度报告;市直单位中还有26个单位未按时通过网络平台公布本单位年度报告,其中市科学技术局、市劳动和社会保障局、市对外贸易经济合作局、市民族宗教事务局、市工商行政管理局、市质量技术监督局、市档案局、市无线电管理局、市邮政局、吉安出入境检验检疫局、市高新区管委会、市房地产管理局、市稽征分局、市招投标中心、市残疾人联合会、市城投公司、市水务局等17个单位既没有报送纸质报告,也没有在网络上发布;市审计局、市教育局、市财政局、市交通局、市农业局、市国有资产监督管理委员会、市气象局、市航务局、市扶贫办等9个单位仅报送了纸质报告,但未及时在网络上公布。①

可见,且不说目前已经公布的年度报告是否符合《政府信息公开条例》规定的要求,或者对公众是否有价值,工作年度报告未依法按时公布的情况就已经大量存在,这无疑严重考验政府机关的公信力和《政府信息公开条例》的法律尊严。

2. 信息公开内容的"五多五少"尴尬缺陷

按照《政府信息公开条例》第三十二条规定,政府信息公开工作年度报告应当包括下列内容:①行政机关主动公开政府信息的情况;②行政机关依申请公开政府信息和不予公开政府信息的情况;③政府信息公开的收费及减免情况;④因政府信息公开申请行政复议、提起行政诉讼的情况;⑤政府信息公开工作存在的主要问题及改进情况;⑥其他需要报告的事项。

---

① 全市政府信息公开工作情况通报[EB/OL]. http://www.jian.gov.cn/main/viewinfo.asp?ch_id=18367&ch_item=4&ch_subitem=4.

国务院办公厅的《2008年政府信息公开工作基本情况》①,仅对主动公开的政府信息主要内容作出了较为详尽的说明,在已公布工作年度报告的18个中央部门中,有16个部门的工作年度报告仅在形式上基本符合《政府信息公开条例》的要求,而其余两个部门的工作年度报告则非常简陋,如科学技术部、财政部的工作年度报告中,有限的篇幅主要用于讲述工作成绩,并未包纳《政府信息公开条例》要求的基本内容。通过对佛山市各行政机关网站应公开信息进行盘点发现,信息法规、规章、政策、工作报告等信息的公开相对及时、公开程度较高,但部分政策实施情况的公开远非完善(见表11-3)。

表11-3 佛山市各行政机关网站公开信息统计表

信息名称	主要部门	公开信息情况
国民经济和社会发展统计	市统计局	市统计局网站:全市经济运行情况分析仅更新至2008年一到三季度,全市国民经济和社会发展统计公报仅更新至2007年
扶贫、教育、医疗、社保、就业、住房保障等政策、措施及实施	市政府及相关职能部门	市政府网站、市卫生局网站、佛山劳动保障信息网、佛山教育信息网及市建设局网站相关政策、措施均及时公开,但实施情况均未主动公开
环保、公共卫生、安全生产、食品药品、产品质量的监督检查	市环保局、市食品药品监督局、市安监局、市质监局	市环保局网站仅通报监督检查行动,结果未公开
征收或征地、房屋拆迁及补偿、补助费用的发放、使用	市政府、市国土局	市政府网站、市国土局网站征地政策、办法可查询,但补偿、补助费用发放、使用情况未公开

注:时间截至2009年4月6日,根据《信息公开年报 多数政府网"交白卷"》(南方都市报2009年4月7日,FA04版)相关数据整理。

综合分析,目前政府信息公开的内容有限,存在鲜明对照的"五多五少"尴尬缺陷:①形式上公开多,实质上公开少;②结果公开多,过程公开少;③原则方面公开多,具体内容公开少;④公众被动接受的多,主动参与的少;⑤公开政府"正面"信息多,公开政府"负面"信息(特别是政府工作失误、不足、违法乃至腐败的信息)少。这比较全面地概括了目前政府信息公开存在的偏颇和不足,这也正是亟须改进的方面。

☐ **3. 公众申请政府信息公开的要求与公众信息需求得到满足的比例存在双低现象**

一方面,大量的事实与数据都充分说明,政府机关主动公开信息内容与公众需求存在

---

① 国务院办公厅2008年政府信息公开工作基本情况[EB/OL]. http://www.gov.cn/zfjs/2009-03/31/content_1273571.htm.

一定差距,信息公开方面的市民意识相当低。如根据成都市政府网站上公布的37个市级机关的年度报告分析,成都市公众提出的政府信息公开申请全年为897条,其中收到公开申请最多的是市国土资源局(45条)和市规划局(26条),包括卫生局、环保局等18个部门机构没有收到一条申请。[①]这个数据对比成都上千万的人口总量,反映出公众参与程度的严重不足。而根据佛山市政府信息公开工作年报显示,佛山市一年受理申请政府信息公开仅4条,即便考虑到佛山市政府网改版升级,各区、行政机关报送电子政务文件,存在移交不及时、不完整等,但在佛山市府办信息公开后台系统看到,目前,通过网络提交的信息公开申请共有28条。再如广州市政府信息公开年报中的25万多条申请,实际上超过21万条是广州市国土资源房管局受理的,并且该局在信息公开年报中披露,全部的信息公开申请均通过窗口递交,该局网站虽设立了"依法申请公开"栏目,但没有收到任何信息公开申请。

另一个方面,根据各工作年度报告对主动公开政府信息、依申请公开政府信息和不予公开政府信息的情况的描述,公众信息需求得到满足的比例仍较低。如《2008上海市政府信息公开工作年度报告》显示,2008年上海市依申请公开中,各政府机关共受理政府信息公开申请9388条,获得答复的共9027条,其中"同意公开"的为5320条,占总数的58.9%;"同意部分公开"的为287条,占总数的3.2%;"不予公开"502条,占总数的5.6%。"不予公开"的502条中,有304条是出于"国家秘密"的考虑,有61条出于"过程中信息且影响安全稳定"的考虑。这对于早在2004年国内省级政府中第一个推行政府信息公开制度,并致力于打造"全国行政效率最高、行政透明度最高、行政收费最少的地区之一"的上海来说,只有58.9%的政府信息公开申请被获准,显然并不够,[②]如图11-2所示。

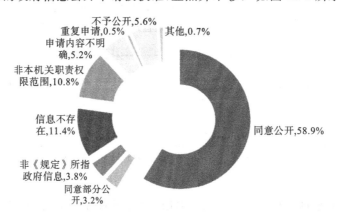

图11-2　上海市2008年政府信息依申请公开答复情况

（三）完善政府信息公开制度的对策建议

我国的政府信息公开制度,由于在全国层面上还没有一个完整的法律体系,针对实施中出现的主要问题,目前应该从以下四个方面完善信息公开的制度建设。

---

① 成都市2008年政府信息公开年度报告[EB/OL]. http://www.chengdu.gov.cn/GovInfoOpens2/detail_allpurpose.jsp? id=F2BgmIYs3dn56rKQe4Cc.

② 2008上海市政府信息公开工作年度报告[EB/OL]. http://www.shanghai.gov.cn/shanghai/node2314/node2319/node12344/userobject26ai17915.html.

1. 转变政府信息公开理念

要想加强政府信息公开工作,首先要转变政府信息公开的理念,就是要改变以往政府对待信息公开的态度,放弃权力本位思想,转到公民本位、服务本位上来。

"民可使由之,不可使知之"曾经是统治者重要的政治智慧;"君威不可测"也是统治者维持权威的神秘基础。因此,《政府信息公开条例》的实施,对长期以来习惯了保密型思维的很多政府官员来讲,显然是一个巨大的挑战。特别是我国政治运行中特有的上行下效模式,自然导致基层政府在政府信息年度报告的公开上要先"学习完上级部门精神"后再发布,而事实上,国务院的报告是在 3 月 31 日即法定期限的最后一天才上传至中国政府网,佛山市政府的报告略微提前也不过是在 3 月 27 日上传,扣除 28、29 两个法定休息日,留给基层政府的学习和参考时间不过 2 天,这对基层政府从收集资料到草拟撰写以及领导审批、公布都捉襟见肘。我们以为,在《政府信息公开条例》的实施中要牢固树立三个理念。

第一,树立政府信息公开是保障公民知情权、监督权、参与权的重要措施的理念。政府部门要从政府权力和公民权利关系的认识上,把政府信息公开视为民众应当享有的一项基本权利,是政府应该履行的义务和职责。

第二,树立政府信息公开是转变执政理念,深化行政体制改革重要内容的理念。摒弃长期保密文化的影响,让行政部门或工作人员从思想上接受政府信息公开,将传统的"权力本位"思想从头脑中剔除,使他们自觉放弃公开与否是政府的权力的错误观点。改变对于公众提出的申请抱着"审批"的错误态度,转变公开信息是政府的"仁慈",不公开是"理所应当"的错误想法。

第三,树立政府信息公开是建立反腐倡廉长效机制重要基础的理念。政府要勇于公开信息,在公众面前完全展露,承担更多的监督甚至批评,以及由此带来的全部后果。

2. 提高公民的权利、民主及政治参与意识

在政府信息公开过程中,除了政府要转变理念外,公民也要转变观念,其中,最重要的是摒弃漠视政治的旧观念,提高公民的权利意识和民主意识,树立政治参与的新意识。

由于中国古代专制政治制度延续了几千年,社会成员没有民主政治生活的经验,因此不具备产生"公民"的土壤,公民的民主意识自然也无从产生,"民主"、"公民"、"公民意识"等概念对于中国而言都是舶来品,我们缺乏民主政治文化的传统资源。作为一种强大的历史惰性力量,这种旧的政治文化还在潜移默化地影响着人们的政治心理和价值取向,对政府信息公开产生一种消极的影响力量。不少群众权利意识淡薄,参与的积极性不高,对政府信息公开并不关心,甚至很少主动地对政府信息公开提出自己的要求,对政府存有一种敬畏心理,不敢要求政府如何保证自己的权利。因此,实行政府信息公开,必须大力清除传统政治文化的消极影响,培育公民的权利意识。应通过向公众传授参与知识,让公众懂得如何参与到政治生活中来,了解如何通过参与政治事务,切实保障和实现自己的合法利益,从而提高公众参与的有效性。可以说,没有人民群众民主意识的觉醒,就不可能有高水平的政府信息公开。

3. 建立政府信息公开的激励、监督及考核机制

首先,应建立长效的激励机制,从中央到地方各级政府应提供强有力的硬、软件支持,

如技术支持、资金支持和人才支持等,为各级政府信息公开打造一个良好的工作平台。

其次,应建立立体的监督机制,从制度上保障此项工作。从《政府信息公开条例》关于监督和保障的条文可以看出,关于如果监督不到位的处罚措施基本上没有明确的说明,这也为政府官员的自由裁量权的行使留下较大的操作空间。为此,建议可以参照欧美国家关于信息公开的监督和保障的相关规定,进一步详细规定公开内容:有关拒绝提供依据我国信息公开法规定所要求的档案的责任人员的姓名、职称或者职务,以及每个人参与此类决定的次数,对于不当拒绝提供档案的主要责任人员的纪律处分报告或不处分的理由等。对于政府信息公开实施的监督仅靠法律体系的完善是远远不够的,还应该加大社会对于政府信息公开的监督,尤其是新闻舆论的监督,应通过多种形式推动各级政府信息公开工作的开展,强调群众监督信息公开工作的重要作用,真正让政府信息为广大民众所知。

最后,应建立绩效的考核机制,制定出具有较强操作性、可以量化的考核标准,把政府信息公开工作纳入干部年终考核中,使领导干部逐步树立起政府信息公开的观念,使政府信息公开工作落到实处。

4. 制定统一的信息公开法

我国尚未形成统一的信息公开法,现存的《国家秘密法》与《政府信息公开条例》之间存在冲突,这是我国政府信息公开的制度性障碍,亟须清除。

一方面,一些国家部委或者地方政府不履行公开职责,未按《政府信息公开条例》规定发布年报。这既事关《政府信息公开条例》的尊严,更涉及公众对政府的信任及信心问题;另一个方面,公众援引该条例要求政府公开信息时往往被"国家秘密"拒绝,譬如信息公开起步较早的上海可看做典型,2008年该市政府各部门受理的政府信息公开申请中,仅约六成申请获批,而在拒绝公众申请的理由中,502条中有304条是因为事涉"国家秘密",达到六成多。① 显然,滥定国家秘密不仅妨碍信息公开,还可能给政府的某些非法行政增添了理由。

从世界范围看,政府信息公开制度的立法模式主要有两种:一种是制定《信息公开法》、《财产申报法》、《政府采购法》等政府信息公开方面的特别法,其他程序方面的总则性规定适用《行政程序法》,代表国家有美国和日本;另一种是没有特别法的规定,相关问题规定在《行政程序法》中,代表国家为德国。笔者认为,我们可以在充分汲取外来经验的基础之上,结合我国政府信息公开工作的实际情况,尽快制定出有中国特色的政府信息公开法。对政府信息公开的主体、机构设置、程序、救济途径等相关问题作出规定,使我国的政府信息公开工作做到有法可依、有法必依、违法必究,逐步将政府信息公开工作引向法治化。

---

① 上海市政府网站.2008 上海市政府信息公开工作年度报告[EB/OL]. http://www.shanghai.gov.cn/shanghai/node2314/node2319/node12344/userobject26ai17915.html.

本章重要概念

公共信息(public information)
公共信息资源管理(public information resources management)
电子政府(e-government)
政府信息公开(freedom of government information)

本章思考题

1. 为什么说在信息社会的公共管理中公共信息的重要地位更加凸显?
2. 公共信息资源管理的基本特征包括哪些?
3. 如何合理划分政府信息资源管理的内容层次?
4. 试述电子政府的内容模式与发展阶段。
5. 试比较分析主要领先国家电子政府建设的内容、特点及对我国的启示。
6. 试述当前我国电子政府建设的问题与对策。
7. 试述政府信息公开的重要意义及其内容方式。
8. 试述我国《政府信息公开条例》实施中的问题及建议。

本章推荐阅读书目

1. 王芳.阳光下的政府:政府信息行为的路径与激励[M].天津:南开大学出版社,2006.
2. 夏义堃.公共信息资源的多元化管理[M].武汉:武汉大学出版社,2008.

第十二章

公共危机管理

——本章导言——

伴随着经济和社会的发展,在全球化的时代大背景下,全球气候条件、自然环境的不断恶化,使得各种突发事件也呈现出复杂性和多样性。特别是近年来,我国正处在经济转轨、社会转型的特殊时期,人口、资源、环境等各类矛盾加剧,导致公共危机频发。危机给人民生活、社会秩序和经济发展带来了巨大的威胁,破坏了经济的发展和社会的稳定,使国家和人民遭受巨大的损失,给公众造成了巨大的心理创伤,也对政府危机管理职能提出了严峻的挑战。公共危机管理已经成为国内外政府及社会各界广泛关注的重要问题,成为学术界研究的热点问题,成为公共管理学科研究的重要方向。本章从危机与公共危机的内涵界定入手,分析公共危机发展的特点和类型,研究公共危机管理的内涵和原则,分析公共危机管理的过程和程序,探索公共危机管理的运行机制。研究公共危机管理,探索公共危机管理机制,对于科学有效应对危机、构建和谐社会、促进经济与社会协调发展具有重大的理论与实践意义。

第一节 公共危机与公共危机管理

一、公共危机

(一)公共危机的内涵

"危机"一词最初作为一个医学术语来源于希腊语,用来描述人处于生死之间,急需采取医疗措施的一种状态。韦氏词典将"危机"定义为"有可能变好或变坏的转折点或关键时期"。牛津词典对"危机"的解释为:①严重疾病突然好转或者恶化的转折点;②事物发展过程中的一个转折点、不确定的时间或者状态、非常危险或者困难的时刻。而《现代汉语词典》(第5版)对"危机"的解释为"危险的根由"以及"严重困难的关头"。

对于危机存在一种常见的理解,即危机是一种人们不可预期的、难以控制的突发事件。我们经常接触到的诸如"突发事件"、"紧急事件"等概念,都与危机事件密切相关。构成危机事件一般有几个显著特点。一是这种危机显然威胁到了现存的秩序,包括政治秩序、经济秩序、社会秩序。二是这种危机要求决策者在短时间内作出决策和应对。三是这种危机具有不确定性,它是怎么来的、将会怎么发展、走势如何等都很难判断。

随着社会的发展,"危机"一词被人们赋予了越来越广阔的含义,18、19世纪逐步被引入政治领域和公共管理领域,公共危机日益受到关注。20世纪下半叶,西方学者对危机的研究加深,他们从不同角度给出众多定义。1972年,危机研究的先驱赫尔曼给危机下了一个经典的定义:危机是威胁决策集团优先目标的一种形势,在这种形势中,决策集团作出反应的时间非常有限,且形势常常向令决策集团惊奇的方向发展。国际著名危机管理理论权威罗森塔尔认为,危机是指对一个社会系统的基本价值和行为准则架构产生严重威胁,而且必须在时间压力和不确定性极高的情况下对其作出关键决策的事件。① 巴顿认为,危机是一个会引起潜在负面影响的具有不确定性的大事件,这种事件及其后果可能对组织及其资产、服务、人员、产品和声誉造成巨大的损害。② R.J.斯蒂尔曼二世认为,公共危机是指社会偏离正常轨道的过程与非均衡状态。

我国学者张成福则认为,公共危机是来自社会经济运行过程内部的不确定性及由此导致的各种危机。或者说它是这样一种紧急事件或者紧急状态,它的出现和爆发严重影响社会的正常运作,对生命、财产、环境等造成威胁、损害,超出了政府和社会常态的管理能力,要求政府和社会采取特殊的措施加以应对。③ 薛澜等认为,在危机情境下,突发紧急事件以及不确定前景造成了高度的紧张和压力,为使组织在危机中得以生存,并将危机所造成的损害降至最低,决策者必须在相当有限的时间约束下作出关键性决策和具体的应对措施。相对于政府的常规性决策而言,危机事件往往处于一种非常态的社会情景,是各种不利情况、严重威胁、不确定性的高度积累。④

综上所述,我们对公共危机的内涵作如下界定:公共危机是指由于自然灾害、社会运行机制失灵等引发的,给社会公共生活和社会公众带来灾难性影响,严重威胁和损害社会公共利益的危机事件。

(二)公共危机的分类

为了更好地认识危机,寻求更好的解决路径,我们可以对危机进行分类。危机的分类方法很多,下面列举几类典型的划分方法。

1. 根据危机发展的速度分类

根据危机发展的速度,罗森塔尔将危机分为"龙卷风型"(快速发展,快速终结)、"腹泻型"(逐渐发展,快速终结)、"长投影型"(快速发展,逐渐终结)、"文火型"(逐渐发展,逐渐终结)。⑤

(1)"龙卷风型"危机。即危机突然发生后会很快平息,来去匆匆,不会给社会带来长久的影响。如劫机、劫持人质、空难导致的危机。一般认为,采用突击队攻击是解决劫机事件的最佳选择。面对此种危机,政府必须采取果断行动。

(2)"腹泻型"危机。这种危机发展酝酿有一个过程,但爆发后很快结束。此类的典型案例是美国的大卫教邪教事件和日本的奥姆真理教事件。在政府采取断然措施后,危机迅速结束。

(3)"长投影型"危机。这种危机爆发具有突然性,但其后续影响深远,长时间内难以

---

① 薛澜,张强,钟开斌.危机管理——转型期中国面临的挑战[M].北京:清华大学出版社,2003:25.
② [美]罗伯特·希斯.危机管理[M].王成,等,译.北京:中信出版社,2001:18-19.
③ 张成福.公共危机管理:全面整合的模式与中国的战略选择[J].中国行政管理,2003(7):5-10.
④ 薛澜,张强.直面危机——SARS险局与中国治理转型[EB/OL].人民网,[2003-05-19].
⑤ 肖鹏军.公共危机管理导论[M].北京:中国人民大学出版社,2006:7.

平息。形成此类危机的原因有两种。一是未能充分治理危机的根源。如1965年美国洛杉矶发生黑人骚乱,危机虽然很快平息了,但事后人们意识到,种族问题才是这一危机爆发的真正原因,其根源很难消除。1992年洛杉矶黑人再次发生暴乱。二是危机处理失当,使一个小危机产生深远影响。例如2001年2月10日,美国核潜艇撞沉了日本渔业实习船"爱媛号",当时的日本首相森喜朗闻讯后,却仍在打高尔夫球,对危机置若罔闻,此事被媒体曝光后,成为促使森喜朗下台的原因之一。

(4)"文火型"危机。这种危机是来得慢去得也慢的危机。事件在爆发前会经历一个酝酿的过程,爆发后也需要一段比较长的时间才能逐渐化解。例如越南战争,美国逐渐卷入越南战争。随着真正的代价逐渐增大,美国决策者骑虎难下,只能继续向越南增兵,企图赢得战争。待认识到决策的失误时,美国决策者决定从越南抽身,但是这个过程的完成,无论在心理上还是政治上都是十分困难的,因此撤军拖了很久才完成。

2. 根据公共危机发生的领域分类

根据公共危机发生的领域的不同,可以将公共危机分为公共政治危机、公共经济危机、公共卫生危机等。其中,公共政治危机主要指政治领域内发生的危机,如政治动乱等;公共经济危机主要指经济领域内发生的危机,如通货膨胀等;公共卫生危机主要指卫生领域内发生的危机,如SARS、禽流感、甲流、三鹿奶粉事件等。

3. 根据公共危机后果的严重程度分类

根据公共危机对社会带来的后果的严重程度,可以对公共危机进行分级分类。①一般危机事件(Ⅳ)。影响局限在基层范围,可被县级政府所控制。②较大危机事件(Ⅲ)。后果严重,影响范围大,发生在一个县以内或是波及两个县以上,超出县级政府应对能力,需要动用市有关部门力量方可控制。③重大危机事件(Ⅱ)。规模大,后果特别严重,发生在一市以内或是波及两个市以上,需要动用省级有关部门力量方可控制。④特别重大危机事件(Ⅰ)。规模极大,后果极其严重,影响超出本省范围,需要动用全省的力量甚至请求中央政府增援和协助方可控制,其应急处置工作由发生地省级政府统一领导和协调,必要时(超出地方处理能力范围或者影响全国的)由国务院统一领导和协调应急处置工作。

4. 根据危机形成的主要原因分类

根据危机形成的主要原因,可以分为以下几类。①自然灾害类。主要包括地质灾害、气象灾害、水旱灾害、海洋灾害、地震灾害、生物灾害以及森林草原火灾等。②事故灾难。主要包括工矿商贸等各种类型企业的生产安全事故、交通运输事故、公共设施与设备事故、生态破坏和环境污染事件等。③公共卫生事件。主要包括传染病疫情、动物疫情、食品安全与职业危害、群体性不明原因疾病和其他严重影响公众健康与生命安全的事件。④社会安全事件。主要包括恐怖袭击事件、经济安全事件和涉外突发事件等。⑤经济危机。主要包括金融危机、贸易危机、资源危机、市场交易危机等。⑥文化和信息危机。主要包括信息泄漏危机、文化认同危机、价值观危机等。①

(三)公共危机的特点

1. 突发性

突发性是指公共危机的爆发通常不伴随着明显的征兆,它是在人们没有准备的情况

---

① 胡税根,余潇枫,何文炯,等.公共危机管理通论[M].杭州:浙江大学出版社,2009:9.

下发生的。危机的共性就是很少有人在危机发生前会意料或预测到。如洪水、飓风、地震等自然灾害的突然爆发;再如,2001年美国"9·11"恐怖袭击事件,2003年初韩国大邱地铁纵火案等都是如此。通常情况下危机都具有很强的破坏力和冲击力,再加上危机爆发的突然性,会使人们措手不及,难以在短时间内形成合理的应对措施。如果危机发生后未能及时果断应对,势必会在很大程度上破坏公共秩序和公共生活。但是,社会公众和管理部门如果能够及时制定出对策,应对危机,就有可能化解危机,最大限度上消除影响,降低损失。

2. 扩散性

公共危机的发生和发展具有动态的特点,其影响和危害就具有扩散的特点。公共危机事件一旦爆发,其影响就不限于某一地域或公共生活的某一范围某一层面,而是会迅速扩散,有可能使一次初始的地区性或行业性灾难迅速升级为全国乃至世界性危机。在全球一体化的背景下,危机的起因与后果往往都是全球性的,发生在一国的危机,通过传播其影响常常具有全球化特征。比如甲型流感源于南美国家,之后却在全球大多数国家肆虐。

3. 危害性

不论何种性质和规模的危机事件,都必然在不同程度上给组织及组织中的个体造成政治、经济或精神上的危害与损失。危机造成的危害主要包括人员伤亡、财产损失、心理创伤、生产力和竞争力下降、公信力下降、利润和赢利能力下降、忠诚度下降等。

我国每年因突发公共事件造成的损失惊人。2003年,我国因生产事故损失2500亿元、各种自然灾害损失1500亿元、交通事故损失2000亿元、卫生和传染病突发事件的损失500亿元,以上共计达6500亿元人民币,相当于损失当年GDP的6%。2004年,全国发生各类突发事件561万起,造成21万人死亡、175万人受伤,全年自然灾害、事故灾难和社会安全事件造成的直接经济损失超过4550亿元。①

4. 紧迫性

危机事件具有突发性,一旦爆发后,往往迅速扩散与发展,如不及时应对,将带来极大的危害性,造成无法弥补的损失。所以,公共危机的又一个重要特点就是紧迫性。危机一旦爆发,危机管理主体应该在第一时间迅速采取措施,快速有效地遏制危机的发展与蔓延,控制稳定局势。当然,有关危机管理的法律法规体系要不断完善与发展,保证政府在危机状态下依法行政,果敢采取措施,及时化解危机。

二、公共危机管理

(一)公共危机管理的内涵

在公共危机管理的研究中,对公共危机管理含义有以下理解。①公共危机管理就是政府或其他社会公共组织通过监测、预警、预控、预防、应急处理、评估、恢复等措施,防止可能发生的危机,处理已经发生的危机,以减少损失,甚至将危机转化为机会,保护公民的人身安全和财产,维护社会和国家安全。② ②危机管理是以政府为主导的危机管理主体,

---

① 陈泽伟,王超群.中国进入突发公共事件高危期每年损6%GDP[EB/OL].雅虎新闻网,[2005-08-07].
② 肖鹏军.公共危机管理导论[M].北京:中国人民大学出版社,2006:25.

以公共危机为目标,通过预防、预警、预控来防止公共危机发生,或者通过危机控制、危机评估、恢复补偿等措施,来减少危机损失,避免危机扩大和升级,使社会恢复正常秩序的一整套管理体系。① ③公共危机管理是公共管理机构对可能发生的公共危机制定应急和处理方案、办法与措施,对危机的萌发、形成、爆发和扩散进行全过程的监测、预警、反应、报告和处置的控制过程。② ④公共危机管理是指公共管理主体为避免或减少公共危机所造成的损害而实施的危机预防、事件识别、紧急反应、应急决策、应急处理、评估、恢复等行为的总称。③

我们认为,公共危机管理是指公共组织为消除或降低公共危机的危害性,维护公共安全和社会秩序,对公共危机事件进行预防、回应和处理的管理过程。由此,可以这样理解公共危机管理:①公共危机管理主体包括政府部门、非政府公共组织在内的多元参与主体系统,政府起着核心主体的作用,起着整合协调的作用;②公共危机管理的过程是预防、回应、处理的综合管理过程,是一项全方位的、全过程的管理工作,也是一个完整的系统工程;③公共危机管理的目的在于消除或降低公共危机的危害性,维护公共安全和社会秩序。

(二) 公共危机管理的原则

1. 以人为本原则

以人为本,就是要把满足人的全面需求和促进人的全面发展作为经济社会发展的根本的出发点和落脚点。在公共危机管理中,应该确立以人为本的核心理念,始终贯彻以人为本的原则。确立以人为本的核心理念,并将其作为政府危机管理的出发点和归宿,是提高公共管理能力的关键因素,也是提高政府执政能力和政府威信的重要举措。危机管理中,要把人民的生命和利益作为头等大事,保证人民的生命安全和各种利益,始终牢记人民的主体地位,真正做到以人为本。以人为本贯穿于整个危机管理过程中,危机预防阶段全民危机意识的培养,危机应对过程中保护公民人身安全和财产安全,危机恢复阶段灾区重建和公民心理慰藉和疏导,这些都是以人为本在公共危机管理过程中的体现。

2. 公众利益原则

公共管理的目的和宗旨就是实现和维护公共利益,在公共危机管理中,必须遵循公众利益至上的原则。在应对公共危机时,尽最大可能避免、减轻危机对人民利益的伤害,对受到危机伤害的人民群众表示同情、慰问,给予救助。公共危机管理有效性的衡量标准就是人民群众的利益是否得到了最大和最好的维护。所以,我们本着公众利益至上的原则,积极应对危机,众志成城,从而展示政府的良好形象,取得公众的信任和支持,谋求危机的有效解决。

3. 积极防范原则

管理控制有前馈控制、事中控制和反馈控制。前馈控制防患于未然,在事情或活动开始之前进行控制,其目的是防止问题的发生而不是当问题出现时再补救。当然,这种控制需要根据及时和准确的信息进行科学的预测。如果从时间点上来看待控制,前馈控制是

---

① 黄顺康.公共危机管理与危机法制研究[M].北京:中国检察出版社,2006:80.
② 李正明.公共事业管理教程[M].北京:机械工业出版社,2006:172.
③ 王乐夫,蔡立辉.公共管理学[M].北京:中国人民大学出版社,2008:340.

最佳时段的控制方法。公共危机具有很强的破坏性,一旦发生,必将造成巨大的社会损失。公共危机管理坚持积极防范的原则,要求政府等公共组织总结规律,对社会问题进行预先监测,及早发现引发危机的原因,预测出将要遇到的问题以及危机事件的演变方向,从而制定多种可供选择的应变方案,将危机的损害降到最低。

4. 快速反应原则

公共危机管理要坚持快速反应原则。当危机事件处于萌芽状态而尚未爆发时,政府如果具备敏锐的危机意识且处理得当,可能会将局势控制住而避免造成严重后果。一旦爆发危机,以政府为主的公共组织必须作出迅速反应,协同作战。危机管理主体应迅速到达现场,迅速布置应急措施,迅速上报有关信息,迅速调集人力、物力、财力,迅速安置有关人员等。例如2010年4月,青海省玉树县发生了最高震级7.1级的大地震,驻灾区部队立即投入救援,在抗震救灾中人民解放军和武警部队彰显的快速反应能力让世界惊叹。

5. 真实透明原则

公共危机管理要坚持真实透明的原则。在危机发生时,报喜不报忧的心态,能隐瞒就隐瞒、能私了就私了的做法,不仅起不到解决危机的作用,相反还会使控制事态进一步恶化的最佳时机白白丧失。一旦公众通过其他手段了解到某些事实真相或扭曲事实的真相,将会使政府陷于非常不利的局面。在SARS爆发的初期,公众缺乏官方信息,造成了一定的社会恐慌,随着政府开展了卓有成效的工作,将事实真相通过多种渠道向社会发布后,公众又慢慢恢复平静,这就是一个很好的例子。

重大危机事件一旦发生就会威胁到人们的生命财产安全,公众往往会陷入到极度恐慌之中。这种情况下,人们迫切需要借助各种途径来获得有关危机事件的信息,以消除或减轻心理上的压力和紧张。如果民众无法从正式的渠道获得足够的信息,便会通过一些非正式组织传播各种谣言和小道消息,以致引发出更大的社会恐慌,对公共危机来讲更是雪上加霜。所以,坚持真实透明的原则,就是在处理公共危机事件时,政府部门必须客观、准确、及时地将事实真相告之公众,让公众知晓危机事件的动态进展情况。当然,在处理危机事件的过程中,要与媒体保持好联系,真实坦率地把政府所掌握的真相公布于众。同时,要及时成立危机指挥系统,由危机指挥系统发言人公布事件进展信息,建立畅通的信息沟通机制。

(三)加强公共危机管理的必要性

1. 建设和谐社会的客观需求

危机的爆发通常是带有破坏性的,无论是传统的自然灾害,还是与现代科技有关的重大突发事件,一旦发生都必然给人的生命、社会秩序和经济发展造成严重的威胁。公共危机使我国经济和社会的协调发展受到严峻挑战,而全球一体化也大大增加了国际危机的变数,对我国发展的外部环境构成了严重影响。

实施政府危机管理是构建和谐社会的客观需求。提高保障公共安全和处置突发事件的能力,减少自然灾害、事故灾难等突发事件造成的损失,有利于社会安定有序,有利于减少经济损失,有利于促进经济和社会的协调发展。

2. 维护公共安全的重要责任

公共安全是指多数人的生命、健康和公私财产的安全。维护公共安全成为现代政府的重要职责,也是转型时期政府面临的突出问题。为维护和确保公共安全,各地区各部门要形成统一指挥、反应灵敏、运转高效的应急机制,各级政府应把公共危机管理摆在重要位置,把人力、财力、物力等资源更多地用于社会管理和公共服务,加强公共危机管理,健全危机管理机制,完善监测、预测、预报、预警和快速反应系统,做好培训和预案演练,更好地维护公共安全。

3. 提升政府执行力的有效途径

执行力是政府工作的生命力,是政府效能的最好体现。进入 21 世纪后,执行力将对一个国家的发展起着越来越重要的作用,它将是构成综合国力的重要促进因素,从而成为决定经济发展成败的一个重要因素。在公共危机多发期,如何提高危机应对中政府的执行力、应变力是当前重要课题。

我国经济社会发展进入一个加速转型的关键阶段,也是突发公共事件的多发期。当前公共危机的爆发呈现出一些新特点,如种类繁多、波及领域广、破坏性强等,这些问题对政府的执行力和应变力带来了挑战和考验。加强公共危机管理、培养公共危机意识、健全公共危机管理体制,则是提高政府执行力的重要途径。只有营造居安思危的危机防范应对意识,建立公共危机预警机制,完善以政府为核心的多元参与机制,才能有效地应对和处理公共危机事件,才能更好地提升政府的执行力和应变力。

4. 提高政府公信力的重要举措

公共危机事件导致的后果是对公民生命安全、财产、自由和社会秩序的威胁,直接损害着公共利益。而提供社会服务和维护公众利益,是公共管理的重要目的和使命。公共危机是一把双刃剑,一方面它威胁着公共利益的安全,另一方面政府通过正确处理公共危机将赢得民心和威信。

健全社会预警体系,提高保障公共安全和处置突发事件的能力,是政府不可推卸的责任和义务,是履行其职能的一种体现,也是衡量和反映政府统治能力的重要方面。政府作为国家政权机关和公共事务的管理者,必须加强公共危机管理能力。只有加强危机管理能力,才能树立政府在公众心目中的权威和良好形象,才能提高政府执政能力和公信力,才能更好地打造服务型政府,才能更好地实现最广大人民的根本利益。

第二节 公共危机管理过程

在公共危机管理中,为避免或减轻突发公共事件所带来的危害,必须研究危机发展的周期和规律,研究西方学者对于危机模式和发展阶段的总结,从而科学划分危机管理的过程和步骤。

一、公共危机发展周期

公共危机从其生成到被消除,有一个生命周期,一般经历五个发展阶段,即潜伏期、爆发期、持续期、解决期、善后期。[①]

---

① 肖鹏军.公共危机管理导论[M].北京:中国人民大学出版社,2006:16.

（一）潜伏期

大多数危机都有一个从量变到质变的过程。在危机潜伏期，社会组织可能较长时间地积累矛盾，危机处于量变和积累阶段。这时，危机并没有真正发生，但表现出一些征兆，预示着危机即将来临。有些危机的预兆较为明显，有些危机的预兆则不十分明显，让人难以识别和判断。危机的潜伏期是危机处理的最佳阶段，在危机爆发之前，如果能及时发现危机的各种征兆，并提前采取措施将危机遏制在萌芽之中，则可以收到事半功倍的效果，避免可能造成的危害。在潜伏期，要树立"预防为主"的思想和观念，"预防为主"也是现代公共危机管理的重要原则。也就是说，在危机发生前，通过政府的主导和全社会的动员，采取各种有效措施来消除危机隐患，避免危机发生；或者在危机来临前做好充分准备，防止危机扩大或升级，最大限度地减少危机造成的损失。危机预防是公共危机管理的第一步，是避免危机大规模爆发，防止危机扩大、升级，减少危机损失的关键。因此，在危机潜伏期，需要树立"预防为主，准备在先"的观念，需要强化事前预防和日常管理工作，有效提高应对危机的能力。预防工作是一个系统工程，需要危机管理者树立责任意识和法律意识，做到防患于未然；需要培育全民公共危机意识，增强对危机的心理承受能力和应对能力；需要建立危机管理协调机制，积极探索城市应急管理模式；需要储备应急物质资源，加强危机管理的物质保障等。目前我国还处于发展中国家的水平，我们更应注重危机管理的预防和准备，避免危机事件的发生，把危机所造成的损失降到最低，建立符合我国国情的危机管理体制。

（二）爆发期

当危机诱因积累到一定程度，就会导致危机的爆发。此时，组织正常的运转秩序受到破坏，组织形象受损，组织的根本利益受到威胁，组织的生存与发展经受着严峻的考验，组织的管理层将经受来自各方面公众的巨大压力。随着时间的流逝，危机的影响范围可能越来越广，危害越来越重，产生的负面影响也越来越大。在危机爆发之后，政府如果具备敏锐的危机意识和危机处理能力，可能会将局势控制住而避免造成严重后果。相反，如果不立即处理，危机将可能进一步升级，影响范围和影响强度有可能进一步扩大。

基于危机爆发期的突发性和紧迫性，危机管理就进入回应和应对阶段。这一时期要求迅速判断危机，对危机形势作出正确分析，采取一系列有效措施，尽快控制事态进展，减少危机造成的损失。这一时期要坚持快速反应和积极回应的原则。快速反应原则和积极回应原则，是危机爆发时期的黄金法则。在危机面前，时间就是生命，速度就是效益。一旦爆发危机，以政府为主的公共组织必须作出迅速反应，协同作战，尽可能将危机损失降到最低。公共危机管理主体应迅速到达现场，迅速布置应急措施，迅速上报有关信息，迅速调集人力、物力、财力，迅速安置有关人员等。危机管理者应积极应对危机，以正确的态度对待危机，不能消极回避危机。树立正确对待危机的态度是正确回应危机的前提和条件。另外，危机具有巨大的破坏力，单靠政府是无法应对的。所以，在危机爆发期应该迅速动员一切社会力量，形成合力，积极有效应对危机。

（三）持续期

危机爆发之后，紧接着发展到危机的持续期。从危机的特点可以看出，危机的发生和发展具有动态的规律，其影响和危害具有扩散的特性。公共危机事件一旦爆发，其影响就不限于某一地域或公共生活的某一范围某一层面,而是会迅速扩散,有可能使一次初始的地区性或行业性灾难迅速升级为全国乃至世界性危机。持续期是组织强烈震荡的时期,涉及危机跟踪、资源调配、人员调整、机构改组等。在这一时期,组织着手对危机进行处理,包括开展危机调查、进行危机决策、控制危机危害范围与程度、实施危机沟通、开展各种恢复性工作等。公共组织危机处理的决策水平和决策速度在持续期至关重要。在危机持续时期,一个很重要的问题就是建立畅通的公共危机信息沟通机制,建立与公众、媒体等之间的信息沟通和交流渠道。危机具有突发性、不确定性和巨大的破坏性,公众急于知晓危机事件的进展情况。如果信息正式沟通途径不畅通和滞后,将为小道消息和谣言提供滋生的土壤,引发公众的猜测和社会的混乱。相反,如果信息沟通渠道畅通,则会稳定社会秩序,促进危机的有效解决。

(四)解决期

在危机解决期,危机事态已经得到控制,不会再对生命和财产造成大的损害,危机爆发后所引发的各种显性问题基本得到解决,危机风暴已经过去,组织管理层所承受的压力减弱。此时,组织要谨防就事论事,要善于通过危机的现象,寻找危机发生的本质原因,并提出有针对性的改进措施,防止危机可能引起的各种后遗症,警惕危机卷土重来。也就是说,经过前期的爆发、持续阶段,危机基本得到了控制,但是危机管理者千万不能麻痹大意,要防止危机事件死灰复燃。所以,这一时期仍旧要做好监测、跟踪、分析工作,以确保危机事件得以根本解决。

(五)善后期

善后期也叫恢复期,是自我分析、自我检讨的疗伤止痛期,这个阶段一直持续到所有系统恢复或基本恢复正常状态之时。一般来讲,在经历了危机之后,个人、组织甚至社会都会受到一定的冲击和影响,但这也为危机承受者提供了一次重生的机会。通过重整资源、恢复重建,可以使系统基本恢复,重现活力,甚至发展得比危机前更好。危机恢复的对象主要是资源。如人力资源,包括人的生理健康、心理和人格特征的恢复;如物质资源,包括土地、建筑、设施、农作物等;如财政资源,包括现金、股票、债券等。不同的组织和个体所拥有的资源和受损程度不同,因此实际面临的恢复需求也有所差异。危机善后期同时也是机遇期,是实现危机管理目标的落脚点,在整个危机管理过程中占有非常重要的地位。

聪明能干的决策者也睿智地利用这段时间,做好进一步的"危机处理计划",分析问题出在什么地方,并尽可能采取补救措施。这个时期的长短不一定,但其重要性不可忽视,如果处理不当,很可能成为新危机的发展期。一般来讲,善后恢复期要着手做好物质恢复、经济恢复、心理恢复和业务恢复等工作,并对整个危机管理过程进行全面评估,总结经验教训,改进危机管理工作。

上述危机的发展阶段是危机生命周期的一般状态,但并不是所有危机的必经阶段,而且上述各个阶段有可能交叉进行。

二、公共危机管理阶段相关理论

关于危机管理的具体过程,不同的学者都有自己不同的界定,在众多危机管理模式中最为流行并获得学术界认同的有以下几种:米特罗夫的五阶段模式,奥古斯丁的六阶段模式,罗伯特·希斯的四阶段模式等。

(一) 米特罗夫的五阶段论[①]

美国学者米特罗夫和皮尔森认为,收集、分析和传播信息是危机管理者的直接任务。他们提出了五阶段的危机管理模式。

第一阶段为信号侦测阶段,指对危机发生的预警信号进行识别,并快速采取预防措施。

第二阶段为准备及预防阶段,指组织成员做好准备以应对可能发生的危机,并尽力降低可能由此产生的损失。

第三阶段为控制损害阶段,指在危机发生阶段,组织成员努力控制局面,使危机不影响到组织其他部分或外部环境。

第四阶段为恢复阶段,指让组织在最短时间内恢复正常运转。

第五阶段为学习阶段,指组织成员对所采取的危机管理措施进行回顾和审视,为今后危机管理的运作汲取经验教训。这一阶段使得整个危机管理过程形成了一个封闭的循环过程,为下面的危机管理循环的第一阶段以及第二阶段提供了有力的反馈,从而为下一循环的危机管理工作打下基础。

(二) 奥古斯丁的六阶段论[②]

奥古斯丁将危机管理分成六个不同的阶段,并针对不同的阶段提出了具体的管理建议。

第一阶段为规避阶段,指为了防止危机的发生,管理者必须竭力降低风险,至于无法规避的风险,管理者必须建立起有效的保障机制。

第二阶段为准备阶段,指做好充分的准备以防止预防措施的失效,包括建立危机处理中心、事先选定危机处理小组成员、提供完备和充足的通信设备等。

第三阶段为确认阶段,指通过对各种有效信息进行收集并分析,确认危机的发生,并找出其根源。

第四阶段为控制阶段,指视情况而制定各项控制工作的优先顺序,尽快将危机所带来的损失控制在最小的范围之内。

第五阶段为解决阶段,指依据危机产生的原因,采取有较强针对性的危机解决策略。

第六阶段为总结阶段,指通过对整个危机管理过程的回顾和评估,总结出经验和教训。

奥古斯丁认为要尽量避免让企业陷入危机,如果危机无法避免的话,则要学会接受和管理危机。

(三) 罗伯特·希斯的四阶段论[③]

罗伯特·希斯博士是著名的危机管理专家与顾问,他的四阶段模式理论也被称为 4R 模型。

---

① 胡税根,余潇枫,何文炯,等.公共危机管理通论[M].杭州:浙江大学出版社,2009:300.
② [美]诺曼·R.奥古斯丁,等.危机管理[M].北京新华信商业风险管理有限责任公司,译校.北京:中国人民大学出版社,2001:8-34.
③ [美]罗伯特·希斯.危机管理[M].王成,等,译.北京:中信出版社,2001:30.

第一阶段为减少阶段,指减少危机发生后的冲击程度。对任何有效危机管理而言,缩减是其核心,因为在缩减阶段,危机最易控制,花费也最小,只要对各种微小的变化多加注意,就可以防止一些危机的发生,促进管理、增进沟通、提升品质等皆可以在不知不觉中降低危机突发的可能性。

第二阶段为预备阶段,指在危机发生之前做好应对和恢复准备。一旦危机发生,使损失最小化,并尽快恢复到常态。

第三阶段为反应阶段,指危机发生后在尽可能短的时间内遏制危机发展的势头,运用各种资源和管理方法解决危机,防止事态的进一步恶化。

第四阶段为恢复阶段,指一旦危机情境得到控制,应随即着手恢复工作,并就危机处理过程中反映出来的问题改进危机管理工作,修订危机管理计划。

三、公共危机管理的过程

根据危机发展的周期和规律,总结不同学者的概括,我们可以将公共危机管理的过程划分为以下三个阶段。

(一)预防阶段

要防患于未然,离不开前馈控制,离不开动态的预测和监控。如果危机信息得到及时的预测和监控,损害就可在一定程度上减轻甚至避免。所以,公共危机的预防管理阶段是公共危机管理循环的重要环节。它意味着危机管理者在危机爆发之前采取措施,以减轻危机的有害影响,意味着有组织地筹集、调配、积累各种资源,增强全社会抵御危机的能力。

1. 增强危机意识,加强危机教育

教育和培训系统是危机准备体系的重要组成因素,可以提升社会公众的危机知识水平和抵御危机的技能。危机教育和培训内容很丰富,公众需要了解不同危机的特征与危害,以及在危机状态下如何避免伤害与损失。

2008年5月12日汶川大地震发生的那一刻,一个中日商贸会议正在上海陆家嘴某大厦召开,当时大楼晃动得厉害,因不明情况,一些中方代表较紧张,并有人离席而去,而在同一会场的日方代表并不慌张,安然坐在自己的座位上。事后问他们原因,回答是,他们感觉到的只是左右摇晃,而没有上下晃动,据此判断这次地震离上海很远,所以不必太惊慌。可见有没有一定的地震知识,结果大相径庭。①

汶川大地震显示了自然力量的不可预测性,但从随后的救灾工作来看,让更多的人掌握一定的科学知识,加强危机知识的教育,增强危机技能的培训,对减少及降低自然灾害带来的损失,包括维护个人的生命安全以及做好整个救灾工作,都会带来极大的好处,同时也将增强我们战胜自然灾害的自信心和战斗力。

2. 进行预测和监控,建立信息和预警系统

对某地区可能发生的公共危机进行预测和监控,包括确认危机源、收集危机信息、掌握危机特点、估计危机发生后短期和长期的损失,然后根据预测结果设计出针对危险源的

---

① 陈志兵.从汶川地震看科学普及[EB/OL].中国路桥新闻网,[2008-06-30].

监控办法,包括工作目标、工作流程、组织结构、绩效标准和所需资源。

建立信息和预警系统,是政府危机管理的前提,其作用主要是发现危机的存在。信息和预警系统一般有以下职能。其一,信息收集、整理、储存的功能。其二,预先警告的作用。通过对各个领域指标的研究,预先指出其发展征兆,也就是预警系统的预见功能和警示功能。其三,信息传播和沟通的职责。不同危机主体之间、危机管理者与公众之间、公众与公众之间的传播与沟通都必须由信息和预警系统来完成。其四,减缓阻止功能。对于难以规避的危机,尽可能减缓其发展速度;对于可以指出其发展征兆的问题,应通过预警加以阻止和防范。

3. 组织准备和资源储备

在危机预防管理阶段,一定要有强有力的组织保障和资源储备。组织准备一般包括:其一,危机管理的常设管理机构;其二,危机管理的指挥联动体系,以便于统一指挥和协调相关组织、部门和个人的行动;其三,危机管理的专业救助机构,包括消防队、医疗队等;其四,危机管理的教育和培训组织;其五,危机管理的非政府公共组织。

资源储备,通常包括人力、物力、财力等有形资源的积累和储备。在危机爆发之前所拥有的可用资源越多,其抵御危机的能力也就越强。各国的危机管理者在危机准备阶段所要完成的大部分工作都与筹集、积累与储备资源有关,建立专项危机准备资金、划拨危机应急款项、储备食品和药品类应急物资等措施通常是危机管理者的一般选择。

4. 制定危机管理预案

居安思危,必须为危机做好准备,制定危机管理预案。具体包括战略规划、应对机制、物资保障、权责分配、人员安排、分级标准、救援措施、资源调配办法等。首先,预案的制定应细致到位,并且保持一定的弹性;其次,预案的制定应该由所有参与危机管理工作的人员共同参与讨论;再次,每位参加危机管理的工作人员都要有高度的责任感和危机意识,接受危机管理有关知识和实践的培训,十分熟悉预案,以保证危机发生后,该方案能够顺畅执行;最后,预案制定之后应进行一定的演习,使之得以修订和完善。

5. 危机事件情景模拟演习

危机预案制定以后,完善预案的一条良好途径就是进行危机事件的情景模拟演习。模拟演习中,危机管理人员能够更好地发现问题,从而更好地完善预案。而且,模拟演习还可以培养危机管理人员的危机意识、快速反应能力,增强实战经验。

(二) 应对阶段

公共危机具有突发性和破坏性,一旦爆发,会影响到社会正常秩序的运转,会给人民生活和财产带来严重的破坏。所以,以政府为核心的公共组织应该迅速反应,采取可行措施,争取在最短的时间内控制危机,将危机的损失控制到最低程度。

1. 识别危机,积极回应

识别危机和危机风险并予以确认是非常必要的。每种危机的表现都有所不同,因此需要用不同的方法进行识别。危机识别的方法有很多,比如感觉、现场反馈、新闻媒体等。无论运用何种识别方法,必须确保危机得到持续的全天候的严密监控,保障责任落实到人。

当危机得以识别后,就开始进入初始回应阶段。在初始回应阶段,危机管理组织承担着证明事件发生、决定回应次序和管理回应行动等重大职责。具体回应措施包括收集有用信息、通报和联络相关方、开始回应和启动应急预案等,这些回应措施往往是同时进行的。①

2. 发布警告,沟通信息

在危机即将到来或实际发生后,应及时向受灾民众发布警告,警告可以使民众采取措施保护自身的生命和财产安全。大部分警告在危机爆发前发布,但也有警告在危机爆发后发布,以帮助人们更好地应对危机。危机警告提供许多至关重要的信息,如危机发生时间、地点及严重程度等。危机警告发布的形式和手段有很多,如警报器、预警系统、广播、电视、闪光灯、扬声器等。

面对突如其来的重大灾害或危机事件,公众急需了解危机事态发展的状况,政府应该建立畅通的信息发布机制和沟通机制,及时、准确地把信息传达给公众,避免社会恐慌,维护正常的社会秩序。

汶川大地震发生刚刚过去不到 40 分钟,新华社关于四川汶川发生强烈地震的消息已赫然在目。很快,胡锦涛总书记就四川汶川大地震作出重要指示、温家宝总理正紧急赶赴地震灾区的消息接踵而至;中央电视台新闻频道已开始汶川大地震的滚动直播;中国地震局新闻发言人立刻举行新闻发布会;航行途中的温家宝总理在飞机上向全国发表了紧急电视讲话。此次我国对信息的公开发布,不仅使公众及时了解了灾情,还民众知情权,更可喜的是进一步体现了民主。

3. 动员整合,形成合力

危机具有巨大的破坏力,单靠政府是无法应对的。所以,应该动员一切社会力量,形成合力,建立一个以政府为主导,非政府公共组织、媒体、公众、企业等共同参与的多元主体系统,调动一切可以调动的社会力量和资源来共同应对危机。

汶川大地震的破坏力是空前巨大的,50 万平方公里内的房屋、道路、桥梁都受到不同程度的损伤,带来 8000 多亿元人民币的直接经济损失,而灾后重建所需资金更是达到数万亿人民币。地震发生后,全国上下表现出了空前的团结友爱、互助合作精神,人的生命得到了无比的尊重。政府部门、企事业员工都踊跃捐款、捐物,体育、影视明星纷纷慷慨解囊;港澳台同胞也对地震非常关注,并且给予了很大的支持;互联网上发起了声势浩大的捐款赈灾活动;众多爱国青年更是不惜排队数小时也要献上一份自己的血给灾区受伤同胞。民间组织在这次地震中发挥了很大的作用。全国上下掀起了一场一方有难、八方支援的捐款热潮,累计捐款数目不断攀升。灾难给我们带来伤害的同时,也让全国人民更加坚强、团结。

4. 疏散和撤离

发布危机警告后,为了民众的安全,为了减少伤亡和财产损失,要采取疏散和撤离的决定,也就是将民众从危机发生地或区域撤离出来。疏散包括两类:水平疏散和垂直疏散。水平疏散是对民众的水平移动,而垂直疏散是将其从低处移至高处。大多数疏散都是水平疏散,如从着火的建筑物中撤离。而垂直疏散在洪灾时较为常见。

危机管理者一般遵循的疏散程序是:作出疏散决策,通知疏散人群,提供疏散指导,解

---

① 张成福,等.公共危机管理理论与实务[M].北京:中国人民大学出版社,2009:218.

决交通问题,确保疏散人群的安全和有序,监督疏散过程。①

5. 危机受害者处理

危机一旦爆发,可能带来巨大的破坏力,带来重大的人员伤亡。要做好危机受害者的处理工作,积极开展危机搜救工作。具体的搜救工作包括:搜救受害者,确认受困地点,将受困人员解救出来,提供紧急治疗救助,将人员转移至安全地带等。②

(三)恢复阶段

危机恢复阶段是危机过程的重要阶段,也是危机事件后期管理阶段。经过前期的危机处理阶段,危机已经基本得到控制,不再继续造成明显的损害,此时危机管理的重点应按照计划转向危机恢复工作,使组织或个人尽早地从危机中恢复过来,尽快地进入正常状态。通过对危机事件的后期管理,危机管理人员要从危机中积累经验、吸取教训,并落实责任。

1. 做好危机事件的跟踪、反馈工作,确保危机事件得以根本解决

经过前期的应对处理阶段,危机基本得到了控制。但是在恢复重建阶段千万不能麻痹大意,防止危机事件死灰复燃。为此,在后期管理阶段仍旧要做好监测、跟踪、反馈、总结工作,以确保危机事件得以根本解决。

2. 妥善处理各项善后事宜,防止引发其他社会矛盾

在危机事件处理后,成立专门机构对危机过程进行调查,追究相关部门和人员责任,并公布行政问责的处理结果。同时,注意对危机事件进行评估,妥善解决好对危机中受害方的赔偿问题。例如,在禽流感时期,为了控制疫情,与捕杀家禽同时进行的政府补偿,不仅有效地控制了疫情的扩散,也维护了政府形象。

3. 总结危机事件经验教训,提高应对危机能力

在危机事件处理后,应该总结经验,吸取教训。通过专业机构,对危机管理的全过程进行全面的评估,对危机发生的原因、处理等进行系统的、深入的调查,分析危机管理中出现的问题,责成有关部门落实,强化危机防范意识,提高危机应对能力。

4. 进行心理干预和恢复,尽快恢复社会正常生活秩序

危机不仅使受害者在肉体上受到伤害,还可能带来精神层面的创伤。这种精神伤害往往被称为创伤后应激障碍或重大事故压力,是危机带来的心理失衡和精神障碍。导致这些症状原因有很多,如灾难冲击本身、亲眼目睹死伤或面对求救的无能为力。

有效的危机管理者应该重视危机后的心理干预,由专业人员对患者及时开展心理疏导和治疗。2008年汶川大地震后,卫生部发布了《心理危机干预方案》和《紧急心理卫生干预指导原则》,指导当地开展心理救援;各地纷纷组建由心理咨询专家和心理医生组成的心理危机干预医疗队赶赴灾区,为灾民提供心理干预;解放军也派出心理救援队,赴灾区执行心理应激干预任务;中国红十字会心理救援队还为志愿者进行灾后心理危机干预相关知识的培训等。③

---

① ② 张成福,等.公共危机管理理论与实务[M].北京:中国人民大学出版社,2009:219,223.
③ 张成福,等.公共危机管理理论与实务[M].北京:中国人民大学出版社,2009:231.

第三节　公共危机管理机制

开展公共危机管理研究,构建有效的公共危机管理运行机制,既是应对"风险社会"的基本途径,也是构建和谐社会、保障人民生命和财产安全的基本要求,同时也是提高政府执政能力和公信力,打造服务型政府的重要举措。

一、公共危机预警机制

(一)公共危机预警机制的内涵及意义

1. 公共危机预警机制的内涵

公共危机预警,指公共组织根据对公共危机事件发生可能性的判断而进行的预防和警示活动。也就是说,以政府为核心的公共组织根据危机事件发生的规律,作出判断和推测,从而进行警示和预防活动。

公共危机预警机制,指公共组织整合资源,有效预防、应对公共危机发生的机制。通过建立公共危机预警机制,可对危机征兆进行监测,在危机来临之前发出警报,采取行动。

2. 建立公共危机预警机制的重要意义

第一,有助于更好地做好防范工作。公共危机预警体系的首要作用就是对公共危机的发生进行预见。自然界中生物的发展具有规律性,同样社会中事物的发展也有其规律性,通过掌握这种规律就可以充分地了解事情发展的下一步动态,从而采取有效的措施来解决。导致公共危机发生的因素,公共危机的发展方向、发展速度及趋势都有一定的规律可循。预警系统通过对政治、经济、社会、自然领域等一系列指标进行监测,及时发现其异常变化,可以事先对突发事件发生的可能性及严重程度进行分析和判断。所以,建立公共危机预警机制,对可能导致危机发生的各种因素进行分析,预见到公共危机的发生以及发展动态,有助于警示公众,引导公众采取相应的措施来做好防范工作。

第二,有助于降低公共危机带来的损失。在公共危机发生的前兆期,对可能导致危机发生的各种因素进行预警监测,有助于降低公共危机带来的损失。一方面,有效的预警系统对各项指标进行评估,可以有效监测到公共危机的发展方向,抑制风险和突发事件的升级和扩大,避免风险演变成突发事件或者一般突发事件演变成重大突发事件。另一方面,预警系统通过指标体系和监测结果,及时采取相应措施,能有效减轻危机事件造成的损失,减缓危机事件带来的震荡。特别是从危机事件的发生规律中找出某些关键的指标对其进行重点监测,可以达到事半功倍的效果。

第三,有利于塑造公共危机文化。建立公共危机预警实际上是将危机应对的时间点前移,由传统的现场控制、反馈控制前移到前馈控制,将可能造成的损失和危害降到最低。通过建立公共危机预警机制,可以培养全社会的公共危机意识、风险意识、忧患意识,增强社会应对公共危机的能力。从长远来看,树立公共危机意识、塑造公共危机文化对于应对公共危机具有非常重要的意义。

(二)公共危机预警机制的构建

完善的公共危机预警机制包括公共危机监测系统、咨询系统、组织网络和保障系统,可以确保公共危机的科学识别、准确分级、及时发布。①

1. 监测系统

公共危机预警流程包括：信息收集、信息分析或转化为指标体系；将加工整理后的信息和指标与危机预警的临界点进行比较，从而对是否发出警报进行决策；发出警报。建立公共危机监测系统的目的主要是及时发现危机征兆，准确把握危机诱因、未来发展趋势和演变规律。监测系统主要包括以下几个子系统。

（1）信息收集子系统。主要是对有关危机风险源和危机征兆等信息进行收集，收集信息时要注意保证信息的全面性。包括：一是预警对象和领域选择，也就是这种信息收集工作以哪些对象为重点，以什么类型的情况和内容为重点；二是预警目标选择，也就是初步判断这些对象可能引发哪类危机；三是预警的重点选择，也就是确定哪个对象最为重要，哪一种潜在的危机可能构成重大影响。

（2）信息加工子系统。主要是对收集来的信息进行整理和归类、识别和转化，以保证信息的准确性和及时性。

（3）决策子系统。主要是根据信息加工子系统的结果决定是否发出危机警报和危机警报的级别，并向警报子系统发出指令。

（4）警报子系统。其任务主要是当监测结果显示社会中有冲突或危机的征兆时，立即向危机反应者和潜在受害者发出明确无误的警报，使他们采取正确的措施。只有当危机反应者和潜在受害者接到警报信息后，在事件发生之前进行有效的预防和准备，预警才是有效的。

2. 咨询系统

公共危机预警的咨询系统主要承担的功能是定期信息沟通，提供与危机有关的研究报告，提出危机处置的建议和意见等。专家和智囊团可以通过自身专业方面的知识和经验，对危机监测对象的外部环境以及监测对象的过去、现在的状况及变化发展的过程，进行综合分析和研究，为公共危机决策提供信息，发挥危机预警作用。在各种危机和潜在危机面前，充分发挥咨询系统的作用是保证政府决策民主化、科学化的重要条件。由于政府危机预警所涉及的领域极具复杂性、广泛性和专业性，决定了在很多情况下，专家的作用是无可替代的。为此，应建立畅通的信息沟通渠道，健全专家咨询机制并建立相应的咨询途径，使公共危机决策和管理建立在科学的基础之上。

3. 组织网络

公共危机预警的组织网络，主要包括：其一，专门的机构和工作人员，长期从事危机预警的分析、研究与及时报告工作；其二，规范化、制度化的监测、防范体系；其三，畅通准确的信息沟通与处理渠道，尽可能化解矛盾，解决问题与纠纷。

4. 保障系统

健全的保障系统为公共危机预警提供了有力的保障，主要包括人力保障、财力保障、物资保障和法规、政策保障。人力保障主要包括预警系统专门工作人员、危机专家、消防队和医疗队等。财力、物资保障主要包括专项危机准备资金、危机应急款项、食品储备、药

---

① 王乐夫，蔡立辉. 公共管理学[M]. 北京：中国人民大学出版社，2008：351.

品储备等。法规、政策保障旨在促进信息收集、处理的规范化、法制化,保障预警机构及时准确获取信息的权利。

二、公共危机意识培养机制

转型时期我国公共危机具有高发性,培养危机意识尤为重要。构建公共危机意识培养机制,可使公众增强危机意识,掌握自我保护方法,团结一致,应对危机。

(一)公共危机意识培养的机制及重要性

1. 公共危机意识培养机制的内涵

公共危机意识是指社会公众学会应对公共危机的居安思危的意识。具体包括应对危机的防范意识、道德意识、科学意识以及应对危机的心理承受能力和生存能力等。

公共危机意识培养机制主要指以政府为核心的公共组织,通过开展公共危机教育,全面培养公众应对危机的意识和能力的机制。在公共危机多发期,培养公共危机意识尤为重要。

2. 培养公共危机意识的重要性

第一,公共危机意识有利于提高公众参与危机的积极性和责任感。公共危机的爆发具有巨大的破坏性,仅仅依靠政府,没有民众的广泛参与,是无法很好地应对危机的。通过公共危机教育,可培养公众危机意识和忧患意识,激发公众参与危机的主动性与积极性,让公众意识到,只有团结一致,众志成城,才能战胜危机。同时,通过公共危机教育可以增强公众的社会责任感,能在国家发生重大突发事件时,一方面及时了解事件真相,做到不传谣、不信谣、不造谣;另一方面积极配合政府机构和其他组织,承担起自己的任务和工作,将公共危机所带来的损失控制在一定范围。

第二,公共危机意识具有强大的社会动员作用。公共危机管理需要广泛的社会参与,而公共危机意识的培养和强化,有助于促进社会总动员。社会总动员是应急决策得到全面落实的强大后盾。在突发事件发生之后,政府要迅速作出反应,立即成立专门工作小组,统一部署工作,组织调动一切积极因素应对危机。

第三,公共危机意识有利于减少危机损失和提高危机处理效率。面对危机,如果公众危机意识淡薄,没有充分的思想准备和理性心态,当危机来临的时候,公众更容易惊慌失措,听风就是雨,从而对社会的正常秩序产生冲击;面对危机,如果公众没有应对危机的技能和方法,没有自救、互救的意识和技能,没有应对危机的职业道德和社会公德,将造成巨大的生命财产的损失。所以,没有公共危机意识,就没有公共危机管理。培养公共危机意识,有利于公众树立正确心态,科学应对危机,减少危机损失,提高危机处理效率。

(二)公共危机意识培养机制的构建

培养公众良好的危机意识,提高应对危机的各种能力,是进行公共危机管理工作的基础,也是战胜危机的必要条件。构建公共危机意识培养机制,进行危机意识的教育,是一项长期、全面、系统的工程。

1. 营造培养公共危机意识的社会氛围

以政府为核心的公共组织通过开展公共危机教育,营造培养公共危机意识的社会氛围,提高应对危机事件的能力。首先,政府对危机要高度重视,时刻关注危机。其次,通过媒体宣传等方式,引导公众对危机的关注意识,普及应对危机事件的知识教育,提高公众对各种危机的关心,帮助他们寻找原因,总结经验,吸取教训,引以为鉴,及时让公众了解组织及各国政府发布的有关各种危机的信息、政策法规、应对措施等,提高公众自觉应对危机的意识与能力。再次,考虑将有关生存教育和防范意识的内容纳入中小学教学计划中,以加强危机意识的培养,提高公众的生存能力。

2. 开拓公共危机意识培养的途径

第一,政府重视与引导。培养公共危机意识,需要政府高度重视和积极引导。主要包括以下方面。首先,完善公共危机管理法律法规体系,明确分工,划清责任,制定完善的安全条例和规章制度。其次,把公共危机管理工作纳入绩效考核体系,政府相关部门定期对危机管理工作进行检查和评估,奖惩分明,以此促进防范危机意识的培养。再次,政府相关部门做好引导工作,强化媒体对危机知识的宣传力度。

第二,媒体宣传。信息时代,传播可以带来巨大的社会扩散效果,所以媒体在培养公众危机意识方面发挥着重要的作用。利用媒体强大的辐射力,借助于电视、广播、网络、报纸等媒体宣传应对公共危机的意识、方法和技能,往往会取得很好的效果。在日常宣传中,通过传达应对各种危机事件的意识和技能,从而提高公众化解危机的能力。在危机爆发和恢复时期,通过媒体宣传,增强公众心理承受能力,减少社会损失,增强社会凝聚力。

第三,普及知识,加强教育。培养公共危机意识,必须通过多形式、全方位、持续性的公共危机教育,普及公共危机知识。首先,充分发挥媒体的宣传作用,利用其辐射力强的特点,营造培养公共危机意识的社会氛围。其次,加强社区和单位教育,把公共危机知识教育作为日常工作来抓。特别是在社区,通过板报、模拟演习、文艺活动等方式普及知识,增强公众防御意识和应对能力。再次,把有关生存教育方面的内容纳入学校教学内容中,以提高学生防范能力和意识。

第四,专门训练。政府相关部门可以定时组织一些大型的公共危机演习活动,组织公众观摩学习。企业、事业单位或社区可以在专业机构的帮助下经常组织一些模拟演习,培养应对危机事件的能力。学校可以组织学生观看自救、互救的视频资料,并且组织学生进行一些模拟场景的训练,如消防演习、地震演习等。通过模拟演习和专门训练,使公众了解应对各种危机如火灾、地震、洪水等灾害的实战经验。

在 2008 年的汶川大地震中,震区四川安县桑枣中学创造了零伤亡的奇迹,这主要得益于那里的师生牢固的危机意识,得益于 4 年扎实的紧急疏散演习。据报道,在地震爆发时,与四川汶川大地震伤亡最为惨烈的北川县毗邻,四川安县桑枣中学全校 2200 多名学生、上百名老师,从不同的教学楼和不同的教室中,全部冲到操场,以班级为组织站好,用时 1 分 36 秒,无一伤亡,创造了一大奇迹。①

3. 完善公共危机意识培养的内容②

第一,提高应对危机的道德意识。危机是对一个国家公民素质的考验。在应对危机中,道德的作用、道德的力量是不可轻视的,它往往决定着一个社会应对危机的成败。应对危机的道德意识主要有应对危机的职业道德和社会公德。首先应该具有良好的职业道

---

① 桑枣中学震后师生零伤亡,校长 4 年坚持紧急疏散演习[EB/OL].今报网,[2008-05-28].
② 肖鹏军.论公共危机管理中的公共危机教育[J].教育探索,2006(9):85-87.

德,特别是从事危机管理的一线工作人员,要敢于面对困难、面对危险,要有不怕牺牲的奉献精神。同时,要加强社会公德教育。应对危机往往要靠整个社会的力量、整个社会的合作。社会的凝聚力、社会的道德是应对危机的强大力量之源。只有整个社会团结一致,共同去克服困难,才能更好地应对危机、化解危机,做好恢复重建工作。

第二,提高应对危机的科学意识。应对危机必须有科学的知识、科学的方法。培养公众的科学意识,增强应对危机的科学能力是非常重要的。应对危机需要具有科学态度和科学方法。科学态度主要指让公众了解危机中的科学知识,了解危机发生的原因、规律,防止各种封建迷信、谣言扰乱公众视听,增强公众信心,用科学战胜危机。科学方法主要指让公众学会危机发生时求生、互助的生存方法和技能。这些与平时普及危机知识教育是分不开的。

第三,提高应对危机的心理承受意识。当危机爆发时,公众的心理素质、心理承受力是非常重要的,它关系到社会的稳定和对危机的控制,其作用是难以估量的。提高应对危机的心理承受力,主要包括危机应对阶段心理承受能力的培养和危机恢复阶段的心理疏导。首先,在平时的危机教育中要加强对公众应对危机的心理承受力的培养,特别是抗打击力、抗受挫力的培养,使公众临危不乱,井然有序。其次,在危机恢复阶段,积极疏导,减少危机的压力。危机会给公众带来极大的心理创伤和阴影,要做好心理辅导,减轻心理压力,积极治疗心理创伤,鼓足勇气,面对困难,恢复对社会的信心。

第四,增强应对危机的技能。面对频发的自然和人为的灾害,在无法预测其发生的准确时间和地点的情况下,怎样自救和救人这个问题,已越来越迫切地摆到我们面前。所以,积极应对危机、化解危机,必须掌握各种防范危机的技能和方法,如自救、互救的技能和意识。自救的技能主要指让公众在各种恶劣的条件下进行自我救助的技能,比如当地震发生时如何应对、如何自救的技能;互救的技能和意识主要是指培养公众互相帮助、共同克服困难的技能,以及关键时刻团结一致、化解危机的意识。

三、公共危机多元参与机制

公共危机管理作为政府公共管理与服务的重要内容,应当由政府干预并担负起相应的责任。但是,现代公共危机的治理单靠政府一方的力量是不够的。在治理危机的过程中,必须建立危机治理的大平台,必须培育和发展非政府公共组织,必须进行充分的社会动员,必须构建多元参与机制。

(一)公共危机多元参与机制的内涵及必要性

1. 公共危机多元参与机制的内涵

公共危机多元参与机制是指政府整合社会资源,形成以政府为主导的多元参与危机管理的格局,构建资源互补、协调一致、密切联系的组织网络系统。也就是说,要改变应对危机时单一主体的行为,强调多元主体的合作,充分发挥社会参与的重要作用。政府在多元机制中起着核心和主导作用。政府统筹兼顾,调动非政府公共组织、媒体、公众、企业应对危机的积极性和自觉性,搭建应对危机的平台,优势互补,发挥合力,化解危机。

2. 构建公共危机多元参与机制的必要性

第一,治理理论主张治理主体的多元化。20世纪90年代治理理论应运而生,"治理"迅速成为政治学、经济学、社会学领域的关键词之一,并逐渐发展成为一种新的理论范式和分析框架。全球治理委员会在1995年发表的《我们的全球伙伴关系》的研究报告中指出:"治理是各种公共的或私人的个人和机构管理其共同事务的诸多方式的总和,它是使相互冲突的或不同的利益得以调和并采取联合行动的持续过程。它包括有权迫使人们服从的正式制度和规则,也包括各种人们同意或认为符合其利益的非正式的制度安排。它有四个特征:治理不是一整套规则,也不是一种活动,而是一个过程;治理过程的基础不是控制,而是协调;治理既涉及公共部门,也包括私人部门;治理不是一种正式的制度,而是持续的互动。"①治理理论为公共危机多元参与机制提供了良好的理论分析框架。从治理理论出发,公共危机治理模式应该是主体构成形式的多元化和主体之间的协调配合。治理主体不仅仅局限于政府,也可以是媒体、非政府公共组织、企业、公民等。它是一种相互合作、良性互动的公共危机治理模式。

第二,构建这一机制是适应我国公共危机高发性、复杂化新特点的必然要求。近些年来,我国自然灾害、社会安全事故等突发事件不断发生,公共危机事件呈现出高发性和复杂化特点。基于这样的特点,仅仅依靠政府应对公共危机,没有广泛的社会动员和公众参与是不行的。政府必须加强与社会的合作,为公民参与公共危机管理提供更广阔的平台和环境,团结一致,众志成城,从而有效地应对危机,减少危机损失。

(二) 构建公共危机多元参与机制

1. 政府主导

政府是公共危机治理的核心主体,在公共危机管理中起着核心和主导的作用,在公共危机治理网络结构中的地位是不可替代的。政府在危机治理中的职责如下。

(1) 政府必须以人为本,快速反应,有效应对危机。在公共危机治理过程中,政府应以人为本,始终把公众利益放在第一位,成立国家统一的危机管理专门机构,在最短时间内制定危机管理方案,建立畅通透明的信息沟通机制,快速反应,应对危机,减少损失。

(2) 制定相应的法律、法规。一方面,从宪法上授权政府具有危机管理的权力,并限定其职责;同时,制定一部危机管理法,把各种危机的管理都纳入统一的程序和制度中,而不再是分散管理,政府部门各行其道。另一方面,完善多元主体参与公共危机治理的法律法规。通过立法来明确多元参与主体的地位,建立一套综合的协调法律系统。在法律的内容和形式上明确多元参与主体实施危机治理的环节,使得政府、公民、媒体、营利组织在有法可依的情况下知道该做什么,怎样做。②

(3) 建立危机管理的财政保障体系。要把危机管理经费纳入国家预算体系,建立国家反危机基金,社会保险、社会救助活动要同危机管理相结合。

(4) 充分整合社会力量及国际资源,以最大限度地形成合力。政府在公共危机主体系统中起核心和主导作用,政府应该充分进行社会动员,为公共危机其他主体更好地参与危机提供宽松的环境。

2. 非政府公共组织参与

非政府公共组织是应对公共危机的重要力量。当前,非政府公共组织在我国蓬勃发展,其业务范围涉及教育、科技、文化、卫生、环保、公益、慈善事业等方面;同时,非政府公

---

① 俞可平.权利政治与公益政治[M].北京:社会科学文献出版社,2005:142.
② 赵玉娇.公共危机治理中多元主体参与的机制与完善对策[J].产业与科技论坛,2010(4):36-37.

共组织作用显著增强,在畅通诉求渠道、协调各方利益、促进社会主义市场经济发展和完善、促进社会福利和公益事业发展等方面发挥出积极作用。当前,必须充分发挥非政府公共组织在危机管理中的作用,不断完善非政府公共组织参与危机管理的渠道。

第一,非政府公共组织是公共危机治理的重要力量。非政府公共组织贴近民间和公众,对社会基层的危机信息反应敏感及时,善于整合和调动民间资源,在公共事务管理中发挥着越来越大的作用。在公共危机管理中,政府应充分调动非政府公共组织的积极性,将其纳入公共危机管理主体的队伍中来,赋予其一定的权责,同时制定相应的法律法规对其进行规范和制约。2003年4月26日,中国医学基金会等10家非营利公益组织联合向全国的非营利公益组织发出倡议。其一,全国的非营利公益组织积极行动起来,协助各级政府开展防治"非典"的宣传,增强民众战胜疫情的信心和社会责任意识,形成万众一心、抗击"非典"的社会环境。其二,向社会各界发出联合劝募倡议,动员社会各界捐钱捐物,为"非典"患者和战斗在抗击"非典"第一线的医护人员送温暖、献爱心。其三,我们愿意架起一座沟通的桥梁,形成医护人员和社会各界信息交流的网络,及时了解一线的需求,努力整合社会资源,支援一线,服务社会。其四,充分发挥非营利公益组织的优势,寻求国际支持,了解国内外有关防治"非典"的措施,积极为个人、家庭提供预防"非典"的知识,介绍有效的方法。其五,关心和帮助因"非典"而形成的需要救助的弱势群体。其六,发起实施非营利公益组织抗击"非典"联合行动。① 四川汶川大地震发生后,数百民间组织和数万志愿者迅速响应,奔赴灾区参与救援,生动展现出民间组织在中国社会发展中的巨大作用。

第二,完善非政府公共组织参与危机管理的途径。非政府公共组织在公共危机管理中起着非常重要的作用,然而,非政府公共组织自身发育不足等原因,制约了非政府公共组织参与危机管理能力的发挥。所以,政府应为非政府公共组织提供参与危机管理的平台和空间,培育和发展非政府公共组织。首先,加快政府职能转变,为非政府公共组织的成长提供更为优越的发展空间和资源条件。政府转变职能,逐步有序地从社会微观领域中退出,为非政府公共组织提供广阔的发展空间,加快非政府公共组织的自治化进程。其次,重点在资金方面进行必要的资助。经费不足是非政府公共组织面临的一大难题,国家应该在财税方面给予适当的优惠或补助,提高非政府公共组织的服务能力。再次,引导和规范非政府公共组织参与公共危机管理。要在制度上强化非政府公共组织对政府公共事务治理的实际影响力,在实施和操作层面探索非政府公共组织在危机管理中与政府合作的制度安排。

3. 社会响应

近年来,随着水资源危机、环境污染、突发群体事件、自然灾害等各类危机事件频发,政府也加强了危机教育和训练,民众的危机意识不断增强。但是总体来看,民众的危机意识还是比较缺乏。2008南方雪灾,凸显出民众的危机意识不够。在灾难天气下,许多人仍固执地选择了出行,而最后因客观原因滞留时,很多人不知道如何自救和相互救助,完全处于等待救援的被动状态,有人情绪失控,有人晕倒,更增加了政府救援的难度。这与

---

① NPO信息中心.发挥非营利组织作用,积极抗击"非典"(SARS) 10家非营利组织联合发出倡议[EB/OL].瀚海沙网,[2003-04-28].

我们长期以来安全教育不足有关。数据显示,中国每年因自然灾害、事故灾害和社会安全事件等突发公共事件造成的人员伤亡逾百万,经济损失高达 6500 亿元,占中国 GDP 的 6%。①

构建现代公共危机治理主体系统,离不开全社会的积极响应。政府部门要提高社会公众参与危机管理的组织化程度,提高公众参与危机处理的主动性和责任感,加强公众公共危机意识的培养。同时,政府应大力鼓励企业参与危机管理,特别是在免费或低价提供救灾物品方面。企业作为社会的一分子,也是应对危机的必不可少的力量。在危机事件发生后,企业应通过各种方式积极主动为灾区提供资金、物资、技术设备、人员等各方面的帮助。

4. 媒体介入

媒体介入是应对危机的重要手段。信息时代,媒体发挥着重要的作用,渗透到社会生活的各个方面。在公共危机管理中,由于报道内容的特殊性,由于传播带来的巨大的社会扩散效果,更需要政府与媒体沟通交流,协调合作,建立畅通的信息发布机制,唤起社会对危机主体的认可和支持,树立良好的政府形象。

媒体介入在公共危机进程中的每一个阶段都起到很重要的作用。在危机预防时期,通过媒体可以培养公众的危机意识,可以传达自救、互助的方法和技巧;在危机开始时期,通过媒体可以进行充分的社会动员,增强公众参与危机的主动性和责任感;在危机应对时期,通过媒体可以及时、准确、全面地传达危机信息和事情的进展情况,避免社会恐慌,稳定社会秩序;在危机善后处理时期,通过媒体发动全社会对危机事件总结经验和教训,可以唤起人民的爱心和善心投入灾后重建;在整个危机进展过程中,通过媒体阐明政府有关政策和措施的必要性,可塑造政府的良好形象,增强全社会的向心力和凝聚力。

5. 国际协助

国际援助是危机管理的合作力量。随着全球化进程的加快,危机事件的发展和蔓延也具有全球性。面对公共危机,各国政府和国际组织有责任以更加开放和透明的姿态,搭建信息资源共享的平台,实现资金、技术、人员、教育和培训等方面的相互支持。同时,通过国际人道主义救援,输送大批急需的医疗、食品、技术人员等,可以有效缓解灾害发生国的压力和减轻损失。

总之,有效应对公共危机,需要以政府为主导的多元主体的共同参与。政府处于危机治理的主导地位,拥有指挥的权力,通过制度、法律法规体系,为社会共同参与营造良好的环境并提供平台,通过其政治权威和在全社会倡导志愿精神,对社会进行危机教育。同时,非政府公共组织、公众、媒体、企业等力量积极参与,协调配合,优势互补,发挥合力,才能建立一个快速、高效的公共危机管理系统。

四、公共危机信息沟通机制

(一)公共危机信息沟通的机制及意义

1. 公共危机信息沟通机制的内涵

公共危机信息沟通机制是指为了有效应对危机,以政府为核心的公共组织通过各种

---

① 王俊秀.雪灾大考,考出九个薄弱[EB/OL].搜狐新闻网,[2008-02-26].

媒介,建立起政府、媒体、公众之间的信息沟通交流的机制。在公共危机各个阶段,建立公共危机信息沟通机制,对成功化解危机起着关键的作用。例如在公共危机爆发阶段,可以稳定人心,避免社会恐慌,积极有序地应对危机;在危机恢复阶段,可以唤起人的良知,积极促进灾区重建和恢复。

2. 公共危机信息沟通的意义

第一,有利于保障公民的知情权,及时传达危机信息。知情权是现代社会基本人权的一项重要内容,政府必须保障公民的基本权利,准确及时地把危机信息传达给公众。在危机时期,良好的信息沟通不仅能够体现政府的公共服务功能,而且也可以满足不同层次的信息需求。在第一时间告诉大家发生了什么、政府将如何应对,对社会公众来说,就意味着对他们知情权和参与权的尊重。

第二,有利于推动公共危机的有效解决,减少危机的损失。公共危机具有突发性、不确定性和巨大的破坏性,公众急于知晓危机事件的进展情况。如果信息正式沟通途径不畅通和滞后,将为小道消息和谣言提供滋生的土壤,引发公众的猜测和社会的混乱。相反,如果信息沟通渠道畅通,则会稳定社会秩序,促进危机的有效解决。汶川大地震发生的第一时间政府便通过官方媒体发布了一切相关信息,使得整个社会没有恐慌,为救援营造了良好的环境。因此透明、畅通的信息沟通机制有利于公共危机的有效解决,减少危机造成的损失。

第三,有利于塑造政府的良好形象和公信力。在公共危机事件中,政府应该以人为本,把公众利益放在首位,及时、准确、客观地发布危机信息,让公众了解实情,赢得公众的理解和信任。政府应该积极履行自身职责,积极应对危机,妥善解决问题,不断提升政府的公信力并树立良好的政府形象。

(二) 公共危机信息沟通机制的构建

1. 信息公开

信息公开是建立信息沟通机制的前提条件。当政府在向服务型政府转变时,"信息公开"受到了很多国家的重视。在公共危机管理中,政府应该及时公开信息。信息公开有利于保障公众知情权、参与权、监督权,唤起公众的责任感;信息公开有利于建立畅通的沟通机制,避免社会恐慌,积极有效地化解危机,减少损失;信息公开有利于增强政府的公信力,打造诚信政府、透明政府、责任政府。

促进信息公开的途径如下。其一,加快电子政务建设。电子政务是政府信息公开的重要载体,为信息公开提供了平台,为政府与公众的交流提供了渠道。当前,必须提高信息共享程度,加快公共危机信息发布平台建设。其二,健全信息公开的法律法规体系。2008年5月1日,我国首部信息公开法规——《政府信息公开条例》正式施行,标志着我国的政府信息公开制度发展到一个新的阶段。它对规范政府的信息披露行为,不断提高政府信息公开的效率和水平,切实保障人民群众的知情权、参与权和监督权具有重要的意义。这是一个很好的开端,应以此为基础,不断健全信息公开的法律法规体系,加强信息公开的法律效力。其三,改革地方政府绩效考核体系。当前,部分官员出于个人利益、部门利益的考虑,对危机信息瞒报、少报以逃避责任,严重影响到信息公开。所以,要改革地方政府绩效考核体系,不能单纯以危机的结果来衡量官员的政绩,而应以官员在危机管理中的行为表现和群众满意度作为主要绩效考核指标。

2. 媒体宣传

媒体是政府与公众沟通的桥梁,在公共危机管理中扮演着重要的角色。信息时代,媒体的影响力在不断增强。加强媒体宣传力度,有利于公共危机信息传递、沟通,有利于化解公共危机。要充分发挥媒体作用,扩大媒体宣传,完善信息沟通机制,主要应做好以下工作。其一,充分利用媒体信息传播和社会扩散功能,发挥媒体宣传的积极作用。在日常生活中,通过媒体宣传增强社会公共危机意识的培养;在公共危机爆发期,通过媒体宣传,使公众了解事态进展情况,避免社会恐慌与无序;在公共危机恢复阶段,通过媒体宣传,可以唤起社会的关注与援助,有利于灾后重建。其二,建立政府与媒体的信任关系,畅通信息沟通渠道。加强政府与媒体的合作,利用媒体宣传,传达政府危机管理的政策。政府应积极完善危机事件时期记者招待会、新闻发言人制度,及时客观地向媒体发布危机信息及应对策略。同时,不断健全相关法律法规体系,引导媒体发挥其正确的舆论导向功能。

3. 社会回应

在公共危机管理中,政府是信息公开的主导者,媒体是信息沟通的桥梁和纽带,公众是危机管理中的参与者。建立畅通的信息沟通机制,离不开社会的积极回应和互动。为了保证社会积极参与和回应,需要做好以下工作。其一,加强网络平台建设。信息时代,网络媒体具有及时、快捷的优势。加强网络平台建设,完善政府门户网站,将有助于信息沟通机制的构建。政府网站不仅是一个信息发布平台,更是一个了解民意、传递民声的互动平台。四川汶川大地震发生后,四川省人民政府网站请政府部门人员及心理专家做客网站,就心理援助等话题与网友进行在线交流,广泛征集群众对抗震救灾和重建家园的建议、意见,为政府决策提供参考,搭起了一座政府和群众之间积极沟通的桥梁。其二,利用短信平台和开通热线电话。在传达危机信息时,也可以充分利用短信平台和开通热线电话,拓展信息沟通渠道。通过这些信息沟通渠道,更好地为公众提供了解信息、反馈信息的互动平台。

总之,政府、媒体和公众是政府危机管理信息公开和信息沟通中相互依存的三个主体,共同构成了一个完整的体系。政府是危机管理中信息公开的主导者,媒体是政府危机管理中信息沟通的桥梁,公众是政府危机管理中的参与者和回应者。

本章重要概念

公共危机(public crisis)

公共危机管理(public crisis management)

预警机制(warning mechanism)

信息沟通机制(the mechanism information communication)

本章思考题

1. 公共危机的内涵是什么?

2. 公共危机管理的内涵是什么?
3. 公共危机的特点是什么?
4. 公共危机的分类有哪些?
5. 公共危机管理的原则有哪些?
6. 分析公共危机管理的必要性。
7. 解释米特罗夫的五阶段论、奥古斯丁的六阶段论以及罗伯特·希斯的四阶段论。
8. 公共危机管理的过程分成几个阶段?每个阶段的任务是什么?
9. 如何构建公共危机预警机制?
10. 培养公共危机意识的重要性是什么?如何构建公共危机意识培养机制?
11. 公共危机多元参与的主体系统有哪些主体构成?如何构建公共危机多元参与机制?
12. 公共危机信息沟通的意义是什么?如何建立和完善公共危机信息沟通机制?

本章推荐阅读书目

1. 胡税根,余潇枫,何文炯,等.公共危机管理通论[M].杭州:浙江大学出版社,2009.
2. 肖鹏军.公共危机管理导论[M].北京:中国人民大学出版社,2006.
3. 张成福,等.公共危机管理理论与实务[M].北京:中国人民大学出版社,2009.

第十三章
公共部门战略管理

---**本章导言**---

公共部门战略管理是公共部门根据组织与内外环境的关系,对组织进行准确定位,确定组织长期的发展方向,设定特别的绩效目标,制定能实现这些目标的战略,并通过公共资源的有效配置和决策方案的优化选择,确保战略的贯彻和实施,为社会公众提供更好的公共服务的过程。战略管理在公共部门的出现,改变了公共部门以内部为定向、日常管理为重心的传统行政模式,而考虑组织面临的环境,考虑组织的长期目标和发展使命,努力增强组织的灵活性、能动性和适应性,提高组织的竞争力。它已成为公共部门管理者重要的管理内容之一。本章主要探讨公共部门战略管理的内涵和特征,分析公共部门为什么需要引入战略管理,公共部门战略管理包括哪些环节,公共部门战略管理在实践应用中存在什么问题,应该如何改进,它呈现什么新的发展趋势等。

第一节 公共部门战略管理的兴起

一、私营部门战略管理的演进

公共部门战略管理的兴起与私营部门战略管理的示范性影响分不开,因此有必要先回顾私营部门战略管理的演进。"战略"(strategy)一词最早源于军事,其原始意义是指古希腊的将军们指挥军队时所应具备的心理素质和行为技能,将其引入企业是从20世纪50年代开始的。概而论之,企业战略理论先后经历了经典企业战略理论阶段、现代企业战略理论阶段和企业战略理论的新发展阶段。[①]

(一)以环境、市场分析为基础的经典企业战略理论

企业战略理论的产生源于对环境的分析和对产品、市场的研究,一般把20世纪60—70年代,以阿尔弗雷德·钱德勒、肯尼思·安德鲁斯和伊戈尔·安索夫等为代表人物,建立在对环境、市场分析基础上的企业战略理论称为经典企业战略理论。

钱德勒在《战略与结构》一书中指出,企业要在对环境进行分析的基础上制定出相应的战略与目标,组织结构的确定是为了企业发展战略的实现,组织结构必须适应企业的战

---

① 对于私营部门战略的发展历程,学者们有不同的分类标准,这里主要参考:王方华,吕巍.企业战略管理[M].上海:复旦大学出版社,1997;王玉.企业战略管理教程[M].上海:上海财经大学出版社,2000.

略,并随战略的变化而变化。钱德勒的这种环境—战略—组织思想奠定了企业战略理论研究的基石。安德鲁斯杰出的贡献是确立了战略制定的 SWOT 战略分析模型。在 SWOT 模型中,"OT"是指企业所处环境的分析,"O"(opportunity)代表未来环境的发展变化给企业发展带来的机会,"T"(threat)代表未来环境发展变化给企业带来的威胁;"SW"是指企业自身状况的分析,"S"(strength)代表企业经营优势,"W"(weakness)代表企业经营劣势。企业应该充分利用自身的优势,扬长补短,去开拓和利用环境变化带来的机会,同时要避免环境变化给企业带来的威胁。因此,企业应该在 SWOT 分析的基础上制定企业的发展战略。1965 年,安索夫在《公司战略》中主张,战略构造是一个有控制、有意识的正式计划过程。1972 年,安索夫在《企业经营政策》杂志上发表了《战略管理思想》一文,正式提出"战略管理"的概念,为企业管理理论的发展奠定了基础。1979 年,安索夫又出版了《战略管理》一书,系统地提出了战略管理模式。他认为,战略行为是对其环境的适应过程以及由此而导致的企业内部结构变化调整的过程;企业战略的出发点是追求自身的生存发展。以安索夫为主要代表的战略计划理论主要战略包括:战略"四要素说",四要素即产品与市场的范围、增长向量、竞争优势和协同作用;战略经营单位(SBU)以及战略优势原理。

20 世纪 60 年代到 70 年代这一时期所形成的经典企业战略理论有以下几个特点:①强调企业战略的基点是适应环境、市场的变化,企业制定战略必须对环境、市场进行分析;②企业战略的实施要求组织结构作相应变化与适应,经典战略管理实质是一个组织对其环境的适应过程以及由此带来的组织内部结构变化的过程;③经典战略理论强调建立企业的战略优势;④经典企业战略理论强调企业的战略设计与规划,强调企业战略的制定与实施过程。

但是,经典企业战略理论也存在以下不足之处:①环境分析过分强调企业所处的行业环境,而不重视企业宏观经济、社会文化、政治法律等宏观环境的变化;②经典战略理论缺乏对企业竞争因素的分析,不注重对竞争对手的考察,只强调企业被动地去适应环境。正是因为这些不足之处,才给现代企业战略理论的形成与发展带来了契机。

(二) 以产业结构、竞争优势分析为基础的现代企业战略理论

20 世纪 80 年代,企业战略理论得到了很大的发展,战略的含义也有了很大的变化,我们把这个时期的战略理论称为现代企业战略理论。经典战略理论中的战略强调企业组织对环境的适应,而现代战略理论中的战略是指企业为了获得相对于竞争对手优势地位的全局性、整体性、长远性和纲领性谋划,它以产业、企业的竞争优势分析为基础。

现代企业战略理论的最杰出代表人物是迈克尔·波特,其主要战略理论包括五种竞争力量分析模型和价值链分析模型。波特在他著名的《竞争战略》一书中提出了产业结构分析的五种竞争力量分析模型。这五种力量是进入威胁、现有竞争者竞争的激烈程度、替代产品的威胁、消费者的讨价还价能力以及供应者的讨价还价能力。这五种竞争力量分析的结果,在于对企业三种基本竞争战略的选择,即总成本领先战略、差异化战略和聚于一点战略。随后,波特又在《竞争优势》一书中提出了著名的价值链分析模型。价值链是采用系统方法来考察企业所有活动及其相互作用,并分析获得企业竞争优势的各种资源。为了认识成本行为与现有的和潜在的经营差异性的资源,价值链将一个企业分解为战略性相关的许多活动。企业正是通过比其竞争对手更廉价或更出色地开展这些重要的战略

活动来赢得竞争优势的。波特的竞争战略理论实际上是将以结构—行为—绩效(SCP)为主要内容的产业组织理论引入了企业战略管理领域中,有关产业结构、竞争优势、壁垒分析等概念和相关理论为解释企业如何制定战略以获取持续超额利润提供了可靠的经济学分析。

然而,波特的竞争战略理论仍然有不尽如人意之处,其主要缺点如下。①波特的分析模型不能突破把企业视为"黑箱"的局限。按照波特的理论,企业自身力量是既定的,企业战略选择取决于当前企业与外部力量的对比优势,因此,他没有把企业外来的成长变化考虑进去。②波特实际上是以产业为研究对象。波特以企业作为最小分析单元,研究的侧重点却是产业的特性、发展趋势及产业内外相关企业的相互关系和力量对比,并没有很好地站在企业成长的角度分析企业竞争战略的制定和实施,在指导企业实践上还存在不足之处。

(三) 以资源、核心竞争力分析为主的企业战略理论

进入20世纪90年代,信息技术的迅猛发展使竞争环境更加恶劣,企业不得不把眼光从关注其外部产品市场环境转向其内在环境,注重对其自身独特的资源、知识和技术的积累,以形成特有的竞争力,即核心竞争力。因此这个时期出现的战略理论主要就是以资源、核心竞争力分析为主的企业战略理论。核心竞争力理论认为,企业经营战略的关键在于培养和发展企业的核心竞争力。所谓核心竞争力就是"组织中积累性学识,特别是关于如何协调不同的生产技能和有机结合多种技术流的学识"。因此,核心竞争力的形成要经历企业内部资源、知识、技术等的积累与整合的过程。正是通过这一系列的有效积累与整合,形成持续的竞争优势后,方能为获取超额利润提供保证。

企业核心竞争力理论显示出了独特的生命力。①这一理论不仅打破了传统的"企业黑箱论",并对数十年居于主导地位的现代企业理论提出了挑战。②这一理论把企业的资源同无形的知识与能力结合起来,并考虑到了企业的长期发展趋势,考虑到了企业竞争优势的持续性。但是,这一理论至今尚未形成统一的企业能力概念,理论还不成体系;另外,该理论在解释企业长期竞争优势资源的同时,也没有给出可以用以识别核心能力的方法。

二、公共部门战略管理的内涵及特征

(一) 公共部门战略管理的内涵

公共部门战略管理是战略管理在公共部门的运用。在美国公共管理实践中,20世纪80年代初已有不少州开始使用战略计划技术,俄勒冈州可能是应用战略计划技术的典型,它在80—90年代采用过两个详尽的全州战略规划。到90年代中期,美国2/5的州机关完全采用了战略计划,而且4/5的州机关部分或全部实施了战略计划。[①] 而美国国会1993年通过的《政府绩效与结果法》(The Government Performance and Results Act),更要求到1997年所有联邦政府机构都必须实行战略计划。另外一项研究也表明,在差不多200个非营利组织的抽样中,有一半以上的组织采用了许多特定的战略去应对财政紧缩和不确定的环境。[②]

---

① [美]尼古拉斯·亨利.公共行政与公共事务[M].8版.张昕,译.北京:中国人民大学出版社,2002:537-541.
② Bryson J. Strategic Planning for Public and Nonprofit Organizations [M]. San Francisco: Jossey-Bass Publishers,1988:5,9-31.

什么是公共部门战略管理？公共部门战略管理有哪些基本理论？不同学者有不同观点。

布莱森的《公共组织和非营利组织的战略规划》认为，为了实现组织的使命、完成上级的任务、满足选民的期望，公共组织和非营利组织的管理者自身必须是战略家。为了在上述领域内沿着正确的方向前进，公共组织和非营利组织的管理者应当制定有效的战略来适应不断变化的环境，而战略管理正是由一系列概念、程序和方法构成的实现这个任务的工具。[1]

波齐曼和斯特劳斯曼在《公共管理战略》中则认为，战略包含着处理组织的外部环境、使命和目标，战略管理途径有三个主要的特征，即界定目标和目的，提出一个能协调组织与环境的行动计划，设计有效的执行方法。而公共部门战略管理具有如下四个基本特征：关注长期；将长期目标与近期目标整合成一个连贯的层级；认识到战略管理和计划并不是自行贯彻的；采取一种外部观点，强调不是去适应环境，而是期待和塑造组织的变迁（这一点是最重要的）。战略管理必须充分认识到政治权威的影响。[2]

纳特和巴可夫在《公共和第三部门组织的战略管理：领导手册》一书中指出："战略管理处理这样一个关键问题，即为面临着日益增加的不确定性未来的组织定位"；"战略管理通过产生用以指导战略行动的计划、计谋、模式、立场和观点而为一个组织创造焦点、一致性和目的"。[3]

穆尔的《创造公共价值：政府中的战略管理》首次提出了"政府战略管理"，并将战略管理看成另一种公共管理途径，即不同于"公共政策"的借鉴企业战略管理的途径，公共部门的管理者应该根据所处的环境来思考和行动，以创造公共价值。对于如何创造公共价值，穆尔通过一个"战略三角形"来说明问题，认为公共管理必须聚焦于三个方面：目的是否具有公共价值？是否获得政治上的支持和合法性？管理运作上是否可行？[4]

科廷的《公共和非营利组织的战略管理：在一个受限制的时代管理公共问题》在回顾战略管理演变过程的基础上提出，尽管战略管理在企业里用得非常多，但是愈来愈多的公共部门也意识到，应当把它们的计划或战略目标建立在对未来的预测之上。他相信，通过战略管理，公共部门能够提供战略方向，指导资源的优先使用权，确立卓越的标准，应对环境的不确定性和变化。科廷特别重视公共部门的领导人在战略管理中的作用——把组织的价值观熔铸于日常的管理活动，建立有效的战略管理系统，把握环境中的机会和威胁，成为主要资源的控制者和一流绩效的最终保障者，等等。[5]

伊萨克-亨利在《公共服务中的战略管理》一文中认为，虽然人们对"战略"概念的界定

---

[1] Bryson J. Strategic Planning for Public and Nonprofit Organizations [M]. San Francisco: Jossey-Bass Publishers, 1988: 5, 9-31.

[2] Bozeman B, Straussman J. Public Management Strategies [M]. San Francisco: Jossey-Bass Publishers, 1990: 12-34.

[3] [美]保罗·纳特，[美]罗伯特·巴可夫. 公共和第三部门组织的战略管理：领导手册[M]. 陈振明，等，译. 北京：中国人民大学出版社，2001: 8-16.

[4] Moore M. Creating Public Value: Strategic Management in Government [M]. Cambridge: Harvard University Press, 1995: 20-42.

[5] Koteen J. Strategic Management in Public and Nonprofit Organizations: Managing Public Concerns in an Era of Limits [M]. London: Green Wood Publishing Group Incorporated, 1997: 6-35.

和解释不同,但是,"战略"中的共同因素是管理者和组织通过思考、计划和作出战略性决策的意图。所谓的战略性决策是这样一种决策:它考虑影响组织未来的内部和外部环境;考虑那些涉及整个组织并对组织产生重要影响的问题;考虑组织目标和前进方向;促进政策和战略的实施。而战略管理涉及计划、实施和监控组织战略的过程。实际战略管理的目的在于,通过使组织与环境协调,驾驭组织变化,取得更大的绩效。战略管理包含着战略分析、战略选择和战略实施三个核心领域,并围绕这三者来进行。①

除此之外,也有很多学者在著作中或专门的学术论文中论及公共部门的战略管理,限于文献太多在此不便赘述。综合部分学者观点,本书认为:公共部门战略管理通常是指公共部门根据组织与内外环境的关系,对组织进行准确定位,确定组织长期的发展方向,设定特别的绩效目标,制定能实现这些目标的战略,并通过公共资源的有效配置和决策方案的优化选择,确保战略的贯彻和实施,为社会公众提供更好的公共服务的过程。

(二)公共部门战略管理的特征

公共部门战略管理不单表现出战略管理的战略特性和管理特性这两大共性特征,同时又具有影响的深远性、公共利益的取向性、目标的模糊性、制约的多重性等个性特征。②

1. 战略特性

战略管理是组织最重要和最高层次的管理,一般以组织的长远发展为目标,以组织整体和全局为对象,由组织的中高层成员参与制定,由组织全体成员共同贯彻实施。相对于一般的管理计划而言,战略管理更具有长远性,更以未来为导向。虽然战略管理有很强的未来导向性,但并不是说它不关注现实,它实际上是过去、未来与现在的有机结合,是在把握组织历史发展和现状的基础上调动现有资源来实现目标。

2. 管理特性

战略管理是一个全面、动态的管理过程,一般包括战略制定、实施、控制、评估和变革五个环节,这五个环节连接在一起构成了一个管理循环。战略管理也不是一个单一的、静态的循环,而是动态的、不断调整和重复的管理过程。在战略管理中,各个环节的界限有时很难区分,从理论上讲,前一环节为后一环节打下基础,后一环节是前一环节的发展和延续。但在实际管理过程中,各个环节很可能交叉进行,你中有我,我中有你,各个环节和组成要素的协调运作以及优化整合可以实现整体功能的最大化。

3. 影响的深远性

私营部门的战略管理对于私营部门而言,影响力是巨大的,但是与公共部门战略管理相比,它影响的深度和广度还是不及公共部门。私营部门的战略管理一般只能影响一个组织或部分相关行业领域,而公共部门由于掌握公共权力,管理公共事务,能对全社会的公共资源进行权威性的分配,因此其战略管理会涉及社会的各个领域,影响的范围较大。

4. 公共利益的取向性

私营部门的战略管理以追求利润最大化为终极目标。虽然企业也要讲求社会效益,也要承担一定的社会责任,但利润始终是检验企业成败的根本尺度。而对于公共部门来

---

① Issac-Henry K. Strategic Management in Public Services[M]// Horton S, Farham D. Public Management in Britain. London: Macmillan Press, 1999: 62.

② 帅学明. 公共管理学[M]. 北京: 中国农业出版社, 2008: 7.

讲,战略管理的目标是公共利益而非市场利润。公共利益是一个与私人利益相对应的范畴。公共利益不是个人利益的叠加,也不能简单地理解为个人基于利益关系而产生的共同利益。公共利益是客观存在的,具有社会共享性,影响着共同体所有成员或绝大多数成员的利益。

5. 目标的模糊性

虽然从理论上明确公共利益是公共管理的目标,是客观存在的。但是在现实操作中,公共利益还是比较抽象模糊,很难给出一个具体清晰的界定。公共组织所处的复杂政治环境,势必造成它受到不同利益相关者的影响和干扰,因此很可能形成变化多样的目标。如何在纷繁复杂的利益关系中发现公共利益,并将公共利益作为公共组织始终追求的目标,不致让公共组织沦为狭隘的利益集团谋求私人利益或部门利益的工具,这对于公共组织的管理者而言,需要的不仅是智慧,还要有强烈的公共责任意识。

6. 制约的多重性

私营部门由于其私有非公共的特性,使得其在战略管理实施的过程中比较自主,自我控制的程度较高。而对于公共部门而言,从理论上讲,其往往会受到更严格的约束,这主要表现在三个方面。其一是法规的制约。对于私营部门而言,只有法律规定不能做的才不能做,法律没有限制又不违背社会道德风尚的行为都是允许的。而公共部门的行为一般要有法律的授权,并且由于公共权力的滥用会给社会公众造成非常大的侵害,因此社会积极建构一个由宪法和各种法律规章组成的严密体系对公共部门加以制约。其二是公开性的制约。私营部门的战略管理可能影响其兴衰成败,因此往往属于市场机密,一般只为私营部门内部的成员所知晓,对外具有一定的保密性。而公共部门的战略管理涉及全体公众的切身利益,只要不涉及国家安全、社会稳定,都应向社会公众公开。因此公共部门的战略管理不能搞"黑箱"操作,应该具有较高的透明性,以保障公众的知情权。其三是政治力量的制约。私营部门经营利润最大化的目标决定了其主要受市场规律和与之联系的市场主体的制约。而公共部门的战略管理会受到来自方方面面的权力的影响,既有私营部门和各种非政府公共组织,又有利益集团和政治上的竞争势力,他们为了谋求自身利益的实现,都会对公共组织施加影响。公共组织必须在各种力量中间保持清醒的头脑,巧妙地周旋,寻求能够让各方都比较满意的战略方案。

三、公共部门战略管理兴起的原因

公共部门为什么需要战略管理,这既是历史的必然,又是现实的客观需要。不同的学者对于公共部门战略管理兴起的原因也提出了不同的观点。

博兹曼和斯特劳斯曼在《公共管理战略》一书中认为,政府部门必须进行战略管理,才能解决公共部门中产生的问题,提高公共部门的效率。① 纳特和巴可夫在《公共和第三部门组织的战略管理:领导手册》一书中指出:战略通过可指导战略行为的计划、策略、模式、立场和洞察力,来造就公共组织的焦点、连贯性和目标。他们还列举了可能引起组织战略改革的十二个诱因:组织的成长或新组织的成立,对稳定资助的需要,扩张的欲望,对组织

---

① Bozeman B, Straussman J. Public Management Strategies [M]. San Francisco: Jossey-Bass Publishers, 1990: 27.

扮演更多角色的要求,教育监事会的需要,领导人更换,某些法令要求制订计划,整合各部门的需要,协调行动,打破墨守成规,政治威胁和远景目标。① 由此可见公共部门中战略改革及战略管理的普遍性和重要性。休斯认为,战略观念在公共部门的应用会存在一些问题,并招致一些批评,但归根结底这是传统的行政模式所具有的问题,而引入某种形式的战略观点,起码可以保证结果得到改善。② 布莱森认为,战略计划能促进沟通与参与,协调利益与价值差异,推动有序决策的制定和展开。③ 穆尔指出,虽然公共行政的传统信条已经被打破,但是,人们并没有构造出一个公共部门管理者应如何思考和行动的框架,战略管理所要提供的正是这样一种框架。④

总结多位学者观点,简单来讲,本书以为公共部门战略管理兴起主要有以下几个方面的原因。

(一) 更加复杂和不确定的外部环境

在现代社会,公共部门管理面临的环境越来越动态和不确定,不仅政治在发生变化,经济、技术、文化、社会都在发生巨大的变化。从管理角度来看,任何组织总是力图从各个方面降低或减少环境的不确定性。在平衡的环境中,这并不困难,因为在平衡环境中,组织可以制定具体的政策、规章、条例来处理日常事务。但在动荡的环境中,这种形式行不通,组织必须建立一个更有适应性的反应系统。战略管理能够保证组织与其环境之间有一个良好的战略配合,使组织的能力与环境要求相匹配,同时安排组织内部的结构与程序以使其随战略选择而成长,并发展出新的能符合未来挑战的能力。

(二) 公共部门角色的转变

在福利国家时代,政府是一个大政府,认为"管理越多的政府是越好的政府"。但是,从 20 世纪 80 年代以来,"大政府"的观念受到越来越多的质疑,福利国家政府干预过多的弊端不断地暴露出来,出现了"政府失灵"的问题,表现在以下方面:①政府机构急剧膨胀;②政府工作效率下降;③政府角色错位,政府干预的方式、范围、层次、力度和预期选择都不适当,不足以弥补市场机制的缺陷,反而妨碍了市场机制作用的正常发挥;④政府权力侵蚀公民权利;⑤对政府控制和监督的力度削弱,造成政府腐败问题日益严重,政府设租寻租行为频频发生。政府失灵严重地损害了政府形象,传统的全能政府模式和观念让公共部门在风云莫测的环境中渐渐显得力不从心。在这种情况下,"小政府"无论在理论或实践上均获取了人们的认同和支持。许多西方国家的政府再造主张在公共服务中落实市场机制。据此,政府的角色(特别是中央政府)发生了变化,即要成为领航者而非划桨者(steering rather than rowing)。政府的主要作用应该是抓宏观、定方向,而不是事必躬亲。而如何才能掌好舵,确保沿着正确的方向前进,这就要求公共部门具备统筹全局、高瞻远瞩的战略思维。正如学者波兹曼和斯特陶斯曼所指出的那样,政府部门必须进行战

---

① [美]保罗·纳特,[美]罗伯特·巴可夫.公共和第三部门组织的战略管理:领导手册[M].陈振明,等,译.北京:中国人民大学出版社,2001:8-16.
② [澳]欧文·E.休斯.公共管理导论[M].2版.彭和平,等,译.北京:中国人民大学出版社,2001:176.
③ Bryson J. Strategic Planning for Public and Nonprofit Organizations: A Guide to Strengthening and Sustaining Organizational Achievement [M]. San Francisco: Jossey-Bass Publishers, 1988: 5.
④ Moore M. Creating Public Value: Strategic Management in Government [M]. Cambridge: Harvard University Press, 1995: 16-21.

略管理,才能解决公共部门所发生的问题,提高公共部门的效率。

(三) 私营部门战略管理的示范性影响

如前所述,自20世纪60年代以来,私营部门在运用战略管理方面获得了巨大成功。美国哈佛商学院著名的案例教学充满了各种成功的描述,例如福特汽车公司是怎么利用"成本优先"战略起死回生的,通用汽车公司是怎样利用"差别化"战略而夺得美国汽车霸主地位的,而战后的日本汽车企业又是如何将小型轿车打入汽车王国美国的。私营部门运用战略管理的神奇经历对公共部门产生了巨大的示范性影响,成为公共组织与非政府公共组织使用战略管理技术的榜样。

(四) 新公共管理运动的推动

西方国家出现的社会管理危机和财政危机,引发了西方民众对公共部门的信任危机。社会公众要求对政府进行改革的呼声不断高涨,迫使西方国家开始学习和借鉴私营部门管理的成功经验,将企业家精神引入公共部门,拉开了新公共管理运动的序幕。在新公共管理运动中,公共部门特别是政府作为公共物品及服务唯一提供者的垄断地位已经动摇,公共部门被置于与私人部门竞争的境地,经常面临重组、合并和民营化的威胁,这就使得传统的以内部为取向的行政管理模式变得不合时宜。传统行政管理在政治与行政二分法观念的长期影响下,不必关注组织的外部环境、长远目标,也不必考虑如何通过资源的优化去实现目标,而只需考虑行政过程和日常管理,执行政治官员制定的政策和法律。可以说,在传统的行政模式中,既缺乏战略的思维,也没有战略的地位。而随着新公共管理运动的出现,公共部门在某种意义上被推向了市场。新公共管理是以外部取向为特征的,它要求公共部门能对外部环境的变化迅速地作出反应,能与社会中的各种组织进行更广泛更深入的互动,这就促使公共部门要关注组织自身的目标、责任和使命,要通过制定长期战略来促进组织使命的实现。

四、公共部门战略管理的发展阶段

按照休斯《公共管理与行政》一书的观点,公共部门战略计划途径兴起于20世纪80年代,比私人部门战略计划途径的兴起晚了十余年,而公共部门战略管理途径的采用比私人部门仅仅晚了几年。① 其兴起的历程大致可划分为以下两个阶段。

(一) 战略计划阶段

战略计划技术在20世纪80年代初开始从私营部门引入公共部门。休斯在《公共管理与行政》一书中指出,预算和财务控制在公共部门很早就开始了,但那时计划的目的不过是预算分配,支出控制……公共部门的长期计划使用的则是私营部门中的方法,它更加注重组织的长期目标,预测的是较为久远的问题。②

较早倡导引入私营部门战略计划技术的是奥尔森和伊迪,他们认为"战略计划是在宪法规定的范围内,为确定政府行为性质和方向的基本决策所进行的专业性努力","公共部门战略计划过程包含以下基本要素:①综合任务和目标的描述,由组织的行政管理部门制定,从中提供战略发展的框架——战略所要规定的指标;②环境监测与分析,包括对目前

---

①② Hughes O. Public Management and Administration [M]. 2nd ed. London:Macmillan Press Ltd,1998:152,153.

和将来的外界要素的定义和评价,这是组织战略形成过程中务必要考虑的内容;③分析组织内部的概况和可供挖掘的资源,即对组织在战略计划过程中必须考虑的各种因素的强弱进行评估和分类;④战略制定、评价和选择;⑤战略计划的运作和控制"①。美国学者布莱森提出了八步骤的战略计划框架:①开始制订战略计划过程并取得一致意见;②明确组织权限;③阐明组织任务和价值;④对外界环境进行评价(机会和威胁);⑤对企业内部状况进行评价(优势和劣势);⑥确定组织面对的战略性问题;⑦制定战略——处理问题;⑧制定有效的、未来组织的蓝图。② 奥斯本和盖伯勒也提出过战略计划的八个基本阶段:①内外形势分析;②判断、鉴定组织面对的要害问题;③确定组织的基本任务;④整合组织的基本目标;⑤绘制蓝图:成功的景象;⑥制定实现这个蓝图和目标的战略;⑦排列战略时间表;⑧测量、评价最终结果。③

正是在这些理论的影响下,20世纪80年代初,美国的许多州开始使用战略计划技术。到90年代中期,美国几乎2/5的州政府完全采用了战略计划。战略计划的引入对公共部门有重要的意义,它可以促进沟通与参与,协调利益与价值差异,推动有序决策的制定和开展。③公共部门战略计划的核心内容包括:战略计划的基本假设是组织能够预测其周围环境的发展动态,并能控制它,或简单地认为它是稳定的;战略产生于一个受控的、有意识的正式计划过程,该计划过程被分解为清晰的步骤,每个步骤都采用核查清单进行详细的描述,并由分析技术来支持;思考与行动可以分开,战略制定应当从战略实施中分离出来;原则上由首席执行官来负责整个战略进程,实际上是由全体计划人员来负责;侧重点在于形成正式的战略方案和行动计划而非战略的实施,认为战略一经制定,就会自然而然得到执行。

然而,同私营部门一样,公共部门战略计划也存在很大局限性。战略计划在实践中的表现也并不理想,往往不能得到应有的领会,平添许多冗杂的文件,使组织深陷其中,反而在变化的环境中迷失方向,出现了安索夫多次提到的所谓"分析导致瘫痪"(paralysis by analysis)的现象。

(二) 战略管理阶段

20世纪80年代中期以后,环境开始变得更加动荡和不确定,人们也逐渐认识到了战略计划的局限性。在私营部门战略管理的影响下,公共部门战略计划发展到了战略管理阶段。

战略管理旨在将计划功能与整体的管理工作整合在一起,它不仅包括战略计划过程,而且把战略扩大到包含战略执行和战略控制在内的更大的范围。④ 麦卡弗里"同意战略管理包含战略计划这一观点,但战略计划是一个更具包容性的概念,强调组织与环境之间

---

① Olsen J, Eadie D. The Game Plan:Governance with Foresight [M]. Washington DC:Council of State Planning Agencies,1982:4-19.

②③ Bryson J. Strategic Planning for Public and Nonprofit Organizations:A Guide to Strengthening and Sustaining Organizational Achievement [M]. San Francisco:Jossey-Bass Publishers,1988:5,146.

③ Osborne D, Gaebler T. Reinventing Government:How the Entrepreneurial Spirit Is Transforming the Public Sector [M]. Reading MA:Addison-Wesley,1992:233.

④ Montanari J,Daneke G,Bracker J. Strategic Management for the Public Sector:Lessons from the Evolution of Private-Sector Planning[M]//Rabin J, Miller G, Hildreth W. Handbook of Strategic Management. New York and Basel:Marcel Dekker,1989:67-83.

的相互作用,这是一种累进的方法论,允许对环境进行考察,以选择通过一定的付出可以获得最大利益的目标"①。博兹曼和斯特劳斯曼认为"当我们使用战略管理这个名词时,它有四个原则:关注长远;目标与组织内的等级制整合在一起;认识到战略管理与战略计划不会自行贯彻这一点也非常重要;强调一种外向性的观点,不是去适应环境而是要改变环境。战略性的公共管理则需增加额外的一项要求,即战略思维必须考虑行使政治权力的问题"②。伊迪提出了战略管理的三要素:行动定位、设计和人的要素的重要性。在他看来,"行动定位是要保证任何文件都有关于执行的内在过程,包括行动的具体计划、进度、责任与详细成本,设计的结果与实现它们的过程要一致,因而一个组织通过战略管理完成的任务与这些任务完成的快慢,明显取决于其能力,包括人力资源能力与财力资源能力"③。休斯在总结前人观点的基础上认为,"从战略计划到战略管理的转变首先是更注意制订计划及其内在要求,其次是对执行问题给予更多的关注"④。纳特和巴可夫提出了六步骤的战略管理模式:①根据环境发展趋势、重大事件、总体方向及理想描述组织的历史背景;②根据现在的优势与劣势、未来的机遇与威胁分析判断目前的形势;③建立战略议题制定议程;④设计战略选择方案和战略主题;⑤根据利益相关者和所需要的资源评价战略选择方案;⑥通过资源配置和对利益相关者管理实施需要优先考虑的战略。⑤

第二节 公共部门战略管理的过程

对于战略管理的过程,学者有不同的划分。本书主张从战略计划、战略实施和战略评价三个阶段来分析战略管理的实施过程。

一、战略计划

战略计划是在环境分析的基础上拟订战略的过程,也是将战略意图转化为战略决策的过程。其目的在于明确环境对组织的重要影响,并指导组织对环境的变迁作出反应,以获得长期的竞争优势。主要有以下步骤。

(一)达成战略共识

战略管理本身就是一个向关键利益相关者传递信息并与他们达成共识的过程。由于公共部门受法律的约束,权力有限,战略的制定又涉及许多部门和人员的利益,如战略计划有何价值、需要哪些部门和人员的介入等,因此在利益相关者之间达成战略计划行为的共识尤其重要。

---

① McCaffery J. Making the Most of Strategic Planning and Management [M]//Cleary R, Henry N. Managing Public Programs:Balancing Politics,Administration and Public Needs. San Francisco:Jossey-Bass Publishers,1989:194.

② Bozeman B,Straussman J. Public Management Strategies [M]. San Francisco:Jossey-Bass Publishers,1990:29-30.

③ Eadie D. Identifying and Managing Strategic Issues:From Design to Action [M]//RabinJ,Miller G,Hildreth W. Handbook of Strategic Management. New York and Basel:Marcel Dekker,1989:171.

④ [澳]欧文·E.休斯.公共管理导论[M].2版.彭和平,等,译.北京:中国人民大学出版社,2001:188.

⑤ [美]保罗·纳特,[美]罗伯特·巴可夫.公共和第三部门组织的战略管理:领导手册[M].陈振明,等,译.北京:中国人民大学出版社,2001:140.

（二）组建战略小组

为了使各利益相关者明了各自的需求，并制订相应的计划来满足这些需求，以做到行动的步调一致，有必要建立一个战略管理小组。战略管理小组既要创新，又要促使利益相关者达成共识，因此其组成应是代表组织内、外部利益和权力中心的人，并可随问题议程的变化而相应变化，以利于新问题的解决和处理。战略管理小组在整个战略管理的全过程的任何阶段，都通过三个步骤来发挥作用：第一步，搜集信息和理念；第二步，综合信息和理念；第三步，抉择，尤其是在阶段转换过程中，根据标准确定行动的优先程度。

（三）设置战略目标

整个战略管理过程以战略目标为核心，如果没有特定的目标追求，战略管理就不能正常实施，该组织也不会取得应有的成就。对于公共部门而言，下面这些内容不但为使命陈述提供了一个基本定义，同时也是组织的战略目标：

第一，我们是什么样的组织，我们应该做什么，我们追求的主要价值是什么；

第二，我们所要满足的社会及政治需求是什么，或者说，我们组织的服务对象是什么，服务对象需要什么，我们应当进入什么样的领域进行服务；

第三，我们应该通过什么样的方式和行动去满足这些需求；

第四，我们应如何处理与战略利益相关者的关系；

第五，我们实施行动时，不同于其他组织的条件是什么。

当然，对于公共部门而言，了解组织的历史背景有着特殊的作用，可以帮助组织应付如模糊不清的市场、制约因素、政治影响、权威限制和宽泛的所有权等问题。通过回顾历史，战略管理小组成员可以制定现实且明确的理想。这种理想不但充实了组织所向往的未来，确定了它进一步发展的基础，也为组织提供了一个具体的目标。之所以用理想来替代目标，原因就在于公共组织的目标往往非常模糊，而且存在争议，不像私人组织可以将利润数作为目标。

值得注意的是，设置战略目标时，通常建议组织不要提出太多战略目标，而且最好以一种可以度量的方法来表述战略，并且具有挑战性和可实现性。

（四）进行战略分析

战略管理与非战略管理之间的区别之一就是战略管理注重对组织内部和外部环境的分析评估。环境分析的主要任务在于通过对组织内部形势和外部环境的系统分析，掌握公共部门内部的优势和劣势，了解公共部门外部的机会与威胁。其主要的分析模型包括PEST分析和SWOT分析。

1. PEST分析

PEST分析是战略外部宏观环境分析的基本工具。宏观环境又称一般环境，是指影响一切行业和组织的各种宏观力量。PEST分析就是列出对组织产生影响的政治（political）、经济（economic）、社会（social）和技术（technological）等环境因素，根据经验和预测确定影响组织发展的关键因素。

政治环境包括一个国家的社会制度，执政党的性质，政府的方针、政策、法令等。经济环境主要包括宏观和微观两个方面的内容。宏观经济环境主要指一个国家的人口数量及其增长趋势、国民收入、国民生产总值及其变化情况以及通过这些指标能够反映的国民经济发展水平和发展速度。微观经济环境主要指组织所在地区或所服务地区的消费者的收入水平、消费偏好、储蓄情况、就业程度等因素。社会环境包括一个国家的居民教育程度和文化水平、宗教信仰、风俗习惯、审美观点、价值观念等。技术环境包括国内国外的科技进步、开发与利用,以及相互交流等。

PEST分析法要求:①详细列出经济、政治、社会和技术环境因素有可能对本组织产生影响的每个细目;②逐个分析这些细目变化的内在驱动力,以把握其变化规律;③逐个分析这些环境细目对组织过去和现在产生的影响,判断出趋势,以预测其未来的可能影响;④确认环境的关键影响要素。

2. SWOT分析

SWOT分析(strength,weakness,opportunity and threat)是目前战略管理与计划领域中广泛使用的分析工具,是指将与研究对象相关的内部优势和劣势、外部机会和威胁等,通过调查列举出来,并依照矩阵形式排列,然后运用系统分析的思想,把各种因素相互匹配起来加以分析,从中得出一系列相应的带有决策性的结论。通常可以通过编制SWOT矩阵图来进行SWOT分析,如图13-1所示。

	优势(strength) S1 S2 S3	劣势(weakness) W1 W2 W3
机会(opportunity) O1 O2 O3	SO战略 发挥优势,利用机会	WO战略 利用机会,克服劣势
威胁(threat) T1 T2 T3	ST战略 利用优势,回避威胁	WT战略 减少劣势,回避威胁

图13-1 SWOT矩阵图

图13-2为英国伯明翰城市议会SWOT分析图。

很显然,经过SWOT分析,一个组织可以有不同的战略匹配和选择。

SO(strength-opportunity,优势—机会)战略。这是一种发挥组织内部优势、利用外部机会的战略,所有组织及管理者都期望可以利用自己的优势,并抓住外部环境所提供的机会。

WO(weakness-opportunity,劣势—机会)战略。其目标是利用外部机会来弥补内部的弱点。运用这一战略的基础是组织存在着外部机会,但内部存在着弱点,妨碍着外部机会的实现。

ST(strength-threat,优势—威胁)战略。利用优势,回避或减轻外部威胁的影响。

WT(weakness-threat,劣势—威胁)战略。这是一种在减少内部弱点的同时,规避外部环境威胁的防御性战略。

SWOT模型的优点在于以下几点。

(1)结构化。在形式上,SWOT模型表现为构造SWOT结构矩阵,并对矩阵的不同象限赋予了各自的特殊意义。SWOT模型用系统的思想把这些似乎独立的因素相互匹配起来进行综合分析,使得战略计划的制订更加科学全面。

	组织内部优势(strength) 服务质量； 办公室网络； 赢得合同； 知名度； 制造业中心地位	
外部机会(opportunity) 议会中心的最大化利益； 欧洲市场的产生； 多元文化城市的优势； 探索政府创新； 重塑市中心形象	英国伯明翰城市议会的 SWOT分析	外部威胁(threat) 财政失控，人口流失； 缺乏创新； 经济衰退，环境恶化； 社会张力； 市议会角色重要性减损
	组织内部劣势(weakness) 与市民缺乏沟通、交流； 缺乏真正的市民参与； 该市给人的消极形象； 基础设施的恶化； 雇员的技能与需求不相称	

图 13-2　英国伯明翰城市议会 SWOT 分析图①

（2）系统性。在内容上，SWOT 模型的主要理论基础也强调从结构分析入手对外部环境和内部资源进行分析。

（3）分析直观，使用简单。即使没有精确的数据支持和更专业化的分析工具，也可以得出有说服力的结论。

（五）确立战略议题

确立战略议题是战略管理的核心问题，因为战略议题即战略管理所要优先考虑并解决的议题，这对于实现组织的目标或理想有重大的影响。它可以帮助组织确定一个当前必须处理的议题，通过对议题的不断解决，逐步向组织所向往的目标靠近，而不必为某个遥远的未来才能达到的目标耗费力量。

然而，确定了战略议题，还需要对其做一些甄别，以确保它们是名副其实的战略和值得考虑的。② 例如在确定每一个战略议题时要提这样一个问题：为什么要重视这个战略议题？如果答案是它会严重损害组织预期的未来发展远景，或组织的核心战略目标的实现，则这个战略议题就值得组织的战略领导者和管理人员关注。确定一个议题本质上是战略议题的原因还包括议题有违立法的要求，或不能达到任务所陈述的要求。

纳特和巴可夫曾提出一种可以帮助议题排序的方法，以某个精神康复中心面临的一组议题为例，将议题同时列在一起，并用箭头表示其各自的关系，见图 13-3。③ 显然，这样排序结果一目了然，在六种议题中应选取最左边"企业价值观 VS 人道主义价值观"的议题为优先考虑对象，因为它先于其他议题，它的张力作用于大部分议题而不是被其他议题作用。

"议题概述"和"议题定位文件"对议题的认定和分析过程也是有用的。④ 议题概述是"思

---

①　Issac-Henry K. Strategic Management in Public Services[M]// Horton S, Farham D. Public Management in Britain. London: Macmillan Press, 1999: 63.

②④　[美]保罗·乔伊斯. 公共服务战略管理[M]. 张文礼，等，译. 北京：清华大学出版社, 2008: 46, 48.

③　[美]保罗·纳特，[美]罗伯特·巴可夫. 公共和第三部门组织的战略管理：领导手册[M]. 陈振明，等，译. 北京：中国人民大学出版社, 2001: 153.

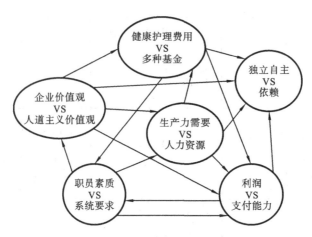

图 13-3 某精神康复中心的战略议题优先顺序

想性"文件,它具有以下特征:①定义和解释议题;②揭示出议题的多种定位、侧面、选择和对其感兴趣的群体;③确定议题的本质、时间与潜在影响机制;④引起人们关注与议题相关的其他资源的分析。议题定位文件是以议题概述为基础的,并且制定了与议题相关的定位和策略。

值得注意的是,组织、组织所处环境以及两者之间关系的动态性使得组织的战略议程会不断发生变化,战略管理者必须定期检查和修正战略议程。

（六）设计战略方案

设计战略方案一般是指战略管理小组以 SWOT 分析方法为基础,在考虑组织理想的前提下,提出具体处理战略议程中的每个议题的行动方案。这些行动方案需有助于组织发挥优势、克服弱点,有助于利用组织外部的机会并规避或遏制威胁。

1. 战略方案的类型

由于管辖权或领域上的限制,公共部门在设计战略方案时倾向于采取渐进式的战略,以便在机会和威胁之间取得平衡。事实上,根据不同的分类标准,可以将公共部门战略方案分成不同的类型。

（1）根据战略的层次差异可以分为宏观战略、中观战略和微观战略。公共部门从上至下由多个层级组成,层级越高,战略考虑越长远,越需要整体意识和全局观念,因此,其战略管理就越具有宏观战略的性质。具体来讲,国家战略就是一个宏观战略。它在对一个国家综合国力全面考察的基础上,确定国家的使命、目标和发展方向,力求通过对资源的有效配置实现各领域的协调发展,提升国家的竞争力,在日趋激烈的国际竞争中保持本国的优势地位。部门战略和组织战略属于中观战略层次;前者是指公共部门在调查研究的基础上,确定某一领域的发展目标和方向,为该领域的发展制定行动纲领,以实现该领域的健康发展;后者则是在部门战略的引领下,思考组织的目标、使命、存在价值和服务对象,并制定目标实施的方案,寻求提高组织绩效的途径。项目战略是微观层次的战略,它是对组织特定项目意义和价值的探求,它思考的范围通常限定在组织某一服务或产品的提供上,它是在已确定的国家宏观战略和部门中观战略的框架内,努力从微观上为社会公众提供更好的公共物品。

（2）根据公共部门对待机会和威胁的态度，有的学者将战略分为探索家、分析家、防御者和应变者四种类型。其中，前两者是积极应对型。探索家敢于开拓创新，积极地审视环境，发现机会，并因此与外部环境发生广泛的联系。分析家紧随其后，在探索家的创新被证明有效后加以采用并进行适当调整。探索家重视战略效果与执行效率，而分析家则力图达到二者的平衡。相对而言，防御者和应变者则比较保守，他们害怕变革，努力维持现状，他们审视环境的目的不是发现机会而是探测威胁。他们关注的重点是如何防范威胁、避免损失，因此常常忽略了发展的机会。防御者和应变者的区别主要在于前者有持续的防御战略，后者只是对周围的事件一次性地消极反应。这种分类方法最初在私营部门运用，后来才被公共部门所吸纳。

（3）戴维·奥斯本和彼得·普拉斯特立克在《摒弃官僚制：政府再造的五项战略》中将战略分为五种类型：核心战略、后果战略、顾客战略、控制战略和文化战略。核心战略是明确组织的目标和政府的核心职能，即掌舵的职能，革除了那些对有效的公共目标不再起作用的职能以及私营部门或其他层级政府做得更好的职能；后果战略的主要特征是通过引入以绩效为基础的激励机制，建立自我驱动的动力机制；顾客战略是将顾客置于驾驶员的位置上，明确了公共部门要对顾客负责，界定组织的主要顾客是实施顾客战略最关键的一步；控制战略是将控制权从高层和中央移走，通过向下级组织、社区和雇员授权，赋予基层更大的自主权，这一战略改变了传统公共部门控制的位置和形式；文化战略的主要特征是通过习惯的改变、思想的交流、情感的影响在公共部门内部引入企业家精神，创造企业家文化。

2. 设计战略的方法

实践中，根据焦点（focus）和主要活动的不同，可以有好几种制定战略的方法。表13-1是这些方法的一个概览。

表13-1 战略管理方法的比较①

类型	焦点	方法	程序	关键用途	限制性
分析性	问题	产品组合（Henderson，1979）	根据市场占有率和市场潜力将产品、服务或活动分类决定它们的价值	1.平衡各种组合以按标准评估活动；2.采用非经济标准	1.分析假定有一个战略可用于评估；2.分析标准依部门不同而不同；3.对可用的规则有争议
		议题组合（Ring，1988）	根据利益相关者和可控性分类决定优先顺序	1.平衡各议题以便取得成功；2.建立可信度以解决更难的问题	1.议题必须是已经确定的；2.没有办法发现议题概念性

---

① 张泰峰，[美]Eric Reader.公共部门战略管理[M].郑州：郑州大学出版社，2004：93-94.

续表

类型	焦点	方法	程序	关键用途	限制性
概念性	参与者	行业分析（Porter，1980，1985）	分析形成行业的力量，以确定进入和退出门槛以及来自竞争对手的威胁	1.评估组织的竞争行为和给定的战略选项； 2.预测战略的可行性	1.要为不甚明晰和不相关的行业确定一个恰当的参照物； 2.穷于应付非经济因素； 3.协作会支配竞争
		利益相关者分析（Freeman，1984；Mason and Mitroff，1981）	确定重要的利益相关者和他们的期望，在战略中设计出与每一利益相关者打交道的方法	1.提醒组织注意重要的主张及其主张者； 2.与大多数其他方法相容	1.无法根据重要性及影响对利益相关者排序； 2.利益相关者不局限于制定战略与执行战略
		解释性战略（Petigrew，1977；Keeley，1980）	用文化和符号激励利益相关者	1.找出社会契约和条约； 2.建构合法性机构	1.解释是非常难以掌握的技巧； 2.很难创造有用的符号
	机构	哈佛政策模式（Andrews，1980；Child，1982）	分析SWOT，确定管理的价值与职责，以找出与环境和组织能力最相适应的战略	1.分析SWOT； 2.定义战略计划单位； 3.确定战略计划团队	用SWOT发展战略的途径不清楚
		议题管理（Ansodd，1980，1984）	认清和解决组织要实现目标所必须处理的议题	1.将议题和SWOT联系起来； 2.用议题来确定战略回应	除了SWOT，没有更好的办法用于确定议题，并将它们表述出来
		适应性战略（Miles and Snow，1978）	将机会与独特的能力匹配	1.选择领域； 2.选择技术； 3.管理系统	1.以环境为导向； 2.执行步骤不清楚
		计划系统（Lorange，1980）	在不同的组织层次和功能部门间应用整合观念	1.整合与协作； 2.给出应遵循的步骤	没有考虑政治和执行的需要

注重分析的方法以问题为焦点,这种方法通过对主要活动(如产品和服务)进行分类来评估它们,以确定哪些活动要改变,哪些活动要取消。因此,这一方法的关键在于找出有待矫正的问题。注重概念的方法倾向于以参与者和机构为焦点。以参与者为焦点的方法关注对外部和内部人员向组织所提出的行动要求的理解;以机构为焦点的方法检查组织的能力,并将它们归类,以发现组织的长处和短处、应该强调的和应该避免的事项,组织的能力是这一方法注意的焦点。强调参与者和机构的方法注重发现,而不像以问题为焦点的方法那样注重评估。但无论这两种方法的哪一类,都为领导者进行战略思维提供了有益的指导。

(七) 作出战略选择

战略选择就是在根据战略目标的要求所提出的若干备选方案中,按照一定的评价标准,选择最优的战略方案。在这个过程中,决策者需要重新审视组织的最终目标,评价组织运行的情境,从而对组织的备选战略作出评价。进行战略方案评价的目的就是要找出哪个是最有可能完成组织目标的行动方案。评价标准有三种。

(1) 适用性分析。研究组织的战略是不是一个好战略,即评估所提出的战略对在战略分析中所确定的组织情况的适应程度,以及它如何保持或改进组织的竞争地位。它应提出下列问题:该战略充分利用组织的优势或环境提供的机会了吗?该战略对在战略分析中发现的问题解决到什么程度?该战略与组织的目标一致吗?

(2) 可接受性分析。研究一个战略被执行后可能出现的结果是什么,以及组织能否成功地实施该战略。在评估过程中要注意分析实施该战略所带来的后果是否适合组织内部资源,利益相关者能否接受。

(3) 可行性分析。研究组织是否有能力和资源来执行战略,即好的战略不仅要有吸引人的前景,而且还要有实施的条件和可行性。因此,要对组织战略实施的经济可行性和政治可行性进行分析。

对于战略选择模型,纳特和巴可夫提出,根据公共组织在社会对其反应的期望和采取行动的压力的大小两方面的感觉,可以将公共部门的战略进行分类,如图13-4所示。

由图13-4可知,最成功的战略是图中箭头所显示的那些向对角线上方移动的战略,这些战略要求组织的回应度应与采取行动的压力的变化情况相一致。对角线外部的战略有效性较低,因为回应度与采取行动的压力情况不协调。

支配者采用的战略强调用行动应对快速出现的新需要,极少考虑对合法权威的回应。这一战略的动机是自由选择行动并使行动与责任分开。

指导者战略属于中等到高等行动取向的战略,它对其行动承担中等责任。在动荡的环境中,应尽力将支配者战略转变为指导者战略。因为,这一战略转变能增加对重要需求的回应度。

采用指导者战略的组织主要是"类政府"(paragovernment),因为它们的行动权力很少有明确的法律基础,其责任也只限于自己指定的董事会以及政府资助附带的条款。

造势者战略是指不采取行动的战略。采取这种战略的战略制定者研究每一个信号,以确定行动是否有充分的保障,并且不断公告将要采取的行动。但是他们却很少将这些行动付诸实践。这种战略不能给问题定性,也没有任何关于问题优先顺序的标准,因而不如那些针对需要采取一定行动的战略有效。这一战略要想取得成功,关键在于要有一群

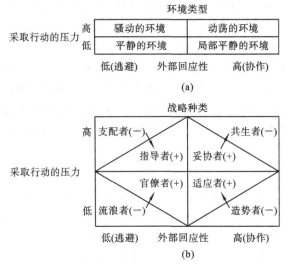

图 13-4　与公共部门环境相匹配的战略①

注：加号表示可能有效的战略，减号表示倾向于无效的战略，箭头表示增加战略有效性的路径。

为这些问题大声疾呼的支持者。

适应者战略包含了一些造势者战略成分，不同的是，它为问题议程注入了更多的行动成分，因此，适应者战略比造势者战略更有效。

处于行动要求很少的平静环境中的组织可以采取流浪者战略，这一战略使得组织可以偷懒。流浪者战略也可能显示了这么一种状态，即组织处于高能量消耗的活动之后的恢复期。在平静的环境中，那些只为非常明确的需求采取适度行动的组织一般采用官僚者战略。这种战略要求组织按照事先规定的流程和标准作出适度的回应。

妥协者战略是通过让顾客互争而坐收渔人之利的方法，尝试着将需要和这些需要所蕴含的行动按优先顺序排列。可采用的策略之一是满足重要顾客的需要，另一策略是满足确有需要的顾客。

共生者战略是所有战略中最主动的一类。如果环境处于动荡状态，而且各种需要变化迅速，必须合作才能对形势作出回应，那么，组织就需要采取这一战略。共生者战略通过为多种多样不断变化的需要设计不同的行动，来回应和满足这些需要。

二、战略实施

战略计划只是战略管理过程的开始，虽然说良好的开端是成功的一半，但并非成功的战略计划就一定能够保证成功的战略实施。战略实施是一个复杂的过程，它包括诸多环节或功能活动，对于具体环节或功能活动，学者们提出了不同的看法。有的学者认为，战略实施主要包括以下几个环节：①明确实际目标与进展的目标；②进行有效的资源配置；③建立有效的组织结构，使组织结构与战略相匹配；④建立和发展有效的沟通和协调机制；⑤促进变革，克服变革的阻力。有的学者认为，战略实施有以下步骤：①把战略传达给

---

① ［美］保罗·纳特，［美］罗伯特·巴可夫.公共和第三部门组织的战略管理：领导手册[M].陈振明，等，译.北京：中国人民大学出版社，2001：74.

所有从事决策工作的主管人员;②必须拟订计划工作的前提条件并传达下去;③确保行动计划反映重大目标和战略并对其作出贡献;④要定期检查战略;⑤要考虑拟订应变战略和计划;⑥使组织结构符合计划工作的要求;⑦不断地指导计划和战略的部署;⑧创造一种推动计划工作的组织气氛。在综合多位学者的意见后,我们认为为了确保战略的贯彻实施,公共部门应该做好以下几方面的工作。

（一）做好战略发动

组织领导人员要向组织成员阐释公共部门内外环境变化给公共部门带来的机遇和挑战,讲清战略实施的必要性和紧迫性,激发战略实施人员崇高的使命感和责任感,同时将战略目标的实现与实施人员的利益合法合理地进行挂钩,营造一种有利于战略实施的组织文化和组织氛围。

行动计划是为实现一个或一组具体目标的各工作和项目的汇集。首先,分解目标。必须将战略总目标转化为更明确和更具时间性的分阶段目标,然后再分解成合乎该组织总目标层次的一系列的具体目标。其次,制定衡量指标。行动计划的衡量指标主要包括所耗费资源的成本、战略实施的进度和成效等。最后,协调目标。统筹规划,全面安排公共组织各个层次的目标,使组织的各分阶段目标之间、分阶段目标与行动计划目标之间、长期目标与短期目标之间相互衔接。

（二）准备战略资源

资源主要指资金、场所、人员和权力等。在公共部门战略管理中,组织准备、资金准备和权力准备是影响战略实施至关重要的因素。

(1)组织准备。公共部门战略实施的成败,在很大程度上取决于组织内部是否具有良好的组织与精干的人才。因此,要有效地实施战略,必须建立适应所选战略的组织结构,否则,将会妨碍战略的实施,使战略不能达到预期目标。组织战略的变化往往要求组织结构发生相应的变化。公共部门主要从组织内部成员中来选拔战略实施人员,也可以从外部聘请。另外,必要的管理规章制度,可以规范组织与个人的行为,保障战略的实施。

(2)资金准备。公共部门资金主要依赖于财政拨款。为了获取资金,公共部门必须获得财政部门的理解和支持。这就要求公共部门能够提出具有强调战略实施重大意义的、具有可行性的报告,并且,组织领导还要利用自己和本组织的政治影响力来影响有关部门以获得资金。

(3)权力准备。公共组织所拥有的权限是法律赋予的。法令、章程规定的义务以及传统等都会对公共组织构成制约。它们会限制公共组织的自主性和灵活性,限定公共组织的业务范围。为此,实施战略时,公共部门应该根据法律重新审视自己所要做的事情是否合法,充分利用相关法律、法规推动战略的实施,同时要有争取更多政治支持的计划,使战略实施获得更高层部门的重视和支持。

（三）进行战略试验

点面结合是推行一项重要工作行之有效的方法。战略实验就是在战略计划的某一个点上迅速展现出实施结果,获取带有普遍指导意义的宝贵经验,验证战略,发现偏差并予以修正。对于涉及范围较大、风险较高、影响较为深远的战略往往需要先在局部进行试验。通过试验,可以获得一些有普遍指导意义的东西,积累一定的实施经验。通过试验,还可以对战略实施的效果有一个初步了解,如果发现偏差,可以及时修改完善,避免全面推开后造成太大的损失。战略试验大致包括选择实验对象、设计实验方案和分析实验结果三个阶段。

(1)选择实验对象。根据战略内容的要求,从组织中选择具有典型性条件的试点单位。

(2)设计实验方案。全面、细致地考虑各种影响因素,保证战略实验在自然状态下顺利进行。

(3)分析实验结果。对战略实施的整个过程和产生结果的所有原因,包括失败的原因、成功的原因进行全面、系统的考察和分析。

此外,在战略实施的过程中,公共部门可能面对许多消极不利因素,如组织成员对组织变革的恐惧、对利益调整的担心、对人际关系的不满,这些因素使其不能全心投入战略的实施。这时候,公共部门可以综合运用行政、法律、经济、思想工作等多种手段,采取说服、诱导、激励、强制、威胁、命令等多种方式来克服消极因素的影响,保障战略的实施。

三、战略评价

由于外部环境及战略方案局部或整体与内部条件不符等不确定因素的存在,组织战略的实施面临诸多问题。为保证公共部门战略目标的实现,使公共部门能够在既定战略轨道上顺利运行,战略评价就成为至关重要的一环。战略评价是依据一定的标准,对战略实施的效果进行判断,从而为战略的改进和完善提供依据。战略评价贯穿于战略实施的整个过程,从本质上讲,它是一种信息反馈机制,通过战略评价,能及时掌握战略实施的情况,纠正出现的偏差,避免犯致命性的错误,为公共部门总结经验、吸取教训提供信息来源。

战略评价首先需要确定标准,根据学者们的研究,公共部门战略评价的基本标准主要有三个方面:目标的一致性、环境的协调性和经济的可行性。

确定了战略评价的标准后,接下来就要根据标准对战略实施的效果进行判断,具体而言,主要涉及以下几方面的活动。

(一)审视战略基础

审视战略基础是重新对组织的内外部环境进行评价,了解实施战略后,过去组织面临的优势与劣势、机遇与威胁有没有发生变化,发生了什么样的变化,为什么会发生这样的变化,从而为进行战略的适时调整奠定基础。关键问题主要包括:优势是否仍然是优势?优势是否得到加强?劣势是否仍为劣势?有哪些新的劣势?外部机会是否变化?是否有新的机会?外部威胁是否存在?是否有新的威胁?

(二)衡量战略绩效

衡量战略绩效是另一项重要的战略评价活动。这一活动将战略实施的实际效果与预期目标以及对目标分解后建立的指标体系逐一对照比较,分析目标实现的程度,如果存在差距,探寻差距背后的原因,找出优点与不足,发扬和坚持优点,反思和克服不足,综合评价战略执行的情况,总结经验,吸取教训,为下一轮的战略实施做好准备。

可以肯定地说,战略评价一般都基于定量和定性两种标准。然而,对于公共部门的战略管理而言,采用定量标准作为战略评价的依据还存在一定的问题:一是绝大多数数量标准都是为年度目标而不是为长期目标制定的;二是对很多数量指标,用不同的会计方法计算会得出不同的结果;三是在制定数量指标时总要利用直觉性判断。有鉴于此,质量指标在战略评价中也同样重要。以下是西摩·蒂尔斯提出的可用于战略评价的六个定性问题:战略是否与组织内部情况相一致?战略是否与外部环境相一致?从可利用资源的角度看,战略是否恰当?战略所涉及的风险程度是否可以接受?战略实施的时间表是否恰当?战略是否可行?

（三）纠正战略措施

作为战略评价的最后一项行动,在战略检查和考核的基础上,运用控制方法和技术纠正战略实施中的严重偏差,并根据实施的效果,作出坚持战略、调整战略、重组战略或终止战略的选择。战略的调整与修正措施可以分为三类。①如果原定目标、战略并无不当之处,只是战略实施阶段中出现了问题,则应该针对问题采取相应措施,消除产生问题的根源或可能出现的问题,保证原定目标和标准的实现。②因外部环境的重大变化或原来制定战略时的失误,导致目标和战略严重脱离实际,则应根据新情况建立新目标,修改或调整战略,为实现新目标而努力。③如果上述两种原因兼而有之,就要同时采用上述两类措施,既解决实施中的问题,又适当调整目标和战略。

第三节 公共部门战略管理的发展

一、对公共部门引入战略管理的批评

在公共部门战略管理的积极效果引起广泛关注的同时,理论界对于将战略管理引入公共部门一直存在着批评意见。一部分批评是从总体方面对战略计划或战略管理提出的,另一部分则主要是对其在公共部门中的应用而提出的。欧文·休斯在《公共管理导论》中将之归纳为七种(见表13-2)。

表13-2 对公共部门战略计划的批评意见表

1.正式的战略计划过程被描述为比它的实际情况或所能做到的更具逻辑性和分析性,它的设计过于抽象,因此对在任何人类组织中起作用的社会-政治的动态现象未予考虑
2.正式的战略计划过程过于呆板,因此面对要求作出快速反应的迅速变化和动荡不安的外部环境时,显得过于迟钝
3.正式的过程与创造性和革新相违背
4.将战略概念应用到与私营部门差异很大的公共部门可能产生严重问题
5.战略由组织制定,会造成政治控制困难,产生责任问题
6.公共部门的组织目标含混不清,战略考虑毫无意义
7.公共部门的时间观念过于短暂(主要指官员的任期问题),认为它所提出的任何长期观点都必定遭遇失败

第一个批评意见可能还有些实际内容。因为在确定公共机构做什么工作的时候确有难度,确定目标和任务并非易事。故正式的战略计划过程对明确目标的过分执著可能会产生严重的偏差。

第二个批评意见是有根据的。因为在有些情况下,战略管理是以很严格的方法强制实施的。同样,按照几年内固定不变的内容设计的计划,当周边环境变化时,它必然会失败。

第三个批评意见也是具有一定根据的。虽然战略计划过程自身是改革和创新的,但在有的情况下,可能会有与创造性和改革观念相对抗的倾向。实际上,这正是把战略计划与没有计划的僵化模式进行比较的机会。

对于第四个批评意见,应给予高度重视。战略管理在私营部门中取得的成绩足以表明它是有相当效果的一种模式,但是把它完全照搬到公共部门就会产生问题。比如目标问题,公共部门发现很难给自己的行动确定清晰的目标。

第五个批评意见有一些偏颇。在政治控制方面可能确实会出现问题,如果战略是组织制定的,其内容若损害了政治官员的利益,就会造成追究责任的问题。但在此却不应将责任问题与战略问题挂钩。实际上,战略计划和管理并没有代替政治决策的制定,而是试图"为了确保所提出的问题能够通过有利于组织和重要的利害关系人的方式得以解决,改善那种露骨的政治决策制定过程"[①]。

第六个批评意见比较武断。因为目标设定不明确的程度并不像设想的那样与私营部门没什么差别。另外,纳特和贝克沃夫提出用"最终目的"来取代目标,通过最终目的所提出的目标可以与具体条件联结,确定与目标类似的指标,以此来制定有确切含义的战略。

第七个批评意见意义不大。因为时间概念虽也是问题,但它并不对战略计划具有决定性的意义,而是应该成为计划分析的要素。

最后,休斯也指出,上述的批评意见没有一个能够完全否定在公共部门运用战略观点的价值。他只是对那些抱过高期望者提出了警示,战略管理在公共部门的使用是有限制的:它必须切合公共部门的实际,充分考虑各种制约因素;它也不能过于僵化,应有助于管理,而不是以其自身作为目的。[②]

二、公共部门战略管理的应用难题

战略管理在公共部门的应用的确存在着许多限制、困难和问题。对此,许多学者都进行了分析。[③]

托夫特认为,公共部门运用战略管理的许多限制主要包括以下方面。

(1) 政府任期的短期性和行动取向。因为政府是有任期的,在 2~4 年的政治任期之内很难发展长期战略。

---

① Bryson J. Strategic Planning for Public and Nonprofit Organizations: A Guide to Strengthening and Sustaining Organizational Achievement [M]. San Francisco: Jossey-Bass Publishers, 1988: 70.
② [澳]欧文·E.休斯. 公共管理导论[M]. 2版. 彭和平,等,译. 北京:中国人民大学出版社,2001:193.
③ 张泰峰,[美]Eric Reader. 公共部门战略管理[M]. 郑州:郑州大学出版社,2004:28.

（2）公共管理战略的许多方面都是立法者所确立的。也就是说，法律确定了政府机关在什么时候、什么地点将如何做。战略管理的途径除了仔细研究执行的战略外，的确该阐明立法意图。

（3）公共规则大部分是在组织内部进行的，而选民、媒介等要求参与，参与过程虽可以改进普遍接受的程度，但冲淡了战略的焦点议题。

（4）可靠性分析通常是费力又费钱的。更重要的是，定量分析方法如成本-效益方法也不能抓住那些无形的东西。

（5）公共机构对问题解决的非正式群体过程不太熟悉，政府机构习惯于层级的、下达文件报告的过程。创造性、非正式性、弹性在公共组织文化中还不成熟。

（6）由于预算约束和短期观念，公共战略计划者的工作通常很难被证明是合理的。

（7）与私营部门相比，公共战略通常是通过组织设计、预算和财务控制、人事制度和政策来实现的。

公共行政学者罗伯特认为，政府采用战略管理至少有四个困难。

（1）政府管理者在进行决策时，必须与其他重要的行动者分享权力。这些行动者包括组织内外的行动者、其他政府部门（如立法或司法机构），或者利益团体。

（2）政府组织的功能是政治性的，与理性的环境相反，他们无法就适当绩效方案取得一致意见。往往某一纳税团体认为政府的社会方案很慷慨，但受惠者可能认为有所不足。

（3）政府管理者与私营部门的管理者相比，缺乏完全的自主性与控制力，这使得政府执行和协调任何行动计划时均显得困难重重。

（4）由于上述因素，政府的战略决策环境要远比私营部门更为困难和复杂。

三、公共部门战略管理的改进

上述批评意见提醒我们战略管理不是包治百病的良药，它有其自身内在的不足，这对那些对战略管理抱过高期望的人提出了警示。公共部门应该对战略管理可能存在的问题予以足够的重视，并采取一系列措施努力加以改进。

1. 战略管理思维比计划更重要

在动荡的环境中，要保证战略管理计划的成功实施，就必须对外部环境进行持续的监测并随时准备调整战略计划，而机制僵化的公共部门则可能会注重对战略计划的严格执行而忽视了对计划的调整。因此对于公共部门组织而言，更重要的是要建立战略管理思维，用战略思维方法来积极应对环境的变化和挑战。正如布莱森所言，"任何战略计划过程只有在它能帮助关键的决策者以战略的方式进行思考和行动时才有价值。战略计划本身不是目的，而仅仅是一组可帮助领导者制定重要决策，并采取重要行动的概念。事实上，如果战略计划过程能采取战略性思考与行动的方式，应该作废的是这个过程，而不是思考或行动"[①]

2. 对问题进行客观分析

公共部门由于其自身的特殊性，在引入战略管理时确实需要具体问题具体分析，充分

---

① Bryson J. Strategic Planning for Public and Nonprofit Organizations: A Guide to Strengthening and Sustaining Organizational Achievement [M]. San Francisco: Jossey-Bass Publishers, 1988: 56.

考虑各种制约因素,努力做到符合公共部门的实际。只要公共部门认真研究问题,不要僵化、教条地照搬私人部门的经验,公共部门战略管理的价值就会不断得以彰显。

3. 克服目标的模糊性

公共部门组织目标的模糊性一直遭到人们批评。事实上,由于公共组织的公共性,多重目标的特点似乎是不可避免的。要解决这个问题就应该超脱出具体目标的矛盾与冲突,从更为长远的角度出发,根据组织的历史背景,在对组织发展的未来进行预测的基础上设计出能反映组织长期发展方向和发展意图的长期目标。为了让公共部门的目标变得清晰,需要将公共利益这个大目标分解成一系列分目标,再对每个分目标设定一系列测量指标,通过科学真实的统计数据以及民意测验来考察公共利益实现的情况。

4. 明确责任和权利

公共部门战略管理要努力谋求各种利益相关者之间的平衡,通过对责任和权利的明确,避免出现互相推诿、责任不清的问题。政府部门还必须打破职责的限制,克服"功能性短视",打破部门主义(departmentalism)的限制,发展一种全局观、强调整合(integration)的管理途径。

5. 解决好公共部门管理者的任期问题

公共管理者必须树立长期主义,打破短期主义的思考,发展前瞻性思考。对于公共部门管理者存在的任期问题,可以从两个方面加以解决。其一,公共部门的管理人员如果没有重大过错则必须干满一定的年限后才能调离该部门,鼓励他们追求长期战略。其二,公共部门制定的影响深远的宏观战略可以通过立法机关来赋予其权威性,要更改或放弃这样的战略需要获得立法机关的同意,这样一来,长期战略就会变得相对稳定。

四、公共部门战略管理的新趋势

在《公共与非营利组织的战略管理:在一个受限制的时代管理公共问题》一书中,科廷描述了西方国家公共部门与非营利部门战略管理发展的六大新趋势,概括如下。①

(1) 将战略管理作为"重塑政府"和"转变"非营利组织的可用战略选择菜单。西方国家兴起以重塑政府为主要目的的新公共管理运动,战略管理就是在政府改革的时代背景下被引入公共部门的。公共部门将战略作为变革的助推器,通过战略选择与实施明确组织的发展方向,发挥优势,抓住机遇,迎接挑战和威胁,不断提高组织的效益和核心竞争力,以适应复杂多变的环境。战略选择往往是多元的、组合式的,充分运用多种战略工具来满足"干得更多、更好、更巧妙和成本更低"的流行要求。

(2) 战略计划不再专注于前瞻性计划的制订和战略构思,而是延伸到执行领域,追求战略结果的实现。战略管理的这一趋势是与西方以结果为本的管理主义改革相结合的,它关注的焦点是努力的结果和绩效,而不是正式的过程;它将战略计划与绩效管理、绩效评估和责任机制的建立结合起来。

(3) 随着战略作用的扩张和计划管理者的更深卷入,战略计划走向分散化。在西方公共部门的管理实践中,战略计划已不再仅仅被看做是高层管理者所关心的事,现在它常常涉及一个更大和更广泛的战略管理小组,包括整个组织的计划人员和运作管理者。这

---

① 转述自陈振明.公共管理学[M].北京:中国人民大学出版社,2005:439—441.

个战略管理小组沟通了高层管理者和中层管理者以及一线员工,打破了计划机构和运作机构之间的"官僚障碍",它是与西方分权授权的改革结合在一起的。其中,组织的运作管理者扮演了关键的角色,他们或者参与了组织的战略计划和目标定位的构思,或者成为战略计划顾问。

(4) 战略过程得以进化,变得更灵活、更迅速和更具目标选择性。传统战略计划过程往往设计一个正式的路径,以一种预定的、很少有偏离的,有时甚至是迂回的评估步骤来运行。而当代的战略过程变得更加灵活,它注重随机应变,较少强调步骤的整齐划一,它注重能根据环境的变化快速作出反应,而不是等待一年一度或多年一度的计划循环。

(5) 战略计划开始超越传统的基本类型,融入了一些新的战略特征。传统的战略计划的基本类型包含一些共同的因素,如组织的使命、目的、目标和价值的表述,偶尔包含具体行动计划。这些内容构成计划的传统内核,其焦点在于清晰表达组织战略目的和战略方向。而近年来,公共部门的战略计划版本进行了扩充,融入了一些的新的战略特征。这些特征大多是内部取向的,与传统的要素相比更为具体,它们分析战略实施的具体行动步骤,阐明组织的文化特性和竞争优势,讨论组织的资源储备情况,研究如何测量计划执行和目标实现的进度等。

(6) 政府与非营利组织间出现广泛的相互依赖和合作,战略联盟成为趋势。随着西方以市场为取向的改革的深入进行,政府与市场、政府与私营部门及非营利组织的分界不再明显;公共服务的主体不再是一元化的,大量非营利组织和私人组织开始承担了许多在传统意义上属于政府职能范围的服务。签约外包、公私合作、合同管理已成为一种普遍现象,甚至成为一种全球化的共同趋势。政府与非营利组织之间的合作不仅是政府职能社会化的过程,而且体现了一种战略合作和战略联盟的发展趋势。

本章重要概念

战略(strategy)
公共部门战略管理(public sector strategic management)
公共部门战略管理过程(the process of public sector strategic management)
公共部门战略变革(public sector strategic transformation)

本章思考题

1. 公共部门战略管理的内涵和特征是什么?
2. 公共部门为什么需要引入战略管理?
3. 影响公共部门战略管理的环境因素有哪些?
4. 如何理解公共部门战略管理的过程?
5. 如何看待公共部门战略管理中存在的问题?
6. 如何确保公共部门战略管理的贯彻和实施?
7. 如何应对公共部门战略变革与创新?

本章推荐阅读书目

1. 张泰峰,[美]Eric Reader. 公共部门战略管理[M]. 郑州:郑州大学出版社,2004.
2. 陈振明. 公共部门战略管理[M]. 北京:中国人民大学出版社,2005.
3. [美]保罗·乔伊斯. 公共服务战略管理[M]. 张文礼,等,译. 北京:清华大学出版社,2008.

第十四章

公共管理实现途径

——本章导言——

公共管理可以通过多种途径实现,其中,管理是最基本的途径,通过决策、组织、协调、控制等职能,对公共组织所拥有的资源进行合理配置和有效利用,以实现管理公共事务、提供公共产品和公共服务的目标。公共政策是公共管理的基本工具,公共管理在社会治理过程中需要充分运用公共政策,针对社会问题制定相应的政策,并使之有效执行,达到政策目标。公共管理本质上是政治意志的实现过程,现代社会体现为政治对社会的有效控制,而公共管理要实现社会治理,离不开政治途径。在利益分化和利益博弈日益复杂的现代社会,通过公民参与进行协商对话和社会治理已经成为一种趋势。法律是确保社会良好秩序的基本规则,而公共管理要保证公共安全和保障市场正常秩序,必须进行依法治国和依法管理,因而法律途径是公共管理的重要途径。

■第一节 管理途径

管理是伴随人类社会的产生而出现的一种活动。人类社会为了谋得物质生活资料和自身安全,必须调控和协调人与人、部落与部落以及人与自然界之间的关系,从而形成原始管理活动。管理领域非常宽泛,从个人到家庭、从社区到国家,管理无处不在,任何组织的生存和发展都离不开管理。因此,管理途径是公共管理实现的最基本的途径。

■ 一、公共管理的一般管理职能

管理就是管理者在一定环境条件下,通过决策、组织、协调和控制等管理职能,对组织所拥有的资源(包括人力、物力、财力和信息等资源)进行合理配置和有效利用,以实现组织预定目标的过程。组织是人类社会最为普遍的现象之一。人们为了生存,为了改造自然、改造社会,实现一个人或几个人无法实现的目标,就需要联合起来,很多人的联合就形成了组织。公共组织就是人们为了管理公共事务、提供公共产品和公共服务而形成的拥有法定的或授予的公共权力的组织实体。公共组织包括政府与非政府公共组织。

所有组织的管理都包括了合作团体的活动,而且都必须履行决策、组织、协调和控制等一般的管理职能。公共管理就是公共管理者在特定的环境条件下,通过决策、组织、协调和控制等职能,对公共组织所拥有的资源进行合理配置和有效利用,以实现管理公共事务、提供公共产品和公共服务目标的过程。公共管理从运行的过程看,包括决策、组织、协调和控制等一般职能。

1. 决策职能

决策职能体现了公共管理的目的性和规划性。公共管理者在充分掌握国家、地区或行业的资源状况的条件下,通过科学预测国际国内社会经济发展的前景和动向,确定公共管理活动的目的和目标,设计多种管理方案,并进行优化选择,按照预定的方法、途径及步骤、环节贯彻实施。决策职能是公共管理运作程序中的首要职能,是管理的核心。决策职能的发挥程度如何,决定着整个公共管理过程中各环节的效能及总体效能。

2. 组织职能

组织职能是实现公共管理目标和管理效能的关键性职能,体现了公共管理的整体性和凝聚性,其内容包括公共组织机构设置、公共组织内部的责权划分、人员配备等,以建立起有效的公共组织体系并能够进行有效的指挥协调、控制和监督,从而使公共管理成为组织性较强的社会活动。建立合理而有效的公共组织,首先要根据职能设置相应的部门和机构。这就是把公共管理的总体职能分解为若干具体职能,按照不同类型的具体职能划分部门。其次,根据各部门的具体职能的分解和调整,划分并设置下层机构。公共管理目标的实现,必须以能够有效运转、结构合理的公共组织作为基础。如果公共组织机构重叠、层次繁杂、编制膨胀、结构松散僵化、责权划分不清,那么任何良好的计划都不会得到准确贯彻执行,也不可能产生良好的整体效能。

3. 协调职能

协调职能是指公共管理过程中平衡各类公共管理主客体之间关系、调节各种利益因素的职能。协调职能的作用在于消除公共组织之间、组织与个人之间、组织成员之间、组织上下级之间的矛盾,照顾各方利益,改善相互之间的关系,减少管理过程中不必要的摩擦,使公共管理运行有效化、高效化,从而协同一致地实现公共管理目标。协调的范围包括协调公共管理系统各部门之间、中央行政机构与地方行政机构之间、政府部门与企事业单位之间、公共管理活动各环节之间的关系。实现协调的途径和方法是多种多样的,主要包括统一目标、统一政策、明确权责、完善体制、有力的监督、充分的沟通、兼顾各界的利益和要求等。

4. 控制职能

控制职能是指公共组织在公共管理目标实施过程中,对实际工作进行测量、衡量和评价,防止和纠正偏离目标行为的职能。发挥公共管理的控制职能,通常包括以下几个环节。①确立可行的控制标准。这是整个控制过程的基础。只有建立起一套完整的具体的控制标准,才能检查执行的成效和偏差,并采取相应的纠正措施。控制标准与公共管理计划、目标具有内在的一致性,是其具体的或计量的规定。控制标准应该是完整的、客观的、具体的和可考核的。②获取准确的偏差信息。即依据控制标准,对管理行为偏差予以检查和预测,从而获得管理的实际结果与预定标准之间的偏差信息。其方法主要有两种:前导预测,即在实际偏差出现以前进行预测,分析偏差的趋势;及时调查,即在行政计划执行过程中,对被控对象的行为及工作成效进行检查,将所得结果与相应的控制标准进行比较,找出偏差。③采取有效的措施进行调节。即确定偏差的性质、层次、程序和范围,找出产生偏差的全部原因,并根据其影响大小排出顺序,确定偏差产生的根本性原因,制定纠正偏差、实施控制的具体措施,包括综合地运用法规、计划、政策、政令、财政、物价、税收、金融等控制杠杆和手段。

二、行政管理与社会管理

从管理内容上看,公共管理可以分为行政管理和社会管理。行政管理即政府管理,是公共管理的核心组成部分,政府管理在公共管理中起主导作用。如果没有有效的政府管理,在国家层面会导致国家的安全危机,在社会层面会导致社会的混乱,在公众个体层面会直接引起民生问题。因此,行政管理的科学化和现代化关系着公共管理实现的效果。

行政管理与科学管理关系密切。19世纪末20世纪初,西方工商企业界兴起科学管理运动,泰勒把企业活动分为行政性和业务性的,前者包括计划、组织、人事、指挥,并由此确定(行政)管理职责。法约尔则明确把工业企业的活动区分为六类:技术活动、商业活动、财政活动、安全活动、会计活动、行政活动。前五种活动与企业的资金筹措、技术选择、市场策略及其他环境条件密切相关,而行政活动则只影响到人员,它包括计划、组织、指挥、协调、控制等要素。

科学管理运动的观念、原则和方法极大地影响到行政管理学的研究,从管理层面研究行政活动的结果之一是形成了对行政概念的新的解释。有代表性的观点如美国学者怀特在《行政学导论》一书中认为,行政是为完成或为实现某种目的而对许多人所做的指挥、协调与控制。美国行政学者古利克提出,从工作着眼,行政就是POSD CORB,即计划、组织、人事、指挥、协调、报告、预算七种职能。这就是著名的七功能说。此外还有西蒙也持这种观点,认为行政即为达到共同目的时合作的集体行动。从管理职能的角度考察行政,把行政理解为一个极为具体而广泛的运作过程,侧重于行政活动中的技术、方法、程序和手段,最大限度地寻求"技术的合理性"和"工具的合理性",这样一种思路拓宽了对行政的理解,行政概念的外延也扩展到政府、其他公共权力机关、工商企业和其他社会组织。但不足之处是容易与私人行政相混淆。行政一般只被看做国家或政府的管理活动、政务的推行或与公共事务相关的活动。正是行政的这种特殊的"公共性",使得它在历史的发展中不断突出行政作为国家和阶级统治的特殊形式和特殊内容的管理特征,从而使其与一般意义上的管理区别开来。

我国学者们为了突出行政的管理内涵,就把行政与管理两个词合起来使用,创造了"行政管理"这样一个复合词。现在,一般来说,"行政管理"概念的内涵可以分为广义和狭义两个方面。狭义的行政管理就是指政府的内部管理;广义的行政管理除了包括政府自身运行的管理,还包括政府对公共事务的管理,这种对公共事务的管理表现为政府的外部职能。所以,广义的行政管理概念是指政府对包括自身在内的整个社会的管理。在更多的情况下,行政管理是指一种特定的管理方式和方法,是指政府把其内部的管理方式方法应用于公共事务的管理。

社会管理是一个内容十分丰富的概念,根据管理对象范围不同,对社会管理的理解有广义和狭义的区分。广义的社会管理与公共管理范畴相同,是指政府及非政府公共组织对各类公共事务(包括政治的、经济的、文化的和社会的)所实施的组织、协调、服务、监督和控制等活动。狭义的社会管理是指政府对社会保险、社会福利、社会自治、人口发展、婚姻家庭等社会生活、社会服务方面的管理,所涉及的范围一般与政治管理、经济管理相对,是社会政策所作用的领域,指的是对公共事务中排除掉政治统治事务和经济管理事务的那部分事务的管理与治理。根据对管理主体强调重点的不同,社会管理又可以分为政府社会管理和社会自治管理。其一,以政府为主体的政府社会管理,即政府是社会管理的主导或唯一组织者、参加者与行动者。其二,以社会为主体的社会自治管理强调社会的自治。这种社会管理属于不带有政治性质的社会自发的、自治性的管理领域,是一种自下而上的社会自主管理。

一般而言,政府社会管理是指政府的职能及其实现过程。在现实的社会治理过程中,政府往往会用其内部的行政管理方式、方法去实现这些职能,所以,也把这个过程看做是行政管理。这个意义上的行政管理是指政府通过制定专门的、系统的、规范的政策和法规,管理和规范社会组织,培育合理的现代社会结构,调整社会利益关系,回应社会诉求,化解社会矛盾,维护社会公正、社会秩序和社会稳定,孕育理性、宽容、和谐、文明的社会氛围,建设经济、社会和自然协调发展的社会环境。

以社会为主体的社会管理主要指各类非政府公共组织、自治组织、志愿组织以及公民个人等自治主体自主地、自觉地依据一定的道德标准、社会规范和规章制度,指导、约束自身的行动,进行自我管理的活动。

良好的社会管理有利于维护社会稳定,有利于社会和谐,有利于促进社会的公平正义。政府理应担负起处理社会冲突、协调社会利益、维护社会公正、保持社会稳定等管理职能。具体来说,政府社会管理的主要内容大致可以包括以下几个方面。

第一,实施综合配套的社会政策,维护社会和谐稳定。当代社会政策的内容主要包括两个层面。一是社会保障方面。社会保障通过社会保险解决人们的生存权的问题,社会福利则是通过提供社会福利服务和社会救助解决人们的生活权的问题。两者是社会安全稳定机制中的两个相互平行又相互制约的体系。二是社会关系方面。包括社会成员基本社会权利和社会地位方面的内容,如资源分配权、工作权、医疗权、迁徙权、教育权、被赡养权以及平等的性别权等。随着现代社会市场经济竞争的加剧,弱势群体边缘化程度上升,社会矛盾不断蓄积,这就需要政府从社会公平、正义的理念出发,运用社会政策维护社会成员的基本生活状态和基本权利。从社会政策的制度模式看,政府应该针对各种社会问题建立综合的、稳定的、配套的程序化制度,如基本的社会保障和福利制度、调节收入过分悬殊的制度、利益表达与社会协调制度等。

第二,明确社会管理执行机构的权责关系,健全社会管理体制。社会管理过程往往是利益关系冲突与协调的过程,需要政府以国家权力为保障,采取各种强制性或非强制性的、直接或间接的手段,发挥其在整合社会资源、调节社会平衡方面的核心与主导作用。所以,政府必须有效地调整和整合社会管理部门,明确、合理地划分各级政府及授权机构的责任,完善社会治理的网络体系,注意建构新的社会管理组织和管理力量,平衡政府管理权能和社会管理权能的关系。今天,非政府公共组织以及其他社会治理力量的崛起已经成为当前社会的一个重要特征。如何平衡政府的经济职能和社会职能,构建国家与社会的双向适度的制衡关系,就成为政府职能的一个重要议题。这也需要政府根据社会变迁的趋向强化社会管理的体制设计和制度安排,并对社会管理的机构、工作方式和管理流程进行动态的调整,以促进经济和社会的平衡发展。

第三,创设完善的社会法律法规,健全社会规制体系。有效的社会管理离不开完善的社会法律法规,应严格界定政府履行社会管理的职责范围和权力边界,规范政府在社会管理中的行政行为,同时为政府的社会管制提供合法依据。社会规制是以保障社会公众的生命安全和身体健康,确保市场秩序正常运行,保障社会公众生活稳定和谐为目的而进行的规制。它涉及生产、消费和交易过程中的安全、健康、卫生、环保、信息等社会行为。社会规制是一个复杂的系统工程,包括食品药品安全体系、公共卫生防疫体系、社会治安综合治理体系、生产—交易—消费安全体系、生态环境保护体系、人口管理体系、公共交通安全体系等。由于社会复杂程度的不断提高,现代社会规制应该从被动性、强制性、离散性逐渐向预防性、诱致性、系统性转变,着力于建立一个健全、长效的社会调控机制来化解社会风险,维护社会的良性运行和协调发展的状态。

第四,规范非政府公共组织,培育社会治理的多元主体。非政府公共组织是指有别于政府组织(第一部门)、营利组织(第二部门或市场部门)的各种非政府、志愿团体、社会组织和民间协会等组织的总称,涵盖教育、科技、医药、卫生、文化、艺术、扶贫、环保、弱势群体保护等许多方面。20世纪80年代以来,西方国家的非政府公共组织得到迅速发展,对社会的影响力也日益增强,在市场、政府和以非政府公共组织为主导的公民社会所构成的"三足鼎立"局面中,非政府公共组织已成为后来居上的、最具发展潜力的一"足"。政府独家垄断社会管理的局面已经被打破,非政府公共组织开始在政府之外承担起了公共管理的职能,公共管理逐渐渗透到社会管理的各个领域,特别是一些私人组织承担了一些公共管理的职能,正在形成"政府组织+非政府公共组织+私人组织"来共同承担公共管理、提供公共物品、提高公共服务质量的局面。如何为非政府公共组织的发展创造宽松的发展环境,提供合法性空间,发挥其在补充正式社会福利体系上的重要作用,就构成了政府社会管理的一个重要议题。一方面,政府应明确界定与非政府公共组织间的权能职责,把适合非政府公共组织的行政业务让渡给非政府公共组织,创造诱致性的激励体制,激发公民、非政府公共组织参与到社会治理过程中来,在政府与社会、公民之间形成一种以理性协商、互惠互利、责任共担为特征的伙伴关系;另一方面,政府应通过创设配套的制度和实施有效的监管,使非政府公共组织的运转实现制度化与规范化,在财政核算、绩效评估方面发挥政府的公信力和强制力,以保证它们的公益性。

第五,树立全面、协调、可持续的科学发展观,培育健康的市民社会。人类的行为受其思想支配。历史经验说明,在社会现代化和经济转型过程中,陈旧落后、保守僵化的思想观念是改革与发展中的最大难题。因此,现代政府的一个重要职责就是树立全面、协调、可持续的发展观,推动社会价值观念更新,在全社会形成重视社会发展的氛围。在一个健康的社会里,社会管理的核心主题就是维护人的尊严和满足人的需要,社会秩序只是社会管理的工具性目标,它的终极价值是改善人民生活质量与提高社会福利,增进社会最大多数人的幸福。

目前,电子计算机技术的发展对公共管理已经产生了很大的影响。电子计算机应用于管理已经从制订生产计划,进行财务、物资、劳动、人事、资金管理发展到公共政策分析、经济发展分析和预测、重大项目可行性评价中,也运用到国民经济综合平衡的反馈系统之中。办公自动化、电子政务等现代行政技术已经使管理效率大幅提高。

三、公共管理的方法与技术

公共管理方法与技术是指公共管理主体在管理公共事务的过程中为履行公共管理职

能和提高公共管理效能所采取的方式、手段与技术措施等的总称。由于公共管理的对象复杂,内容丰富,范围广泛,要进行有效的管理,就必须采用具有科学知识、技术和反映了科学规律的方法,必须综合利用多学科的科学理论知识。这些知识主要包括:人文社会科学,如哲学、政治学、法学、经济学、社会学、管理学、行为科学等;现代自然科学知识,如信息论、系统论、控制论、耗散结构理论、模型论等。同时,公共管理也必须实现技术化,把传统的经典的行政方法与现代科学技术结合起来,形成现代公共管理技术。总之,公共管理需要遵循特定的技术规律,需要从事各种管理活动的人去掌握特定的技术知识和方法技巧。

公共管理的方法与技术的运用不是主观的和随意的。首先,它必须符合公共管理活动的客观规律,公共管理方法的产生、发展以及具体运用都要受公共管理客观规律所制约。其次,它必须符合公共管理活动的目的需要,公共管理活动的方法与技术是公共管理目的实现的手段,其运用是为了服务于公共管理活动的目的,目的决定手段,手段应当有助于目的的实现。最后,公共管理的方法与技术运用还受到各种主客观条件的制约,公共管理活动必须根据全部的主客观条件,运用最适当的和最准确的方法与技术,以最佳地实现公共管理活动的目的。

由于公共管理活动的具体内容、性质、特点和具体对象、目的、条件等不同,公共管理的方法与技术也是丰富多样的,它们构成了公共管理方法系统。

根据不同标准,公共管理方法可划分为不同的种类。

从理论基础来看,可以将公共管理方法划分为社会学方法、心理学方法、经济学方法、法学方法、政治学方法、数学方法、电子技术方法、系统科学方法等。

从方法作用层次来看,可以将公共管理方法划分为一般的、普遍的方法和具体的、特定的操作性方法。其中,一般的、普遍的方法是所有具体方法的共同基础和指导原则,是一种深层的元方法(如系统科学方法),具体方法是运用其原则的具体操作。

从人在方法作用中的地位来看,可以将公共管理方法划分为强制性管理方法和诱导性管理方法。前者是指以事为中心的事务至上的管理方法。按照这种方法,人处于从属的地位,其作用的结果是人们不得不服从于公共管理目标并为之努力工作,它主要包括指令方法、法律方法等一些具体的方法。后者是指一种以人为中心的人本主义的管理方法,它通过利用非强制手段使人们自觉自愿地从事管理与被管理活动,它主要包括教育方法和各种正面激励方法等具体管理手段。

从产生与发展的历史时期来看,可将公共管理方法划分为传统的管理方法与新兴的管理方法。前者是指 20 世纪中叶之前产生与发展起来的传统管理方法,主要包括指令方法、法律方法、经济方法和心理行为方法等具体方法;后者则是指 20 世纪中后期产生与发展的新兴管理方法,主要包括系统分析方法、网络计划法、PDCA 循环技术、ABC 重点管理法、复杂性科学方法等具体方法与技术。

下面着重介绍这些新兴的公共管理方法与技术。

□ 1. 系统分析方法

20 世纪 40 年代,美籍奥地利学者贝塔朗菲创立了一般系统论。系统是物质存在的方式。世界上没有离开系统的物质,也没有离开物质的系统,系统论是科学研究的出发点。系统分析方法是指采用系统的观点和方法,用定性和定量的工具,对所研究的问题进行系统结构和系统状态的分析,提出各种可行性方案和替代方案,并进行分析和评价。系统分析的任务则是向决策者提供系统方案和评价意见,以及建立新的系统的建议。在公共管理的实践中,系统分析方法的运用可以促使公共管理者从单一因素的研究处理发展为多种因素的综合研究处理,从静态的研究处理发展为动态的研究处理,从纵向研究处理发展为横向、纵向相结合的研究处理,从而有利于对公共管理系统与环境进行全面的调查与分析,充分考虑各种相关因素,更合理地利用组织资源,最大限度地实现公共管理的目标。

2. 网络计划法

网络计划法是指用于工程项目的计划与控制的一项管理方法。1956年,美国杜邦公司在制定企业不同业务部门的系统规划时,制订了第一套网络计划。这种计划借助于网络表示各项工作与所需要的时间,以及各项工作的相互关系。通过网络分析研究工程费用与工期的相互关系,并找出在编制计划及计划执行过程中的关键路线。这种方法也称为关键路线法(CPM)。网络计划技术包括以下基本内容。①网络图。网络图是指网络计划技术的图解模型,反映整个工程任务的分解和合成。分解是指对工程任务的划分,合成是指解决各项工作的协作与配合。分解和合成是各项工作之间按逻辑关系的有机组成。绘制网络图是网络计划技术的基础工作。②时间参数。在实现整个工程任务的过程中,包括人、事、物的运动状态,都可以转化为时间参数来反映。反映人、事、物运动状态的时间参数包括各项工作的作业时间、开工与完工的时间、工作之间的衔接时间、完成任务的机动时间以及工程范围和总工期等。③关键路线。通过计算网络图中的时间参数,求出工程工期并找出关键路径。在关键路线上的作业称为关键作业,这些作业完成的快慢直接影响着整个计划的工期。在计划执行过程中关键作业是管理的重点,在时间和费用方面则要严格控制。④网络优化。网络优化是指根据关键路线法,通过利用时差,不断改善网络计划的初始方案,在满足一定的约束条件下,寻求管理目标达到最优化的计划方案。网络优化是网络计划技术的主要内容之一,也是较之其他计划方法优越的主要方面。

3. 全面质量管理(PDCA 循环技术)

全面质量管理(total quality management,TQM)就是一个组织以质量为中心,以全员参与为基础,目的在于通过让顾客满意和本组织所有成员及社会受益而达到长期成功的管理途径。根据管理是一个过程的理论,美国的戴明博士把它运用到质量管理中来,总结出"计划(plan)—执行(do)—检查(check)—处理(act)"四阶段的循环方式,简称PDCA循环,又称"戴明循环"。四个阶段的循环就是质量管理控制系统运转所经历的计划、执行、检查和处理四个阶段的周而复始的循环。其中,计划阶段是先导,是管理系统的各类目标,是整个循环成败的关键;执行阶段是循环的主体部分;检查阶段是控制、把关;处理阶段是进行评价,总结提高,是循环的自我完善。为了解决和改进质量问题,PDCA循环中的四个阶段还可以具体划分为八个步骤。①计划阶段:分析现状,找出存在的质量问题;分析产生质量问题的各种原因或影响因素;找出影响质量的主要因素;针对影响质量的主要因素,提出计划,制定措施。②执行阶段:执行计划,落实措施。③检查阶段:检查计划的实施情况。④处理阶段:总结经验,巩固成绩,工作结果标准化;提出尚未解决的问题,转入下一个循环。

4. ABC 重点管理法

ABC 管理法(ABC analysis)是根据事物的经济、技术等方面的主要特征,运用数理统计方法,进行统计、排列和分析,抓住主要矛盾,分清重点与一般,从而有区别地采取管理方式的一种定量管理方法。ABC 重点管理法起源于 19 世纪,是由意大利经济学家帕累托创设的,最初被称为库存理论,后被引入经济管理领域。20 世纪 50 年代,先由美国通用电器公司开始将该方法广泛应用于管理方面。后来,它又被广泛运用于经济管理之外的领域,公共管理采用此项技术就是从经济管理中移植过来的。它以某一具体事项为对象,进行数量分析,以该对象各个组成部分与总体的比重为依据,按比重大小的顺序排列,并根据一定的比重或累计比重标准,将各组成部分分为 ABC 三类,A 类是管理的重点,B 类是次重点,C 类是一般问题。ABC 重点管理法引导人们把主要精力集中于重点问题的管理,同时兼顾其他次要问题,以收到事半功倍的管理效果。

5. 复杂性科学方法

复杂性科学(complexity sciences),兴起于 20 世纪 80 年代,是系统科学发展的新阶段,也是当代科学发展的前沿领域之一。它所关注的系统演化、涌现、自组织、自适应、自相似等特征是众多社会问题的共同特征。复杂性科学所强调的非线性、混沌、多智能体模型以及复杂网络等概念和方法已经开始为复杂的公共管理问题的解决提供了新方法和研究范式。复杂性科学主要包括早期研究阶段的一般系统论、控制论、人工智能,以及后期研究阶段的耗散结构理论、协同学、超循环理论、突变论、混沌理论、分形理论和元胞自动机理论等。其中,复杂性科学中的非线性动力学已进入到更深入地研究系统的复杂行为的阶段,这些行为包括非线性动力学系统各种运动模式的复杂性及其演化过程,主要研究对象包括周期运动、概周期运动、混沌运动、分岔、孤立子、斑图和拟序结构等。复杂性科学理论和研究范式可以为公共管理研究提供新的视角和策略。

第二节 政策途径

公共政策是公共管理的基本工具。在一个国家的管理活动中,始终贯穿着公共政策的制定和执行,从某种意义上说,公共管理就是对公共政策的管理,公共管理的推行过程就是应用公共政策的实践过程。

一、公共政策问题分析

(一)公共政策问题的内涵和特征

政策问题是所有公共政策制定与设计的逻辑起点。成功的公共政策应当首先能够确认正确的公共政策问题。如果政策问题界定错误,整个政策过程就会失败。公共政策问题是一种社会问题,但不是所有的社会问题都能成为公共政策问题,只有那些客观存在的、影响规模较大的或具有普遍性的,经过一定途径反映到政府有关部门,为政策制定者和分析者所认定,进而进入政府的政策议程欲加以解决的社会问题,才是公共政策问题。

(二)公共政策问题的分类

从不同角度,公共政策问题可分为不同类型。根据问题的内容,它可以被分为经济政策问题、政治政策问题、人口政策问题、教育政策问题等不同领域的问题;根据问题的性质,它可以被分为常规性政策问题、不确定性政策问题和风险性政策问题。

(三)公共政策问题确认的条件

公共政策问题在什么条件下才能被确认、由谁来确认、确认的具体过程如何以及确认过程会受到哪些因素影响是确认公共政策问题的关键。

社会问题被确认为公共政策问题,进入政府的政策议程并将得到解决,需要具备下列几个条件:①问题必须是客观存在的,是多数人认识到的客观事实;②问题影响到社会利益平衡,引起价值观念和行为规范的冲突;③出现了公众的强烈的诉求,需要迅速解决的问题;④属于政府及其有关政策部门职权范围以内应当解决的问题。只有在这些条件下,才有可能针对某种社会问题形成一定的政策需要。

在任何政治系统中,确认公共政策问题的主体既不是全体公民,也不是某个领袖人物,而是多主体参与的互动过程。直接决策主体首先是政府公共决策部门,它们会经常基于对某些社会问题的认知和分析以及对现行政策的分析和研究,来确认公共政策问题。其次是公共部门的信息机构、研究机构,以及咨询、预测、统计机构等比较专业化的工作机构,它们对发现的社会问题进行评价和分析,并且对那些可能成为公共政策问题的问题进行确认。政策执行部门在执行过程中发现政策的某些内容不符合实际情况或实际问题的解决得不到理想效果时,也会进行政策反馈,并将其中一些问题确认为公共政策问题。间接决策主体是利益集团、社会团体、政党和公民。社会中不同的利益集团会从自身的利益标准和利益追求出发,对各种社会现象和社会问题进行评价和分析,要求把那些符合公共政策问题条件的社会问题确认为公共政策问题。各领域的专家学者和权威人士常常根据专业研究,发现社会发展过程中的一些社会问题,提出将其中一些重要问题确认为公共政策问题的建议。社会公众在其利益受到一定影响或损失时,可能会要求将这些问题确认为公共政策问题。新闻媒体在采编、报道等工作过程中,也会发现一些严重的社会问题,也有可能提出把这些问题确认为公共政策问题。

公共政策问题被提出以后,需要一个认定的过程。即通过议论陈述、分析界定达到对问题实质认识的整个过程,是政府将问题纳入议事日程开始解决的过程。这一过程大致可分为问题发现、问题描述、问题分析和问题界定四个阶段。问题发现就是指某个社会现象或问题被发觉并被关注的过程。问题描述是指在问题出现后,力图运用特定的操作性语言(如文字、数字、符号、图表等方式)对问题进行客观、真实、详细、明确的表述过程。问题分析就是对前一阶段描述的问题和相关资料进行去伪存真、去粗取精、由表及里、由此及彼的分析,是对描述的情况进行分析和诊断,目的是要抓住问题的本质和关键,进而判定其能否成为公共政策问题。问题界定是指通过问题分析之后,对能够成为公共政策问题的那些问题所作的认定,对判定为公共政策问题的那些问题给以特定的解释,说明为什么这些问题被确认为公共政策问题,为制定公共政策来解决这些问题提供基础性准备。

(四)影响公共政策问题确认的因素

在公共政策问题确认过程中,人们对问题实质的认识总会受到各种主客观因素的影响和制约,可能造成误差,导致对一些公共政策问题的不正确分析与界定。公共政策学者史塔林认为,公共政策问题诊断或确认可能会受到九个方面因素的影响。

第一,组织结构(organization structure)。组织结构的问题主要有三个。一是层级节制体系(hierarchy)。在过分层级化的组织中,容易造成信息被隐藏或遗漏,这是一种"信息病象",容易干扰公共政策问题认定。二是专业化(specialization)。专业化的结果造成了各部门的本位主义,使正确的信息无法有效地传递。三是集中化(centralization)。集中化的情形往往使上层的人员信息负载过重,难以获得正确和相关的信息去有效地认定公共政策问题。

第二,意识形态(ideology)。意识形态系指组织成员所共同拥有的一套信仰体系。这种意识形态有其危险性,一是会像"过滤器"一样妨碍真实信息的传达,二是会影响对实际问题的了解,造成认知不相协调(cognitive dissonance)的结果,即出现信念与实际状况强烈冲突的情况。

第三,无知(ignorance)。政府对传播媒体的报道具有较强的依赖性。如果报道的信息不正确甚至是错误的,政府官员因其在专业知识上的不足,而相信了这些信息,就会导致其对问题作出错误的诊断。

第四,信息太多(babel)。政府官员接受的信息太多也会造成沟通上的障碍,对问题的探讨产生误差。如果由幕僚事先过滤的话,则又容易使重要信息丢失,进而造成连续错误。

第五,噪音干扰(noise)。当甲想让乙了解某种信息,但乙所得到的信息和甲的预期不同。可见,同样的原始信息,会产生许多不同的意义。即由于接受者的认知和人格结构的不同,而使信息有不同的意义。

第六,时间落差(lag)。指从接到信息到对这些信息作出反应之间的时间差距。现在被忽略的问题,将来可能是严重的问题。

第七,逃避问题(avoidance)。决策者往往逃避其所不愿意面对的问题,使之对问题的真相无法真正了解。

第八,隐蔽问题(masking problem)。指提出某些大家已知道的问题来隐蔽事实上重要的问题。

第九,虚假问题(pseudo-problem)。解决了错误的问题,但不会对真正要解决的问题造成伤害。

二、公共政策制定

公共政策制定是解决政策问题的首要环节,它是针对政策问题所提出的行动目标、步骤和行动要求,进而制定出政策的过程。

(一) 公共政策制定的基本原则

制定公共政策需要以一定的基本原则为指导,这对整个政策非常有益。概括起来主要应遵循以下几个原则。

(1) 信息完备准确原则。即必须充分、及时、准确地把握、整理与政策问题相关的一切信息,这是政策制定与执行成功的关键。

(2) 预测性原则。在客观现实的基础上,运用科学的方法和手段,对政策的时空条件、影响后果作出全面的预测。

(3) 公正无偏原则。公共政策的首要目标是维护社会公平正义,因此在制定公共政策时,必须听取社会各方的不同意见和建议,做到无偏无私。

(4) 个人受益原则。在从事政策规划时,无论采取何种方案,最终受益人都要落实到社会公众个人身上。

(5) 一致性原则。在制定公共政策时,不但要保证目标、目的和行为的一致性,而且还要保证政策目标内在的协调性,不能自相矛盾,更要保证与其他政策的协调性。

(6) 发展原则。从事政策制定要考虑事物的发展,对政策问题的解决方案要从过去、现在和未来的角度研究可行性,不能使事物发展相互分离,产生断裂。

(二)公共政策制定的过程

公共政策制定是多元社会主体在自身利益基础上进行博弈和互动的过程,公共政策是各方博弈的结果。其中,国家元首、政府首脑和各级行政首长、立法机构首脑和立法人员、政党、社会团体、利益团体、专家学者、新闻媒体以及公民等都对政策制定发挥着直接或间接的影响。

公共政策制定是一个系统过程,也是一个动态过程,它包括不同的发展阶段或环节。

第一,确立政策目标。政策目标是政策制定者所期望的可以通过政策实施达到的解决问题的社会效果,是政策方案的价值取向,也是实施、评估政策方案的出发点。

第二,估计需要。需要是指维持现有机体美满的基本条件。估计需要是指对于特定群体的状况,决策者所希望予以补救的范围和程度。

第三,确定要达到的具体目标。

第四,设计公共政策方案。依据确定的政策目标设计政策方案是解决好政策问题的关键性步骤,是为了实现政策目标而进行的设计、谋划,以及拟订解决问题的计划、方法、路线、步骤、手段、措施等的活动过程。

第五,评估公共政策方案。政策方案的评估与论证是对备选政策方案的手段措施、有效性、将产生的后果等方面所作的一系列分析、证明和综合评定过程,它从不同的角度为方案抉择提供科学依据。

第六,选定公共政策方案。

三、公共政策执行

要达到预定的政策效果,解决公共政策问题,不但需要完善的政策方案,更需要有效的政策执行。

(一)政策执行的基本原则

有效的政策执行必须坚持一些基本原则,主要有以下几个方面。

(1) 合法性原则。政策执行必须依法定职权进行,遵守法定程序,并接受法律、法规和政策的约束。

(2) 公正性原则。政策面前人人平等,政策执行者不能根据一己好恶和情感而进行区别对待。

(3) 弹性原则。政策执行主体在政策与法律规定的前提下,有时为了变化了的新情况或意外特例,需要进行变通执行,将灵活性与原则性有机结合起来。

(4) 系统性原则。坚持系统的整体观念,运用系统方法,全面推行政策,发挥政策的整体功效。

(5) 时效性原则。政策一经采纳就要及时、果断地付诸执行,不能超过必要的时限或错过相应的时机。

（二）政策执行的模式

自20世纪70年代以后,政策执行的研究成为公共政策研究的热点,学者们提出了不少政策执行的理论。萨伯蒂尔曾指出:当代政策执行研究有两种途径,自上而下(top-down approach)与自下而上(bottom-up approach)。

第一,自上而下的政策执行模式。自上而下模式认为政策制定与政策执行是有界限的、分离的、连续的;政策制定者设定目标,政策执行者执行目标,二者分工明确;政策执行者拥有技术能力,服从并愿意执行公共政策制定者设定的政策;涉及政策执行的决定,本质上是非政治性与技术性的;执行者的责任为中立的、客观的、理性的与科学的。总之,自上而下的执行方式讲究的是科学管理的精神,即功能分工、管理监督、命令统一、专业分工、层级节制、依法办事。但是这种模式的缺点也是明显的:自上而下模式强调了从中央政策决定开始,容易忽视其他行动者的重要性;许多政府没有支配性的机关,而是由多元政府机关共同执行的;此模式忽视了底层官员与政策目标的团体采取的各种策略;政策执行与设计之间的区分是不必要的、无意义的。

第二,自下而上的政策执行模式。自下而上模式强调应该给予基层官员或地方执行机构自主裁量权,使之能够适应复杂的政策情境;中央的政策决定者,其核心人物并不是设定政策执行的架构,而是提供一个充分的自主空间,使基层官员或地方执行机关能够采取适当的权宜措施,重新建构一个更能适应环境的政策执行过程。该模式的优点是,它促使我们能够正视执行过程机关组织间的互惠性与裁量权。政策执行往往涉及许多单位与人员,而每个单位与人员对于政策实施皆有其立场、利益与看法,所以沟通协调在所难免,自下而上的执行方式,促使我们重视彼此意见与利益的沟通交流。但该模式也存在缺陷,即夸大了政策执行者的自由裁量权限而对政策制定者的作用不够重视。

（三）影响政策执行的因素

公共政策执行的绩效并非是单一因素决定的,而是诸多因素交互影响的产物。概括起来,影响政策执行力与绩效的因素很多,主要有以下几个方面。

第一,政策问题的性质。政策问题的性质涉及问题的相依性、动态性、时空性及受影响之标的人口的特性。政策执行的成败,与欲解决问题的性质有着密切的关系。

第二,政策执行的资源。任何一项政策的执行,都需要一定的资源为支持和后盾,缺乏相应的资源支持,政策的执行就如同纸上谈兵一样,根本无法实施与最终实现。影响政策执行的资源因素主要包括人员、信息、设备、权威。

第三,政策沟通。有效的沟通是政策执行的首要条件。在执行中,执行内容及命令传达得越清晰,就越能收到预期的执行效果。

第四,政策执行人员的意向。由于政策执行人员通常具有相当的自由裁量权,因此,他们对政策所持有的态度直接影响着政策的执行,而各机关的"本位主义",使得各机关执行人员对同一政策所持的态度可能存在着很大的差异。

第五,政府组织结构。政府执行机关在结构及运作上是否科学、合理,直接影响着政策执行的成败。

第六,政策标的团体的服从程度。在许多情况下,公共政策的制定是为了影响、管制或改变标的人口的行为,或是为了引导标的人口按照政府机关所规定的目标行事。因此,要使政策有效执行,就需要标的人口顺服政策,采取合作的态度,加以配合。

以上因素在实际政策执行过程中都有着不可轻视的影响,我们要积极创造条件培育与完善有利于政策执行的因素,尽量消除不利于政策执行的因素,从而促使政策的顺利实施。

四、公共政策评估

政策评估是利用科学的方法和技术,按照一定的标准和程序,系统地收集相关信息,对政策的制定、执行过程以及执行结果进行一定的客观陈述和价值判断。政策评估的目的在于调整、修正政策目标及政策方案,以便制定更完善的政策。

政策评估需要一定的标准。没有客观具体的标准,就无法对政策的价值进行衡量。对于具体的不同的公共政策的评估,其具体标准和指标可能不尽相同,但从一般意义上而言,政策评估要注意以下标准。

1. 效能指标

效能是指某项政策达成预期结果或影响的程度。效能所涉及的含义并非政策是否按原计划执行,而是政策执行后是否对环境产生期望的结果或影响。政策实施可能产生正或负两方面的效果影响,确定指标时,应排除干扰因素,评估政策过程本身的影响。

2. 效率指标

效率是指政策产出与所使用成本间的关系,通常以每单位成本所产生的价值最大化或每单位产品所需成本的最小化为评估基础。

3. 公正指标

公正是指政策执行导致与该政策有关的社会资源、利益及成本公正分配的程度。一项公正的政策乃是一项影响或努力公正合理分配的政策。某一项政策也许符合效能、效率、充分的评估标准,但因它造成或引起不公正的成本或利益分配,所以也不能算是成功的政策。公正标准与社会上如何适当公正地分配资源是息息相关的,由于每一个人、每一个团体都有其不同的需求,所以任何一项政策均难完全满足每一个人或每一个团体。因此,只能谋求社会的福利最大化。

4. 回应性指标

回应性是指政策执行结果满足目标团体的需求、偏好或价值的程度。回应性标准非常重要,因为某一项政策也许符合其他所有的标准,但因未能回应受此政策影响的目标团体的需求,故仍可被评估为失败的政策。

5. 适当性指标

适当性是指政策目标的价值如何、对社会是否合适以及这些目标所根据的假设的妥当性如何。也就是说政策目标与政策问题的相关性,即这些目标就社会而言是否恰当。如果政策目标不恰当,即使政策执行结果达到效能、效率、公正及回应性的标准要求,仍然被视为失败的政策。所以,适当性标准应优先于其他标准。

第三节 政治途径

从终极意义上讲,公共管理是政治意识的实现过程。因为"政治是在共同体中并为共同体的利益而作出决策和其付诸实施的活动"①。民主社会中公共管理的基本问题是对大众的控制问题。政治途径推崇的价值观是"代表性"、"回应性"、"责任",这些价值不仅是建立宪政的重要元素,也应将其贯穿于政府运作的各个层面中,强调公共政策中的透明性和提高公众参与程度。因而政治途径是公共管理实现的重要途径。

一、利益分化与博弈

利益起源于人的需要,是人们在社会关系中行动的原始动力。利益在本质上属于社会关系范畴。人们要维持自身的生存和发展,只有通过对社会劳动产品的占有和享用才能实现,而在实际生产中,人的生产能力又限制着其需要的满足。因此,获得社会内容和特性的需要就形成了人的利益。从宏观上说,利益可以分为经济利益、政治利益和精神文化利益。其中,经济利益占中心地位,它决定和支配着政治利益和精神文化利益。

利益的实现是人们追求的生活目标,人们的活动是围绕着利益展开的,是为了实现和满足自己的利益和需求而进行的。但利益的实现有着本身的内在矛盾,表现为利益实现要求的自我性与利益实现途径的社会性的矛盾、利益形式的主观性和利益内容的客观性的矛盾、利益的目标性与手段性的矛盾、利益的具体有限性与利益发展的无限性的矛盾。这四种矛盾决定了人们的利益会不断分化,决定了人们的利益需求只有在利益博弈中才能得以实现。

(一)利益分化

利益分化,主要是指经济利益分化,是指一国社会成员的经济利益状态、利益关系和利益实现由同质走向异质、由均一走向差异的一种过程和状态。利益分化除了具有一般意义上的差别化和异质化的特征外,也是由于社会结构性的变革而引起的一种既定利益关系和利益格局的根本性变化,或者说,它是社会成员的利益关系发生急剧变化的过程。

利益分化往往源于劳动者个体的禀赋、能力和需要的不同,但是,在等级化或阶级分化的社会中,它也是由劳动分工的不同和劳动者对生产资料的占有不平等所造成的。在我国改革开放进程中出现的利益分化主要是由五个方面的原因造成的:其一,是市场竞争的直接结果,是竞争机制发挥作用的体现;其二,是农村与城市的二元分化在一定程度上扩大了居民收入差距的结果;其三,是我国经济改革中的地区不平衡增长模式选择的结果;其四,是我国客观存在的自然条件和历史文化等方面差异造成的结果;其五,是体制转轨中出现黑色或灰色收入地带所造成的某些人不当地利用资源暴富的结果。

利益分化是一把双刃剑,对于人类社会的发展而言,合理的利益分化是积极的,非正常的利益分化则对社会有着破坏作用。所谓合理的利益分化是指一个社会中的利益分化有一个合理的"量度",至少是不对社会公平、正义等价值构成冲击,或者在社会发展中还能够有利于社会公正与正义的实现。这种合理的利益分化不会导致民众心理的严重失衡与社会的不稳定,而是有利于效率的提高,有利于社会经济的可持续和健康的发展。这是因为合理适度的利益分化促进了社会流动,使社会结构中的经济要素变动和人才流动速率大大提高,为整个社会发展注入了活力。相反,非正常的利益分化则会给社会造成一定

---

① [英]韦农·波格丹诺.布莱克维尔政治制度百科全书[M].邓正来,译.北京:中国政法大学出版社,2011:516.

的破坏性影响,甚至对公平正义等价值形成强大冲击。这主要表现在:从经济层面上看,会提高国民经济运行的成本;从政治层面上讲,不利于政治稳定和民族团结;就心理层面而言,可能使一定社会阶层的成员产生"被剥夺感"。

(二)利益博弈

利益博弈是各种利益在不同主体之间进行分配的过程,是利益的相关各方为了自身利益的实现而与其他利益方展开竞争或合作的过程。公共政策制定过程从某种意义上说就是一种利益博弈的过程。从利益博弈的主体来说,可分为以下几种:①私权之间的博弈,即个人或经济组织追求自身利益的最大化而产生的博弈;②公权与私权之间的博弈,即公共利益主体与私人利益主体之间的博弈;③公权内部的博弈,即政府内部不同层级或不同部门之间的利益博弈。从利益博弈的结果来看,利益博弈可能会出现以下几种情形:①利益双方或多方都蒙受损失,没有任何一方获益,这是一种"负和博弈";②一方获得利益,另一方遭受损失,一方的所得正好是另一方的损失,这被称为"零和博弈";③利益各方在博弈过程中都有所收益,达到了互利共赢,这是一种"正和博弈",是一种理想的利益运行方式。

制定合理的利益博弈规则是公共管理的重要职责,合理的规则是市场经济秩序的内涵和表现,能够带来现代市场经济运行所需要的效率与活力;不合理规则的利益博弈将会破坏社会公正,影响社会稳定。所以,在利益分化与利益博弈的条件下,公共管理所要承担的使命就是坚持社会公平和正义的原则,为利益的表达和博弈制定规则,作出制度安排,保证利益博弈能够健康有序进行,从而促进相对和谐的利益关系和利益格局的形成。

合理的利益博弈规则要体现在政府的社会利益协调机制上。利益协调机制是指在社会系统变化中协调不同利益主体之间相互关系的组织、制度和发挥其功能的作用方式。社会利益协调机制的构建是全方位的、多渠道的,只有综合运用各种利益协调手段,统筹兼顾,才能协调社会利益,促进社会和谐发展。目前,从我国社会发展的现实看,建立健全社会利益协调机制主要从以下几个方面着手。

第一,建立健全利益引导机制。在经济转型过程中,随着经济利益的分化,出现了不少新的社会阶层和利益群体,人们的利益需求逐渐多元化。这就需要建立起通畅的利益表达渠道,推出统筹兼顾、体现公平的政策措施。统筹兼顾,实质上是全面考虑各方面利益,维护最广大人民群众的根本利益。目前不同利益群体之间往往存在着不同和矛盾,如果各利益主体的利益表达渠道不通畅,考虑不全面,政策不公正,出现利益偏移,就会导致社会利益关系的紧张。同时,应当高度重视解决好社会公平、正义的问题,尤其是在社会利益分化严重的转型时期,公正的政策能够激发公众的活力和创造力,反之,缺乏公正性的政策措施,就会加大社会利益不合理的分化,激发大众的愤懑情绪甚至引发社会矛盾。因此,建立健全利益引导机制,既是构建社会主义和谐社会的重要途径,也是落实科学发展观的内在要求。我们需要完善信访工作责任制,综合地运用政策、法律、经济、行政等多种手段和教育、协商、调节等多种方法,依法、及时、合理地处理群众反映的问题,引导群众以理性、合法的形式表达利益需求,解决利益矛盾,维护社会稳定。

第二,建立健全利益调节机制。随着市场经济的发展,社会利益格局也发生了巨大变化,利益群体出现分化重组,阶层间、行业间、地区间的利益差距逐渐扩大。社会利益差距扩大、分配不公已经成为影响我国社会稳定和发展的重大问题。因此,建立健全利益调节机制,调整各利益集团之间的利益关系(如工农关系、城乡关系、社会各阶层关系等),调整、缩小人们之间的利益差距,对于我国经济社会的协调发展具有重要意义。建立健全利益调节机制,首先要充分发挥市场在资源配置和社会利益调节中的作用,减少不同利益群体之间的不公平感。同时完善劳动力市场,为劳动者获取社会利益创造有利条件。其次要发挥国家、政府的调控作用。国家、政府是调整社会利益格局的主体。国家要从法律、制度、政策上努力营造公平的社会环境,逐步建立起使社会大多数人得到实惠、困难群众有基本生活保障的利益机制和利益格局。税收是调节社会利益的重要手段和工具。国家要制定科学、合理的税收政策,强化税收对个人收入分配的调节,特别是对高收入行业和高收入个人的税收征管,发挥好"减震器"、"调压阀"的作用,建立和完善个人财产申报制度,严格实行代扣代缴制度;要加强税收监管,运用法律、经济、行政手段对逃税者严加惩处,加大打击力度,促进社会公平、公正。

第三,建立健全利益补偿机制。经济发展带来社会转型,引起社会结构的调整,导致部分利益群体和个人利益受损,出现收入差距、行业差距、地区差距扩大等现象。因而,必须建立合理的利益补偿机制,给利益受损的个人或群体提供一定的补偿,以提高社会公平的程度,促进社会的稳定和发展。建立利益补偿机制的主要内容是确立一套与社会主义市场经济相适应的社会保障制度,特别是完善社会保险制度、社会救济制度和社会福利制度。通过建立和完善社会保障制度增进人的平等,维护社会公正,缓解利益矛盾,保持社会稳定,实现社会和谐。当然,利益补偿不是无条件的,补偿要与社会经济发展相一致,与国家按劳分配的政策相适应。如果补偿过度,就会产生新的社会不公平,可能重蹈平均主义的覆辙,削弱社会发展的动力。社会利益的调整涉及方方面面,因此,要以维护最广大人民群众的根本利益为出发点,以社会的稳定和发展为导向,高度重视和维护人民群众最现实、最关心、最直接的利益,综合考虑各方面的利益,按照效率优先、兼顾公平的原则调节各种利益关系,最大限度地实现经济发展和社会公平的统一。

第四,建立健全利益约束机制。法律法规和道德规范是利益需求和利益行为的调节器和控制器。人们利益的需求和行为应受到法律和道德规范的双重约束。法律和道德规范的作用在于促使个人或群体形成正确的价值观,从而能自觉协调利益关系,规范利益行为。法律作为社会规范的重要形式,发挥着约束人们的行为方式、协调人们的利益关系的重要作用,从而维持社会的基本秩序。所以,要加强法制建设,加强对利益主体的法律约束,做到有法可依、有法必依、执法必严、违法必究,引导和确保人们以合法的手段和方式获取利益,防止在利益的取得过程中权钱交易等非法手段,减少社会利益的矛盾和冲突,创造一个公平公正、合法合理的社会环境。道德是引导个体合理确定利益目标、选择适当行为的内在约束力量。近些年来,社会上拜金主义和利己主义使一些人不择手段地捞取个人利益,导致社会利益分化加剧,社会不公平现象增多,社会利益矛盾突出,影响了社会的良性运行和发展。因此,要加强道德建设,约束和规范人们的利益动机和利益行为,引导人们合理选择利益目标,自觉调整利益需求,合理选择利益行为,正确处理利益关系。

二、公共管理的政治过程

政治过程是由政治行为者在政治系统的输入与输出过程中所发生的一系列互动行为构成的。"过程"一词包含着运动、变化、流转、生灭、起止的思想。政治行为者既可以是个人,也可以是团体。社会中的每一位成员在政治过程中都或多或少起着作用。在现代社会中,个人在政治过程中的重要作用日益让位于各种政治团体。在当代政治生活中,影响政治过程最重要的行为者实际上是政党和政府。政治过程赖以运行的动力是公共权力,公共权力是实现团体和个人各种重大利益的最有效手段。从某种意义上说,政治过程就是为公共权力而进行的斗争。选举、立法、司法、行政、决策、暴力、命令、教育、咨询等政治活动,构成了政治过程的重要内容。政治过程作为社会过程的一部分,它与其他社会活动密切相关,受到诸如经济过程、文化过程等其他社会过程的极大影响,还受社会生活诸要素的影响,其中主要有国家政治生活的规范、政治行为者的状况、权力的配置、政治机制的运行模式和社会的政治结构等。在现阶段,公共管理首先是一个政治过程,甚至是全部政治生活得以展开的重要支柱和日常形态。

（一）利益的表达与实现

利益表达是政治过程的起始阶段,而利益实现则是政治过程的结果。利益表达是人们将自己的愿望、意见、态度和信仰转变为对政府的要求的方式,即将自身的需要传达给政治体系的过程,是政治过程的逻辑起点,也是公共管理过程的肇始点。当某个利益团体或公民个人向政府提出某项要求时,政治过程就开始了,政治体系在接受到相关的利益要求后,经利益综合,进入政策制定和执行过程来进行利益的分配。

利益表达之后是利益综合的过程。所谓利益综合,就是把各种利益要求转化为公共政策选择对象的功能,是指把相同的利益需求集中起来,或者把不同的利益需求协同起来,形成若干政策方案,并把方案提交给决策中心,以期得到承认和采纳的过程。在现代民主国家,利益综合的渠道很多,政治精英人物、利益团体、政府部门与政党等都在利益综合中发挥重要作用。

在利益综合之后就进入了政策的制定过程。政策制定就是政府把有效的利益要求转化为权威的公共政策的过程,这意味着民众的利益要求得到了权威机构的认可,这是政治过程的核心功能。随后的政策执行,就是政府以及非政府公共组织等将权威公共政策付诸实施以达到预期目标的过程。政治沟通则是政治过程中政府信息传递和接受的过程,无论是利益表达、利益综合,还是政策制定、政策执行,都离不开政治沟通。政治沟通贯穿了政治过程。同时,在政策实施过程中又会发现新的问题和新的要求,进入新一轮的利益表达过程,如此周而复始,形成了政治过程的连续系统。

（二）公共权力实现过程

政治过程也表现为公共权力的实现过程,体现为公共权力在与经济和文化意识形态交互作用中实现社会治理,主要围绕政治权力对社会资源的权威分配这个核心展开。在现有的政治结构和社会治理结构中,政治权力在表现形式上是多样的,而且往往因政治主体的政治色彩而显示出政治性质的差异。比如,在政府中,政治权力更多的是以行政权力的形式出现的;在非政府公共组织里,则表现为政府的授权,或者表现为一种社会权力,其政治色彩已经淡化了。但它们在本质上都是公共权力,是公共权力在不同领域中和不同的权力主体那里所表现出来的具体形态。所以,公共管理活动在展现行使权力的过程中,往往赋予政治权力以管理的色彩,即以管理权力的形态出现。因此,公共管理过程在很大程度上还是表现为政治过程。

(三) 多元主体互动过程

政治过程也表现为政府、政党、各利益集团、社会团体、新闻媒介、公民等政治主体之间的互动过程,同时也是公众舆论的形成、塑造,以及在选举、立法、行政、司法等政治运作过程中发挥影响作用的过程。这个过程在公共管理中得到完整的体现。不仅政策的制定和执行需要体现出各利益主体的利益诉求,需要平衡各利益主体间的利益。而且,公共管理者的所有构成部分都与政治部门或利益集团有着直接或间接的联系。政府作为公共管理者最为重要的构成部分,本身就是一个政治机构。虽然在政治与行政二分原则中把政府作为行政机构来看待,但是,政府作为广义的政治机构是从来都没有发生过变化的。同样作为公共管理者的非政府公共组织,在很多情况下可能就是某个(些)利益的代表。至于以个体的人的形式出现的公共管理者,也是拥有特定的政治理念和政治倾向的。这就决定了公共管理作为一个政治过程的性质,它必须在既定的政治环境中去开展社会治理活动,必须借助于政治的手段去处理各种各样的问题,必须在社会治理活动中贯穿政治理念,必须在实现政治目标方面发挥作用。

公共管理不再是政府垄断的社会治理,而是多元主体的合作治理。因而,在社会治理过程中,为了合作的目的也需要更加透明,需要对广泛的社会公众开放,接纳公众的参与,充分地实现民主治理的理念。事实上,公共管理已经充分实现了公众参与,因为,公共管理的多元主体间的合作决定了它们是平等的,多元主体不仅是参与者,更是治理者。公共管理主体的平等决定了它们进行的治理是共同治理和合作治理,是真正的民主治理。显然,参与、民主等都是政治学的概念,是体现在政治过程中的。既然公共管理既是参与治理又是民主治理和合作治理,就说明公共管理是近代以来政治理想的实现。政治既是公共管理的途径,也是公共管理的基本特征。

第四节 法律途径

法律是国家制定或认可的,由国家强制力保证实施的,以规定当事人权利和义务为内容的具有普遍约束力的社会规范。法律途径主要是将公共管理看做是在特定情境中应用法律与实行法律的活动。公共管理实现的法律途径强调法治。法律途径的兴起可追溯为三个源头:一是行政法,它主要是指管制一般行政过程的一套法律和法规;二是公共行政司法化,即将行政运作程序视为司法程序,目的在于确保个人合法权益不受侵犯;三是宪法,通常是法院遵循宪政原则,对公民相对于行政机关的程序性权利、隐私权、平等保护权、基本人权及公民自由等进行重新界定。"宪法对政府的关系犹如政府后来所制定的各项法律对法院的关系。法院并不制定法律,也不能更改法律,它只能按已制定的法律办事;政府也以同样的方式受宪法的约束。"[1]概括来说,公共管理之法律途径的核心价值在于法治。

一、公共权力与法治

在社会生活中,利益的实现是利益主体自觉能动的活动过程,这种活动是与其调动有

---

[1] 马清槐.潘恩选集[M].北京:商务印书馆,1982:146.

效资源的能力紧密联系在一起的，不同的利益关系会形成不同的实际力量。在实际力量转变为政治权力的过程中，各种力量对比关系的交汇点上必然是某种公共力量。因此，在力量对比关系中，相对于个人和群体力量，公共力量天然地成为公共权力，成为对社会资源、价值进行权威性分配的政治权力。

公共权力的不同结构安排就是政体，政体与法律犹如一对孪生兄弟，存在着既统一又对立的关系。政体的性质影响着法律的形式和作用，法律也制约着政治赤裸裸的暴力，政体与法律相辅相成并共同发展。就内在张力而言，在逻辑层面上，当政治权力压倒法律统治的时候，政体的性质就决定了法律的性质，法律从属于政治。法律是政治统治的一种工具，法律是推行政治利益的一种手段。当法律的统治规制着政治统治的时候，政治的运作就服从法律，政治从属于法律，政治的统治需要合法性的基础，也就是严格意义上的法治。因此，公共权力能够影响法律，法律同时也可以制约公共权力。

当法律从属于政治，就是所谓的法制，即"rule by law"，此时法律只是政治统治的工具。我们强调的法制建设就是指法律制度建设的过程和结果，意味着确定法律制度在社会治理中的基础性调节作用。法制建设追求的目标是：把社会生活的一切层面都纳入到依法规范的轨道上来，用法律意志的确定性取代权力意志和个人感情因素的不确定性。法律的贯彻必须借助于权力，正是权力使依靠法律的公共管理成为现实，离开了权力，即使有再完备的法律也不能实现治理。

当法律也规制政治统治时，政治的运作就服从法律，就是法治，即"rule of law"，此时法治既是社会治理的手段，也是社会治理的目标。因此，法制并不等同于法治。即使有着健全的法制，也并不意味着必然有理想的法治。现实中经常存在这样的情况，即在法制建设已经达到相当发达的水平时，法治的状况却不尽如人意。结果，法制也受到了破坏，甚至趋于瓦解。当然，更多的情况是，人们按照法的精神建立法制体系，而在现实中却不得不向各种势力妥协，从来也没有实现过理想的法治。

法治依据法律的客观性和普遍性来进行社会治理。其一，法律具有客观性的特征。在形式上，法律不是根据某些人的意志而作出的秩序选择。正如马克思所说，立法者应该把自己看做一个自然科学家。他不是在创造法律，而仅仅是在表述法律。无论是政治的立法或市民的立法，都只是表明和记载经济关系的要求。这种客观性就是权力行使中的调节因素。所以，法律能够起到矫正权力的错用和滥用的作用。其二，法律具有普遍性的特征。法律出现在人类社会生活中，可以理解为对自然法则的模仿，是关于人类社会生活普遍法则的制定。一切法律规则，都是针对人的社会生活中的那些具有普遍性的问题而提出的。其三，法治具有形式化的特征。一切形式化了的因素都具有普遍性和普适性的特征，形式化程度越高，普遍性越强，普适范围也越广。法治的形式化特征决定了它在规范和处理一般性社会问题时是有效的治理工具。

从人类的社会治理模式的发展来看，法治是一种理想形态的社会治理模式。与以权力为基础的权治相比，法治在社会秩序的获得方面更为有效。因此，法治的社会秩序是一种较为稳定的秩序，它不是把社会矛盾积累起来，而是把各种各样的社会矛盾和冲突化解为具体的和日常的矛盾冲突。法治甚至基于人类社会矛盾的客观必然性而把矛盾冲突法制化，设定了许许多多法律允许的矛盾冲突途径，通过合法化的矛盾冲突途径来暴露社会矛盾和化解社会矛盾，以避免任何矛盾被积聚成为导致大规模冲突的因素。所以，公共管理也必须坚持继承法治的全部积极成果。

二、政府规制与规制政府

法治的本质是限制权力,不但包括对经济发展和社会生活的限制,也包括对国家、政府权力的限制,这就是政府规制与规制政府。

规制是由英文"regulation"一词翻译而来,为规范制约之意。政府规制即政府运用法律、规章、制度等手段对经济和社会加以控制和限制。对政府规制可以从多维度理解:从经济学角度看,政府规制是行政主体以纠正治理市场失灵为目的,以宪法和法律为根据,通过制定和执行法律、法规、命令等对市场主体的不当的消费决策行为进行直接控制或干预的法律行为;从政治学角度看,政府规制是政府对市民、公司或准政府非法企图的控制,是政治家以公共利益为名,寻求政治目的的政治过程;从法学角度看,政府规制是一种特殊的法律限制模式,不仅对被规制企业,对规制者本身也有一定程度的限制。

政府规制具有以下基本特征:其一,政府规制的主体是行政主体,包括行政机关和授权组织;其二,政府规制的对象是作为行政相对人的微观市场主体;其三,政府规制的依据是国家法律和行政法规或规章;其四,政府规制的目标是通过直接控制各类微观经济主体的活动来纠正市场失灵,维护个体利益与公共利益的平衡;其五,政府规制是规制者对规制对象的一种互动活动。

政府规制的目的首先是确保公众的安全。政府规制活动的起源与经济、科技的发展以及社会生活的复杂化关系密切。日益发展的劳动分工和高度专业化既使社会生活各个方面的相互依赖程度增加,同时也增加了人们行为的不可预测性。比如,我们日常生活依赖于农民、食品制造者和药品制造者等,但人们不可能通过传统途径(家庭、宗教组织或社区)来对他们的行为进行控制和评估。如果人们因为产品安全问题受到损害,人们希望得到补偿,并希望能放心使用产品和服务。当市场由于趋利性不能解决这些问题时,人们转而要求政府保证这些产品和服务的安全性。

其次,政府规制的另一个目的是保障市场的正常秩序。市场的本质特征是自由竞争,但发展到一定程度会出现垄断。因此,政府规制要限制垄断,保障市场的竞争力,同时也遏制扭曲市场的贸易行为,如虚假广告与定价等。某些企业为了经济利益的短期行为,造成环境污染,仅靠市场本身无法解决这一问题,比较合理的方法就是政府对生态环境进行管制,由此衍生出了对海洋运输、企业排污的严格管制。劳动就业也是受到广泛管制的领域,由于涉及人的问题,劳动力与市场上其他生产产品和要素不同,政府严禁那些产生不良后果的经济和生产行为,防止在劳动用工上的非法歧视行为,对职业安全与卫生也进行严格管制。

因此,政府规制不但被视为是调节市场失灵的平衡器,也被认为是整个社会的"安全网"。

当然,政府规制在具体实施过程中也存在很多问题,引起人们的诸多不满。比如,其一,规制的成本太大。大多数规制是必要的,它能挽救生命、改善环境、提高健康和安全水平,但规制也是昂贵的,成本极高。其二,规制抑制经济绩效。其三,规制产生延误和繁文缛节。其四,不胜任问题。其五,腐败问题。管制者和被管制者之间可能会因利益达成妥协,产生规制"俘获",出现权钱交易的腐败问题。其六,过度地扩大规制范围。其七,规制程序失去控制。其八,缺乏规制的绩效标准,没有一致认可的标准来衡量管制行为是否成功。① 基于以上问题,从20世纪70年代开始,西方进行了声势浩大的放松规制与规制改革的运动。

所谓规制政府,即将政府的权力和活动范围限制在法律许可的范围之内,不得超越其合理性和合法性的界限。只有首先规制好政府,市场经济和社会生活才能得以健康、有序、和谐、稳定的发展。规制政府是促进政府规制有效性的前提和保障,同时,有效的政府规制又能促进政府能力的提升,保证政府行动的有效性。因为,一切权力都有危险性,绝对权力导致绝对腐败。如果不对政府权力加以规制,就会导致政府行动失效。因此,政府的权力必须也要受到限制。一般情况下,政府行动的扩张会带来如下危害。

第一,政府行动的扩张会造成政府低效和浪费资源。政府行动的扩张和规制的实现,必须有充分的资源支持。随着政府行动的不断扩张和规制范围的逐渐扩展,政府对于资源的需求也在不断增长。当政府所汲取的社会资源超过社会承受限度之时,政府行动的整体效益就会开始下降,政府规制对公共利益的维护、实现和延续能力就会逐步削弱并浪费大量社会资源。

第二,政府行动的扩张和规制范围过大会带来腐败。政府规制活动造成了"寻租"空间,即为寻求直接的非生产性利润提供了可能性和现实性的条件。政府规制行动容易造成任意或人为的资源稀缺,换句话说,政府的特许、配额、许可证、批准、分配都意味着由政府造成的任意或人为的资源稀缺。因而,政府行动的扩张或规制范围过大会造成腐败机会增多,也导致腐败规模扩大,这给公共生活带来不安全感,进而侵蚀着现代国家的合法性基础。

第三,政府规制范围的扩大和无限增长会导致社会自主管理能力的萎缩。在一定社会资源总量的前提下,当政府规制范围扩大和无限增长时,社会自主发展就只能在规制中亦步亦趋,当政府规制束缚社会自身成长的时候,就会使社会的自主决定能力降低,导致社会自主管理能力萎缩。

三、法律途径的合理性与合法性

基于以上分析,法律途径的公共管理要求将政府规制和规制政府纳入法律程序中,强调抗辩程序、中立与行政法官、正当法律程序的保护、合理性等价值。

法律程序包括以下步骤。首先,在确定政府规制的规章应该如何执行的阶段,法律途径倾向于运用抗辩程序,通过规制机关和规制对象之间相互争辩解决问题,这样就能明确界定双方的权利与义务。其次,在裁决层次,法律途径依靠公正的行政法官主持抗辩程序,在此过程中行政法官所起的作用类似于法院的法官,并强调行政法官的中立性。再次,正当法律程序的保护,即受到违法指控的私人团体会受到一系列程序性要求的保护。正当法律程序是以问题为中心的,其核心是听取对方意见,允许公共管理主体和相对人双方进行防卫性申辩,即由对立双方提出事实程序来证明本身立场的正确性,而此过程必须在无偏私的仲裁者(如法官或陪审团)面前举行,仲裁者对抗辩双方的陈述进行衡量并最

---

① [美]戴维·H.罗森布鲁姆,[美]罗伯特·S.克拉夫丘克.公共行政学:管理、政治和法律的途径[M].张成福,等,译.北京:中国人民大学出版社,2002:434-446.

终决定哪一方的证据有充分的说服力,并作出公正的裁决。其特点是:从公共管理行为过程着眼,侧重于行政程序的合理设计,公共管理主体的适用技术是以正当程序下的行政决定或决策为特征的,权力的合理性是通过相对人的介入和公共管理主体共同证明的。

法律途径强调对合理性的审查。即在决定案件结果的层次上,法律途径不仅强调程序的公平,也强调结果的公平,因而会对政府规制机构行为的合理性进行司法审查。公共管理的司法审查是指当事人请求有关法院,对政府规制或公共管理者对事实或法律适用的裁决是否正确,或者在裁决过程中是否越权操作,是否依法行政而进行审查的活动。进行合理性审查有利于保护公共管理相对人的合法权益,提高行政效率。

法律途径也强调对政府规制合法性的审查。首先,有关法院有必要对公共管理行为的主体是否具有行政法律关系的主体资格进行审查。其次,审查公共管理行为是否超越宪法、法律规定的自由裁量范围。宪法、法律授予公共管理主体自由裁量权,通常要设立一定的范围和界限,公共管理主体的行为超越了这个范围就视为无效行为。再次,审查公共管理行为是否符合法定程序,即是否遵循宪法和法律规定的步骤、顺序、形式和时限。如果公共管理行为不符合法定程序,就是行政侵权行为,公民、法人或其他组织的合法权益就难以得到保障。

本章重要概念

社会管理(social management)
公共政策(public policy)
利益博弈(the interests of game)
政府规制(government regulation)

本章思考题

1. 简述行政管理与社会管理的内涵。
2. 简述政府社会管理的主要内容。
3. 简述公共管理的现代技术和方法。
4. 如何确认公共政策问题?影响公共政策问题确定的因素有哪些?
5. 影响政策执行的主要因素有哪些?
6. 为什么说公共管理是一种政治过程?
7. 简述政府在利益分化和利益博弈条件下的主要职责。
8. 简述公共权力与法治的关系。
9. 什么是政府规制?为什么要规制政府?
10. 法律途径的价值是什么?

本章推荐阅读书目

1. [美]戴维·H.罗森布鲁姆,[美]罗伯特·S.克拉夫丘克.公共行政学:管理、政治和法律的途径[M].张成福,等,译.北京:中国人民大学出版社,2002.
2. 陈振明.公共政策分析[M].北京:中国人民大学出版社,2002.
3. 朱光磊.当代中国的政府过程[M].天津:天津人民出版社,2002.

第十五章

公共管理新发展

——本章导言——

公共管理作为对公共事务的管理,在实践层面,它要随着公共事务的发展而发展,不断满足经济社会对公共管理的需求。从理论层面,公共管理学要不断总结概括公共管理的实践经验,理性把握公共事务发展的本质和规律,指导现实的公共管理实践。近半个世纪以来,随着后工业社会的出现,公共领域日益广阔,公共事务愈加复杂多样,公共管理理论研究不断深化,出现了诸多公共管理的新理论,包括新公共管理、新公共服务和整体性治理理论。这些理论既有特殊性也有普适性,根据我国实际国情,研究和汲取其理论精华,有助于建设有中国特色的社会主义行政管理体制,促进和谐社会的建设。

第一节 新公共管理

20世纪七八十年代,伴随着全球化及现代化的发展趋势,西方各国掀起了一场声势浩大的政府改革浪潮。尽管西方各国改革的起因、议程、战略、策略以及改革的范围、规模、力度有所不同,但都是以市场化为取向,用企业管理的方法、技术,来提高公共管理水平及公共服务质量。这场改革浪潮从理论层面,大大丰富了公共管理研究的内容。

一、新公共管理的内涵及特征

(一)新公共管理的内涵

"新公共管理"(new public management)的起源可追溯到西方国家追求行政现代化的改革实践中"管理主义"和"宪政主义"对韦伯官僚制理论的持续争论。在争论中,管理至上学说占据优势,它从管理学的角度批判官僚主义,推崇私营机构的管理技术,认为分权、放松规制、委托等是克服官僚病的良方。以此为指导的改善公共管理的实践尝试逐渐形成一种相对一致的流派,即新公共管理,它成为指导欧洲各国行政改革的主导性原则。这场以市场化为取向的行政改革在西方各国被冠以不同的称谓,如"重塑政府运动"(reinventing government movement)、"企业化政府"(entrepreneurial government)、"政府新模式"(new paradigm for government)、"市场化政府"(government by market)等。

实际上,新公共管理是个多纬度的概念,它既指一种试图取代传统公共行政学的管理理论,又指一种新的公共部门管理模式,还指在当代西方公共行政领域持续进行的改革运动。例如,波立特在《管理主义和公共服务:盎格鲁和美国的经验》一书中认为,"新公共管理主义"主要由20世纪初发展起来的古典泰勒主义的管理原则所构成,它强调商业管理的理论、方法、技术及模式在公共部门管理中的应用。著名公共管理学者胡德把"新公共管理"看做是一种强调明确的责任制、产出导向和绩效评估,以准独立的行政单位为主的分权结构,采用私营部门管理、技术、工具,引入市场机制,以改善竞争为特征的公共部门管理新途径。概言之,新公共管理既是指导行政改革的理论,又是行政改革的实践结果。随着西方各国行政改革实践的深入和理论上的完善,"新公共管理"逐渐成为取代传统公共管理模式的新模式。

(二)新公共管理的特征

尽管新公共管理是个多维度的概念,是对西方公共部门的一系列管理改革的统称,而且在不同的国家被冠以不同的名称,但是新公共管理仍有一些共同的特征和目标。

□ **1. 国外学者的观点**

英国著名公共管理学家胡德认为,新公共管理的特质是:公共政策领域中的专业化管理;绩效的明确标准和测量;格外重视产出控制;公共部门由内聚合趋向分化;公共部门向更具竞争性的方向发展;对私营部门管理方式的重视;强调资源利用要具有更大的强制性和节约性。[①] 经合组织(OECD)1999年度公共管理发展报告《转变中的治理》中则把新公共管理特征归纳为:转移权威,增加灵活性;保证绩效、控制和责任制;发展竞争和选择;解制和分权;改善人力资源管理;优化信息技术;改善管制质量;加强中央指导职能。

欧文·E.休斯认为,新公共管理存在以下六个共同点。其一,都代表着一种与传统的公共行政不同的重大变化,较为引人注意的是新公共管理注重结果的实现和管理者个人的责任。其二,明确表示了脱离古典官僚制的意图,欲使组织、人事、任期和条件更具灵活性。其三,明确规定组织和人事目标,以便根据绩效指标对工作任务的完成情况进行测量,对计划方案进行系统评估。其四,资源管理人员更有可能带着政治色彩致力于政府工作,不必坚持政治上的中立或无党派立场。其五,运用市场方法管理公共事务,使政府职能更有可能受到市场检验。其六,通过民营化和市场检验、签订合同等方式减少政府职能的趋势。

□ **2. 国内学者的观点**

(1)将政府的政策职能与管理职能分开。新公共管理理论将政府职能形象地分为"掌舵"和"划桨"。"掌舵"应该由政策组织(如计划委员会)和规制组织(如证券管理委员会)负责,"划桨"由服务提供组织(如就业服务局)和服从型组织(如警察局)负责。政府应把这两种职能分开,将"掌舵"的职能置于中心位置,而"划桨"的职能可通过建立准自治或半自治的机构来承担。如英国建立的独立的"执行局",政府各部的部长可通过与这些执行机构的主管签订绩效合同等措施来实现政府预期的目标。尤其是那些商业性公共服务,完全可以通过私有化、企业化的途径来提供。

(2)更加重视公共部门的产出和结果。新公共管理与以往公共行政强调正式规则和一整套固定程序工作不同,它更注重工作结果和产出,即明确规定公共机构应达到的工作目标,对其最终工作结果予以测量,并对达到甚至超额完成预期目标的机构及其人员实行

---

① [澳]欧文·E.休斯.公共管理导论[M].2版.彭和平,等,译.北京:中国人民大学出版社,2001:72-73.

奖励。这有效克服了传统行政管理组织僵化、效率低、浪费大的弊病。

(3) 多途径分权和灵活授权。新公共管理主张通过多途径分权和授权来改进公共部门的工作质量。分权和授权分三种形式：一是组织分权和授权，即政策、规制等组织向提供服务的组织授权；二是雇员授权，即公共机构向机构内的工作人员个人授权，使他们在工作中有一定的灵活处置的权力；三是社区授权，即对于某些社区和社群需要的服务，政府部门不再直接提供，而是在给予一定的财力支持的前提下，授权给社区或社群，让他们自己解决问题、自我服务。这些都有效克服了在传统科层制组织结构中，权力集中、一线人员缺乏自行处置的权力、难以适应快速多变环境的问题。

(4) 主张政府放松规制，实施目标管理和绩效控制。新公共管理反对传统公共行政重遵守既定法律法规、轻绩效测定和评估的做法，主张放松严格的行政规制，实行明确的目标关联和严明的绩效控制，即确定组织、个人的具体目标，并根据绩效目标对目标完成情况进行测量和评估，从而产生了所谓的3E，即经济(economy)、效率(efficiency)和效果(effectiveness)三大绩效评估的变量。

(5) 主张采用私营部门成功的管理方法、技术，以及引入市场竞争机制。新公共管理强调政府广泛采用私营部门成功的管理方法，如成本-效益分析、全面质量管理、目标管理等，同时引进市场竞争机制，取消公共服务供给的垄断性，如政府业务合同出租、竞争性招标和特许经营等。政府应根据服务内容和性质的不同，采取相应的供给方式。与传统公共行政热衷于扩展政府干预、扩大公共部门的规模不同，新公共管理主张对某些公共部门实行私有化，让更多的私营部门参与公共服务的供给，即通过扩大对私人市场的利用替代政府公共部门。

(6) 主张政治与行政的协调，政策制定和行政管理不应截然分开。传统公共行政强调政治与行政的分离，强调文官(包括高级文官)保持政治中立和匿名原则。新公共管理则正视行政管理所具有的浓厚的政治色彩，强调文官与政务官之间存在着密切的互动和渗透关系。特别是对部分高级文官应实行政治任命，让他们参与政策的制定过程，并承担相应的责任，因为他们是政策的执行者，更能发现政策实施中的问题和实际效果。因此不应将政策制定和行政管理截然分开。只有正视行政机构和文官的政治功能，才能提高他们的自觉意识，既尽职尽责地执行政策，更以主动的态度设计政策议程，善用自由裁量权发展公共政策，使政策能更加有效地解决社会问题。

(7) 重视人力资源管理。与传统公共行政将组织内个人"非人格化"相比，新公共管理更重视个人的实际需要，将人看做是理性"经济人"。因而新公共管理更看重人力资源管理，主张提高在人员录用、任期、工资及其他人事管理环节上的灵活性，如以短期合同制替代常任制，实行不以固定职位而以工作实绩为依据的绩效工资制。

(8) 主张公共服务以顾客为导向。新公共管理改变了传统公共行政模式下的政府与社会之间的关系，重新对政府职能及其与社会的关系进行定位。政府不再只是发布权威命令的官僚机构，政府公务人员应该是负有责任的"企业经理和管理人员"，社会公众则是提供政府税收的"纳税人"和享受政府服务作为回报的"顾客"或"客户"，政府服务应以顾客为导向，增强对社会公众需要的响应力。近年来，英国、德国、荷兰等国政府采取的简化服务手续、制定并公布服务标准等，就是在这种新的政府—社会关系模式下所施行的一些具体措施。

二、新公共管理的模式

20世纪末,许多西方学者结合当代西方行政改革的实践,开始关注未来的公共管理模式,以期能够克服现存模式的弊端。具有代表性的是美国学者彼得斯对新公共管理模式的分类,即市场式政府模式(企业家政府模式,简称市场式模式)、参与式国家模式(简称参与式模式)、弹性化政府模式(简称弹性化模式)和解制型政府模式(简称解制型模式)四类。①

(一)市场式政府模式

市场式模式是新公共管理的主要模式。

1. 市场式模式的理念

将市场式模式应用于公共管理改革有以下方面的基本理论依据。①相信市场是更能有效分配社会资源的一种机制。市场式模式的倡导者将其理念建立在古典经济学的基础上,他们认为官僚体制或法律体制的分配形式都是对自由市场体制的歪曲。政府部门使用的传统命令式干预机制是无效率的,应该引入以市场为基础的机制,如合同、激励等。②由于官员也是理性经济人,官僚机构总是尽量争取预算最大化来扩充规模、垄断权力且效率低下。③管理具有一般性,应用于私营部门的组织和激励人员机制也可以应用于公共部门。

2. 市场式模式的组织结构

市场式模式认为,传统公共部门结构存在的最大问题是组织结构僵化、庞大和垄断,不能对外界环境作出有效反应。因此,改革的主要原则应该是分散决策和政策执行的权力。为此应该打破政府部门的垄断,利用私人组织或非政府公共组织提供公共服务。同时,将大部门分解成若干小的机构,每个机构只提供一种特定的服务。

3. 市场式模式的人事与财政管理

传统的公共人事制度,主要以资历决定报酬等级,同一级别的公务员获得相同的工资报酬。市场式模式则认为,应该建立以功绩制为原则的个性化绩效工资制度。主张在对公务人员的绩效测量基础上实行差别工资制,公务人员的工资报酬应该取决于其工作成绩的好坏,应根据公务员在市场上可能获得的收入来确定工资收入,绩效突出的给予高收入。打破终身雇佣制的管理方法,仿效企业雇用经理的做法聘用政府部门主管人员,并在合同中明确官员的绩效测评标准。

在财政管理方面,市场式模式主张重新思考公共部门编制预算的方法和提供公共服务所需要的成本,依据市场原则,将购买者与提供者分开,建立政府内部市场。即将全部政府机关区分为购买者与提供者。政府通过中心机关向实际提供服务的部门购买所需要的服务,包括这些服务的成本,如利息、税金、资本贬值等因素。这样,所有提供公共服务的单位都可以转化为公共性质的公司,而这些公司对财务的控制将更为严格。

4. 市场式模式的政策制定

市场式模式在公共政策制定方面,主张以市场信号为导向,以组织领导人的判断为基

---

① [美]B. 盖伊·彼得斯. 政府未来的治理模式[M]. 吴爱明,等,译. 北京:中国人民大学出版社,2001.

础,将自主制定政策的权力灵活分授给多个"企业型"机关。这样可以打破反应迟钝的管理体制的禁锢意识,公共部门可以制定出更富有革新精神的政策方案。

当然,市场式模式的政策制定也会带来一定的问题,其中最重要的是权力分散后所出现的难以协调和控制的问题。也就是说,如果这些独立的"企业型"机关不能以完善、协调的方式提供公共服务的话,顾客们将不得不承担实际的交易成本,被迫到一个又一个机关去寻求他们所需要的全面服务。因此,市场模式的政策制定是需要以政府高层的协调与控制为基础的。

5. 市场式模式的公共利益界定

市场式模式所包含的公共利益概念和内容有以下几点。

第一,应该根据政府提供公共服务的成本是否低廉来评价政府。市场模式要求政府所提供的服务应符合公众的需求。传统公共管理模式遭批评最多的是施政成本过高而办事效率过低,浪费严重。如果政府能以企业方式运作的话,公众就可以得到更好的服务,从而促进公共利益的实现。

第二,政府应该对市场信号作出反应。市场化模式下的政府责任制是由结果测评取代传统模式下的过程测评。

第三,公民应被看成是消费者和纳税人。这有助于公民在市场中更自由地选择所需要的公共服务。这种自主性将取代过去那种强制公民接受管理体制提供的整套服务的体制。增加选择机会可以通过两种途径:一是允许私人企业参与公共服务提供的竞争,打破以前主要由公共部门垄断的局面;二是通过发行代币券的方法在教育、住房服务等领域扩大公民选择权。

6. 市场式模式的实现途径

第一,合同出租。合同出租是政府通过合同的形式,通过投标者的竞争和履约行为,将原先政府垄断的公共产品的生产提供权转让给私营公司、非政府公共组织等机构,完成公共服务提供的"准市场化",改善公共服务的质量,提高行政效率。合同主体一方是政府主管部门,另一方可能是内部行政组织、公营事业、社区组织、私人企业等。出租合同中的标的是政府依据对公共服务提供的数量和质量等情况确定的,竞争者是在政府确定的框架下进行投标的。这是与普通合同最大的区别,公共服务的性质决定了出租合同双方的不平等地位。

第二,特许经营。特许经营是一种特殊形式的合同出租,政府不需要以纳税人的税收去购买私营部门提供的服务,而是以政府特许或其他形式吸引中标的私营部门参与基础建设或提供某项服务。

第三,使用者付费。使用者付费是指公共设施的使用者必须在付费之后才能使用公共设施,或者享受公共服务。这样做可以在不损害公共物品非竞争性的前提下,实现公共物品消费的排他性,保证公共物品的消费能最大限度地发挥其作用,增加公共物品提供的效率。简单地说,就是通过收费能使得一部分"搭便车"者自动地放弃对某一公共物品消费的权利,从而保证该公共物品的使用不会过分的拥挤,同时通过收费又能得到一笔收入,增强政府的财力。

（二）参与式国家模式

参与式模式是与市场式模式相对立的,它倡导的用以证实其思想的政治意识形态是反对市场的,并致力于寻求一个政治性更强、更民主、更集体性的机制来向政府传达信号。按照参与式模式,在传统科层制模式中被排除在决策过程以外的团体,将被允许更多地介入组织机构的活动中。该模式认为,传统科层官僚制的组织结构和管理方式是影响行政效率发挥的主要障碍。

1. 参与式模式的理念

参与式模式的基本假设是,大量有能力、有才华的低级员工不能得到很好的使用,而且员工和顾客与公共部门所提供的产品及服务关系最为密切,对于相关的计划他们认识较深,掌握的信息也较多。如果他们的才能得到发挥,那么政府的表现将会更好。因此,要使政府的功能得到更好的实现,最好的方法就是鼓励那些一向被排除在决策范围之外的政府组织成员,使他们有更大的个人和集体参与空间。

2. 参与式模式的组织结构

参与式模式反对传统金字塔式的组织结构,认为公共组织的结构应该更为扁平,且应缩减组织的层级,尽可能地缩短高层与低层的沟通路径,使信息快速准确地传递,给低层组织更多的根据具体环境机动灵活决策的权力,其最终目的是提高公共管理的效能。如果低级职员感觉到在决策中可以发挥更多的洞察力和专业能力,并因此受到刺激而提供优质服务,那么,控制性的层级节制只能阻碍组织产生良好的绩效。

3. 参与式模式的管理与政策制定

参与式模式认为政府组织能否良好运转的前提是其低级职员和服务对象能否直接参与管理决策。这种模式强调的是全面的质量管理、团队的力量。在决策上,参与式模式主张自下而上,而不是自上而下的过程,充分发挥低层机构和人员在政府中的积极性和创造性。这是因为,处于官僚层级低层的公务员每天都与政府服务对象、社会公众接触,每天都要对需要他们处理的特定的事件作出决定。他们作出的决定怎样,不仅直接关系到政府为公众服务的质量,而且直接影响到公众对政府的评价和满意程度。公众对政府的看法和态度主要就是通过他们与政府系统中低层公务员打交道而形成的。同时,参与式模式还主张通过咨询、公民投票等方式参与政府决策。

4. 参与式模式的公共利益界定

参与式模式的倡导者设想,公共利益可以通过鼓励员工、顾客和公民对政策和管理决策进行最大限度的参与来体现。这种参与至少可以通过四种途径来实现。

第一,如果公民和员工认为政府服务不佳或制度运行不当,他们有权申诉。为了使这种权利有效,必须让公民和员工了解公共部门。因此,公共部门必须公开制定政策的相关信息。

第二,通过增强员工独立决策和影响组织政策方向的能力来实现有效参与。

第三,公共决策应该让有政策影响力的公众通过对话过程来作出。

第四,公民能够投入政策选择及其提供服务的过程。因为更好的决策取决于公共参与,而不是依赖于官僚和技术人员。

(三)弹性化政府模式

弹性化政府指有应变能力,能够有效回应新的挑战的政府。弹性化是指政府及其机构有能力根据环境的变化制定相应的政策,而不是用固定的方式回应新的挑战。

1. 弹性化模式的理念

弹性化模式主要针对政府的永久性问题提出改革。政府任职和组织的永久性是科层组织僵化的主要原因,也是保守政策的根源,更是公务人员服从组织的主要理由。公务人员因此更关心预算期间能否保住工作以及组织是否存在,至于政策能否得到有效执行就另当别论了。同时,政府的永久性使公务人员容易拒绝变革,以不变回应瞬息万变的政策环境,这是政府有效治理的障碍。

2. 弹性化模式的组织结构

弹性化模式的基本设想是在政府内部采用可选择性的结构机制,以取代那些自认为拥有政策领域永久性权力的传统部门和机构。因此,它试图建立"摧毁组织"原则,主张不断撤销现有组织。弹性化模式在组织方面主张建立临时性机构,诸如一些一般和专门工作委员会、工作小组或项目小组等,完成一些日常事务和专门性的特别任务,或者利用非政府部门或非政府公共组织开展工作。这些组织的结构不很正式且编制很少,但它们既保持了组织的弹性也能提供公共服务。最后,弹性化模式建议建立虚拟组织来完成这些临时机构的协调工作,虚拟组织是建立在信息技术基础上的。

3. 弹性化模式的管理与政策制定

弹性化模式在人事上主张实施短期的或临时雇(聘)佣制,任务完成后即解雇(聘)。这样可以为政府节省开支,减少公民认为政府铺张浪费的感觉,同时有助于产生双薪家庭,对员工有利。但这种模式会削弱公务人员的工作责任感和追求卓越的动机,临时雇员可能会因为"临时"而缺乏献身精神,甚至丧失道德准则和职业感,产生行政管理的短期行为。因此,弹性化模式对行政管理提出了更高的要求。

针对弹性化模式下的政策制定,一些学者提出了实验性的政策概念。比如,坎贝尔一直在提倡"实验社会"。在这个社会中,政府必须勇于尝试创新的政策。坎贝尔认为,所有的政策(包括既有的政策)本质上都是一种关于"政府是否有能力改变行为和结果"的理论,因此值得以实验的态度来处理。

弹性化模式对政策制定的影响至今学术界尚无定论。一般认为,其影响主要是由于该模式是对传统组织结构的否定,使现行的稳定机构和稳定队伍变得不稳定,由此导致行政政策的不稳定性。这主要是因为新的组织机构、新的公务员,常常有新的行政管理思路,使行政管理政策不具连续性。但有的学者、政治家却认为这样更利于组织机构创新,如美国的里根派和英国的撒切尔派都极力推崇这一观点。同时也有学者认为即使这一观点可取,仍需有一个对各种创造性建议分析、论证、取舍的过程,否则就可能适得其反。

4. 弹性化模式对公共利益的界定

弹性化模式对公共利益界定很不清晰,但其主要的观点就是政府的花费越少,对社会越有利。因为雇佣较多的临时员工可以降低政府的成本,而组织因永久性程度的降低,也可以避免大型计划的浪费。同时,公众会因政府的创新和较少的僵化而受惠。

(四)解制型政府模式

解制型政府模式主要是针对政府本身的内部管理而言,与经济政策无关,主要是指减少政府内部过多的限制,发挥公共部门潜在的能力和创造力。

1. 解制型模式的理念

解制模式的基本设想是,如果取消内部繁文缛节的限制和制约,政府机构就可以更有效率地处理目前的工作,而且还可能从事新的创造性的工作,以促进社会的整体利益。里根政府的高级官员霍纳认为,"公共部门的解制与私营部门的解制一样重要,而且也是基于同样的理由,即为了释放员工的创新活力,我们需要坚决果断的公务员,有能力作出决定与开展行动,而不是一味地等待和观望"。解制有助于废除内部人事控制的许多其他机制,而且解制的部分原因是为了发挥管理者的创造力。

2. 解制型模式的组织结构

解制型模式的倡导者认为用来控制公共组织及其成员的法规和程序比组织结构重要。因为在他们探讨政府是否具备有效运作能力时,发现传统层级结构并不像现代组织描述的那么糟糕。传统的层级结构是可以接受的,在某些情况下是可取的。因为管理者必须在组织内部做到行动一致,而层级节制或许是做到行动一致的最切实可行的办法。

3. 解制型模式的管理和政策制定

解制后的政府要求公共组织内部的管理者承担起更多的实现目标的责任,公共管理者不仅应具备市场式模式所要求的企业家创新精神,而且也应具备参与式模式所要求的民主领导人的某些品质。也就是说,解制式改革只有在公务员制度精神占优势地位的情况下才有可能有效。公务员制度的价值观,包括为任何政治领导忠诚服务、操守清廉、正直公平等,可以使减少对公务员事前控制的做法成为可行的改变现状的方法。

关于政策制定,解制型模式更关心作出决策与执行法律的程序,主张应该赋予官僚组织更强的决策角色。他们认为,既然官僚组织是思想和专业的总汇之处,那么就应该允许他们有更多的决策权。因为如果缺乏职业公务员的参与,很难制定出成功的政策。但官僚体制用以指导决策的政策标准,必须能为实现政治领导者的目标服务。解制型模式与市场式模式一样,使协调和政策的连贯一致更加困难。

4. 解制型模式对公共利益的界定

解制型模式设想,公共利益可以通过一个更积极的、束缚少的政府来实现。解制型模式的本质是用其他的控制形式来代替法令规章形式的控制。戈姆利主张应该用刺激性的控制来鼓励公共部门的员工——不论是选举产生还是非选举产生的员工——加强其责任感。对传统的公共部门责任监督来讲,解制型模式也许不是好建议,因为任何民主国家都有责任监督的形式。如果没有这些结构和程序的限制和制约,公共官僚机构不是滥用公共权力,就是一事无成。

三、新公共管理的实践

在实践中,20 世纪 70 年代末、80 年代初,西方国家先后发起公共行政改革运动,这场运动范围广泛,而且行政改革在总方向上趋于一致,并与过去改革的方向完全相反,总体表现为政府的退缩和市场价值的回归,因此称为"新公共管理"运动。其中比较有代表性的是英国、美国和新西兰的行政改革。

(一)英国:新公共管理改革的先驱

在西方行政改革的浪潮中,英国因为其改革的全面性和广泛性,成为西方各国的政府体制改革的先驱。这场运动以 1979 年英国首相玛格丽特·撒切尔上台为标志。在整个 20 世纪 80 年代,英国采取一系列改革措施,改革涉及七个主题,即私有化、分权化、竞争机制、企业精神、非管制化、服务质量、对工会力量的限制。八九十年代,英国采取了一系列改革措施:发起反对浪费和低效益的运动,成立了一个效率工作组,对政府的有关项目计划和工作进行效率审计;大力改革公共部门的工会;实行大规模的私有化,将包括英国石油、英国电信、英国钢铁、英国航空等著名公司在内的40多家主要国有企业卖给私人;对地方政府的预算开支实行总量控制;要求所有的地方建筑和公路建设项目实行公共部门与私营部门公开竞标。

以上这些措施具体表现在以下方面。

1. 雷纳评审

这一评审的性质是"以解决问题为导向"的"经验式调查",即对政府部门的行政改革进行调查、研究、审视和评价,其目的是提高公共行政组织的经济和效率水平。雷纳评审小组的成员主要是来自政府部门的高级公务员,此外,还包括学术界和顾问公司的专家。他们有相当大的自主权,但评审的基本内容和程序由首席效率顾问雷纳本人确定。其程序和基本内容是:选择评审对象;对现有活动的质疑,推动争论或辩论;共识的形成;改革措施的实施。雷纳评审的一个显著的特点是来自内部的改革。通过雷纳评审,发现了英国公共行政部门的许多问题,如不经济和浪费现象严重、一些机构和工作内容过时、组织设置和工作程序不合理、大量的行政工作无效等。总的来说,雷纳评审取得了成功。

2. 部长管理信息系统

这一系统的目的是使高层领导能随时了解以下问题:部里正在做一些什么事情?谁负责这些事情?谁定的目标?这些目标是什么?对它们是否实施了有效的监测和控制?这里的部长是一个群体概念,指的是由大臣、国务大臣、政务次官们所组成的领导群体。部长管理信息系统是融合目标管理、绩效评估等现代管理方法和技术而设计的信息收集和处理系统,是一种管理工具。

3. 财务管理新方案

这一方案的内容并不限于公共部门的财务管理,而是涉及公共管理的诸多方面。它的目的是使各部门、各层次的负责人能够明确自己的目标以及测定产出与绩效的标准和方法;了解可利用的资源和自己在充分利用这些资源方面负有的责任;获得所需要的信息、技能训练和专家咨询等。这个方案是改革初期"效率战略"阶段提出来的,这一阶段改革的侧重点是树立成本意识,提高公共部门的经济和效率水平,从而实现降低公共开支的目标。因此,虽然涉及公共管理的各个方面,但实践中关注的重点仍然是成本控制。

4. "下一步"行动方案

这一改革方案是中央政府为全面转换管理责任机制所做的重大努力。强调政府的职能是"掌舵"而不是"划桨"。"效率小组"在《改善政府管理:下一步行动方案》中提出:其一,要解决政府管理问题,就必须把服务和执行职能从掌握它们的集中决策部门中分离出来;其二,必须给予服务和执行机构以更大的灵活性和自主性;其三,必须通过与这些机构签订绩效合同使其对服务结果负责。也就是要在政府管理中引入私有企业管理模式。这一方案与"公民宪章"运动、竞争求质量运动一起,构成了20世纪90年代英国新公共管理改革的总框架。

5. "公民宪章"运动

这一运动是1991年梅杰任首相后发起的,就是用宪章的形式把政府公共部门服务的内容、标准、责任等公之于众,接受公众的监督。这一运动是英国保守党推行的行政改革进一步深入的产物和重要标志。如前所述,20世纪90年代以前,保守党政府推行的行政改革主要方向是引进私营企业的管理原则、技术和方法,解决政府面临的财政危机,提高效率,其中降低公共开支是政府行政改革的首要目标。到80年代末,改革在公共部门的经济和效率方面取得了显著的成就,与此同时,另一个问题也变得日益突出——如果改革继续以经济和效率为重点,必然导致牺牲质量和公共服务而追求开支节省,保守党政府就有可能失去公民的支持。于是,英国的行政改革发生了从经济、效率到质量、公共服务的侧重点的转移。"公民宪章"在这种背景下出现。

"公民宪章"运动具体体现为所有公共服务机构和部门制定宪章,改变公共服务中提供者居主导地位的状况,为服务对象提供审视公共服务的机会。但作为竞争不充分的一种竞争机制,运动主要是针对那些具有一定垄断性质的公共部门和公共服务行业:①自然垄断性和半垄断性服务行业,如铁路、邮政、水电;②非营利性公共服务行业,如环卫、城市交通、公共文化设施;③管制性服务行业,如户籍管理、公共安全、执照核发等。"公民宪章"运动的基本内容包括对公民的承诺和践诺机制两方面。

6. 质量求竞争运动

这就是要打破政府对公共服务的垄断,允许私营部门参加竞争,把市场竞争机制引入公共部门。"公民宪章"运动四个月后,梅杰政府发表了《为质量而竞争》白皮书。这一运动是竞争观念进一步确立和竞争机制制度化的尝试,它还提出了市场检验这一重要概念。市场检验是对内部和外部服务承担者进行比较以检验资金的价值的过程。市场检验中,目前正在由内部承担的活动向竞争者开放,不论最后的结果是合同出租还是继续由内部承担,市场检验都能够保证公共服务以最佳的方式提供,以实现公共资金的最大价值。

(二)美国:新公共管理改革原则的创新者

美国的新公共管理不像英国那样有明确的起点和目标,但开始得更早,并带有明显的管理主义倾向。自卡特政府起,美国的行政改革就没有停过,里根政府大规模削减政府机构,收缩公共服务范围,放松政府管理规制。布什政府全面推行质量管理。克林顿政府则发起重塑政府运动,致力于创造一个少花钱多办事的政府,彻底改变政府工作的理念,把私营部门的市场化理念引进政府,这对美国的经济、社会乃至各个方面产生了深远的影响。

美国行政改革实践内容如下。

1. 政府功能定位的市场化

市场化趋向是20世纪80年代以来美国行政改革的实践取向。它包括两个层面,即政府功能定位的市场化和政府公共服务输出的市场化。前者涉及政府"做什么"的问题,即政府与市场的功能选择问题;后者则涉及政府"如何做"的问题。自罗斯福新政开始,美国赋予了政府广泛的社会经济职能。但随着时间的推移,政府的财政负担问题就凸显出来;人们对政府承担的超负荷的社会经济职能也产生了怀疑,以致最后里根也不得不承认:政府不是处理问题的办法,而是问题本身。里根政府大规模削减政府机构,收缩公共服务范围。当时负责推行改革的格鲁斯委员会的基本职责是将私营部门成功的管理方法引入公共部门管理领域之中,以提高政府效率。格鲁斯委员会诊断出的美国公共部门低效率及失败的主要原因是:①国会对联邦政府机构日常管理的过多干预;②人事尤其是高层人事缺乏连续性;③缺乏追求高效和经济的诱因;④会计和管理信息系统不完善;⑤缺乏强有力的中央财政和会计管理。

布什政府则全面推行质量管理。1993年克林顿政府提出把建立一个"工作得更好而花费得更少"的政府作为其优先目标之一,并于1993年提出了国家绩效检评。随后,各项行政改革措施在各州政府大范围地展开。到20世纪90年代中期,已有39个州实施了公共服务质量计划,29个州开展了政府部门绩效检评,30多个州简化了人事制度,28个州就公共服务向作为"顾客"的公众征求反馈意见。

2. 公共服务输出市场化

公共服务市场化包括三方面内容。一是决策要和执行分开。政府确定的公共目标不一定非靠政府行政部门事必躬亲,而是可以通过非政府行政部门的力量来完成。二是公共服务的供给须多元化,在竞争中发展。以竞争取代垄断,是提高公共服务生产效率的关键。三是消费者拥有对公共服务的选择权力。

公共服务输出市场化可具体分为四种类型。

(1) 合同出租。政府确定某种公共服务的数量和标准,然后对外向私营部门、非营利部门招标承包,中标的承包商与政府签订供给合同,提供公共服务。在联邦政府层次,联邦政府一直在推行公共服务市场化,如环保署、宇航局几乎所有的工作都由承包商来完成。在州和地方层次,联邦政府集中在公共工程领域,而许多个州和地方单位合同出租的范围无所不包,如医院、公园管理、污水处理、交通设施、税收、工作培训等。合同出租的效果是明显的,它扩大了政府供给公共服务的财源,提高了技术,降低了成本,提高了效率。

(2) 公私合作。它与一般的合同出租不同,政府不需要以纳税人的税收去购买私营部门提供的服务,而是以政府特许或其他形式吸引中标的私营部门参与或提供某项服务。

(3) 用者付费。家庭、企业和其他私营部门在实际消费政府提供的服务和设施时,向政府部门交纳费用。用者付费的范围包括公用事业、垃圾收集、废水和污水处理、公园管理、住宅区服务等,一般是对半公共物品付费。

(4) 凭单制度。凭单是政府部门给予有资格消费某种服务的个体发放的优惠券。有资格接受凭单的个体在政府指定的公共服务供给组织中消费他们的凭单,然后政府用现金兑换各组织接受的凭单。使用凭单制度最大的目的在于削弱职业性利益集团对政府公共服务决策和对消费者的控制。在凭单制的公共服务供给与消费模式下,职业性利益集团为争夺消费者手中持有的资源而竞争,这种竞争是在市场过程中进行的。政治家对消费者个体作出反应,职业利益集团同样对公共服务作出反应。职业利益集团的收益不再由其游说能力来决定。

3. 重塑政府

20世纪80年代,美国政府忙于应付财政压力,恢复经济,提高政府功能输出能力,将主要精力放在了调整政府与社会的关系上,各级政府内部管理改革处于辅助性的次要地位。

90年代,美国学者奥斯本和盖布勒在《改革政府》(又名《重塑政府》)一书中提出了政府改革的原则,即"企业化政府"十项原则:①起催化作用的政府:掌舵而不是划桨;②社区拥有的政府:授权而不是服务;③竞争性政府:把竞争机制注入提供服务中去;④有使命的政府:改变照章办事的组织;⑤讲究效果的政府:按效果而不是按投入拨款;⑥受顾客驱使的政府:满足顾客的需要,而不是官僚政治需要;⑦有事业心的政府:有收益而不是浪费;⑧有预见的政府:能够预防而不是治疗;⑨分权的政府:从等级制到参与和协作;⑩以市场为导向的政府:通过市场力量进行变革。此书理论思路明确,政策建议性强,引起行政学界和美国政府的关注。奥斯本和盖布勒不久成为克林顿政府的改革顾问,他们重塑政府思想成为克林顿政府的改革指南。克林顿总统指出:"每一位当选官员应阅读此书,我们要使政府在 90 年代充满活力,就必须对政府改革。该书给我们提供了改革的蓝图。"① 以《改革政府》为指南,克林顿政府发起重塑政府运动,美国各级政府发起了以放松规制为取向的政府内部管理改革。从 1993 年 9 月美国政府发表"戈尔报告"到 1999 年这段时间的实践来看,美国政府放松规制的目标并没有彻底实现,突出标志是政府内部的三大体制(公务员体制、采购体制、预算体制)的改革没有取得实质性进展,只是在有关方面取得成功。

改革以前,美国政府内部管理法规数量浩繁巨大,内容细密庞杂,已经远远超过维持一定监控水平和生产效率的需要。放松规制已经成为美国行政改革的当务之急。美国政府管理上的过度规制问题源于其三权分立和制衡的宪政安排,这种制度安排以"无赖假设"为基础,国会的微观管理和法院的司法审查虽然有效遏制了权力腐败,但也给政府戴上了沉重的枷锁。美国政府对放松规制的界定是:设计一种"政府官员对结果负责,而不是仅仅对过程负责"的新体制。② 因此,美国行政改革中的放松规制不仅是消减陈旧法规,更是要彻底改变旧体制中的组织文化,提高政府绩效及对公民的回应性。

（三）新西兰:新公共管理改革的典范

新西兰的行政改革被许多国家誉为改革的典范。新西兰政府不但在行政管理的各个方面都受到了根本性的评估和改革,而且改革是按照内在一致性的框架进行的。不同国家间的比较还表明,除新西兰外,没有任何一个国家能如此大规模和系统地进行改革。因此,学术界甚至将新西兰的改革称为"新西兰模式"。其改革主要内容如下。

1. 引入市场机制,实行公司化和私有化

新西兰政府改革从 1984 年开始。在此以前,新西兰政府的商业活动占全部经济活动的 12%,占全部投资的 17%。负责经济政策的新任部长及其顾问们认为,整个经济状况表现不佳,宏观经济政策严重失衡,是由于政府过分地介入到生产领域中,而其中最重要的一点是中央集权型的不当管理。因此,必须对政府的商业活动进行改革。改革大致经历了三个阶段。第一阶段,即公司化阶段。从 1986 年开始,将从事商业活动的政府部门改组成国有企业,并挑选合适胜任的管理者。这种企业以营利为目的,不再有政府的特权和保护,政府也不再给企业附加非商业的目标,如有必要,则通过明确的协议或补贴形式来完成。第二阶段,私有化阶段。从 1989 年开始,改革方式有两种,即出售资产和出售股份。其目标是进一步提高效率和创新,偿还债务,避免更多的政府补贴及不当投资。私有化是公司化的补充和深入。第三阶段,加强监督和管理。从 1990 年开始,新西兰开始加强对具有复杂经济和社会目标的事业单位与自然垄断企业的监督和管理。

---

① 毛寿龙.西方公共行政学名著提要[M].南昌:江西人民出版社,2006:387.
② 周志忍.当代国外行政改革比较研究[M].北京:国家行政学院出版社,1999:228.

2. 调整政府部门的功能，实现决策与执行分离

从 1988 年开始，新西兰对从事非商业性活动的政府机构进行了体制改革。这些改革主要包括以下四项基本内容。①决策与执行分离。即政策建议与政策执行的机构分离。行政机构由于具有实践经验而被认为是政策建议的最好提供者，但是它们也是在提供服务的过程中有着直接的切身利益的一方，容易产生很多弊端，因此两者应分开。②建立内部市场，使公共服务的出资、购买与供应分立。其目的是提高公共服务质量和效率，避免公共物品的"搭便车"的问题。③在服务供应者中引入竞争机制。通过竞争可使提供公共服务的政府机构保持活力，使其有动力提高自己活动的效率和效能，这就要求废除政府的垄断性保护。④重新分配和确定政府各部门的职责。为了促进更为有效的管理，新西兰对政府各部门的职能进行了重大调整。将职能相近或雷同的部门合并成大部门，以方便公民办事，避免利益冲突，同时分散了那些难以管理、缺乏重心、惯于隐瞒信息的大型组织，并明确各自责任范围。

3. 实行绩效管理与产出控制

1988 年和 1989 年，新西兰在各政府部门引入了一种新的管理体制。新管理体制的主要原则是实行绩效管理和产出控制，即作为政治家的各部部长不再介入部门的具体管理，其主要职责就是提出本部门的绩效目标，如何达到这些目标则由部门执行主管负责。执行主管拥有《国家部门法》、《公共财政法》规定的部门事务决策权、人事任免权、工资报酬权和与工会进行谈判的权力。与此相适应，执行主管的主要任务就是达成部门的绩效指标，并使自己的言行符合公共机构的价值和公众的道德判断。新机制主要通过三种途径实行：①面向"产出"的拨款制度；②阐明部门绩效目标的自主性计划；③执行主管和主管部长之间的"绩效协议"。其中"绩效协议"是核心机制，它使政府管理由"投入"转向"产出"和"结果"。

4. 改革高级文官管理制度

从 1988 年开始，新西兰开始对高级文官制度进行重大改革。改革主要包括以下几方面内容。①绩效协议和绩效评估。绩效协议是评价高级文官工作业绩的主要依据，绩效评估工作主要由相对独立的国家机构委员会来承担。②任期制。经过改革，新体制下的执行主管的任期为五年，并没有自动续补任期的权利，即使是那些成绩优异者也只能再任职三年或申请其他政府部门的职位。如果年度的业绩评估令部长不满，部长有权中止合同的执行。③浮动工资制。新的工资结构中增加了绩效工资这一内容，能否得到这部分报酬及得到多少都要依据其业绩表现而定。④任命私企精英进入公共机构高层任职。其目的是把社会上最新的思想、观念和方法引入政府，从而促进政府在管理上不断更新。⑤建立人力资源开发计划。其目的是培养高级管理人才，该计划包括了一系列不同等级的管理培训课程，但更强调工作培训和日常工作经验的积累，同时还强调在公、私各种部门任职和学习外国的先进经验。

5. 财政体制改革

1989 年通过的《公共财政法》与 1994 年的《财政责任法》修正案为政府进行财政改革提供了法律保证。根据上述法案，新西兰的财政管理制度主要包括以下几个方面的内容。①财政管理权下放。许多行政控制被取消了，各部门的资产负债表与整个政府的资产负债表独立开来，在人力和资金投入方面，各部门及其主管有了更多的财政管理自由。②实

行应计会计制。在会计制度上,新西兰从现金制转为应计制。应计制是一种企业常用的记账方法,能较真实地反映该部门的财务状况和经营成果。③财政报告制。财政报告制是确立政府对议会负责的主要机制。新西兰要求各部门像私人企业的经理对股东所做的那样,向政府进行财政报告,以便政府了解各部门管理者控制下的资产和债务情况,从而能对资源使用的效率进行评估和判断。

第二节 新公共服务

新公共服务理论是以登哈特为代表的一批学者建立的一种新的公共行政理论。它是以对新公共管理的反思为前提的,因此可以说是超越新公共管理的新理论。所谓新公共服务,它是关于公共行政的一套新的服务理念,这种理念体现在以公民为本的治理系统中。新公共服务认为,行政官员在其管理公共事务时,应该集中于承担为公民服务和向公民放权的职责,其工作重点既不是为政府航船"掌舵",也不是为政府"划桨",而是建立一些明显具有完善整合力和回应力的公共机构。

一、新公共服务对新公共管理的反思

(一)新公共管理的缺陷

新公共管理理论并不是一种成熟的范式,其理论框架还存在着缺陷,而且在西方国家进行新公共管理改革时就遭到了来自多方面的质疑,尤其是不少学者对作为其思想精髓的企业家政府理论提出了尖锐的批评。

1. 不适当的"经济人"假设

经济人假设是新公共管理理论体系的逻辑起点,是其摒弃官僚制,主张以市场取代官僚组织的理论基础。所谓经济人假设,就是认为人总是趋利避害的,以谋求自身利益的最大化为目的,利他只是达到自利的途径和手段。然而,将这种假设运用到公共管理领域是不适当的。首先,这种人性假设忽视了文化因素对人性的限制。许多理论说明,人性是复杂的,人的需要也是多样化的。人不但需要自利,也需要互惠、互信、体谅、容忍等利他情感体验。经济人假设不但否定了公共伦理存在的价值和依据,也不符合公共管理的现实。其次,经济人假设还会造成公共组织管理的约束和激励问题。这种假设强调制度性约束激励机制,忽略了伦理和自律在约束公务人员行为方面的重要性。最后,经济人假设使公务人员在公众面前变成了不受尊重的人,官员的士气受到影响。

2. 过度的管理主义取向

新公共管理受到泰勒的科学管理思想的强烈影响,忽视了私营部门与公共部门的基本差别,照搬私营部门的管理经验、原则、方法及模式,将效率、经济性和有效性作为自己的价值基础,特别强调管理中的绩效测量、绩效责任和诱因控制。新公共管理盲目照搬私营管理的理论,是一种新泰勒主义。公共部门和私营部门是两种不同的组织类型,阿利森认为:公共管理和私营管理至少像它们在某些方面彼此相似一样,在另一方面是彼此不同的,而且其差异比相似性更重要。有一种观念认为,许多私营管理的方法和技能能够以一种明显提高绩效的方式直接转换到公共管理的任务中去,但这种观念是错误的。

公共部门区别于私营部门最主要特征就在于公共性。公共性是公共管理的根本属

性。离开了公共性,公共管理就失去了自己的方向和宗旨,失去了合法性基础。公共部门与私营部门确实存有相通的地方,但是,这些相通的地方只停留在技术的层次。新公共管理强调政府公共部门与私营部门的组织相似性,盲目搬用私营部门的管理方法,忽视了两者在根本目标和价值准则上的相悖:前者是提供公共服务,必须奉行社会正义、平等等价值准则,后者则以利润最大化为目的。如果用私营部门管理取代公共管理,势必造成政府公共性的丧失。

在管理主义看来,政府施政的基本价值在于"3E"(经济、效率与效能),也就是强调市场价值的优先性和工具理性。然而,公共行政在本质上是以民主宪政为基石的,强调追求人民主权、社会公正、公共利益、社会责任等多元价值。过分强调对效率和工具理性的追求,使公共管理无力反省公共行政与公共服务的根本价值,将公共管理变为执行与管理的工具,斤斤计较地减少行政成本,不但无力担负起公共行政捍卫民主政治价值的责任,也无法实现提升公民道德水准的使命。

3. 不恰当的"顾客"隐喻

新公共管理将公共服务接受者比喻成在市场消费的"顾客",主张以顾客为中心,提供高效、及时的服务。然而,这种顾客隐喻是不恰当的,尽管在西方国家"顾客就是上帝",顾客这一角色的地位是非常高的,是企业、商家的服务对象。但是他们忽略了"公民"不仅是公共服务的接受者,而且是公共服务的合伙人、参与者和监督者,政府的"所有者",纳税义务的承担者等。将公民看成是"顾客",降低了公民作为与国家相对的权利和合法地位的拥有者的作用。因为政府运作和发挥功能依赖公共税收,税收又来自公民。公民也是公共服务提供的参与者、决策者。公民的"用脚投票"行为对公共服务的数量、质量、公平性都具有影响力。

同时,以顾客为中心是消费者主权的表现,其含义是根据消费者的需求决定生产者的供给。但现实中,人民要求政府服务的范围相当广泛,在资源有限的情况下,政府从整体利益角度考虑,就很难满足每一位顾客的要求。因此,政府不仅是公共服务的提供者,也是管制者,在许多情况下,政府必须抑制公民的某些需求,才能满足公共利益的要求。

(二)新公共服务的理论基础

新公共服务理论正是基于对新公共管理理论的反思和批判而建立的一种新的公共管理理论。它的理论来源于以下几方面。

1. 民主和公民权

民主和公民权理论都提倡再度复兴的、更为积极的和更多参与的公民权。这里公民权有多种理解,一种是由法律体系规定的公民的权利和义务,这是一种合法的身份资格。另一种理解认为,公民权涉及的是个人影响该政治系统的能力,它意味着对政治生活的积极参与。民主和公民权理论认为,国家与社会、政府与社会的关系不只是建立在公民自利观念基础上的,而且也是建立在利他观念基础上的。已经有越来越多的人要求恢复一种基于公民利益而非自身利益的公民权,即关心共同利益,追求社区整体福利,尊重他人的权利,对不同宗教信仰、政治信仰和社会信仰的容忍,承认社区的决策重于私人偏好,承认一个人有责任保护公众和为公众服务。① 也就是说,民主和公民权要求公民参与管理政府,而不仅仅是接受服务的"顾客"。

2. 社区与公民社会模型

社区是美国人生活中的主题。有些人认为,美国人已经被技术社会的强大力量异化了,已成为生产线或计算机的缩影,社区是治疗现代社会过度贪婪和自利特征的解毒剂。由于社区意识可能衍生于从邻里街区到工作团体等许多不同层次的人类群体,所以它可以在个人与社会之间提供一种有益的中介结构。社区建立的基础是关怀、信任和协作,它是通过一个强有力的有效沟通和冲突解决系统结合在一起的。家庭、工作小组、教会、公民社团、街区群体、志愿性组织以及社会团体等都有助于建立个人与更大范围社会的联系。从集体意义上说,这些小团体构成了一种人们需要在社区关怀环境中实现个人利益的"公民社会"。公民社会是一种公民能够相互进行个人对话和评价的地方,这种个人对话和评价不仅是社区建设的本质,而且是民主的本质。

3. 组织人本主义

传统组织理论主张管理部门不仅要对雇员进行培训和奖惩,而且还要规定组织的目标和任务,这些都需要层级控制、权威自上而下流动及标准的工作程序。组织人本主义认为这样的管理方法对个人自由问题和道德状况不够尊重和敏感,主张管理者要通过组织创造一种解决问题的开放氛围,鼓励组织成员要在整个组织中的个人和群体之间建立信任,用知识和能力权威来弥补甚至取代职位权威。组织人本主义反对旧组织模式使成员客观化和非人格化,要求新模式应围绕开放性、信任和真诚的沟通来建构,并提出了建立"辩论的组织"或"联合的组织"等模式。

4. 后现代公共行政

传统公共行政在知识获得上倾向于实证主义,认为解决公共问题必须通过对事实的实证分析和测量。实证主义认为事实能够被观察和测量,社会生活的事实与价值能够分开。后现代公共行政认为,事实与价值难以分开,而且价值通常比事实更为重要。因此,后现代主义理论家信奉"对话"理论,相信公共问题通过对话要比通过"客观"测量或理性分析更有可能解决。"对话"理论假设行政官员和公民是彼此充分参与的,参与者不仅是自利的个体,也是有经验、直觉和情感的个体,这种进行协商和达成共识的过程也就是个体随着自己参与而彼此相互接洽的过程。

二、新公共服务理论的内容

新公共服务是一个充分重视民主、公民权和为公共利益服务的理论框架,它是一个建立在对公共部门的理论探索和实践创新基础之上的模式。新公共服务理论认为,公共行政官员看起来更加关注控制官僚机构和提供服务,其实他们更加关注"掌舵",即成为一个更倾向于日益私有化的新政府的企业家。然而,在他们忙于"掌舵"的时候,却忘记了是谁拥有这条船。在新公共服务理论家看来,公共行政官员在其管理公共组织和执行公共政策时应着重强调他们服务于公民和授权于公民的职责,他们的工作重点既不应该是为政

---

① [美]珍妮特·V.登哈特,[美]罗伯特·B.登哈特.新公共服务:服务,而不是掌舵[M].丁煌,译.北京:中国人民大学出版社,2004:29.

府航船"掌舵",也不应该是为其"划桨",而应该是建立一些明显具有完善整合力和回应力的公共机构。具体来说,新公共服务理论包括以下几个方面的基本观点。

1. 服务于公民,而不是服务于顾客

新公共服务理论认为,公共利益不是个人自身利益的聚集,而是就共同利益对话的结果。因此,公务员不是仅仅要对"顾客"的需求作出反应,而且要着重关注公民并且在公民之间建立信任与合作关系。公民不是政府的"顾客",而是政府的所有者或主人。尽管顾客就是上帝,但在公共部门,我们有时很难确定谁是"顾客",因为政府服务的对象并非全都是直接的当事人。并且,顾客和政府的利益并不总是一致,政府的有些"顾客"凭借其所拥有的更多资源和更高技能可以使自己的需求优先于别人的需求。尽管企业可以通过使顾客满意而长期获益,但是政府却可能做不到。政府必须以公平与公正为价值,要对更大的公共利益而不仅仅是个别消费者或顾客的利益负责。因此,新公共服务理论认为,政府不应该首先或者只是关注"顾客"自私的短期利益。相反,扮演着公民角色的人们必须关心更大的社区,必须为一些超越短期利益的事务承担义务,并且愿意为他们的邻里和社区所发生的事情承担个人的责任。总之,新公共服务理论试图鼓励越来越多的人去履行他们作为公民的义务,进而希望政府能够特别关注他们作为公民的声音。

2. 追求公共利益

新公共服务理论肯定公共利益在政府服务中的中心地位,认为公共行政官员必须促进建立一种集体的、共享的公共利益观念。新公共服务理论的目标不是要在个人选择的驱使下找到快速解决问题的方案,而是要建立共同利益和共同责任。该理论认为,建立社会远景目标的过程并不能只委托给民选的政治领袖或被任命的公共行政官员。事实上,在确立社会远景目标或发展方向的行为当中,广泛的公众对话和协商至关重要。政府的作用将更多地体现在把人们聚集到能无拘无束、真诚地进行对话的环境中,这是共同协商社会应该选择的发展方向。除了这种促进作用,政府还有责任确保经由这些程序而产生的解决方案完全符民主规范和正义、公正与公平的价值观,确保公共利益居于主导地位。

因此,公共行政官员应当积极地为公民通过对话明确表达共同的价值观念并形成共同的公共利益观念提供舞台,鼓励公民采取一致行动,而不应该仅仅通过促成妥协而简单地回应不同的利益需求。这样,他们就可以理解各自的利益,具备更长远、更广博的社区和社会利益观念。

3. 重视公民权胜过重视企业家精神

新公共服务理论认为,致力于为社会作出有益贡献的公务员和公民要比具有企业家精神的管理者更能够促进公共利益,因为后一种管理者的行为似乎表明公共资金就是他们自己的财产。新公共管理服务理论鼓励公共行政官员采取企业家的行为方式和思维方式,这会导致一种十分狭隘的目的观,即所追求的公共目标只是在于最大限度地提高生产率和满足顾客的需求。新公共服务理论则明确地认识到,公共行政官员不是他们机构和项目的企业所有者,公民才是政府的所有者。公共行政官员的任务是为公民服务,他们有责任通过担当公共资源的管理员、公共组织的监督者、公民权利和民主对话的促进者、社区参与的催化剂以及基层领导等角色来为公民服务。这是一种与看重利润和效率的企业所有者非常不同的观点。因此,新公共服务理论认为,公共行政官员不仅要分享权力,通过公民来工作,通过中介来解决公共问题,而且还必须将其在治理过程中的角色重新定位

为负责任的参与者,而非企业家。

4. 思考要具有战略性,行动要具有民主性

满足公共需要的政策和方案可以通过集体努力和协作过程得以最有效并且最负责任地实现。新公共服务理论认为,为了实现集体意识,下一步便是规定角色与责任,并且为实现预期目标而确立具体的行动步骤。这一计划不仅仅是要确立一种远见,再把它交给政府官员去执行,更重要的是,应使相关各方共同参与朝预期方向发展的政策方案的执行过程。在新公共服务理论家看来,政府通过对公民教育方案的参与和对公民领袖更广泛的培养,可以激发人们原本应有的公民自豪感和公民责任感,这种自豪感和责任感会进一步发展成为在许多层次都会出现的一种更强烈的参与意愿。在这种情况下,所有相关各方都会共同努力参与、合作,为达成共识创造机会。为此,政治领袖应该扮演一种明确且重要的角色,他们要明确地表示并鼓励对公民责任感的强化,进而支持群体和个人参与社区契约的订立活动。虽然政府不能创造社区,但是政治领袖或者政府却能够为有效的和负责任的公民行动奠定基础。人们必须逐步认识到,政府不但是开放的,可接近的,并且是具有回应力的。政府存在的目的就是满足公众的需要。因此,新公共服务的目标就在于确保政府具有开放性和可接近性,具有回应力,能够为公民服务并且为公民权的实现创造机会。

5. 承认责任并不简单

新公共服务理论认为,公务人员不应该只关注市场,还应该关注宪法法律、社区价值观、政治规范、职业标准以及公民利益。但传统的公共行政理论认为公务人员只是简单地直接对上级政治官员负责,新公共管理理论则认为公务人员应该像企业家那样有更多的行动自由,其工作绩效的评估主要应以效率、成本-收益和对市场的回应性为指标进行。然而,新公共服务理论认为,传统公共行政和新公共管理理论并未反映当今公共服务的需求和现实,责任问题其实极其复杂。具体而言,公共行政官员应该受到包括公共利益、宪法法令、其他机构及其他层次的政府、媒体、职业标准、社区价值观念与价值标准、环境因素、民主规范、公民需要在内的各种制度和标准等复杂因素的综合影响,而且他们应该对这些制度和标准等复杂因素负责。

6. 政府的职能是服务,而不是"掌舵"

新公共服务理论认为,公务人员日益重要的角色就是要帮助公民表达并满足他们共同的利益需求,而不是试图通过控制或掌舵使社会朝着新的方向发展。尽管过去政府在为社会"掌舵"方面扮演着十分重要的角色,但当今时代为社会领航的公共政策实际上是一系列复杂的相互作用过程的产物,这些相互作用涉及多重群体和多重利益集团,这些为社会和政治生活提供结构和方向的政策方案是许多不同意见和利益的混合物。当下政府的作用是与私营及非政府公共组织一起,为社区所面临的问题寻找解决办法。政府的作用从控制转变为议程安排,使利益相关各方坐到一起,为促进公共问题的解决进行协商和提供便利。在这样一个公民积极参与的社会中,公务人员要扮演的角色越来越不是服务的直接供给者,而是调停者、中介人甚或裁判员。而这些新角色所需要的不是管理控制的老办法,而是做中介、协商以及解决冲突的新技巧。

7. 重视人,而不只是重视生产率

新公共服务理论认为,如果公共组织及其所参与的网络能够以对所有人的尊重为基

础,能够通过合作和分享领导权的过程来运作,从长远的观点来看,则它们更有可能获得成功。通常,人们将生产力改进系统、过程重塑系统和绩效测量系统视为设计管理系统的工具。新公共服务理论却认为,这种试图控制人类行为的理性做法在组织成员的价值和利益并未同时得到充分关注的情况下很可能要失败,而且,它培养不出有责任心、献身精神与公民意识的雇员或公民。如果要求公务人员善待公民,那么公务人员本身就必须受到公共机构管理者的善待。新公共服务理论已经充分地认识到公务人员的工作不仅极为复杂,而且面临着巨大的挑战。这些公务人员既不像传统公共行政理论所认为的那样只是需要保障和组织一种官僚职业的雇员,也不像新公共管理理论所主张的那样只是市场的参与者,他们的动机和报酬远不只是一个薪水或保障的问题,他们希望与别人的生活有所区别。因此,分享领导权的概念对于其公共服务的动机和价值至关重要。分享领导权必定会具有相互尊重、彼此适应和互相支持的特点,特别是通过公民或与公民一起来行使领导权可以改变参与者,并且可以把他们的关注焦点转移到更高层次的价值观念上。在这个过程中,公民和公务人员的公共服务动机同样可以得到承认、支持和报偿。

最后应当指出的是,尽管新公共服务理论是在对新公共管理理论进行反思和批判的基础上提出和建立的,但是并不意味着它对新公共管理理论的全盘否定。从理论视角来看,它本质上是对新公共管理理论的一种扬弃,它试图在承认新公共管理理论对于改进当代公共管理实践所具有的重要价值基础上,摒弃其内在的理论缺陷,提出和建立一种更加关注民主价值和公共利益、更加适合现代公民社会发展和公共管理实践需要的新的理论选择。所以,我们或许可以从新公共服务理论中获得一些有益的启示。

第三节 整体性治理

自20世纪90年代中后期始,以英国工党政府为先驱,西方国家的政府以整体性治理理论为指导,开始了一系列不同于前期的改革运动。长达20年之久的新公共管理改革之后,在现代公共部门的新一轮改革中,改革的重点已经从结构性分权、机构裁减和设立单一职能的独立机构转向协同性和整体性政府。

一、整体性治理的内涵及特征

(一)整体性治理的内涵

整体性治理概念包含"整体性"和"治理"两个关键词。整体性是系统论的核心概念,是系统最鲜明、最基本的特征。系统就是由许多部分所组成的整体,所以系统的概念就是要强调整体,强调整体是由相互关联、相互制约的各个部分所组成的。[①] 一般系统论的创始人贝塔朗菲指出:"普通系统论是对'整体'和'完整性'的科学探索'。"[②]整体性是一个系统区别于另一个系统的特质,因为系统是由若干要素组成的有机整体,这个有机整体又具有各要素本身所没有的新的性质和功能。我们生活的世界是由各种系统组成的大系统,只有从整体出发,才能抓住系统的本质属性。正如恩格斯所说,我们抓不住整体的联

[①] 钱学森,等.论系统工程[M].长沙:湖南科学技术出版社,1982:204.
[②] [奥]L.贝塔朗菲.普通系统论的历史和现状[C]//科学学译文集.北京:社会科学出版社,1980:314.

系,就会纠缠在一个接一个的矛盾之中。

关于治理的定义有很多,其中最有代表性和权威性的是全球治理委员会的定义。该委员会在《我们的全球伙伴关系》研究报告中提出,"治理"是各种公共的或私人的个人和几个管理其共同事务的诸多方式的总和。它是使相互冲突的或不同的利益得以调和并且采取联合行动的持续过程。它有四个特征:治理不是一整套规则,也不是一种活动,而是一个过程;治理过程的基础不是控制,而是协调;治理既涉及公共部门,也涉及私营部门;治理不是一种正式的制度,而是持续的互动。[①]

因此,整体性治理主要是指政府内部及政府部门间的整体运作,以及政府与公民的持续、协调的互动过程,它强调政府通过协调、整合等方法促使公共服务各主体协同合作,为公众提供无缝隙公共服务。

(二)整体性治理的特征及内容

整体性治理是以公众的需要为基础的,这让整体性治理远远超越了公众参与治理过程的传统范围。与新公共管理强调企业过程管理不同,整体性治理把"重点放在真正以公民需要为基础、以服务为基础上。它的含义遍及所有相关的公共部门网络——确定新的宏观结构,组织重组,过程重新评价以及管理方式和信息系统的根本变革,对新问题灵活反应的新模式"[②]。重新整合是整体性治理的主要特征。

1. 重新整合

整合是整体性治理的一个重要概念,整体性治理与整合有联系但又有区别。Meijers 和 Stead 对合作、协调、整合这几种理念强调的政府实践进行了进一步的阐释和区分。他们认为,对这几个概念进行理解主要可以参照两个变量:互动程度和产出。相比之下,整合是最高目标,协调其次,合作的要求最低。整合需要最多的部门间互动,因为达成合作只需要各部门的政策产出更有效,协调只需要各部门的政策产出相互一致不冲突,但整合的结果则意味着一个大的整体性的政策产出。这种区别又可从目标的不同的角度来解释。合作是从各个部门的角度出发,通过协商达成"共赢"的局面。对合作的双方或几方而言,只要各自的结果比以前更好就具备了合作的条件,因此,合作并不一定能产生一个没有冲突的结果。协调是建立在各部门政策目标的基础上的协调,尽管最终的结果可能是不冲突的,但出发点和立足点仍是部门的目标,而整合强调的范畴则超越了部门,它是从全局性的、跨部门的目标出发,对各个部门的决策提出要求,使其政策产出一开始就同整体的目标相一致。[③]

重新整合主要包括以下内容。

(1)逆碎片化和大部门式治理。通过合并,把一些功能相近和雷同的机构重新组合成部门化的组织,取消一些准政府机构,以及重新在以往被鼓励进行无限制竞争的地方层面建立合作的、以社区为基础的结构。

(2)重新政府化和加强中央过程。这是对新公共管理碎片化改革产生的重复的多头

---

① 转引自俞可平.治理与善治[M].北京:社会科学文献出版社,2000:4-5.
② Dunleavy P. Digital Era Governance: IT. Corporations, the State and E-Government [M]. London: Oxford University Press, 2006:227.
③ 转引自张铉."整体政府"的理念与实践——跨部门协作角度的诠释[D].北京:北京大学,2007.

的等级结构的回应。由于新公共管理导致的分散竞争的无政府主义,一些提议开始重新强调秩序,特别是在信息技术领域。同时,将一些新公共管理改革外包给私营部门的公共部门的产品或活动,重新交由公共部门进行。

(3) 极大地压缩行政成本。

(4) 利用新的信息技术,重塑一些具有公务支撑功能的服务提供链。

(5) 集中采购和专业化。

(6) 以"混合经济模式"为基础的共享服务。鼓励较小的部门和机构共同使用一些服务支撑功能或一些与政策相关的服务。以往那种旧式的集中提供模式对下级是强制性的,在运作中反应迟钝和僵化,而共享的服务提供采用的是一些较灵活的方式。

(7) 网络简化。现代官僚制的一个突出问题不是官员的预算最大化,而是为相互高度连接的公共机构、准政府和非政府机构网络建立复杂的管制和指导层次。精简管制检查以及简化基础性的网络可以在一些敏感的政策领域制止这种多重管理队伍的建立。[①]

2. 整体性治理

整体性治理主要包含以下内容。

(1) 共享的数据库和互动的信息搜寻和提供。这对于整体性治理来说是最基本的。通常的行政状况是不同的信息掌握在各不相干的层次、互不适应的行政系统中,这使得信息要么常常很难得到运用,要么只用于具体的研究。而共享数据库则使得政府机构能得到有关福利、税收和保障领域里每一个案的数据,从而能预测公民的需要和政策的主要风险。互动的机制(利用信息技术而不是以纸质为基础的形式)会自动地催促机构人员和系统对公民的需要和偏好采取更整体性的看法。

(2) 以顾客为基础和以功能为基础的组织重建。如成立一个大部门,集中提供所有与某类服务对象相关的福利。

(3) 一站式服务提供。即在一个地方提供多种行政服务,或与特定的顾客进行面对面的交往,以及网络整合的服务。

(4) 重塑从结果到结果的服务。从结果到结果的方法确保项目小组着重整个过程,而不人为地去划分现存机构的边界。

(5) 灵活的政府过程。旨在使政府决策在与企业最好的实践进行竞争中取得速度性、灵活性和回应性。

(6) 可持续性。整体性治理克服了新公共管理只关注于企业运作取向,忽略企业负面的外部效应的缺陷,它认真考虑公民和企业的需要,并使这些需要成为所有公共部门内在运作的一部分。[②]

(三) 整体性治理是对新公共管理的一种修正

新公共管理是从经济和社会的视角看待政府的管理,其背景是全球经济一体化的推进对效率的要求。西方现代工业社会对公共服务提出的多元化的要求,以及官僚体制的结构和运作方式由于繁文缛节和低效率而遭到普遍诟病。因此,新公共管理所采用的治理方式,比如强调绩效、结果、分权以及解制、效率、重塑政府等都反映了当时的时代要求。

而整体性治理理论则是以政府内部机构和部门的整体性运作为出发点的,其背景是

---

①② 竺乾威.从新公共管理到整体性治理[J].中国行政管理,2008(10):54-60,54.

信息时代的来临。20世纪90年代后信息技术的迅速发展和普遍应用,使新公共管理的一些治理方式被终止或被改革。新公共管理在提升政府解决问题的能力以及在服务提供者的竞争过程中引入多样性等诸方面取得了不少的成功。但是,新公共管理的市场化、分权化与解制也使政府机构破碎化,极大地增加了决策系统的复杂性。而信息技术的发展要求政府管理从分散走向集中,从部分走向整体,从破碎走向整合。在登力维看来,数字信息时代的治理的核心在于强调服务的重新整合,整体的、协同的决策方式以及电子行政运作广泛的数字化。① 美国的网络化治理也是以信息技术为基础的,但网络化治理与整体性治理的立足点不同,网络化治理着眼于政府与社会各类自治组织的合作,主要通过政府外包方式实现治理。在美国,以网络为基础的合同制式的治理已经成为一种普遍的治理方式。在菲利普·库珀看来,今天的"公共管理者是在垂直的权威模式和平行的协商模式互相交叉的情况下运作的。垂直模式的权威、资源和影响力来自治理核心的宪政过程。平行关系建立在合同概念之上"②。网络化治理更关注的是横向平行关系上的问题。

此外,与新公共管理要打破官僚制的努力不同,整体性治理理论是以官僚制作为基础的,即整体性治理强调,信息技术的运作是以官僚制组织为基础的。正如菲利普·库珀所言,现代公共管理是在垂直的权威模式和平行的协商模式互相交叉的情况下运作的。唐纳德·凯特尔在评论斯蒂芬·戈德史密斯和威廉·D.埃格斯著的《网络化治理:公共部门的新形态》一书时曾指出,"戈德史密斯和埃格斯的最深刻的见地是,必须按照传统的自上而下的层级结构建立纵向的权力线,并根据新兴的各种网络建立横向的行动线"③。

相对于新公共管理理念的缺陷而言,整体性治理的修正主要有以下几个方面。

第一,以公众为中心,改进了"管理主义"的价值倾向。新公共管理理论是一种以效率为基本价值取向的改革运动,对市场机制、私营部门的管理原则和工具及方法推崇备至,具有"管理主义"的价值倾向,严重损害诸如公平与正义、回应性、责任性等民主价值。整体治理以公众需要和公众服务为中心,强调政府的社会管理和公共服务职能,通过协调、合作、整合等方法促使公共服务各主体紧密合作,为公众提供无缝隙公共服务,把民主价值和公共利益置于首要位置,具有"宪政"特征。

第二,以整体性为取向,克服了碎片化管理的困境。新公共管理改革通过结构再造形成了一种不同于传统官僚制的组织结构形式,即扁平化与分散化的组织结构形式,但直接面临着组织不协调的困境。同时,新公共管理通过竞争机制提供高质量、多样化的服务,但组织间"在引入竞争机制的同时,却忽视了部门之间的合作与协调,造成碎片化的制度结构"④。在整个公共部门中,各部委与执行局缺乏合作决策机制,形成碎片化治理的困境。整体治理则借助信息技术的优势,通过建立一个跨组织的将整个社会治理机构联合起来的治理结构,既克服了政府组织内部的部门主义、各自为政的弊病,又调整了社会和

---

① Dunleavy P. Digital Era Governance: IT. Corporations, the State and E-Government [M]. London: Oxford University Press, 2006:233.

② Cooper P. Governing by Contract: Challenges and Opportunities for Public Managers [M]. Zhu Qianwei Trans. Shanghai: Fudan University Press, 2007:2.

③ [美]斯蒂芬·戈德史密斯,[美]威廉·D.埃格斯.网络化治理:公共部门的新形态[M].孙迎春,译.北京:北京大学出版社,2008:Ⅵ.

④ 转引自胡佳.整体性治理:地方公共服务改革的新趋向[J].国家行政学院学报,2009(3):108-111.

市场的横向关系,并发挥政府的战略协作与统筹服务的作用,构建起一种政府与市场、社会通力合作、运转协调的治理网络。

第三,以综合组织为载体,修正了过度分权带来的弊端。新公共管理倡导"分权化政府",但过度分权也造成了组织间信息失真和沟通不畅,使地方利益主体为追求各自利益而加大了离心力,降低了政府聚合力量服务公众的能力。整体治理修正了新公共管理过度分权产生的多头等级结构的弊端,提倡一种横向的综合组织结构,这种综合组织建立在官僚制等级基础之上,强化了中央对政策过程的控制能力,为跨部门联系与合作提供了便利。

第四,提供了一套全新的治理方式与治理工具。整体治理理论以整体主义为理论基础,以网络信息技术为平台,对不同的信息与网络技术进行整合,推动了政府行政业务与流程的透明化,提高了政府整体运作效率和效能,使政府扮演一种整体性服务供给者的角色。

二、整体性治理的实践

(一) 英国的"协同政府"实践

"协同政府"是整体性治理理论在实践中的政府治理模式,最先由布莱尔政府提出。1997年3月,布莱尔政府颁布《现代化政府白皮书》,在总结前两年政府工作的基础上,以"协同政府"模式取代过去的"竞争性政府"模式,其中主要目标就是更好地处理那些涉及不同公共部门、不同行政层级和政策范围的棘手问题。"协同政府"意味着通过横向与纵向的协调,消除政策相互抵触的状况,有效利用稀缺资源,使某一政策领域的不同利益主体团结协作,为公众提供无缝隙的而非互相分离的服务。[1] 继英国的"协同政府"改革后,西方不同国家根据本国实际情况,围绕整体性治理进行了多元化的行政改革。

"协同政府"的实施一般分为三个层次:社会与社会、政府与社会以及政府内部。本书主要分析政府内部的"协同"内容。1997年以后,布莱尔政府在这方面的改革主要围绕统一决策以及加强决策部门与执行机构的合作两个目标来进行。其主要措施有以下几方面。

1. 决策统一

决策统一即强化核心行政部门的控制能力,设立直属首相(内阁)办公室的综合性决策机构。这里的核心行政部门主要是首相办公室、内阁办公室及财政部。正如布莱尔2002年所说,"我不会为拥有一个强大的中心去道歉,特别是在将提供更好的公共服务作为一个(政府)焦点的情况之下"[2]。作为一个强大的中心,首先必须有强有力的政策控制能力。为此,他们新成立了若干综合性机构,如"政策中心"、"绩效与创新小组"、"管理与政策研究中心"、"战略合作中心"和"中央秘书局"等机构,其作用都是为了以政府为核心建立起跨部门的联系。"政策中心"是政府的智囊团,它直接隶属首相办公室,对政府制定

---

[1] [挪]Tom Christensen Per Lagreid. 后新公共管理改革——作为一种新趋势的整体政府[J]. 张丽娜,袁何俊,译. 中国行政管理,2006(9):85-92.

[2] 转引自曾令发. 合作政府:后新公共管理时代英国政府改革模式探析[J]. 国家行政学院学报,2008(2):97-101.

的所有政策都有权进行独立的分析研究。"绩效与创新小组"隶属内阁办公室,直接向首相提供跨部门的中长期公共政策报告,目的是推进政府关注战略的、跨领域问题的能力,促进在政策发展及政府目标提供上的创新。2001年,布莱尔将"绩效与创新小组"、"前瞻性战略小组"以及"管理与政策研究中心"的一部分整合为"战略小组",主要负责长期性以及跨领域的政策研究与制定。布莱尔政府在政策制定过程中还加强了咨询,从政府外聘用了更多的政策建议者成立各种特别小组,这样做一方面能使首相能更有效地对政策制定进行控制,另一方面也使得政策制定更具有协同性质,避免了部门主义。

布莱尔政府也努力提升核心行政部门对公共服务的控制能力。2001年内阁又成立了两个新的组织:"首相服务中心"和"公共服务改革办公室"。"首相服务中心"主要是代表首相负责监督政府的公共服务,从而确保国家能达到卫生、教育、交通以及减少犯罪等领域的主要目标。"公共服务改革办公室"则是就整个公共服务改革(包括中央与地方以及其他公共部门的改革)问题向首相提供建议。这两个部门虽然位于内阁办公室,但都是向首相直接报告的,都要对首相负责。其他还有各种特别委员会承担的任务与上述综合性机构相近,它们也是设在政府内阁的跨部门组织,不过其成员来自不同的背景,既有公共部门、私营部门、志愿者组织,也有工会和研究团体。这些委员会也不是常设机构,它们往往是为了某一类特殊的政策问题而专门成立的,目的在于听取各方的意见和反映。据统计,仅在布莱尔执政后的第一年里就成立了227个这样的特别委员会。委员会的主席有的由部长担任,有的由政府官员担任,有的则由民间人士担任。[1]

□ 2. 目标整合

目标整合即订立公共服务协议,整合部门组织目标。为了防止政府治理过程中的碎片化,"协同政府"要求强化部门间的横向合作,这种横向合作包括打破组织框架的壁垒,在目标设定上更为一致。传统体制会使政府关注的问题沿着各个部门的边界割裂开来,导致决策管理的碎片化,而跨组织部门的设立就是要解决这一问题。它是任务导向的而不是功能分化的组织,具有统一的组织目标。整体的策划再加上来自不同部门的成员,能就某一个特定的问题打破组织壁垒,将不同的部门资源整合起来,实现跨部门的协作。

"公共服务协议"在实现跨部门的横向合作的过程中扮演了重要的角色。公共服务协议是1998年英国财政部在《全面开支评议》中提出来的,它主要是制定国家各个部门优先发展的目标。在目标制定的过程中,吸纳政府各个部门的成员进行协商,避免因为部门利益导致政府目标的散乱与混杂,确保各部门目标与政府目标一致。在实际运作过程中,内阁、政府各部门和执行机构三者之间围绕公共服务协议达成目标共识,协议既作为提供服务的依据,又作为绩效评估与管理的标准。内阁(包括所属的各种综合性组织)作为高层决策者负责与各部签订协议,"为各部提供所需的合作性支持;从各部的实践中发现可供借鉴的经验、可供吸取的教训和可以共同合作的领域"[2]。政府各部的职责是在内阁的决策和执行机构的执行之间进行有效的协调管理,负责为执行机构服务,保证执行机构的绩效目标符合公共服务协议的要求。执行机构承担具体的服务职能。跨部门"公共服务协议"打破了人为的政策制定与提供的障碍,鼓励政府部门更多地一起思考合作的优先目

---

[1] 解亚红."协同政府"——新公共管理改革的新阶段[J].中国行政管理,2004(5):60-63.
[2] [英]吉登斯.继续求新——对英国工党的现状、问题与未来的分析[J].冯茵,译.国际论坛,2002(7):78-80.

标,以及共同工作去改善服务的质量。公共服务协议的另一个目的是作为一个检查工具让财政部去监督各政府部门以及其他组织目标的执行情况。

3. 组织整合

组织整合即设立框架文件、保证人(sponsor)与非执行董事,加强决策与执行间的合作。

框架文件是对主管部长、主管部门和执行主管各自的责任以及相互之间的合作关系、工作汇报制度和绩效评价方法等方面的具体规定。"协同政府"要求执行机构的框架文件必须反映部门的宏观决策目标和顾客的需要,并且要优先考虑跨部门的服务内容。整合措施有:成立高层战略合作委员会,吸收执行机构的人员参加;进一步下放管理权限,扩大项目组的职责,但要求项目组的成员必须来自不同的背景,不同的执行机构之间进行合作,共同完成服务要求等。

保证人也是组织整合的重要内容,保证人本身是部里的高级文官,他必须具有从事公共服务的经验,有过与部长接触的经历,掌握跨部门目标及其实施所需的知识,能对执行机构的管理提供建设性的支持。保证人的主要职能是解决执行主管与部长之间缺乏沟通渠道、沟通机会和沟通能力的问题。布莱尔政府对保证人作用的界定为:在部门制定宏观的战略目标或跨部门的政府目标时,为部长提供针对执行机构的战略发展方面的建议,批准战略绩效管理的框架文件,向部长提出有关战略绩效方面的建议,给执行主管提供如何才能最有效地支持并完成部里目标的建议,以保证执行机构获得实现目标所需的授权。

非执行董事也叫独立委员,它一直存在于各部的委员会、部长咨询委员会和执行机构的各种管理委员会中。独立委员能用专家的眼光,站在服务对象的立场上提出建议,在提供以顾客为导向的服务及服务方法的改进方面起到关键性作用。但在过去,由于对他们的角色责任界定不清,其作用的发挥并不充分。新的改革要求各委员会赋予非执行董事明晰的责任和义务,并使其更多地关注战略问题。

4. 文化整合

文化整合即培养社会共识与信任,平衡"集体性"与"自主性"的冲突。布莱尔政府认为,"协同政府"需要有合作的心理和合作的经验作为前提条件,同时需要新的组织文化作为支撑。一方面要提高公务人员的适应性与灵活性,另一方面又要培养其集体感、共同价值观以及相互信任的意识;既要发挥他们的自主性,又要保证他们不超越自己的职权,这确实不容易。在公共部门的改革中,碎片化与整合、自主化与共识(common identity)、市场压力与文化凝聚力之间的平衡是一个非常大的挑战。从文化视角来看,一旦公共组织进行改革,就必须接受能否与已有文化相融合的考验。①

"协同政府"要求改变人们惯常认为的决策"高于"服务、决策比服务"重要"的理念,因为这种心理会造成决策与执行的过度分离。新的改革首先要求人们树立执行与决策同等重要的意识,二者共同服务于政府的总体目标。其次,合作对二者都提出了更高和更复杂的要求,执行局及其主管必须保证明白部长们的战略意图,并有能力按照部门的要求而不是自己的条件来进行服务,而各部及其部长们必须熟悉执行局的服务情况,保证对潜在的

---

① [挪]Tom Christensen Per Lagreid.后新公共管理改革——作为一种新趋势的整体政府[J].张丽娜,袁何俊,译.中国行政管理,2006(9):85-92.

问题有足够的把握和了解,并能作出及时的反应。再次,让决策者和服务者"一起工作",形成相应的价值和行为规范来推进"协同政府"的实施,如让决策者参与服务,让服务者参与决策,项目组的成员由双方共同组成等。最后,人员的招聘、培训、提升等内容也要围绕跨部门合作的需要,组织内部的管理需要全新的理念。

(二)其他国家的实践

继英国的"协同政府"改革后,不同国家根据本国实际,围绕"协同政府"进行了多元化行政改革(见表15-1)。如,澳大利亚实施"协同政府"的最大措施就是建立"中央链接"(centre link),这一宏大的工程就是将来自8个联邦政府部门和各个州与地区政府的各种社会服务集结在同一系统内,目的是向公民提供跨越各种服务的"一站式"服务。

美国在州与联邦政府层面都实行了"协同政府"。如俄勒冈州的"无错门"活动就遵循协同原则,即公民在寻求州一级公共事业服务的时候,应该能够获得第一个政府接待方的帮助,不论他所找的第一个接待方到底是哪一个政府机关,也就是说,俄勒冈州统一的公共事业新模式代替了以往分散割裂的服务结构。在以往的模式下,顾客要想获得服务,就必须与由一线办公室、多个场合的工人和多重计划共同组成的5个网络打交道。而在新模式下,5个一线办公室网络已经被集合成了一个统一的网络。

同样,在联邦一级,协同管理模式也应用于布什政府的24个跨机构、跨政府的电子政府工程中。这就是说,无论是会议预定还是商业注册,每一项计划都包含了多个机构,有些计划甚至还包括了多级政府,例如,为商界减少书面工作的小商业管理项目——商业门户,就包括州与地方两级政府。这种合作符合商业门户的一个目标:小公司应该能够在一个地方一次性地完成所有的书面工作,而不用将同样的信息上报多级政府。例如,如果一位卡车司机想经营一辆卡车的话,可能会被要求填写从联邦到州级各种机构的38份表格。根据卡车运输行业的标准计算,这种烦琐的程序所耗费的时间成本会使每个卡车司机平均损失大约500美元。为了缩短这一过程,商业门户、运输部和卡车业正在规范联邦和州政府的表格要求,也正致力于在申报程序中启用"智能"表格和电子画板工具。这样做的目标就是,要让卡车司机们能够在一个地方一次性地填补他们的信息。[①]

综上所述可知,以整体性治理为价值核心的"协同政府"改革已在世界范围兴起与发展,其改革的措施与经验对我国正在进行的综合配套改革有深刻的启示意义。

表15-1 西方各国"协同政府"的实践比较

国 别	协同的范围	协同的基本措施
澳大利亚	联邦与州政府间,提供跨国的同类服务政府间,公司部门间伙伴关系	长期应用绩效评估的伙伴关系,自上而下为公众提供合作的服务,中央和地方政府都有联合工作的行动
加拿大	联邦与州政府间,跨部门间	通过横向绩效目标协调工作,被授权的、志愿的和私人组织参与服务供给

---

① [美]斯蒂芬·戈德史密斯,[美]威廉·D.埃格斯.网络化治理:公共部门的新形态[M].孙迎春,译.北京:北京大学出版社,2008:14.

续表

国别	协同的范围	协同的基本措施
荷兰	中央和地方政府间,政府部门间,社会团体间	通过绩效目标改善合作与协调
新西兰	中央政府部门间,地方间	应用策略优先和中心目标实现整合
瑞典	内阁及由内阁管理的相关独立机构间,区域间,地方政府间	通过协商、妥协、联合、横向预算提供公共服务,通过整合减少机构数量,通过机构整合推荐合作
美国	联邦与州政府间,公共部门与志愿组织间	通过资金刺激和立法体系实现横向绩效目标,州政府在诸多领域中享有独立权力和分担责任

资料来源:转引自曾维和."整体政府"——西方政府改革的新趋向[J].学术界,2008(3):289-294.

三、整体性治理对我国行政体制改革的启示[①]

虽然整体性治理理论是针对西方行政改革而言,其产生的社会背景与我国总体的行政改革和制度背景都有很大差别,但如果剔除政治体制的因素,我们仍能从中找到对我国行政体制改革的启示。整体性治理对我国深化行政体制改革的启示有以下方面。

(一) 行政理念回归公共性

改革开放以来,我国中央政府在行政性分权中赋予地方政府自主权,但这种自主权在有些地方却变成了地方政府追逐利益的权利,在GDP和政绩导向的升迁制度下,一些官员无视地方长期利益,盲目引进高能耗、高污染企业,严重损害当地民众的生活和身体健康。地方政府在经济职能方面"越位",在社会管理和公共服务职能方面却"缺位",使得地方社会保障、基础教育、环境保护、公共卫生医疗等方面的公共服务残缺。整体性治理纠正了管理主义的偏向,重新回到宪政主义当中,让政府职能回归公共性。这就启示我们:"在建设服务型政府的过程中,应当注重社会建设,着力保障和改善民生,推进社会体制改革,扩大公共服务,完善社会管理,促进社会公平正义,努力使全体人民学有所教、劳有所得、病有所医、老有所养、住有所居,构建一种基于'五有'的公共服务体系。"[②]

(二) 组织结构强调协同整合

整体政府是一种有意识的组织设计和机构重组。这一论题的前提假设是,政府将组织的结构设计看做是实现政府公共目标的工具。整体政府的目标就是促进各政府组织更好地团结协作。从我国的政府机构设置来看,还存在一些整合问题,经合组织研究报告显示,在我国机构设置中:①紧密相关的组织之间缺乏协作,这导致了效率损失;②职能彼此交叉的部门之间缺乏协作,这影响了公共行为的一致性;③业务不相关的组织之间的层级关系;④决策责任的分散化;⑤彼此对立的机构同时存在。[③] 这些问题造成了行政"部门

---

① 参见崔会敏.整体性治理对我国行政体制改革的启示[J].四川行政学院学报,2011(2):10-13.
② 张立荣,曾维和.当代西方"整体政府"公共服务模式及其借鉴[J].中国行政管理,2008(7):110-113.
③ OECD.中国治理[M].北京:清华大学出版社,2007:10.

化"倾向,部门之间各自为政,甚至出现"红头文件打架"现象和行政人员执法冲突事件。如在 2005 年 2 月,河南某市工商局的 8 名执法人员与该市卫生防疫站的数名执法人员在一家副食店门口厮打起来。当地警方调查后发现,两家单位的执法人员之所以当街群殴,原因是争辩该由谁查处一箱有质量问题嫌疑的奶粉。"红头文件打架"现象和行政人员执法冲突事件背后凸显的是政府部门化及部门利益化的弊端。如何让部门之间更好地协同一致,祛除部门利益化倾向,也是综合配套改革试验区面临的主要问题。公共目标的实现不能依赖相互隔离的政府组织,我国应当借鉴"整体政府"的理念,建立大部门体制,按职能模块对相同或相近的政府职能进行合并、归类,设置政府综合机构,健全部门间协调合作机制,从根本上解决机构重叠、职责交叉、政出多门等问题,促使政府部门向大农业、大交通、大文化、大科技、大环保的管理模式过渡,最终为我国服务型政府建设提供适合的组织架构。

(三) 公共服务供给方式多元参与

传统管理观念认为,政府是政治统治的中心,是提供公共产品的主体。治理理念在公共产品提供上则强调国家与公民社会的合作、政府与非政府公共组织的合作、公共机构与私人机构的合作。治理理念的前提假设之一是为了解决某些公共问题,政府各部门、专业、层级及机构之间的整合是必要的。"整体政府"注重通过多主体的联合提供无缝隙公共服务,市场和社会力量的介入,不仅能减轻地方政府的负担,而且有利于提高公共服务供给的质量和效率。给我国的启示是:在建设服务型政府、完善公共服务体系的过程中,应打破政府垄断公共物品供给的局面,以满足公众多元化和个性化的公共需求为导向,按照区域协调发展和城乡统筹发展的要求,将部分公共服务职能让渡给企业、非政府公共组织,通过建立多元化的合作伙伴关系,吸引和调动各方力量参与地方公共服务的供给,形成公共服务供给主体多元化的竞争格局。当然,政府对其他参与主体的整合和管理是实现治理目标的关键。

(四) 注重数字信息技术的应用

信息系统几十年来一直是促进公共行政变革的重要因素,政府信息技术已经成为当代公共管理和公共服务系统的中心。最初以纸质媒体媒介为基础的信息系统,后来转化为以信息技术为基础,后者在建构现代官僚组织中的作用日益突出。因为,信息技术使政府组织结构变得扁平化,使政府能掌握更多的信息,提高了政府的决策质量。随着信息技术在中央官僚机构的发展,政府对信息技术人才的需求急增。如 1983 年,美国联邦政府大约有 41% 的数据处理预算交由人工处理。10 年后,联邦政府雇用了 11 万左右的信息技术人员,耗资 55 亿美元。

按照彭锦鹏的说法,"没有高度发展的电子化政府,就无法跨越政府的层级鸿沟,也无法将数量庞大的行政机构和单位用电脑连接起来,以便向民众提供整合性的服务"[①]。我国在行政体制改革中要注重管理信息系统的构建和先进技术手段的运用,真正意义的电子政府代表着政府角色的转变、结构的重组和服务方式的改变。因此,我国政府要大力建设公共服务的信息网络,推行电子政务,扩大实行在线服务的范围,同时加强公务人员的

---

① 彭锦鹏.全观型治理:理论与制度化策略[J].政治科学论丛(台湾),2005(23):61-100.

信息技术能力的培训,提高公共服务的质量和水平。

本章重要概念

新公共管理(new public management)　　新公共服务(new public service)
整体性治理(holistic governance)　　协同政府(joined-up government)

本章思考题

1. 简述新公共管理的内涵与特征。
2. 简述市场式政府模式的主要内容。
3. 简述参与式政府模式的主要内容。
4. 什么是弹性化政府模式?
5. 什么是解制型政府模式?
6. 为什么说新西兰是新公共管理改革的典范?
7. 简述英国新公共管理改革的措施。
8. 新公共管理理论的缺陷有哪些?
9. 新公共服务理论的基础是什么?
10. 简述新公共服务理论的内容。
11. 简述整体性治理的含义及特征。
12. 协同政府的核心理念和特征是什么?
13. 英国协同政府的主要措施是什么?
14. 西方整体性治理对我国行政体制改革的启示是什么?

本章推荐阅读书目

1. [美]珍妮特·V.登哈特,[美]罗伯特·B.登哈特.新公共服务:服务,而不是掌舵[M].丁煌,译.北京:中国人民大学出版社,2004.
2. [美]B.盖伊·彼得斯.政府未来的治理模式[M].吴爱明,等,译.北京:中国人民大学出版社,2001.

主要参考文献

一、中译本文献

1. [德]马克思,[德]恩格斯.马克思恩格斯选集[M].北京:人民出版社,1972.
2. [澳]欧文·E.休斯.公共管理导论[M].3版.张成福,等,译.北京:中国人民大学出版社,2009.
3. [德]黑格尔.法哲学原理[M].范扬,张企泰,译.北京:商务印书馆,1961.
4. [德]康德.道德形而上学原理[M].苗力田,译.上海:上海人民出版社,2002.
5. [法]亨利·柏格森.道德与宗教的两个来源[M].王作虹,成穷,译.贵阳:贵州人民出版社,2000.
6. [法]卢梭.社会契约论[M].何兆武,译.北京:商务印书馆,1980.
7. [法]夏尔·德巴什.行政科学[M].葛志强,等,译.上海:上海译文出版社,2000.
8. [古希腊]亚里士多德.政治学[M].吴寿彭,译.北京:商务印书馆,1965.
9. [美]A.麦金泰尔.伦理学简史[M].龚群,译.北京:商务印书馆,2003.
10. [美]B.盖伊·彼得斯.政府未来的治理模式[M].吴爱明,等,译.北京:中国人民大学出版社,2001.
11. [美]E.S.萨瓦斯.民营化与公私部门的伙伴关系[M].周志忍,等,译.北京:中国人民大学出版社,2002.
12. [美]R.科斯,[美]D.诺斯.财产权与制度变迁——产权学派与新制度学派译文集[M].刘守英,等,译.上海:三联书店,1994.
13. [美]R.J.斯蒂尔曼二世.公共行政学[M].李方,等,译.北京:中国社会科学出版社,1989.
14. [美]保罗·纳特,[美]罗伯特·巴可夫.公共和第三部门组织的战略管理:领导手册[M].陈振明,等,译.北京:中国人民大学出版社,2001.
15. [美]保罗·乔伊斯.公共服务战略管理[M].张文礼,等,译.北京:清华大学出版社,2008.
16. [美]保罗·A.萨缪尔森,[美]威廉·D.诺德豪斯.经济学[M].16版.萧琛,译.北京:华夏出版社,2002.
17. [美]查尔斯·J.福克斯,[美]休·T.米勒.后现代公共行政——话语指南[M].楚艳红,译.北京:中国人民大学出版社,2003.
18. [美]戴维·H.罗森布鲁姆,[美]罗伯特·S.克拉夫丘克.公共行政学:管理、政治和法律的途径[M].张成福,等,译.北京:中国人民大学出版社,2002.
19. [美]戴维·奥斯本,[美]特德·盖布勒.改革政府[M].周敦仁,等,译.上海:上海译文出版社,1996.
20. [美]丹尼斯·朗.权力论[M].陆震纶,郑明哲,译.北京:中国社会科学出版社,2001.
21. [美]弗兰克·费希尔.公共政策评估[M].吴爱明,等,译.北京:中国人民大学出版社,2003.
22. [美]哈特.惩罚与责任[M].王勇,译.北京:华夏出版社,1989.
23. [美]赫伯特·西蒙.管理行为[M].杨砾,韩春立,徐立,译.北京:北京经济学院出版社,1988.
24. [美]拉塞尔·M.林登.无缝隙政府:公共部门再造指南[M].汪大海,等,译.北京:中国人民大学出版社,2002.
25. [美]罗伯特·希斯.危机管理[M].王成,等,译.北京:中信出版社,2001.
26. [美]罗尔斯.正义论[M].何怀宏,等,译.北京:中国社会科学出版社,1988.
27. [美]罗纳德·德沃金.至上的美德:平等的理论与实践[M].冯克利,译.南京:江苏人民出版社,2003.
28. [美]曼昆.经济学原理(上册)[M].梁小民,译.北京:生活·读书·新知三联书店,1999.
29. [美]曼瑟尔·奥尔森.集体行动的逻辑[M].陈郁,等,译.上海:上海人民出版社,1995.

30. [美]尼古拉斯·亨利.公共行政与公共事务[M].8版.张昕,译.北京:中国人民大学出版社,2002.
31. [美]诺曼·R.奥古斯丁,等.危机管理[M].北京新华信商业风险管理有限责任公司,译校.北京:中国人民大学出版社,2001.
32. [美]史蒂文斯.集体选择经济学[M].杨晓维,译.上海:上海人民出版社,2003.
33. [美]斯蒂芬·戈德史密斯,[美]威廉·D.埃格斯.网络化治理:公共部门的新形态[M].孙迎春,译.北京:北京大学出版社,2008.
34. [美]特里·L.库珀.行政伦理学——实现行政责任的途径[M].4版.张秀琴,译.北京:中国人民大学出版社,2001.
35. [美]威廉·N.邓恩.公共政策分析导论[M].2版.谢明,等,译.北京:中国人民大学出版社,2001.
36. [美]伍德罗·威尔逊.国会政体[M].熊希龄,吕德本,译.北京:商务印书馆,1986.
37. [美]约瑟夫·E.斯蒂格利茨.政府经济学[M].曾强,等,译.北京:春秋出版社,1988.
38. [美]詹姆斯·M.布坎南.自由、市场和国家[M].吴良健,桑伍,曾获,译.北京:北京经济学院出版社,1988.
39. [美]詹姆斯·安德森.公共决策[M].唐亮,译.北京:华夏出版社,1990.
40. [美]珍妮特·V.登哈特,[美]罗伯特·B.登哈特.新公共服务:服务,而不是掌舵[M].丁煌,译.北京:中国人民大学出版社,2004.
41. [挪]Tom Christensen Per Lagreid.后新公共管理改革——作为一种新趋势的整体政府[J].张丽娜,袁何俊,译.中国行政管理,2006(9):85-92.
42. [英]J.S.密尔.代议制政府[M].汪瑄,译.北京:商务印书馆,1982.
43. [英]伯特兰·罗素.权力论[M].吴友三,译.北京:商务印书馆,1980.
44. [英]布朗·杰克逊.公共部门经济学[M].张馨,等,译.北京:中国人民大学出版社,2000.
45. [英]大卫·休谟.人性论[M].关文运,译.北京:商务印书馆,1983.
46. [英]凯恩斯.就业利息和货币通论[M].徐毓枬,译.北京:商务印书馆,1997.
47. [英]克里斯托弗·胡德.国家的艺术:文化、修辞与公共管理[M].彭勃,等,译.上海:上海人民出版社,2004.
48. [英]托马斯·潘恩.潘恩选集[M].马清槐,等,译.北京:商务印书馆,1981.
49. [英]韦农·波格丹诺.布莱克维尔政治制度百科全书[M].邓正来,译.北京:中国政法大学出版社,2011.
50. [英]亚当·斯密.国民财富的性质和原因的研究(下卷)[M].郭大力,王亚南,译.北京:商务印书馆,1997.
51. [英]约翰·洛克.政府论两篇[M].赵伯英,译.西安:陕西人民出版社,2004.
52. [英]约翰·穆勒.政治经济学原理[M].赵荣潜,桑炳彦,朱泱,等,译.北京:华夏出版社,2009.

二、中文文献

1. 曹闻民.政府职能论[M].北京:人民出版社,2008.
2. 陈共.财政学[M].3版.北京:中国人民大学出版社,2002.
3. 陈振明.公共管理学[M].北京:中国人民大学出版社,2005.
4. 陈振明.公共管理学——一种不同于传统行政学的研究途径[M].2版.北京:中国人民大学出版社,2003.
5. 陈振明.国家公务员制度[M].福州:福建人民出版社,2001.
6. 陈振明.政策科学——公共政策分析导论[M].2版.北京:中国人民大学出版社,2003.
7. 程昔武.非营利组织治理机制研究[M].北京:中国人民大学出版社,2008.
8. 楚明锟.决策学[M].郑州:河南人民出版社,1991.
9. 楚明锟.现代管理与创新思维[M].开封:河南大学出版社,1999.

10. 邓国胜.非营利组织评估[M].北京:社会科学文献出版社,2001.
11. 丁煌.西方行政学理论概要[M].北京:中国人民大学出版社,2005.
12. 冯惠玲.政府信息资源管理[M].北京:中国人民大学出版社,2006.
13. 傅荣校,叶鹰.公共信息资源管理[M].北京:科学出版社,2011.
14. 高培勇,崔军.公共部门经济学[M].北京:中国人民大学出版社,2001.
15. 葛玉辉.人力资源管理[M].2版.北京:清华大学出版社,2008.
16. 郭金鸿.道德责任论[M].北京:人民出版社,2008.
17. 郭庆旺,赵志耘.财政学[M].北京:中国人民大学出版社,2002.
18. 贺新宇.重塑公共管理的基本职能[M].北京:中国社会科学出版社,2006.
19. 胡庆康,杜莉.现代公共财政学[M].2版.上海:复旦大学出版社,2001.
20. 胡税根,余潇枫,等.公共危机管理通论[M].杭州:浙江大学出版社,2009.
21. 黄健荣,等.公共管理新论[M].北京:社会科学文献出版社,2005.
22. 黄荣护.公共管理[M].台北:商鼎文化出版社,2000.
23. 黄顺康.公共危机管理与危机法制研究[M].北京:中国检察出版社,2006.
24. 解学智,刘尚希.公共收入[M].北京:中国财政经济出版社.2000.
25. 黎民.公共管理学[M].北京:高等教育出版社,2003.
26. 李文良.公共部门与人力资源管理[M].长春:吉林人民出版社,2003.
27. 李绪蓉,徐焕良.政府信息资源开发与管理[M].北京:北京大学出版社,2005.
28. 李正明.公共事业管理教程[M].北京:机械工业出版社,2006.
29. 凌宁.国家公务员公共服务能力[M].北京:中国人事出版社,2005.
30. 刘熙瑞.公共管理中的决策与执行[M].北京:中共中央党校出版社,2003.
31. 刘熙瑞.中国公共管理[M].北京:中共中央党校出版社,2004.
32. 卢洪友.政府职能与财政体制研究[M].北京:中国财政经济出版社,1999.
33. 吕艳滨,[英]卡特.中欧政府信息公开制度比较研究[M].北京:法律出版社,2008.
34. 毛寿龙.西方公共行政学名著提要[M].南昌:江西人民出版社,2006.
35. 倪星.公共部门人力资源管理[M].大连:东北财经大学出版社,2008.
36. 聂平平,尹利民.公共组织理论[M].武汉:武汉大学出版社,2009.
37. 钱学森,等.论系统工程[M].长沙:湖南科学技术出版社,1982.
38. 乔耀章.政府理论[M].苏州:苏州大学出版社,2003.
39. 施雪华.政府权能理论[M].杭州:浙江人民出版社,1998.
40. 帅学明.公共管理学[M].北京:中国农业出版社,2008.
41. 宋斌,鲍静.政府部门人力资源开发案例研究[M].北京:清华大学出版社,2007.
42. 孙自强.公务员素质技能[M].珠海:珠海出版社,2001.
43. 唐兴霖.公共行政学:历史与思想[M].广州:中山大学出版社,2000.
44. 汪大海.公共管理学[M].北京:北京师范大学出版社,2009.
45. 王成栋.政府责任论[M].北京:中国政法大学出版社,1999.
46. 王佃利,曹现强.公共决策导论[M].北京:中国人民大学出版社,2003.
47. 王芳.阳光下的政府:政府信息行为的路径与激励[M].天津:南开大学出版社,2006.
48. 王乐夫,蔡立辉.公共管理学[M].北京:中国人民大学出版社,2008.
49. 王骚.政策原理与政策分析[M].天津:天津大学出版社,2003.
50. 王少辉.迈向阳光政府——我国政府信息公开制度研究[M].武汉:武汉大学出版社,2010.
51. 王绍光.多元与统一——第三部门国际比较研究[M].杭州:浙江人民出版社,1999.
52. 文军,王世军.非营利组织与中国社会发展[M].贵阳:贵州人民出版社,2004.

53. 吴建南,阎波.谁是"最佳"的价值判断者:区县政府绩效评估机制的利益相关主体分析[J].管理评论,2006(4):46-53.
54. 吴肇基.公共决策[M].北京:中国戏剧出版社,2001.
55. 席恒.公与私:公共事业运行机制研究[M].北京:商务印书馆,2003.
56. 席恒.利益、权力与责任:公共物品供给机制研究[M].北京:中国社会科学出版社,2006.
57. 夏书章.现代公共管理概论[M].长春:长春出版社,2000.
58. 夏义堃.公共信息资源的多元化管理[M].武汉:武汉大学出版社,2008.
59. 肖君拥.人民主权论[M].济南:山东人民出版社,2005.
60. 萧鸣政.人力资源开发与管理——在公共组织中的应用[M].北京:北京大学出版社,2005.
61. 肖鹏军.公共危机管理导论[M].北京:中国人民大学出版社,2006.
62. 谢庆朝,侯菁菁.公共财政学(上)[M].北京:中国国际广播出版社,2002.
63. 谢自强.政府干预理论与政府经济职能[M].长沙:湖南大学出版社,2004.
64. 徐崇荣,张红胜.政府信息公开化背景下的中国政府信息资源建设[M].成都:四川人民出版社,2008.
65. 许彬.公共经济学导论[M].哈尔滨:黑龙江人民出版社,2003.
66. 薛澜,张强,钟开斌.危机管理——转型期中国面临的挑战[M].北京:清华大学出版社,2003.
67. 杨爱华.公共决策[M].北京:团结出版社,2000.
68. 于军.英国地方行政改革研究[M].北京:国家行政学院出版社,1999.
69. 俞可平.权利政治与公益政治[M].北京:社会科学文献出版社,2005.
70. 俞可平.治理与善治[M].北京:社会科学文献出版社,2000.
71. 余兴安.激励的理论与制度创新[M].北京:国家行政学院出版社,2005.
72. 张成福,党秀云.公共管理学[M].北京:中国人民大学出版社,2001.
73. 张成福,等.公共危机管理理论与实务[M].北京:中国人民大学出版社,2009.
74. 张国庆.公共行政学[M].3版.北京:北京大学出版社,2007.
75. 章海鸥.公共部门人力资源管理[M].武汉:武汉大学出版社,2009.
76. 张康之,李传军.公共行政学[M].北京:北京大学出版社,2007.
77. 张康之,张乾友.公共生活的发生[M].北京:高等教育出版社,2011.
78. 张康之.公共管理伦理学[M].北京:中国人民大学出版社,2003.
79. 张康之.公共管理学[M].北京:中国人民大学出版社,2010.
80. 张康之.行政伦理的观念与视野[M].北京:中国人民大学出版社,2008.
81. 张康之.论伦理精神[M].南京:江苏人民出版社,2010.
82. 张康之.寻找公共行政的伦理视角[M].北京:中国人民大学出版社,2002.
83. 张锐昕.电子政府概论[M].2版.北京:中国人民大学出版社,2010.
84. 张泰峰,[美]Eric Reader.公共部门战略管理[M].郑州:郑州大学出版社,2004.
85. 张文显.法学基本范畴研究[M].北京:中国政法大学出版社,1993.
86. 张永桃.行政管理学[M].北京:高等教育出版社,2006.
87. 张卓元.政治经济学大辞典[M].北京:经济科学出版社,1998.
88. 赵国祥.管理心理学高级教程[M].合肥:安徽人民出版社,2008.
89. 周三多.管理学[M].3版.北京:高等教育出版社,2010.
90. 周志忍.当代国外行政改革比较研究[M].北京:国家行政学院出版社,1999.
91. 朱光磊.当代中国政府过程[M].天津:天津人民出版社,2002.
92. 竺乾威.公共行政学[M].上海:复旦大学出版社,2004.
93. 卓越.政府绩效管理导论[M].北京:清华大学出版社,2006.

三、英文文献

1. Armstrong M. Performance Management [M]. London:Sage,1994.
2. Bozeman B, Straussman J. Public Management Strategies [M]. San Francisco:Jossey-Bass Publishers, 1990.
3. Brow C, Jackson P. Public Sector Economics [M]. London:Basil Blackwell,1990.
4. Bryson J. Strategic Planning for Public and Nonprofit Organizations:A Guide to Strengthening and Sustaining Organizational Achievement [M]. San Francisco:Jossey-Bass Publishers,1988.
5. Cooper P. Governing by Contract:Challenges and Opportunities for Public Managers [M]. Zhu Qianwei Trans. Shanghai:Fudan University Press,2007.
6. Curtin G, Sommer M, Vis-Sommer V. The World of E-Government [M]. Binghamton NY USA:Haworth Press,2003.
7. Duncan W. Great Ideas in Management:Lessons from the Founders and Foundations of Managerial Practice [M]. Oxford:Jossey-Bass Publishers,1990.
8. Dunleavy P. Digital Era Governance:IT. Corporations the State, and E-Government [M]. London:Oxford University Press, 2006.
9. Rabin J, Miller G, Hildreth W. Handbook of Strategic Management [M]. New York and Basel:Marcel Dekker,1989.
10. Gray J. Post-Liberalism:Studies in Political Thought [M]. London:Routledge,1993.
11. Horton S, Farham D. Public Management in Britain [M]. London:Macmillan Press Ltd,1999.
12. Hughes O. Public Management and Administration [M]. London:Macmillan Press Ltd,1998.
13. Koteen J. Strategic Management in Public and Nonprofit Organizations:Managing Public Concerns in an Era of Limits [M]. London:Green Wood Publishing Group Incorporated,1997.
14. Moore M. Creating Public Value:Strategic Management in Government [M]. Cambridge:Harvard University Press,1995.
15. Niskanen W. Bureaucracy and Representative Government [M]. Chicago:Aldine-Atherton,1971.
16. Nutt P, Backoff R. Strategic Management of Public and Third Sector Organization:A Handbook for Leaders [M]. San Francisco: Jossey-Bass Publishers,1992.
17. Olsen J, Eadie D. The Game Plan:Governance with Foresight [M]. Washington DC:Council of State Planning Agencies,1982.
18. Osborne D, Gaebler T. Reinventing Government:How the Entrepreneurial Spirit Is Transforming the Public Sector [M]. Reading,MA:Addison-Wesley,1992.
19. Rosenbloom D. Public Administration [M]. 4th ed. New York:McGraw-Hill,1997.
20. Salamon L, Anheier H. Global Civil Society:Dimensions of the Nonprofit Sector [M]. Maryland:The Johns Hopkins University Press,1999.
21. Salamon L. Partners in Public Service:The Scope and Theory of Government-Nonprofit Relations [M]. New Haven:Yale University Press,1987.
22. Weimer D, Vining A. Policy Analysis:Concepts and Practice [M]. New York:Prentice Hall,2004.
23. Wolf T. The Management of Nonprofit Organization [M]. New York:Prentice-Hall Press,1990.

后记
Postscript

  人类社会进入 21 世纪之后,公共管理犹如东方光芒四射、喷薄欲出的一轮朝阳,生机勃勃,冉冉升起。公共管理如今已成为中国经济社会发展、现代化建设、科学研究的重要领域,公共管理知识日益普及,公共管理教育迅猛发展,公共管理学科愈加成熟,公共管理实践渐趋科学化。本书基于公共管理学科教学体系和知识传播的需要,借鉴西方公共管理的理论知识和实践经验,吸收国内公共管理的研究成果,结合中国公共管理的实际,通过概述公共管理的基本理论、基本知识、基本技能,将学生引入接受公共管理专业教育之门,故此名为《公共管理导论》。

  本书主编楚明锟(河南大学),负责拟定编写提纲、统稿定稿工作;副主编唐秋伟(河南大学)、崔会敏(河南大学)、陈建华(河南大学),协助主编处理编书事宜。各章编写分工为:唐秋伟编写第一章,第四章第二、三节;周军(南京大学)编写第二章;苏玉娥(河南农业大学)编写第三章;楚迤斐(华北水利水电大学)编写第四章第一节,第十一章,第十五章第一节;宋朝丽(河南牧业经济学院)编写第五章;乔晓雯(河南大学)编写第六章,第十五章第二、三节;李有学(河南大学)编写第七章;李晓玉(河南大学)编写第八章;刘平(河南大学)编写第九章;陈建华编写第十章,第十三章;崔长勇(郑州轻工业学院)编写第十二章;崔会敏编写第十四章。

  在本书编写过程中,编者参考和吸收了国内外公共管理学科的大量研究论著,在书中注释和参考文献处已经注明,还有一些学者的思想对本书编写产生了启发和影响作用,对此我们皆表示衷心感谢!华中科技大学出版社将本书纳入"21 世纪公共管理类系列规划教材",编辑周小方、章红等对本书编写多次提出指导性意见,为本书出版付出了辛勤劳动,周军协助修改和编排书稿,在此一并致谢!

  由于编者学识疏浅,加之时间仓促,书中的错误疏漏之处在所难免,恳请读者批评指正。

作者
2013 年 12 月 26 日于河南大学

与本书配套的二维码资源使用说明

  《公共管理导论》为"'十二五'普通高等教育本科国家级规划教材"，是"21世纪公共管理类系列规划教材"中的一本。

  本书部分课程及与纸质教材配套数字资源以二维码链接的形式呈现。利用手机微信扫码成功后提示微信登录，授权后进入注册页面，填写注册信息。按照提示输入手机号码，点击获取手机验证码，稍等片刻收到4位数的验证码短信，在提示位置输入验证码成功，再设置密码，选择相应专业，点击"立即注册"，注册成功。（若手机已经注册，则在"注册"页面底部选择"已有账号？立即注册"，进入"账号绑定"页面，直接输入手机号和密码登录。）接着提示输入学习码，需刮开教材封面防伪涂层，输入13位学习码（正版图书拥有的一次性使用学习码），输入正确后提示绑定成功，即可查看二维码数字资源。手机第一次登录查看资源成功以后，再次使用二维码资源时，只需在微信端扫码即可登录进入查看。